2015

YEARBOOK OF CHINA AGRICULTURAL PRODUCTS PROCESSING INDUSTRIES

中国农产品加工业年鉴

科学技术部农村科技司
中国农业机械化科学研究院
中国包装和食品机械有限公司 编
食品装备产业技术创新战略联盟

中国农业出版社
CHINA AGRICULTURE PRESS

内 容 简 介

    本年鉴较系统地记述了我国有关农产品加工业发展的方针、政策、法律、法规和规划等贯彻执行情况；有关领导、专家对发展我国农产品加工业的论述；本领域内相关行业的发展综述；简介了相关行业经济运行情况及名、优、特、新产品；登载了农产品加工业的国内外统计资料；记载了相关的国家标准、行业标准、专利以及本行业的大事。本年鉴资料新颖、准确、科学、翔实，内容丰富，可供政府管理部门、协会、学会、中介组织、生产企业、科研教学单位的管理人员、策划人员、教育工作者和科技工作者参考。

编 辑 出 版 说 明

一、为紧跟我国农产品加工业发展的时代脉搏和大力宣传主旋律，在各级领导和行业专家的支持与帮助下，我们组织编辑出版的《中国农产品加工业年鉴》（2015）与广大读者见面了，其宗旨是为我国农产品加工业的发展起到桥梁和促进作用。

二、《中国农产品加工业年鉴》由科学技术部、农业部、国家发展和改革委员会、国家林业局、国家粮食局、中华全国供销合作总社、中国机械工业联合会、中国轻工业联合会的有关主管部门及农产品加工业相关协会、学会、科研院所、大专院校等，与中国农业机械化科学研究院、中国包装和食品机械有限公司、食品装备产业技术创新战略联盟联合编辑出版。

三、《中国农产品加工业年鉴》（2015）安排了7个部分的框架内容，每个栏目名称基本未变，其中的内容和数据均以2014年的基本情况为主；但根据资料的获取难易程度也有部分2014年前后的情况，并保持每卷年鉴的连续性，其中的政策法规及重要文件、大事记和标准均以2015年的基本情况为主。

四、《中国农产品加工业年鉴》记述了相关方针、政策、法律、法规和规划等贯彻执行情况；记述了有关领导、专家对发展我国农产品加工业的论述；记述了本领域相关行业的发展综述；介绍了农产品加工业经济运行情况及名、优、特、新产品；登载了农产品加工业国内外统计资料；记载了相关的国家标准、行业标准、专利以及本行业的大事。年鉴既述事，也记人，每年编辑、出版一卷。若干年后，不但可以见证我国每年的农产品加工业发展情况，而且将是系统、全面、可靠、翔实的史册和工具书。由于年鉴的权威性和正式的连续出版发行，将有益于国内外各界了解和研究我国农产品加工业现状与发展等情况，促进相互交流与合作；有益于各部门借鉴现实和历史经验，掌握全局，运筹帷幄，制定政策和发展规划，指导本行业健康发展；有益于社会各界沟通行业信息、产品信息，互相学习，取长补短，推动我国农产品加工业的发展和国民经济的腾飞。

五、本年鉴各部分所列数据，因来源渠道不同，不尽一致。全面的数据均以国家统计局提供的为准。本年鉴全国性统计数据均不包括香港、澳门两个特别行政区和中国台湾省。两区一省的相关数据，在年鉴的附录中列出。

六、为系统、准确、科学、翔实地反映我国农产品加工业现状，并力争办出本年鉴的特色，我们在编辑中继续突出了综述文章以当年国家重点抓的农产品加工业中的有关行业为主，全书内容以推动产业发展为主，国家标准、行业标准与专利以加工工艺、设备和相应的产品为主，统计数据以国家统计局经济行业分类为主，国外的统计数据以特点显著的部分发达国家和少数发展中国家为主等。

七、本年鉴的编辑、出版、发行等工作，得到了中央及各级有关部门、协会、学会、科研院所、高等院校、生产企业、社会团体的大力支持和帮助，谨此表示衷心的感谢。

目　录

Contents

Part II   Development Situation of Related Trades

Part III   Policies, Regulations and Important Documents

Part Ⅳ Domestic Comprehensive Statistics Materials

Part Ⅴ   Standards and Patents

Part Ⅵ   Chronicle of Events

Part Ⅶ   Appendix

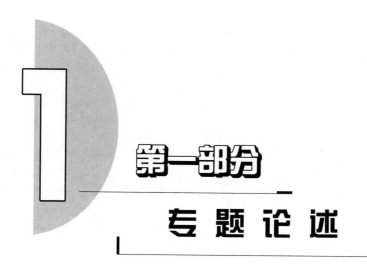

第一部分

专题论述

加强专项整治 推进监测评估
切实做好农产品质量安全监管工作

农业部副部长 陈晓华

这次会议的主要任务是，贯彻落实党的十八大、十八届三中、四中全会和中央经济工作会议、中央农村工作会议、全国农业工作会议精神，总结2014年农产品质量安全监管工作，分析当前形势，部署2015年重点任务。下面，我讲三点意见。

一、充分肯定2014年农产品质量安全监管工作成效

2014年，各级农业部门认真贯彻习近平总书记在中央农村工作会议上的重要讲话精神，紧紧围绕"两个千方百计、两个努力确保、两个持续提高"目标，依法履职，扎实工作，坚持"产""管"并重，深入开展农产品质量安全监管年活动，落实强化监管八项措施，取得了难得的好成绩，全年未发生重大农产品质量安全事件。在范围扩大、参数增加的情况下，蔬菜、畜禽和水产品监测合格率分别达到96.3%、99.2%和93.6%。农产品质量安全形势总体平稳向好，为农业农村经济实现稳中有进、稳中提质、稳中增效做出了应有的贡献。概括一年的工作，主要在五个方面有了新的进展。

（一）专项整治取得阶段性成效

全年共出动执法人员417.7万人次，检查生产经营单位233.3万个，整顿农资市场26.2万个，行政处罚5 799件。

1. 种植业方面 开展农药及农药使用专项整治，在"菜篮子"主产区推行高毒农药定点经营和实名购买制度，推进病虫害统防统治和绿色防控，实施低毒生物农药示范补贴。山东、海南等地严格管控高毒农药，推行定点经营、赋码贴标，实现全省覆盖。

2. 畜牧业方面 开展"瘦肉精"、生鲜乳违禁物质、兽用抗菌药和畜禽屠宰专项整治，落实六项婴幼儿配方乳粉奶源监管措施，现场检查奶站1.3万个、生鲜奶运输车7 000辆，奶站检查达标率99.8%，运输车全部达标。发布兽药违法案件从重处理公告。集中开展屠宰执法行动，严厉打击生猪私屠滥宰、收购

和屠宰病死猪、注水或注入其他物质等违法行为。加快与商务部相关职责的划转交接，推动国办印发《关于建立病死畜禽无害化处理机制的意见》，联合五部门开展病死动物无害化处理试点。

3. 渔业方面 开展水产品违禁药物专项整治，加强产地水产品监督抽查，实施贝类产品、海捕水产品和主要渔用投入品质量安全风险隐患排查。山东、江苏、浙江、广东等地渔业部门加强产地水产品检打联动，有力打击违法违规行为。

4. 农资打假方面 在春耕、三夏和秋冬种等重点时节，会同公安、工商、质监等部门开展专项行动，加大案件查办力度。全年共查获假劣农资2.6万t，为农民挽回直接经济损失4.7亿元，向社会公布典型案例23个。湖北、陕西等省组织力量，开展暗访巡查，加大农资市场整治力度，严惩违法生产企业。

（二）农业标准化稳步推进

不断完善标准体系，加快推进标准实施示范和"三品一标"认证。

1. 加强标准制修订 会同国家卫生和计划生育委员会发布了2014版农药残留国家标准，规定了387种农药在284种食品中的3 650项最大残留限量，基本覆盖我国常用农药品种和常见农产品和食品种类。组织制定《加快完善我国农药残留标准体系工作方案（2014—2020）》，启动农药残留补充试验计划。推动我国6项农药残留限量标准转化为国际食品法典标准，研究采用CAC标准1 000项，积极开展官方评议工作。

2. 加大标准实施示范力度 新建"三园两场"1 600个，创建标准化示范县48个，争取6亿元专项资金用于开展菜果、茶标准化生产，开展农资统购统销、病虫害统防统治等"五统一"服务。山东、河北等地大力推广标准化生态防控技术，提高"三园两场"质量安全水平。

3. 强化"三品一标"认证和监管 新认证"三品一标"产品2.3万个，"三品一标"总数达到10.7

万个。规范认证程序，严格证后监管，"三品一标"跟踪抽检合格率达到99%以上。内蒙古、山东、江苏、广西、黑龙江、重庆等地出台奖励扶持政策，黑龙江、江苏、四川、新疆及辽宁大连等地开展"三品一标"专项监测和标志使用检查，该整改的整改，该注销的注销，有力推动了"三品一标"健康发展。

（三）监测评估力度加大

监测预警能力大幅度提升，为执法监管和防控区域性、系统性风险提供有力支撑。

1. 加强监测预警 将例行监测范围扩大到151个大中城市、117个品种、94项指标，基本涵盖主要城市、产区和品种、参数。黑龙江、北京、浙江、湖南等地把产地环境、农产品和投入品纳入统一监测计划，加大资金投入，为监管工作提供了有力支撑。

2. 扎实推进风险评估 新增风险评估实验室10个，认定风险评估实验站145个，把"菜篮子"和大宗粮油等12类农产品纳入风险评估范围，着力从生产全过程摸清危害因子种类、范围、危害程度及产生原因，提出全程控制措施和技术规范。湖北、江苏、山东、河南等地启动省级风险评估工作，天津、辽宁、河北、山东、浙江、河南、四川等地专门组建专家委员会，提高决策咨询和风险评估工作水平。

3. 完善应急处置机制 加强舆情监测，每天编发舆情快报，及时掌握农产品质量安全舆情动态。制定舆情应对工作预案，对发现的问题及时调查处置，实行跟踪评估；对虚假信息和不实报道，依托专家进行正面解读，消除负面影响。修订《农产品质量安全突发事件应急预案》，进一步明确了各部门、各地方的责任分工和应对程序。江苏、山东、江西、四川等省完善应急机制，加强督导检查，有效保障了南京青奥会等活动的成功举办。安徽、湖南、甘肃、新疆、青海等地举办突发事件应急演练活动，提高了应急处置操作能力。

4. 营造良好舆论氛围 充分利用新闻发布会和在线访谈等平台，及时回应社会关切，给出正面引导。深入开展食品安全宣传周活动，北京、天津、吉林、上海、浙江等地举办了各式各样的主题日活动，效果都很好。

（四）监管体系不断完善

1. 加快健全监管体系 全国已有86%的地市、71%的县市、97%的乡镇建立了监管机构，落实专兼职监管人员11.7万人。内蒙古、山西、山东、甘肃、江西、四川等20多个省、自治区、直辖市政府或政府办公厅印发了加强监管的意见，明确提出加快建立地、县、乡镇监管机构，落实属地责任。湖北、浙江、陕西、广西、吉林、辽宁等省份将监管体系建设

作为政府绩效考核的重要指标，协调编办出台指导性意见，与市县政府层层签订责任书。江苏、福建、广西等地为基层配备车辆和速测设备，山东、湖南、海南、重庆、广东等地探索建立村级监管员队伍，有效提升了基层监管能力。

2. 加强质检机构建设管理 协调落实质检体系建设投资17亿元，建设项目398个，将市辖农业大区补充纳入建设范围，有效弥补布局上的缺陷。印发《农业部关于加强农产品质检体系建设与管理的意见》，推进质检机构能力验证和机构考核，已竣工验收项目的地县质检机构有50%通过了计量认证，近1/3通过了机构考核。

3. 提高人员队伍素质 组织举办监管、检测、应急方面培训20余期，将质量安全纳入了农村实用人才和大学生村官培训内容，共培训各类人员1.2万人，向全国农业系统发放检测技术培训光盘7 500套，基层队伍业务能力有了新提高。辽宁、陕西、湖南、内蒙古、重庆、云南等地积极组织县级农产品质检站技术人员跟班实习，有效解决基层检测人员操作能力不强问题。

（五）制度机制构建取得突破性进展

1. 推动修法工作 积极参与《食品安全法》修订，做好《农产品质量安全法》修订前期准备工作，努力确保《食品安全法》和《农产品质量安全法》两法并行、相互衔接。

2. 明确职能分工 按照职责要求，与食品药品监管总局签订合作框架协议，联合印发加强全程监管的指导意见，进一步厘清监管职责，建立联动机制，形成监管合力。

3. 推动质量安全县创建 制定国家农产品质量安全县试点创建方案及考核办法，汪洋副总理在全国治理"餐桌污染"现场会上亲自部署启动，部里正在组织首批100个县和4个市的遴选工作。山东、四川、江苏、浙江、陕西、广东、上海等省、自治区、直辖市也积极开展省级质量安全县的创建，加大了示范投入。

4. 加强改革创新 积极开展检验检测认证机构整合工作，制定农业系统整合方案和指导意见。推进农产品质量安全信用体系建设，成立了专门的工作小组，出台了指导意见，加强了对各地工作的指导。北京、上海、浙江、贵州等地注重发挥行业协会作用和媒体监督作用，着力构建社会共治格局。

5. 加大政策创设力度 国家农产品质量安全追溯信息平台建设可行性研究报告已获国家发展和改革委员会批复，即将进入正式建设阶段。推动将高效低毒农兽药补贴、质量追溯补助、质量安全县奖励等项

目纳入政策扶持范围。陕西、福建、广西、河南、贵州等地投入专门资金，积极推进追溯体系建设。

二、进一步认识做好农产品质量安全监管工作的重要性和紧迫性

随着我国经济进入新常态、改革进入深水区、经济社会发展进入新阶段，农产品质量安全工作面临着新的形势、新的任务，前不久召开的中央经济工作会、中央农村工作会议对此做出了许多新部署，提出了许多新要求。我们一定要站在全局的高度，充分认识做好这项工作的重要性和紧迫性，切实增强责任感和紧迫感，下更大决心、想更多办法、用更严措施，全面加强监管，切实保障好农产品质量安全。

（一）加强农产品质量安全监管工作是全面建成小康社会的必然要求

民以食为天。保证民众吃得饱、吃得安全放心是最基本的民生问题，是小康生活应有之义。随着生活水平的不断提高，人们对数量感受不是很深了，啥都能买到，而对质量和安全的要求却更高，也更敏感。尽管近年我国质量安全状况总体平稳向好，但风险隐患仍然存在，在一些地区、行业、品种上还比较突出，人们对此还不太满意，加上一些舆论过度炒作，搞得老百姓吃啥都不放心，直接影响群众安全感、生活质量和幸福指数。如果到2020年实现全面建成小康社会目标时，连这些问题都解决不好，老百姓吃得还是不放心，那么我们的小康就是不全面、名不符实。我们绝不能在质量安全问题上拖全面小康的后腿，一定要牢固树立以人为本的理念，坚持消费导向，进一步增强责任感和紧迫感，下决心逐步解决这些问题，给老百姓一个实实在在的交代。

（二）加强农产品质量安全监管工作是促进农业转型升级的重要抓手

转型升级是当前和今后一个时期农业主攻方向，也就是要按照总书记提出的"产出高效、产品安全、资源节约、环境友好"的要求建设现代农业。现代农业较之传统农业，更加注重数量、质量、效益的统一，更加注重经济效益、社会效益、生态效益的统一。长期以来我国农业的首要任务是保供给，不得不把产量放在第一位，生态和安全一直是农业全面发展的一个短板。当前，我国农业正处在传统农业向现代农业转变的关键时期，靠过去消耗资源的粗放型发展方式已难以为继，那种只求速度、不讲质量的增长方式已难以为继，必须切实转变发展思路。转方式、调结构，一定程度也是倒逼出来的，在目前农产品价格下行压力大、滞销卖难多的背景下，只有质量安全的

产品，才能创出品牌，卖出好价钱。以质量效益为中心，是新一轮农业结构调整的重要特征。我们一定要牢固树立抓产业必须抓安全的理念，坚持"产""管"并举，大力推广控肥控药控添加剂等减量化生产技术，推进绿色生产，提升农业产业素质，从源头上确保农产品质量安全。

（三）加强农产品质量安全监管工作是依法履行职责的紧迫任务

党的十八届四中全会对全面推进依法治国进行了部署。对我们来讲，学习贯彻四中全会精神，就是要认真履行法定职责，深入推进农产品质量安全执法监管工作。当前农产品质量安全法律规定是明确的，标准也是在不断健全的，可以讲基本实现了有法可依、有标可循，目前要解决的突出问题是执法不严、违法难究。由于基层执法能力滞后、执法工作尚未完全到位等问题比较突出，农产品质量安全领域诚信缺失、违法犯罪、制假售假问题比较普遍，一些不法分子见利忘义、以身试法，不仅扰乱了市场秩序，而且破坏公平竞争法则，损害法律的严肃性。这些问题不解决，如何体现履职尽责，如何取信于民，又如何维护法治的权威、构建法治社会呢？农产品质量安全执法监管不是可抓可不抓的小事，而是非抓不可、必须抓好的大事。我们要切实增强法治思维，瞄准薄弱环节，千方百计把基层执法能力武装起来，把责任落实下去，把各项执法监管工作迅速开展起来，始终保持高压严打态势，推进农产品质量安全治理体系和治理能力现代化。

总而言之，农产品质量安全已处于攻坚克难的关键阶段，我们一方面要看到监管工作的难度更大，要求更高，问责更严，容不得半点懈怠，另一方面也要看到，各级党委政府更加重视农产品质量安全，工作基础越来越好，生产经营者质量安全意识也越来越强，社会共治的氛围正在形成。只要我们坚定信心，迎难而上，勇于担当，开拓创新，就一定能把农产品质量安全监管工作做好。

三、2015年工作思路和重点任务

2015年总的要求是，认真贯彻落实中央的决策部署，围绕"努力确保不发生重大农产品质量安全事件"目标，以深入推进农产品质量安全执法年活动为总的抓手，以农产品质量安全县创建为重要载体，坚持"产出来"和"管出来"两手抓，强化突出问题治理和执法监管，大力推行标准化生产和全程控制，推进监管能力和制度机制建设，切实保障农产品消费安全，促进农业提质增效和可持续发展。重点抓好以下

10 个方面工作。

(一) 深入推进专项整治

坚持问题导向，突出关键环节，重点抓住农兽药隐性添加、高毒限用农药违规使用、抗生素滥用、非法使用"瘦肉精"和孔雀石绿等有毒有害物质、非法收购屠宰病死畜禽和制售假劣农资等违法违规行为，强化执法查处，集中整治一批突出问题和隐患，消除行业"潜规则"生存空间。加大高风险农产品监督抽查，推行综合执法，实施检打联动。加强行政执法与刑事司法衔接，凡达到移交标准的坚决移送司法机关追究刑事责任。集中曝光一批典型案例，充分发挥舆论震慑作用。建立大案要案查处协作机制，对屠宰病死畜禽行为等问题实施跨部门跨区域联合整治。农资打假要抓住重点农时和重点产品，按照"五不放过"原则，加大案件查办力度，维护好广大农民的切身利益，为农业生产保驾护航。

(二) 抓好质量安全县创建

这是 2015 年工作的重要任务。要切实推动质量安全县落实属地责任，加强全程监管，强化能力提升，推进社会共治，打造为标准化生产和依法监管的样板区，通过示范带动，整体提升市县农产品质量安全监管能力和水平。各省要抓紧组织创建，指导市县制定创建实施方案，确保各项创建措施件件落实、条条到位，切不可为了"创建"而"创建"，搞成"花架子"。严格开展考核，尽快制定质量安全县考核管理办法，坚持群众说了算，客观公正，宁缺毋滥，确保首批 100 个质量安全县和 4 个质量安全市个个过硬。强化政策扶持，落实国家农产品质量安全县创建经费，推动涉农相关项目和资金向质量安全县集中和倾斜。要大胆创新，各地可因地制宜开展省级质量安全县创建，积极鼓励市县政府和农业部门探索创建具地域特色的质量安全监管模式。要总结推广有效的监管机制和监管模式，部里将适时召开质量安全县创建活动现场会，总结交流各地创建工作中的典型经验做法，带动面上整体提升。

(三) 加快标准制修订进程

坚持以科学数据为支撑，以风险评估为依据，以农兽药残留为重点，加快农产品、农兽药残留标准制修订进程，加快清理与农兽药残留标准相配套的检测方法标准。加大对农兽药残留标准制修订工作的支持力度。加快转化一批国际食品法典标准，力争用 5 年左右的时间，使农兽药残标准达到 10 000 项，与国际食品法典标准基本同步。加紧已登记农药的残留补充试验，推进蔬菜等小宗作物和特色农产品农药残留限量标准的制定，加快兽药残留标准的制定和修订。

(四) 稳步发展"三品一标"

不断扩大果菜茶标准园、畜禽水产标准化养殖示范场规模，新创建一批标准化的示范基地、示范农场、示范企业和示范合作社，推广标准化生产技术，严格管控化肥、农兽药、添加剂等投入品使用，推动病虫害绿色防控和病死畜禽无害化处理，提高产地农产品标准化生产水平。稳步发展无公害、绿色、有机和地理标志农产品，加强证后监管和标志使用管理。无公害农产品要着力强化安全考核，绿色食品要突出全程控制，有机农产品要坚持因地制宜和生态安全，地标农产品要着力彰显地域特色。要充分发挥"三品一标"在产地管理、过程管控、标准化生产、品牌引领、消费认知、市场增值等方面的示范带动作用，通过认证培育品牌，以品牌化引领农业标准化，打造一批安全优质的知名农产品品牌和生产基地，增强公众信心，推进产业升级。

(五) 强化监测评估预警

加快制定全国农产品质量安全监测规划和计划，明确各级农业部门依法监测的重点，防止出现上下一般粗、监测指标重叠、监测对象重复现象。对例行监测没有覆盖到的粮食、薯类、油料作物等产品，开展专项监测，摸清问题隐患。加强监测结果会商分析，深入研究变化趋势和问题原因，为专项整治和执法监管提供技术支撑。制定实施农产品质量安全风险评估工作规划，全面摸清"米袋子""菜篮子"产品危害因子的种类、范围和危害程度，提出全程监管的关键点和技术措施，最大限度发挥风险评估在标准制定、应急处置、生产指导、消费引导等方面的支撑作用。对一些老大难问题，深入进行评估，跟进科研攻关，尽快拿出解决问题的风险评估报告和全程管控方案。完善风险评估相关的制度规范，充分发挥风险评估专家委员会和专家组的作用。加强风险交流，组织专家多"站出来"，为公众解疑释惑，普及农产品质量安全知识。

(六) 加快推动追溯体系建设

对质量追溯，各地都很重视，做了许多有益的探索，也取得了一些积极的进展。农业部已有明确的思路和总体的规划。2015 年重点建设国家农产品质量安全追溯管理信息平台，抓紧制定质量追溯制度、管理规范和技术标准，选择部分省市县和"三品一标"获证单位开展追溯试点，待取得经验后向全国推广。积极推动省、市、县三级农产品质量安全信息化建设，尽可能把纵向和横向的监管信息串联起来，贯通检测、认证、预警、评估、执法、追溯、标准化等全要素，不断提升农产品质量安全监管的信息化水平。

(七) 探索构建产地准出市场准入机制

按照农业、食药两部门合作协议，尽快打通农产品质量安全全程监管链条，着力构建产地准出和市场准入衔接机制。出台准出、准入指导意见，明确准出要求和准入条件，选择部分品种、部分市县和部分市场开展试点。探索建立产地质量证明制度，抓紧制定农产品产地质量证明管理办法和技术规范，将农产品生产企业、专业合作社、家庭农场、销售企业纳入试点范围，通过市场准入倒逼生产管理，全面落实生产经营者在质量安全方面的主体责任。要将准出准入、产地质量证明试点与企业自律结合起来，推进农产品质量安全信用体系建设，积极构建守信激励、失信惩戒机制。充分发挥社会监督作用，推动各地建立举报奖励制度，鼓励社会力量参与农产品质量安全监管和协同共治，形成全社会共同推进农产品质量安全的良好氛围。

（八）认真做好应急处置

目前，我国农产品质量安全问题仍处于高发、多发期，应急处置这根弦要时刻绷紧，绝不能放松。要完善各层级、各行业应急预案，加强应急培训演练，提高全系统的应急处置技能。强化舆情监测，对突发事件一定要早发现、早控制、早做工作，做到耳聪目明。对突发问题，要第一时间掌握情况、报告情况，迅速启动应急机制，实施果断处置。强化协调联动，坚持全国"一盘棋"，做到上下互动和部门联动，尽最大努力将可能产生的负面影响降到最低，维护公众生命安全，保护产业健康发展。坚持举一反三，善于化危为机，出了问题要吸取教训，把问题解决掉，把工作抓上去，把机制建起来。

（九）加强基层监管队伍能力建设

目前全国还有14%的地市、30%的县市没有建立监管机构，乡镇站所虽然都挂了牌，但大部分还难以实质性开展工作，加上运行经费缺乏、执法装备落后，基层监管能力弱的问题仍十分突出。2015年是"十二五"收官之年。农业部正在组织编制"十三五"农产品质量安全提升规划和农业执法监管能力建设规划，力争为各级争取一些必要支持政策和执法装备。各地也要抓住机遇，加强与发改、财政等部门沟通协调，将农产品质量安全纳入当地经济社会发展"十三五"规划。要加快推动地县监管机构建设，充实监管人员，落实监管经费，改善监管条件。推进乡镇监管机构的标准化建设和规范化运行，通过"特岗计划"为乡镇监管机构充实一批专业化的技术人员，鼓励有条件的地方配备村级协管员，切实解决监管"最后一公里"问题。做好农产品质检体系二期规划收尾工作，加强质检机构建设管理、计量认证和资质认可，确保"建得全、管得好、用得了、检得准"。按照大农业的架构和综合建设的思路，稳妥推进农业系统内

检测机构整合，贯通产前、产中、产后全过程。探索建立农业检测联盟，加强技术协作交流和协同配合，做大做强农业检测机构。加强基层监管人员培训，建立农产品质检人员国家职业资格证书制度，提升基层监管、检测、执法人员的能力素质和业务水平。

（十）加强制度建设和机制创新

按照与《食品安全法》并行衔接的原则，加快推动修订《农产品质量安全法》。深入开展调查研究，总结提炼各地好的经验做法，尽可能将其上升为制度纳入《农产品质量安全法》。加快农药、肥料、畜禽屠宰、转基因等相关法规的修订进程，跟进制定相关的配套规章，力求实现农产品质量安全全程监管有法可依、有章可循。创新农产品质量安全监管机制，加强内部协调，种植、畜牧、渔业等各行业间要心往一处想，劲往一处用。推进部门合作，食品安全监管体制改革后，直接的监管部门虽然少了，但从"农田到餐桌"涉及的方面一个也没有少，必须树立"一盘棋"的思想，该履职的认真履职，该向前的主动向前，该配合的全力配合，确保形成监管合力。建立联动机制，中央和地方要加强联动，地区和地区之间要加强协作，防止信息不沟通，各行其是。农技推广与质量安全监管、执法与检测、质量安全执法与综合执法间要加强有机衔接，形成良好的协调配合机制。

最后，我再谈谈生猪屠宰问题。2014年，各级农业部门一手抓监管职责调整，一手抓屠宰行业监管，取得明显成效。全国有31个省份完成省级职责调整，省级屠宰监管体系基本建立。全年共出动执法人员36万人次，清理关闭不符合条件的生猪定点屠宰场1387个，查处屠宰违法案件3386件，畜禽屠宰监管执法得到明显加强。2015年，各级农业部门要继续高度重视畜禽屠宰监管工作，深入推进市县级畜禽屠宰监管职责调整，继续抓好生猪定点屠宰场清理整顿，按照9部委文件的要求，扎实做好屠宰企业资格审核工作，不符合条件的限期整改，整改后仍不达标的坚决予以取缔。要持续开展生猪屠宰专项整治，严查私屠滥宰窝点、严打注水行为，要保持高压态势，敢于"亮剑"、善于执法，对生猪屠宰违法行为，发现一起、惩处一起，决不手软。

农产品质量安全监管任务十分艰巨，我们要进一步强化责任意识，勇于担当，再接再厉，坚持"一张蓝图绘到底"，以"钉钉子"的精神扭住不放，增强创新思维，采取更加有力措施，推动农产品质量安全工作再上新台阶，给党和人民交上一份满意的答卷。

（本文为作者于2015年1月22日在"全国农产品质量安全监管工作会议"上的讲话，略有删改）

认真总结经验　加强环境治理
推进标准化规模养殖和粪污综合利用

农业部副部长　于康震

这次会议的主要任务是深入贯彻落实现代畜牧业建设工作会议和全国农业生态环境保护与治理工作会议精神，总结畜禽标准化规模养殖发展取得的成效和经验，主动适应推进标准化规模养殖和粪污综合利用的新形势、新任务和新要求，部署今后一段时期重点工作。下面，我讲四点意见。

一、畜禽标准化规模养殖发展成效显著

发展畜禽标准化规模养殖，是建设现代畜牧业的必由之路，也是农业部推进畜牧业发展方式转变的主要举措。这些年来，我们坚持以发展标准化规模养殖为着力点，工作中突出"四抓"，全面提升畜牧业综合生产能力。一抓组织动员。制定发布《农业部关于加快推进畜禽标准化规模养殖的意见》，组织召开全国现场会，相互学习、借鉴交流，进一步统一思想，凝聚共识，推动工作。二抓政策落实。积极争取并实施了生猪、奶牛、肉牛肉羊标准化规模养殖场（小区）建设、畜禽标准化养殖项目，中央累计投入 310 亿元，支持超过 9 万个规模养殖场建设，有力提升了规模养殖现代化装备水平。三抓示范带动。通过组织实施畜禽养殖标准化示范创建活动，累计创建国家级畜禽标准化示范场 3 694 个，在全国范围内形成了"部省市县四级联创、层层递进"的互动氛围，打造了一大批标准化规模养殖发展的标杆，放大示范效应。四抓技术推广。通过总结提炼成熟模式、现场指导和集中培训，在生产中推广了一批高效、实用技术，进一步夯实了规模养殖发展的科技基础。

目前，发展标准化规模养殖已成为全行业的普遍共识，规模化、标准化、产业化理念深入人心，通过各级畜牧兽医部门上下联动，科研院所、产业体系、养殖场户横向互动，市场和政策共同推动，标准化规模养殖发展取得了显著成效。

1. 畜禽标准化规模养殖发展，提升了畜牧业综合生产能力　通过持续推进标准化规模养殖，畜牧业发展的规模化水平、设施化装备水平和生产水平明显提高。一是规模化发展上，2014 年生猪年出栏 500 头以上规模养殖比重达到 42%，蛋鸡年存栏 2 000 只以上规模养殖比重达到 69%，奶牛年存栏 100 头以上规模养殖比重达到 45%，分别比 2010 年提高 7 个、6 个和 14 个百分点。二是设施化装备上，自动化喂料饮水、圈舍环境控制、空气净化、自动清粪等先进设施设备得到广泛推广应用。目前，一个自动化的蛋鸡养殖场人均饲养蛋鸡在 1 万只左右，比传统条件下劳动生产率提高 1 倍以上。三是生产水平上，规模养殖场饲养的畜禽，在饲料转化率、生长速度、饲养周期和成活率等综合生产性能方面明显高于散养户。从全国平均水平看，一头能繁母猪年提供上市育肥猪约 14 头，管理水平较高的规模养殖场已经超过 20 头，接近或达到发达国家水平；荷斯坦奶牛年平均产奶量约 6 t，规模牧场奶牛单产水平不断提高，年产 9 t 以上的高产奶牛超过 130 万头。

2. 畜禽标准化规模养殖发展，保障了畜产品市场有效供给　当前规模养殖场户具备规模、技术、资金和管理等多方面的优势，抗市场风险和疫病风险能力强，弃养退市的可能性小，收益相对稳定。实践表明，规模养殖比重越高，生产波动的风险就越小，保障市场供给的基础就越稳固。据行业统计，2014 年年底全国生猪养殖场户总数约 4 000 万个，比 2010 年（6 170 万个）减少了 2 000 多万个，与此同时年出栏 500 头以上的规模养殖场发展到 26 万个，比 2010 年增加了 2.2 万个。可以说，正是生猪规模养殖的快速发展，填补了散户退出形成的产能缺口，即便是在近 3 年生猪市场持续低迷的情况下，部分养殖企业仍然逆势扩张，猪肉市场供给基本有保障，没有发生断档现象。2013—2014 年，家禽行业遭受了 H7N9 流感严重冲击，许多小规模养殖场户倒闭停产，全行业累计损失超过 1 000 亿元，但大部分规模养殖企业顶住了压力，度过了"寒冬"，种鸡生产能力得到有效保护，保证了禽产品市场的稳定供给。因此，规模养殖发展已逐步成为畜产品市场稳定供应的重要支撑，是保供给的"压舱石"。

3. 畜禽标准化规模养殖发展，提高了畜产品质量安全水平 随着规模养殖发展，畜禽粪污综合利用水平逐步提升，养殖环境条件不断改善，为保障畜产品质量安全奠定了良好的环境基础。同时，标准化规模养殖场质量安全风险管控的意识不断增强，在现代化装备条件基础上，严格按照《畜牧法》《农产品质量安全法》《兽药管理条例》《饲料和饲料添加剂管理条例》等法律法规的规定，建立养殖档案、健全防疫制度、规范投入品使用，生产管理突出标准化，有力地保障了畜产品质量安全水平。据农业部抽检，2014年养殖环节"瘦肉精"监测合格率达99.6%，生鲜乳三聚氰胺检测合格率连续6年保持100%。

4. 畜禽标准化规模养殖发展，夯实了一二三产业融合发展的基础 规模化是基础，产业化是方向。生产环节作为第一车间，标准化、规模化水平提高了，畜产品的品质和质量就有了保障，为全产业链融合发展创造了条件、提供了载体。近年来，随着畜禽规模养殖水平的不断提升，在产业化龙头企业的引领和带动下，通过订单合同、要素入股等形式，催生出一大批"公司＋规模户""公司＋基地""公司＋合作社"等产加销融合发展的经营模式，已成为提升我国畜牧业组织化程度的重要路径。目前，全国共有国家级畜牧业产业化龙头企业583个，占农业产业化龙头企业的47%；畜牧类合作经济组织17万个，占农业合作经济组织的28%。

二、要把畜禽粪污综合利用工作摆在现代畜牧业建设更加重要的位置

长期以来，畜牧业加快发展，对满足城乡居民畜产品消费需求、改善营养膳食结构、促进农民增收做出了重要贡献。但是，在畜产品市场供给基本得到保障之后，畜禽养殖带来的环境污染问题越来越突出，个别地区甚至触目惊心，生产问题解决了，环境问题出现了。随着畜禽养殖总量和养殖场户规模的不断扩大，畜禽粪污的产生量不断增加。据行业统计，全国每年产生38亿t畜禽粪污，综合利用率不到60%。2014年规模畜禽养殖化学需氧量和氨氮排放量分别为1049万t和58万t，占当年全国总排放量的45%和25%，占农业源排污总量的95%和76%。全国共有24个省份的畜禽养殖场（小区）和养殖专业户，化学需氧量排放量占到本省农业源排放总量的90%以上。综合分析，造成畜禽养殖污染的原因是多方面的。

从发展阶段看，相当长一段时期以来，我国畜牧业发展的主要目标是满足日益增长的畜产品消费需求，产业发展环境整体宽松，环境容量问题一直没有得到足够的重视，粪污处理的标准和要求也不统一。随着畜禽养殖总量的不断增加，粪污的产生量也不断累积增加。特别是近年来全社会环境意识不断增强，法律法规等硬约束相继出台，长期积累的畜禽养殖污染问题越发凸显出来。

从畜禽生产方式看，当前畜牧业传统分散的养殖方式仍占主体，生猪散养比重接近60%，散养户大多在房前屋后饲养畜禽，散养密集区是形成面源污染的重要隐患；相当一部分规模养殖场户设施化装备水平低，粪污处理基础设施设备和工艺技术缺乏，环保意识不强，也是畜禽养殖污染的重要来源。

从粪污处理水平看，近年来，各地涌现出多种针对不同畜种、不同养殖规模的粪污处理模式，形式多样，但真正大面积推广的经济高效的处理模式不多。一方面原因是技术模式不成熟、不完备。干粪好利用，污水难处理，沼气、沼渣、沼液利用技术工艺不配套，技术上的缺陷往往容易造成二次污染。另一方面原因是经济上不可行。不仅固定资产投入大，而且运行成本昂贵，让一些养殖场户望而却步。

当前畜禽养殖污染已经成为农业面源污染的重要来源，不容忽视、不可回避，破解粪污综合利用难题迫在眉睫、必须正视。在当前中央关注、群众关心、行业关切的大背景下，各级畜牧兽医部门务必迎难而上、主动作为，深刻认识加强畜禽粪污综合利用的重大意义，切实增强紧迫感、责任感和使命感。

1. 贯彻中央有关生态文明建设决策部署的需要 党的十八大把生态文明建设纳入中国特色社会主义事业"五位一体"总体布局，提出大力推进生态文明建设。《中共中央国务院关于加快推进生态文明建设的意见》对加大规模化畜禽养殖污染防治力度提出明确要求。习近平总书记对生态文明建设提出了一系列新思想、新论断、新要求，强调"保护生态环境就是保护生产力，改善生态环境就是发展生产力"。中央的决策部署、习近平总书记系列重要讲话精神，为加强畜禽粪污综合利用指明了方向、提供了遵循。

2. 落实《畜禽规模养殖污染防治条例》等法规政策的需要 2014年1月1日施行的《畜禽规模养殖污染防治条例》赋予农牧部门"畜禽养殖废弃物综合利用的指导和服务"的职责，明确了一系列畜禽养殖废弃物综合利用政策扶持和激励引导措施。国务院《水污染防治行动计划》对畜禽养殖污染防治工作提出了明确的任务和时间要求。"十二五"开始，国家把畜禽养殖污染纳入主要污染物总量减排范畴，并将规模化养殖场（小区）作为减排重点。农业部党组对畜禽粪污综合利用问题高度重视，韩长赋部长多次作

出重要批示。《农业部关于打好农业面源污染防治攻坚战的实施意见》将畜禽粪污基本实现资源化利用纳入"一控两减三基本"（"一控"，即严格控制农业用水总量；"两减"，即减少化肥和农药使用量；"三基本"，即畜禽粪便、农作物秸秆、农膜基本资源化利用）的目标框架体系，成立了工作领导小组，专门制定了推进畜禽粪污综合利用的工作方案和行动方案，合力推进畜禽粪污治理。

3. 顺应人民群众热切期盼的需要　随着经济的发展和人民生活水平的提高，社会公众生态环保意识不断增强，人民群众过去"盼温饱"现在"盼环保"，过去"求生存"现在"求生态"。加强畜禽粪污治理与人民群众生活息息相关，是重大民生问题。一方面，由于粪污处理不到位，一些养殖场周边村民生产生活环境受到污染，群众日常生活受到影响，反映强烈，这类报道屡见不鲜；另一方面，广大消费者从动物福利、健康消费等不同角度，也对畜禽养殖环境控制提出越来越高的要求。顺应人民群众对畜禽粪污治理的新期待，以更加务实高效的作风维护人民群众的环境权益，既是我们行业管理部门的新任务，也是我们行业管理部门拓展工作的新领域。

4. 畜牧业实现可持续发展的需要　畜禽粪污综合利用是破解畜牧业资源环境约束，推进现代畜牧业建设的现实需要和战略选择。在全国大力推进畜禽标准化规模养殖发展、加快转变畜牧业发展方式的关键阶段，畜禽养殖污染已成为制约现代畜牧业发展的重要瓶颈，这种局面若不彻底加以改变，畜牧业持续健康发展的根基就将动摇。因此，必须举全行业之力，积极探索多种形式的畜禽粪污综合利用模式，努力走出一条与生态文明建设要求相适应的现代畜牧业可持续发展道路。

三、推进畜禽粪污综合利用应把握好几个重点问题

近年来，畜产品总量稳定增长，规模养殖比重持续提高，畜牧业规模化、标准化、产业化水平不断提升，综合生产能力和自我发展能力显著增强，解决畜禽粪污处理问题，时机已经成熟，条件已经具备。我们要认真贯彻落实党中央、国务院的部署，坚持辩证法、坚持两点论，统筹兼顾生产生态两大目标，以粪污综合利用为核心强化畜禽养殖污染治理，以产业转型升级为手段破解产业发展困局，促进畜牧业生产与环境保护协调发展。此外，病死畜禽和畜禽粪污都是畜禽废弃物的主要来源，工作中要因地制宜，把病死畜禽无害化处理和畜禽粪污综合利用结合起来统筹考

虑。推进畜禽粪污综合利用，重点要把握好四个方面问题。

1. 要始终坚持保供给、保生态的根本任务不动摇　吃饭问题始终是关系人民群众生存和发展的头等大事。保障肉蛋奶等畜产品市场有效供给，始终是畜牧业发展的根本任务。随着经济发展和城镇化水平的提高，未来一段时期畜产品消费需求仍将刚性增长，畜牧业保供给的压力将长期存在。但是，我国畜禽养殖业规模比重低，大部分中小规模养殖场设施水平不高，畜牧业综合生产能力的基础仍不稳固，一旦出现滑坡短期内难以恢复。近几个月生猪价格恢复性上涨，既是价格规律周期性波动的体现，也与个别地区大幅调减养殖规模、禁养限养有一定的关系。当前及今后一段时期，推进畜禽标准化规模养殖发展的方向不能改变，保护畜牧业综合生产能力的基调不能偏离。要准确、科学把握畜禽养殖污染防治工作推进的力度和节奏，畜牧业发展不能以牺牲生态环境为代价，但更不能片面强调畜禽养殖污染治理，超越现阶段畜牧业发展实际，提出过高的标准和要求，从而影响畜产品供给。目前，个别地区片面强调生态环境保护，简单限制甚至禁止畜牧业发展，畜禽养殖量大幅下滑，猪肉等主要畜产品自给率显著下降，应当引起各地高度重视。

特别是那些作为生猪主产区和调出区的水网地区，承担着主要大中城市的猪肉供给任务。针对水网地区的特殊性，我们要坚持发展生产和保护环境并重、环境优先的基本思路，工作中要避免简单化"一刀切"。据了解，有的地方生猪养殖快速萎缩，总量调减超过50%。对这些环境敏感区域，划定禁养区、调减养殖规模，对保护环境有重要意义，但不能简单化，更不能一禁了之、一减了之，还要科学规划重点发展区域，确保畜产品自给率保持在合理水平。

2. 要始终坚持种养一体、农牧结合的根本出路不动摇　养殖污染不同于工业污染，前者往往是可逆、可转化的过程；畜禽粪污不同于工业污染物，是可降解、可利用的宝贵资源，不能简单套用治理工业污染的思路和方法来治理畜禽养殖污染。实践表明，一些大型养殖企业投入大量资金，按工业化模式建设污水处理设施，期望实现达标排放，最后因投入和运行成本太高，最终不得不放弃。目前，我国畜禽粪污综合利用率低与土壤有机质持续下降并存，养殖有肥料，种植有需求，要把农牧结合、循环发展作为破解畜禽养殖污染难题的重要手段，努力打通畜禽粪污还田利用通道，促进粪污综合利用，实现变废为宝。金林原种畜牧有限公司就是一家集生猪养殖、饲料加工、茶叶生产、水产养殖、苗木培育于一体的科技环

保型农牧结合的现代农业企业。从了解的情况看，河南作为畜牧业主产区在这方面处理得比较好，起到了很好的表率作用。他们立足畜禽粪污综合利用，大力发展生态循环畜牧业，既解决了环境污染问题，又推动了产业转型升级，全省畜产品产量保持稳定增长。

3. 要始终坚持扶持引导、疏堵结合的政策导向不动摇　我国畜禽规模养殖场发展水平参差不齐，大型产业化龙头企业落实畜禽养殖污染治理主体责任有实力、有条件，中小规模养殖场粪污处理利用设施建设能力不足，改造升级需要经过一个相当长的过程。总体看，畜牧业是一个弱质产业，畜禽养殖场户是弱势群体，迫切需要政府进行必要的扶持和引导，保护其发展畜牧业生产的积极性，切忌操之过急、简单粗暴、一禁了之、一关了之。既要认真贯彻《畜禽规模养殖污染防治条例》，督促大型畜禽养殖企业履行主体责任，切实做到粪污综合利用；又要探索建立企业、政府、社会多元化投入机制，积极推动出台以奖代补等激励措施，强化政策引导，加强技术指导服务，循序渐进，持之以恒，构建长效机制，为促进畜禽粪污综合利用提供有力支撑。

4. 要始终坚持重点突破、试点先行的工作方法不动摇　畜牧业发展到目前的规模不是一朝一夕的事情，解决畜禽养殖污染问题也不可能一蹴而就。因此，针对我国畜禽养殖污染防治面临的严峻形势，要坚持问题导向，抓住主要矛盾和矛盾的主要方面，突出主要任务和关键环节，分门别类研究解决问题的路径，开展试点示范，以点带面，推动全行业养殖污染问题逐步得到解决。各地要坚持因地制宜，积极探索与本地区经济社会发展水平相适应的畜禽粪污处理有效模式、实用技术和体制机制，在养殖主体上要突出中小规模养殖场，在畜种上要突出生猪和奶牛，在区域上要突出养殖密集区和重点水网地区，在技术研集成上要突出污水的无害化处理。

四、努力实现畜牧业生产发展与生态环境保护"双赢"

全国现代畜牧业建设工作会议提出，畜牧业要在现代农业建设中率先实现现代化。治理畜禽养殖污染，提升标准化规模养殖水平，促进畜禽规模养殖与环境保护协调发展，是建设现代畜牧业的基本要求。今后一个时期的工作思路和目标是：立足生态文明建设和现代畜牧业建设的总体部署，全面贯彻《畜禽规模养殖污染防治条例》，以畜禽养殖标准化示范创建活动为抓手，以畜禽粪污综合利用为核心，以农牧结合、种养平衡、生态循环为基本要求，持续推进规模化、标准化、生态化畜禽养殖，加快推进畜牧业转型升级，走产出高效、产品安全、资源节约、环境友好的现代畜牧业发展道路。经过全行业共同努力，力争2020年规模养殖场配套建设粪污处理设施比例达75%以上，畜禽粪污基本实现资源化利用。为此，要全力以赴抓好六项重点工作。

1. 调整优化畜牧业生产布局　推进农业结构调整，优化畜牧业区域布局，要重点抓好三个调整。一要根据消费需求变化，推进畜产品结构调整。从消费趋势看，猪肉消费增速下降，牛羊肉和奶类消费仍将保持较快增长。各地在编制"十三五"畜牧业规划的过程中，要认真分析畜产品消费需求变化趋势，按照稳生猪促牛羊的思路加快畜牧业结构调整。二要根据土地承载能力和环境容量，推进生猪区域布局调整。目前，农业部正在组织编制《重点水网地区生猪区域布局规划》，水网地区生猪主产县要以规划为指导，超过环境容量的要坚决调减。其他地区也要按照生产生态统筹兼顾的总体要求，根据环境承载能力和土地消纳能力，科学布局生猪生产，引导生猪养殖向东北、西北地区转移。三要根据饲草料需求，推进粮饲结构调整。要按照种养结合、粮饲兼顾的思路，重点调整高纬度、干旱区的籽粒玉米种植面积，发展青贮玉米，把"粮仓"变为"肉库"和"奶罐"。2015年，中央财政安排3亿元资金，在30个县开展粮改饲发展草食畜牧业试点示范，各地要切实抓好落实。

2. 持续推进标准化规模养殖　畜牧业加快转型升级，必须坚持发展畜禽标准化规模养殖的工作重心不动摇，使标准化规模养殖发展水平在现有"量增"的基础上实现"质变"的飞跃，在发展内涵上体现"四个"更加注重：一是更加注重标准化。在继续提升规模化比重的同时，重点支持发展种养结合的适度规模养殖，在设施工艺的科学化和经营管理的精细化方面下功夫，提升标准化生产水平。二是更加注重集约化。加大智能化、精准化、网络化设施装备的研发推广，在节约土地、饲料等资源上下功夫，强化科技支撑，降低养殖成本，提高生产效率。三是更加注重产业化。加快推进畜牧业全产业链发展，大力培育养殖大户、家庭农场、农民专业合作社、龙头企业等新型经营主体，在屠宰加工企业与规模养殖场对接上下功夫，完善产加销各环节利益联结机制，实现互利共赢融合发展。四是更加注重生态化。鼓励发展生态循环养殖，引导规模养殖场配套粪污消纳用地，在畜禽粪污综合利用方面下功夫，打通资源循环利用的通道，促进生产生态协调发展。

3. 探索改进养殖工艺和粪污处理技术 围绕源头减量，重点是支持开展标准化规模养殖场改造，推广干清粪方式和节水工艺，推进畜禽清洁养殖，实行固液分离、雨污分离，最大限度减少粪污特别是污水产生量，降低后端粪污综合利用难度。一是围绕过程控制，重点是支持规模养殖场配套建设粪污无害化处理和综合利用设施，加快研发畜禽粪污肥料化、能源化利用技术，全面总结提炼投资少、处理效果好、运行费用低的畜禽粪污综合利用模式。二是围绕末端循环利用，重点是加强典型示范，提高有机肥使用的积极性，推行农牧结合、循环利用。同时积极探索养殖废水深度处理、安全回用技术，节约养殖用水量。据了解，玉林市奇昌种猪养殖有限公司的高架网床生态循环养殖模式，自主研发节水养殖工艺和微生物菌剂，推行养殖全程免冲水，底层粪污自动堆积发酵，用水量减少 90%，生猪抗病力提高，育肥猪提前 10～15 d 出栏，实现了养殖效益和生态效益双提升。

4. 加强试点示范引领 试点示范是推进标准化规模养殖和畜禽粪污综合利用的重要抓手。要深入开展畜禽养殖标准化示范创建活动，以"五化"为核心，继续遴选一批高质量的标准化示范场，发挥示范场辐射引领作用，引导广大养殖场户发展适度规模标准化养殖，以点带面提升规模化、标准化水平。继续实施畜禽粪污资源化利用试点项目，积极争取扩大项目实施区域，围绕生猪、奶牛等主要畜种，加强典型示范引导，总结推广一批可复制的商业化畜禽粪污综合利用模式，形成一批在清洁生产、无害化处理、综合利用方面有特色、有亮点的示范点，探索建立布局合理、规模适度、农牧结合、循环发展的畜禽粪污综合利用机制。比如，《人民日报》报道了福建南平市延平区创新机制，推行生猪养殖面源污染第三方治理的做法，延平区支持第三方企业对区域内重点流域畜禽粪污进行集中处理，流转周边土地建设生态农业示范基地，畜禽养殖粪污全部还田利用，现代特色农业加快发展，流域水质明显改善。

5. 强化政策扶持力度 今后一段时期，政策支持要从单纯注重量增长向生产生态并重转变，突出稳定畜产品有效供给和促进畜禽粪污综合利用两个主攻方向。一方面，要加大对畜禽标准化规模养殖的支持力度，持续提升规模养殖场的市场竞争力。继续实施标准化规模养殖扶持项目，逐步完善项目支持重点和实施方式，支持生猪、奶牛、肉牛肉羊规模养殖场

改造和重建。同时，进一步创新投入方式，充分发挥财政资金的撬动和引导作用，吸引金融和社会资本投资建设标准化规模养殖场。另一方面，要加强政策顶层设计，努力构建畜禽粪污综合利用政策框架体系。探索通过基础设施建设、财政补贴、金融扶持等手段，支持养殖场户开展畜禽粪污综合利用。以水网地区畜禽养殖密集区为重点，积极探索采取 PPP 模式，建立专业化生产、公司化运营的畜禽粪污集中处理中心，引导社会资本参与粪污综合利用。加大畜禽粪污处理设施设备农机购置补贴力度，提高畜禽粪污处理利用的设施化水平。要推动建立有机肥生产和使用补贴制度，激励引导农民使用有机肥，既解决畜禽粪污的出路问题，又提升耕地有机质含量。

6. 创新工作方式方法 一要加强部门合作。探索建立环境保护、畜牧等多部门协调联动机制，形成工作合力，共同推进畜禽养殖污染防治。要积极主动加强与财政、发改、国土、税务等部门的沟通协作，推动《畜禽规模养殖污染防治条例》规定的各项激励政策措施尽快落地见效。二要加强技术指导。针对影响畜禽养殖效益的良种选择、饲料营养、科学管理、设施装备、疾病控制等关键环节，以中小规模养殖场户为重点，加强技术服务指导，采用养殖场户能够听得懂、学得会的方式，推广普及先进适用技术，提高畜禽标准化规模养殖生产水平，提升畜牧业生产效率。三要加强舆论引导。充分利用电视、报刊、网络等多种媒体，大力宣传畜禽标准化规模养殖取得的成效，大力宣传粪污综合利用的有效模式和典型经验，加强《畜禽规模养殖污染防治条例》等法律法规宣传，进场入户开展宣讲，提高养殖场户守法意识和环境保护意识，督促养殖企业落实主体责任，共同营造推进畜禽粪污综合利用的良好工作氛围。

解决好畜禽养殖污染问题，事关生态文明建设，事关打好农业面源污染防治攻坚战，事关畜牧业可持续发展。统筹推进畜禽标准化规模养殖和粪污综合利用，任务艰巨，使命光荣。各级畜牧兽医部门要进一步统一思想，提高认识，科学谋划，务实进取，努力实现现代畜牧业建设和畜禽规模养殖污染治理的"双赢"。

（本文为作者于 2015 年 10 月 15 日在"全国畜禽标准化规模养殖暨粪污综合利用现场会"上的讲话，略有删改）

总结经验　研判形势
扎实做好全国粮食流通工作

国家粮食局局长　任正晓

这次全国粮食流通工作会议是经国务院批准召开的。会议的主要任务是：深入贯彻党的十八大和十八届三中、四中全会精神，认真落实中央经济工作会议、中央农村工作会议精神，总结交流 2014 年粮食流通工作，分析研判面临的新形势，研究部署 2015 年工作任务，表彰全国粮食系统先进单位和先进个人。下面，我讲四点意见。

一、2014 年粮食流通工作取得新成绩

2014 年粮食市场形势错综复杂、收储压力前所未有、改革发展任务艰巨繁重，在党中央、国务院的坚强领导下，各级粮食部门深入学习贯彻习近平总书记关于保障国家粮食安全的一系列重要讲话精神，认真贯彻落实国务院第 52 次常务会议的决策部署，切实抓好粮食收储保供，扎实推进"五项改革"，大力实施"两项工程"，较好地完成了各项工作任务，为促进经济社会持续稳步发展做出了新的贡献。

（一）抓收购、保供给、稳市场取得新成绩

各地把粮食收储作为各项工作的重中之重，在主产区粮食收储压力大的情况下，产销区团结协作，积极采取促销减库、建仓扩容、跨省移库、产销衔接等多项措施，有效缓解粮食收储矛盾，避免发生农民"卖粮难"。全年各类粮食企业的粮食收购量首次突破 3 500 亿 kg，总量达 3 649 亿 kg，与去年同比增加 204.5 亿 kg，其中最低收购价和临时收储粮食 1 239 亿 kg，与去年同比增加 407 亿 kg。各地认真落实国家粮食收购政策，通过提价托市、增加收购、优质优价、整晒提等、产后减损等措施，促进种粮农民增收 550 亿元以上。开展粮油库存清查和整治"转圈粮"专项行动，严格政策性粮食收购和销售出库监管，严肃查处涉粮案件，有效保护种粮农民利益，维护粮食库存安全。积极稳妥推进重金属超标稻谷处置工作，出台实施粮食质量安全事故应急处置预案。全年政策性粮食竞价成交 526.5 亿 kg，跨省移库 100 亿 kg，积极推进产销衔接，省际间粮食流通量达 1 650 亿 kg。

各地市场粮源充裕、供应充足，有效保证了军需民食，维护了粮食市场稳定。

（二）深化粮食流通领域改革取得重要进展

在粮食流通管理体制改革方面，国务院去年年底出台了《关于建立健全粮食安全省长责任制的若干意见》，进一步明确了省级人民政府在粮食安全方面的事权和责任，实现了理顺粮食流通管理体制的新突破。这个重要文件既管当前，也利长远，对全面贯彻落实国家粮食安全战略、做好新常态下的粮食工作意义重大，影响深远，为全面深化粮食流通改革、全面推进依法治粮奠定了重要的制度基础。各地把进一步落实粮食安全责任作为深化改革的中心任务，山西、云南、广东等省将粮食安全责任全面纳入各级政府目标责任考核体系，浙江、宁夏、广西、湖南、辽宁、江苏等地分别采取逐级签订粮食安全责任书、建立粮食安全监督考核机制等办法，全面落实粮食安全责任。

1. 粮食收储和储备管理机制改革方面　经国务院同意，国家有关部门重新核定下达了地方粮食储备规模，进一步完善了管好用好地方储备粮的制度规定。积极探索政策性粮食收购"四共同"机制，中央和地方两个积极性得到有效发挥。中央储备粮的日常管理和监管工作得到加强，组建国家粮食交易协调中心，推进全国统一的竞价交易平台建设，进一步增强服务宏观调控的能力。

2. 国有粮食企业改革方面　基层国有粮食企业产权制度改革积极推进，"一县一企、一企多点"改革模式取得实效，安徽、湖北、黑龙江、四川等地粮食行业混合所有制经济发展势头良好，全年国有粮食企业统算盈利 56.15 亿元，连续 8 年保持盈利。农民社区粮行、大众主食厨房、放心粮油超市、粮油电商网购等新型产业模式和经营业态快速发展，吉林、河北、江苏、浙江、河南、重庆、陕西、青海、新疆等 17 个省份发展"粮食银行"350 家，在新型城镇化和农业现代化建设中发挥了积极作用。

3. 粮食行政管理机制改革方面　国家粮食局大

幅减少并及时公布行政审批事项，深入推进机关工作制度和运行机制改革。北京、上海、浙江、安徽、山东粮食局制定公布行政权力清单，规范简化行政审批程序，湖北省全面解除粮食企业与各级粮食局的依附关系，各地粮食行政管理部门大力推进政企分开，职能转变取得实效。

4.粮食流通统计制度改革方面　出台了统计改革实施意见和新的统计制度，大幅精简统计指标，整合优化统计报表，推行"一企一表"和网上直报，提高统计质量和报送效率。在深化改革的同时，积极扩大对外开放，加强国际交流与合作。国家粮食局成功主办APEC粮食安全伙伴关系机制（PPFS）各项活动，与农业部共同主办APEC粮食安全部长级会议，取得了丰硕成果。各地积极引导粮食企业"走出去"，参与国际竞争的能力得到增强。

（三）"粮安工程"建设取得新成效

认真编制"粮安工程"建设规划。国家粮食局会同有关部门拟定新建千亿斤仓容建设方案，已下达325亿kg建设任务。中央财政"危仓老库"维修改造补助资金增加到20亿元，重点支持省份扩大到12个，已完成维改仓容554亿kg。中央补助投资8亿元支持粮食现代物流项目和粮食质量安全检验监测能力建设。据统计，去年中央财政对粮食行业各类设施建设投资达54.5亿元，直接带动各地财政及社会投资234亿元，极大地促进了粮食仓储物流设施建设。粮食应急体系初步建成，在保证云南鲁甸、景谷及四川康定地震和海南"威马逊"台风等灾区粮食供应中发挥了关键作用。粮食信息化建设积极推进，库存粮食识别代码试点进展顺利，粮食储运监管物联网应用示范工程取得阶段性成果。年内为农户配置科学储粮装具140万套，累计达到817万套，储粮新技术、散粮运输、适度加工积极推广，节粮减损取得新成效。成功举办"世界粮食日暨全国爱粮节粮宣传周"和"粮食科技周"活动，爱粮节粮进家庭、进学校、进企业、进机关、进军营取得实效，全社会爱惜粮食、反对浪费意识明显增强。

（四）科技兴粮、人才兴粮工程迈出新步伐

召开全国粮食科技创新大会，认真贯彻国家创新驱动发展战略。中央财政安排粮食公益性行业科研专项经费1.5亿元，安全绿色储粮、粮食质量安全、粮食流通及信息技术、加工及节粮减损技术等7个重大项目研究进展顺利。加快推进粮食产后领域"国家工程实验室"建设，成功开发以横向通风为代表的粮食储藏成套新技术和小麦真菌毒素生物降解技术。发布实施粮油储藏技术规范、牡丹籽油等一批国家和行业标准，首次由我国组织修订的国际谷物标准《小麦规格》获得国家标准创新贡献一等奖。大力实施人才兴粮工程，制定实施人才体制改革实施意见，积极推进行业职业技术教育，加强校企联手培养专业技术人才，全行业培训干部职工27万人次，9 171人取得国家职业资格证书。

（五）党的建设和党风廉政建设扎实推进

各级粮食部门深入学习贯彻习近平总书记系列重要讲话，严格落实党要管党、从严治党的要求，扎实推进党的建设工作。深入贯彻落实十八届中央纪委第三、第四次全会精神，按照全国粮食系统党风廉政建设工作会议的部署，坚持党风廉政建设和反腐败工作与粮食流通工作"四同步"一起抓。认真落实党风廉政建设主体责任和监督责任，规章制度进一步健全。严格落实中央八项规定精神，持之以恒纠正"四风"，严肃查处少数党员领导干部违反中央八项规定精神的行为。国家粮食局组织开展了以知纪、守纪、执纪为主题的"党的纪律学习教育月"活动。各地粮食部门加强党的纪律教育，积极参加第二批党的群众路线教育实践活动，国家和省级粮食部门加强调研指导，上下联动，巩固和拓展教育实践活动成果。以纪念"四无粮仓"创建60周年活动为契机，大力传承和弘扬粮食行业"创业、创新、节俭、奉献"精神和"宁流千滴汗、不坏一粒粮"的光荣传统。认真践行社会主义核心价值观，召开全国粮食系统文化建设座谈会，积极推进粮食文化建设。各级粮食部门在机关政务事务建设、行业社团组织管理和老干部工作等方面都取得了可喜的成绩。

二、深刻认识新常态，准确把握粮食流通工作面临的新形势

习近平总书记在中央经济工作会议上深刻阐述了我国经济发展进入新常态的科学内涵、变化趋势和重要特征，强调面对新常态，我们观念上要适应，认识上要到位，方法上要得力，否则很难与时俱进抓好经济工作。李克强总理在中央农村工作会议上强调，我国农业全面进入转变发展方式的新阶段，要坚持把保障国家粮食安全作为我国农业现代化的首要任务，确保谷物基本自给、口粮绝对安全。我们一定要把思想和行动统一到中央关于经济社会发展和"三农"工作形势总体判断和决策部署上来，深刻认识我国经济发展新常态，深入研判粮食市场运行新特征，准确把握粮食流通发展新趋势，始终赢得粮食流通工作的主动权。

（一）粮食市场运行呈现内外融合、矛盾交织的新特征

当前，世界经济仍处于深度调整期，国内经济处

于"三期叠加"，宏观经济形势对粮食市场特别是对粮食消费需求的影响显著加深。近年来，国际、国内同时呈现粮食供给宽松态势，粮食库存消费比大幅提升。联合国粮农组织预测，2014 年度世界谷物产量将达 25 320 亿 kg，再创历史新高；国家统计局发布，2014 年国内粮食产量 6 070 亿 kg，为历史最高年产。在我国经济结构战略性调整加速推进，粮食贸易全球化、粮食购销市场化程度不断加深的背景下，国内粮食市场运行的各种矛盾交织累积，集中表现为三个方面的矛盾。

1. 粮食供求总量紧平衡与部分品种阶段性过剩的矛盾　一方面，受耕地、淡水等资源环境约束，粮食连续增产的难度越来越大，而随着人口增加、消费结构升级、城镇化进程加快，粮食需求将继续刚性增长，"紧平衡"将成为我国粮食供求的长期态势。另一方面，国内粮食生产连年丰收，而粮食需求增速放缓，粮食高产量、高收购量、高库存量"三高"叠加。特别是玉米连续增产和消费需求持续下降同步出现，产需走势逆向而行，阶段性过剩特征十分明显。稻米市场也呈现供大于求，销售不畅。

2. 托市价格面临双重挤压与保护粮农利益的矛盾　国内粮价受托市收购价格支撑长期维持高位，但持续 10 多年的国际农产品价格上涨周期已经结束，价格大幅跌落，使得国内粮价居于"高地"。目前广东港每吨国产玉米、大米、小麦分别比同品种进口完税价高出 750 元、900 元和 500 元左右，玉米价差甚至一度超过 1 000 元，三大谷物品种配额外进口（缴纳 65％关税）的价格逼近"天花板"。与此同时，国内粮食生产成本"地板"不断抬高。在这种双重挤压的状况下，单纯依靠敞开收购、提高托市收购价格来保护农民种粮积极性的空间越来越小、效应越来越弱，现行粮食收储政策体制面临前所未有的挑战和考验。

3. 适度利用国际粮食资源与进口粮食冲击国内市场的矛盾　在坚持立足国内的前提下适度进口，是保障我国粮食安全的战略措施和有效手段。但据海关数据预计，2014 年粮食进口量将突破 9 500 万 t，其中大豆进口约 7 000 万 t。近些年，虽然三大谷物品种配额内进口得到有序管理，但高粱、大麦、酒糟粕、木薯干等非配额品种进口快速增加，2014 年这些替代效应明显的品种进口总量接近 2 500 万 t，挤占了国内玉米市场份额，加剧了产大于需的矛盾；大米除海关进口外，其他渠道低价进口数量依然不小，打破了国内稻谷产需基本平衡的格局，"稻强米弱"为期已久，稻米加工业经营困难。与此同时，我国粮食生产和库存分布呈现向核心产区集中态势，主产区

收储压力巨大，托市收购政策还将延续，政策性粮食库存连年"滚雪球"，财政负担越来越重。

如何适应我国经济发展新常态和粮食市场新形势，统筹运用好国际、国内两个市场两种资源，妥善解决进口压力大、国内困难多的矛盾，更好地保护种粮农民利益、稳定发展粮食生产、保持粮食市场稳定、保障国家粮食安全，是当前和今后一个阶段粮食工作面临的重大课题。

（二）粮食行业发展迈进改革转型、创新发展的新阶段

新中国成立以来，粮食行业在履行使命中前行，在历经改革中发展，为促进粮食稳产增产、帮助农民卖粮增收、保障粮食正常供应、维护社会稳定和谐发挥了无可替代的重要作用，行业发展取得了令人瞩目的成就。站在行业发展的历史新起点，我们应当看到，随着我国经济发展进入新常态，农业发展方式加速转变，新型城镇化和农业现代化加快推进，粮食生产和消费正在发生深刻变化，这对粮食行业经营理念、发展方式、管理模式等方面都产生了深刻影响，提出了新的要求。首先，农业结构调整深入推进，新型农业经营体系加快构建，城乡一体化快速发展，如何创新粮食收购模式和经营方式，更好地为三农服务，拓展经营空间，实现提质增效，是粮食行业必须破解的重大课题。其次，全面建成小康社会进程加快，新型城镇化深入推进，居民的膳食结构由数量温饱型向质量营养型转变，对粮食产品多样化、优质化要求越来越高，如何适应粮食消费群体、消费观念、消费方式变化，满足市场消费需求，实现行业转型发展，是粮食行业必须面对的重大挑战。最后，全球贸易一体化不断扩大，国际、国内粮食市场融合不断加深、竞争日趋激烈，如何应对内外交融、纷繁复杂的市场变化，有效运用国际粮食资源和科技成果，使粮食企业、粮食产业在"走出去""引进来"中融入国际粮食大市场，在参与国际市场竞争中赢得主动，实现新常态下的行业振兴，是粮食行业必须经受的重大考验。

党中央作出了全面深化改革、实施创新驱动发展的战略决策，国务院出台了建立健全粮食安全省长责任制的重大举措，粮食行业发展全面进入了改革转型、创新发展的新阶段。各级粮食部门必须认真贯彻落实党中央、国务院的决策部署，认清粮食行业发展的新阶段新特征，主动适应经济发展新常态和农业现代化发展新要求，积极作为，创新发展。要彻底摒弃"靠国家政策吃饭、靠政府投入发展"的依赖思想，彻底转变"坐等收粮、坐店卖粮"的传统经营方式，开辟行业发展新路径。要主动融入新型农业经营体

系，与种粮农户特别是家庭农场、农民合作社结成经营联合体和利益共同体，在服务三农过程中，赢得行业发展新契机。要积极创新经营业态，延伸产业链条，推进"食""粮"并进，增强市场竞争力。要破除粮食流通科学发展的体制机制障碍，破解影响产业发展的结构矛盾，推动粮食经济提质增效升级。要拓宽国际视野，在适应国际国内市场融合上展示新作为，充分运用国际先进管理理念和产业创新技术，更加持续可靠地保障国家粮食安全。

（三）粮食流通管理进入厉行法治、依法治粮的新时代

新中国成立后，为解决粮食紧缺问题，国家对粮食流通实行了特殊的管理体制，从 1953 年开始统购统销、1985 年实行合同定购、1993 年取消凭票购粮，到 2004 年全面放开粮食购销市场，同时对重点产区的重点粮食品种实行最低收购价和临时收储政策，60 多年来，粮食部门是从高度集中的计划管理体制和执行国家政策指令的环境中走过来的，既卓有成效地履行了行业使命，维护了国家粮食安全，也导致了粮食部门在思维方式、行为方式和监管方式上市场意识和法治思维的先天不足。近些年虽然在依法行政、依法管粮上进行了积极的探索和实践，但从上至下仍然程度不同地存在思维方式不适、依法意识不强、法律制度不全、执法能力不足和法治水平不高的问题。

党的十八届四中全会作出全面推进依法治国的重大决定。全面推进依法治粮、建设法治粮食，是当前和今后时期粮食部门贯彻落实全面推进依法治国战略部署的重大任务，粮食流通管理开始进入厉行法治、依法治粮的新时代。全面推进依法治粮是一场前所未有的深刻革命，各级粮食行政管理部门在思维方式上要实现由传统思维向法治思维转变，在行为方式上要实现由行政手段为主向以法律手段为主转变，在监督方式上要实现由单向监督向双向监督或多向监督转变。要更加自觉地用法治意识审视粮食流通改革发展问题，用法治思维凝聚粮食流通改革发展共识，用法治方式营造粮食流通改革发展环境，用法治办法破解粮食流通改革发展难题，用法治规范保障粮食流通改革发展成果，全面推进依法治粮，加快法治粮食建设，更好地担负起保障国家粮食安全的部门职责和行业使命。

三、主动适应新常态，扎实做好 2015 年粮食流通工作

2015 年是全面推进依法治粮、加快法治粮食建设的开局之年，是继续贯彻实施国家粮食安全战略、

深入推进粮食流通改革转型和创新发展的关键之年。全国粮食系统要全面贯彻落实党的十八大和十八届三中、四中全会精神，深入学习贯彻习近平总书记系列重要讲话精神，认真落实中央经济工作会议、中央农村工作会议的决策部署，坚持稳中求进工作总基调，主动适应经济发展新常态，全面落实粮食安全责任，全面深化粮食流通改革，全面推进依法治粮，全面加强"粮安工程"建设，加快实施创新驱动发展战略，加快转变粮食经济发展方式，加快推进粮食流通能力现代化，切实保障国家粮食安全，促进经济社会平稳发展。

（一）以全面落实粮食安全省长责任制为核心，进一步增强粮食安全保障能力

粮食安全省长责任制是贯彻国家粮食安全战略、保障国家粮食安全的一项基本制度，全面落实这一重要制度是各级粮食行政管理部门一项重要而紧迫的任务。各地粮食部门要认真学习、深刻领会《国务院关于建立健全粮食安全省长责任制的若干意见》精神，按照省级人民政府的安排部署，积极主动地推进粮食安全省长责任制的全面落实，既要认真落实好由粮食部门牵头负责的各项职责任务，也要主动为当地政府当参谋出主意，尽早研究提出本地区全面落实粮食安全责任制实施意见的建议，主动沟通协调有关部门建立健全相关配套措施，切实把粮食安全各项责任落到实处，全面增强粮食安全保障能力。

国家发展和改革委员会、国家粮食局将按照国务院的要求，积极会同有关部门研究制定监督考核办法，并定期组织对各地落实情况的考核。各地要从本地实际出发，不等不望，抓紧制定本地区的监督考核办法，切实做到各项责任可量化、可考核、可追究。会后，国家局将尽快印发工作指导意见，对粮食部门积极推动粮食安全省长责任制贯彻落实的工作提出具体要求。

（二）以抓收购、保供应、管库存为中心，切实保护种粮农民利益、维护粮食市场稳定

要把粮食收储工作摆在更加突出的位置抓紧抓好。继续执行好最低收购价和临时收储政策，抓好大豆目标价格改革试点区的收储工作。要督促收储企业严格执行质价标准和"五要五不准"收购守则，坚决防止出现农民"卖粮难"，绝不允许向售粮农民"打白条"。进一步采取建仓扩容、促销减库、跨省移库、腾仓并库等多种措施，鼓励和引导各类市场主体积极参与粮食收储，千方百计提高粮食收储能力。改进和创新粮食收储服务方式，积极为新型粮食经营主体提供烘干、收购、存储、加工、代销等产后服务。

认真落实国家粮食调控政策，切实保障粮食有效

供应，维护市场基本稳定。全面落实新增地方粮食储备规模计划。完善粮食储备吞吐调节机制，加强储备粮监管。组织好政策性粮食竞价销售和跨省移库，加强对政策性粮食出库的检查，积极支持粮食产销区发展长期稳定的合作关系。在确保口粮绝对安全的前提下，大力推动主产区粮食就地转化，变单纯调出粮食为调出粮食与加工转化产品并举，促进粮食仓储能力与加工转化能力有机结合，强化粮食收储、加工、销售产业链，激活粮食加工产业的巨大潜力。提升应急网点服务功能，满足各类突发事件和市场异常波动情况下的粮食应急需要，切实保障受灾地区粮食供应。

针对当前粮食库存总量大、露天储粮多、库点多元化等新情况，要突出抓好库存粮食监管特别是政策性粮食库存监管，切实守住"数量真实、质量良好、储存安全"的监管底线。认真汲取中储粮林甸、海林火灾等事故的教训，严格落实安全生产责任和管理制度，坚决杜绝重大安全责任事故发生。各地要切实加强粮食库存监管队伍和能力建设，完善中央事权粮食委托在地检查制度，创新库存检查组织形式和方式方法，提高监管工作质量和效率。

（三）以优化机制、激发活力、提高效率为重点，进一步深化粮食流通改革

各地要增强改革的积极性、主动性和创造性，在巩固去年改革成果的基础上，继续深化粮食流通各项改革。

1. 深化储备粮管理机制改革 要根据中央和地方两级储备的功能定位，建立中央储备和地方储备各司其职、协同互补机制，形成储备调控合力。各地要认真落实经国务院同意，由国家发展和改革委员会、国家粮食局等部门印发的《关于进一步增加地方粮食储备规模的通知》要求，着力加强地方储备管理。要强化政府粮食储备监管体系建设，做到运行规范、责任明确、约束到位，确保储备粮数量实、质量好、调得动、用得上。健全政府粮食储备吞吐调节机制，推进储备粮收购、销售、轮换等业务环节公开透明，使储备粮更好地服务粮食宏观调控。

2. 深化粮食科技体制改革 要按照国家科技体制改革的总体部署和《国家粮食局关于加快推进粮食科技改革和创新的意见》要求，坚持问题导向，紧扣行业需求，立足创新发展，统筹推进粮食科技体制改革。要着力转变科研管理方式，淡化行政管控意识，加强战略规划、政策法规、标准规范和监督指导，增强为科技发展服务的能力和水平。要改革科研项目形成机制，以科研创新能力、成果转化应用服务为导向，围绕粮食行业需求开展研究，提高科研成果产业化开发应用水平。

3. 深化粮食企业经营发展模式改革 深入推进县域国有粮食企业改革，加大企业兼并重组力度，优化资产结构，防止国有资产流失，增强发展活力，提高经济效益。除各级储备粮管理企业和军粮供应企业保持国有独资或控股外，其他国有粮食企业要积极探索发展混合所有制经济，推进粮食企业向集团化、规模化、产业化方向发展。促进"粮食银行"健康发展，加强风险防控，服务种粮农民。鼓励粮食企业加强对外交流与合作，积极引导和支持有条件的粮食企业"走出去"，培育一批有国际竞争力的大粮商，努力构建多元主体共同发力、保障国家粮食安全的新格局。

4. 加快推进粮食行政管理机制改革 按照发挥市场在资源配置中的决定性作用和更好发挥政府作用的总体要求，加快转变粮食行政管理职能，切实把工作重心转到优化公共服务、保障公平竞争、加强市场监管、维护市场秩序、弥补市场失灵上来，促进各类市场主体平等竞争、公平发展，充分激发各类市场主体的潜力和活力，有效撬动社会资本参与粮食基础设施建设，推动粮食行业可持续发展。

5. 抓紧推进统计制度改革 统计制度改革是粮食流通管理创新的重要突破口，实施新的统计制度对于加强新形势下全社会粮食流通管理、提高服务国家宏观调控的能力具有重要意义，各地要认真落实《关于深化粮食流通统计制度改革的实施意见》，整合统计职能，实行归口管理。要配备和充实统计人员，保障工作经费，加强督促指导，切实做到上下联动、整体协调推进，确保新制度的顺利实施和这项改革取得实效。

（四）以加强粮食法制建设为引领，全面推进依法治粮

建设法治粮食的根本任务，是要实现"全社会依法治粮、粮食行业依法管粮、粮食行政机关依法行政、粮食干部职工依法履职、粮食市场主体依法经营"，为推进粮食流通能力现代化、维护国家粮食安全提供强有力的保障。

1. 着力加强粮食法制建设 依法治粮，立法先行。要积极推进《粮食法》立法进程，加快粮食流通相关法规、规章及规范性文件的制定、修改和完善，加快构建与全面推进依法治粮要求相适应的法律制度体系。

2. 着力推进依法管粮 严格执行粮食法律法规，加强对粮食收购市场、政策性粮食购销活动、储备粮管理和粮食企业安全生产等方面的监督检查，严厉查处违规套利、坑害农民利益、损害国家利益等违法违规行为，做到有法必依、执法必严、违法必究。创新粮食质量安全监管方式，加强粮食收购和库存环节质量安全的检测监管，严禁不符合食品安全标准的粮食流入口粮市场。深入开展法制宣传教育，推动全行业全面树立法治意识，营造依法管粮氛围。

3. 着力推进法治机关建设 坚持"法定职责必须为、法无授权不可为"，既要从越位点退出，又要把缺位点补上，及时公布权力清单，全面推进政务公开，进一步健全依法决策、依法实施的机制。加快实现由管理国有粮食企业为主向管理全社会粮食流通转变，由以行政手段管理为主向以法律、经济手段为主转变，扎实推进依法管粮，切实做到不缺位、不越位、不错位。

4. 着力加强执法队伍建设 各级粮食行政管理部门的领导干部和执法人员要学法、遵法、守法、用法。严格实施粮食行政执法人员持证上岗和资格管理制度，严格落实粮食执法人员执法责任和责任追究机制，严格规范执法程序和自由裁量权，严格按照法定事权和职能配置执法力量，坚持公正文明执法，坚决纠正不作为、乱作为问题，坚决克服懒政、怠政现象，坚决惩处失职、渎职行为。

5. 着力规范市场主体经营行为 加快推进粮食经营者信用能力建设，建立全国统一的粮食经营者信用体系，褒扬诚信，惩戒失信，严厉查处欺行霸市、以次充好、缺斤短两等市场欺诈行为，维护正常的粮食流通秩序。加强对粮食经营企业落实最低最高库存制度的督促检查，引导市场主体自觉服从和服务于国家粮食宏观调控大局。充分发挥各级粮食行业协会和粮食专业组织的作用，加强行业自律，努力形成粮食行业守法诚信经营的良好环境。

（五）以全面实施"粮安工程"为载体，加快推进粮食流通能力现代化

粮食流通能力现代化是新型城镇化、农业现代化背景下确保国家粮食安全的必然要求，建设"粮安工程"是推进粮食流通能力现代化的重要抓手。国家有关部门联合制定的《粮食收储供应安全保障工程建设规划（2015—2020年）》即将印发实施，各地要建立由政府统一领导、粮食部门牵头、有关部门协同推进的"粮安工程"实施机制，结合实际制定规划落实方案，确保规划目标任务实现。

2015年要重点推进以下工作：一是扎实推进粮食仓储物流设施建设。加快500亿kg新仓建设进度，严格建设标准和质量要求，积极采用先进可靠的储粮新技术、新设备，提高粮食收储保障能力。要创新投融资方式，通过国家投资引导，带动社会资本投入粮食仓储设施建设。继续加强重要粮食流出、流入通道建设，完善优化物流节点布局，继续推进开通点对点

班列，提高散粮运输比重。做好全国粮食仓储设施专项调查工作，建立粮食仓储设施保护制度。二是加大"危仓老库"维修改造力度。各地要落实配套资金，加快工程进度，尽快提升仓储功能，改善储粮条件。统筹考虑将军粮供应网点纳入"危仓老库"维修改造项目。落实鼓励政策，引导企业在东北地区建设一批新型粮食罩棚。三是继续推进农户科学储粮工程。扩大农户科学储粮专项实施范围和规模，加大对主产区支持力度，推进大农户科学储粮仓建设，有针对性地解决好东北地区玉米"地趴粮"问题。四是积极推进行业信息化建设。应用现代信息技术，稳步推进"智慧粮食"建设，提高粮食流通现代化水平。制定统一标准，实现信息共享、业务协同和互联互通。积极运用识别代码和物联网等技术，强化粮食库存监管的科技支撑，加快建立粮食质量追溯体系，加强粮食质量检验检测能力建设。五是完善粮食应急体系。要巩固完善粮食应急保障网络体系，加快推进应急供应、军粮供应、成品粮储备、放心粮油、主食产业化"五位一体"融合发展。六是深入推进节粮减损行动。切实抓好粮食流通重点环节和重点单位的节粮减损工作，广泛开展"节约一粒粮行动"宣传教育活动，凝聚爱粮节粮正能量，确保节粮减损取得新成效。

2015年是实施"十二五"规划的收官之年，要在全面完成"十二五"规划任务的同时，抓紧编制粮食行业"十三五"规划。规划编制要根据国家"十三五"规划总体部署，注重宏观性、战略性和指导性，科学谋划粮食行业发展的总体目标和重点任务。要加强上下协调对接，确保规划编制的时效和质量。

（六）以科技兴粮、人才兴粮工程为支撑，进一步增强行业软实力

全面落实全国粮食科技创新大会精神，聚焦保障粮食安全的重大科技需求，重点攻克粮食节约减损、粮食质量安全、生态安全储粮、粮油加工增值、粮情监测预警、信息技术运用等方面的重大科技难题。切实把好粮食科技成果的专家评审关，实行严格的成果评审责任制，确保在全行业推广运用的新技术、新工艺、新装备、新材料先进适用、安全可靠和节约高效。做好粮食公益性科研专项管理协调服务工作，力争再上一批重大科研项目。创新粮食科技组织模式和产学研用协同机制，加快构建粮食科技成果推广服务体系，促进集装单元化现代物流、主食产业化、成品粮油适度加工、真菌毒素污染粮食无害化处理等技术的推广应用，把创新成果变成实实在在的产业活动，促进粮食流通产业经济提质

增效升级。

全面落实粮食行业人才体制改革实施意见。大力实施"百千万创新人才"工程，重点抓好行业发展急需人才的培养，着力培养领军型高层次专业技术人才。继续实施党政人才能力提升工程，开展市县粮食局长和各类业务骨干培训。启动高技能人才培养工程，依托大专院校、科研院所、培训机构，构建技能人才培训网络，为企业创新发展加快培养各类高技能人才。继续推进粮食职业教育，广泛开展企业岗位练兵活动，启动第四届全国粮食行业职业技能大赛。

四、大力推进党的建设、党风廉政建设和反腐败工作，为粮食流通持续健康发展提供有力保障

各级粮食部门要把深入学习贯彻习近平总书记系列重要讲话作为首要的政治任务，认真贯彻落实习近平总书记关于党要管党、从严治党的要求，聚精会神地抓好党的建设。要加强党的纪律教育，从严监督执纪。要严明政治纪律和政治规矩，严明组织纪律和组织观念，严格执行工作纪律、财经纪律和生活纪律，严肃查处党员干部违反党的纪律的行为。坚定不移落实中央八项规定精神，持之以恒纠正"四风"，继续巩固和拓展党的群众路线教育实践活动成果，抓好各项整改措施的落实，加强建章立制，推进作风建设常态化、长效化。重点查处十八大后、中央八项规定出台后、开展群众路线教育实践活动后不收手、不收敛的顶风违纪行为，发现一起严肃查处一起，决不姑息迁就。坚持上下联动，举全行业之力，下决心、出重拳，驰而不息地整治损害种粮农民和消费者利益的行为。

十八届中央纪委第五次全体会议即将召开，将对今年和今后一个时期的党风廉政建设和反腐败工作作出全面部署，各级粮食部门一定要认真学习贯彻好这次全会精神，扎实做好粮食系统的党风廉政建设和反腐败工作。要切实落实"两个责任"，要把党风廉政建设与业务工作同步部署、同步落实、同步检查、同步考核。坚持一把手负总责、班子成员"一岗双责"，严格责任追究，落实"一案双查"制度。强化对"粮安工程"、公益性科研专项等各类重点项目的监督管理，进一步完善项目建设工作程序及监督制度，堵塞腐败漏洞。党风廉政建设和反腐败斗争没有"安全地带"和"世外桃源"，粮食行业也不是"一方净土"。要深刻认识党风廉政建设和反腐败斗争的复杂性、艰巨性，坚决克服粮食部门"权力小、风险小，手段少、问题少"的轻敌思想，坚持抓早、抓小，防患于未然，对发现的苗头性、倾向性和潜在性的问题，及早采取防治措施。

认真践行社会主义核心价值观，大力传承和弘扬粮食行业优良传统，积极培育粮食行业核心价值理念，加快推进粮食文化建设，促进党风政风行风建设。各地要以这次全国粮食系统先进集体、劳动模范和先进工作者表彰活动为契机，深入组织开展向"双先"学习活动，激发广大干部职工学先进、赶先进，进一步增强做好工作的责任感和使命感，推动粮食流通工作再上新台阶。

（本文为作者于 2015 年 1 月 8 日在"全国粮食流通工作会议"上的讲话，略有删改）

加强食品产业科技创新
实现食品科技发展重点任务

科学技术部农村科技司司长　马连芳

我国不仅是食品消费大国，也是位居世界第一的食品加工制造大国。依靠食品科学学科发展和科技进步，"十二五"时期，我国食品工业继续平稳快速发展，年均增长速度超过 15%。2012 年我国食品工业总产值 8.9 万亿元，实现利润总额 6 571.47 亿元，规模以上食品工业企业 33 692 个，从业人员 707.04 万人，完成固定资产投资额 12 833.75 亿元，食品工业对全国工业增长贡献率达 12.8%；2013 年总产值突破 10 万亿元，达到 10.1 万亿元，实现利润总额 7 531.0 亿元，完成固定资产投资 16 040.13 亿元；2014 年总产值达到 10.89 万亿元，食品工业总产值与农业总产值之比达到 1.5∶1。食品工业的发展有效带动了农业、流通服务业及相关制造业的发展，是国民经济的支柱产业和社会发展的物质基础。

一、食品产业是我国经济和社会发展的重要基石

（一）食品产业是最大的"民生产业"，我国是全球第一大食品工业国

食品加工产业上牵亿万农户，与"三农问题"密切关联，通过直接加工转换量大面广的农产品，关系着农产品的销路与价格，也直接影响着区域农业生产和农村经济发展；同时，下联亿万国民，与公众的饮食安全和健康息息相关，不仅直接关系着我国农业和食品产业的调结构、转方式、稳增长、促就业、惠民生，也直接影响着市场繁荣和社会稳定。食品加工产业是一个不断满足日益增长的食品消费需求，与国民饮食安全与膳食营养密切关联的"民生产业"和"国民健康工程"。预计2020年，我国食品工业总产值将达到15万亿～16万亿元，食品加工产业的持续发展，对稳增长、调结构、惠民生意义重大。

（二）现代食品加业是我国国民经济中最具活力的新兴产业，是我国的支柱产业

现代食品加工产业是一个与第一（农业）、第二（工业）和第三（服务业）产业直接关联的现代制造业，并已成为"三产"高度融合和"从农田到餐桌"全产业链综合发展的"第六产业"。近20年来，作为我国第一大制造业，现代食品加工产业始终保着20％以上的年均增长速度持续发展。

随着一大批新技术（如先进制造、智能化技术和云计算技术）的开发、新业态（如电商、物联网和健康配送）的出现、新模式（如控制全产业链和建立可追溯体系）的形成、新产业（如现代调理食品和保健食品产业）的发展，现代食品加工产业不仅成为引领、带动乃至决定我国现代农业发展的"新动力"和"新优势"，也已成为拉动我国国民经济发展的"新兴产业"和新的经济"增长点"。现代食品加工产业的可持续健康发展，对延伸农业产业链，提高农产品转化率和利用率，实现农产品减损增值，引导农业生产，推进农业增效，促进农民增收，保障农村稳定，培养和形成我国现代农业发展的新机遇、新潜力和新空间都发挥着至关重要的作用。

（三）我国食品消费需求的快速增长和消费结构的不断变化将持续推动现代食品产业发展

"十二五"时期，城乡居民对食品消费需求保持较快增长的同时消费结构也发生根本性变化。2012年城镇人口71 182万人，占总人口比重52.57％，预计未来每年约有1 000万农村劳动力转为城镇居民，工业化食品需求大幅上升。城乡居民的食品消费已从温饱型消费加速向健康型消费转变，从"吃饱、吃好"向"吃得安全，吃得营养、吃得健康"转变。随着我国经济社会持续发展，人们生活方式、饮食习惯和营养健康需求正在发生深刻变化。"方便、美味、可口、营养、安全、实惠、健康、个性化、多样性"的产品新需求，以及"智能、节能、低碳、环保、绿色、可持续"的产业新要求已成为食品产业发展的新常态，也对食品产业科技提出了新挑战。

二、我国食品产业发展面临的挑战与科技需求

"十三五"时期是全面建成小康社会决胜阶段，是加快推进食品行业转型升级、实施食品安全战略的关键五年。面对我国经济和社会发展的新形势和新阶段，我国食品产业发展在"十三五"期间面临着重大挑战，急需产业科技的突破为产业发展提供新的驱动力。

（一）面对资源、能源与生态环境约束的严峻挑战，食品新型加工与绿色制造技术及装备开发已成为产业发展的迫切需要

人口增加、能源危机、环境恶化、全球化及城市化等给全球食品加工产业的未来发展提出新需求。国际食品加工产业在高效利用、新型加工、生物工程、虚拟装配、节能减排、清洁生产、智能物流、现代加工和低碳制造等食品高新技术方面的快速发展与不断创新，已成为未来食品加工产业可持续发展的重要方向，也对我国食品加工产业提出了严峻挑战。

面对我国人多、地少、水少、资源与环境的巨大压力，特别是我国食品加工产业整体上仍然处于高能耗、高水耗、高排放和高污染的滞后局面，如我国平均每生产1 t速冻食品，所用能耗比国际水平高出近30％～200％；每生产1 t罐头食品耗水量为日本近3倍。以及，中华传统与民族特色食品工业化和现代调理食品制造等才刚刚起步，新型加工、生物工程与智能物流等技术领域开发研究相对滞后，我国食品加工产业迫切需要研发高效利用、节能减排和绿色低碳的食品绿色加工制造新技术、新工艺和新装备，促进食品加工产业生产方式的根本转变，增强食品产业的可持续发展能力。

（二）食品质量安全问题突出，迫切需要依靠科技创新提供保障手段

食品质量与安全问题已成为关乎国计民生、社会稳定和国际声誉的社会热点问题，保障"舌尖上的安全"是关注民生和维护社会稳定的重要内容。积极开展食品科技创新，不断提升我国食品品质过程控制与

营养安全综合保障技术水平，增强食品全产业链的全程技术控制能力，不仅是我国食品科技的发展方向，也是为公众提供优质营养的健康食品和饮食安全保障的客观要求。

（三）食品行业整体装备升级需求突出，迫切需要依靠科技创新提升食品装备整体开发水平

由于我国食品装备创新能力缺乏、设备材质粗糙、设计水平落后等问题，导致国产食品装备在稳定性、可靠性、自动化程度、加工成品率、制造质量、柔性调控等方面与国外同类产品均存在较大技术差距，因此不得不长期依赖高价进口和维护。依靠技术创新不断提升食品装备整体开发水平，积极应对国际竞争，打破国际垄断，已成为我国食品行业持续发展中刻不容缓的重大需求。

（四）公众营养缺乏和营养过剩双重问题突出，迫切需要依靠科技创新加强营养健康食品创制

我国在食品营养与膳食健康领域尚未开展系统研究，与国际水平差距巨大，营养健康与功能食品的系统研究和开发能力亟待提升。需高度重视和进一步加强营养健康食品制造技术水平和新产品创制能力，建立从食品生产源头到消费餐桌全产业链的食品质量营养控制技术体系，解决食品质量安全控制与营养保障问题，改善食品的营养健康功能，保障公众健康水平。

三、我国食品科技发展迅速，食品产业核心竞争力不断提升

（一）基础研究逐渐深入系统，国际学术地位迅速提升

食品科学基础研究已逐步从单纯满足科学家对食品加工理论、现象和规律认识的兴趣，转向更加注重服务于人类社会发展和国力竞争的需要。近年来，在食品科学学科可持续健康发展需求的推动下，我国食品科学领域的基础研究逐渐深入系统，高水平研究论文持续增长，特别是 2005 年以来，年均增长率超过30%。*Food Hydrocolloids* 在 2008 年、2011 年和 2012 年刊载我国学者的论文均超过了 10%；在 *Food Chemistry* 和 *Journal of Agricultural and Food Chemistry* 期刊发表论文均呈持续走高的态势，2012 年我国学者发表的论文达到了 20.2% 和 22.3%，反映了我国在食品科学领域基础研究实力在持续增强。

研究主题涉及食品科学技术、应用化学、环境科学、分析化学、食品营养与健康、食品安全检测、食品生物技术与应用微生物学、生物化学与分子生物学、海洋淡水生物学、药理学与制药学等领域，其中食品营养、食品安全检测成为领域颇具影响的方向。

（二）食品领域关键技术取得新突破，具有局部竞争优势

我国食品科学学科领域的科研实力逐步增强，高技术领域的研究开发水平与世界先进水平的整体差距明显缩小，局部已形成优势。在食品高效分离技术、物性修饰技术、制汁制浆技术、质构重组技术、造粒成型技术、灌装充填技术、粉碎技术、分散技术、浓缩技术、冷冻技术、杀菌技术、干燥技术、食品微生物技术、食品发酵工程技术、食品酶工程技术、食品细胞工程技术、食品基因工程技术等 18 类食品绿色制造与加工核心技术领域，我国拥有的专利数均位于全球前 3 位，尤其是在高效分离技术、制汁制浆技术、粉碎技术、浓缩技术、冷冻技术、杀菌技术、食品发酵技术和食品酶工程技术领域具有突出优势，这 9 类领域专利数位于世界第一。

我国在食品酶工程领域已经有大量的研发成果积累，产业化条件成熟。截至 2013 年 12 月，食品酶工程专利技术来源国家前三位分别是中国、美国和日本，中国专利占 23%，位列第一，并且这 3 个国家申请量的总和在食品酶工程专利申请总量的占比超过 50%。我国在食品酶工程领域的研发成果在国际已占据一席之地，但仍然需要加大技术薄弱点的研发。

在食品高效杀菌技术领域，我国 20 世纪 80 年代才进入该领域，与发达国家相差了 20 年。我国进入该领域的时间相对较晚，但发展势头十分迅速，近年来的平均年增长率在 20% 以上，专利总量位居全球第一。从专利技术来源国家来看，食品高效杀菌技术全球专利申请量排名前 3 位国家（地区）依次是中国、日本、俄罗斯。其中，我国占比高达 38.6%，优势地位非常明显。

（三）食品科学学科理论与实际紧密结合，孵化出一批高技术含量、高附加值的科研成果

在掌握学科前沿动态、积极探索的基础上，食品科学学科经过联合科技攻关和自主创新，在食品加工过程、食品生物技术以及食品安全与控制三大体系中均取得经济和社会效益显著的重大成果，并成功实现了科研成果在产业中的高效转化，大大提高了我国食品科学学科的科技水平和国际竞争力。

在果蔬采后贮藏保鲜领域，从源头创新出发，发明了若干核心关键技术，整合制订了技术标准并在生产中推广应用。杨梅、枇杷是我国重要特色果品，产业规模大，效益高，但由于其生物学特性决定了采后

果实贮藏难、物流难，极易造成卖果难，加之采收季节又都适逢高温高湿，损耗常高达 25%～50%，多局限于本地及周边销售，严重困扰产业发展。为此，在国家自然科学基金、国家科技支撑计划、国家农业科技成果转化资金等项目的支持下，对杨梅和枇杷贮藏物流核心技术开展研发，确定了杨梅为呼吸跃变型果实，阐述了果实成熟期间色泽变化及其调控的生物学基础，明确了红肉枇杷果实质地生硬是组织木质化所致，鉴别了木质化相关的关键基因和起重要调控作用的转录因子，阐明了相应的调控手段与途径。基础理论创新为贮藏物流技术研创提供了突破口。在杨梅上，发明了安全、绿色的果实乙醇熏蒸防腐技术，创新了增强空气流动的新型预冷工艺，研创了物流过程实时远程跟踪监测技术体系，研制了控制物流微环境湿度的新型吸湿剂，研发了高效、轻便的非制冷低温维持技术体系；在枇杷上，发明了显著减轻红肉枇杷果实冷害木质化的 LTC 技术，研创了 1-MCP 等防冷害辅助保鲜技术。核心技术的研创为技术集成应用提供了核心组件。先后集成制订了杨梅和枇杷果实贮藏物流技术规程，推广应用后使商品果率提高了 30%～80%，平均利润增加 3 500～5 000 元/t。该成果获 2013 年国家科技进步奖二等奖。

在生物源绿色防病和果实抗性诱导等核心技术研发方面取得重大突破，并在多种水果上取得产业化应用与推广，病害控制率较传统技术提高了 30%～60%，农药使用量减少了 40%～60%，提高了病害防控的安全性；果实抗性诱导技术使果实采后病害的发生率减少了 30%～40%，增强了病害防控的有效性。生物源绿色防病和果实抗性诱导等技术已在我国主要水果产区得到广泛的示范应用，实现了绿色防病保鲜，减少了农药的污染，促进了区域经济的发展，社会效益、经济效益和生态效益显著，该成果获 2013 年国家技术发明奖二等奖。

四、"十三五"期间我国食品科技发展的重点领域

不断提升自主创新能力，是增强我国现代食品加工产业国际竞争力和持续发展能力的核心与关键，依靠科技创新驱动，是我国食品加工产业实现可持续健康发展的根本途径。虽然我国已经成为世界食品产业大国，食品科技取得长足进步，但是我国距离世界食品科技强国还有一定的差距。目前，我国食品行业总体现代化水平综合指数约为 38.3%，与世界先进水平相比存在明显差距。其中，技术先进性指数、国际化指数和可持续发展指数分别为国际先进水平的 33.3%、58.4% 和 84.2%。食品科技基础研究依然相对薄弱，绝大部分主体核心技术还处于并行和跟跑的状态，食品科技投入强度与我国作为世界第一食品大国的现状不符。

与世界先进水平相比，我国食品加工产业在食品新型加工与绿色制造技术和装备，以及在信息化、智能化和低碳化的现代食品物流方面开发研究滞后；全产业链品质质量与营养安全过程控制和综合保障技术开发应用不足；中华传统与民族特色食品工业化及现代调理食品制造等技术开发才刚刚起步；大型化、精细化、专业型、自动化和工程化食品加工技术装备大量长期依赖进口等五大方面已成为我国食品未来发展的瓶颈问题与重大需求。同时，我国食品产业科技自主创新能力不强，食品企业自主研发能力正在培育，具有独立知识产权和国际先进水平的重大突破性成果缺乏，迫切需要依靠科技创新驱动可持续发展，提高我国食品产业科技源头创新能力，推动现代食品产业结构调整，增强食品产业核心竞争力。

针对上述问题，"十三五"期间，我国食品科技应重点在以下几个领域加大投入，提升技术发展水平，以科技进步引领和全面推动食品产业发展。

（一）前沿技术突破，推动食品加工业发展

全球食品行业通过不断与高新技术渗透融合，正向可预测性的高品质、高营养、高技术含量产品研发和制造方向发展。前沿新技术突破为食品生物加工和制造提供了新途径。绿色制造技术、高效节能技术正成为食品加工业发展的新亮点。食品瞬时高温杀菌技术、多效浓缩技术、膜分离技术、超临界流体萃取技术、分子蒸馏技术等现代食品高新技术已得到普遍应用。

（二）品质监测与安全干预技术保障食品安全

我国食品加工产业的食品质量与营养保障刚刚进入"从农田到餐桌"全产业链过程控制和全程保障的新阶段。在有关营养优化、品质修饰、物性重构、智能追溯和全程品质质量干预控制与综合保障等方面的开发研究尚显不足，根本解决食品质量控制与营养保障问题是食品加工产业科技发展的重大需求，建立从食品生产源头到消费餐桌全产业链的食品质量营养控制技术体系是提升我国食品加工产业健康保障能力的关键。食品安全是全球性的基本公共卫生问题，食品加工、物流、销售过程的质量安全检测与控制技术受到高度重视，危害物形成机制与控制技术研究，快速化、系列化、精确化和标准化的食品安全检测技术研发，食源性致病微生物鉴定与检测技术研究，高通量精准检测技术开发，高效易用的溯源与预警技术研发，食品质量安全追溯体系构建，食品营养品质变化

的新型评价和鉴别技术研发，食品货架期预测方法研究等需求迫切。

（三）全程冷链与智能监控，实现食品物流保质减损

全球食品冷链物流市场需求日趋旺盛，市场规模扩大迅速。高效绿色制冷技术、绿色防腐保鲜技术、新型绿色包装开发和智能化信息监控技术与装备创制受到高度关注。构建"产地分级预冷—冷库—冷藏车—批发站冷库—自选商场冷柜"的全程冷链物流体系，保障食品从生产到销售的物流过程中始终处于适宜环境，实现食品物流保质减损，已成为食品物流产业共识。

（四）装备先进制造支撑食品行业转型升级

信息化、数字化和智能化引领着当前食品装备制造业的发展。积极应用先进技术，大力发展规模化、智能化、自动化、配套化的食品装备制造技术是实现食品工业化和现代化的重要保障。通过采用自动检测、智能控制、工业机器人等先进技术提高设备的智能化水平，基于柔性制造、激光切割等先进制造技术及数控加工装备生产高质量的精密零部件等提升食品装备的技术水平是食品装备制造行业发展方向。

（五）绿色加工与制造，促进食品行业健康发展

在资源、能源以及环境约束日益严峻的背景下，

传统的生产方式正在经历着深刻的变化，通过绿色制造与加工技术创新实现低碳已成为食品行业可持续发展的重要助力，以高效分离技术、物性修饰技术、粉碎技术、冷冻技术、杀菌技术、干燥技术、食品微生物技术、食品发酵工程技术、食品酶工程技术、食品细胞工程技术、食品基因工程技术等食品绿色制造与加工技术正在蔚然兴起。

（六）分子营养技术实现健康食品精准制造

健康与保健食品行业的快速发展，推动食品营养学研究从传统的表观营养向基于系统生物学的现代分子营养学方向转变。以宏基因组学（肠道微生物DNA水平）、转录组学（mRNA 水平及小 RNA 水平）、蛋白质组学（蛋白质表达、修饰与调控通路）和代谢组学（细胞、生物体液及排泄物中小分子代谢产物的定性和定量）等技术为基础的分子营养学研究成为当前营养学研究热点。

通过上述领域的研究，解决一批食品行业发展面临的重大科技问题，突破一批核心关键技术，到2020 年，我国食品科技的自主创新力和产业支撑能力显著提高，部分技术领域进入世界前列，获得一批具有自主知识产权的重大成果，科技对食品产业发展的创新驱动能力不断提升，实现食品科技跨越发展。

顺应经济新常态
努力促进农产品加工业转型升级

农业部农产品加工局局长　宗锦耀

今天，我们在这里对农产品加工业发展战略进行研讨，深入贯彻落实党中央、国务院的决策部署和习近平总书记系列重要讲话精神，围绕我国农业现代化和经济社会发展全局，共同谋划促进农产品加工业转型升级、创新发展大计。我认为非常及时，非常必要，很有意义。

习近平总书记强调："中国要强，农业必须强；中国要美，农村必须美；中国要富，农民必须富。""我国经济正在向形态更高级、分工更复杂、结构更合理的阶段演化，经济发展进入新常态。"面对新常态，加快促进农产品加工业转型升级、创新发展，可谓正逢其时，时不我待。下面，我讲三方面意见，供大家参考。

一、新常态下我国农产品加工业发展面临的机遇和挑战

农产品加工业具有行业覆盖面宽、产业关联度高、中小微企业多、带动农民就业增收作用强等特点，是农业现代化的重要标志，是一二三产业融合发展的关键环节，是经济社会发展的战略性支柱产业，是保证国民营养安全健康的民生产业。自 2002 年国办印发《关于促进农产品加工业发展的意见》，2003 年《农业法》规定"国家支持发展农产品加工业"以来，我国农产品加工业依靠农村改革红利、消费结构升级、科技创新支撑和现代农业带动得到了长足的发

展。2014年全国有规模以上农产品加工企业7.57万个，完成主营业务收入18.48万亿元，比上年增长8.2%；实现利润总额1.22万亿元，同比增长2.15%，成为农业农村经济新的增长点，为稳增长、调结构、促改革、惠民生做出了积极贡献。

国外经验规律和我国实践证明，大力发展农产品加工业，有利于农业提质增效，引导农业向种养加销一体化调整，为农业注入资金、技术、设施等要素，提升农业专业化、标准化、规模化、集约化经营水平，多环节多层次增加农业效益；有利于农民就业增收，缓解农产品卖难和价格波动的问题，引导农民分工分业，拓展农业产业链和价值链，延伸利益链和就业链，多渠道增加农民就业增收；有利于农村繁荣稳定，引导一村一品、一乡一业发展，将资源优势转为产业优势，提高农村资源高值化利用水平，缓解农村资源环境压力，整合农村各类资源要素，带动相关产业发展，促进人口聚集和公共设施建设，改善农村生产生活生态条件；有利于工农城乡一体化发展，全方位、多途径开发食物资源，引领和满足城乡居民多元化食物需求，承接城市和工业的辐射带动，构建新型工农城乡关系，让农民参与现代化进程、共享现代化成果。

当前，我国农产品加工业正处在转型升级、创新发展的新阶段，面临着难得机遇，处在一个发展的黄金期。一是强农惠农富农政策，为农产品加工业发展提供了良好的外部环境。近年来，历次中央1号文件均提出鼓励发展农产品加工业，2015年1号文件提出大力发展农产品加工业，中央财政支持不断增强，初加工所得税优惠范围不断扩大，金融机构积极缓解融资难问题，对农产品加工业发展起到了积极的促进作用。二是全面深化改革，为农产品加工业发展提供了不竭的强大动力。国家发挥市场在资源配置中的决定性作用和更好发挥政府作用，特别是推进土地、户籍和补贴制度改革，为农产品加工业融资、用地、建基地等起到积极的促进作用。三是"四化同步"推进和城乡发展一体化，为农产品加工业发展提供了有力的条件支撑。工业化、信息化推进了农产品加工设备的集成化、智能化、高端化，城镇化为农产品加工企业分工协作提供了良好的载体，农业现代化为农产品加工业赢得更大重视和支持提供了良好契机，城乡发展一体化为农产品加工业平等享受便捷服务创造了有利条件。四是消费结构快速升级，为农产品加工业发展提供了旺盛的市场需求。从国际经验和规律看，工业化、城镇化快速发展阶段，往往也是农产品加工业高速成长的时期。当前我国正处工业化中期，城镇化率达到54.77%，人均GDP接近7000美元，每年

1300万左右农村人口进入工业、服务业和城镇，加工品消费大幅度上升，为农产品加工业发展提供了巨大的内生动力。五是农业发展形势持续向好，为农产品加工业发展提供了充足的原料供应。我国粮食总产量实现"十一连增"，2014年粮食产量达到6071亿kg，比2013年增加51.5亿kg；蔬菜、水果、肉类、水产品产量不断增加，为农产品加工业快速发展筑牢了重要的物质基础。六是全社会关心关注氛围日益浓厚，为农产品加工业发展提供了积极的助推作用。由于农产品加工业支撑带动作用大等特性，日益受到各地、社会各界和农户的重视支持和广泛参与，为农产品加工业发展营造了良好的发展氛围。

我国是农业大国，但还不是农产品加工业强国，制约农产品加工业发展的瓶颈问题依然突出。从行业内部看：一是初加工水平低。设施简陋、方法原始、工艺落后，粮食、马铃薯、水果和蔬菜的产后损失率居高不下，每年损失3000亿元，相当于0.1亿hm²耕地的投入和产出被浪费掉。二是精深加工不够。大都是不改变农产品内在成分的一次加工，二次以上加工整体不足，技术装备依赖进口，产业发展受制于人。三是综合利用不足。农业副产物和加工剩余物分别达到7亿t和5.8亿t，60%以上没有得到全值高值化利用，造成资源浪费、环境污染、收入减少和公共安全隐患。四是技术装备落后。创新能力不足，专业人才缺乏，整个行业技术装备水平比发达国家落后10～15年。五是布局比较分散。企业总数40万个，80%以上是小微企业，大都是点状分布，产业分工不够，资源不能共享。六是品牌实力不强。全国性重要农产品加工业品牌很少，世界性品牌更少。从外部环境看，税赋重、融资难、融资贵、生产成本高等问题依然突出，农产品加工企业平均税负约占销售收入的8%～10%，而利润仅为销售收入的3%～5%；企业规模小、信用度不够、可抵押财产少，获得贷款难度较大，贷款利率一般要在基准利率6%的基础上再上浮30%～40%；生产成本上升较快尤其是用工成本连续上升但产品价格不升，去年企业财务费用同比增长1/3，企业利润微薄，同时企业"走出去"困难和风险增多。从政府层面看，一些地方政府和部门还存在"重产前产中、忽视产后"的惯性思维，缺乏针对性的扶持、引导和规范政策；专业化服务机构数量不足，覆盖面小，服务功能同质化、针对性不够强；行业准入门槛低，尤其是小微企业和小作坊比重大，同质化问题严重。这些问题如不加以重视解决，将严重制约农产品加工业转型升级和创新发展。

二、今后一个时期我国农产品加工业发展的目标任务

面对新常态，抓住新机遇，迎接新挑战，必须从关键环节和重点领域着手，实现重大提升。通过不懈的努力，在数量目标上，到2020年，农产品加工业主营业务收入达到28万亿元，年均增长8%左右，农产品加工业总产值与农业总产值比值进一步提高，对农业的辐射带动能力得到加强；在重点领域上，初加工、精深加工、综合利用、主食加工、龙头企业、加工园区和主产区加工业等能力水平提升上实现新成效；在关键环节上，关键核心技术与装备水平和挖掘高端设备进口替代价值潜力方面实现新突破；在能力建设上，构建公共服务能力方面实现新进展，农产品加工业进一步转型升级，对促进农业现代化和全面建成小康社会的支撑能力明显增强。

1. 加快发展农产品产地初加工，着力实现初加工能力水平的重大提升 加强初加工设施建设，提高初加工设施装备水平，通过产后减损实现增产增效增供增收。积极推进粮食加工减损，鼓励农民合作社、家庭农场和专业大户等通过合资合作方式建设烘储设施。加强菜篮子产品和特色农产品产后商品化处理，改造升级贮藏、保鲜、烘干、分类分级、包装和运销等设施装备。

2. 积极推进精深加工，着力实现精深加工能力水平的重大提升 研发推广一批精深加工成熟适用技术、工艺和设施设备，如生物工程技术、超高温灭菌、冷冻保鲜、分子蒸馏等，在提取蛋白质、脂肪、纤维、新营养成分、药用成分及活性物质等方面取得突破。加强引进消化吸收再创新，支持发展优质国产农产品加工设备装备，逐步实现进口替代。

3. 大力开展综合利用，着力实现综合利用能力水平的重大提升 科学选择一批重点地区、品种和环节，主攻农业副产物循环利用、加工副产物全值利用和加工废弃物梯次利用。筛选一批综合利用成熟技术设备装备，在秸秆、稻壳米糠等外果及皮渣、畜禽骨血、水产品皮骨内脏等环节开展试点。制修订一批综合利用标准，完善产品标准、方法标准、管理标准及相关技术操作规程等。

4. 努力加强主食加工业发展，着力实现主食加工能力水平的重大提升 培育一批产权清晰化、生产标准化、技术集成化、管理科学化、经营品牌化的主食加工示范企业，开展主食加工"老字号"品牌推介，加快推进马铃薯主食化进程。加强主食加工公共服务，推动建立主食加工业产业联盟，组建主食加工技术集成联合体，探索发展中央厨房、加工体验、冷链物流、直销店、连锁店和电商等新型加工流通业态和消费模式，开发和满足城乡居民对主食的多样化市场需求。

5. 全面实施创新驱动战略，着力实现创新能力水平的重大提升 推进以科技创新为核心的全面创新，开展自主创新、协同创新、开放创新，树立"大食物、大农业、大资源、大生态"理念，全方位、多途径扩大食物来源，建立营养、安全、美味、方便、健康的多元化食物体系，保障国家食物安全、产业安全、生态安全、质量安全。加快推进国家农产品加工技术研发体系建设，构建"产学研推用"有机融合的科技创新体系，建设一批农产品加工技术集成基地，建立具有中试能力的工程化研究平台及产业化应用平台，开展工程化研究和核心装备创制。加强成熟技术筛选推广，深入开展科企对接活动，选择重点产区建立技术示范基地，加快推进标准化体系建设。

6. 做强做大龙头企业，着力实现市场经营主体能力水平的重大提升 以资产为纽带积极培育一批农产品加工的产业集团，创建一批农产品加工示范企业和示范单位。积极推动企业与资本市场对接，加强上市融资服务和指导培训。实施质量立企、品牌强企战略，支持引导企业建立检测检验、质量标准和全程质量可追溯体系，将质量和信誉凝结成品牌，加强品牌整合和保护。

7. 稳妥推进加工园区建设，着力实现产业集聚发展能力水平的重大提升 积极培育农产品加工产业集群，以县为单元整建制创建一批原料基地、加工园区、营销体系等有机衔接、相互配套、功能互补、联系紧密的国家农产品加工业示范区、示范县，推动构建现代农业产业体系，支持有条件的园区打造农产品加工品集散中心、物流配送中心、展销中心和价格形成中心，发展电子商务、第三方电子交易平台等新型流通业态。

8. 鼓励支持主产区加工业发展，着力实现主产区加工能力水平的重大提升 加强主产区产加销整体构建和区域合理分工，促进粮食主产区发展粮食加工转化，拓展粮食加工转化增值空间。搭建加工产能转移承接平台，引导加工企业将产业向主产区转移，与主产区的资源优势整合，合力打造优势主导产业。支持农民建设"粮食银行"，探索粮食产后统一烘干、统一加工、统一储存、统一销售的经营模式。

三、促进我国农产品加工业持续稳定健康发展的对策措施

2015年是承前启后非常重要的一年，今后一个时期是全面建成小康社会的关键时期。我们要按照党中央、国务院的决策部署，牢固树立一、二、三产业

融合发展理念，以转变发展方式、调整优化结构、提高质量效益为"一条主线"，以农业提质增效和农民就业增收为"两个目标"，努力推进规模扩张向转型升级、要素驱动向创新驱动、分散布局向产业集群"三个转变"，更加注重改革创新、质量安全、资源环境和集约发展"四个更加"，构建政策扶持、科技创新、人才支撑、公共服务、组织管理等"五个体系"，促进农产品加工业持续稳定健康发展，为我国农业现代化和全面建成小康社会提供支撑力量。

1. 推进建立农产品加工业政策扶持体系 以财政补贴补助为导向，以税收减免为杠杆，以金融支持为主体，利用财政资金撬动引导金融和社会资本等，支持发展专用原料基地、产地初加工、精深加工、综合利用和冷链物流；鼓励农民合作社发展加工流通，通过合作制建立产权清晰、分配公平的机制；争取财政、金融、税收、利率、保险、土地等多种政策工具并用，构建产加销一体化发展的产业政策体系。

2. 推进建立农产品加工业科技创新体系 以研发体系为龙头，以重点实验室和技术集成基地为平台，以推广应用为重点，坚持立项开放性、评价客观性、投入公共性、研发与中试连续性，整体推进科技创新。完善立项机制，整合和优化国内农产品加工产业资源，从农产品加工公共性、公益性、基础性出发，开展农产品加工关键共性技术装备研发，加大财政投入力度，对农产品加工技术装备中试给予持续稳定的财政支持，为产业发展提供技术支撑。

3. 推进建立农产品加工业人才支撑体系 以经营管理和科技创新人才为重点，以技能型人才为基础，努力培养造就一支结构合理、素质优良、善于实战的企业家人才、经营管理复合型人才、科技创新人才、职业技能人才、农村实用人才等人才队伍。

4. 推进建立农产品加工业公共服务体系 以政府机构为统领，以社会组织为主体，以体制机制创新为动力，健全完善各类服务组织，开展行业自律、市场开拓、技术支持、管理咨询、企业诊断、筹资融资、人才培训等方面的工作，加强对上中下游市场主体的服务，促进企业及农户有效对冲市场、自然风险，减少价格波动和自然灾害造成的损失。充分发挥行业协会的统筹协调作用，增强企业、合作社和农户等经营主体的话语权。

5. 推进建立农产品加工业组织管理体系 完善管理体制，加强机构队伍建设，理顺职责关系。加强配合协调，充分发挥职能作用，加强力量整合。营造良好氛围，强化宣传和舆论导向。

农产品加工业是万岁产业，也是朝阳产业，发展农产品加工业是人民的愿望、时代的要求、历史的必然。做好新时期农产品加工业工作责任重大、使命光荣、任务艰巨，希望行业协会和其他社会组织能够进一步发挥桥梁纽带作用，加强行业自律；希望科研单位和大专院校能够积极发挥支撑作用，实现合作共赢；希望龙头企业能够更好地发挥经营主体作用，强化质量、安全和就业等社会责任。让我们一起凝心聚力、攻坚克难、改革创新、真抓实干，汇聚为民服务、促进发展的正能量，努力推动农产品加工业持续稳定健康发展，为实现农业强起来、农村美起来、农民富起来，全面建成小康社会做出新贡献。

（本文为作者于2015年3月2日在"中国农产品加工业战略研讨会"上的讲话，略有删改）

认清形势　开拓创新
推动"三品一标"工作再上新台阶

农业部农产品质量安全监管局局长　马爱国

这次会议是继全国农产品质量安全监管工作会议之后召开的又一次重要工作部署会，下面我讲三点意见。

一、认清形势，进一步强化对新时期"三品一标"工作重要性的认识

"三品一标"是我国在不同发展阶段、针对特定形势、立足各自侧重点发展起来的国家安全优质农产品公共品牌。这些年来，在大家的共同努力下，"三品一标"工作取得了令人瞩目的成绩，制度体系日益完善，数量质量协调发展，综合效益稳步提高，国际合作成果斐然。"三品一标"事业的发展，也为实现"努力确保不发生重大农产品质量安全事件"的目标做出了重要贡献。这些成绩的取得，与整个系统高度

负责、开拓进取和辛勤付出密不可分。

近年来，农产品质量安全工作越来越受到关注，中央已将其上升到了关乎执政能力的高度。"三品一标"工作作为农产品质量安全监管的重要内容，在适应经济发展新形势、促进农业转型升级、提高人们生活水平等方面，具有不可替代的作用。在新的历史时期，大家一定要进一步提高认识，把"三品一标"工作置于农业农村经济发展的大背景下来考虑、来推进。

首先，要把发展"三品一标"作为适应经济新常态、满足消费需求的重点工作来抓。最近，中央提出了经济发展进入新常态的重要判断。从农产品质量安全领域看，新常态的一个重要表现，就是消费者对产品质量安全的要求明显提高，个性化、多样化消费渐成主流。顺应这一变化，我国农产品生产也开始由"生产导向"向"消费导向"转变，未来安全、优质、生态农产品市场更加广阔、潜力巨大。"三品一标"产品定位于安全、优质、生态和特色文化，涵盖了各个层面的价值元素，能有效满足消费者对农产品日益多样化的消费需求，应该成为农业适应经济新常态的发展重点。我们要抢抓机遇，乘势而上，努力把"三品一标"打造成为消费者追求的主导品牌。

其次，要把发展"三品一标"作为加快建设现代农业、实现转方式调结构的重要举措来抓。当前我国农业发展，既受资源环境和生产成本上升的双重约束，也受国内外农产品价差拉大和"黄箱"支持政策空间不大的双重制约。中央强调农业发展要走"产出高效、产品安全、资源节约、环境友好"的现代农业发展道路，农业部提出"稳粮增收调结构、提质增效转方式"的要求，应该说"三品一标"发展的核心要素与这些要求高度契合。"三品一标"的生产，强调过程管控，减少农业投入品不合理使用对环境造成的负面影响，推动绿色可持续发展，就是"转方式"；"三品一标"的发展，注重发挥区域资源禀赋优势，提高产品核心竞争力，促进农业增效和农民增收，就是"调结构"。我们要紧紧围绕"转方式、调结构"的目标，进一步扩大"三品一标"发展规模，为推进现代农业发展做出积极贡献。

最后，要把发展"三品一标"作为提升农产品质量安全水平和监管能力的重要手段来抓。农产品质量安全要"产""管"齐抓，"产出来"是前提。"三品一标"推行全程质量控制和规范生产，让农产品质量安全工作在标准化、品牌化、准入管理、示范创建等很多方面有了抓手、落了地。去年底，部里与食药总局联合印发的加强食用农产品质量安全监管工作的意见，也将"三品一标"列为市场准入、追溯体系建设

的基础。2015年1月，韩长赋部长特意到农业部质量安全中心和绿色食品中心，就农产品质量安全及"三品一标"工作进行调研，嘱托我们严格标准、加强监管、打造品牌，做好标准化的"望远镜"和执法监管的"放大镜"，这是对我们工作的高度肯定和期望。我们务必要用实际行动来回报中央、部党组对这项工作的关心、支持和厚爱。

应当说，"三品一标"工作的重要性是不言而喻的，而且随着农业农村经济的发展，还在不断被赋予新的内涵，承载更大的责任。这个基本判断，应该是没有错的。希望大家坚定信心，振奋精神，再接再厉！

二、开拓创新，推动"三品一标"工作再上新台阶

"三品一标"事业有今天这样的良好发展局面和态势，实属不易，需要我们倍加珍惜和爱护，更需要我们在此基础上，进一步强化监管，提升其公信力和影响力。在此，我提三点意见。

1. 把握重点，进一步提升品牌影响力　2015年的监管工作会对"三品一标"工作的各自侧重点提出了具体要求。无公害农产品重点要强化质量安全考核，政府主导的安全品牌不能有大的风险，下一步还要按照准出准入管理的目标来谋划布局；绿色食品要突出全程控制，体现优质产品形象，抓好品牌引领工作；有机食品要坚持因地制宜和生态安全，推进有机农业基地建设；地理标志农产品要彰显地域特色，强化精品培育，促进区域经济发展。大家要按照这个要求，进一步推进相关工作。同时，要强化品牌宣传和市场推介。在继续打好全国绿色食品和有机食品博览会这两张牌的同时，积极拓展其他渠道，搞活宣传推介，提升品牌影响力。2015年在部领导的高度重视下，农产品地理标志将纳入全国农交会总体考虑，增设地标产品专展。希望大家把这件事当成2015年的一项重点和亮点工作，做出效果。此外，近年来农产品电子商务发展迅猛，一些大的电商平台，都在探索开设安全优质农产品专区，有些还在积极与部里对接，谋求合作。这是大趋势，也是好的机遇，我们要主动适应和研究，找好切入点，借力电子商务，打好品牌，拓展市场，更好地促进"三品一标"的发展。

2. 履职尽责，进一步落实监管责任　部领导对"三品一标"监管工作高度重视，在各种场合多次强调，要"严"字当头，确保不出大的问题。韩部长提出了"严格审核、严格监管，稍有不合、坚决不批"的明确要求，陈部长强调，衡量"三品一标"工作成

绩，除了认证登记情况外，还要建立科学的退出机制，要把工作的重点放在严格审核特别是证后监管方面。"三品一标"的认证登记和监管，采取的是逐级审查、逐级负责的方式，各环节有各环节的责任，只有每个环节的责任都尽到了，才能确保整体工作没问题、有底气。因此，希望大家按照部领导的要求和属地管理的原则，对审查、监管等重点工作要抓得紧而又紧，做到严格把关、严格监管。尤其要强化对问题多、易反复、风险隐患大的地区及产品的监管，完善巡查检查制度和问题产品退出机制，这是对工作负责，更是对自己的保护。此外，还要强化问题导向，加强对事业发展中一些问题的研究和思考。比如，可以通过跟踪一些易出问题的产品（如四棵菜、两条鱼等），查找风险隐患，拿出有效办法，解决长期存在的问题或隐患。

3. 完善制度，进一步强化法制理念　要将依法管理、依规办事作为我们工作的重要指导原则，从上到下都要对"三品一标"工作的各类管理制度、工作规范、相关标准等进行认真梳理，该补的补、该修的修、该废的废，确保工作有规可依、有规必依。2015年是农业部确定的农产品质量安全执法年，农业部启动了《农产品质量安全法》的修订研究工作，这是一个契机，大家要抓住机遇，进一步完善"三品一标"工作的法律法规依据。同时，要抓好"十三五"规划的研究和编制，将"三品一标"工作融入各地农业农村经济发展的重点，争取出台一些对促进事业发展有重大影响的政策和项目。

三、积极作为，充分发挥"三品一标"队伍在农产品质量安全工作中的重要作用

2014年9月，韩长赋部长主持召开农业部常务会，重点研究加强监管体系建设的问题，之后陈晓华副部长又专门召开监管体系建设专题会议，从责任落实、机构人员、条件保障、制度机制等方面提出了十几项重点措施及分工安排。由此可以看出，农业部领导对这项工作是多么重视。应该说"三品一标"工作体系和队伍，历来是我们工作得以有效开展的坚强保障，也是农产品质量安全监管的一支重要力量。现在国家对农产品质量安全工作越来越重视，工作要求越来越高，任务也越来越艰巨。客观地讲，有许多工作有赖于我们这个体系和队伍去承担、去落实，有许多问题有赖于这个体系和队伍去研究、去探索，还有一些工作也必须依靠这个体系和队伍去推进、去完善。这个问题尽管这几年都在讲，但我认为还要强调。对

此，提出三点希望：

1. 要加强协调，形成合力　陈晓华副部长在2015年的监管工作会议上，再次向各省监管部门的同志强调，行政和事业单位大家分工侧重不同，但都是质量安全管理方面不可或缺的重要力量，要树立"一盘棋"的思想，充分用好"三品一标"这支工作队伍，充分发挥这个系统在促进农产品质量安全监管方面的重要作用。这是对行政监管部门讲的，但只有行政部门的努力是远远不够的，还需要我们这支队伍主动、积极地与行政部门协调配合，争取他们更多的支持和帮助。首先要在我们正在做的一些工作方面形成强大合力，同时，多为推进农产品质量安全监管工作出谋划策、提供建议。这既是事业发展的客观要求，也是我们做好工作的基础。当前，要力争在标准化推进、检验检测、督导检查、基地建设、品牌宣传等工作方面通力合作，形成1+1＞2的良性格局，为农产品质量安全工作提供有力支撑和保障。

2. 要勇于担当，主动作为　当前农产品质量安全监管的任务很重，单纯依靠有限的行政力量是很难全面、顺利地完成的。随着监管工作的不断深入，很多新的工作需要尽快展开，有大量的工作需要大家去积极研究、主动承担。在这方面，希望大家发挥优势、超前谋划，既要上下联动、共同发力，也要横向协作、勇于担当。要结合本地实际，主动与行政主管部门沟通，认真研究提出拓展职能、强化支撑的意见、建议。"三品一标"工作体系要按照农产品质量安全监管工作的整体布局，在做好已有认证登记等主体工作的基础上，尽快跟进或牵头落实一些重点工作，承担起包括生产流通主体管理、投入品管理、包装标识管理和执法监管等工作，尽快将这支队伍打造成农产品质量安全监管的主体支撑力量。

3. 要充实力量，提升能力　要紧紧抓住机构改革的机遇，充实人员、改善条件。在这方面，各地务必要发挥主观能动作用，进一步加大与行政部门特别是机构编制部门的协调力度，争取更大支持。省级机构要在现有基础上，力争调整强化职能，充实人员和条件；地市级和县级要进一步健全完善专职机构，强化专职人员的配备；乡镇级机构也要真正发挥起应有的作用。同时，要切实加强人员及岗位培训，全力练好内功，为承接更多的农产品质量安全管理工作打好基础。

另外，农业部已印发了2015年质量安全监管工作要点，对全年的重点工作进行了部署，其中有两项重要工作需要大家全力配合：一是追溯体系的建设工作。这是新时期、新形势下农产品质量安全监管领域的一项重点工作。2015年的主要任务是建设国家平

台和开展试点。国家平台的建设和管理由农业部质量安全中心负责，平台建成后，将首先把"三品一标"获证单位及产品全部纳入追溯范畴。这项工作要求高、链条长、范围广，具有一定的挑战性，各地和我们一样都在探索和推进。从地方平台的建设情况看，也都是优先把"三品一标"作为追溯重点。所以，希望我们这个体系积极主动地参与并力争承担地方追溯体系建设的重任，全力做好建设、试点、组织、推动和服务工作。二是质量安全县的创建工作。这项工作农业部已经部署了，2015 年先在全国"菜篮子"产品主产县市中选择有基础、有条件、有积极性的100 个县和 4 个地市进行创建，整个创建工作以地方政府和农业主管部门为主。需要指出的是，创建验收指标中，有很多涉及我们这个体系的主体工作，比如"三品一标"占创建县市农产品总量的比重等，

这就需要我们这支队伍全力参与和配合。希望大家把整个创建工作作为自身分内的事情，力争通过创建，进一步落实地方政府属地管理责任和企业主体责任，为我们自身的工作创造一个良好的氛围，最终探索出一条适合我国国情的农产品质量安全监管路子，形成一批长效机制，建成强有力的质量安全监管体系和队伍。

"三品一标"工作意义重大，当前的新形势给我们提供了广阔发展空间，也提出了更高要求，大家要深刻领会有关精神，进一步明确发展方向，突出工作重点，积极主动作为，扎实推动"三品一标"事业持续健康发展，为全面提升农产品质量安全水平、推进农业现代化做出更大的贡献。

（本文为作者于 2015 年 3 月 19 日在"全国'三品一标'工作会议"上的讲话，略有删改）

依靠创新驱动 推进食品产业可持续发展

科学技术部农村科技司巡视员　王喆

随着全球经济社会格局的持续变革以及科学技术的创新引领和多学科的交叉融合，我国的食品产业不仅是满足人们对食物多样化需求的基础产业，而且已成为涵盖食品原料处理与储运保鲜、食用农产品初级加工与综合利用、食品精深加工与制造、食品包装与物流配送、现代餐饮与服务等综合产业，是一个与营养科学、食品科学、现代医学及生物、信息、工程、新材料和先进制造等高新技术密切关联的现代制造业和具有战略性意义的民生产业，是一个集现代农业、现代制造业与现代流通服务业于一体的最具活力和发展潜力的国民经济支柱产业，是一个与国民饮食安全和营养健康密切关联的健康产业。目前，食品科技创新与产业发展正处于一个难得的战略机遇期，在我国经济发展转型、资源环境保护、社会可持续发展等方面具有新的历史使命。

一、如何准确定位和把握好"十三五"期间我国食品产业的发展新机遇与新挑战

1. 深刻认识　现代食品产业发展的整体技术水平和现代化程度往往是一个民族、一个国家或一个区域（地区）经济社会发展和文明进步程度的重要标志。经过改革开放三十多年的发展，我国的食品产业已发展成为一个独立的产业体系，经历了从"保障供给，满足吃得饱"到"丰富市场，保证吃得好"的"基本供给保障型产业"，再到今天加速向"充分满足吃得更加方便、更加营养、更加安全和更加健康"的"工业化、成品化全面保障型产业"的根本转变。

2. 充分了解　我国已成为全球第一大食品加工制造国。据统计资料显示，作为我国第一大制造业的食品工业在 2012 年前的近 20 年间保持近 20% 的年均增长速度。2010 年我国食品工业总产值突破 1 万亿美元，超过美国（约 9 000 亿美元），成为全球第一大食品制造国。近年来大家已充分认识到，食品产业是一个与亿万农民生产、生活密切关联的国民经济"基础产业"和"农产品减损增值工程"；一个与亿万公众营养、安全密切关联的"健康产业"和"国民营养工程"；一个能够创造万亿产值和千万就业机会的"支柱产业"和"现代餐桌子工程"；一个"惠民生、利三农、快增长、新优势、高科技、助健康、大潜力、可持续"的"民生大产业"。

3. **高度重视** 我国食品产业发展已经进入了新的发展阶段。虽然 2015 我国食品工业规模以上企业（年销售收入超过 2 000 万元）总产值达 11.35 万亿元，产业的总增加值约占国民经济 GDP 的 5% 左右，已超过我国农林牧渔业的总产值（约 11 万亿元），是全国农业总产值（约 6 万亿元）的近两倍。但必须注意，从 2012 年开始我国食品产业已从高速增长进入"中高速"发展的新阶段。2011 年我国食品工业总产值 7.81 万亿元，增速为 23.8%；2012 年 8.96 万亿元，增速 14.72%；2013 年 10.11 万亿元，增速 12.83%；2014 年 10.89 万亿元，增速 7.7%，2015 年 11.35 万亿元，增速仅为 4.2%。这一变化，必须引起食品产业界的高度关注和重视。

4. **准确把握** 预计未来 5 年我国食品工业应能保持在年均增长 6%～8% 中高速发展，到 2020 年总产值估计在 15 万亿～16 万亿元。我国食品产业整体科技水平的提升与持续发展程度，直接关系着产业能否在"新常态"下实现"调结构、转方式、稳增长、促就业、惠民生"的新目标。只有依靠科技进步，才能实现创新驱动产业发展。这是一个事关国计民生的公益性民生科技问题和国家发展战略性问题。

现代食品产业已经是一个与第一（农业）、第二（工业）和第三（服务业）产业密切关联，并逐步成为"三产"高度融合和"从农田到餐桌"全产业链综合发展的产业。我国食品产业依然是国民经济中最具活力的新兴产业，也是发展现代农业的重要内容。近年来，随着一大批新技术（如先进制造、智能控制、云计算与大数据等）的开发；新业态（如电商、物联网和健康配送等）的出现；新模式（如控制全产业链和建立可追溯体系等）的形成；新产业（如现代调理食品、成品化中华菜肴和营养健康食品产业等）的发展，现代食品产业不仅成为拉动我国国民经济发展的"新兴产业"和新的经济"增长点"，也成为引领、带动乃至决定我国现代农业发展的"新动力"和"新空间"，必须准确把握和认真思考如何抓住新机遇和迎接新挑战。必须认识到，我国食品产业已经进入增长速度换挡期、结构调整阵痛期的新常态，科技是食品产业可持续发展的核心动力，创新是食品产业科技发展的永恒主题。

二、如何深刻理解和把握好新常态下，食品产业科技发展态势和未来发展战略问题

"十三五"时期是我国全面建成小康社会决胜阶段，也是食品产业依靠科技创新推进供给侧结构性改革和实现转型升级的关键 5 年。我们必须深刻理解和把握好在我国食品产业发展进入新阶段，依靠创新驱动推进我国食品产业供给侧结构性改革和转型升级，通过科技进步来有效支撑我国食品产业实现跨越式和可持续发展。

"十二五"期间，我国对食品科技研究发展计划项目的支持力度不断增强，取得了一批重大突破，形成了一批具有较强学科优势的高校、科研院所和创新基地，培育了一批优秀的人才队伍，产生了一批具备食品技术研发和装备开发的企业和产业技术创新联盟，有效地提升了我国食品科技的创新能力，支撑了食品行业的高速发展。但需要看到，我国距离世界食品科技强国还有一定的差距。食品科学的基础性研究相对薄弱，食品产业的核心技术装备大多处于跟跑和并行的状态，食品科技投入强度与我国作为世界第一食品大国的现实存在明显差距。食品产业整体上仍处在核心技术和装备的自主开发和创新能力不足，产品低值同质化现象严重，缺乏国际竞争力的被动局面。具体表现在：

（1）食品加工制造技术的全面提高，迫切需要依靠科技创新来实现提质减损增效。我国食品加工制造业在资源利用、智能高效、工程优化、清洁生产、加工标准、全程保障等技术领域相对落后，特别是在食品加工制造过程中的能耗、水耗、物耗、排放及环境污染等方面的问题依然突出。

（2）食品产业机械装备升级需求突出，迫切需要依靠科技创新提升食品装备整体开发水平。由于我国食品装备创新能力缺乏，智能化、数字化、自动化、规模化、连续化、工程化和成套化核心装备与成套技术开发不足，不得不长期依赖高价进口和维护。

（3）食品质量安全综合保障能力的快速增强，迫切需要依靠科技创新来提供技术支撑。从食品原料控制、加工过程保障和市场监管技术措施提升等食品质量安全"从农田到餐桌"的全产业链干预与保障问题已成为关乎国计民生、社会稳定和国际声誉的社会热点问题，保障"舌尖上的安全"也是关注民生和维护社会稳定的重要内容。

（4）食品保鲜物流智能控制与综合保障能力的不断提升，迫切需要依靠科技创新来提升技术与装备水平。我国食品保鲜物流及智能控制技术装备不完善，在互联网＋电商物流及其配套保质减损方面的技术研发薄弱，特别是产业环节多、标准化和可溯化程度低，在物流过程食品品质劣变、腐败损耗和能耗过高问题十分突出。

（5）公众营养过剩和营养缺乏双重问题突出，迫切需要依靠科技创新加强营养健康食品创制。针对肥

胖症、糖尿病等代谢综合征以及婴幼儿和儿童营养辅食、老年心脑血管病和记忆减退等特殊人群营养干预性食品，以及舰船远洋、远海岛礁、载人航天等特殊营养食品的开发研究，与国际水平差距巨大。

当前，全球食品行业正在发生深刻变化，正在向多领域、深层次、高科技的方向发展。产品种类日新月异更趋丰富，技术更新换代更为频繁，产业环节和主体呈现多元化和多样性，驱动行业发展的因素愈加复杂。一是前沿技术突破推动食品行业快速发展。全球食品行业通过不断与高新技术渗透融合，正向可预测性的高品质、高营养、高技术含量产品研发和制造方向发展。二是绿色加工与低碳制造促进食品行业健康发展。在资源、能源以及环境约束日益严峻的背景下，传统的生产方式正在经历深刻的变化，通过绿色制造与加工技术创新实现低碳生产已成为食品行业可持续发展的源动力。三是装备先进制造支撑食品行业转型升级。信息化、数字化和智能化引领着当前食品装备制造业的发展，规模化、智能化、自动化、配套化的食品装备制造技术成为实现食品工业现代化的重要保障。四是品质监控与安全干预技术保障食品安全。食品安全是全球性的基本公共卫生问题，食品加工、物流、销售过程的质量安全检测与控制技术受到高度重视。五是全程冷链与智能监控实现食品物流保质减损。全球食品冷链物流市场需求日趋旺盛，市场规模扩大迅速。高效绿色制冷技术、绿色防腐保鲜技术、新型绿色包装开发和智能化信息监控技术与装备创制受到高度关注。六是分子营养技术实现健康食品精准制造。营养健康食品行业的快速发展，推动食品营养学研究从传统的表观营养向基于系统生物学的现代分子营养学方向转变。以宏基因组学（肠道微生物DNA水平）、转录组学（mRNA水平及小RNA水平）、蛋白质组学（蛋白质表达、修饰与调控通路）和营养代谢组学（细胞、生物体液及排泄物中小分子代谢产物的定性和定量）等技术为基础的分子营养学研究成为当前营养学研究新热点。

三、如何科学谋划和把握好"十三五"期间我国食品领域的科技发展规划和全面实施"创新驱动食品产业发展战略"

"十三五"时期，创新是引领食品产业发展的第一动力，应充分发挥科技创新在全面创新中的引领作用，做到"立足新常态、谋划新发展、释放新需求，创造新供给"。为全面实施创新驱动发展战略和食品安全战略，深化科技体制改革，着力推进食品科技创新发展，按照国家"十三五"科技创新专项规划的总体部署和要求，科技部农村司正在牵头起草《"十三五"食品科技创新专项规划》（以下简称《规划》），对未来五年创新驱动食品产业发展进行具体落实和细化安排，为创新驱动我国食品产业可持续发展提供指导依据。

首先，要深入贯彻习近平总书记系列重要讲话精神，认真落实党的十八大和十八届三中、四中、五中全会精神，坚持"四个全面"战略布局，秉承"创新、协调、绿色、开放、共享"和科技创新是引领食品行业发展第一动力的理念，以提高人民营养健康水平和保障食品安全为目标，以支撑食品产业向"增品种、提品质、创品牌"和"信息化、工业化两化融合"方向发展为中心，全面实施"问题导向，整体设计，科学布局，分类实施，突出重点，突破关键，防范风险，支撑发展"的食品科技创新驱动发展战略，重点突破食品制造技术与装备、食品物流与质量安全、食品营养与健康等重大关键技术，建立从食品生产源头到消费餐桌全产业链的食品质量安全控制技术体系，着力建设创新型人才队伍和基地平台，积极扩大国国际间科技开放与合作，为全面推进我国食品产业供给侧结构性改革，实现转型升级和可持续发展提供科技支撑。要把握好坚持问题导向、强化企业创新、引领产业发展、突出民生保障的四项基本原则。

其次，要针对食品产业科技支撑与未来发展需求，按照全链条创新设计，一体化组织实施的总体思路，强化"食品绿色加工与智能制造"问题。分别从重大食品科学问题的基础性研究、前沿重大共性关键技术与装备的重大专项与重大科技工程及重点研发计划、集成创新示范性技术创新引导计划，以及基地、人才与国际合作等计划多个层面进行统筹规划和整体部署。重点围绕食品加工制造、机械装备、质量安全、保鲜物流、营养健康等主要领域进行重点任务的凝练，提高食品产业的原始创新能力、集成创新能力和产业化示范能力，加速我国提高食品产业创新人才的培养能力，促进国际交流与合作，增强自主创新和国际竞争能力，全面支撑和引领未来我国食品产业发展。

第三，要遵循现代食品制造业高科技、智能化、多梯度、全利用、低能耗、高效益、可持续的国际发展趋势，围绕标准化加工、智能化控制、健康型消费等重大产业需求。以现代加工制造为主线，加快高效分离、质构重组、物性修饰、生物制造、节能干燥、新型杀菌等工程化技术研发与应用；以智能装备为突破口，攻克连续化、自动化、数字化、工程化成套装备制造技术，突破产业发展的装备制约；以质量安全为基础，开展多重风险暴露评估、危害因子靶向筛查、品质信息大数据挖掘及风险预警等全程质量安全控制技术研发；以保鲜物流为保障，开展智能冷链物流、绿色防腐保鲜、新型包装控制等产业急需技术研发；以营养健康为目标，突破营养功能组分稳态化保持与靶向递送、营养靶向设计与健康食品精制制造等高新技术。力争到2020年前在营养优化、物性修饰、智能加工、低碳制造、冷链物流、全程控制等技术领域实现跨越式发展，形成较为完备的现代食品制造技术体系，支撑我国现代食品制造业转型升级和持续发展。

"十三五"时期，食品科技创新的具体任务包括：

（1）在食品加工制造方面，要围绕快节奏、营养化、多样性的国民健康饮食需求变化与新兴产业发展需求，针对我国食品行业整体上仍然处于高能耗、高水耗、高排放和高污染的紧迫问题，力争到2020年在标准化加工、智能化控制、营养化提质、低碳化制造、全程化保障等技术领域实现跨越式发展。

（2）在食品机械装备方面，要顺应现代食品制造业工程化、自动化、智能化、绿色化和国际化等发展趋势，围绕食品制造关键装备引进消化吸收再创新和成套装备制造及中华传统食品工业化加工专用装备创新开发等产业发展重大瓶颈问题，力争到2020年全面提升我国现代食品装备制造业的技术开发与装备创新能力，大幅度提高我国食品加工制造装备的自给率、自动化率和工程化能力，全面增强中华传统食品机械化、自动化、成套化装备的应用率和关键成套装备自主开发能力，显著提高自主化食品装备开发能力和国际竞争力。

（3）在食品质量安全方面，要紧紧围绕"确保群众舌尖上的安全"的国家重大需求，立足于我国食品质量控制和安全保障。力争到2020年重点突破生产源头控制、加工过程控制、产品流通控制和市场监管支撑等关键技术，构建起食品质量保障技术体系，全面提升产业食品质量安全保障能力。

（4）在食品保鲜物流方面，要针对当前我国食品冷链物流产业环节多、技术单一、标准化程度低、品质劣变严重以及物流损耗、能耗和物流成本过高等问题，围绕绿色低碳、安全高效、标准化、智能化和可溯化产业发展新需求。力争到2020年在全面提升我国食品冷链物流产业科技水平，促进产业升级。

（5）在营养健康方面，要围绕肥胖症、糖尿病等代谢综合征及儿童、老年等特殊人群以及我国舰船远洋、远海岛礁、载人航天等营养健康食品创制等新问题。力争到2020年形成食品营养均衡设计、健康调控、方便速食型与成品化加工制造能力全面提升，实现产业化开发和跨越式发展，全面提升产业自主创新能力。

（6）在颠覆性技术探索方面，要瞄准国际前沿，系统分析和准确把握全球食品产业科技的发展态势，积极探索具有战略性、前瞻性和未来性的食品科技，抢占食品产业科技制高点。

（7）在食品产业科技能力建设和国际合作方面，要积极推进食品产业科技创新人才和团队建设，重点加强具有世界水平的领军人才培养和国际一流创新团队建设；加强中青年高级专家、学科带头人以及优秀创新团队建设；加强产业实用科技人才培养和队伍建设。要积极推进食品产业科技创新基地和平台建设工程以及国际合作平台建设。积极发展和建设食品领域国家重点实验室、国家工程（技术）研究中心、国家创新平台、博士后工作站以及高新技术企业研发中心等基地平台建设；加强国家优势食品产业创新基地的合理布局，积极推进国家间合作研究平台建设与学术交流。

（8）在创新食品科技体制机制方面，一是要加快联合协同创新机制建立；二是推进食品企业创新主体制度建设；三是推动高效研发组织体系建设。在食品科技组织管理制度方面：一是要深化食品科技管理体制改革；二是完善监测评估与考核评价。

加强投资贸易洽谈
推进农产品加工业品牌建设

农业部农产品加工局副局长　欧阳海洪

中国农产品加工业投资贸易洽谈会（以下简称"洽谈会"）已经成功举办17届了，2015年是第18届。根据工作安排，今天在这里召开一个工作会议，主要任务是进一步动员和部署，全力以赴地做好洽谈会各项筹备工作。刚才，各相关承办单位分别介绍了各自承担展区规划布局以及产销对接、国际交流、技术推介、重点项目签约、采购商参展、产品品牌培育等组织筹备工作，特别是各省、自治区、直辖市提出了很好的意见和建议，我们要认真研究，切实改进，逐项逐步落实。2015 年筹备工作起步早、抓得实、措施硬，进展顺利，为下一步工作开展打牢了基础。2015 年，农业部将继续依托洽谈会这个大平台，开展农产品加工业区域经济合作有关活动。下面，我就继续做好大会筹备进展，扎实完成农产品加工业区域经济合作重点工作，讲两点意见。

一、洽谈会已成为我国农产品加工业投资贸易交流的知名品牌

1998 年以来，农业部和河南省人民政府已连续在驻马店市成功举办了 17 届洽谈会。这 17 年间，我国农产品加工业发展速度由慢到快，规模由小到大，投资由冷变热，实力由弱到强，已成为现代农业发展的关键环节和重要标志，成为经济社会发展的战略性支柱产业，成为保证国民营养安全健康的民生产业。洽谈会顺应农产品加工业发展趋势，实现了从小到大，从弱到强，从综合性到专业性，从默默无闻到全国知名的华丽转身，已成为国内农业领域的知名展会，是农产品加工行业的唯一 4A 级展会，是广大农产品加工企业寻求合作伙伴、掌握先进技术、展示自身形象、了解行业动态、明确投资方向、促进产品销售的重要合作交流平台。

从取得的成果上看，这 17 届共签订重点投资建设项目 3 700 多项，合同金额 1 100 多亿元，签订贸易合同 190 多亿元。这一区域合作平台的搭建，将东部地区在资金、技术、管理、品牌等优势与中西部和东北地区在劳动力、土地、农产品、生态等优势加以整合，促进了区域间的优势互补、互惠双赢、长期合作和共同发展。

从带动经济发展上看，洽谈会不仅对河南省农业和农村经济持续快速发展发挥了积极的带动作用，而且对全国农产品加工业乡镇企业区域合作和协调发展发挥了重要的促进作用。特别是近几年来，通过不断创新办会方式、丰富会议内容、拓展合作渠道，使会议的吸引力和凝聚力进一步增强，不仅吸引了更多的国内企业参加，也吸引了大批国外厂商参与。

从展会自身成长看，洽谈会坚持"市场化、专业化、品牌化、国际化、信息化"的办会宗旨，每年突出一个主题、洽谈一批项目、对接一批技术、发布一批成果、提高一个层次，将"投资贸易洽谈、科技成

果发布、技术装备展示、科企银企对接、产品展销推介、国际合作交流、专题聚焦研讨"七个平台融为一体，成为农产品加工业结构调整的"转化器"、新型企业的"孵化器"和产业层次的"提升器"。

农业部领导对 2015 年在洽谈会期间开展的有关重点活动十分重视，专门听取会议筹备工作汇报，提出明确要求，希望把相关活动办得更有特色、更有成效。

在 2015 年的第 18 届展会中，将重点开展系列活动，包括名特优加工农产品展示和贸易、重点项目推介、科研成果展示、产业园区交流、市场拓展及品牌培育、国际项目交流、采购商专场、电子商务论坛等内容。如何利用好这个交流合作的大平台，是摆在我们面前最现实，也是最重要的问题。农业部对这个展会非常重视，连续作为支持单位，部领导每年出席新闻发布会和大会开幕式并致辞。2014 年，杨绍品党组成员对洽谈会的总结报告作出批示：活动办得很好，成果丰硕。要继续把这个展会办得一届比一届好。同时要加强宣传，提高知名度。2015 年，杨绍品专门听取"洽谈会"筹备工作情况，并明确提出：要将展会提早部署，提早安排，要不断创新办会方式，坚持展会的目标不变，方向不变。2015 年 2 月，农业部以办公厅文件下发了"关于开展 2015 年农产品加工业区域经济合作有关活动的通知"（农办加〔2015〕6 号），并多次与河南省主办方、驻马店市承办方及相关承担活动单位座谈研究展会的各个环节和创新方式。这次的筹备工作协调会就是落实我部领导要求和主（承）办方筹展工作的具体体现。

当前，我国经济社会发展进入新阶段，我国农产品加工业发展正处在改革创新、转型升级的关键时期，农产品加工业区域经济合作交流面临着新形势、新机遇、新任务。我国农产品加工业总体发展由高速进入中高速，呈现出由快趋稳的发展态势。2015 年一季度，规模以上农产品加工业增加值同比增长 5.8%（扣除价格因素），增速比上年同期回落 2.7 个百分点；实现主营业务收入 42 726 亿元，同比增长 5.2%；增速比上年同期下降 3.7 个百分点，比全国规模以上工业主营业务收入增速高 3.2 个百分点。2015 年中央 1 号文件指出，要把产业链、价值链等现代产业组织方式引入农业，促进一、二、三产业融合发展。要实现三产融合，一产是基点，二产是重点，三产是亮点，就要大力发展农产品加工业和休闲农业。通过农产品加工业纵向延伸农业产业链条、通过休闲农业横向拓展农业产业功能，打造一、二、三产业融合互动的多业态、多功能的现代农业产业体系。在融合发展的大背景下，农产品加工业发展面临着重大的发展机遇，必然为农产品加工业区域经济合

作带来利好的环境和条件。一二三产业融合发展，必须通过区域经济合作，正如洽谈会这样的平台和途径，积极开展科企对接、银企对接、产销对接等活动，大力发展农产品加工、储藏、保鲜、运销，支持电子商务等新型流通业态，延长产业链条，打造供应链条，形成全产业链，让农民从加工和流通环节分享收益，实现农业提质增效，农民增收。

2015年年初以来，我们积极落实部领导的要求，继续坚持政府搭台、企业唱戏、各方参与、市场化运作办会的原则，在总结以往经验的基础上，进一步丰富会议内容、创新办会机制、规范会议运作，力争取得新的、更大的成效。各地管理部门要抓住机遇，发挥资源和平台的优势，积极开拓市场，推动区域经济合作共赢发展。2015年洽谈会从顶层设计上，我们有以下七个方面的考虑：一是重点项目推介。推介一批符合国家产业政策、科技含量高、发展潜力大、市场前景好的农产品加工业项目。二是科研成果展示。组织农产品加工大专院校、科研院所等开展成果展示、发布和签约等活动。三是产品展示贸易。开展加工名特优新产品、主食加工精品及加工机械的展示、宣传和推介活动。设置综合展区、近三年获得"洽谈会"金奖及优质产品奖展区和产品贸易区，集中展示主食加工业发展成果和农业产业化重点龙头企业，展销粮油、畜禽、水产、果蔬等一批名优特及精深加工产品。此外还将设置境外企业展区、农民合作社展区、机械与装备等专题展区。四是产业园区交流。举办农产品加工产业园区推介活动，交流园区建设做法和经验。五是市场拓展及品牌培育组织加工农产品产销对接及采购项目洽谈、签约，编发优质加工产品品牌目录。组织境内外采购商、贸易商、大型超市、批发市场、流通企业、电子商务平台等与农产品加工企业、农产品标准化生产基地、合作社等对接洽谈，签约一批农产品采购和贸易项目。六是国际项目交流。开展中国—东盟农产品加工业项目推介和中国—英国农产品加工业技术交流活动。七是互联网＋农产品加工业高峰论坛。组织国内知名网站、电商专家，研讨互联网农产品加工业电子商务平台建设、促进农产品网上销售。

希望大家一定要按照会议的总体要求，从大局出发，齐心协力、真抓实干，扎实做好各项相关工作，力争将开展的活动办出新特色、收获新成果、营造新影响、提高新水平。

二、凝聚共识，形成合力，共同努力把洽谈会办好办实办成功

2015年的展会无论是从内容上，还是从方式上都有了新的创新和新的亮点，通过这个平台，把我部和我们系统的重点工作都能有所体现，使大家在更大的范围、更高的层次上，达成共识、形成合力，共同推进工作的开展。

1. 应该有以下几点共识　一是坚持安全办会、廉洁办会、务实办会。一定要按照中央八项规定要求，不搞形式主义，不搞花架子。二是处理好三个关系。要处理好市场化与政府主导之间的关系，明确市场主体，按市场规律办会，展会收费或免费要公开、透明。要处理好国内与国外客商之间的关系，无论国内国外客商，都要一视同仁，为参展客商提供平等的服务。要处理好实体与电商之间的关系，建立传统投资贸易交流与电子商务、移动互联网营销、第三方电子交易平台等现代流通业态融合的新型投资贸易交流洽谈合作体系，把中国农加工洽谈会打造成永不落幕的展会。三是继续完善"七位一体"功能。更加突出重点项目推介、科研成果展示、产业园区交流、市场拓展及品牌培育、国际交流合作等活动，使功能更全、内容更实、成效更大、吸引力和社会影响力不断增强。四是坚持市场化、专业化、品牌化、国际化、信息化的办会方向。深入基层了解一线需求，为供需双方提供真实可靠的信息。充分发挥各类行业协会、专业化办展公司的作用。加强与欧盟、东盟、中亚等交流合作，提升企业国际市场开拓能力。引入第三方网络评价机制，按照科学、公正、简约、务实的原则，为主办方提供及时、准确的公众反馈信息。五是坚持"五商"同台。不唱独角戏，要唱大合唱，要让原料商、产品商、装备商、成果商、国际商等都能找到定位、各得其所。六是注重机制创新和规范管理。加强方案设计、组织动员、服务协调等工作创新，强化细节管理，做到各个环节无缝对接和缺陷"零容忍"，为参展企业提供优良的服务。开展第三方评价，认真做好档案收集、整理、上报工作。七是不断创新与地方合作方式。发挥部省各自优势，为各省搭建区域性、针对性和实效性强的平台。

2. 重点要做好以下工作　一是抓紧开展重点项目洽谈对接和推介。各省、自治区、直辖市要筛选、论证一批投资规模大、产业链条长、带动能力强、符合国家产业政策的农产品加工业项目，利用会前的有利时间，加大招商引资力度，积极推介、对接洽谈，各省、自治区、直辖市在会上签约10亿元以上重点投资项目1～2个。二是做好主食加工业示范企业参会参展工作。各省、自治区、直辖市要精心组织本地大型知名农产品加工企业和产品参会参展。特别是要重点组织本省1～2个农业部命名的主食加

工示范企业在会上进行展示，力争展出特色，展出水平。通过洽谈会这个平台，全面展示当前我国农产品加工业、主食加工业发展成就，推出一批知名产品，洽谈签约一批产品贸易合同。三是促进农产品产销的无缝对接及采购洽谈。这次洽谈会将农产品产销对接及采购洽谈活动，在原有只限于河南省范围的基础上扩大到全国，进一步促进农产品产销实现无缝对接，减少中间环节，降低采购成本，稳定市场供应，带动农民增收。组织了 100 个跨国连锁超市、农产品批发市场、农产品配送企业等采购商参会，各省、自治区、直辖市要组织不少于 5 个农产品加工企业及农民合作社参加农产品产销对接及采购洽谈活动，直面洽谈，现场订货，签约一批"基地直采"和"订单贸易"合同。四是加大农产品市场拓展和品牌培育。本届洽谈会特设名优特精品展示贸易区，各省、自治区、直辖市要组织动员本地近 3 年获中国农加工洽谈会金奖的企业和产品，积极参加名优特精品展示贸易活动，加大产品宣传推介力度，培育知名品牌，打造名优精品，提高产品的知名度和市场竞争力。同时，大会组委会秘书处已将近 2～3 年获金奖企业及产品名单发给大家，请大家回去后认真准备，积极组织参展。每个省组织推荐 30 个名特优新加工产品，我们将筛选编发优质农产品加工年度产品品牌目录。五是积极推进科研成果转化。各省、自治区、直辖市要广泛征集本地企业发展中的技术需求，会上推介发布，组织企业与参会科研院所和大专院校进行广泛对接洽谈，促成一批科研成果转化项目。各省、自治区、直辖市要在会上签约 1～2 项农产品加工业科研成果项目。六是积极组织参加农产品加工业园区推介活动。农产品加工业园区推介活动是 2015 年会议的一项重要活动内容，对于培育农产品加工产业集群，建设专业化、规模化、标准化生产基地，构建物流配送和市场营销体系，吸引境内外企业投资，将发挥重要作用。各省、自治区、直辖市要认真筛选 1～2 个、在本地有代表性的农产品加工业园区参会，并开展农产品加工业园区推介活动，现场推介、发布重点招商项目及优惠政策，与中外企业交流合作，吸引企业投资合作，签约项目，吸引企业入住。

3. 几点要求　一要高度重视。各省参加会议的同志回去后，要及时把这次会议的精神向主管领导汇报，进一步落实任务，明确责任，确保本省组团参会工作顺利开展。河南省特别是驻马店市的同志要更加努力，迅速进入备战状态，按照大会的统一安排和要求，一丝不苟地做精做细每一个步骤、每一个细节，确保各项工作有条不紊，不出纰漏。二要加强考核。为进一步调动大家的工作积极性，鼓励各地更好地做好工作，本届洽谈会组委会将对在会议组织、项目签约、产品展示和贸易、科研成果转化等方面工作突出的单位予以表扬，大会组委会为此也制定了评选表扬办法，对工作开展好的单位进行表扬。三要搞好宣传。要切实做好会前、会议期间和会后的宣传工作，组织有关媒体开展经常性的宣传，让社会各界及时了解会议组织参展情况，关心、支持和参与洽谈会举办，为会议的召开营造良好的舆论氛围。

最后，需要特别强调指出的是安全问题。要以防火、防盗、防泄密、防暴和防止其他人身事故和交通事故为中心，搞好安全工作。洽谈活动的会场、展馆、住地等都要有专人负责安全工作，要有切实的安全保障措施，消除一切不安全因素，确保各项活动不发生任何安全事故。

（本文为作者于 2015 年 5 月 27 日在"第 18 届中国农产品加工业投资贸易洽谈会协调会"上的讲话，略有删改）

启发思路　创新思维
推进农产品加工业区域经济合作

农业部农产品加工局副局长　刘明国

我们举办这个交流活动，主要任务是学习贯彻党的十八届五中全会精神，总结交流 2015 年以来农产品加工业区域经济合作的成效和经验，分析当前面临的新形势新任务，启发思路，创新思维，提前研究谋划 2016 年工作。我就农产品加工业区域经济合作工作讲两点意见。

一、总结成效经验，增强做好农产品加工业区域经济合作的责任感和使命感

2015 年以来，在农业部党组的高度重视和正确领导下，在各省、自治区、直辖市农产品加工业、乡镇企业管理部门的共同努力下，农产品加工业区域经济交流与市场拓展工作取得了良好成效。归结起来，开展的工作和特点主要体现在四个方面。

（一）做好顶层设计，完善工作布局

近年来，农业部农产品加工局一直致力于搭建产业多向交流合作平台，从最早的"东西合作"开始，不断突出主题、扩大规模、丰富内容、创新形式，慢慢地演变成今天比较完善和成熟的工作布局，形成了"中国农产品加工业投资贸易洽谈会"＋"多个区域性特色农产品加工业产销对接合作"的层次结构，"中原＋东西南北"的区域覆盖，"投资贸易洽谈、科技成果发布、技术装备展示、科企银企对接、产品展销推介、国际交流合作、专题聚焦研讨"等多位一体的综合平台。2015 年年初，农业部印发了《关于做好 2015 年农产品加工业重点工作的通知》，对区域合作工作提出了要求。农业部办公厅印发了《关于开展 2015 年农产品加工业区域经济合作有关活动的通知》，明确了 2015 年区域合作工作的主要任务和具体内容，为工作顺利完成、取得实效做出了周密的安排部署。

（二）扎实锤炼队伍，加强组织落实

今天来参加会议的，都是工作在区域合作最前线的同志，既有身经百战的资深处长，也有朝气蓬勃的年轻干部。可以说，多年的区域合作工作，强化了机构队伍的凝聚力，使我们建立起了一支由各省份农产品加工业、乡镇企业管理部门、行业协会、科研单位、新闻媒体等单位组成的区域合作方面的工作队伍。这支队伍懂业务、懂管理，懂产业、懂市场，有热情、有能力，有干劲、讲奉献，乐此不疲地为产业服务、为企业奔波。在大家的积极努力下，2015 年的"中国农产品加工业投资贸易洽谈会"，各地加大了组织工作力度，北京市经信委、山西省农业厅、内蒙古农牧厅、黑龙江省工信委、江苏省农委、福建省经信委、江西省农业厅、山东省农业厅、河南省农业厅、湖南省农委、重庆市农委和重庆市中小企业局、四川省经信委等 12 个省、自治区、直辖市组织参加了特装展示。河南省农业厅、四川省经信委、湖北省农业厅、宁夏回族自治区农牧厅、山东省农业厅、江苏省农委、甘肃省农牧厅、黑龙江省工信委、陕西省

农业厅均分别组织率领 30 个企业以上的团队参加了相关活动。23 个省、自治区、直辖市和部属事业单位获得了优秀组织奖，13 个省、自治区、直辖市获得了组织奖。中国国际农业合作交流中心、中国农产品市场协会、农业部信息中心、中国农业科学院农产品加工研究所、河南省驻马店市农业局等单位直接参与加工科技信息对接、国内外采购商邀请、权威信息发布等有关活动筹备。正是由于大家的努力和付出，大大提升了中国农产品加工业界这个唯一 4A 级展会的水平。

（三）突出交流重点，打造工作亮点

一年一届的中国农产品加工业投资贸易洽谈会是农产品加工区域合作的重要内容之一，已连续成功举办了 18 届，成为我国农产品加工业展示发展成就、开展投资贸易交流和促进区域经济合作的重要平台。2015 年的展会规模更大、成果更丰。全国 30 个省、自治区、直辖市共组织 170 多个代表团、近 20 000 名代表参加，展位面积 3 万多 m^2，参会企业 4 800 多个。雀巢集团、徐福记、维维集团、家乐福等 19 个国内外 500 强企业，今麦郎、山东华协食品、山西平遥牛肉、宁夏红枸杞等 160 多个国家级龙头企业，中国农业科学院、中国农业大学、华中农业大学、西北农林科技大学等 43 所国内高校、科研院所，10 多个投融资机构，20 多个商会协会参展参会。签约了 173 个重点投资项目签约，投资总额 538 亿元。37 个科研单位和大专院校的 680 项最新农产品加工技术成果参与转让和合作交流，签约科技成果转化项目 79 个。80 多个国内外知名农产品采购商与 200 多个农业产业化龙头企业、合作社为主的加工农产品供应商参加了产销洽谈对接活动，签约 5 000 万元以上农产品采购和贸易项目 72 个，贸易额 74.37 亿元。18 个省、自治区、直辖市 238 个企业的 481 个产品参加评定，评出金质产品 26 个，优质产品 128 个。陈晓华副部长在《关于第十八届中国农产品加工业投资贸易洽谈会举办情况的报告》上批示：办会有成效，要积极促成签约项目落实。

在办好中国农产品加工业投资贸易洽谈会的同时，2015 年我们还支持海南、新疆等地以产业优势特色为亮点，开展了区域性的农产品加工产销对接活动。新疆名优特及精深加工农产品上海展示活动以"绿色新疆，精品农业"为主题，来自新疆 14 个地州市的 400 个企业组团参会，展示展销面积 1 000 多 m^2，2 000 多种特色精深加工产品参展参销。与上海、长三角及华东地区的 100 多个大型企业、批发市场、采购商进行了对接和洽谈，达成合作意向 50 多项，签约总额 17.9 亿元。海南省通过国际热带农产品冬

季交易会平台，开展海南特色农产品加工业市场拓展活动，推进海南热带特色农产品加工业与内陆加工企业通过技术创新、产销对接、互联网金融、品牌推介等多项活动开展广泛合作交流，吸引了来自山西、吉林、河南、重庆等10省、自治区、直辖市的130多个企业的近2 000多种名特优产品参展参销。

（四）拓展交流领域，加强国际合作

近年来，我们认真贯彻中央"一带一路"战略部署，发挥中国农产品加工业的资源、技术、规模、机制和区位等优势，积极发掘区域内市场潜力，推动投资和消费，努力促进形成与沿线各国优势互补的农加工交流合作新局面。不断加强与中亚、独联体、东盟、日韩、欧盟、阿盟等地区在农产品加工业领域的深度交流合作，做大做好合作"蛋糕"。借助农加工洽谈会平台，组织境外40多个合作国家、140多个企业、客商近300多人与国内企业洽谈合作；邀请联合国可持续农业机械化中心、阿拉伯国家联盟2个国际组织，美国、加拿大、西班牙等10个国家驻华使馆官员以及南非、孟加拉国、古巴等11个国家农业部官员和专家共50多人来华交流；组织俄罗斯、日本、德国、韩国、印度、波兰，以及我国香港、澳门和台湾等21个国家和地区产品展示展销。同时，为不断扩大和深化农产品加工业与东盟区域的交流合作，农业部农产品加工局在湖北省恩施州、广西壮族自治区南宁市、黑龙江省牡丹江市举办了三期农产品加工业东盟区域贸易经理人培训班，使农产品加工出口企业开阔了视野、进一步增强了与东盟国家合作的信心，提高了企业"走出去"的能力。

二、提早谋划，切实做好2016年农产品加工业区域经济合作重点工作

党的十八届五中全会提出"坚持协调发展，必须牢牢把握中国特色社会主义事业总体布局，正确处理发展中的重大关系"。按照这一要求，"十三五"农产品加工业的发展，要更加注重区域城乡间的协调，积极引导资源要素向优势农产品和优势区域集聚，促进产区与销区优势互补。区域经济合作是促进农产品加工业协调发展的重要手段和措施。近些年来，我们共同致力于推进农产品加工业区域合作，做出了很多努力，取得了积极成效。不仅强化了机构队伍的凝聚力、扩大了合作内容的多样性、提升了社会参与的广泛性，而且激发了企业的创新活力、促进了农产品加工业的协调发展，带动了现代农业的加快发展。但是，农产品加工业区域合作工作要跟上行业发展的步

伐，为解决行业发展问题和困难搭建更大更好更有效服务平台，提高我们的服务能力和水平，推动区域经济合作统筹协调发展，还有很多事情要做，很长的路要走。

今后一个时期，我们要深入贯彻五中全会精神，以创新协调绿色开放共享的新理念为指引，以农业提质增效和农民就业增收为目标，以转变发展方式、调整优化结构、提高质量效益为主线，按照"政府搭建平台、平台聚集资源、资源服务产业"的要求，推动中西部和东北地区积极承接产业转移，走差异化发展道路，实现优势互补、互惠双赢、长期合作、共同发展。当前农产品加工业区域经济合作的努力方向主要有三个：

1. 要创新区域经济合作的实现形式　一是要突出市场化。进一步创新组织方式和工作机制，在招展、招商以及各种配套服务等方面逐步转向市场主导。二是要体现专业化。进一步明确专业化的展会定位，建立专业化的办展队伍，提供专业化的服务。三是要推进品牌化。把"中国农产品加工业投资贸易洽谈会"及各地的区域性展会固化成口口相传的品牌，使这些平台既有开拓市场和整合资源等"硬功能"，也有文化凝聚和地区名片等"软实力"。四是要加速国际化。进一步向国际高水准看齐，吸引更多的国家参会，不断丰富合作形式和内容。五是要注重信息化。要充分利用网络信息技术，提高展会组织的效率；用先进的信息技术采集、整理展商、专业观众和各相关机构对展会的反馈意见，使展会的质量和水平不断得到改进和提高。

2. 要建立区域交流合作的长效机制　要逐步建立传统投资贸易交流与电子商务、移动互联网营销、第三方电子交易平台等现代流通业态相融合的新型投资贸易交流洽谈合作体系。要打造权威的公共服务平台，建立企业、项目、专家、产品等数据库，突破传统洽谈活动的时间、区域等条件限制，打造"永不落幕的展示活动"。2015年的"中国农产品加工业投资贸易洽谈会"结束后，按照陈晓华副部长的批示要求，大会组委会积极跟踪落实签约项目。截至2015年11月底，据大会组委会跟踪统计，大会重点签约项目落实率达40%。各地也要抓紧落实本地区在2015年中国农产品加工业投资贸易洽谈会上的签约项目情况，确保工作取得实效。

3. 要加强农产品加工产品品牌培育　如果说农加工洽谈会整体上是一个展会品牌的话，那么参会的产品也应该是品牌产品。农产品加工产品品牌化是农业品牌化培育的重要内容，是提升现代农业市场竞争力的重要标志。农产品加工企业正在逐步向质量立

企、品牌强企转变。通过这些年的展会积累，我们培育了一大批加工产品知名品牌。农业部农产品加工局拟从 2016 年开始启动农产品加工业品牌创建活动。我们要继续加强品牌培育和推介，促进企业诚信建设，将质量和信誉凝结成品牌，以品牌引领经营管理，用品牌保证消费者信心。

2016 年，农业部将继续支持举办"第十九届中国农产品加工业投资贸易洽谈会"。围绕政府搭台、企业唱戏、各方参与、市场化运作的办会原则，组委会将努力丰富会议内容、创新办会机制、规范会议运作，要立足"投资贸易洽谈、科技成果发布、技术装备展示、科企银企对接、产品展销推介、国际合作交流、专题聚焦研讨"七位一体的工作布局，进一步实现"每年突出一个主题、洽谈一批项目、对接一批技术、发布一批成果、提高一个层次"的总体目标，增强会议的吸引力和社会影响力。要实现"四商同台"的良性互动发展，把产品商、采购商、设备商、国际商都邀请到这个功能丰富的大平台，让消费者有兴趣点，让企业有兴奋点，让产业有吸引点，让国内外市场有汇合点。同时，我们将继续支持新疆、海南等地方开展区域性特色优势加工农产品推介活动。希望各省也结合本地实际积极开展加工产品展会、推介活动。

借此机会现就"第十九届中国农产品加工业投资贸易洽谈会"筹备工作提几点要求：

1. 高度重视，及早安排　农业部将继续以办公厅文件印发有关活动通知，并在 2016 年适当时候召开筹备工作协调会，对各省、自治区、直辖市参会工作作出安排部署。请各省、自治区、直辖市主管部门高度重视，及早谋划，将参会工作列入 2016 年工作计划，安排专人负责，争取经费支持。

2. 精心组织，强化招展　中国农产品加工业投资贸易洽谈会组委会将继续为各省、自治区、直辖市免费提供特装展位，并对在前三届大会中获得金奖和优质产品奖的企业予以优先安排，免费提供展示展位。会议将进一步组织邀请一批知名采购商、批发商与企业开展对接洽谈，请各省认真组织本地知名农产品加工企业和名优特新农产品参会参展。

3. 超前洽谈，推动签约　从现在开始，各省、自治区、直辖市要结合本地工作实际，通过农业对外开放招商等方式，提前沟通运作，力争组织 2 个以上重点投资贸易项目参加大会重点项目签约，促成一批农产品加工业投资贸易项目签约。

4. 加强服务，务求实效　各省、自治区、直辖市要摸清企业技术需求，及早征集技术难题 5～8 项和组织科企重点项目签约 1～2 项，参与科企对接活动。依托中国农科院农产品加工研究所和中国农产品加工协会服务平台，积极邀请国内各大知名院所、科研机构开展信息发布、成果转化和项目签约。组委会要会同各地各有关单位进一步加强签约项目的跟踪协调，确保成果落地。请各省、自治区、直辖市认真研究这次活动中印发的《第十九届中国农产品加工业投资贸易洽谈会方案（草案）》，尽快以书面形式提交修改意见和建议。河南省作为会议主办方要提早谋划好明年的整体工作进度，要制定精细化的工作方案；要充分吸收本次会议各相关单位提出的建议和意见，逐条落实并反馈给各省、自治区、直辖市；要积极筹划好相关活动的衔接工作，为各地提供优质的保障服务。

（本文为作者于 2015 年 12 月 12 日在"农产品加工业区域经济合作交流活动"上的讲话，略有删改）

把握发展大势
推进马铃薯主食加工业快速发展

农业部农产品加工局副局长　潘利兵

金秋时节，隆重举行全国马铃薯主食加工产业联盟成立大会很有意义。刚才，经过一系列既定程序，正式成立了马铃薯主食加工产业联盟，这是我国推进马铃薯主食化工作进程中的一件大事，也是一件创新的好事，对于做大做强马铃薯主食加工产业，加快推进主食加工业发展具有十分重要的意义。同时，我们还发布了第四批全国主食加工业示范企业，又树立了一批主食加工企业的典型，起到了示范引领和宣传推介的作用。下面围绕主食加工业发展，我讲三点意见。

一、主食加工业发展形势喜人，各项工作取得显著进展

在我国经济步入新常态、经济下行压力持续的背景下，我国主食加工业保持了强劲的发展势头，取得了较快的发展速度和较好的经济效益。据统计，到2014年年底，我国从事面米制造、速冻食品制造的规模以上主食加工企业主营业务收入达到1 638亿元，比2013年增长近16%；利润总额达到110亿元，同比增长12.8%。2015年上半年，涉及主食加工的速冻食品、米面制品、豆制品制造和蔬菜加工等行业增速普遍处在10%～17%较快的增长区间，远超农产品加工业的平均增速，成为农产品加工业发展中的最大亮点之一，为推进农产品加工业及农业农村经济持续稳定健康发展做出了重要贡献。这样的好形势是上上下下、方方面面共同努力的结果。

近几年来，为加快推进主食加工业发展，我部坚持不懈实施推进"主食加工业提升行动"。通过组织开展一批有影响力的主题活动、树立支持一批带动力强的示范企业、宣传推介一批主食加工知名品牌、推广应用一批先进的技术和装备等"四个一批"重点工作，实现了"五个加强"和"五个提升"。

1. 品牌培育有所加强，主食加工业质量安全水平得到提升 以规范化、标准化生产为核心，引导主食加工企业诚信守法经营、注重质量安全，加强品牌培育，做强主食加工品牌。先后组织开展了四批"全国主食加工业示范企业"认定工作，共有224家企业获得认定。开展了主食加工老字号宣传推介公益活动，在农民日报等有关媒体组织了"舌尖上的记忆，我心中食品老字号"征文等宣传活动。

2. 集成创新有所加强，主食加工业技术装备水平得到提升 以功能化、方便化、营养化等消费需求为导向，引导企业和科研院所加强营养、安全、美味、健康、方便、实惠的新型主食产品开发。加快技术研发公共服务平台建设，推动生物技术、工程技术、信息技术、环境控制技术等集成化，推进主食加工业重点环节、关键技术、核心设备集成创新，实现工业化与信息化融合。如组织相关单位启动建设了马铃薯主食产品加工技术集成项目，研制开发系列马铃薯主食产品和技术装备，取得明显成效。

3. 人才建设有所加强，主食加工业经营管理水平得到提升 制定下发了《关于进一步加强农产品加工业人才队伍建设的意见》，进一步明确了任务要求、思路措施和重点工作。深入开展形式多样的培训、交流和示范引领活动，积极培育一批熟悉农村产业发展、懂经营、善管理的技术人才和生产能手。指导各地深入开展主食加工企业负责人培训，鼓励跨区域、跨行业学习交流，培养一批食品安全意识强、经营管理水平高的管理人才队伍。

4. 机制创新有所加强，主食加工业联盟合作水平得到提升 积极支持有条件的行业和地区开展主食加工产业联盟先行先试，通过政府指导推动，建立以产业联盟为基础，形成有分工、有合作的协作机制，研发一批产品、集成一批技术，实现产学研协作配套、产加销融合发展，形成全产业链有序高效衔接。比如支持成立全国马铃薯主食加工产业联盟，区域性的面制主食产业技术创新战略联盟等。

5. 公共服务有所加强，主食加工业行业指导水平得到提升 我部积极与财政部沟通协调，争取支持，农产品产地初加工补助资金从2014年的6亿元增加到2015年的10亿元，增长了67%，主要用于马铃薯和果蔬储藏保鲜，其中1亿元专门用于支持马铃薯主食产品开发。同时，组织开发主食加工技术装备数据库，开展监测分析与预警。组织相关基础标准起草。开展主食加工知识普及、产品展示、宣传推介，引导树立现代主食消费理念。

实践证明，开展"主食加工业提升行动"是行之有效的好做法，要长期坚持下去，并不断总结完善和提高。

二、把握发展大势，进一步坚定加快发展主食加工业的信心

主食是供应人们一日三餐消费，满足人体基本能量和营养摄入需求的主要食品，是保证国民身体健康的基本食物。主食加工业一头连农民、一头连市民，一头连农业、一头连服务业，地位重要，责任重大，加快发展，势在必行。

从农产品生产者来说，农业面临着农业生产成本地板不断抬升、价格天花板不断下压的双重挤压，资源环境刚性约束的弦绷得越来越紧，经济社会生态效益越来越难以提高，政策、科技、投入的边际效益都在递减，迫切需要从延伸农业产业链、价值链中寻找新的发展空间。既要重视初级农产品生产，也要重视农产品加工转变，促进产加销、贸工农一体化经营、融合式发展，这是大势所趋，也是建设现代农业的必由之路。主食加工业将传统农业生产的食物链从初级农产品向加工食品，供应链从农村及产地向城镇，价值链从消费低端向高端有效延伸，可以使农业、农民分享更多的增值效益，而且主食加工业涉及面宽、量大、带动能力强，必将成为促进现代农业转型升级

和促进农民增收的新引擎。

从居民消费者来说，我国正处于工业化中期、城镇化率超过50%的重要阶段，人均GDP已经超过7 000美元，家庭平均人口减少到3.5人以下，主食制作方式正在由家庭自制为主向社会化供应转变。比如谷物类主食供应，据典型调查，城市的70%、农村的40%家庭都要依赖于市场采购。消费者对主食产品的需求还呈现出多样化、方便化、营养化、安全化、功能化的新特点，正成为引领主食消费的时尚潮流。而且，对工业化主食产品的消费市场还有巨大的潜力可挖，有数据表明发达国家工业化主食产品消费占消费总量的60%以上，而我国还不到20%，还有庞大的增长空间。主食加工业必将成为食品行业中消费领域最广泛、消费群体最庞大、消费需求最持久、与大众联系最为息息相关的基础产业，可以说大力发展主食加工业正逢其时。

从主食加工企业来说，主食加工企业一头连着农产品生产者、一头连着消费者，如何更好地实现加工转化，让两头满意，还有大文章可做。比如，主食加工企业如何向前延伸建设基地带动农户，向后延伸发展物流和营销体系，发展自身的标准化原料基地、流通业和服务业等，引领各类要素向其聚集，既增加自身效益，又带动农民增收。又比如，主食加工企业如何实现主食生产的规范化、产品的标准化、技术的现代化，提升食物质量、保障食物安全。如何丰富产品，满足市场多样化需求，实施品牌战略，提升品牌内涵，扩大影响力，等等，都还有巨大的提升空间。

为了加快推进主食加工业的发展，在2015年国办下发的59号文件《关于加快转变农业发展方式的意见》中，专门提出要"深入实施主食加工业提升行动，推进马铃薯等主食产品的开发"，这对我们的工作提出了新的更高的要求，也给我们加快推进主食加工业发展带来了良好机遇。我们必须认清形势，把握大势，深化认识，统一思想，不断增强发展主食加工业的使命感和责任感，坚定不移地加快推进主食加工业发展。

三、凝心聚力，合力推进
主食加工业发展

无论是打造产业联盟，还是培育示范企业，都是政府推动行业发展的重要举措，目的是通过政府搭建平台，平台聚集资源，资源服务产业，为行业发展营造良好的氛围。今后，我们要进一步坚定主食加工业发展方向不动摇，以促进农产品加工增值、农民持续增收、满足城乡居民消费需求和营养均衡为目标，坚

持政府引导、企业主体，科技支撑、品牌带动，深入开展主食加工业提升行动。希望全国马铃薯主食加工产业联盟、全国主食加工业示范企业和各地农产品加工业主管部门，以此次活动为契机，充分发挥自身作用，落实责任，加大协同，合力推动主食加工业发展。

全国马铃薯主食加工产业联盟，是在我国农业转变发展方式进入新阶段的大背景下成立的，这更加突显了当前加快促进马铃薯主食加工产业发展的重要性和紧迫性。希望产业联盟的工作，一要谋全局，准确把握功能定位，牢固树立服务宗旨，按照"平等自愿、统一规划、优势互补、合理分工、合作共赢"的组织原则，紧密围绕我国现代农业发展战略和农产品加工及马铃薯主食化开发的客观要求，服务于马铃薯加工产业合作。二要促合力，坚持联盟组织的开放性、行为的战略性、合作的平等性、利益的共享性，积极发挥产业合作组织的独特优势，加强产业链协同发展系统性战略研究，探索产学研用合作机制，总结、推广先进经验和有益模式，通过联盟这个平台，集思广益、群策群力、凝聚共识。三要求实效，以市场需求为导向，以成员各方共同利益为基础，探索有效的利益联接机制，打造多赢、共赢的共享平台，努力使联盟成为马铃薯主食加工产业发展的引领者、推动者，建成国内具有权威性、影响力、社会性的行业组织。

全国主食加工业示范企业，要认真按照产权清晰化、生产标准化、技术集成化、管理科学化、经营品牌化的要求，全面提升整体发展水平。一要深化产权制度改革，形成风险共担、效益共享，机制灵活的利益共同体、命运共同体，进一步释放市场主体活力。二要加快制定高水平的产品标准，建立良好操作规范，推动开展规范、安全、高效的标准化生产。三要提高科技应用水平，以营养、安全、美味、方便、实惠为方向，推动先进适用技术在主食加工领域的集成应用，提升企业核心竞争力。四要加强企业管理，切实提高质量、保证数量，降低成本，增加效益，全面提升科学管理水平。五要大力实施品牌战略，诚信守法经营，注重质量安全，培育食品品牌，开展品牌创建，全面提升市场竞争能力，提升行业知名度和消费者美誉度。

农产品加工业管理部门，要认真贯彻落实国务院办公厅《关于加快转变农业发展方式的意见》精神，深入实施主食加工业提升行动。一要继续加强规划引导，以"十三五"发展规划编制为契机，将主食加工列为农产品加工业规划的重要内容，有条件的地方要积极推动编制主食加工业发展规划。二要继续加强政

策争取和落实，积极协调争取财政、税收、金融、人才等扶持政策，推动农产品初加工税收优惠、开发性金融支持主食加工业等现有政策落实，确保政策落地生根。三要继续加强科技创新，依托技术推广和对接平台，推进"产学研推用"有机结合，促进科技成果转化落地、开花结果。四要继续加强公共服务，积极开展主食加工业监测分析与预警，加强对行业的正确引领，进一步推动企业、科研院所、行业协会建立各类主食加工业产业联盟，加强行业自律和服务，并继续做好有关宣传推介工作。

（本文为作者于 2015 年 9 月 21 日在"全国马铃薯主食加工产业联盟成立大会"上的讲话，略有删改）

努力做好无公害农产品和农产品地理标志工作

农业部农产品质量安全中心主任　刘新录

这次会议，是贯彻落实党的十八届三中、四中全会和中央农村工作会议、全国农业工作会议、全国农产品质量安全监管工作会议精神的一次重要会议。会议的主要任务是总结 2014 年工作，分析当前形势，部署 2015 年工作。下面，我结合会议主题，重点就无公害农产品和农产品地理标志工作讲三点意见：

一、关于 2014 年工作

2014 年 3 月，我们在武汉会议上强调，要正确处理发展速度与质量的关系、数量规模与可持续发展的关系，继续推进工作重心的转移，不断为推进农业标准化、保障农产品质量安全发挥示范引领作用。一年来，整个系统认真落实工作部署，积极谋划、锐意进取，无公害农产品和农产品地理标志发展呈现了"稳步推进、稳中提质"的良好局面。2014 年无公害农产品产地认定和产品认证数量均保持在 1 万个以上，公示农产品地理标志 229 个，公告颁证 213 个。产品质量安全抽检合格率继续高于全国平均水平，其中无公害农产品合格率 99.2%，地标产品安全合格率继续保持 100%。到 2014 年年底，全国有效期内的无公害农产品有 7.9 万个，涉及 3.3 万个主体，地理标志产品 1 588 个。一年来，我们主要抓了五项工作：

1. 严格无公害农产品审核把关　通过提高准入门槛、规范专家评审、强化现场检查、严格检验检测等制度调整，进一步规范认证行为，提升工作质量。一是严格准入条件。主要从生产规模和主体资质两个方面重点审查把关。黑龙江、山西、河南、上海、广东、宁波等地高标准设定生产规模要求，严格限定申请主体条件，提高了认证准入门槛。二是规范专家评审。新组建第五届无公害农产品评审委员会，制定《无公害农产品专家评审技术规范》，进一步规范专家评审工作，提高终审工作的科学性。三是严格现场检查和产品检验。细化现场检查报告填写要求，实行一品一检制度，坚决退回不合要求的申请材料，严守两道安全闸门（2014 年评审退回不合要求申请材料共 4 625 份）。四是开展省级初审质量督导。组织 5 个督导检查组对浙江、江苏等 10 个省份的初审工作开展质量督导检查，督促落实属地管理责任。五是推进信息管理系统的建设应用。建成无公害农产品信息管理系统，将其延伸到省级工作机构，大幅提高了审查工作质量和效率。

2. 稳步推进地标产品登记　一是规范产品登记。坚持和完善分行业、分专业的独立评审方式和申报单位汇报答辩制度，印发《农产品地理标志登记审查若干问题的说明》，完成《全国地域特色农产品普查备案名录》，收录资源近七千个。二是开展示范创建。首批创建 6 个国家级农产品地理标志示范样板，强化地标知识产权宣传，开展农产品地理标志品牌评价推荐工作。北京、山东、湖北、四川、陕西、青海等地结合实际，开展了形式多样的宣传推介和示范创建活动，取得良好效果。三是推进国际交流。参与中欧、中美、中澳等有关谈判，开展中欧地标国际合作研究和产品互认清单的筛选等工作。

3. 加强质量监管和标志管理　在标志管理方面，组织开展标志使用市场专项检查，各地共出动检查人员 3.6 万人次，检查农产品批发市场（超市）19 210

个，发放宣传材料172万余份。推进"以产品类别为定标单元"的标识征订试点，北京、黑龙江、江苏、上海4省份526个获证单位的5333个产品参与试点。在质量抽检方面，开展无公害农产品年度跟踪监测、元旦春节期间重点检测和农产品地理标志监测工作。依法对16个（包括地方报送要求取消证书的）不合格无公害农产品进行了处理，其中15个产品撤销证书、取消标志使用权并在媒体曝光。2014年部中心抽检无公害农产品824个，抽检合格率99.2%；各地共组织抽检产品11538个，合格率99.7%。在日常巡查监管方面，重点检查产地环境、投入品使用、质量控制措施、档案记录、包装标识和内检员职责落实等情况。各地共检查巡查3762个获证单位，天津、河南、广西等工作机构对不符合要求的获证单位，该整改的整改、该撤证的撤证。此外，我们制定出台《无公害农产品获证主体诚信管理办法（试行）》，建立监管信息数据库，启动了韭菜、鸡蛋等6个产品的风险防范与预警试点研究。

4. 推进农产品质量安全追溯体系建设 一是加快国家追溯平台的建设。在总结借鉴内蒙古、四川、江苏等地追溯管理经验的基础上，组织编写国家追溯平台建设项目可行性研究报告，现已通过国家发改委评审，进入立项批复阶段。二是研究制定建设方案和管理制度。起草《建立健全农产品质量安全可追溯体系工作方案》和追溯管理办法（草案），初步形成追溯管理制度总体框架。地方层面，甘肃等地率先出台了地方追溯管理办法，推动追溯管理规范开展。三是启动追溯技术标准研究。研究提出追溯平台配套制度及标准制定方案，增设追溯管理处，为推进追溯体系建设提供了组织保障。

5. 强化技术支撑和工作保障 一是健全完善标准体系。牵头组织制定了13个无公害农产品生产过程质量控制标准和3个产品检测目录，修订了1个产地环境评价准则。对已实施的55类无公害农产品检测目录开展技术评估，组织开展小品种检测目录认证风险调查监测，形成58类无公害农产品检测目录。二是强化检测机构管理。组织定点检测机构参加部里组织的能力验证考核，举办定点检测机构培训班。目前无公害农产品定点检测机构有158个，产地环境检测机构184个。三是加强人员队伍培训。修订完善检查员和内检员培训教材，组织开展相关培训。全年共组织或协助地方培训无公害农产品检查员5000余人、内检员2万余人、无公害农产品师资118人、无公害农产品检测机构业务骨干167人，培训农产品地理标志核查员526人。福建、江苏等地组织专家深入区县，结合当地主导产业开展专题培训，取得了良好

效果。

此外，在农产品质量安全突发事件应急管理培训、地标产品质量管控和应急处置机制研究、农产品质量安全问题申诉投诉受理、质量安全县及乡镇监管体系建设管理等方面，也做了相关工作。

二、关于提升发展质量和能力问题

2014年的中央1号文件明确提出，做强农业必须尽快从主要追求产量和依赖资源消耗的粗放经营，转到数量质量效益并重、注重提高竞争力、注重农业技术创新、注重可持续的集约发展上来，走产出高效、产品安全、资源节约、环境友好的现代农业发展道路。韩部长在全国农业工作会上指出，现代农业首先是质量安全的农业，要坚持产出来、管出来两手抓：一方面大力推进标准化生产，着力打造一大批农业标准化生产基地和农产品知名品牌；另一方面，不断强化监管，建设追溯管理信息平台，完善监管机构和监管机制。陈部长在农产品质量安全监管工作会上强调，要用质量安全战略引领标准化、品牌化发展，倒逼农业发展方式转变和农业结构调整，实现转方式和保安全充分融合、调结构与提质量相互促进。

应当说，中央、国务院和部党组对质量安全工作非常重视，对转方式调结构、发展现代农业的要求十分明确，尽快适应新常态和新形势发展要求，通过转方式调结构提升发展质量，发挥无公害农产品和农产品地理标志在推进农业标准化、品牌化中的示范引领作用和保障农产品质量安全的支撑作用，是摆在我们面前的重要课题。我们应该坚持问题导向，抢抓发展机遇，进一步研究解决制约事业发展的一些重点、难点问题。在此，我重点强调三个问题：

1. 关于提高复查换证率、促进事业可持续发展问题 这些年，无公害农产品事业有了较好发展，但复查换证率低的问题仍然没有得到有效解决。近三年复查换证率连续低于50%，去年也只有36%。各地的情况会上也发给大家了。应该说，复查换证率是衡量无公害农产品事业是否良性发展的核心指标，复查换证率高说明动力足、可持续性好，反之则表示动机偶然、持续性差。复查换证率低的原因可能主要有三点：一是多年来无公害农产品发展主要依靠各级政府政策和资金扶持，但由于存在重"新"轻"旧"的思想，一些地方对复查换证还缺乏推动措施。二是市场效益是企业申请认证的重要内在动力，但由于目前安全优质农产品市场环境还不十分理想，申请主体有时得不到更多效益，导致复查换证积极性不高。三是当前认证审查和监管的新要求使得一些获证产品、获证

主体，无法继续满足相应条件而选择退出。而因前两个原因不复查换证的可能要占多数。

不论什么原因，复查换证率低说明我们在可持续发展方面存在一定的问题。因此，必须调整一味追求发展增量的政策支持导向，进一步研究提高复查换证率的有效办法，采取综合措施，尽快消除"猴子掰棒子"式的做法，改变"申请认证的多、到期退出的也多"的状况，千方百计稳定存量、积极稳妥扩大增量，着力提高有效期内无公害农产品占当地农产品总量的比重。在这方面，我们务必要上下努力、共同发力。特别是复查换证率低的地方，要对这个问题系统研究、整体谋划，在加强政策资金扶持、强化安全目标考核、建立市场准入制度、打造安全优质产品市场环境等方面多想办法，着力提高复查换证率。现在国家现代农业示范区建设、质量安全县创建和"三园两场"建设等，都将"三品一标"占当地农产品总量的比重作为重要衡量指标，我们要抓住机遇，优先在这些地方探索提高复查换证率的有效办法和途径，力争通过持续不懈地努力，大幅度提高有效期内无公害农产品总量，推动事业可持续发展。

2. 关于严格审核监管、依法落实属地管理责任问题　无公害农产品认证实行的是产地认定和产品认证相结合的制度，产地认定是产品认证的前提和基础，具体工作中采取的是分级审查、逐级负责的制度，产地环境和生产过程的质量把关主要由省级及以下环节负责，可以说整个认证 80% 以上的工作都在地方，省级及以下工作机构对无公害农产品产地和产品质量安全的把关起决定性作用。但这些年，一些地方在这方面存在认识误区，做法上也有不规范之处。有的单纯将产地认定等同于环境检测，有的对审核把关和证后监管责任理解不到位，属地管理责任没有完全落实。从 2014 年情况看，终审退回的申请材料数量依然较多，少数地方对已认定的产地和认证的产品甚至缺乏检查和抽检。为此，必须按照中央关于地方政府要履行农产品质量安全属地管理责任的要求，进一步落实产地认定和产品审核及监管责任。在产地认定方面，必须切实抓好环境检测评价、生产过程质量控制、生产规划、专业技术人员培训等工作，细化和落实责任。在产品初审方面，必须牢牢抓住检验检测、现场检查两道闸门，确保产品质量安全。在证后监管方面，必须强化产品抽检和日常巡查工作，对三年有效期内产品，至少要确保检查或抽检一次并登记在案。需要重申的是，我们发展无公害农产品，就是要通过产地认定解决产地筛选、生产过程的质量控制和生产主体的质量管理问题，通过产品认证解决放心消费和市场准入问题。实事求是地讲，我们每年新认

证上万个无公害农产品，有效期内的产品也有近 8 万个，审核把关和证后监管问题单靠部中心是不现实的、也是不符合要求的，主要还得靠大家、靠各地，每一个环节都要把自身当作最后一道关来严格要求，认真落实管理责任。在这个问题上，各地一定要认识到位、工作到位、责任到位。

3. 关于强化精品意识、提升农产品地理标志品牌公信力问题　近年来，农产品地理标志事业发展很快，但也出现了一些新情况和新问题，目前比较突出的有两个问题：一是关于公示异议和工作效率的问题。现在地标产品登记中，主体资质和地域范围的确认，只要地方政府和农业主管部门以文件认可就行，公示只在终点进行。这种做法目前看会产生两方面问题，一方面因受公示时间或地域等限制，相关方面有时来不及提出异议，另一方面即使提出异议，前面已做了大量工作，再回头重新核实，既浪费时间和精力，也影响工作效率和权威性。随着地标产品效益的日益体现，这方面问题逐渐暴露，因扩大登记范围、变更登记名称带来的异议也越来越多，相信相关省份也深有感触。为此，要进一步完善登记流程，抓紧研究公示关口前移等问题，探索从单一的终点公示，过渡到起点受理公示和最终评审公示相结合的操作办法，同时建立查重机制，确保问题早发现、早处置。二是关于品质保持和产品抽样科学性问题。2014 年地标产品抽检中，虽然安全指标全部合格，但品质指标符合率较低（不符合率达 42.5%）。这可能有两方面原因：一方面是样品原因。品质指标与样品新鲜度和成熟度紧密相关，长距离运输或保存条件不当可导致部分样品品质发生改变，不同成熟期采摘的样品品质检测值也不相同。另一方面是指标设置原因。申报时可能没有进行多点、不同阶段的综合鉴定，造成样品代表性不够。当然，也不排除气候原因和个别地方人为更换品种的可能性。虽然去年抽检的产品多是较早时期登记的产品，当时品质鉴定制度和经验都相对缺乏，但发现的问题应该引起高度重视。我们已要求相关省级工作机构认真研究，尤其是对品质指标不符合的产品，要连续跟踪，确定具体原因，提出针对性解决方案。下一步我们将依托相关单位，加强对地标产品品质鉴定指标及参照系的研究，建立产品品质数据库，强化品质检测工作。品质是地标产品的核心价值，在此提醒各地，对新申报产品务必要严格按照要求，科学、规范地做好产品抽样和品质鉴定工作。对已登记产品，务必要加强监管，确保产品品质稳定。

另外，要主动作为，进一步推进体系和队伍建设。刚才马爱国局长重点强调了这一问题，从发展趋势看，我们整个系统不仅要做好当前的认证登记工

作，将来还将承担更多的执法监管等任务。为此，各地要积极做好准备，既要充实力量、明确职责、强化考核，也要加强培训、苦练内功、拓展职能，不断提高体系队伍的业务能力。

三、关于 2015 年重点工作

2015 年无公害农产品和农产品地理标志工作的总体思路是：围绕"稳步发展，加强监管"的总要求，推进整体工作向依法做事和依规办事转变、向更多借助信息化手段提高工作质量和效率转变、向研究解决制约事业发展的问题和隐患转变，突出材料审查、证后监管和追溯管理三个重点，加强制度建设、规范办事行为，创新工作机制、狠抓工作落实，促进事业持续健康发展。关于今年的工作，部中心已印发了《2015 年无公害农产品和农产品地理标志工作要点》，提出了 5 个方面 18 项工作，各地要结合实际、认真落实。下面，我重点强调六项工作：

1. 关于认证登记审核工作 整个系统要继续按照"稍有不合，坚决不批"的要求，进一步加强审查制度和规范建设，严格审核把关。无公害农产品认证方面，重点是严把现场检查和检验检测两大关口，落实产地环境、生产过程质量控制和产品质量把关责任。今年部中心将以复审、终审发现的突出问题为导向，开展常态化的审查工作质量督导。各地要积极主动做好本行业、本辖区内督导检查和自查整改工作。地标产品登记保护方面，要确保精品门槛，将产品申报与资源普查结果结合起来，对达不到标准的一律整改完善，对材料出现明显错误或错误较多、工作不尽责的坚决退回，对品质检测中出现质量问题的产品，要重点跟踪监测。

2. 关于证后监管工作 重点是加大巡查检测力度、健全诚信管理制度、做好标志管理工作。在证后监测方面，各地尤其要强化检查抽检、产地监测工作，认真落实不合格无公害农产品和产地退出机制。这方面工作比较薄弱甚至缺乏证后检测信息的地区，务必要想方设法予以弥补和加强。在诚信制度建设方面，各地要对监督抽查、巡查检查等工作中获得的信息，记录在案并认真研判，及时将有关情况报部中心。同时，继续强化标志使用指导、宣传和管理，提高生产及消费者对无公害和地标这个安全优质农产品"身份证"的认知度和公信度。

3. 关于信息化管理工作 主要是加大无公害农产品和农产品地理标志这两个信息管理系统的开发应用力度。无公害农产品信息管理系统将在强化省级产地认定终审和产品认证初审网上管理功能的基础上，延伸到全国所有县级机构和有条件的生产主体，初步实现认证信息的网上申报和审查。农产品地理标志信息管理系统建设的重点是，组织完善各类基础数据库，适时启动纸质材料与电子信息同步申报制度。需要强调的是，做好这项工作对提高整个系统工作质量和效率、更好地服务生产主体意义重大，各地要提高认识、强化措施，切实解决设施不完善、人员操作水平达不到要求等问题，保证系统在全国同步启用并顺利运行。

4. 关于品牌宣传工作 主要是创建地标示范样板、推进产品品牌宣传、做好地标产品专展。今年将再组织创建 6～7 个国家级农产品地理标志示范样板，各地务必要以中欧互认产品清单为重点，大力推进省级示范样板的创建。要采取多种途径、多种方式，广泛宣传无公害农产品和地标产品，积极借助电子商务平台，加强获证产品的产销对接。这里特别需要强调的是，组织全国地标产品专展的事情，今年是首次举办，时间地点已确定，就放在 11 月份准备在福州举办的中国国际农产品交易会上，我们希望能将这个专展，办成一个让我们这个系统出彩的展会，部中心将制定有关方案，请各地尽早谋划、积极筛选，全力做好参展工作。

另外，还要向大家通报一个情况，就是在国家清理行政审批项目中，大家都很关心的地标产品登记属于哪类的问题已经解决。经过部里与国务院审改办的沟通，已明确将地标产品的登记定性为"行政确认"事项。

5. 关于追溯体系建设工作 主要是以平台建设、制度制定和标准研究为重点，健全完善追溯管理顶层设计，加快国家追溯平台建设，强化对地方追溯管理的指导，适时选择部分省市县和"三品一标"获证单位开展追溯试点，推进建立"责任主体有备案、生产经营有记录、主体责任可溯源、产品流向可追踪、风险隐患可识别、监管信息可共享"的农产品质量安全全过程追溯管理体系。各地在这方面可以先行探索，积累经验，为将来全面参与国家平台的应用打好基础。另外，做好《农产品质量安全法》的修订工作，重点是开展生产经营主体及相关利益方责任义务等方面内容的研究修订。这项工作事关各级工作机构的职责定位，大家要积极配合，多出谋划策。

6. 关于能力建设和考评工作 重点是强化检查员、内检员的培训管理和定点检测机构的能力验证。各地要结合实际，制定检查员、内检员培训计划，有重点、分步骤地强化认证业务和质量管理技术的再培训，尤其要通过培训，确保每位检查员熟悉规则、掌握方法，切实履行职责。要进一步组织做好定点检测机构的能力验证工作，力争通过验证，充实力量、提升能力。未通过能力验证的检测机构要认真分析原因，逐项落实整改措施，确保检验检测工作过硬、结论可信。从2015年开始，我们将适时启动对省级工作机构的工作考评，对审查质量、产品安全、复查换证、数量规模、信息报送等方面工作突出的机构和个人，予以通报表彰。请各地切实抓好相关工作。

农产品质量安全工作责任重大、任务艰巨，我们要以十八届三中、四中全会精神为指引，围绕中心、突出重点，抢抓机遇、奋发有为，以求真务实的作风和改革创新的精神，推动事业持续健康发展，为确保农产品质量安全、推进现代农业建设做出更大贡献！

（本文为作者于2015年3月19日在"全国'三品一标'工作会"上的讲话，略有删改）

全面推进制度建设
扎实做好绿色食品、有机食品重点工作

中国绿色食品发展中心主任 王运浩

这次"三品一标"工作会议是在新形势下召开的一次十分重要的会议。下面，我对2014年绿色食品、有机食品工作做一个简要总结，并就做好2015年的工作讲几点具体意见。

一、2014年绿色食品、有机食品工作推进情况

2014年，绿色食品工作系统按照农业部农产品质量安全工作的总体部署，坚持"稳中求进"的指导思想，齐心协力，扎实有效地开展质量审核、证后监管、基地建设、品牌宣传等工作，推动绿色食品、有机食品保持了稳步健康发展。

全国绿色食品企业总数达到8 700个，产品总数达到21 153个，分别比2013年增长13.1%和10.9%。中绿华夏有机食品认证中心认证的有机食品企业达到814个，产品3 342个，同比分别增长11.4%和8.5%。全国已创建635个绿色食品原料标准化生产基地，面积达0.11亿 hm²。创建全国有机农业示范基地17个，面积达66.67万 hm²。绿色食品生产资料获证企业达到97个，产品243个。绿色食品产品抽检合格率达99.5%，有机食品产品抽检合格率为98.4%，均保持在较高水平，全年绿色食品、有机食品没有发生重大质量安全事件。

2014年，整个工作系统重点推进了以下几个方面的工作：

（一）全面推进制度建设

2014年，在各地绿办的积极配合下，中心依据《绿色食品标志管理办法》，结合多年的工作实际，全面系统地补充、修订了有关基本制度，形成了较为完善的制度体系。标志许可审查工作，修订了绿色食品标志许可审查程序、检查员注册管理办法，制定了标志许可审查工作规范、现场检查工作规范和省级工作机构续展审核工作实施办法，为把好申报产品质量关，提高审查工作的有效性、规范性打下了更加坚实的基础。颁证工作，制定了颁证程序，修订了证书管理办法，强化了标志许可工作的权威性、严肃性和规范性。证后监管工作，修订了企业年度检查工作规范、产品质量年度抽检工作管理办法和标志市场监察实施办法等3项基本监管制度，进一步明确了监管工作职责。标准制修订工作，改进了标准制定的程序和执行规范，落实了首席专家责任制和龙头企业参与制，增加了标准制定预评审环节，提高了标准的科学性和可操作性。标准化基地建设，修订了基地监管办法，强化了对基地创建规模的计划管理，严格了基地续展和验收工作。

（二）着力提高标志许可工作的质量和效率

2014年，中心和各地绿色食品办公室对农民专业合作社等组织模式，蔬菜、水产品、畜产品等高风险产品，加大了产地环境、组织模式、管理体系、风险防控能力评估，保证了标志许可审查的有效性和产品质量。在总结20个省经验的基础上，继续扩大续展审核放权，进一步将北京、山西、吉林、湖南、陕西、广东、广西7个省份纳入改革范围。围绕提高续报及时率和续展工作效率，在整个系统明确了续展时限要求。推行检查员绩效考评制度，促进了现场检查和材料审核工作质量和效率的提高。完成了对8个检测机构的现场考核工作，进一步强化了检测机构质量

把关能力。从保证企业及时领证用标出发，巩固颁证改革成果，强化省级工作机构职责，增强工作的互动性，促进了颁证率和颁证工作效率的提高，企业平均领证时间由原来的 59 d 缩短为 37 d，缩短了 1/3。

（三）狠抓证后各项监管制度的落实

全面推广企业年检"三联单"制度，完成了对江苏、山西和宁夏等地企业年检工作的督导检查。2014年，中心对因年检不合格的 18 个企业的 26 个产品取消了标志使用权。中心和省级工作机构共抽检绿色食品产品 3 940 个，占 2013 年底有效用标产品总数的 20.7%，对检出的 17 个不合格产品取消了标志使用权。各地对 160 个市场进行了监察，共抽取样品 2 172 个，对发现的 175 个不规范用标产品、19 个假冒产品进行了处理。中心配合工商、质检和农业执法部门对 168 件各类举报、投诉、查询案件进行了处理，有效清理整顿了绿色食品市场。为了增强绿色食品质量安全预警的科学评估和应急处置能力，中心成立了质量安全预警管理专家组，聘请了 13 位专家，分别开展了对绿色食品畜禽饲料以及蔬菜的预警抽检工作，根据抽检结果及时进行了调研和综合评估，采取了相应的防范措施。

（四）持续推进市场培育和品牌宣传

一是成功举办了第十五届中国绿色食品博览会和第八届有机食品博览会，更加突出了产品推介、厂商对接等商贸活动。支持齐齐哈尔、扎兰屯、大连等地发挥自身优势，继续举办区域性绿色食品展会。二是开展了绿色食品宣传工作和新闻作品评比活动，表彰了先进单位、个人和优秀作品，树立了宣传工作典型，有效激励了工作系统持续开展宣传工作的积极性。三是围绕品牌效应，充分利用各种媒体开展宣传报道和知识普及，提升了绿色食品、有机食品的知名度和影响力。四是加强与意大利、法国、瑞典、丹麦、联合国国际贸易中心，以及台湾海峡两岸商务协调会、（ITC）等国家、国际组织、地区有关部门的交流与合作，积极组织企业参加境外展会，进一步扩大了绿色食品、有机食品的国际影响。

（五）规范高效地开展有机食品认证工作

2014 年，面对竞争日益激烈的市场环境，农业系统有机食品以严格规范的认证和良好的品牌信誉，巩固了竞争优势，获得了健康发展。一是认证工作质量和效率显著提高。认证材料的规范性明显好于往年。全年共颁发有机产品证书 1 457 张，比去年同期增长 15.7%，占全国有机产品证书颁发总数的 1/8，颁证数量在全国 25 个有机食品认证机构中位居第二。企业再认证率达 88.6%，继续保持历史高位。二是境外认证大幅增长。境外认证企业已达 22 个，产品

166 个，分别比去年同期增长了 57% 和 93%，为历史最好水平。三是部分地区工作推动力度大。黑龙江、湖北、四川、山东、广西、江西、甘肃等地因地制宜推动有机食品发展，2014 年新认证企业占所有新认证企业总数的 53%。

2014 年，各地结合实际，开拓创新，探索出了许多好经验、好做法。江西把"三品"作为产业化龙头企业、农民合作社示范社申报的必备条件，省财政还安排 170 万元资金对申报企业予以扶持。黑龙江、山东、新疆、陕西、河南等地深入开展产业调研，精心谋划"十三五"发展。山东、甘肃、重庆、广西等地不仅产品增速快、企业素质好，而且检查审核工作质量高。湖北、江苏等省发挥基层绿色食品办公室作用，将企业年检现场检查工作落实到位。云南加强市场监察，及时清理了 65 个到期未续展产品。上海强化生产过程监督检查，形成了企业自查、区县监查和绿办督查与交叉检查相结合的"3+1"机制。内蒙古将绿色食品、有机食品纳入监管追溯平台进行管理，四川已建设 139 个县级绿色食品质量安全追溯平台。黑龙江、甘肃、四川、浙江等省始终抓紧做好宣传工作，北京还创新形式，制作了绿色食品动漫宣传片。浙江发动企业构建诚信体系，发挥协会作用推动行业自律。宁波纵深推进信息化工作，将功能拓展到审查许可、证书管理、地理位置、队伍管理、巡查管理、黑名单和统计查询等 7 个子系统。2014 年绿色食品、有机食品发展取得的成效，是整个绿色食品工作系统共同努力的结果。

二、扎实做好 2015 年绿色食品、有机食品各项重点工作

当前，我国经济发展进入新常态，走可持续发展道路势在必行，绿色生产、绿色消费日益成为主流，农业农村工作确立了"转方式、调结构"的战略任务，将更加注重生态环境，更加注重质量安全，更加注重市场需求，绿色食品、有机食品迎来了新的发展机遇。在新的形势下，整个工作系统要继续开拓进取，扎实工作，推动绿色食品、有机食品持续健康发展，为促进生态文明和现代农业建设发挥更加积极的作用。

2015 年工作的基本思路是：严格落实全程监控，持续维护品牌形象；全面加大宣传力度，不断扩大品牌影响；加快完善产业体系，稳步提升品牌价值。不久前，中心印发了今年的工作计划，明确了全年工作的目标任务和推进措施，整个绿色食品工作系统要着力做好以下 5 个方面的工作：

（一）严谨规范高效地做好标志许可工作

整个系统要认真贯彻实施"一程序、两规范"，稳步推进绿色食品标志许可审查工作。加大现场检查力度，探讨建立初审质量评价机制，大力淘汰不能持续稳定保证产品质量的弱质主体，最大限度防范风险。继续推行会审、评审常态化工作机制，完善专家评审制度，开展专业化评审，充分发挥专家的审查把关作用。对检查、审核、评审中不符合要求以及不续展的企业、产品及时予以清除。今年进一步扩大续展审查放权范围，实现全国 75％省份续展放权的目标。与此同时，要认真宣贯落实绿色食品颁证程序、证书管理办法，充分发挥地方绿办的职能作用，共同提高颁证工作的质量和效率，确保企业及时领证用标。

（二）持续加大证后监管工作力度

一是加强企业年检工作督导，及时解决企业年检工作中的问题，进一步增强年检工作的真实性和有效性。二是加强产品抽检，实行例行抽检、专项抽检和突击抽检三结合，继续针对瓜果蔬菜等重点行业、合作社等重点主体开展产品抽检。全年计划抽检绿色食品产品 2 050 个，对抽检中发现的不合格产品，及时取消标志使用权。三是加强市场监察，完善违规企业处理机制。各省绿色食品办公室要全面完成本地标志监察固定市场网点和自选流动市场网点标志监察工作。加大打击假冒力度，抓住典型案例，与公安、工商行政执法部门联合行动，组织媒体深度曝光。四是加强风险预警工作组织部署，进一步加强预警信息员队伍建设，重点开展对茶叶、稻米等产品风险隐患的排查。五是加强内检员队伍建设。各地要继续加强绿色食品企业内检员管理与培训，同时中心 2015 年拟在山东、江苏两省组织开展内检员培训，探索建立内检员考核奖励机制，强化内检员责任，切实发挥内检员在质量保障方面的作用。六是按照部里的统一部署，着手开展调研工作，加快推进绿色食品质量追溯信息平台建设步伐。

（三）全方位深度开展品牌宣传

宣传工作要润物无声，长期坚持，深入人心。中心 2015 年将在宣传方面策划几个大的活动，现正抓紧准备，各地要在积极跟进的同时，根据本地实际，采取灵活有效的方式，组织开展有深度和广度的宣传。一是展会宣传。继续组织筹办好第十六届中国绿色食品博览会、第九届中国国际有机食品博览会，支持和指导各地举办区域性展会，突出展会实效，注重商务推介和产品促销。二是现场宣传。通过建设绿色食品示范基地，宣传展示绿色食品的理念、标准、生产方式与管理制度，为绿色食品树立更直观的品牌形象。各地要主动与商家配合，支持开展绿色食品进社区、进超市的现场宣传。三是公益宣传。全面开展《中国绿色食品》宣传片及公益广告片的拍摄制作工作，举办网上绿色食品知识竞赛，鼓励、引导和发动大型知名企业开展宣传，探索面向消费者的宣传推广活动。四是对外宣传。继续开展与有关国家、地区和国际组织的交流与合作，扩大绿色食品和中绿华夏有机食品品牌的国际影响力。

（四）不断打牢产业发展基础

一是不断完善标准体系。建立并实施以检测机构为主、绿办和企业共同参与的标准起草工作机制。组织完成农业部和中心立项的 29 项标准制修订工作，修改完善《绿色食品标准适用产品目录》，力争绿色食品产品标准 100％覆盖。二是逐步优化产业结构。各地要树立精品意识，积极转变工作方式，化被动受理为主动出击，积极鼓励和引导大企业、好产品申报绿色食品，好中选优。针对目前存在的用标主体结构和产品结构不理想等突出问题，组织开展产业专题调研，摸清情况，找准原因，寻求对策。三是继续稳步推进基地建设。加强计划，强化管理，稳步扩大基地建设规模。开展对部分地区重点原料产品的基地年检督导，指导地方加强对基地生产行为的规范管理，着力提高基地标准化生产水平。四是加快市场流通体系建设。继续办好绿博会和有机博览会，支持地方绿办或专业营销机构开设绿色食品专区专柜，提高品牌的市场集中度。鼓励、引导和发动企业开展营销体系建设，特别是网上营销体系，探索营销模式的新突破，全面增强市场拉动力。五是继续推进信息化建设。完成"金农工程—绿色食品网上审核与管理系统"一期项目的建设与运行，同时通过项目的二期开发，进一步拓展功能，将系统向基层绿办、监测机构、申报企业延伸，加快实现网上申报和审核，全面推动标志许可审查、颁证、监管、统计等工作的信息化、网络化、电子化进程，不断提高工作效率、质量和服务水平。

为增强对绿色食品产业发展的科学指导，加强战略研究和系统谋划，中心已启动《全国绿色食品产业发展纲要（2016—2025）》的制定工作，研究提出今后 10 年绿色食品产业发展的目标任务、总体思路和保障措施，希望各地绿色食品办公室积极献计献策，同时结合当地实际，研究制订本地区绿色食品产业发展规划。

（五）继续推动有机食品稳健发展

2015 年的有机食品工作继续以提升品牌的认知度和美誉度、竞争力和影响力为目标，重点推进以下五项工作：一是规范产品认证。修订现场检查、审核、产品风险检测规范，有针对性地开展交流检查和材料集中审核，确保认证质量和效率。实现认证企业和产品稳步增长，认证企业数量达到 880 个，产品 3 700 个，再认证率 85％以上。二是强化质量监管。结合部农产品质量安全监管专项，抽检有机产品 150 个；在风险评估的基础上对 42 个获证企业进行不通知现场检查，力争产品抽检合格率 98％以上。三是推进有机农业示范基地建设。对已建成基地进行复查和监督检查，加强对基地的监管，新创建全国有机农业示范基地 5 个，积极争取有机农业示范基地相关政策支持。四是扩大境外认证。拓展与境外其他机构的交流与合作，抓好境外大项目认证，促进国际贸易发展。五是提高认证工作效率。严格执行认证进程计划管理和再认证工作时限要求，高效开展检查审核工作。

此外，各地要积极支持和配合中国绿色食品协会重点做好两项工作：一是落实《关于推动绿色食品生产资料加快发展的意见》，积极推动绿色生资发展，为绿色食品产品生产和基地建设提供丰富的投入品。鼓励绿色食品企业积极应用绿色生资，带动绿色生资实现较快发展。二是推动绿色食品行业诚信体系建设，制定相关管理制度、评价标准、工作机制，指导 10～20 个绿色食品试点企业建立诚信管理体系，搭建诚信信息公共服务平台。

在新的形势下，为全面完成绿色食品、有机食品工作的各项目标和任务，整个工作系统要切实加强体系队伍建设。一是增强法治观念。"依法办事、依规办事"已成为全社会遵循的基本准则，整个工作系统要强化"依规履责、照章办事"的意识。要在《绿色食品标志管理办法》的框架下，严格做到"坚持标准、执行程序、落实制度、遵守时限"，办事要坚持公正、公开、透明的原则，接受社会监督。要紧紧围绕事业发展和重大工作推进，依法合规用好各项业务工作经费。二是增强服务意识。要牢固树立服务企业的思想，既要坚持标准和原则，按规定办事，又要高度重视和理性对待企业的诉求，及时回应，努力帮助企业解决实际问题。三是增强业务能力。要按照《绿色食品检查员、标志监督管理员培训大纲》，结合工作实际，持续开展培训工作，不断更新业务知识，提高业务技能，以适应事业发展的需要。

2015 年是绿色食品事业发展 25 周年，我们要以此为新的起点，立足"三农"工作大局，按照农业部农产品质量安全监管工作的总体部署和要求，增强责任感和使命感，扎实工作，努力开创绿色食品事业发展的新局面，为加快实现农业现代化、促进生态文明建设做出更大的贡献！

（本文为作者于 2015 年 3 月 19 日在"全国"三品一标"工作会议"上的讲话，略有删改）

纺织产业集群面临的困难与出路

中国纺织工业联合会会长　王天凯

纺织产业集群经济已占全国纺织经济总量的 40％左右，集群经济已成为我国纺织产业转型升级以及强国建设的重要力量。当前，我国经济发展进入新常态，纺织产业集群的整体发展态势也呈现出新的特色与亮点。

一、产业特点

1. 产业集群逐步从低成本向创新型发展　纺织产业集群在发展中不断探索和创新适应新形势的发展模式，推动了集群以及行业发展由粗放型向质量效益型转变。当低成本等传统优势逐渐消退，一个更加开放合作、更加注重创新的产业环境和社会环境，决定了产业集群转型发展的空间和进程。近年来，一些纺织产业集群在淘汰落后、节能环保、品牌建设、人才培养等方面都进行了积极的探索和务实的推进，并取得了显著成绩，为实现从低成本向创新型产业集群发展创造了条件。同时，可持续发展、劳动关系和谐、公平竞争等社会责任理念逐步得以落实，凝聚了更多的企业发挥作用，为行业发展营造良好的发展环境。

2. 产业集群不断完善产业链及专业市场配套建设　一些纺织产业集群在推行总部经济、加大龙头企业培育、提升区域品牌影响力的同时，更加注重产业链和专业市场的配套建设。目前，发展势头较好的产业集群地区，基本上都有较为完整的产业链以及与之配套的强大的专业市场。专业市场有效扩大了产业集群地的影响力，扩大产业规模并促进产业集群转型升级；而产业集群又把各种生产要素有效聚集，促进专业市场的流通效率不断提升，增强市场功能。

3. 产业集群深化两化融合，积极推进"互联网＋"战略　一些纺织产业集群在电子商务方面发展有所起色，已成为纺织产业集群公共服务平台建设的重要组成部分。以广东虎门、浙江柯桥、濮院为代表的产业集群把电商作为突破口，大力发展电子商务服务业，优化商业业态。同时，不少产业集群已经开始导入"互联网＋"战略，探索、践行智能制造转型。依托"互联网＋"改变传统格局和理念，产业集群的企业由原来的生产型向生产服务型转型发展，以提高竞争能力，促进产业的转型发展。

二、存在的问题

在新常态下，纺织行业当前普遍面临着市场需求增长不足，变化加快，要素成本增加，资源环境约束加剧，部分产能阶段性过剩，经营压力加大等突出矛盾。主要表现在：

1. 中小企业依然普遍面临生存压力　纺织产业集群以中小企业为主，中小企业生存环境如何不但影响着纺织产业集群的健康可持续发展，同时也关系到整个纺织行业的转型发展。当前，中小企业依然普遍面临生存压力，其中用工成本增加，原辅料价格普遍上涨，渠道、融资等费用也不断增加，企业综合成本压力日益加重。同时，各级政府部门对纺织行业污染物排放的监管标准不断提升，监管范围扩大，行政执法力度加强，与广大中小微型纺织企业有限的应对能力形成明显矛盾。纺织中小企业的转型发展是纺织行业转型发展的重要环节，其中必需减轻中小企业的负担，同时确定中小企业自身发展定位和模式，是促进纺织产业集群转型发展的重大问题。

2. 自主创新能力依然不足　从总体上看，纺织产业集群的创新能力依然不足，实施创新驱动战略与创新同质化之间的矛盾较为突出。当前产业集群不同程度地存在着规模扩张、资源分散、重复布局、同质化竞争等现象，随着我国人口结构变化，要素规模驱动力减弱，经济增长将更多依靠人力资本质量和技术进步为内涵的创新驱动战略。市场竞争也逐步转向质量型、差异化为主的竞争，去同质化、提高资源配置效率已成为产业集群经济发展的内生要求。

3. 公共服务平台建设需要进一步完善　加快公共服务平台建设，提升服务内容和质量，是集群地区实现产业升级一个重要手段。纺织集群地区经过多年的实践，公共服务平台建设取得了明显成效。一些集群地区建立了为中小企业实行融资担保的公司或机构，普及企业社会责任建设等。但从总体上看，产业集群的公共服务平台建设仍有待进一步完善。目前，仍有许多集群尚未建立全面专业化的公共服务平台，许多已有平台的服务功能不足，服务能力不强，服务范围相对有限；部分产业集群的公共服务功能依然停留在信息咨询、人员培训等方面；一些中西部产业集群由于资金不足，公共服务平台建设以及许多配套条件不足，也直接影响承接产业转移的进程。

4. 人才队伍稳定与人才质量提升亟待加强　人才资源是企业在市场竞争中具有决定性作用的资源。近年来，产业集群地区和企业对人才的吸收引进、培养力度不断加大，不少企业创造条件引进专门技术人才，但人才流失，队伍不稳，在不少集群地区的矛盾依然突出。集群地区政府为满足企业人才方面的需要，出台各种鼓励人才引进的优惠政策，但由于用人体制机制不完善，人才队伍的稳定与人才质量的提升仍是产业集群当前以及今后发展的紧要问题。

5. 个别集群地区缺乏稳定的区域产业政策导向　近年来纺织产业集群之所以能够快速发展，得益于充分发挥市场配置资源作用的同时，得益于各级地方政府的大力支持。地方政府结合当地资源优势及产业特点，出台各种产业发展政策导向，促进产业集群的发展与壮大。但在少数地区产业集群缺乏稳定的区域产业政策导向，更有一些因地方政府人员变化、产业发展思路变化导致产业集群支持政策缺乏持续性、支持力度减弱的问题，从而影响了产业集群的健康可持续发展。

三、今后发展方向及对策

对于集群今后的发展方向及对策，我国工业化和城镇化的历史任务尚未完成，因此，经济发展的基本面也不会发生质的变化。纺织产业集群需要把握经济新常态的规律和本质，在需求导向、结构优化、创新驱动、责任发展等方面，调整发展战略和政策，培育各具特色的经济发展模式。在发展中要以高科技含量、高附加值、低能耗、低污染、自主创新能力强的产业群为核心，以技术、人才、资本、信息等高效运转的产业辅助体系为支撑，以环境优美、基础设施完备、社会保障有力、市场秩序良好的产业发展环境为依托，加快产业集群化发展和推动产业结构的高级化，形成纺织服装产业集群发展的新格局，重点做好以下几个方面：

1. 加强开放合作 目前，全国 202 个纺织产业集群，大部分具有专业特色，涉及纺织各行业、各生产环节、各种产品，与部分专业市场有链接、集成、协作等有利条件。加强集群之间的开放、交流、协作，有利于实现最大程度的集成创新、产业互补、差异化发展，有利于降低成本、拓展市场、扩大销售，共同提升竞争力。在今后的发展中，应充分发挥纺织产业链的产业基础与配套优势，加强不同地区、不同规模、不同特色的纺织产业集群地之间的互联互通，加强产业链上下游配套协作，加强产业集群与专业市场的互动发展，有效减少和避免同业同质竞争，提高资源利用率和发展效率。

2. 实施创新驱动 产业集群要适应实施创新驱动发展战略的新要求，在科技进步、产品开发、品牌建设、企业管理、公共服务等重点领域大力加强创新投入，着重加强完善创新体制机制，使自主创新能力真正成为集群核心竞争优势，成为驱动集群转型升级新的引擎。在科技创新方面，要围绕行业未来发展中关键技术和产品，按照市场化原则，发挥好创新联盟作用，全方位推进产业科技创新。在品牌建设方面，进一步推进"质量、创新、快速反应、社会责任"四位一体的自主品牌价值体系建设。在企业管理和公共服务方面，建立适应需求导向的生产组织形式和公共服务模式，尤其要创新金融服务，在解决融资难、融资贵问题上推出突破性举措。

3. 坚持需求导向 要围绕市场需求而设定创新目标。新常态倒逼集群经济转型发展，需围绕终端市场，针对差异化和个性化的消费需求以及不断变化的消费方式和消费需求进行调整和创新。以智能技术提升劳动生产力和实现柔性制造、突破纤维资源瓶颈、拓展产业用纺织品技术领域、促进节能减排和资源循环利用水平提高，促进生产型向生产服务型转变都是今后的工作重心和攻关方向。

4. 加强两化融合 纺织产业集群在加强两化融合方面，要把信息技术渗透到生产经营的全过程，根据产业转型发展的特点和进程，高度关注并加快推进两化融合，提升行业信息化水平，提高电子商务应用能力和服务水平。积极开展"互联网＋纺织"行动，推进行业数字化、网络化、智能化发展。智能制造是我国今后一个时期推进两化深度融合的主攻方向。纺织产业集群要抓住新一轮产业革命的新机遇，加快融入"互联网＋"行动计划，推动移动互联网、云计算、大数据、物联网等与纺织服装制造业结合，促进电子商务健康发展，引导纺织服装企业运用互联网进一步拓展国际市场。

5. 践行社会责任 新常态下，行业发展的责任不仅是对经济发展和百姓就业的贡献，以人为本、环境友好、资源节约、消费安全等对行业发展又形成了新的责任倒逼。产业集群是一个产业实现可持续发展的重要载体，责任发展日益成为集群的常态选择和自觉行动。在人才队伍建设方面，集群需结合实际的人才需求，加大多层次创新人才的培养力度。在节能减排方面，加强资源综合利用与循环再生，推广各种成熟纺织清洁生产技术、低碳节能技术、污染物控制与治理技术以及废旧纺织品资源再利用技术。

（本文为作者于 2015 年 5 月 8 日在"全国纺织产业集群工作会议"上的讲话，略有删改）

我国食品工业经济运行状况

中国食品工业协会副会长 沈 篪

2014 年我国食品工业总体保持了平稳健康发展、食品工业全年运行呈现"增长稳定，价格平稳，效益提高，结构改善"的格局。食品工业以占全国工业 7.1% 的资产，实现了占比 10.0% 的主营业务收入，创造了占比 11.7% 的利润总额，上缴税金占全国工业的 19.1%，食品工业继续成为拉动内需增长的主体和国民经济发展的重要支柱产业。

一、2014 年食品工业运行综述

1. 工业生产平稳增长，增速继续回落 据国家统计局提供数据，2014 年 37 607 个规模以上食品工业企业增加值按可比价格计算同比增长 7.8%，比全国工业低 0.5 个百分点，增速比上年回落了 1.3 个百分点。若不计烟草制品业，食品工业增加值同比增长7.6%。全年食品工业生产低位开局后逐步回升，5月份增加值增速达到10.5%，也是全年的最高值，5月份后缓慢回落，期间有一些波动，全年月度工业增加值最低5.3%，出现在11月份。分行业看，农副食品加工业增长7.7%，食品制造业增长8.6%，酒、饮料和精制茶制造业增长6.5%，烟草制品业增长8.2%。经测算，全年食品工业完成工业增加值占全国工业增加值的比重达到11.9%，比上年提高0.3个百分点，对全国工业增长贡献率11.0%，拉动全国工业增长0.9个百分点。食品工业保持了国民经济重要支柱产业地位。

2. 产销衔接良好　按照国家统计局食品工业4大类行业产销情况统计，全年农副食品加工业产品销售率97.8%，食品制造业销售率97.6%，酒、饮料和精制茶制造业95.9%，烟草制品业99.0%。农副食品加工业产销率与去年同期持平，其他3个行业产销率比去年同期有所回落。从全国食品21种主要品种产量来看，16种食品产量增长，5种食品产量下降，糖果、酱油产量增长超过10%以上。部分产品由于行业调整或者受进口产品冲击，产量有所下滑（见表1）。

表1　2014年食品工业主要产品产量

单位：万t、万kL、亿支

产品名称	12月产量	同比增长（%）	全年产量	同比增长（%）
小麦粉	1 358.32	3.13	14 116.02	4.76
大米	1 300.04	5.49	13 042.82	7.36
精制食用植物油	659.22	1.42	6 534.13	6.65
成品糖	354.42	−2.06	1 660.09	4.20
鲜、冷藏肉	369.43	0.58	3 903.44	4.86
糖果	40.06	22.84	362.41	13.84
速冻米面食品	56.82	−2.25	528.26	−3.93
方便面	90.90	−7.54	1 025.64	−1.55
乳制品	232.44	−4.74	2 651.81	−1.23
罐头	118.33	3.92	1 171.89	4.70
酱油	100.48	20.52	938.83	10.63
冷冻饮品	16.37	11.54	308.57	−0.66
食品添加剂	64.10	19.59	682.90	7.95
发酵酒精	97.81	0.55	984.28	7.69
白酒（折65°商品量）	131.71	−2.56	1 257.13	2.75
啤酒	242.10	−17.18	4 921.85	−0.96
葡萄酒	11.89	5.29	116.10	2.11
软饮料	1 202.96	−5.96	16 676.81	4.61
精制茶	23.16	18.69	243.76	3.39
卷烟	1 745.99	13.65	26 098.57	1.93

3. 效益规模继续扩大，增幅明显回落　2014年食品工业效益规模继续扩大，主要经济指标增幅比上年有明显回落。全国规模以上食品工业企业实现主营业务收入108 932.93亿元，同比增长8.0%，增幅比上年同期低5.1个百分点；食品工业实现利润总额7 581.46亿元，同比仅增长1.2%，增幅比上年同期大幅回落12.4个百分点；全年上缴税金总额9 241.55亿元，同比增长7.2%，增幅比上年同期低3.6个百分点。食品工业每百元主营业务收入中的成本为80.4元，较上年提高0.8元；主营业务收入利润率为7.0%，较上年下降0.4个百分点。2014年食品工业效益增长出现明显回落。在食品工业4大行业中，酒、饮料及精制茶制造业受国家政策和部分行业调整影响，回落最为显著，行业利润和税金双双下降；农

副食品加工业利润下降了0.44%；烟草制品业利润仅维持0.2%的微增长。仅食品制造业利润增长显著达9.8%。另外，行业产成品库存增加，成本费用提升，是造成利润下降的主要原因（表2）。

表2 2014年食品工业经济效益指标

行业名称	主营业务收入（亿元）	同比增长（%）	利润总额（亿元）	同比增长（%）	税金总额（亿元）	同比增长（%）
食品工业合计	108 932.93	7.98	7 581.46	1.19	9 241.55	7.21
农副食品加工业	63 533.18	7.01	3 069.95	−0.44	1 391.05	4.21
食品制造业	20 261.67	12.25	1 692.61	9.77	788.43	7.59
酒、饮料和精制茶制造业	16 232.01	6.99	1 603.10	−3.10	1 119.04	−0.09
烟草制品业	8 906.07	7.42	1 215.80	0.24	5 943.03	9.40

4. 食品价格水平涨幅较低 2014年食品价格比上年上涨3.1%，涨幅比上年下降1.6个百分点，也是近几年中最低的。全年鲜果价格上涨18.0%、蛋品价格上涨10.4%、乳制品上涨8.5%、牛肉上涨6.3%、水产品上涨4.4%、粮食价格上涨3.1%。价格下降的有：油脂价格下降4.9%、猪肉价格下降4.3%、鲜菜价格下降1.5%。从出厂价格来看，全年食品涨幅0.2%；从购进价格来看，农副产品同比下降0.6%。

5. 区域食品经济发展，中部最快，东北地区增速落后 2014年，中部地区食品工业发展速度较快，东北地区明显落后于其他地区。2014年，按完成主营业务收入计，山东、河南、湖北、江苏、四川、广东、辽宁、湖南、福建、安徽位列前十位，共计完成食品工业主营业务收入71 560.66亿元，占全国食品工业的65.69%。其中，东部、中部、西部、东北地区分别有4个、4个、1个、1个省。东部、中部、西部、东北地区完成主营收入分别占同期全国食品工业的42.11%、26.81%、18.89%、12.19%。与两年前相比，中部地区占比有增长，东北地区占比降低，东部和西部占比变化不大（表3）。

表3 2014年分地区的食品工业经济效益

地区	企业数（个）	主营业务收入（亿元）	占比（%）	同比增长（%）	利润总额（亿元）	占比（%）	同比增长（%）
食品工业合计	37 607	108 932.93	100.00	7.98	7 581.46	100.00	1.19
东部地区	14 936	45 867.50	42.11	8.32	3 209.85	42.34	3.50
中部地区	10 523	29 209.91	26.81	11.16	1 994.12	26.30	4.73
西部地区	7 509	20 576.75	18.89	10.66	1 775.68	23.42	−0.93
东北地区	4 639	13 278.78	12.19	−2.88	601.81	7.94	−13.38

6. 行业集中度继续提高 2014年规模以上大中型食品工业企业共计5 789个、小型企业31 818个，分别占食品工业企业数的15.4%、84.6%；大中型食品工业企业完成主营业务收入占全行业的54.0%，小型企业占46.0%；实现利润总额分别占62.9%、37.1%；上缴税金分别占83.2%、16.8%。大中型企业的主要经济指标占比情况比两年前均有显著提高。

7. 固定资产投资增速回落较大 2014年食品工业完成固定资产投资18 698.90亿元，同比增长18.6%，增速比制造业高5.1个百分点，比去年回落7.3个百分点，但仍保持较快增长。食品工业投资额占全国固定资产投资额的3.7%，占比与上年持平。从资金来源构成看，国家预算资金占0.4%，国内贷款占6.8%，自筹资金占89.4%，利用外资占0.9%，其他资金占2.5%，只有自筹资金占比比上年有提高（表4）。

表4　2014年食品工业固定资产投资情况

行业名称	施工项目数（个）	2014年新开工（个）	完成投资（亿元）	同比增长（%）	占比（%）
规模以上食品工业	30 795	22 214	18 698.90	18.6	100.0
农副食品加工业	17 485	12 808	10 026.60	18.7	53.6
食品制造业	6 935	5 019	4 463.10	22.0	23.9
酒、饮料和精制茶制造业	6 104	4 222	3 925.04	16.9	21.0
烟草制品业	271	165	284.17	−5.3	1.5

8. 食品对外贸易平稳增长，年内进出口走势出现分化　2014年，食品进出口保持平稳增长。海关统计数据显示，全年进出口食品总额9 986.3亿元人民币，同比增长4.6%。其中，出口3 744.5亿元，增长4.1%；进口6 241.8亿元，同比增长4.9%。增速比上年均有回调。从商品种类来看，水产品、蔬菜、水果仍为我国前三大出口商品。其中出口水产品1 000多亿元，同比增长6.3%；出口蔬菜近600亿元，增长7.6%；出口水果200多亿元，同比增长2.6%。三类商品合计占出口总值的57.2%。同期进口粮油产品3 800多亿元，同比增长3.1%，占同期我国食品进口总值的61.1%。随着国际粮价的持续走低，拉低了以粮油食品进口为主的我国食品进口规模，以大豆为例，2014年进口大豆7 140万t，同比增长12.7%，但以金额计算，仅增长5.0%。

二、2015年食品工业运行趋势分析

1. 工业生产增速将继续放缓　随着经济发展进入新常态，经济增长下行压力较大，稳增长成为首要经济任务。2015年食品工业总体上将延续去年以来的放缓态势。消费政策影响，进口产品冲击，部分行业产能过剩等多种因素也抑制了行业增长。从国家统计局公布的经济运行数据来看，2015年前2个月，食品工业增长仅4.7%，其中农副食品加工业增长5.4%，食品制造业增长7.1%，酒、饮料和精制茶制造业增长9.4%，烟草制品业增长0.5%。

2. 产业结构调整和转型升级将加快　随着居民消费水平和健康意识的提高，食品消费结构升级加快。食品工业为满足市场需求，培育新的食品经济增长点，加快传统食品产业的改造升级。按照国家产业结构调整的有关要求，逐步淘汰食品工业部分行业中的落后产能。食品工业领域科技创新能力的提高，将为产业结构调整和转型升级提供强大支撑。从4大类行业来看，加工深度更高，产品附加值更高的食品制造业将保持较快的发展速度，在食品工业中占比会有所提高。

3. 居民食品消费方式逐步演变　随着互联网的蓬勃发展，传统商业模式和人们的消费习惯慢慢发生改变，越来越多的人通过互联网选择自己所需食品。网上电子支付成为大多数人的必然选择。在食物的选择上，居民将从生存型消费向健康型、享受型消费转变，更营养、更健康、更方便的食品将越来越受市场欢迎。同时消费进一步多样化，带动新食品的研发，和食品市场供应的不断丰富。

4. 资源环境制约加剧，节能降耗、治理污染任务艰巨　食品工业部分行业能耗、水耗和污染物排放较高，这种生产方式与建设资源节约型和环境友好型社会不相协调。食品工业必须增强危机意识，树立绿色、低碳发展理念，大力发展循环经济。重点在发酵、酿酒、制糖、淀粉等行业，加快节能减排技术改造，推广清洁生产和综合利用新技术、新工艺。2015年是我国经济发展"十二五"规划的收官之年，也是稳增长调结构的紧要之年，食品工业要主动适应经济发展新常态，坚持稳中求进总基调，以提质增效为中心，以消费增长为推动力，以科技创新为支撑，不断优化、调整产业结构，加快转型升级，保持平稳健康发展。

我国农产品加工业发展情况调研报告

农业部农产品加工局

2015 年 4 月以来，由我部牵头组织、国研室、发改委、财政部、科技部、工信部、税务总局、银监会等部门参加，共同组成调研组，分赴各地对农产品加工业情况进行了一次较为深入的调研。总的看，近年来我国农产品加工业快速发展，成为产业关联度高、行业覆盖面广、中小微企业多、带动作用强的重要支柱产业和民生产业，并且正引领着农村一、二、三产业融合发展，为"三农"和经济社会发展全局作出了重要贡献。但也面临着下行压力加大，自身发展、政策扶持和公共服务等方面存在一些瓶颈问题和特殊困难，迫切需要加强引导和扶持。

一、我国农产品加工业发展基本情况

近年来，随着农产品总量增加、品种丰富和消费升级，以粮油产品、畜产品、水产品、蔬菜、水果和特色农产品加工为主的农产品加工业步入了两位数增长的快车道。

1. 总量迅速扩大 2014 年全国拥有农产品加工企业大约 45.5 万个。2003—2014 年，规模以上农产品加工业主营业务收入从 2.63 万亿元增加到 18.48 万亿元，年均增长 19.4%，在工业中占比从 16% 提高到 17%，加工与农业产值比值从 1:1 提高到 2.1:1。近 5 年每年上交税收超过 1 万亿元，2014 年达到 1.17 万亿元。

2. 产业加速集聚 农产品加工业发展立足资源优势，以市场为导向，在政策的推动下，逐步向优势主产区和城近郊区集聚。2014 年，河南方便食品已超全国四成；山东、河南、四川、内蒙古等 10 个畜禽大省的肉类加工总量占到全国的 80%；各地形成了湖南辣味、安徽炒货、福建膨化、河南冷冻、四川豆制品等一批区域集中区和品牌。

3. 规模企业增多 2003—2014 年，规模以上加工企业从 5 万个（年销售收入 500 万元以上）增加到 7.6 万个（年销售收入 2 000 万元以上），大中型企业比例达到 16.15%。2014 年，年销售收入超过 100 亿元的有 50 个（其中超 500 亿元的 5 个）。在食品加工业中，大中型企业已占到 50% 以上；在肉类加工企

业中，大中型企业占到 10%，但其资产总额却占 60% 以上，销售收入和利润占 50% 以上。

4. 结构优化升级 2014 年，食用类加工业主营业务收入占农产品加工业比重达 53%，比 2003 年提高了 10 多个百分点。主要农产品加工初步形成齐全的国产化机械设备品种，如肉类加工设备国产化达 90% 以上，粮油加工设备逐步替代进口。山东、江苏、浙江等沿海地区正在推进腾笼换鸟、机器换人、空间换地、电商换市和培育名企、名品、名家，转型升级步伐加快。

5. 融合趋势明显 一是接二连三融合。据抽样调查，3.08% 的农民合作社吸收农民以资金、土地经营权、交售农产品入股发展加工流通。如福建连城县 13 万农民合作加工 10 万 t 地瓜干。二是前延后伸融合。企业向农户注资建基地，向经销商注资连物流。如山东临沂畜禽加工、福建平和琯溪蜜柚、浙江黄岩蜜橘、广西容县黑芝麻糊等产业，都是将农户、企业和客商在园区空间聚集，实现集群化、网络化发展，打造了特色优势区域品牌。三是技术渗透融合。将"互联网＋"等信息技术向农业渗透，发展电子商务、食品短链、社区支持、加工体验和中央厨房等新业态，模糊产业边界，实现网络链接，缩短供求距离。据对 100 个规模企业问卷调查，80% 的企业都已引入电子商务，销售收入均是成倍增长。

二、进一步促进农产品加工业发展意义重大

农产品加工业一头连着农业和农民、一头连着工业和市民，亦工亦农，既与农业血脉相连，又与工商业密不可分，特别是它带动了上下关联产业的发展，也形成了众多小微企业，建设了现代农业，惠及了广大农民，繁荣了农村经济。农民热情称其为增收的"稳定器"、新农民的"孵化器"、调结构的"转化器"和三次产业融合的"链接器"。当前和今后一个时期，加大力度，进一步促进农产品加工业快速发展，意义十分重大。

1. 促进农民就业增收的迫切需要 据统计,农产品加工业从业人员中70%以上是农民,全国农民人均纯收入的9%以上直接来自农产品加工业工资性收入,加上关联产业间接收入比重更大;据抽样统计,每亿元加工产值吸纳107人就业,高于制造业的57人。实地调研证实,初加工可以减损增收,精深加工可以提值增收,产业链条长,农产品卖难减少,价格波动小,农民增收快,劳动力就业充分。

2. 带动农业提质增效的重要举措 调研组实地看到,有了加工企业,农民就按照加工需求组织生产,企业还给基地注入很多设施、资金和装备等现代生产要素,提升了农业专业化、标准化、规模化、集约化经营水平,带动装备制造、储藏、保鲜、运输、包装、营销等产业跟进,多环节多层次多领域增加农业收益,促进了一、二、三产业融合互动。如江苏泰州黄岩区水果罐头加工带动了48个关联企业和9.48万户农户参与。

3. 改善农村生态环境和促进农村繁荣稳定的必然选择 目前,我国每年产生超过7亿t秸秆和5.8亿t加工副产物,其60%没有得到高值化利用,资源浪费严重,甚至成为环境污染的源头,迫切需要加工业发展,实现对各类资源的"吃干榨尽",变废为宝、化害为利,助推农业可持续发展。实地调研发现,四川、广西、陕西、湖北、安徽等地的很多农村通过加工业发展,留住了农村资源要素和人气,留住了农业增值增效收益,促进了人才回流、资金回流和劳动力回流,创造农村新的需求。

4. 构建新型工农城乡关系的现实力量 农产品加工业将工与农、城与乡连接在一起,承接工业和城市的辐射带动并进一步向农业和农村辐射;同时推动温饱型为主体的食品消费格局向风味型、营养型、便捷型、功能型方向转变,满足城乡居民多样化食物需求。总之,有利于改善城乡二元结构,推进城乡发展一体化。

三、当前农产品加工业存在的主要困难和问题

当前,农产品加工业同样经历局部市场饱和以及结构性产能消化期,承受着价格"天花板"和成本高企的"地板"双重挤压,新常态特征明显,一些特殊的困难和问题单纯依靠自身力量难以解决。

1. 下行压力持续加大 从2014年一季度开始,农产品加工业主营业务收入同比增长首次从2位数转为1位数的8.9%,之后每个季度都在8%左右,2014年全年为8.2%,比2013年的13.8%回落了5.6个百分点。2015年1~3月,同比增长5.2%,回落了3.7个百分点,利润总额同比增长5.3%,回落1个百分点。东部回升较快,中部比较平稳,东北全部下行,西部缓慢增长。总体判断,下行压力加大,但仍在5%~7%的合理区间,积聚了一些积极因素和新动力。2014年固定资产投资达到4.1万亿元,同比增长16.4%高于制造业;1~3月,农产品加工业累计投资5 968亿元,占制造业总投资的22.9%,投资额同比增长10.6%;食用类农产品出口同比增长3.8%,国内消费也呈上扬态势,农副食品加工、食品制造和饮料主营业务收入同比增长都有回升。

2. 用地难和融资难最为突出 一是用地难。农用地、工用地两不靠,专用原料基地和初加工设施用地土地流转困难,流转费用每年每公顷18 000元;加工企业用地由于亩产税收少、投资强度弱,一般难以拿到用地指标;征地花费时间长、用地审批慢、办证难、时效性差。二是收购资金融资难(贵)。加工企业前建基地、后连物流,一次性收购原料常年加工,流动资金压得多,特别是季节性收购资金贷款难,"有买原料的钱就没生产的钱"。据抽样调研,目前农产品加工企业只有20%能够满足贷款需求,50%的只能满足一半,30%的很难满足。抵押物只有房地产和机械装备,仓单、出口订单、农产品、林权证、流转土地经营权等不能抵押,即便是试点地区,也是按预期收益的2折至5折放贷。四川9县2万hm²抵押仅贷到2亿元。各种评估费、担保费、保险费、公证费等占到融资额15%~18%,利率大多上浮30%~40%,实际利率在10%以上,46%的企业认为融资成本上涨。

3. 企业各类负担加重 调查中企业普遍反映运营成本上升较快。企业平均税负约占销售收入的8%~10%,而利润仅为销售收入的3%~5%。加工企业进项税为13%,销项税为17%,4个点不能抵扣。出口退税率偏低,罐头、果汁、桑丝加工产品出口退税率为15%,水产品加工为13%,玉米淀粉、酒精为5%。初加工享受不到农用电优惠,现用电价为0.88~1元/(kW·h)。各类原料价格与2005年相比上涨了66%~108%,能源、动力价格上涨了74%,劳动力成本近8年涨了近2倍左右,企业财务费用同比增长10.71%,而大部分农产品加工制品价格上涨仅为80%。

4. 发展方式还比较粗放 一是加工专用品种严重缺乏。如美国专用玉米品种3 000多个,我国只有100多个品种,我国小麦、苹果、柑橘等都缺乏相应

的加工品种。二是产地初加工水平低。每年产后损失3 000亿元，相当于0.1亿hm^{2}耕地的投入和产出被浪费掉。三是主食加工滞后。目前城镇居民约70%、农村居民约40%的谷物类主食依赖于市场采购，但大量主食产品依赖作坊和摊贩生产和供应。四是综合利用不足。农产品副产物和加工副产物的60%以上没有得到循环利用、高值利用和梯次利用。企业平均耗电量、耗水量分别是发达国家的2倍和3倍以上。五是布局比较分散。农产品加工企业85%是规模以下企业，95%是点状分布，产业分工不够，资源不能共享。六是创新能力不足。模仿多、创新少，引进多、自创少，单打独斗多、联合创新少，技术装备比发达国家落后20～25年，核心设备主要靠进口，多数企业缺乏品牌宣传推介资金。七是主产区加工业落后。产加销未能整体构建，缺乏产能转移承接平台，中、西部只占到全国的29.9%和15.3%。八是服务体系不健全。专业化服务机构不足，覆盖面小，服务功能同质化、针对性不够强，难于与企业有效沟通对接。

总体看，我国农产品加工水平不高，与国外差距较大。我国农产品加工率只有55%，低于发达国家的80%，果品加工率只有10%，低于世界30%的水平，肉类加工率只有17%，低于发达国家的60%，2.1∶1的加工和农业产值的比值与发达国家3～4∶1和8～9∶1的理论值差距很大。

四、推进农产品加工业持续稳定健康发展的对策建议

1. 高度重视农产品加工业发展　从当前和今后一个时期来看，农产品加工业已成为稳增长、调结构、惠民生的重要力量，成为应对经济下行压力的重要支撑，也事关农业提质增效和农民就业增收，事关现代农业建设和农村繁荣稳定。必须从战略和全局的高度深化认识，把农产品加工业作为潜力巨大的战略性支柱产业和新的经济增长点摆上重要位置，列入重要议事议程，加大支持力度，促进农业产前产中产后协调发展和农村一、二、三产业融合发展。

2. 制定促进农产品加工业发展意见　在当前新常态新阶段下，建议从国家层面制定印发一个政策性文件，提出当前和今后一个时期发展农产品加工业的指导思想、基本原则、主要任务，对发展农产品加工业作出部署，尤其是针对制约农产品加工业发展的主要困难和问题，提出有针对性的、可操作性的、实实在在的政策措施，以推进农产品加工业的快速、健康发展，这必将对转变农业发展方式，调整优化农业农村经济结构，促进农村一、二、三产业融合发展，实现"五化同步"和城乡一体化发展等起到积极的推动作用。

3. 积极落实和创设扶持政策　优化政策扶持方式，落实和创设政策并举，提高政策支持效率。一是加大财税支持力度，扩大中央和地方财政支持农产品初加工补助资金规模，明确有关涉农资金和中小企业专项资金继续支持农产品加工业。扩大进项税额核定扣除办法试点行业范围和初加工所得税优惠范围。二是降低融资门槛。要研究将企业收购资金列入专项政策性贷款的方式方法。扩大抵押物范围，将农产品仓单、出口订单、土地经营权、山林权和经济作物等作为抵押品。推进"财园信贷通"模式，财政向银行存入贷款风险保证金，银行以8～10倍额度为园区企业贷款。三是统筹解决用地问题。坚持保护耕地和节约用地，将其列入土地利用总体规划和年度计划，引导企业向加工园区聚集，初加工用地和价格按农用地办理，企业用地出让价格按当地工业项目最低价执行。四是减轻企业负担。初加工用电按照农用电办理，初加工产品列入"绿色通道"。企业用电执行大工业优惠电价。同时要认真落实减轻企业负担的各项规定，全面清理取消不合理的收费项目。

4. 积极引导农产品加工业转型升级发展　这是当前和今后一个时期的重要而紧迫的任务，各级政府和有关部门要坚持以转变发展方式、调整优化结构、提高质量效益为主线，大力推进初加工、精深加工、综合利用、主食加工、新业态新模式、技术装备、龙头企业、品牌战略、加工园区和主产区加工业等重点领域加快发展，引导和促进农产品加工业从规模扩张向转型升级、要素驱动向创新驱动、分散布局向产业集群转变。

5. 加快构建农产品加工业支持体系　加快构建政策扶持、科技创新、人才支撑、公共服务、组织管理等体系，建立完善农产品加工业行政管理体制机制，努力形成合力。各有关部门要积极配合、大力支持，共同促进我国农产品加工业持续稳定健康发展。

我国食用类农产品加工业
发展情况调查报告

农业部农产品加工局

为摸清我国食用类农产品加工业发展现状，了解面临的主要困难和问题，倾听企业的政策需求和建议，农业部农产品加工局于 2015 年首次开展了全国食用类农产品加工企业发展状况问卷调查工作。在各地农产品加工业管理部门的积极配合下，调查共收到 10 922 个企业上报的有效样本。在此基础上，农业部农产品加工局完成了 1 项全国总报告和 17 项地区分报告，全面分析了全国及部分重点地区食用类农产品加工业发展特点、行业发展制约因素及转型发展趋势等内容。现将调查情况报告如下：

一、发展特点

当前我国食用类农产品加工业发展呈现阶段性特点，已进入转型关键时期。食用类农产品加工业发展经历了四个阶段：新中国成立初期至 1992 年之前为滞缓阶段。这一时期成立的农产品加工企业较少，经历几十年的优胜劣汰后，当前仍在生产经营的企业数量占比仅为 2.9%。1992 年至 2001 年为兴起阶段。由于不断化改革影响，该阶段食用类农产品加工企业如雨后春笋，大量涌现，并呈现企业数量逐年快速递增的趋势，这 10 年中登记注册的企业占总数的 21.4%。2002 年至 2011 年为高速阶段。受居民食品消费社会化供应步伐加快、加入 WTO 等因素影响，此阶段新建企业呈爆发式增长，登记注册的企业占总数的 66.5%。由于企业增长快，竞争激励，从 2010 年起小麦制粉、玉米淀粉等部分子行业的产能过剩问题初显。2012 年至今为转型阶段。受成本增加、产能过剩、投资放缓等因素影响，新建企业增速明显放慢，现存企业加快了设备、技术的改造升级步伐。调查结果表明，食用类农产品加工业主要呈现以下阶段性特点：

1. **企业普遍规模偏小，平均创企时间为 11 年**　食用类农产品加工行业的集中度不高，以中小型企业为主，大型企业数量的占比仅为 2.4%。根据调查分析，"最常见"的食用类农产品加工企业是主营业务

收入在 2 000 万元至 1 亿元，从业人数在 100 人左右的小型企业。从企业创建年限看，粮食酒加工企业的"资历最老"，平均年龄为 14.3 岁，其次是烟草、乳制品、中药饮片及中成药、海水水产品等行业，企业平均年龄分别为 13.4、12.8、12.6 和 12.4 岁；薯类制品、杂粮杂豆制品、羊产品，以及木本植物油加工等行业是最为年轻的，平均年龄分别为 10.0、9.9、9.8 和 9.4 岁。

2. **总体技术水平较弱，科企合作正在加强**　调查显示，多数企业的综合技术水平不高。有 13.1% 的企业认为自身技术水平在国内占优势地位，但与国际同行相比，仍占优势地位仅有 4.4%，下降了 8.7 个百分点。从加工装备看，食用类农产品加工企业使用的关键生产设备绝大部分是国内品牌，但使用效果明显低于原装进口品牌的；企业自主研发或者与科研单位合作研发的设备使用效果较好，近年来的安装率也在上升。从技术联结关系看，62.5% 的食用类农产品加工企业与科研单位建立联结关系，其中，最常见的合作方式是聘请兼职技术顾问；科企共建研发中心也是较常见的技术联结方式，研发中心设在企业和设在科研单位设置的分别为 22.6% 和 11.4%；企业委托科研单位开发新产品的占比为 18.8%，直接购买科研单位技术专利的占比为 9.3%。从合作效果看，认为科研单位对本企业有较大帮助或者非常有帮助的达到 33.3%，其中共建研发中心并设在科研单位的效果最好。

3. **积极调整产业结构，农产品精深加工水平提升**　低水平重复建设、产品同质化严重，是我国大部分食用类农产品加工子行业的竞争现状。为应对日益高企的成本上涨压力，近年来企业纷纷主动加快产业结构调整步伐，60% 左右的食用类农产品加工企业进行了调整。以产品创新和技术升级为主要调整方向的企业占比最多，32.8% 的企业近年来正由初加工向精深加工方向发展。在结构调整上，部分企业走得更远，完全尝试新行业。刚刚尝试进入新行业的占 6.5%，已成功转型到新行业的约占 2.3%。

4. 加快产业链延伸，促进一二三产业融合发展

近年来，食用类农产品加工企业愈来愈重视向上下游延伸发展。一方面，企业重视原料的供应能力建设。当前56.3%的食用类农产品加工企业自建了原料种养殖基地，未来3年有37.3%的企业将加强原料基地建设；除自建基地外，企业还加强农资供应合作，约56.6%的企业向农户或合作社提供某种生产资料，其中种子是供应比例最高的生产资料，29.2%的企业给上游农业生产经营主体供应过种子，化肥、种苗、农药的供应比例分别为22.2%、21.1%和17.4%。另一方面，企业拓宽了服务业经营项目。种植基地观光旅游是最常见的休闲服务，在有种养殖基地的企业中，20.3%的企业开发了休闲农业项目，工业旅游、产品体验店等也发展迅速，13.8%的企业开展了工厂参观旅游，13.8%的企业有产品体验店。

5. "互联网＋"前景广阔，但企业信息化管理水平仍低

受网络销售火爆增长影响，大部分食用类农产品加工企业重视利用互联网开展销售业务。当前，47.5%的企业已开展了某种形式的电商销售，其中64.3%的大型食用类农产品加工业企业开展了电商业务，是微型企业的1.9倍。已开展电商业务的企业中，自建电商销售部门的占比为53.8%，在阿里、京东、1号店等电商平台有自营店的占34.6%；由经销商在电商平台代理销售的占46.8%。在尚未开展电商销售的企业中，超过半数正在筹划开展相关业务。与互联网销售业务增长迅速形成对比的是企业的信息化管理水平普遍较低，采用了ERP系统（即企业资源计划管理软件，是一种面向制造行业进行物质资源、资金资源和信息资源集成一体化管理的企业信息管理系统）来经营管理企业的占比仅为18.8%。

6. 食用类农产品加工业对"三农"发展贡献突出

调查结果显示，81.3%的加工企业与农户或者农民合作社签订了长期订单；88.9%的加工企业只从国内购买农产品原料；近七成的加企业雇佣本地员工的比例在80%以上。食用类农产品加工业与"三农"发展天然紧密联系，为农产品稳定销售提供了有力保障，为农民收入持续增长做出了巨大贡献，为促进城乡一体化发展发挥了重要作用。

二、制约因素

目前，多数食用类农产品加工企业面临着创新能力不足、成本上涨、融资困难、招工不足和副产物加工利用不充分等制约因素。

1. 企业产品研发能力不足　过半数（53.9%）的企业没有研发中心，导致我国食用类农产品加工企业的技术升级和产品创新能力薄弱。多数食用类农产品加工企业已经意识到创新是提高企业产品竞争能力，跳出当前低端模仿、同质竞争的必由之路。但企业进行技术创新存在不少难点。46.33%的企业受缺乏技术人员困扰，44.3%的企业认为创新费用太高，缺乏市场和信息技术，对新产品、新技术需求不明确也是企业常见的创新难点。

2. 普遍面临成本上涨压力　食用类农产品加工业近3年来成本上升压力最大的是用工成本，其次为原料成本，选择的比例分别为77.6%和74.2%。52.5%的企业在财务费用（含利息、融资担保等）上感受到压力，46.3%的企业认为销售费用较重。此外，23%的企业在环保成本上感觉有压力。环保成本压力较高的有猪、牛、羊、禽、其他肉产品加工，蛋品加工，乳制品加工，以及薯类制品加工等行业，感压比例在30%～40%之间；环保压力较小的有茶叶、蜂产品、中药、稻谷制品等行业，感压比例在10%～15%之间。

3. 企业资金缺口、用工缺口均较大　70.1%的企业存在资金缺口，大部分企业同时缺少长期资金和流动资金。长期资金的缺口率约为22.8%，即全部企业平均有22.8%的长期资金需求无法满足；流动资金缺口更为严重，缺口率为31.5%。食用农产品加工业是劳动密集型行业，对用工荒比较敏感，经常存在用工缺口的企业占比为37.8%，技术工、普通工和销售人员的缺工比例基本相同，缺口率均在12%左右。存在招工缺口的主要原因是季节性用工多。分行业看，粮食加工与制造行业因薪酬、福利吸引力小产生的招工缺口较大；植物油加工、食用畜产品加工行业对应聘者的素质要求比较高，因此符合条件的应聘者少；果蔬茶加工行业的季节性用工缺口最大。

4. 副产物综合利用水平不高　三分之二的食用类农产品加工企业有加工副产物，但能够较充分利用副产物的企业占比仅为20.2%。认为副产物价值没有充分开发，还有较大挖掘空间的企业占比为25.3%，将副产物销售给其他企业的占比为26.3%，还有约5.7%的企业完全将副产物作为废弃物处理。分行业看，乳制品、蜂产品、茶叶等加工行业没有副产物的企业比例较高，分别为60.2%、58.3%、51.2%；植物油加工、小麦制品、稻谷制品等行业将加工副产物销售给其他企业的比例较高，均在35%以上；果蔬制品、水产制品行业的副产物综合利用情况不好，10.4%的蔬菜制品企业、9.1%的干果/坚果制品企业、7.3%的水果制品企业，以及10.7%的淡水水产品企业和8.9%的海水水产品企业将副产物废弃。

三、对策建议

在我国经济进入新常态，农业农村经济处在新阶段的背景下，我国食用类农产品加工业发展必须实施创新驱动、转变发展方式，采取以下对策措施。

1. 加快技术创新、促进产业升级 食用类农产品加工企业的主要特征是规模偏小、技术落后，应加快兼并重组和转型升级。食用类农产品加工业进入转型发展关键阶段，政府应加强引导，一方面加强质量监管，加大落后产能淘汰力度，改变小微型食用类农产品加工企业小、散、乱，卫生状况堪忧的现状；另一方面应帮助企业实施科技创新驱动、加快设备升级、技术创新，通过融资政策扶持企业加强科研投入，通过促进科企对接提高行业整体技术水平。

2. 帮助企业拓展市场、促进产销对接 食用类农产品加工企业最重视的问题是销售渠道。70.6%的食用类农产品加工企业认为企业近期的发展制约因素是销售；73.1%的企业长期发展关注重点是市场拓展；74.8%的企业重视管理层的市场推广能力培训；62.5%的企业认为人才储备面临的主要问题之一是销售团队的能力不足；70.7%的企业认为行业协会提供的市场信息服务最有价值；76.3%的企业已开展或筹划开展电商业务。为帮助解决企业困难，应积极扶持产品品质好、发展前景好的企业扩大产品知名度，提升品牌价值，加强地方特色产品、地方老字号产品等的宣传推荐力度。政府还应重视电商销售对食用类农产品加工企业的作用，积极组织电商平台与企业对接，加强电商业务的培训和推广。

3. 加强政策研究制定、减少资金和用工缺口 流动资金缺口、招工缺口是食用类农产品加工企业普遍易患的"季节病"。国家应鼓励各级各类金融机构深入研究食用类农产品加工企业的原料收购、生产销售、资金回笼的时间特点，建立符合食用类农产品加工行业特点的融资政策。解决用工困难方面，应当积极探索季节用工稳定机制，将原料基地建设与工厂用工等相结合，吸纳农产品采收后的赋闲劳动力，还要加快技术升级，提升生产线的自动化水平。

4. 鼓励原料基地建设、促进产业融合发展 原料基地未来将成为食用类农产品加工企业核心竞争能力之一。原料基地建设对保障食品安全有重要意义，是企业提高产品品质、保障原料供应、降低原料成本的重要手段。各级政府应鼓励企业建设种养殖基地，扶持企业开发利用基地从事休闲农业经营，从而扩大农民就业增收渠道，促进农村一、二、三产业融合发展。

5. 支持副产物综合利用，减少污染物排放 对企业综合利用秸秆、稻壳米糠、果皮果渣、畜禽骨血等副产物综合利用设施装备投入实行政策性奖补；对企业综合利用技术设施装备改造升级贷款基准利息给予一定的补贴；对进口国内不能生产的综合利用设备装备免征关税和进口环节增值税。加大政策扶持力度，促进副产物梯次利用、循环利用、高值利用，努力实现增值增效、资源化利用、绿色化发展。

农产品及加工副产物综合利用问题研究

农业部农产品加工局

我国是农业大国，粮油和畜禽等产品总量多年位居世界首位。但由于农产品加工业起步较晚，副产物（含农业生产副产物和农产品加工副产物，是指农业生产和加工过程中产生的非主产物）综合利用水平低，秸秆、稻壳、残次果、畜禽骨血等副产物大部分未得到有效利用，不仅造成了资源浪费、效益流失，而且还污染了环境，甚至影响农业可持续发展，已经到了必须引起高度重视和迫切解决的时候了，否则，不良后果将越来越严重。农产品及加工副产物综合利用问题事关农产品有效供给，事关农民就业增收和农业增值增效，事关美丽乡村与城镇环境建设。迫切需要通过规划引导、政策扶持、科技支撑、多元投入、加强监管等措施，全面提升农产品加工综合利用水平，促进农产品加工业持续健康发展。

一、当前我国农产品及加工副产物综合利用现状堪忧、触目惊心

现阶段综合利用问题，可归结为三类情况，总体状况不容乐观。

1. 农业生产副产物综合利用问题 主要产品有秸秆、残次果、菜叶菜帮、竹藤副产品等，主要表现是多数农户对副产物简单处理、随意丢弃或焚烧。以冬小麦秸秆为例，小麦收获后需要尽快播种二季作物（如玉米、花生等），若采取单一的粉碎还田方式，常会影响播种和出苗率，所以农民宁愿采取焚烧方式，承担受罚的风险。此类现象的主体是农户、合作社等初级生产者，问题集中在资源浪费、收入流失、环境污染甚至公共安全事件。

2. 农产品加工副产物综合利用问题 主要产品有稻壳、米糠、麸皮、饼粕、油脚、果皮、果渣、菜渣、蔗渣、畜禽骨血、皮毛、内脏、动物脂等，这些副产物富含蛋白质、脂肪、维生素等营养成分，仍是可增值的加工原料。但一方面由于工艺落后、装备简陋，只能低值化处理。如目前多数花生高温压榨后，饼粕中蛋白质严重变性，只能用作饲料或肥料，导致花生中25%的蛋白质被浪费；如果采取低温压榨工艺，饼粕中蛋白质加工成蛋白粉可售价7 000元/t，加工成花生浓缩蛋白可售价1.2万~1.5万元/t，加工成花生多肽可售价2.6万元/t。另一方面由于副产物收集、运输、储存有难度，投入产出比不大，多数企业将其作为燃料、饲料或直接丢弃。如多数榨汁企业都视果渣为没有价值的剩余物，随意堆弃在厂区及周边。此类现象的主体之一是广大中小企业，问题集中在副产物物腐烂变质引发环境灾难，增加社会处置成本。主体之二是新兴的综合利用企业，问题集中在收集成本高、加工链条短、增值空间小。

3. 农产品加工废弃物无害化处理问题 主要表现是加工产生的浸泡水、清洗水、废气、废渣等。如全国上万家淀粉加工企业吨产品用水比例是拥有先进设备企业的3~4倍，后期排放水中含有大量的蛋白质、维生素等成分，如果购置昂贵的环保处理设备，企业难以承受，如果不处理排放，则面临严厉处罚。

从涉及面广、关联度大的主要行业和品种看，突出的是四类现象：一是大宗农产品的粗放加工利用。广大加工企业多数采用传统工艺。如稻谷的一级磨制、油料的高温压榨、玉米淀粉的湿法加工等，直接导致产品优品率低、产业链条短，附加值不高。二是秸秆、果皮、果渣等的弃用。焚烧事故与事件仍是环境质量和交通安全的一大隐患。尽管秸秆养畜还田、制造草毯、发电、提取酒精等技术已经过关，但由于投入大、产出低，产业化进展不快。三是副产物资源的低值化使用。目前粮食加工副产物1.8亿多t，水果的皮、渣、籽、壳、核等总计达3 000万t，是生产食品、药品、保健品、能源、化工等产品的好原料，但多数只是作为肥料、饲料等低值化处理。如米

糠综合利用比例不足20%，与国外相比，日本达到90%，印度达到50%~70%。四是加工废弃物的随意排放。目前，我国农产品加工平均耗水量是发达国家的3倍以上，由于能耗偏大、排放偏高、污染偏重，往往建一个加工厂就增加一个污染源。一些不宜食用的副产物（骨、肺、腺体、胰脏等）被遗撒到城市下水道、河流、湖泊、海洋、废弃井矿、采石场或山洞等，污染水体，导致水生生物死亡，还会产生臭气，影响居民生活。

客观分析成因并结合变化规律看，目前我国综合利用领域问题和矛盾仍然在积累和发展，甚至有加重之势。

1. 农产品及加工副产物逐年增加，但综合利用能力建设严重滞后 据专家测算，我国玉米和秸秆（按干物质计算，下同）比例为1∶1.2，稻谷和稻秸比例为1∶1.1，小麦和麦秸比例为1∶0.8，总产量扩大的同时，副产物也逐年刚性增加。目前，这些副产物有的作饲料、肥料和燃料，但绝大多数被丢弃，综合利用配合严重不协调。

2. 农业可持续发展要求日益迫切，但大量经营主体缺少综合利用意识 许多经营主体只认为作物果实、动物肉类等是农产品，不把副产物作为农产品，只注重主产品的生产和加工，不注重副产物的加工及利用。农业和加工业发展规划方面，综合利用问题仍是忽略地带。

3. 产业聚集和产业关联进展缓慢，客观上不利于综合利用企业成长和产业壮大 综合利用本应是一个急待开发的富矿，但由于产业集群化不够，企业关联性差，副产物不集中，缺乏专门企业加工或收购，未能形成市场行情，而进入市场环节和餐饮环节的废弃物又不能很好地回收，无法进行加工副产物的规模化加工利用，因而综合利用也很难从农产品加工业中分工分化出一个新的独立支系。

4. 技术创新走不好"最后一公里"，大量的技术储备没有形成现实生产力 由于综合利用研发的技术与装备脱节，产业化程度低，专业技术人才缺乏，许多科研成果被搁置；同时在科研上对综合利用领域立项少、立项参与度低，仅有的副产物转化生产的食品、保健品、医药产品、化工产品和建材产品等产品市场竞争能力较弱。

综上所述，现状堪忧，触目惊心，我国每年大约产生7亿t秸秆（按干物质计算），加工副产物5.8亿t，这些副产物合理利用率平均不到40%，随意丢弃腐烂变质或直接燃烧污染环境的约占60%，不仅造成了农民收入和企业效益大大降低，而且造成资源浪费和环境污染。

二、加强农产品及加工副产物综合利用功在当代、利在千秋

近年来，随着我国农产品加工业快速发展，科研单位利用现代生物、膜分离、超界萃取等技术，加快了综合利用研发并取得了一批成果，若使这些成果加快转化应用，可以变废为宝、化害为利，可以实现经济效益、生态效益和社会效益一举多得。

1. 满足农产品加工品有效供给的一大支撑　我国农业资源有限，资源刚性约束不断加强。通过综合利用，有利于拓展食物资源，起到削峰平谷的效应；有利于开发副产物中碳氢氧等能源资源，缓解能源紧缺；有利于开发副产物中的工业元素，生产各类食品、医药保健品、化工品等工业产品。据专家测算，若把我国7亿t的秸秆以50%作为能源加工利用，就相当于再建一个大庆油田（年产4 000万t原油和33亿m^3天然气），若把30%的秸秆和70%的粮油果菜副产物作为饲料，按照每公顷生产干苜蓿15 t计，相当于新增0.39亿hm^2土地，产值可达7 500亿元。

2. 解决环境污染问题的一大措施　当前我国生态环境承载能力已经十分脆弱，粗放式加工业发展走到了尽头。通过综合利用，把农产品资源"吃干榨净"，使其物尽其用，有利于利用副产物有机特性，形成一举多得的农业循环链；有利于将大量原本被废弃的副产物作为资源加以开发利用，减少最终废弃物排放量；有利于搬掉秸秆、残次果、动物骨血等农村常见的巨量副产物这"几座大山"，促进美丽乡村建设。

3. 提高农产品附加值和农民收入的一大来源　当前，低水平的资源利用或废弃成为企业、合作社和农户节本增效、提质增收的巨大障碍。通过综合利用、变无用为有用、变一用为多用、变废物为宝物，有利于提高农产品二次增值效益，实现农产品副产物多重转化增值和农民多层次增收，在每个链条的每一个链节上分化出更多新的就业岗位，为农民就地就近就业提供便利。

4. 催生高附加值企业的一大产业　许多国家实践证明，副产物加工的价值和效益都远远超过主产物。通过综合利用，有利于在不增加农产品资源总量的基础上，分化裂变出综合利用新产业；有利于带动综合利用各领域的发展，完善农产品加工产业体系建设；有利于将园区企业进行首尾相连、上下游衔接，打造产业集群。如黑龙江鹤岗万源稻米加工园区，应用稻壳生物发电和米糠制油技术，2013年加工水稻31.8万t，在大米加工亏损的情况下仍盈利2 183万元。

5. 实现高品质食物生产的一大抓手　副产物的随意晾晒摆放已经成为影响食品质量安全的重大隐患。通过综合利用，有利于净化农产品加工生产环境，保障产品质量安全；有利于促使企业统筹谋划主产品和副产品的加工，防止副产物直接流入市场；有利于加快副产物制品标准化进程，促进副产物制品的市场营销。

三、启动实施农产品及加工副产物综合利用提升工程必须多措并举、注重实效

建设资源节约型、环境友好型社会建设，实施可持续发展战略是我国经济社会发展的基本国策。农产品及加工副产物综合利用能力建设迫在眉睫，应尽快启动实施农产品及加工副产物综合利用提升工程，利用三年左右的时间，解决副产物随意堆放处置的乱象，扭转综合利用方面的不利局面，全面提升综合利用水平。

在指导思想和总体思路上，要创新思路，创新方法，创新政策，创新机制，强化"循环利用、全值利用、梯次利用"三大理念，发挥市场决定、政府引导和企业主体的作用，以涉及面广、关联度大的主要行业和品种为主阵地，以典型示范为引领，加大政策扶持，加强技术研发和装备升级，强化舆论导向，促进农产品及加工副产物的产地资源化利用，减少废弃物排放，培育壮大更多的以低成本、低消耗、低排放、高效率为特征的加工业态，努力将综合利用提高到一个新水平。

（一）基本原则

1. 政府引导、企业主体　农产品加工综合利用投资大、运行难、见效慢，目前属于农民投不起，企业不愿投的起步阶段。要逐步建立财政资金引导、社会资本参与、金融资本撬动的多元投入机制和政策体系，发挥企业的主体地位，调动企业和农户的积极性。

2. 因地制宜、分类指导　不同农产品及加工副产物千差万别，同时也存在季节差异和区域差异。要通过分类指导，探索不同产品、不同季节、不同种类、不同区域的农业副产物和加工副产物综合利用的发展途径。

3. 产地加工、循环利用　目前副产物收集、前处理和运输等生产成本持续上升，越偏离产区，生产成本则越高。要确定综合利用的合理半径，着眼于产地加工能力建设，以及产业链融合，建立多种综合利用模式。

4. 示范推广、宣传推进　目前多数加工企业负

重运行，投资发展副产物综合利用确有难度。政府要加大示范推广力度，重点在示范点、示范设备、示范企业创建上下功夫，扶持企业改造旧工艺，增加新设备。同时，加大宣传推广力度，形成点创新、线模仿、面推广的格局。

（二）主要任务

1. 秸秆等农业副产物的循环利用　坚持资源化、减量化、可循环发展方向，促进综合利用企业与合作社、家庭农场、农户有机结合，促使种养业主体调整生产方式，使副产物更加符合循环利用要求和加工原料标准；通过技术指导和服务，把副产物制作成饲料、燃料、酒精、肥料、基料、微生物菌、草毯、沼气等，起到综合利用、转化增值、改良土壤、治理环境的作用。

2. 加工副产物的全值利用　通过开发利用其丰富的营养成分，除用作食品、营养提取、饲料、肥料等之外，要加大投资力度，增加精深加工设备，增加其开发利用深度；通过与中小企业建立副产物收集、处理和运输的绿色通道，实现加工副产物的有效供应和加工。

3. 加工废弃物的梯次利用　通过采用先进的加工技术，对废弃物中的有用物质进行梯次利用，吃干榨净，实现零排放；通过推广应用环保技术，购置环保设施设备，加大废弃物处理力度，实现加工企业的清洁化生产；通过严格执行环保要求，加大监管力度，杜绝二次污染。

（三）2015年重点措施

可概括为"六个一"：

1. 确定一批主攻方向和精准发力点　科学选择一批重点地区、重点领域、重点品种和重点环节，研究最经济、最有效的处理路径，确定短中期突破目标。

2. 筛选一批成熟技术、设备和装备　集成、示范和推广一批秸秆、稻壳米糠、果皮果渣、畜禽骨血等综合利用新技术、新设备和新装备向生产力转化，达到强化综合利用意识和普及技术设施装备的目的。

先期通过工程、设备和技术的组装集成，在秸秆微生物腐化有机肥及过腹还田、稻壳米糠、等外果及皮渣、畜禽骨血等加工综合利用环节进行重点建设。

3. 推荐一批示范企业和示范园区　按照节能、减排、清洁、安全、可持续要求，制定推荐标准，推荐一批全国农产品加工综合利用示范企业、示范园区、示范县，树立一批标杆，通过各类媒体，深入宣传先进典型和成功经验，积极引导社会舆论，营造共同关注、协力支持综合利用的良好氛围。

4. 制定一批产品标准和技术操作规程　加强副产物制品的国家标准和行业标准的制修订等，完善产品标准、方法标准、管理标准及相关技术操作规程等，建立副产物加工标准体系并贯彻执行。

5. 健全一个社会化服务体系　鼓励各类服务机构，开展行业调查、产业规划、诚信体系、技术咨询、人才培训、质量认证等方面开展综合利用各项服务。

6. 争取和创设一批政策　争取制定一批涵盖财政、税收、投资、信贷、保险、用电、用水、用地、运输的政策体系：一是财政支持。按照公共性、公益性要求，在公益性行业（农业）科研专项中将农产品加工综合利用置于优先领域，重点支持；设立农产品加工综合利用财政专项，通过工程化措施、项目化投入，对企业综合利用设施和装备投入实行30％政策性奖补，对企业技术改造、节能减排、循环增效进行专项财政补贴。二是税收减免。除按照农产品执行外，对开展综合利用的企业减免税收，对进口国内不能生产的环保设备免征关税和进口环节增值税。三是贷款贴息。对企业综合利用技术设施装备改造升级贷款给予30％的贴补。四是创新金融服务。进一步完善"定向降准"等政策，将农产品加工综合利用企业列入国务院办公厅"适当降低存款准备金率，持续提高存货比"的政策支持范围；开展联合担保、订单质押，鼓励引导金融机构加大对综合利用项目的支持；加大风险投资力度，采取多种资本运营方式。

农产品加工业和休闲农业
"互联网＋"研究

农业部农产品加工局

"互联网＋"是把互联网的创新成果与经济社会各领域深度融合，推动技术进步、效率提升和组织变

革，提升实体经济创新力和生产力，形成更广泛的以互联网为基础设施和创新要素的经济社会发展新形

态。2015 年 7 月，国务院印发了《关于积极推进"互联网+"行动的指导意见》（国发［2015］40号），提出要顺应世界"互联网+"的发展趋势，重点开展"互联网+"协同制造等 11 大行动计划。农产品加工业是经济社会的战略性支柱产业和重要民生产业，休闲农业是拓展农业多功能的新型农业产业形态和新型消费业态。当前，随着互联网与传统产业加速融合发展，不断推进"互联网+"在农产品加工业和休闲农业发展中的应用具有十分重要的意义。

一、行业"互联网+"发展现状

（一）"互联网+"与行业智能制造

互联网与制造业融合，即传统制造业企业采用移动互联网、云计算、大数据、物联网等信息通信技术，改造原有产品及研发生产方式，提升制造业数字化、网络化、智能化水平，与"工业互联网""工业4.0"的内涵一致。近年来，农产品加工业在生产过程自动化、管理方式网络化、决策支持智能化以及装备设施远程监控等方面取得了一定成效。例如，娃哈哈集团采用实时数据库技术、智能化在线控制生产车间、物联网及智能机器人物流管理系统等技术，将信息技术与食品饮料生产技术深度融合。伊利集团在智能化管理方面打造覆盖"产品研发—生产制造—质量管控—终端销售"各个环节的智能化管理项目，在奶制品研发、生产和销售环节均采取自动化管理。中粮集团将智能制造与云计算应用于企业的生产和管理中，采用 ECR 模式，将制造商、批发商和零售商的经济活动进行整合，以最低成本、最优和最快实现消费者需求。天地壹号饮料股份有限公司生产苹果醋时采用果醋发酵系统检测和及时调控每一个发酵罐的温度，该系统是基于物联网技术的智能化系统，将发酵控制技术与信息系统相结合的产物，高度自动化的生产线使得员工的主要工作由生产转变为检测，而生产工序则是由智能系统根据上传到电脑的数据进行复杂的操作来进行的。目前，杭州娃哈哈集团的食品饮料生产智能工厂试点项目、内蒙古伊利实业集团股份有限公司的乳品生产智能工厂试点示范项目入选了工信部公布的 2015 年智能制造试点示范项目。

（二）"互联网+"与行业电子商务

互联网与商贸领域的融合历史相对较长。多年来，电子商务业务伴随着我国互联网行业一同发展壮大，目前仍处于快速发展阶段，发展前景广阔。农产品加工业和休闲农业电子商务近年来也有长足发展。根据《阿里农产品电子商务白皮书（2014）》的数据显示，2014 年，在阿里零售平台上的农产品卖家有75.0 万个，同比增长 60.6%；完成农产品销售483.0 亿元，同比增长 69.8%。其中，加工及包装保鲜产品的销售额约占总量的 94.5%。根据 2015 年 5 月开展的全国食品类农产品加工企业发展状况问卷调查显示，在收到的 10 922 个企业的有效样本中，有47.5% 的企业开展了电商销售；在尚未开展电商销售的企业中，有 54.9% 的企业正在筹划开展相关业务。在已开展电商业务的企业中，在阿里、京东、1号店等电商平台有自营店的占 34.6%，自建电商销售部门的企业占比达到 53.8%，涌现了例如中粮我买网、嘉和一品餐饮 O2O 等一批典型代表。

进入 21 世纪以来，休闲农业进入了一个高速发展的阶段，逐渐成为推动农村经济发展的新增长点。乡村旅游、农家乐等娱乐项目在电子商务平台得到广泛应用，休闲农业电子商务网站纷纷崛起，提供各种乡村休闲娱乐信息，内容包括乡村采摘、农家院、生态园、民俗村等，部分网站平台实现在线订购支付功能。这类平台提供一种新型的农村在线服务与线下服务结合的交易方式，产品服务是与消费同时进行的。我国休闲农业电子商务网站主要有三种类型，一是服务或产品生产商网站，如烟台农博园、北京安利隆山庄网、乡村婺源旅游网、东方高尔夫乡村网等；二是第三方平台网站，如携程网、艺龙网、去哪儿网、中宇生活网、黄山旅游电子商务网等；三是其他专业的休闲农业信息网站，一般由各级政府部门主办，如京郊农家乐旅游信息网、浙江农家乐乡村休闲旅游网、中国乡村游网、中国休闲乡村旅游网等。

（三）"互联网+"与行业公共服务

依托互联网打造一批网络化公共服务平台是推动"互联网+"协同制造的重要举措。近年来农业部农产品加工局高度重视农产品加工业、休闲农业的公共服务平台建设，取得明显成效。一是依托农业部规划设计研究院农产品加工研究所建立中国农产品加工信息网，及时发布农产品加工业有关行业信息，为政府部门、社会组织和企业提供信息服务。二是依托中国农科院农产品加工研究所建立农产品加工国际标准跟踪信息网，对重点国家和地区、重点品种及农产品加工相关标准进行跟踪整理与发布。三是建立中国休闲农业网，为各级农业和旅游行政管理部门、休闲农业与乡村旅游提供者和消费者、乡村旅游相关服务机构等提供服务。四是建立主食加工业精品之窗网站，为主食加工业示范企业的网上申报及主食产品、技术装备在线展示提供平台。五是开发农产品产地初加工补助项目管理信息系统，对农财两部实施的农产品产地初加工补助项目，进行动态跟踪管理。六是开发全国农产品加工业监测分析系统和统计数据库，为农产品加工业统计监测工作提供支撑。此外，各地方政府、社会组织及企业也根据地方和行业特点，积极建立公共服务平台，为农产品加工业企业和休闲农业经营主体提供信息咨询、企业宣传、技术装备等服务。

二、行业"互联网+"发展存在的问题

（一）对"互联网+"认识不到位

目前我国的传统产业存在较为严重的观念固化的现象，对"互联网+"发展趋势认识不足、认识不到位，农产品加工业企业和休闲农业经营主体也广泛存在这种现象。一方面，这些传统企业受经营方式、经营理念、思维惯性等因素的影响，对互联网仍然有怀疑和抵触的心态，主观上还不能够积极主动的去拥抱互联网，对云计算、大数据等基础设施服务缺乏必要的了解和应用，也没有适应消费者作为主导的商业格局的转变。另一方面，互联网企业对农产品加工业和休闲农业的认知、了解还不够深。

（二）企业信息化管理水平较低

长期以来，农产品加工业企业和休闲农业经营主体大多规模偏小，家族经营较为广泛，企业管理制度尚不健全，企业信息化建设水平比较落后。据全国食用类农产品加工业发展情况调查数据显示，虽然我国农产品加工企业互联网销售业务增长迅速，但企业的信息化管理水平普遍较低，采用了 ERP 系统 来经营管理企业的占比仅为 18.8%。在传统信息化技术采用尚不普遍的情况，农产品加工业和休闲农业采用云计算、大数据和物联网等新一代信息技术发展"互联网+"面临巨大挑战。

（三）行业"互联网+"基础设施投入不足

目前，我国在宽带、现代物流等"互联网+"基础设施方面投入非常不足，特别是城乡、中西部的"数字鸿沟"严重制约信息技术的深入普及、应用，这对农产品加工业和休闲农业"互联网+"发展产生严重制约。近年来，随着国家对"三农"工作越来越重视，对农业与农村的财政支持、政策扶持等方面逐年加大了力度，一定程度上促进了农业与农村信息化基础设施建设，但总体上关于农业与农村信息化基础设施建设投入偏少，不能满足当前农产品加工业和休闲农业"互联网+"快速发展的需要。

（四）行业"互联网+"人才队伍亟待加强

人才缺乏是企业在推动"互联网+"中遇到的关键问题。目前，与低技能的劳动力相比，适应"信息经济"发展的相关专业人才非常缺乏，人才结构不尽合理。比如，电子商务人才、移动互联网人才、互联网金融人才等领域培养机制与市场需求严重脱节。农产品加工业及休闲农业"互联网+"专门人才则更加短缺，难以适应行业"互联网+"形势发展的需要。

三、行业"互联网+"发展的思路、目标与措施

（一）总体思路

积极贯彻落实国务院关于"互联网+"的一系列重大战略部署，紧紧围绕促进农业提质增效、农民就业增收的核心目标，以改革创新为动力，以加快转变农业发展方式、有效提升消费需求为主线，推动互联网与农产品加工业和休闲农业深度融合，大力提升农产品加工业和休闲农业数字化、网络化、智能化水平，促进农产品加工业和休闲农业转型升级，促进农村一、二、三产业融合发展。

（二）发展目标

到 2020 年，互联网支撑农产品加工业和休闲农业发展的作用进一步增强，基于互联网的农产品加工业和休闲农业新业态成为产业增长新动力，建立覆盖全国重点农产品加工业和休闲农业企业的信息公共服务网络，互联网与农产品加工业和休闲农业的融合发展进一步深化，初步建立网络化、智能化、服务化、协同化的"互联网+"农产品加工业和休闲农业产业生态体系。

（三）重点任务

1. 研究推广"互联网+"典型模式 研究总结各地推进"互联网+"农产品加工业和休闲农业的好做法和好经验，示范推广一批"互联网+"农产品加工业和休闲农业好模式，鼓励和支持地方、行业组织、企业举办"互联网+"农产品加工业和休闲农业研讨会、论坛，研究"互联网+"农产品加工业和休闲农业发展过程中遇到的困难和问题。

2. 鼓励支持"互联网+"平台培育 充分发挥农业部门牵线搭桥的作用，积极组织、引导企业参加"互联网+"农产品加工业和休闲农业行动，积极发展各类电商平台。支持高校、科研院所与重点企业联合组建产业创新战略联盟及技术转化应用服务平台。支持搭建中国农产品加工业投资贸易洽谈会网络交易平台，打造永不落幕的投资交易洽谈会。支持建立农民合作社农产品加工示范社电商服务平台，促进合作社农产品、食品和休闲体验产品实现网上销售。

3. 组织开展"互联网+"人才培训 充分利用新型职业农民教育、农村实用人才培训等项目，联合有关教育培训机构、电子商务企业，重点组织农产品加工企业负责人、休闲农业经营主体、农民合作社加

工示范单位等新型经营主体，开展"互联网＋"技术和理念培训、网上经营策略和技巧培训和农民创业创新培训，有计划培养一批有理论和实践能力的"互联网＋"人才。

4. 推动促进"互联网＋"科技研发 组织有关农业高校、科研院所与重点企业围绕"互联网＋"农产品加工业和休闲农业关键技术、关键装备开展重点攻关和研发，不断增强"互联网＋"行动的科技支撑。组织有关单位积极研究和制定适应电子商务的农产品、食品和休闲体验产品标准。

5. 建立健全"互联网＋"公共服务 探索完善农产品、食品和休闲体验产品"互联网＋"监测预警、质量标准和追溯体系，推动农产品加工业和休闲农业"互联网＋"平台相关数据信息开放共享，实现全产业链数据互联互通，不断完善农产品加工业和休闲农业"互联网＋"公共服务体系。

(四) 保障措施

1. 加强组织协调 建立组织协调机制，形成合力，着力优化服务，营造良好发展环境。各省级农产品加工业和休闲农业管理部门要进一步提高认识、转变观念，把"互联网＋"农产品加工业和休闲农业作为创新产业发展的重要举措予以推进，加强工作指导，强化安全管理，注重总结经验，提升服务质量，

充分发挥市场配置资源的决定性作用，激发市场主体发展活力。

2. 争取政策扶持 借助国家大力推进"互联网＋"行动和"中国制造2025"战略的重要契机，积极争取对农产品加工企业、休闲农业经营主体和农民合作社加工示范单位等新型经营主体推进"互联网＋"发展的政策扶持，积极争取对农民开展"互联网＋"创业创新活动的资金支持，积极争取国家加大对农业与农村"互联网＋"基础设施建设的资金投入。

3. 拓宽融资渠道 鼓励和引导社会资本参加"互联网＋"农产品加工业和休闲农业行动。发展绿色信贷，鼓励符合条件的企业通过发行企业债券、中小企业私募债券等方式进行直接融资。积极创造条件，推进金融租赁深度服务农产品加工业和休闲农业发展。

4. 加大宣传力度 构建稳定的报纸、杂志、广播和网站、微信等宣传推介渠道，形成报纸有文章、网络有专题、广播有声音的格局。及时总结"互联网＋"农产品加工业和休闲农业的发展经验、运行模式，加强先进典型的宣传和推广，努力营造社会各界关注和支持"互联网＋"农产品加工业和休闲农业的良好氛围。

我国主食加工业发展状况

农业部农产品加工局

2014年，农业部将发展主食加工业作为农产品加工业工作的重中之重，强调坚持"政府引导、企业主体，为民服务、健康先行，科学规划、集聚发展，因地制宜、发挥优势"等原则，重点以"主食引领膳食，加工提升农业"为主题，在全国范围内深入开展主食加工业提升行动。在各地的大力支持配合下，通过提升行动，组织开展了一批有影响力的主题活动，树立支持了一批带动力强的示范企业，宣传推介了一批主食加工知名品牌，推广应用了一批先进的技术和装备。一年来，深入开展了主食加工业提升行动，开展了提升主食加工业发展水平的研究，积极争取"马铃薯主粮化"食品加工中试示范项目，提升行动进展顺利，各项工作取得了良好成效。有亮点，有新意，影响也较大。在优势农产品产地和大中城市郊区，培育了一批水平高、带动力强的主食加工业示范企业和

知名品牌；在主食加工产学研领域，研发、推广、应用了一批先进技术、装备创新成果；在主食产加销领域，搭建一批有影响力的对接合作平台，切实形成有效载体和有力抓手，推动我国主食加工业发展水平实现新提高。

一、产业发展特点

(一) 加工原料稳步增长，供应充足

主食加工原料主要有小麦粉、大米、植物油、肉类和蔬菜。根据国家统计局数据显示，2014年我国主食加工原料供应较为充足，与去年同期相比保持了持续增长的发展态势。其中，2014年，我国小麦粉产量为14 116.0万 t，同比增长4.8%；产量前五位的省依次为河南、山东、安徽、江苏和河北，产量合

计占同期全国总产量的 81.6%。大米产量为 13 042.8 万 t，同比增长 7.4%；产量前五位的省依次为湖北、安徽、黑龙江、湖南和吉林，产量合计占同期全国总产量的 62.5%。精制食用植物油产量为 6 534.1 万 t，同比增长 6.7%；产量前五位的省、直辖市依次为山东、天津、湖北、广东和江苏，产量合计占同期全国总产量的 52.9%。鲜、冷藏肉产量为 3 903.4 万 t，同比增长 4.9%；产量前五位的省依次为山东、河南、辽宁、四川和吉林，产量合计占同期全国总产量的 59.8%。蔬菜产量为 76 084.9 万 t，同比增长 3.5%；产量排序前五位的省依次为山东、河北、河南、江苏和四川，产量合计占同期全国总产量的 44.5%。

（二）企业规模明显增长，效益稳定提高

2014 年，我国规模以上主食加工企业继续保持了持续增长的发展态势，增速较快；水、电、汽及劳动力成本等业务性成本压力加大，部分主食产品产量萎缩，总体经济效益稳定提高。根据国家统计局数据显示，2014 年规模以上主食加工企业为 1 293 个，同比增加 136 个，同比增长 11.8%；资产合计为 1 970.3 亿元，同比增长 13.0%。从产品产量看，2014 年我国主食加工业产品产量呈负增长态势，其中速冻米面食品产量为 528.3 万 t，同比减少 44.4 万吨，同比增长 −3.9%；方便面产量为 1 025.6 万 t，同比减少 5.2 万 t，同比增长 −1.6%。从业务性成本看，2014 年我国主食加工业主营业务成本为 2 880.8 亿元，同比增长 11.6%，增幅较大。从经济效益看，2014 年我国主食加工业主营业务收入为 3 463.9 亿元，同比增加 307.6 亿元，同比增长 10.0%；利润总额为 238.1 亿元，同比增加 11 亿元，同比增长 0.4%；主营业务税金及附加为 19.4 亿元，同比增长 21.8%。

（三）主题活动丰富多彩，营造了良好氛围

2014 年，农业部农产品加工局组织开展了一系列"深入开展主食加工业提升行动"的主题活动，包括黑龙江主食加工科企对接活动、江苏主食老字号推介活动、天津主食加工业现场交流活动、湖南主食加工产品展示推介活动、以河南"中国农产品加工业投资贸易洽谈会"为依托的全国主食加工技术装备和产品展示推介活动等，营造了主食加工业良好的发展氛围。通过主题活动，一是集中展示、推介了主食加工技术、装备、名品和精品，发布了主食加工最新科技成果。二是开展了"食品老字号传承与创新之星"宣传推介，推进传统工艺与现代工业有机融合，树立了一批食品老字号典型。三是开展了示范企业申报认定，公布了第三批 100 个全国主食加工业示范企业，

并发布了注册商标。四是举办了全国主食加工业 160 个示范企业培训班，提升了企业经营管理和创新水平。五是提升了消费者对主食加工业的认识，增强了工商资本的信心，理清了行业发展思路和目标任务。六是指明了各级管理部门工作方向，明确了工作重点和任务，增强了工作责任感和使命感。

（四）加强品牌建设，加大名优品牌培育力度

2014 年，各地高度重视主食加工业的品牌建设，加大对名优主食品牌的培育力度，着力培育市场竞争力强、发展潜力大、社会经济和环境效益显著的优质主食产品，涌现出一批主食加工知名品牌。依托中国农产品加工业投资贸易洽谈会产品评定活动，各地积极申报产品参与名优主食评定工作。通过产品评定，福建"岳海"牌即食醇香黄鱼鲞、南京"桂花"牌盐水鸭、宁夏"德富胜"牌精制挂面、河南"梦想"牌醒心水果酱注心系列馅饼等 10 多个主食产品被评为金质产品；福建"天清食品"牌福州鱼丸、江苏"尚香"牌蟹黄汤包、四川"老廖家"牌巴山土板鸭、辽宁"蒙多"牌香辣菲力牛排、河南"南街村"牌保鲜湿面系列产品、内蒙古"蒙赤天泽"牌水晶粉条等 20 多个主食产品被评为优质产品。

（五）强化监督抽查，保障质量安全

2014 年，国家食品药品监督管理总局不断加大主食产品抽查力度，分别对小麦粉、挂面、生湿面制品、发酵面制品、米粉制品、速冻面米食品（水饺、汤圆、元宵、馄饨、包子、馒头等）及方便食品（方便面、方便粥、方便盒饭、冷面及其他熟制方便食品等）进行了监督抽查，有效监管了主食产品的质量安全。其中，抽检米粉制品 54 批次，合格率为 94.44%；抽检生湿面制品 37 批次，合格率为 97.30%；抽检方便粥、方便盒饭、冷面及其他熟制方便食品等 3 批次，合格率为 66.67%；抽检大米 671 批次，通用小麦粉、专用小麦粉 542 批次，包子、馒头等 9 批次，粉丝粉条等 4 批次，水饺、汤圆元宵、馄饨等 4 批次，普通挂面、花色挂面、手工面 3 批次，米粉 3 批次，油炸面、非油炸面 2 批次，方便面调味包 1 批次，合格率均为 100%。从总体来看，我国主食产品质量是安全的，产品平均合格率为 92.3%。

二、存在主要问题

（一）技术装备落后，信息不灵

主食加工技术水平主要依靠技术装备来体现，而现有的主食加工企业普遍存在技术装备方面的问题。一是技术装备水平落后。主要表现在技术含量低、产

品质量差，配套不合理，成套不完善，综合性能低，使用寿命短等。二是信息不灵。购买国外装备时，不了解国内同类装备情况，先进适用的技术装备购置困难。其主要原因是对全国性的主食加工装备制造企业情况掌握不够、了解不全面、掌握不充分、家底不清、信息不灵、资料匮乏等造成的。尤其是不清楚哪家的技术装备质量好、技术水平高，不了解适合本企业的技术装备从何处购买。甚至有些不合格产品不断充斥市场，企业购买加工装备时上当受骗的情况时有发生，严重制约了主食加工业的后续发展和产业提升。

（二）标准化程度低，体系建设滞后

主食加工业是近几年形成的新兴产业，标准化工作十分滞后。一是标准化程度低。按照主食加工业产品分类划分，我国主食加工产品约有上千种，而主食产品标准（含主食机械标准）不足60个，标准化率只有6%左右，标准覆盖面小，许多标准门类如术语标准、分类标准、方法标准和管理标准等基本属于空白。二是标准体系建设滞后。从标准化工作来看，标准体系不健全、不完善，主食加工产品标准的立项、审查和报批工作等还没有专业性的标准化组织进行管理，尤其是还没有建立主食加工标准化机构，制约了主食加工标准化工作的水平提升。三是现有标准严重老化。在现有主食加工标准中，其标龄绝大多数是10年以上的标准，有些还是20世纪90年代的标准，更新不及时，标准内容和技术指标比较老化，难以适应当前主食加工业的发展需要。

（三）监管不到位，市场秩序混乱

因管理体制不顺，导致主食加工业监管不到位，造成市场秩序混乱。一是管理体制不顺。主食加工业属于工业领域，而许多地方管理机构为非工业范畴，管理体制不合理，工作重点不突出。二是监管不到位。有的地方主管部门职能分工不清楚，任务分配不明确，工作落实不到位；有的部门之间任务交叉现象突出，各自为政现象严重；有的重复监管或多头监管，有的无人监管或监管缺失。尤其是当天生产当天卖的日配主食，有的地方不需要质检部门检测，而有的地方需要检测。三是市场秩序混乱。主食工业化和主食作坊化、主食加工业和主食装备制造业等严重脱节，各行其是，没有建立紧密的市场秩序，导致市场秩序混乱，特别是一些假冒伪劣食品不断在市场流通，直接影响消费者利益及生命安全。

（四）生产成本高，企业利润低

近年来，主食加工业生产成本增长较快，直接影响企业的经济效益。主要表现在：一是企业劳动力成本不断攀升，职工工资增长较快，致使企业的生产成

本较快增长。二是主食原料价格不断上涨，直接影响企业生产成本不断增高，加剧了企业的竞争能力下降。三是水、电、汽等能源价格不断增加，导致企业的生产成本普遍提高。四是主食生产企业的污水、废弃物等处理成本不断增加，企业盈利空间不断缩小。五是主食加工企业高征低扣的不合理税收制度，使企业还未生产即先承担了4%的利润损失，加重了企业的经济负担。上述五方面的问题，导致企业的工业成本费用利润率越来越低，对企业的利润空间影响很大，企业参与市场竞争的难度不断加大。据不完全统计，2014年我国主食加工业工业成本费用利润率平均为5.6%，其中小麦粉加工不足3.0%，馒头加工为5.0%，包子加工为7.0%，糕点加工为6.0%，调理主食加工为8.0%。因此，工业成本费用利润率是很低的。

（五）财政支持力度不足，企业融资难

主食加工业是个薄利的行业，利润率较低，企业普遍反映资金不足和融资困难。一是财政支持力度不足，至今没有专项资金扶持，从科技研发、技术改造到促进生产，主食加工企业难以享受财政扶持的待遇，制约了主食加工业的发展。二是政府现有的贴息政策涵盖的范围太小，政策支持要求的门槛较高，很多需要政策优惠的企业无法获得优惠，增值税仍存在高征低扣现象等。三是主食加工业一些领域季节性较强（如马铃薯食品加工等），原料收购、加工资金用量较大，资金需求集中，企业自我解决的能力不足。四是主食加工企业大多为民营企业，贷款抵押物不足，融资渠道狭窄，贷款门槛高、手续杂，导致企业融资困难。五是企业融资贵，直接向银行贷款利率高（一般为10%左右），企业难以承受高额利息。

三、相关建议

（一）加大宣传力度，提升主题活动

通过有关媒体和多种形式，加大主食加工宣传力度，深入开展有影响力的主题活动。一是深入推进各类对接活动。组织开展主题突出、特色鲜明、层次较高、影响较大的主题活动，提升活动效果和水平。二是树立和支持带动力强的示范企业。组织开展新一轮"全国主食加工业示范企业"申报认定工作，加强示范引领带动，加快主食加工业主体培育，着力培育一批产权清晰化、生产标准化、技术集成化、管理科学化、经营品牌化的主食加工示范企业。三是组织开展主食加工老字号文化传承。以"保护传承、创新发展"为主题，开展主食加工老字号文化传承、科技创新、产品展示等方面的宣传推介，为食品老字号保护

传承、创新发展提供有益借鉴，促进食品老字号持续健康发展。四是加快推进马铃薯主粮化、主食化进程。转变消费理念，营造发展氛围，强化马铃薯主粮化政策扶持，加快培育马铃薯主食化新的经济增长点。

（二）理顺管理体制，加强公共平台建设

面对管理体制不顺、公共服务不到位等问题，需要理顺管理体制，加强公共服务平台建设。一是从国家到地方理顺管理体制，形成全国一盘棋的管理系统，建立任务明确、责任清晰、工作畅通的运行机制，构建"纵向到底、横向到边、无缝对接、全面覆盖"的主食加工管理体制。二是加强信息服务平台建设，开展重点领域市场调查研究，建立主食加工技术装备数据库，开展主食加工业监测分析与预警，为企业及时提供急需、准确的信息服务。三是加强标准服务平台建设，建立主食加工标准化机构，疏通标准制修订渠道，进一步完善主食加工标准体系，优先制定术语、分类等基础标准，为主食加工标准化工作做好前期铺垫。四是加强技术研发平台建设，加快推进主食加工业共性技术、关键装备的研发和集成，组建主食加工技术集成联合体，推动建立主食加工业产业联盟，着力推进引进技术装备的国产化，增强主食加工技术装备的自主创新能力。

（三）加大支持力度，落实相关优惠政策

把主食加工业从"调结构、促增长和惠民生"的中央政策中突出出来，理顺政策，疏通渠道，广开思路，加强扶持。一是积极探索有效扶持方式，加大财政支持力度，设立主食加工业专项资金扶持，让主食加工业享受财政扶持的待遇。二是扩大政府贴息政策的覆盖面，将主食加工业纳入政府贴息政策，降低政策扶持门槛，着力解决增值税高征低扣现象。三是协调金融机构，构建金融服务平台，建立长效的融资贷款机制，拓宽企业贷款融资渠道，降低企业贷款门槛和利率，压缩贷款抵押物，简化企业贷款融资手续，建立政银企融资合作机制，帮助企业解决季节性收购存在的资金缺口问题，为企业创造良好的融资贷款环境。四是加强政策扶持，推进涉农项目资金整合，重点向主食加工业倾斜，认真落实涉农优惠政策并向主食加工业延伸，支持主食加工企业参与政府"早餐工程""主食厨房工程"等项目实施。五是协调落实优惠政策，推动税收优惠落地生根；鼓励主食加工企业用好、用足现有优惠政策，研究探讨相关补贴政策。

（四）加强规划引导，谋划未来发展

2015年是"十二五"规划的最后一年，也是制定"十三五"规划和谋划未来五年发展的一年。我们应该抓住这个机遇，一是总结和分析"十二五"发展情况和主要成就，跟踪存在的主要问题和原因，为"十三五"发展提供决策依据。二是组织研究、编制主食加工业"十三五"发展规划，提出总体思路和发展目标，明确产业布局、重点任务和措施，加强规划引导。在"十三五"期间，积极推进主食加工业创新驱动战略，加强自主创新工作。一是开展主食产品加工研究。按照主食功能化、方便化、营养化等要求，重点开展主食加工机理研究、工艺研究和试验研究，形成特色化、差异化、市场细分化的主食结构。二是开展主食加工技术装备研究。重点开展共性技术研究、重点领域技术装备研究、主食专用装备技术研究等，在替代进口、安全卫生、节能减排、综合利用等方面实现新突破，在面制主食、米制主食、带馅主食和调理主食等技术装备水平上取得明显提升。

我国果蔬茶加工行业运行分析

农业部农产品加工局

2014年，我国果蔬茶加工行业总体保持平稳发展态势，加工企业数量保持稳定，销售收入和利润平稳增长，电商销售方式发展迅速。部分企业质量安全问题多发，出口阻力进一步加大，国际贸易壁垒影响持续。建议进一步加强产业指导、政策扶持与协调监督，引导企业转型开发适应国内多样化个性化市场需求，促进果蔬茶加工企业健康发展。

一、行业发展特点

1. 行业总体保持稳定发展　2014年，我国果蔬茶加工行业总体保持平稳健康发展态势。全国果汁和蔬菜汁饮料产品产量为 2 386.9 万 t；规模以上果蔬茶加工企业 6 754 个，实现主营业务收入 11 271.0 亿元和利润总额 855.3 亿元，同比分别增长 10.4% 和 6.3%。

2. 出口基本稳定 2014 年我国果蔬茶加工产品的出口基本保持稳定，但果汁出口量和金额大幅度下降。其中，果蔬罐头出口量为 217.4 万 t，同比下降 6.2%；出口额 28.5 亿美元，同比增长 0.7%。干制蔬菜出口量 32.6 万 t，同比下降 1.4%；出口额 24.3 亿美元，同比增长 5.6%。茶叶出口量 30.1 万 t，同比下降 7.5%；出口额为 12.7 亿美元，同比增长 2.1%。受国际市场需求疲软及波兰水果滞销等不利因素影响，2014 年我国果汁出口大幅受挫，全年出口量为 52.2 万 t，同比下降 21.8%；出口额 7.4 亿美元，同比下降 26.6%。

3. 电商销售方式发展迅速 互联网的不断发展及网络购物环境的不断完善对果蔬茶产业的传统流通思维和模式带来了巨大冲击，吸引了众多商家加入电商销售。据统计，截至 2014 年年底，我国各类涉农网站共有 3.1 万个，主要电商平台包括淘宝、京东、我买网、1 号店、顺丰优选、龙宝溯源网等，他们的加入大大加快了农产品电商发展步伐。"双十一"期间，前 100 名茶企电商销售额总和突破 2 亿元，而 2012 年仅为 3 000 多万元，2013 年为 9 000 多万元；中国食用菌百科网和中国食用菌商务网还分别打造了食用菌专属电商平台，全力推动食用菌行业的发展。可以预见，电子商务正逐步替代传统营销模式，成为果蔬茶产业未来重要的销售方式。

4. 成品茶结构调整 2014 年，我国精制茶产量为 243.8 万 t，同比增长 3.4%；全国规模以上精制茶加工企业主营业务收入达到 1 669.1 亿元，同比增长 11.6%；利润总额为 144.5 亿元，同比增长 5.7%。受"八项规定"等政策影响，国内成品茶市场需求出现分化。高档茶需求减少，售价明显下降，中档茶量增价升，大宗茶与往年相比出现小幅上涨，增幅在 10% 左右。为应对市场低迷，众多茶叶生产厂商已调整经营战略，退出高端精品茶市场，转战面向大众消费群体的中低端茶叶制品市场。目前茶行业已处于结构调整转型时期，今后两年随着越来越多的企业转型调整结束，成品茶行业将迎来新的快速发展期。

二、行业发展面临的主要问题

1. 浓缩苹果汁国际市场需求低迷，出口阻力加大 由于经济危机对世界各国的影响尚未消除，欧盟债务危机阴霾弥漫、壁垒森严，国际市场对浓缩苹果汁的消费需求恢复缓慢。另一方面，2014 年 8 月，

由于俄罗斯禁止进口欧盟农副产品，使得波兰大量用于出口俄罗斯的鲜苹果滞销国内，最终流入果汁加工厂，造成欧洲浓缩苹果汁成本大幅下降，对我国浓缩苹果汁出口企业形成巨大冲击，出口阻力进一步加大。2014 年，我国浓缩苹果汁出口量 45.6 万 t，出口额 6.3 亿美元，平均单价 1 389 美元/t，分别下降 23.8%、29.5% 和 7.5%。

2. 成本上升导致利润空间缩小、国际竞争力下降 随着国内果蔬茶原料和生产配料的价格居高不下，加之劳动力成本的大幅上涨，使企业生产成本不断增加。2014 年，规模以上果蔬茶加工企业主营业务成本为 9 336.4 亿元，同比增长 11.4%。其中，蜜饯加工企业成本增幅最大，同比增长 12.8%。果蔬茶加工行业成本增长率高于主营业务收入增长率 1 个百分点，高于利润增长率 5.1 个百分点，不断攀升的成本，压缩了行业整体利润空间，推高了出口产品价格，导致出口产品竞争优势下降。

3. 国际贸易壁垒影响持续 国际贸易环境不利因素依然较多，果蔬茶产品出口依旧面对许多障碍，其中进口国关税、反倾销、农残等技术标准是最主要的壁垒。2014 年 2 月，欧盟将我国浓缩苹果汁进口关税提高至 30%，使得 1～11 月我国对欧盟出口浓缩苹果汁仅为 8 786 t，同比下降 59.8%，已基本退出欧盟市场。2014 年 3 月 4 日和 12 月 12 日，美国商务部和欧盟委员会决定对华蘑菇罐头和柑橘类水果罐头征收反倾销关税。此外，2014 年，欧盟在茶叶上的残留限量标准达到 454 项，其中 90% 的残留限量标准是根据目前检测仪器的检出限制定的，具有明显的技术壁垒。上述这些贸易壁垒对我国果蔬茶产品的出口产生了很大影响。

4. 部分企业质量安全问题多发 果蔬茶加工行业中部分企业存在一定的质量安全问题，如茶叶等级虚标、滥用食品添加剂、农药残留超标、细菌总数超标等问题，严重影响了行业的健康发展。例如，2014 年 6 月，上海市消费者权益保护委员从不同渠道购买了 49 只茶样，其中 34 只样品经检测不符合标准，不符合率为 69.4%。有 18 只样品存在等级虚标的问题，13 只样品存在产区虚标的问题，6 只样品存在污染物超标。此外，新疆传统干制果品的干燥工艺大多较为粗放，干燥设施无卫生隔离作用，产品存在微生物污染问题。

三、对策建议

1. 加大出口支持力度，并探寻开拓国内市场 建立农产品加工产业专项资金，对受人民币升值影响

和其他突发事件影响的产业给予一定的支持，缓解突发事件对加工企业的影响。对采取灵活收付方式的企业提供信用保险，增强出口企业的抗风险能力。引导出口企业对生产进行连续化、机械化改造，降低人力成本，减小成本压力。为顺应国内居民对果蔬茶健康食品需求的快速增长，应引导和支持企业积极开发国内市场，创新开发适合国人口味和饮食习惯的新产品，提高产品品质。

2. 给予企业信息支撑，提高应对贸易壁垒能力

应针对我国主要的或大宗的果蔬茶出口产品，研究其主要贸易伙伴国的技术壁垒类型与状况，并在此基础之上建立相应技术壁垒的保护体系，建立预警和快速反应机制。此外，还应积极为出口企业做好咨询服务，为相关出口企业提供主要贸易伙伴国的有关技术法规、标准和合格评定等信息。通过提高我国果蔬茶企业的技术、管理水平和产品质量，并运用技术法规、技术标准、合格评定等手段合法地保护国内企业，支持竞争，冲破技术壁垒。

3. 强化产业发展指导，加大政策扶持与协调监督力度 加强果蔬茶行业动态监测，及时发布加工能力变化的相关信息，为企业提供指导与服务。政府各部门应出台优惠政策支持行业发展，如制定税收优惠政策，加强技术改造与升级的项目支持等。同时，充分发挥行业协会的协调和监督作用，进一步规范企业在生产、销售和国际市场上的经营行为，提高产品质量，维护市场稳定；通过行业组织搭建交流平台，增强行业凝聚力，提高行业整体水平和国际市场竞争力。

焙烤食品糖制品工业发展情况

中国焙烤食品糖制品工业协会

一、行业概况

（一）经济运行状况

根据国家统计局对规模以上企业统计的数据及行业测算数据显示，2014 年国内焙烤食品糖制品行业产品（含糕点/面包、饼干、糖果巧克力、冷冻饮品、方便面和蜜饯）产量合计约为 3 045.62 万 t，同比增长 9.05%；销售收入为 6 359.75 亿元，同比增长 7.39%；利润总额为 510.23 亿元，同比增长 0.06%；销售税金总额为 39.67 亿元，同比增长 6.61%；出口交货值为 171.16 亿元，同比增长 7.35%。据行业统计，截至 2015 年 2 月 5 日焙烤食品糖制品行业通过食品生产许可（即 QS）的企业有 35 839 个。其中，糕点企业 18 218 个，饼干企业 1 918个，糖果巧克力企业 5 387 个，果冻企业 533 个，蜜饯企业 3 457 个，方便食品企业 3 029 个，冷冻饮品企业 1 233 个，膨化食品企业 2 064 个。2014 年焙烤食品糖制品行业经济运行情况见表1。

表 1　焙烤食品糖制品行业 2014 年经济运行情况

焙烤食品糖制品	产量		销售收入		利润总额		销售税金		出口交货值	
	万 t	同比（%）	亿元	同比（%）	亿元	同比（%）	亿元	同比（%）	亿元	同比（%）
糖果巧克力	362.41	13.84	1 185.58	8.68	115.33	−2.40	8.54	6.69	65.04	9.58
糕点/面包	(321)	899.44	11.04	82.42	9.88	6.47	26.01	8.78	−27.47	
饼干	(764)		1 527.23	9.83	120.30	6.82	9.43	−5.67	23.24	−5.40
冷冻饮品	308.57	−0.66	393.37	0.16	22.35	−9.42	2.87	−5.96	2.63	−0.35
蜜饯	(264)		528.44	15.71	41.92	12.79	3.02	13.53	53.65	32.06
方便面	1 025.64	−1.55	1 875.69	5.29	127.91	−8.29	9.34	13.23	17.82	−17.10

数据来源：国家统计局规模以上企业数据统计（即年主营业务收入 2 000 万元及以上工业法人企业），括号内数字是行业测算数据。

从表1数据可以看出，全行业的产量和销售收入保持了较好的增长，但与前几年相比增长速度有所放缓，有一些子行业的利润同比呈下降态势。总体看，虽然受国内外政治和经济等诸多因素影响，2014年焙烤食品糖制品行业依然处在良性发展的轨道上，但也遇到了前所未有的困难和转型升级的困惑。

（二）技术装备和生产环境较大改善

2014年，焙烤食品糖制品行业骨干企业的技术设备及生产环境得到了较大改善，规范化管理意识逐步增强。全行业经过多年的积累和发展，业内许多骨干企业的生产设备、检测水平和生产环境都有了较大提升，有些企业还引入了ISO9000产品质量管理体系、ISO14000环境管理体系及HACCP管理体系等管理模式，为保证产品质量奠定了良好基础，也为市场提供更多、更好、更安全的焙烤食品糖制品创造了先决条件，为今后的持续发展和走向国际化奠定了基础。

（三）产品品种日益丰富

2014年，随着消费理念的日益成熟，人们对焙烤食品糖制品的消费意识也在向着有利健康、安全营养、美味方便、适应个性化需要的方向转变。消费观念的更新推动了企业研发、生产的新思路。近年来，市场上焙烤食品糖制品的花色品种越来越丰富，较好地满足了消费需求。

（四）产品质量稳步提高

近年来，在国家加强食品安全管理的政策方针指导下，我们一直把保障食品安全，提供优质食品作为行业工作的重中之重，在业内不断宣传强化食品安全理念和意识。在全行业的共同努力下，焙烤食品糖制品的质量始终在稳步提高，生产经营安全营养的优质食品已成为行业共识。

二、行业新情况及主要问题

（一）月饼行业及相关产业面临前所未有的困境，挑战与机遇并存

自中央"八项规定"实施以来，国内政治和经济形势对节庆团购市场影响明显。对焙烤食品糖制品行业来说，主要对月饼行业影响较大。2014年与2013年相比，月饼市场需求继续小幅缩减，产品价格与2013年基本持平。2014年全国月饼产量同比下降10%以上，销售额同比下降20%左右。总体看，2014年月饼行业有以下一些特点：一是团购明显减少；二是价格实惠，更为消费者接受；三是品牌消费更加明显；四是产品包装更趋理性，包装简约实用，

礼盒数量减少，礼盒装潢设计突出了文化元素；五是传统经典月饼依然是主流，特色创新月饼比往年更丰富添彩；六是更加注重营养健康，回归食品属性；七是销售渠道更加多样，顾客选择购买非常便捷。具体表现为，中秋市场先冷后热，"开始算不准，中间不敢做，后期来不及做"，前期团购几乎为零，中期销售低迷，后期销售爆发，但销售周期短，部分企业准备不足，节前供不应求的现象比较明显。从长远发展的角度看，随着我国改革开放的进一步深化，节日礼品市场，公款消费送礼必定会受限，甚至消失，企业在这部分市场的销售份额缩水在所难免。不过困难和机遇并存，这也会极大的促进企业转型升级，更加注重品牌培育，抓好管理，提高产品质量。坚信月饼这一具有深厚文化底蕴的经典传统食品，依然具有较强的发展潜力，眼前的困难是暂时的，这些只会推动和促进行业的进步和理性，也是行业发展和成熟的过程，一个符合市场规律、可持续发展的月饼行业定会重新展现在我们面前。

（二）食品安全形势依然严峻，行业规范和管理工作依然任重道远

2014年，随着国家进一步强化了食品安全的日常监管，焙烤食品糖制品行业对于食品安全的重视程度和风险意识都有了空前的提高。但是，由于行业内中小型企业居多，专业技术人员相对缺乏，人员综合素质较低，工厂设施和生产环境相对较差，生产设备和检测水平较为落后，因此在原料控制、生产管理等诸多方面都存在一定漏洞，食品添加剂的使用不当以及非法添加等问题也时有发生。尽管行业的进步是明显的，但食品安全形势依然严峻，行业规范和管理工作依然任重道远。

（三）众多中小企业实力不足，品牌消费和品牌培育的矛盾凸显

目前在我国焙烤食品糖制品行业，中小型企业所占行业企业总数90%以上。行业里为数众多的小型企业，规模不经济，资源利用不合理，技术和管理水平不高，产品质量得不到可靠保证，人才相对缺乏，农产品价格及原辅料、交通、能源价格上涨，生产成本持续增加，小型食品企业获利艰难。另外，小企业信用等级低，信贷困难，普遍存在资金不足问题，严重制约企业技术创新的步伐。随着社会的发展和近年来食品安全形势等因素的影响，品牌消费的理念越来越深入人心，大型跨国企业对中国市场的关注度和投入力度越来越大，市场占有率也日渐增加，而对于近年来崛起的大批民营企业来说，品牌培育的难度和艰辛可想而知，品牌消费和品牌培育的矛盾是整个行业进步和发展的瓶颈之一。

三、2015 年工作要点

（1）把继续深入学习贯彻十八大精神作为 2015 年乃至今后一段时期的首要任务。深刻把握党中央继续深化改革的精神实质，适应我国经济发展的新常态，结合工作实际，创新思路，进一步完善行业服务工作。

（2）继续加强学习和行业调查研究，了解行业情况以及运行趋势，积极引导行业健康发展，准确及时传达和落实国家相关政策和法规，反映行业诉求和呼声，更好地发挥桥梁和纽带作用。

（3）加强协会内部建设，规范各项管理制度，强化服务理念，尝试并摸索为行业服务的新做法、新途径，更好地为会员和行业提供优质、实用的服务。

（4）精心组织、深化服务，努力办好相关展会、月饼文化节、行业论坛等活动，为业界搭建学习交流、商贸合作的平台，促进焙烤食品糖制品行业更好的发展。

（5）继续强化食品安全和标准化工作，密切关注和跟踪行业中的新问题，及时处理行业危机。发挥行业组织的优势，积极参与相关标准和法规的制修订工作，为促进行业的健康持续发展做好基础性工作。

（6）引导企业加强行业自律，提升品牌意识，促进自主品牌建设。努力培养一批在国内外市场具有相当竞争实力和美誉度的品牌产品和企业，提高行业的整体水平。

（7）继续努力做好协会网站及信息化工作、办好《中国焙烤》和《中国甜食工业》等杂志刊物，提升办刊水平，使之出成为引导和服务于行业发展的有力抓手，促进行业健康持续发展。

（8）根据实际需要，努力做好本行业各种层次的职业技能教育培训工作。提高从业人员的整体素质，为行业的可持续发展奠定基础。

（9）积极组织国内外同业间的考察和交流活动，加强与发达国家间的技术交流与合作，取长补短，积极进取，促进行业的跨越发展。

农副食品加工业经济运行分析

中国轻工业信息中心

2014 年，全国农副食品加工业主营业务收入同比增长 7.01%，主营业务成本同比增长 7.94%。受制糖和粮油加工影响，利润下降 0.44%，主营业务收入利润率 4.83%。出口额略长，进口额微降。近年来，投资增速呈下降趋势。受综合各种因素影响，2015 年，农副食品加工行业主营业务收入增速有望达到 8% 左右。

一、经济运行分析

（一）主营业务收入总体平稳增长，各子行业发展不一

2014 年，农副食品加工行业规模以上企业 2.38 万个，累计完成主营业务收入 63 533.18 亿元，同比增长 7.01%；占轻工行业主营业务收入的 28.78%，位居行业第一。农副食品加工业主营业务收入增速，低于轻工行业平均增速 1.72 个百分点，低于食品制造业 5.2 个百分点。从各子行业来看，屠宰及肉类加工企业完成累计主营业务收入 12 874.01 亿元（占 20.26%），同比增长 8.38%；谷物磨制企业完成累计主营业务收入 12 571.51 亿元（占 19.79%），同比增长 9.27%；饲料加工企业完成累计主营业务收入 10 813.85 亿元（占 17.02%），同比增长 8.44%；植物油加工企业完成累计主营业务收入 10 650.5 亿元（占 16.76%），同比增长 3.03%；水产品加工企业完成累计主营业务收入 5 087.2 亿元（占 8.01%），同比增长 5.2%；蔬菜、水果和坚果加工企业完成累计主营业务收入 4 888.7 亿元（占 7.69%），同比增长 11.62%；制糖企业完成累计主营业务收入 1121.76 亿元（占 1.77%），同比下降 6%；其他农副食品加工企业完成累计主营业务收入 5 525.66 亿元（占 8.7%），同比增长 4.81%。

（二）主营业务成本上升，利润下降

2014 年，全国农副食品加工行业累计发生主营业务成本 57 016.25 亿元，同比增长 7.94%。实现利润总额 3 069.95 亿元，同比下降 0.44%。累计亏损

企业数 1 870 个,同比增长 14.16%。累计亏损面为 7.86%,同比增长 0.98%。其中,制糖企业累计亏损面为 54.98%,同比增长 12.86%;植物油加工企业累计亏损面为 10.48%,同比增长 2.61%。累计亏损额 198.45 亿元,同比增长 51.11%。其中,制糖企业累计亏损额 57.99 亿元(占 29.22%),同比增长 97.22%;植物油加工企业累计亏损额 51.1 亿元(占 25.75%),同比增长 94.87%。从分行业看,谷物磨制企业完成累计利润总额 644.59 亿元(占 21%),同比增长 7.75%;屠宰及肉类加工企业完成累计利润总额 643.63 亿元(占 20.97%),同比下降 3.07%;饲料加工企业完成累计利润总额 508.02 亿元(占 16.55%),同比增长 4.45%;植物油加工企业完成累计利润总额 358.45 亿元(占 11.68%),同比下降 11.49%;蔬菜、水果和坚果加工企业完成累计利润总额 348.2 亿元(占 11.34%),同比增长 5.75%;水产品加工企业完成累计利润总额 276.66 亿元(占 9.01%),同比增长 0.13%;制糖企业完成累计利润总额 18.41 亿元(占 0.6%),同比下降 65.25%;其他农副食品加工完成累计利润总额 271.99 亿元(占 8.86%),同比增长 0.24%。

(三)主营业务收入利润率下降,植物油加工、制糖制约行业利润率

2014 年,全国农副食品行业累计主营业务收入利润率为 4.83%,同比下降 0.36 个百分点。农副食品加工的主营业务收入利润率明显低于轻工行业 6.27% 的水平。从分行业来看,蔬菜、水果和坚果加工企业累计主营业务收入利润率为 7.12%,同比下降 0.4%;水产品加工企业累计主营业务收入利润率为 5.44%,同比下降 0.28%;谷物磨制企业累计主营业务收入利润率为 5.13%,同比下降 0.07%;屠宰及肉类加工企业累计主营业务收入利润率为 5%,同比下降 0.59%;饲料加工企业累计主营业务收入利润率为 4.7%,同比下降 0.18%;植物油加工企业累计主营业务收入利润率为 3.37%,同比下降 0.55%;制糖企业累计主营业务收入利润率为 1.64%,同比下降 2.8%;其他农副食品加工累计主营业务收入利润率为 4.92%,同比下降 0.22%。

(四)产品产量均为正增长,大米增速最快

2014 年,全国农副食品加工行业小麦粉、大米、饲料等 8 种产品,产量增长最快的是大米;其次是混合饲料,产量增速最慢的是成品糖。累计产量最大的

是饲料,其企业数也最多;其次是小麦粉,产量最小的是冷冻水产品。分区域分产品来看,河南小麦粉产量居全国最高,完成累计产量 0.52 亿 t(占全国 36.81%);湖北大米产量最高,完成累计产量 0.26 亿 t(占全国 20.18%);山东、天津、湖北精制食用植物油,占全国精制食用植物油比重均超过 10%。其中,山东完成累计产量 861.37 万 t(占全国 13.18%),天津完成累计产量 752.88 万 t(占全国 11.52%),湖北完成累计产量 686.54 万 t(占全国 10.51%)。

(五)出口额同比增长 4.88%,进口额同比下降 1.95%

2014 年,全国农副食品加工行业累计完成出口额 359.31 亿美元,同比增长 4.88%。出口额占我国出口比重 10% 的有:出口日本累计 72.77 亿美元(占 20.25%),同比下降 2.95%;出口美国累计 44.35 亿美元(占 12.34%),同比增长 7.27%;出口我国香港累计 36.36 亿美元(占 10.12%),同比增长 10.89%。2014 年,累计完成进口额 301.27 亿美元,同比下降 1.95%。进口比重主要集中在印度尼西亚、泰国、美国、马来西亚、加拿大、澳大利亚、俄罗斯、新西兰、巴西、秘鲁等国家。印度尼西亚完成累计进口额 31.35 亿美元(占 10.41%),同比增长 11.02%;泰国完成累计进口额 29.09 亿美元(占 9.66%),同比增长 18.78%;美国完成累计进口额 28.82 亿美元(占 9.57%),同比下降 2.15%;马来西亚完成累计进口额 28.09 亿美元(占 9.32%),同比下降 16.61%。

二、行业投资发展分析

2004 年,农副食品加工业固定资产投资543.3 亿元,同比增长 36.2%;2014 年,固定投资10 026.6 亿元,同比增长 18.7%。连续 11 年平均增长率为 33.85%,近 3 年增长率低于平均水平。10 年投资增速整体趋势,呈现震荡下行趋势。

三、发展环境分析

(一)宏观经济向好趋势,为农产品加工行业发展打下基础

尽管短期内我国经济下行压力不减,结构调整阵痛显现,但整体宏观经济指标则在明显企稳,甚至一些指标进入上行通道,这成为减缓经济下行压

力和优化经济结构的支撑力量，标志着我国经济正在出现积极而深刻的结构性变化。主要表现为：就业形势较好，居民收入和消费稳定增长，服务业较快增长，特别是网上购物等新业态快速增长。国家统计局公布的就业、收入、消费、服务业这四个宏观数据的增长趋势一致，没有矛盾，且它们之间同样有很强的关联性，是我国经济向新常态转换的突出亮点。

（二）居民人均可支配收入提高

2014 年国内生产总值达到 63.6 万亿元，同比增长 7.4%，在世界主要经济体中是最快的。城镇新增就业 1 322 万人，年末城镇登记失业率 4.09%。全年居民消费价格上涨 2%，控制在 3.5% 左右的年度预期目标以内。全国居民人均可支配收入实际增长 8%，其中农村居民实际增长 9.2%，快于城镇居民 2.4 个百分点，居民收入增长快于经济增长。收入分配制度改革继续深化，多渠道促进农村居民收入增加，企业退休人员基本养老金水平连续 10 年提高，社会保障覆盖面进一步扩大。

（三）集约化程度不高，转化增值能力低

多数中小加工企业以粗加工为主，精深加工比重低，产品科技含量低，加工的资源有效利用低，产品结构不合理，加工产业链条短。企业受困于技术研发的资金投入及平台建设，技术更新比较缓慢，引进急需技术时需要承担技术转让费和产品市场销售的风险，企业和科研单位技术对接难度比较大。

（四）食品安全问题依然突出

随着食品生产规模的扩大和食品贸易国际化，食品安全问题已成为世人关注的焦点之一。食品安全存在的问题不仅危害人们的健康，损害消费者的利益，而且还影响到食品的市场竞争力和出口。当前食品安全存在的问题表现在食源性、化学污染、生产加工过程、违法生产经营等方面。危害表现在严重危害消费者的生命安全和健康、造成生产企业的巨大损失、社会的不稳定，阻碍经济的发展。

（五）农副食品出口受阻点较多

许多发达国家在食品安全管理上强调"从农田到餐桌"的全程食品安全管理，其食品生产的全过程都有严格的技术标准，还有溯源要求。发达国家严格的检验检疫制度，严重阻碍了我国禽畜类食品的出口。发达国家对发展中国家的食品安全技术性贸易壁垒存在一定的歧视性，虽然技术性贸易壁垒协议遵循着非歧视性的原则，然而各国在制定进口食品准入准则时都带有明显的歧视性。各国在检验进口食品安全时，通过一系列隐蔽举措，达到限制进口食品的目的。同时，我国本身在食品安全标准制定方面也存在问题。例如，抗生素残留一直是牛奶中普遍存在的问题。

（六）国内外农产品价格倒挂加大农产品加工业成本压力

2014 年以来，受国内需求增长、生产成本上涨以及国际农产品市场供求宽松价格下跌等因素影响，国内粮棉油等大宗农产品价格开始全面高于国际价格，进口压力进一步扩大，进口过度问题更加突出。低价进口农产品对国内市场的挤占，将使得我国农产品加工业面临严峻挑战。

四、发展趋势预测

综合各种因素预测，2015 年在经济波动不大的情况下，农副食品加工业将延续缓慢发展趋势，全年将呈现一个缓慢上升发展趋势。预计 2015 年，我国农副食品加工业累计完成主营业务收入增速有望达到 8% 左右，达到近 70 000 亿元。

我国造纸工业经济运行分析

中国造纸协会

一、纸及纸板生产和消费情况

（一）纸及纸板生产量和消费量

据中国造纸协会调查资料，2014 年全国纸及纸板生产企业约 3 000 个，全国纸及纸板生产量 10 470 万 t，较上年增长 3.56%。消费量 10 071 万 t，较上年增长 2.95%，人均年消费量为 74 kg（13.68 亿人计）。2005—2014 年，纸及纸板生产量年均增长 7.20%，消费量年均增长 6.06%（表1）。

表 1 2014 年纸及纸板生产和消费情况

品　种	生产量（万 t）			消费量（万 t）		
	2013 年	2014 年	同比（％）	2013 年	2014 年	同比（％）
总量	**10 110**	**10 470**	**3.56**	**9 782**	**10 071**	**2.95**
1. 新闻纸	360	325	−9.72	362	321	−11.33
2. 未涂布印刷书写纸	1 720	1 715	−0.29	1 627	1 629	0.12
3. 涂布印刷纸	770	775	0.65	623	625	0.32
其中：铜版纸	685	685	0.00	577	587	1.73
4. 生活用纸	795	830	4.40	734	759	3.41
5. 包装用纸	635	650	2.36	650	665	2.31
6. 白纸板	1 360	1 395	2.57	1 310	1 301	−0.69
其中：涂布白纸板	1 310	1 345	2.67	1 259	1 251	−0.64
7. 箱纸板	2 040	2 180	6.86	2 106	2 240	6.36
8. 瓦楞原纸	2 015	2 155	6.95	2 013	2 152	6.91
9. 特种纸及纸板	230	250	8.70	188	205	9.04
10. 其他纸及纸板	185	195	5.41	169	174	2.96

（二）纸及纸板主要产品生产和消费情况

1. 新闻纸　2014 年新闻纸生产量 325 万 t，较上年增长 −9.72％；消费量 321 万 t，较上年增长 −11.33％。2005—2014 年生产量年均增长率 0.21％，消费量年均增长率 −0.34％。

2. 未涂布印刷书写纸　2014 年未涂布印刷书写纸生产量 1 715 万 t，较上年增长 −0.29％；消费量 1 629 万 t，较上年增长 0.12％。2005—2014 年生产量年均增长率 5.38％，消费量年均增长率 4.68％。

3. 涂布印刷纸　2014 年涂布印刷纸生产量 775 万 t，较上年增长 0.65％；消费量 625 万 t，较上年增长 0.32％。2005—2014 年生产量年均增长率 8.73％，消费量年均增长率 6.35％。其中 2014 年铜版纸生产量 685 万 t，与上年持平；消费量 587 万 t，较上年增长 1.73％。2005—2014 年生产量年均增长率 9.61％，消费量年均增长率 8.19％。

4. 生活用纸　2014 年生活用纸生产量 830 万 t，较上年增长 4.40％；消费量 759 万 t，较上年增长 3.41％。2005—2014 年生产量年均增长率 7.42％，消费量年均增长率 7.08％。

5. 包装用纸　2014 年包装用纸生产 650 万 t，较上年增长 2.36％；消费量 665 万 t，较上年增长 2.31％。2005—2014 年生产量年均增长率 2.73％，消费量年均增长率 2.86％。

6. 白纸板　2014 年白纸板生产量 1 395 万 t，较上年增长 2.57％；消费量 1 301 万 t，较上年增长 −0.69％。2005—2014 年生产量年均增长率 6.52％，消费量年均增长率 4.67％。其中 2014 年涂布白纸板生产量 1 345 万 t，较上年增长 2.67％；消费量 1 251 万 t，较上年增长 −0.64％。2005—2014 年生产量年均增长率 6.63％，消费量年均增长率 4.71％。

7. 箱纸板　2014 年箱纸板生产量 2 180 万 t，较上年增长 6.86％；消费量 2 240 万 t，较上年增长 6.36％。2005—2014 年生产量年均增长率 9.29％，消费量年均增长率 8.05％。

8. 瓦楞原纸　2014 年瓦楞原纸生产量 2 155 万 t，较上年增长 6.95％；消费量 2 152 万 t，较上年增长 6.91％。2005—2014 年生产量年均增长率 9.53％，消费量年均增长率 8.47％。

9. 特种纸及纸板　2014 年特种纸及纸板生产量 250 万 t，较上年增长 8.70％；消费量 205 万 t，较上年增长 9.04％。2005—2014 年生产量年均增长率 12.02％，消费量年均增长率 6.74％。

二、纸及纸板生产企业经济指标完成情况

据国家统计局统计，2014 年规模以上造纸生产企业 2 962 个；主营业务收入 7 879 亿元，同比增长 5.22％；工业增加值增速 3.70％；产成品存货 320 亿元，同比增长 7.18％；利税总额 594 亿元，同比增长 −4.94％，其中利润总额 362 亿元，同比增长

—4.68%；资产总计 9 432 亿元，同比增长 3.07%；资产负债率 58.55%，较上年增加 0.35 个百分点；负债总额 5 522 亿元，同比增长 3.20%；在统计的 2 962 个造纸生产企业中，亏损企业有 376 个，占 12.69%。

三、纸及纸板生产企业经济类型与规模结构

根据国家统计局提供的 2014 年规模以上造纸生产企业的相关数据分析，在统计的 2 962 个规模以上造纸生产企业中，国有及国有控股企业有 67 个，占 2.26%；"三资"企业有 332 个，占 11.21%；集体及其他企业有 2 563 个，占 86.53%。在造纸企业主营业务收入总额中，国有及国有控股企业占 8.19%；"三资"企业占 26.84%；集体及其他企业占 64.97%。在利税总额中，国有及国有控股企业占 4.35%；"三资"企业占 23.61%；集体及其他企业占 72.04%。在利润总额中，国有及国有控股企业占 1.82%；"三资"企业占 23.25%；集体及其他企业占 74.92%。

按照我国大、中、小型企业划分标准，2014 年在 2 962 个规模以上造纸生产企业中，大中型造纸企业 533 个，占 17.99%，小型企业 2 426 个，占 82.01%；在纸及纸板产品直营业务收入中，大中型企业占 64.74%，小型企业占 35.26%；在利润总额中，大中型企业占 60.94%，小型企业占 39.06%。

2014 年纸及纸板产量超过 100 万 t 的生产企业：

玖龙纸业（控股）有限公司 1 226 万 t；

理文造纸有限公司 500 万 t；

山东晨鸣纸业集团股份有限公司 426 万 t；

华泰集团有限公司 316 万 t；

山东太阳控股集团有限公司 315 万 t；

安徽山鹰纸业股份有限公司 242 万 t；

福建联盛纸业 200 万 t；

金东纸业（江苏）股份有限公司 195 万 t；

宁波中华纸业有限公司（含宁波亚洲浆纸业有限公司）183 万 t；

中国纸业投资有限公司 178 万 t；

荣成纸业（中国）控股有限公司 161 万 t；

山东世纪阳光纸业集团有限公司 109 万 t；

海南金海浆纸业有限公司 107 万 t；

金红叶纸业集团有限公司 107 万 t；

浙江景兴纸业股份有限公司 106 万 t；

山东博汇纸业股份有限公司 106 万 t；

东莞建晖纸业有限公司 104 万 t。

2014 年木浆产量超过 100 万 t 的生产企业：

山东晨鸣纸业集团股份有限公司 178 万 t；

山东亚太森博浆纸有限公司 170 万 t；

海南金海浆纸业有限公司 143 万 t。

四、纸浆生产和消耗情况

（一）2014 年纸浆生产情况

据中国造纸协会调查资料，2014 年全国纸浆生产总量 7 906 万 t，较上年增长 3.33%。其中木浆 962 万 t，较上年增长 9.07%；废纸浆 6 189 万 t，较上年增长 4.19%；非木浆 755 万 t，较上年增长−8.93%（表 2）。

表 2 2005—2014 年纸浆生产情况

单位：万 t

品　　种	2005 年	2006 年	2007 年	2008 年	2009 年	2010 年	2011 年	2012 年	2013 年	2014 年
纸浆合计	4 441	5 196	5 924	641	6 733	7 318	7 723	7 867	7 651	7 906
其中：木浆	371	526	605	679	560	716	823	810	882	962
废纸浆	2 810	3 380	4 017	443	4 997	5 305	5 660	5 983	5 940	6 189
非木浆	1 260	1 290	1 302	129	1 176	1 297	1 240	1 074	829	755

注：非木浆包括苇浆、蔗渣浆、竹浆、稻麦草浆和其他浆。

（二）2014 年纸浆消耗情况

2014 年全国纸浆消耗总量 9 484 万 t，较上年增长 3.68%。木浆 2 540 万 t，占纸浆消耗总量 27%，其中进口木浆占 17%、国产木浆占 10%；废纸浆 6 189 万 t，占纸浆消耗总量 65%，其中进口废纸浆占 24%、国产废纸浆占 41%；非木浆 755 万 t，占纸浆消耗总量 8%，其中稻麦草浆占 3.5%、竹浆占 1.6%、苇（荻）浆占 1.2%、蔗渣浆占 1.2%、其他非木浆占 0.4%（表 3）。

表 3 2014 年纸浆消耗情况

单位：万 t

品　种	2013 年	占比（%）	2014 年	占比（%）	同比（%）
总量	**9 147**	**100**	**9 484**	**100**	**3.68**
木浆	2 378	26	2 540	27	6.81
其中：进口木浆	1 505*	16	1 588**	17	5.51
废纸浆	5 940	65	6 189	65	4.19
其中：进口废纸浆	2 379	26	2 243	24	−5.72
非木浆	829	9	755	8	−8.93

* 2013 年进口木浆 1 685 万 t，扣除溶解浆 180 万 t，实际消耗量 1 505 万 t。

** 2014 年进口木浆 1 797 万 t，扣除溶解浆 209 万 t，实际消耗量 1 588 万 t。

五、纸制品生产和消费情况

（一）纸制品生产量和消费量

根据国家统计局数据，2014 年全国规模以上纸制品生产企业 3 829 个，生产量 6 635 万 t，较上年增长 24.62%；消费量 6 372 万 t，较上年增长 25.38%；进口量 13 万 t，出口量 276 万 t。2005—2014 年，纸制品生产量年均增长 15.10%，消费量年均增长 15.34%。

（二）纸制品生产企业经济类型与规模结构

2014 年全国规模以上纸制品生产企业 3 829 个，国有及国有控股企业 38 个，占 0.99%；"三资"企业 651 个，占 17.00%；集体及其他企业有 3 140 个，占 82.01%。在纸制品生产企业主营业务收入总额中，国有及国有控股企业占 0.77%；"三资"企业占 25.22%；集体及其他企业占 74.01%。在利税总额中，国有及国有控股企业占 0.80%；"三资"企业占 29.24%；集体及其他企业占 69.96%。在利润总额中，国有及国有控股企业占 0.72%；"三资"企业占 30.40%；集体及其他企业占 68.88%。

按照我国大、中、小型企业划分标准，2014 年在 3 829 个规模以上纸制品生产企业中，大中型纸制品生产企业 452 个，占 11.80%，小型企业 3 377 个，占 88.20%；在纸制品生产企业主营业务收入中，大中型企业占 35.71%，小型企业占 64.29%；在利润总额中，大中型企业占 41.42%，小型企业占 58.58%。

六、纸及纸板、纸浆、废纸及纸制品进出口情况

（一）纸及纸板、纸浆、废纸及纸制品进口情况

2014 年纸及纸板进口 282 万 t，较上年增长 −0.35%；纸浆进口 1 797 万 t，较上年增长 6.65%；废纸进口 2 752 万 t，较上年增长 −5.88%；纸制品进口 13 万 t，与上年基本持平。

2014 年进口纸及纸板、纸浆、废纸、纸制品合计 4 844 万 t，较上年增长 −1.24%，用汇 217.24 亿美元，较上年 216.76 亿美元同比增长 0.22%。进口纸及纸板平均价格为 1 259.30 美元/t，较上年平均价格增长 −1.16%；进口纸浆平均价格为 671.59 美元/t，较上年平均价格增长 −0.48%；进口废纸平均价格为 194.27 美元/t，较上年平均价格增长 −4.22%（表 4）。

表 4 2014 年中国纸浆、废纸、纸及纸板、纸制品进口情况

品　种	2013 年进口量（万 t）	2014 年进口量（万 t）	同比增长（%）
一、纸浆	1 685	1 797	6.65
二、废纸	2 924	2 752	−5.88
三、纸及纸板	283	282	−0.35
1. 新闻纸	11	5	−54.55
2. 未涂布印刷书写纸	28	31	10.71
3. 涂布印刷纸	32	34	6.25
其中：铜版纸	24	26	8.33
4. 包装用纸	20	20	0.00
5. 箱纸板	83	86	3.61
6. 白纸板	66	64	−3.03
其中：涂布白纸板	65	64	−1.54
7. 生活用纸	3	4	33.33
8. 瓦楞原纸	7	5	−28.57
9. 特种纸及纸板	27	27	0.00
10. 其他纸及纸板	6	6	0.00
四、纸制品	13	13	0.00
总计	**4 905**	**4 844**	**−1.24**

（二）纸及纸板、纸浆、废纸及纸制品出口情况

2014 年纸及纸板出口 681 万 t，较上年增长 11.46%；纸浆出口 9.75 万 t，较上年增长 17.33%；废纸出口 0.07 万 t，较上年增长 −30.00%；纸制品出口 276 万 t，较上年增长 8.24%。

2014 年出口纸及纸板、纸浆、废纸、纸制品合计 966.82 万 t，较上年增长 10.57%，创汇 179.58 亿美元，较上年 161.03 亿美元增长 11.52%。出口纸及纸板平均价格为 1 306.34 美元/t，较上年平均价格增长 4.37%；出口纸浆平均价格为 1 203.27 美元/t，较上年平均价格增长 −5.53%；出口废纸平均价格为 401.34 美元/t，较上年平均价格增长 −11.37%（表5）。

表 5　2014 年中国纸浆、废纸、纸及纸板、纸制品出口情况

品　　种	2013 年出口量（万 t）	2014 年出口量（万 t）	同比增长（%）
一、纸浆	8.31	9.75	17.33
二、废纸	0.10	0.07	−30.00
三、纸及纸板	611.00	681.00	11.46
1. 新闻纸	9.00	9.00	0.00
2. 未涂布印刷书写纸	121.00	117.00	−3.31
3. 涂布印刷纸	179.00	184.00	2.79
其中：铜版纸	132.00	124.00	−6.06
4. 包装用纸	5.00	5.00	0.00
5. 箱纸板	17.00	26.00	52.94
6. 白纸板	116.00	158.00	36.21
其中：涂布白纸板	116.00	158.00	36.21
7. 生活用纸	64.00	75.00	17.19
8. 瓦楞原纸	9.00	8.00	−11.11
9. 特种纸及纸板	69.00	72.00	4.35
10. 其他纸及纸板	22.00	27.00	22.73
四、纸制品	255.00	276.00	8.24
总　计	874.41	966.82	10.57

（三）纸及纸板主要产品 2005—2014 年进出口情况

1. 新闻纸　2014 年出口量大于进口量净出口量 4 万 t。

2. 未涂布印刷书写纸　2014 年出口量大于进口量，净出口量 86 万 t。

3. 涂布印刷纸　2014 年出口量大于进口量，净出口量 150 万 t。其中铜版纸 2014 年出口量大于进口量，净出口量 98 万 t。

4. 生活用纸　2014 年出口量大于进口量，净出口量 71 万 t。

5. 包装用纸　2014 年进口量大于出口量，净进口量 15 万 t。

6. 白纸板　2014 年出口量大于进口量，净出口量 94 万 t。其中涂布白纸板 2014 年出口量大于进口量，净出口量 94 万 t。

7. 箱纸板　2014 年进口量大于出口量，净进口量 60 万 t。

8. 瓦楞原纸　2014 年出口量大于进口量，净出口量 3 万 t。

9. 特种纸及纸板　2014 年出口量大于进口量，净出口量 45 万 t。

（四）纸制品进出口情况

2014 年纸制品进口量 13 万 t，与上年基本持平。2014 年纸制品出口量 276 万 t，较上年增加 21 万 t，同比增长 8%。

七、纸及纸板生产布局与集中度

根据中国造纸协会调查资料，2014 年我国东部地区 12 个省、自治区、直辖市，纸及纸板产量占全国纸及纸板产量比例为 77.3%，比上年提高 0.4 个百分点；中部地区 9 个省、自治区、直辖市比例占 16.0%，比上年降低 0.9 个百分点；西部地区 10 个省、自治区、直辖市比例占 6.7%，比上年提高 0.5 个百分点（表6）。

表 6　2014 年纸及纸板生产量区域布局变化

名　称	2013 年产量（万 t）	2013 年比例（%）	2014 年产量（万 t）	2014 年比例（%）
纸及纸板产量	10 110	100.0	10 470	100.0
其中：东部地区	7 773	76.9	8 095	77.3
中部地区	1 706	16.9	1 672	16.0
西部地区	631	6.2	703	6.7

2014 年广东、山东、浙江、江苏、福建、河南、河北、湖南、重庆、广西、天津、安徽、四川、湖北、海南和江西 16 个省、自治区、直辖市，纸及纸板产量超过 100 万 t，产量合计已达 9 995 万 t，占全国纸及纸板总产量的 95.46%（表7）。

表 7 2014 年纸及纸板产量 100 万 t 以上的省、自治区、直辖市

省、自治区、直辖市	2013 年产量（万 t）	2014 年产量（万 t）	较上年增长（%）
广东	1 641	1 760	7.25
山东	1 730	1 750	1.16
浙江	1 561	1 590	1.86
江苏	1 210	1 280	5.79
福建	525	650	23.81
河南	700	630	−10.00
河北	344	320	−6.98
湖南	320	300	−6.25
重庆	240	300	25.00
广西	275	240	−12.73
天津	220	235	6.82
安徽	195	230	17.95
四川	202	210	3.96
湖北	190	200	5.26
海南	140	155	10.71
江西	160	145	−9.38
合计	9 653	9 995	3.54

我国皮革行业经济运行状况

中国皮革协会

皮革行业作为消费品行业，与国家宏观经济发展密切相关。随着我国经济增长放缓，皮革行业步入平稳发展新常态，发展面临的压力加大。究其原因，需求增长相对减弱，终端需求变化加快，资源环境约束加剧，综合要素成本上涨等。2014 年，我国皮革、毛皮及制品和制鞋业（以下简称皮革主体行业）经济运行呈现出增速放缓、平稳增长的态势，销售、利润、出口等主要指标均保持增长，但增速全面缩至个位数，且增速整体回落，未来发展仍呈持续缓增长的态势。

一、指数低开低走，未来走势堪忧

从直观的行业景气指数走势来看，纵观 2010—

2014 年五年皮革景气指数，年度曲线逐年下移，日益平稳，显示行业增速放缓，运行趋于平稳的同时下行压力加大，从稳定区间的上限向下限滑走。就年度月均指数而言，已经从 2010 年的 107.5 降至 2014 年的 93.4，不仅逐年走低，而且日益逼近 90 的稳定区间下限，因此急需稳步提高经济运行质量。从 2014 年皮革景气指数趋势来看，全年波动不大，总体处于基本稳定的状态，而下半年持续走低。其中，销售收入景气指数徘徊于稳定区间的下游水平，月度均值为 92.6；出口景气指数在稳定区间波动较大，年底呈下滑态势，月度均值为 100.4；利润景气指数在渐冷区间与稳定区间波动，年中曾短暂回归稳定区间，但随后终是滑向渐冷区间，月度均值为 89.9。

二、上游温和回暖，制品生产提速

2014 年度，随着环保标准以及行业规范的实施，制革行业开展了广泛深入的整顿提升工作，部分区域结构调整基本完成，企业生产基本恢复。我国规模以上轻革产量自 2013 年年初出现下降，此后一直延续下跌态势，最大跌幅一度超过 30%。2014 年规模以上轻革产量增速最终走出下降阴影，止跌回升，累计产量 5.9 亿 m²，同比微增 0.6%。事实证明，环保政策以及标准的实施，能够促进我国制革行业结构调整和产业提升，优化产业合理布局，从而实现可持续发展。2014 年 1～2 月，规模以上轻革产量 7 195.7 万 m²，同比增长 2%。而根据中国皮革协会国产已鞣毛皮价格指数显示，国产已鞣毛皮价格在 2014 年度呈现先抑后扬、年底冲高的走势，虽然相比 2013 年年底仍有较大落差，但四季度回暖迹象明显，呈现温和复苏态势。相比之下，下游的制品行业增速相对较高。2014 年规模以上皮革服装产量 8 665.6 万件，同比增长 16.1%，增速加快 9.1 个百分点，浙江、河北、福建三省名列前茅，合计占比 67.7%。在福建同比增长 47% 的同时，河北同比下降 6.4%，而另一皮革大省山东的产量同比大幅下滑 33.6%。辽宁承接产业转移的后续成效显现，产量同比增长 81.2%。2014 年我国规模以上皮鞋产量 45 亿双，同比增长 3.1%，增速加快 0.5 个百分点。福建、浙江、广东三个鞋业大省合计占比 72.7%，浙江和广东两地的增速偏低，同比分别为增长 1.1% 和下降 2.7%，而西部的重庆因为承接四川的鞋业转移等因素，同比增长 18.7%。

三、销售增速放缓，受困主力拖累

2014 年，全国规模以上皮革主体行业完成销售收入 1.3 万亿元，同比增长 9.1%，增速回落 1.5 个百分点。制鞋、制革、箱包三大子行业的销售收入合计占比为 79%，增速均低于行业平均水平，且增速出现不同程度的下滑。其中，制鞋行业占比 54.1%，同比增长 8.9%，增速回落 0.5 个百分点；制革行业占比 13.2%，同比增 5.9%，增速回落 3.4 个百分点；箱包行业占比 11.5%，同比增长 7.9%，增速回落 3.1 个百分点。东部地区仍是行业的主力所在，占比 76.1%，占比下降 1.4 个百分点，且增速低于行业平均水平，为 7.9%，其中皮革大省浙江同比增速仅为 1.5%；中部地区承接产业转移成效显现，占比增加 1.8 个百分点至 19.3%，同比增速高达 15.7%，

河南、江西等地的拉动作用明显。西部地区占比较小且增速放缓至 4.3%，增速回落 3.9 个百分点，主要是受西部皮革大省四川产业结构调整的影响，该省占西部地区销售收入的 37%，但同比下降 4.7%。

四、盈利水平下降，效益有待提升

全国规模以上皮革主体行业 2014 年实现利润总额 831.2 亿元，同比增长 8.6%，增速回落 4.9 个百分点。从各子行业来看，制鞋、制革、箱包、皮衣四者合计占比 82%。除制鞋业增速加快 1.2 个百分点外，其余三者增速均不理想，制革行业利润增速大幅回落 26.5 个百分点，而箱包、皮衣增速分别回落 0.9 和 10.1 个百分点。从地区来看，东部地区中规中矩，同比增长 7.2%；中部地区势头强劲，同比增长 14%；而西部地区表现不尽如人意，仅增长 2.8%。主要是受内蒙古和甘肃同比大幅下降的影响，两者降幅分别为 34.2% 和 61.9%。2014 年规模以上皮革主体行业累计销售利润率为 6.5%，同比下降 0.04 个百分点。在销售收入前五个大省中，广东和浙江的销售利润率分别为 3.6% 和 4.6%，均低于行业平均水平。沿海省份在转型升级中面临阵痛，急需提高行业效益水平。以广东为例，占全国行业销售收入的 16.8%，排名第二；利润总额占比仅为 9.4%，排名第四；而销售利润率则排名第二十六位。就各子行业而言，销售利润率的降低在箱包行业中表现尤为明显，其在规模以上皮革主体行业中销售和利润占比均排位第三，但利润率排名却十分靠后，仅为 4.9%，同比下降 0.09%，低于行业平均水平 1.7 个百分点。行业盈利水平降低有多重原因，除行业自身问题外，宏观的政策影响也值得关注，比如行业税赋依然较重，全年应交增值税同比增长 9.1%，产品销售税金及附加同比增长 13.2%；融资成本过高也是其中的重要因素，全年的利息支出同比增长 10.7%，均高于利润增速。

五、出口增速连降，年末出现甩尾

皮革主体行业对国际市场的依赖度依然偏高，出口增长空间难免受限。而受人民币升值以及劳动力成本提升等因素的影响，我国皮革主体行业国际竞争力不断弱化，订单开始向周边地区转移，这些均影响出口增速放慢。2014 年我国皮革主体行业出口 889 亿美元，同比增长 7.2%；增速回落 1.8 个百分点，出口增速三年连续回落。2014 年我国皮革主体行业实现顺差 795.3 亿美元，同比增长 6.8%，增速回落

2.2个百分点，占我国贸易总顺差的20.8%。值得注意的是，2014年前三季度行业出口累计增速分别为0.5%、5.7%和10.6%，呈现回暖态势，往年年末的出口都有明显增长，但2014年却出现年底甩尾，11月和12月同比分别下降2.9%和4.2%，前三季度的出口回暖趋势被终止。在四季度，我国对主要市场的出口均有不同程度的下降。例如，美国、欧盟和俄罗斯三者合计占比为51.3%，出口同比分别下降4.2%、6.3%和1.1%。产品类别中，鞋、箱包、皮革服装、毛皮服装等制品均出现不同程度的下降，尤其是皮革服装降幅达到24.1%。2014年，我国的出口贸易以一般贸易为主，占比67.9%，同比增长4.8%；加工贸易占比18.6%，同比增长1.8%。而边贸虽然占比较小，仅为5%；但增速很快，达61.1%。新疆与周边国家边贸频繁，同比增长66.4%。鞋类依然是行业出口的主角，2014年出口538.4亿美元，占60.6%，同比增长11.8%。鞋类对出口增速贡献最大，为6.9%；而皮革服装、旅行用品及箱包、毛皮服装、皮面皮鞋对出口增速贡献为-0.1%、-0.6%、0.8%、2.1%。箱包占行业出口总额的30.1%，从2014年4月起出口首现下滑，全年出口同比下降1.7%，为2009年以来的首次。箱包行业出口的减少具有典型性，是多方因素共同作用的结果，比如国际品牌商要求生产线外迁、产品单价上涨及综合成本的提升等因素导致订单向国外转移。据越南皮革、鞋业和箱包协会统计，2014年上半年鞋和箱包生产线转移的比例比2013年同期高25%。

六、对美出口微增，新兴市场抢眼

美国及欧盟、东盟是我国皮革主体行业的前三出口市场，三者占比分别为23.2%、21.2%和7.3%，合计占比51.7%。由于鞋业的回流及订单的分流，我国对美出口同比增长仅为1.3%；对欧盟出口增长6.9%，也低于行业平均水平；对东盟的出口增速为11.6%，高于平均水平。我国皮革主体行业对处于丝绸之路经济带上的中亚五国出口实现激增，同比增长85.9%。哈萨克斯坦是我国皮革主体行业第七大出口国，且增速高达85.1%。对土库曼斯坦、塔吉克斯坦、吉尔吉斯斯坦等国出口增速也极为可观，同比分别增长130.2%、99.5%和85.3%。2014年，我国皮革主体行业对非洲出口前景广阔，出口同比增长19.1%。我国对非洲出口前十的国家中，除南非和苏丹同比下降外，其余八国的平均增速达55.6%，对埃及的出口增长了107%。非洲作为一个新的增长点，市场潜力值得行业关注和发掘。同期，我国皮革

主体行业对南美的出口却同比下降10.5%，主要是同当地的一些国家存在竞争关系，且贸易壁垒问题严重，如我国对南美出口的重要目标市场智利、巴拿马、秘鲁、阿根廷、委内瑞拉、乌拉圭等国的出口降幅在10%~35%。东部沿海省份广东、浙江、福建、江苏是行业出口的四大口岸，合计占比74.8%。除浙江同比增速高于行业平均水平外，其余三省的增速仅为4.1%、1.3%和0.8%。受边贸繁荣的拉动，处于丝绸之路经济带上的省份出口实现翻倍增长。新疆皮革主体行业的出口同比增长84.5%，在全国的排位由2013年的第八升至第五，占比提高1.7个百分点。新疆出口以鞋类为主，占其出口总额的85.9%。而内蒙古、宁夏的出口贸易额同比翻番，增速分别为135.7%和161.6%。

七、进口结构生变，消费导向显现

2014年我国皮革主体行业进口93.7亿美元，同比增长10.7%，增速加快2.2个百分点。成品革、半成品革、已鞣毛皮、生皮、生毛皮等原料进口量同比下降，显示生产有放缓的迹象。对进口增速的贡献中，制成品为5.6%，其中鞋类对进口增速贡献为4%，旅行用品及箱包为1.4%；而半成品革、成品革、已鞣毛皮等原料为5.1%。制品对进口增长的贡献再次超过原料进口，显示我国的消费结构发生变化。我国经济发达的上海、广东、江苏等省、直辖市进口总额位居前列，三地占比分别为32%、30.9%和8.4%，合计占比71.4%。上海和广东占据主导地位，但两者的进口产品结构存在明显差异。其中，上海、江苏为消费导向型，上海进口以鞋、包等制品为主，合计占比87.5%，该地箱包进口占我国箱包进口总额的76%。江苏的进口结构与上海类似，进口额的67.3%为鞋、包类产品，两者进口均以一般贸易为主，占比分别为86.3%和72.8%。广东进口以成品革、半成品革、已鞣毛皮等原料为主，占其进口总额的86%，而我国成品革进口额的56.9%来自广东。广东进口以加工贸易为主，占比68.1%，历年来是我国第一进口大省。而现在这一地位被上海取代，这也印证了上述我国行业进口结构发生变化这一现象。我国的进口贸易以一般贸易为主，占比52.4%，占比提高1个百分点，同比增长12.9%；加工贸易占比40.5%，占比下降2.4个百分点，同比增长4.6%。欧盟、东盟及巴西是我国重要的进口来源地，三者合计占比60.5%。2014年我国皮革主体行业自欧盟进口31.2亿元，占比33.3%，但同比仅增长2.9%。欧盟中的意大利为我国皮革主体行业

进口第一大国，占我国进口总额的 23.4%。意大利凭借先进的工艺和文化成为成品革第一进口来源国和我国鞋类第二进口来源国，鞋靴产品和成品革合计占我国皮革主体行业自该国进口总额的 53.2%。我国皮革主体行业自东盟进口呈现加速状态，同比增长 34.3%，占比提高至 17.2%。东盟中的越南取代意大利成为我国鞋类第一进口来源国，鞋类占我国皮革主体行业自该国进口总额的 67.3%。而我国鞋类进口总额的 31.2% 来自越南，占比进一步提高 4.5 个百分点。巴西是我国皮革主体行业第三大进口来源国，占进口总额的 10.1%，同时也是我国第一大半成品革进口来源国，该项产品占我国皮革主体行业对其进口总额的 76.4%。

八、2015 年开局平稳，但需谨慎乐观

从 2015 年年初的数据来看，生产和出口呈现加速状态，而销售和利润增速进一步放缓。2015 年 1～2 月，规模以上皮革服装产量 1 104.4 万件，同比增长 9%，增速加快 24.3 个百分点。规模以上皮革鞋靴 5.8 亿双，同比增长 4.9%，加快 2.3 个百分点。规模以上毛皮服装行业完成累计产量 61.1 万件，同比增长 30.2%，加快 32.4 个百分点。规模以上轻革的产量增速也由 2013 年的同比下降 3.7% 转为增长 2%。同期，规模以上皮革主体行业的销售收入 1 750.4 亿元，同比增长 8.2%，回落 2.6 个百分点。占比 55.7% 的鞋业同比增速低于行业平均水平 1.1 个百分点，主要是塑料鞋同比增速仅为 1.2%。省份的占比排位出现波动，河南取代浙江进入前三，增速高达 22.5%，后者的增速仅为 4.6%。事实上，历年的销售三强省份福建、广东、浙江的增速均低于行业平均水平，尤其是销售第一大省福建占比 22.1%，但增速仅为 1.2%。2015 年 1～2 月，我国规模以上皮革主体行业利润总额 108.3 亿元，同比增长 11.8%，回落 2.5 个百分点。毛皮行业利润增速偏低，为 7.6%，制鞋行业的增速也低于平均水平 1 个百分点，主要在于塑料鞋的利润同比下降 5.5%。值得注意的是，福建省的利润占比为 24.9%，排位第一，但同比下降 2.8%。行业 1～2 月的销售收入利润率为 6.2%，但广东和浙江的销售利润率仅为 2% 和 3.9%。相比 2014 年皮革主体行业出口同期下降 3.1%，2015 年的 1～2 月的出口增长了 18.3%，实现出口 155.8 亿美元。但通过深入分析，这样的高速增长并不值得惊喜。数据表明，出口的增长集中在 2 月份，因为 2014 年基数太低而取得了 97% 的增长，

事实上 1 月同比下降 11.2%，2 月环比下降 17.2%。由于 1～2 月初恰逢春节前后，数据波动实属正常。影响数据大起大落的一个重要原因是人民币的贬值。从 2014 年起，人民币对美元出现明显贬值压力，2015 年前两个月，人民币对美元的贬值幅度将近 1%。尤其是 2 月间，人民币对美元即期汇率多次逼近跌停价位，这一利好是推动行业出口增加的重要力量，预计短期内行业出口会因此有所提升。另一方面，以美国为代表的欧美市场回暖，发达经济体对全球复苏的主导作用在皮革主体行业的出口中得到显现，拉动相应的出口订单增长，而我国对东盟的出口也持续高增长态势。相比之下，我国皮革主体行业对俄罗斯的出口在年初大幅下滑，主要是受政治因素及卢布贬值的影响，未来或将持续震荡。与出口相反，进口的表现比较平缓，进口额为 13.5 亿美元，同比增长 5.1%，增速放缓 12.7 个百分点。

九、压力成为常态，行业负重前行

2015 年，行业面临的国内外市场环境总体向好，世界经济将持续复苏。国际货币基金组织（IMF）预测，2015 年全球经济将增长 3.5%，比 2014 年提高 0.2%。我国经济将继续平稳运行，消费品零售总额目标增长 12% 左右。2014 年出台的政策效应逐步显现，改革红利也将逐步释放，内需增长有很大潜力。同时也要关注全球经济及其政策分化，特别是美联储加息、欧元区量化宽松政策、新兴市场波动和乌克兰危机等，可能影响我国的出口，进而波及皮革主体行业发展。就行业自身发展来说，企业经营需要解决系列难题。PPI 持续走低提高了企业融资实际利率，企业债务杠杆率将加大。市场需求下降导致行业库存周转率下降，去库存压力加大。行业的资金、用工、土地、运输的多项成本上升，在环保技改和节能减排等方面的投入增加，加之地方财政在增收压力下加重企业负担的影响，行业可谓负重前行，大中型企业要考虑保持经营业绩增长，更多的小微企业则面临生存考验。行业要实现健康发展，稳增长、调结构自是题中之意，要着力改变生产模式，以市场为导向，加快创新驱动，围绕科技、品牌、人才做文章，化解行业发展中的突出矛盾和问题，其中包括原料、产能、环保、布局、渠道等一系列问题，从而推进行业转型升级。预计 2015 年，行业整体将基本延续 2014 年增长态势，销售收入、利润、出口有望继续保持高个位数增速，不会出现在 2014 年基础上的大幅下降。

第二部分

相关行业发展概况

油 料 加 工 业

一、基本情况

2014 年我国油菜籽、大豆、花生、棉籽、葵花籽、芝麻、油茶籽、亚麻籽等八大油料的总产量为 5 806 万 t，与 2013 年实际产量 5 845.9 万 t 比较，基本持平。八大油料预测产量分别为：油菜籽 1 460 万 t，大豆 1 180 万 t，花生果 1 680 万 t，棉籽 1 109 万 t，葵花籽 235 万 t，芝麻 63 万 t，油茶籽 190 万 t，亚麻籽 40 万 t。2014 年我国利用国产油料的榨油量（除大豆、花生、芝麻和葵花籽等 4 种油料部分直接食用外）为 1 164.7 万 t。2014 年，我国进口各类油料合计为 7 751.8 万 t。其中，进口大豆为 7 139.9 万 t，油菜籽 508.1 万 t，芝麻 57 万 t。进口植物油总量为 787.3 万 t，其中进口大豆油 113.6 万 t，棕榈油 532.4 万 t，菜籽油 81 万 t，其他植物油 60.3 万 t。2014 年出口大豆、花生、葵花籽、芝麻等油料约 55 万 t，出口大豆油等各类食用油合计约 12 万 t。2014 年，我国食用油市场的总供给量为 3 390 万 t，其中包括国产油料和进口油料合计生产的食用油为 2 505.6 万 t，以及直接进口的各类食用油合计为 884.6 万 t。2014 年度油脂产量，大豆油 1 232 万 t，菜籽油 637.7 万 t，花生油 252 万 t，棉籽油 133.9 万 t，玉米油 192 万 t，米糠油 65 万 t。2014 年度我国食用油的食用消费量为 2 860 万 t，工业及其他消费为 295 万 t，出口量为 12.4 万 t，合计年度需求总量为 3 167.4 万 t，年度节余量为 222.6 万 t。2014 年度我国食用油的自给率为 36.8%（即 2014 年国产油料榨油量 1 164.7 万 t，与年度需求总量 3 167.4 万 t 之比）。与上年的 38.5% 相比又下降了 1.7 个百分点。2014 年度我国食用油的需求总量为 3 167.4 万 t，截至 2014 年年末，我国总人口以 13.6782 亿人计算，2014 年我国人均年食用油消费为 23.2 kg，较上年的 22.5 kg 又提高了 0.7 kg。在我国木本油料中，核桃、油茶、文冠果等三大木本油料是最有发展前景的木本油料树种，其中核桃产业的发展业绩更为骄人。2014 年年末，全国实有核桃种植面积达 722.85 万 hm²，实有结果面积为 285.60 万 hm²，产量达 271.3 万 t，与 2011、2012、2013 年相比，分别提高了 57.6%、

71.3% 和 63.9%，成为木本油料中产量最高和发展潜力最看好的树种。上述情况，符合中央提出的以"确保谷物基本自给、口粮绝对安全"和"以我为主、立足国内、确保产能、适度进口、科技支撑"的国家粮食安全新战略。

二、政策导向

（1）国务院办公厅于 2015 年 3 月印发《关于加快木本油料产业发展的意见》，部署加快木本油料产业发展，大力增加健康优质食用植物油供给，切实维护国家粮食安全，提出到 2020 年，建成 800 个油茶、核桃、油用牡丹等木本油料重点县，木本油料树种种植面积从现有的 800 万 hm² 发展到 1 333 万 hm²，产出木本食用油 150 万 t 左右。

（2）国家粮食局于 2015 年 6 月发布《关于做好 2015 年油菜籽收购工作的通知》，这是市场期待已久的 2015 年油菜籽收购政策。自 2015 年起，油菜籽收购主体将由中央转到地方，由地方政府负责组织各类企业进行油菜籽收购。据业内人士表示，国家对于 2015 年油菜籽收购政策的调整，主要出于以下 4 个方面的考虑：一是长期的油菜籽临时收储政策已经造成国内菜籽菜油市场价格扭曲；二是临时收储政策监管难度大，国家花了很大代价，农民并没有完全得到相应实惠；三是临时收储政策不能体现国产非转基因菜籽油的市场价格优势，不利于保护国内种植油菜籽农民的利益；四是油菜籽没有进口配额保护，国内外价差过大的情况下，临储收购也起不到理想的托市作用。

（3）湖北、四川、湖南、安徽、江苏、河南、贵州等油菜籽主要产区，中央财政将适当予以补贴，支持地方采取鼓励加工企业收购、补贴种植大户、推广高产优质油菜籽及品牌化生产经营等方式，做好油菜籽生产和收购工作。按照产量来划分油菜籽主要产区的，本次划入中央财政适当补贴范围的省份为油菜籽年产量都在 80 万 t 以上。2015 年 4 月份，中央财政已将 10 亿元资金划拨地方，后续部分资金等各省、自治区、直辖市政府出台细则后再行发放。

三、油脂工业动态

(1) 福建宁德东侨经济技术开发区与山东鲁花集团有限公司于 2015 年 1 月举行项目签约仪式,双方拟在东侨工业集中区建设 6 万 t 食用油生产项目。该项目包括厂房、库房、办公楼及配套设施建设,项目建设周期为 12 个月。项目建成后将立足当地资源,发挥科技、品牌、销售网络和生产规模的优势,以花生油为中心,发展其他食用油和调味品产业,推进现代农业发展,带动农民致富。

(2) 山东省滨州市博兴县香驰控股有限公司年产 2 万 t 大豆分离蛋白、2 万 t 膳食纤维项目于 2015 年 2 月正式投产。该项目投资 5 亿元,占地面积 1.6 hm²。其中,年产 2 万 t 大豆分离蛋白生产线是国内单线生产规模最大的项目,投产后大豆蛋白总产能跻身全国第一。年产 2 万 t 膳食纤维生产线是以大豆分离蛋白副产品为原料的精深加工项目,项目投产后新增销售收入 15 亿元,利税 1.2 亿元。

(3) 祁阳与湖南粮食集团于 2015 年 3 月成功签订战略合作框架协议。湖南粮食集团拟投资 15 亿元,在祁阳经济开发区建设湘粮粮油产业园,推进优质粮油生产、收储、加工、销售等项目建设,把祁阳打造成为湖南粮食集团在湘南、湘西南地区的总部基地、粮油收储加工基地、茶油及优质大米高端品牌基地、土地流转及粮油订单基地,发展混合所有制经济的示范基地,产品向华南、西南地区销售的桥头堡。

(4) 四川华信能源集团有限公司将投资 9.2 亿元,于 2015 年 4 月开始在四川旺苍县建设 0.67 万 hm² 油牡丹基地和木本油料深加工项目。该项目将在嘉川镇鸡鸣山建设 66.67 hm² 牡丹博览园,在南阳山建设 66.67 hm² 油用牡丹种植示范园,在西河农业示范园区建设 66.67 hm² 油用牡丹母本园,在黄洋食品药品产业园区建设年产 10 万 t 的木本油料加工基地。木本油料加工分三步实施,2015 年年底前,建成揉式加工生产线,加工生产杜仲籽油、核桃油;待油用牡丹结籽后,通过产能扩建,生产加工牡丹食用油、牡丹精油;根据市场要求,适时建设牡丹软胶囊、牡丹花鑫茶、牡丹面膜、牡丹牙膏等牡丹食品、药品、美容品。

(5) 东莞市沙田镇虎门港签下泥洲岛粮油物流加工产业园项目于 2015 年 6 月动工,该项目为广东物资集团投资建设,预计总投资 102.7 亿元,用地总面积约 77.05 hm²。该项目规划建设成为广东省级大型粮油集散与加工产业基地,珠三角地区重要的粮油储运、中转、加工、交易中心,我国大宗粮油商品集散

与贸易中心。项目建成后预计粮油加工部分年产值可达 70 亿元,年税收不少于 1.5 亿元,电子交易部分年交易量达到 600 万 t。

(6) 中纺粮油(东莞)食品产业园项目、兆宝粮油(东莞)专业码头项目于 2015 年 7 月正式签约落户沙田虎门港,两个项目投资额共达 125.7 亿元人民币。两个项目选址都位于沙田镇泥洲岛。其中,中纺粮油(东莞)食品产业园项目由中纺粮油(东莞)有限公司投资建设,总资产约 60 亿元人民币,用地约 34.87 km²,规划建设油脂、食品、米面和饲料等生产加工区,配套建设办公楼等公共设施。投产后,预计年总加工能力达到 240 万 t,年销售收入约 146 亿元人民币,年税收约 1.5 亿元人民币。兆宝粮油(东莞)专业码头项目,由香港兆宝国际投资有限公司投资建设,总投资约 65.7 亿元人民币,用地约 49.6 hm²,规划建设深水码头泊位可同时靠泊 4 艘 7 万 t 级远洋散装轮,年吞吐量将达 1 245 万 t,预计年收入将超过 5 亿元人民币,年税收约 1.2 亿元人民币。

(7) 辽宁绿野农业科技有限公司万吨花生深加工项目一期工程于 2015 年 8 月竣工投产。这是辽宁省首家引进的花生深加工项目,每天可加工花生 30 t,年可加工 1 万 t,产花生油 4 000 t,蛋白质粉 6 000 t,可实现产值 1.4 亿元。项目选址于兴城市曹庄镇原大甸子粮库库址,总投资 5 025 万元,占地面积 5.6 hm²,主体工程包括办公楼、厂房车间共 3 400 m²。

(8) 由阳泉市好益农农业科技有限公司建设的全国首家小米谷糠油生产线,于 2015 年 9 月在平定县柏井镇建成。经过近两年的投资建设,目前公司已建成 800 m² 的生产车间,技术设备的安装工作已全部完成,预计生产加工小米谷糠油 120 t,产值 910 万元,可实现利税 200 万元。

(9) 投资 5 亿元的河北嘉好粮油有限公司大豆加工压榨项目,于 2015 年 11 月竣工投产。该项目一期工程投资建设一条日加工能力 4 000 t 大豆加工生产线及其配套设备。河北嘉好粮油有限公司是由美国嘉吉公司、南方希望实业有限公司以及河北渤海投资有限公司三方合资,在河北省沧州市渤海新区投资成立的大型企业,主要从事大豆加工、毛豆油精炼及本公司产的大豆油、豆粕的销售。

四、科研成果

(1) 由江南大学等完成的"基于干法活化的食用油脱色吸附材料开发与应用"项目于 2015 年 1 月 9 日获"2014 年国家技术发明二等奖"。该项目研究了微量多组分油相吸附机制、脱色对油品质影响,发

现具有适度结构微孔和纳米棒晶属性的凹凸棒石黏土是油脂吸附脱色理想材料，通过酸、热处理作用机理和结构演化规律研究，发明了干法活化工艺和低活性度食用油脱色专用吸附材料，以及符合该材料特性的"两步"脱色工艺。项目成功培育了7个高新技术企业，生产的吸附材料及脱色新工艺已大规模应用于益海嘉里的"金龙鱼"、中粮集团的"福临门"等国内多家大型企业。

（2）由山东金胜粮油集团有限公司完成的"高油酸花生油的研育与应用"项目，于2015年1月10日在山东省临沂市莒南县召开了科技成果鉴定会。一是该项目通过建设高油酸花生原料基地，研究高油酸花生油的生产工艺及质量安全控制技术，制定了高油酸花生油的企业标准，研究了花生中黄曲霉毒素控制、高油酸花生油生产和智能程控与真空脱气三项关键技术。二是高油酸花生油中油酸含量达到60%以上，显著高于普通花生油的40%，具有较好的抗氧化性。三是利用臭氧抑制花生原料中黄曲霉菌的生长繁殖，并脱除产生的黄曲霉毒素，使黄曲霉毒素含量低于5μg/kg，在保证花生油品质的同时控制黄曲霉毒素含量，确保食用油安全。四是通过高油酸花生培育、高油酸型花生油制备、黄曲霉毒素臭氧控制技术进行研究与集成，建立了高油酸花生油生产工艺，制定了高油酸花生采购标准、高油酸花生油质量标准及其生产技术规范，填补了国内在该领域的空白。五是将花生加工与公司自主研发的智能数控技术相结合，不仅提高了工作效率，而且提高了产品的稳定性，确保了产品的高品质。六是研制的高油酸花生油与普通花生油经检测分析，普通花生油中油酸含量为41%，高油酸花生油油酸含量高达62%。该项目总体技术达到国内领先水平。

（3）由山东金胜粮油集团有限公司完成的"原生初榨花生油的研育与应用"项目，于2015年1月10日在山东省临沂市莒南县召开了科技成果鉴定会。一是项目通过建立花生原料基地，开展原生初榨花生油的生产工艺及质量安全控制技术研究，制定了原生初榨花生油的企业标准，自主研发了原生初榨花生油压榨工艺。二是利用该技术生产的原生初榨花生油质量好，各项指标均高于国家标准。三是利用筛选分级筛选出优质花生米，利用色选机筛除霉烂变色花生米及杂质，同时采用臭氧发生器产生的臭氧物理去除花生原料中黄曲霉毒素，使得生产的花生油中黄曲霉毒素含量低于1μg/kg。四是自主研发了原生初榨花生油生产的压榨工艺与技术。五是制定了原生初榨花生油的企业标准，申请了发明专利2项。研发的原生初榨花生油经检测分析，各项指标完全符合花生油国家标准和原生初榨花生油企业标准。该项目总体技术达到国内领先水平。

（4）由山东三星集团技术中心申报的"高品质玉米油全程品质控制及清洁生产技术开发应用"项目，于2015年9月23日项目荣获山东省科技进步二等奖，该项目主要针对玉米油的原料接收、压榨、浸出及玉米油的精炼等各个环节进行了严格把关及最佳优化。在玉米原油的制取工序，采用低温压榨和调质适温压榨相结合的创新工艺，使制取的玉米原油中最大限度地保留了植物甾醇及维生素E，为下一步得到高甾醇高维E的玉米油奠定了坚实的基础。在玉米油的精炼工序，通过优化工艺参数，创新性的采用低温淡碱脱酸工艺、低温低用量复合吸附剂脱色工艺、常温快速连续脱蜡工艺及双温双塔分段脱臭等工艺，生产出的长寿花金胚玉米油最大限度地保留了植物甾醇和维生素E的含量。

（5）由武汉轻工大学和甘肃万林科技有限公司联合完成的"文冠果加工关键技术研究及应用"项目，于2015年9月23日在甘肃省兰州市召开了科技成果鉴定会。一是该项目采用文冠果种植基地的优质原料，研究了包括浸出法、普通螺旋压榨法、水酶法、超临界CO_2法及亚临界法等5种方法制备文冠果油的生产工艺技术，对比不同制备方法所得油脂的基本理化指标及营养成分，确立了文冠果剥壳低温压榨技术。并通过尿素包合法提高文冠果油中不饱和脂肪酸含量，使总不饱和脂肪酸大于95%。二是针对水酶法提取文冠果油及蛋白的优化进行的研究。通过检验可得到因子贡献率为加酶量＞料液比＞反应时间，最优响应结果为pH 5，酶解温度50℃，料液比1:4.91，加酶量1719.8μ/g，反应时间3.2h，理论响应面油脂得率最优值36.03%。三是用亚临界多功能循环萃取装置提取文冠果油的日处理量为8000kg。亚临界萃取文冠果籽油工艺的最佳工艺条件为原料粒度66目，萃取温度41℃，萃取时间56min，所得平均提油率为97.18%。四是该项目在利用水相酶法生产过程中采用纤维素酶和果胶酶的混合多糖酶水解，在不使用蛋白酶，再连续二次、三次利用冷冻解冻破乳法提取乳化层中的油，能同时得到文冠果水酶油及文冠果粗蛋白，油脂得率大于60%，蛋白质白度达到50以上；利用连续二次碱提酸沉法处理水酶法制得的文冠果粗蛋白，蛋白得率达到70%以上；再经连续二次、三次糖化酶纯化文冠果粗蛋白，可有效提高文冠果蛋白纯度，达到85%以上，提高了文冠果的综合利用率。该项目总体技术达到国际领先水平。

（6）由武汉轻工大学和襄阳中利杰粮油有限公司共同完成的"棉籽精深加工关键技术"项目，于

2015 年 10 月 17 日在武汉召开了科技成果鉴定会。一是以棉粕为原料系统研究了甲醇等有机溶剂浓度、pH、提取时间、浸提助剂及超声辅助提取棉酚效果，建立了棉酚的超声波辅助甲醇萃取工艺，提取率为 95.6%。二是以脱棉酚粕为原料研究建立了纤维素酶和碱性蛋白酶结合超声波辅助碱溶酸沉法提取棉籽蛋白工艺，棉籽蛋白提取率达 91.71%；优化了糖化酶棉籽蛋白纯化工艺和条件，棉籽分离蛋白纯度达 95.3%。三是以棉籽分离蛋白为原料研究建立了多酶法分步水解制备棉籽蛋白肽新工艺，较传统酶解工艺缩短时间 1/3，同时改善了水解液的苦味。棉籽蛋白多肽产品水解度达 35%，氮溶指数达 95%。该成果整体技术达到国际先进水平。

（7）由衢州刘家香食品有限公司和武汉轻工大学承担的"油茶籽深加工利用的研究与应用"项目，于 2015 年 10 月 31 日在杭州召开了科技成果鉴定会。一是创立了无蒸炒低温茶籽油压榨新工艺。通过清理、剥壳、仁壳分离、调质处理，省去了传统制油工艺中的轧坯、蒸炒等工序，具有节能减排效果，使一次压榨饼中残油降至 7%（干基），榨取率可达 86%。二是建立了油茶籽油卵磷脂添加减量技术。在精制油茶籽油和山茶调和油的加工过程中添加 0.5%～0.6% 的卵磷脂，可降低食用油在烹调和煎炸过程中的用量。三是发明了美拉德反应制备浓香茶籽油的关键技术。通过蛋白酶酶解油茶籽粕，油茶籽粕酶解液与浸出精炼油茶籽油混合加热，经美拉德反应生成香味浓郁且持久的浓香茶籽油。四是建立了油茶籽粕多肽制备及分离纯化关键技术。集成了复合定向酶切、在线监测-可控水解程度、超声辅助酶解、膜筛-色谱耦合分离、分级与精制等多项关键技术，制备了油茶籽多肽产品样品。该项目达到国际先进水平，同意通过成果鉴定。

（8）由武汉轻工大学和江西绿满源食品有限公司共同完成的"水相酶法制备油茶籽油和蛋白新工艺及注射用油茶籽油精制关键技术"项目，于 2015 年 12 月 19 日在武汉召开了科技成果鉴定会。一是以油茶籽仁为原料系统研究了料液比、加酶量、pH、反映温度、酶解时间、浸提助剂及超声辅助提取效果，建立了油茶籽油和水解蛋白的超声波辅助水酶法提取工艺，油脂得率为 89.42%，油茶籽水解蛋白得率为 89.86%。二是以油茶籽油为原料研究建立了采用尿素包合法富集油酸工艺，油酸得率为 78.39%，纯度为 92.17%。三是以油茶籽水解蛋白为原料优化糖化酶两次纯化蛋白工艺，得到的蛋白纯度在 90% 以上。四是以油茶籽油为原料研究建立了碱炼脱酸、活性炭与凹凸棒土联合吸附脱色工艺，降低了脱色剂的用

量，使油茶籽油酸价在 0.1 以下，色泽为 Y0R0，达到了药典中关于注射用油的标准。该成果整体技术达到国际先进水平。

（9）由武汉轻工大学和江苏康之源粮油有限公司共同完成的"米糠油脱酸新工艺和米糠保鲜新技术"项目，于 2015 年 12 月 19 日在武汉召开了科技成果鉴定会。一是在无溶剂体系中利用甘油与米糠油中游离的脂肪酸在酶的催化下进行酯化脱酸，从而降低游离脂肪酸含量，使米糠油酸价降至 2 mg (KOH)/g 以下，同时，其反应条件温和能够保存大量的营养物质，减少了废水排放。二是采用 Lipozyme 435 脂肪酶催化米糠油酯化脱酸，并优化其脱酸工艺，使米糠油酸价从 39.81 mg (KOH)/g 降到 1.86 mg (KOH)/g，脱酸率达到 95.32%，谷维素保留率为 92.44%。同时，Lipozyme 435 脂肪酶可以回收再利用，大大降低了成本费用。三是以微波灭酶为突破点，采用连续隧道微波设备对米糠进行灭酶保鲜处理，处理后的米糠酸价远远低于未处理的米糠，微波保鲜后的米糠储藏性能得到了明显的改善，米糠的处理量也得到了极大的提高，能够很好地满足企业连续式工业化的生产需要，能够更好的充分有效的利用米糠资源。该成果整体技术达到国际先进水平。

（10）由武汉轻工大学、嘉必优生物工程（武汉）有限公司、武汉大学等共同完成的"微生物油脂发酵滤液的新型饮料的研制"项目，于 2015 年 12 月 31 日在武汉召开了科技成果鉴定。一是该项目提出对微生物油脂发酵滤液的再利用。该项目是对微生物油脂发酵滤液进行毒力检测和营养成分分析后，证明发酵滤液是安全并含有糖、氮和不饱和脂肪酸等营养成分。利用产脂微生物高山被孢霉发酵滤液是含有丰富的营养物质且无毒安全的液体，可用于制备一种新型的饮料。采用普通微生物学、发酵工程技术和食品工程学和分析化学等相关研究方法，对微生物油脂发酵滤液进行毒力检测和营养成分分析后，设计出新型饮料的最佳配方并制备出香甜可口的新型饮料。二是采用单因素和多因素正交试验研制出最佳配方的新型饮料。设计出新型饮料的最佳配方：植脂末的添加量占总组分的 5%，牛乳粉的添加量占总组分的 4%，速溶红茶粉的添加量占总组分的 2%，稳定剂的添加量占总组分的 0.02%。该项目整体达到国际先进水平。

五、标准化工作

（1）由全国粮油标准化技术委员会油料及油脂技术工作组主办，由丰益全球（上海）研发中心承办的"初榨橄榄油感官评价"标准研讨会，于 2015 年 4 月

10 日在北京召开。会上，该技术工作组组长、武汉轻工大学教授何东平认为，随着《初榨橄榄油感官评价》等相关标准的出台，将结束我国油脂无感官评价标准的历史。我国不是国际橄榄油理事会（IOC）的成员国，进口橄榄油无需依照 IOC 标准执行。在大量依靠橄榄油进口的情况下，我国急需制定符合国内外市场的橄榄油标准，制定橄榄油评价标准有利于市场化发展。国家粮食局标准质量中心副主任龙伶俐认为，根据国务院指示，2015 年我国木本油料相关标准的制定将全面铺开。中国粮油学会首席专家、油脂分会会长王瑞元认为，要通过初榨橄榄油感官评价标准的制定，特别要加强人员培训，培养一批高水平的油脂品尝师队。

（2）由全国粮油标准化技术委员会油料及油脂工作组主办、湖北天星粮油股份有限公司协办的"食用油脂标准研讨会"于 2015 年 6 月 2 日在湖北随州召开。会议就 GB2716《国家食品安全国家标准　食用植物油》标准中成品食用油溶剂残留限量、设定酸值、过氧化值为安全性指标进行了探讨和确认。

（3）由全国粮油标准化技术委员会油料及油脂技术工作组等主办、河北美珠生物科技有限公司承办的"杏仁系列标准制定暨杏仁产业发展研讨会"，于 2015 年 7 月 22 日在河北承德召开。我国杏仁年产量 8 万 t 左右。杏仁富含 50%～60% 的油脂和 20%～30% 的油脂蛋白质，是继油茶、核桃后的最有开发利用价值的木本油料资源，发展前景广阔。杏仁冷榨油中油酸与亚油酸含量高于 91%，还含有 0.16%～0.19% 的脂肪酸。这种油色泽浅、风味清香，是质量上乘、营养价值高的食用植物油。河北美珠生物科技有限公司是专门从事杏仁研发的高新技术企业，在承德建立了集杏仁种植、科技研发和深加工于一体的大型基地，形成了"公司＋基地＋协会＋专业合作社＋农户"的集群格局。

（4）由全国粮油标准化技术委员会油料及油脂技术工作组等主办、甘肃万林科技有限公司承办的"文冠果系列标准制定暨文冠果产业发展研讨会"，于 2015 年 9 月 24 日在甘肃兰州召开。会上，全国粮油标准化技术委员会秘书长龙伶俐表示，制定文冠果等木本油料标准，一是要符合木本油料产业发展；二是要符合新的食品安全法；三是要符合粮油特别是油脂标准体系，制定出符合企业需求、有利于生产贸易的标准。中国林业经济学会理事长、国家林业局原副局长李育才表示，按出油率 30%～40% 计算，文冠果远比油茶和油用牡丹产油高。油用牡丹和文冠果适生范围、生长习性相近，可间作套种。努力推广这两种作物，对缓解油脂对外依存、保障人民健康、保护生态环境等具有重大意义。中国粮油学会首席专家王瑞元认为，发展文冠果产业能提高我国油脂自给能力。2014 年我国油脂自给率仅 36.8%，要 5 年时间达到国家提出的不低于 40% 的自给率，难度很大，大力发展油茶、核桃、文冠果、牡丹等木本油料显得非常重要。文冠果是我国特有的木本油料，而且全身是宝，营养丰富，在加快标准制定、推动产业发展的同时，要积极向国家申报文冠果油为新资源食品。

（5）由全国粮油标准化技术委员会油料及油脂技术工作组等主办的"核桃系列国家标准制定暨核桃产业发展研讨会"，于 2015 年 10 月 23 日在西藏拉萨召开。会上，全国粮油标准化技术委员会秘书长龙伶俐表示，国务院非常重视木本油料的发展，目前已启动 60 多种木本油料标准的制修订工作。我国种植核桃有 2000 多年历史，是世界三大核桃油主产国之一，同时核桃加工企业蓬勃发展，需要制修订符合中国国情、指导企业产销、规范产业健康发展的国家标准。西藏特色产业股份有限公司作为全国核桃油加工的领军企业，已建立万亩野生核桃基地，生产"圣鹿"牌核桃油等 7 种油脂产品。

（6）由全国粮油标准化技术委员会油料及油脂技术工作组主办，中粮食品营销有限公司、中粮营养健康研究院承办的"花生油、芝麻油感官评价标准研讨会"，于 2015 年 11 月 11 日在北京召开。新中国成立 60 多年来，我国食用植物油感官评价标准一直是个空白，制定花生油、芝麻油感官评价标准，有利于与国际市场接轨，有利于油脂产业的健康发展。目前，国内对于各单品食用植物油的评价标准主要是国标，但国际上较为先进的评价方法则为感官评价法。在风味油脂中，花生油、芝麻油因其独特的优良风味受到关注，而现有的相关标准和检测仪器难以通过具体的质量指标对优质压榨花生油、芝麻油进行感官测量。

（7）由全国粮油标准化技术委员会油料及油脂技术工作组主办、山东西王食品有限公司承办的"油橄榄果、油橄榄果渣标准研讨会"，于 2015 年 11 月 28 日在山东邹平召开。油橄榄是世界著名的木本油料兼果用树种，目前在四川达州、甘肃陇南、湖北十堰、云南等地均有种植。由于我国油橄榄种植面积和橄榄油生产企业规模不断扩大，国内外目前未制定油橄榄果和油橄榄果渣相关标准，不利于橄榄油的生产、消费和市场管理。橄榄油在我国城市及发达地区消费较多，属于高端食用油，主要以进口为主，目前进口加国产每年稳定在 4.2 万 t 左右。尽管橄榄油不是我国的主要油脂油料品种，但近几年在我国消费增长很快，因此需要制定相关标准。

（8）由全国粮油标准化技术委员会油料及油脂技

术工作组主办、九三粮油工业集团有限公司承办的"大豆系列标准制修订暨大豆产业发展研讨会"，于2015年12月28日召开。会上，就《大豆》、《大豆油》、《豆粕》、《大豆磷脂》、《大豆异黄酮》、《大豆肽》、《大豆皂苷》、《大豆膳食纤维》和《大豆维生素E油》等标准的制修订工作及大豆产业发展等事宜进行了深入研讨。

六、油脂会议

（1）由道道全粮油股份有限公司承办的"中国粮油学会油脂分会2015年第一次会长扩大会议"，于2015年4月8日在长沙召开。油脂分会会长王瑞元向与会人员通报了2013/2014年度我国粮油生产、进出口消费、油脂加工业情况以及发展展望，对制定"十三五"粮油加工业发展规划提出了八点建议。一是将中国经济发展新常态作为制定规划的指导思想；二是紧贴国家粮食安全战略，在聚焦保障粮食数量安全和质量安全多做工作；三是继续坚持粮油产品安全质量第一，继续倡导"营养健康消费"和"适度加工"；四是把"提高经济发展质量和效益"作为中心工作，在转方式、调结构中重点调结构；五是粮油加工企业要把发展主食品工业化生产看作是向精深加工延伸，是调整产品结构的重要组成部分，是企业增收、方便百姓的有效途径；六是继续重视资源的综合利用，充分地利用好粮油加工中生产出的副产物这一宝贵资源；七是通过自主创新，把粮油机械制造业的发展重点放在大型化、自动化、智能化和专用化上，放在开发节能降耗、适应"清洁生产"和"适度加工"的需要上，放在研究和开发生产各种小杂粮和木本油料的加工设备制造上；八是粮油加工企业实施走出去战略，要以粮机产品走出去为先导，走与加工企业、科研设计单位联合走出去之路。本次会议还研究讨论了油脂分会年会各项筹备工作，通报会员发展情况等。

（2）由中国粮油学会油脂分会、国际橄榄油理事会等指导主办，广州艺帆展览服务有限公司承办的"2015广州国际大食品博览会暨第九届中国（广州）国际食用油及橄榄油产业博览会"，于2015年6月4～6日在广交会展览馆召开。中国粮油学会首席专家、油脂分会会长王瑞元在致辞中表示，本次博览会共有60多个国家和地区的1 000多个企业参展，展会面积达5万多 m^2。其中，国外企业500多个，参展企业和展览面积比上年大幅增加，设有高端食用油展区、进口食品展区、营养健康产品展区、有机食品及大米展区等；在这些展品中，著名企业的著名品牌琳琅满目，充分显示了本届博览会的高水平。这次食用油博览会，已成为行业内规模大、水平高、效果好、深受参展商和采购商欢迎的品牌展会，成为有影响力的中国高端食品交易平台之一。来自希腊、西班牙、意大利、土耳其、突尼斯、澳大利亚、叙利亚、葡萄牙、加拿大、阿根廷、马来西亚、德国等国家和地区的企业参加展览。在国内300多个品牌集中亮相中，既有福临门、金龙鱼、鲁花、鹰唛、西王等国内知名品牌，也有山东乐悠悠花生油科技有限公司、广东龙威粮油工业有限公司、江西明耀实业有限公司等一批新秀精彩亮相，特别是一批高端食用油领军企业及品牌崭露头角，如河北美珠生物技术有限公司的杏仁油和杏仁蛋白粉、四川天源油橄榄有限公司的橄榄油和橄榄酒、山西宝山鼎盛科技有限公司的亚麻籽油、辽宁辽阳帝昊农业有限公司的榛子油等。组委会为丰富展会活动，同期还举行了食用油产业发展论坛、橄榄油评比大赛及颁奖、优质产品评选及颁奖典礼、新产品发布推介会、国际橄榄油理事会推介会、西班牙橄榄油品鉴会等多项活动。

（3）"中国粮油学会第八届学术年会"于2015年7月17日在北京召开。中国科学技术协会、国家粮食局有关司室和单位负责人、各分会会长及相关负责人、有关省市粮食局负责人和全国各地会员代表参加会议。中国粮油学会理事长张桂凤、秘书长胡承森主持会议。大会对五得利面粉集团有限公司等单位授予"第二届全国粮油优秀科技创新型企业"称号，对武汉轻工大学王学东教授等人授予"第六届全国优秀科技工作者"称号，对聊城市鲁信粮食制品有限公司等单位授予"第三届中国粮油学会优秀单位会员"称号，并颁发荣誉证书和铜牌。中国科协书记处书记沈爱民、中国工程院院士孙宝国、国家粮食局总工程师何毅、中国粮油学会首席专家王瑞元教授，分别围绕"科技创新与科技团体的改革发展""粮食安全与传统食品现代化""关于编制'十三五'粮食行业发展规划的情况介绍""粮油科学技术发展现状与前景"等作大会报告。储藏、食品、油脂、饲料、信息与自动化、粮食物流、粮油营销技术、发酵面食、米制品、粮油质检研究、玉米深加工及粮油营养等12个分会，邀请了学科前沿领域的专家、学者和会员代表出席分会，并以提高学术交流的质量和实效为核心，研讨各自领域内所存在的问题，以及"十三五"粮油科技发展规划等有关内容。

（4）由中国粮油学会油脂分会、武汉轻工大学主办的"中国粮油学会油脂分会第24届学术年会暨产品展示会"，于2015年9月12～13日在武汉召开。业内相关领导、专家和企业家等400多名代表参会，中国粮油学会理事长张桂凤、中国粮油学会油脂分会会长王瑞元出席会议并致辞。王瑞元在致辞中要求，一是要特别重视安全生产，不能给国家添乱；二是要特别重视产品质量，贯彻执行好新食品安全法；三是要高度重视"广告法"的公布与执行，认真自觉纠正产品广告中的不实之词。针对"十三五"粮油加工业发展规划，王瑞元指出，继续坚持粮油产品安全质量第一，继续倡导"营养健康消费"和"适度加工"。粮油加工产品要把"适口、营养、健康和方便"作为今后的发展方向。要继续倡导"适度加工"、提高纯度、合理控制精度、提高出品率，最大程度保存粮油原料中的固有营养成分，要从制修订好粮油产业质量标准着手，坚决纠正粮油产品的过精、过细、过白和油色过淡等"过度加工"现象。中国粮油学会油脂分会常务副会长、武汉轻工大学教授何东平在"油脂质量标准与行业发展"演讲时表示，目前国家粮食局归口管理的食用油国家标准 139 项、行业标准 83 项。通过 15 年的努力，我国是世界上制定出油料及油脂

标准项目最多的国家。特别是在油料及油脂标准检测方法和产品标准方面，可为全国的消费者提供了安全、营养、健康和方便的食用油脂。江南大学教授王兴国建议，要少吃油、吃好油、用好油，减少脂肪摄入、减少碳水化合物摄入更利于减肥。"好油"的评价原则是相对合理的脂肪酸组成，丰富的有益伴随物，没有或极少有害物质。他同时提出，要重视加工对油脂微量营养素的影响。河南工业大学教授刘玉兰认为，随着环境污染对植物油料污染的潜在风险加大，消费者对食品安全的要求提高，政府、行业、生产企业对食用油安全更加重视，油脂生产技术也应从扩大生产规模、提高产品得率和产品质量、节能降耗、环境保护等向更高层次的创新发展，研究科学先进的食用油品质安全生产技术，消除产品中的风险因子，确保食用品质安全。会上，中国粮油学会油脂分会向武汉轻工大学等 40 个单位颁发了"会员之家"牌匾。

（武汉轻工大学 何东平）

淀 粉 加 工 业

一、基本情况

（一）资源概况

根据有关资料报道，2014 年我国玉米总产量达到 21 564.6 万 t，比 2013 年下降 1.3％（表 1）。2014 年我国玉米消费情况为：饲用占 54.3％，工业用占 24.1％，食用占 8.6％。2014 年世界玉米产量 98 200 万 t，其中美国为 36 593 万 t，占世界总产量的 37.3％；中国为 21 567 万 t，占世界总产量的 22.0％。

（二）加工业概况

根据中国淀粉工业协会不完全统计，2014 年我国淀粉总产量为 2 128.3 万 t，同比下降 7.7％。其中玉米淀粉 2 006.4 万 t，同比下降 8.6％；木薯淀粉 48.6 万 t，同比增长 2.9％；马铃薯淀粉 43.4 万 t，同比增长 25.5％；甘薯淀粉 25.8 万 t，同比增长 9.1％；小麦淀粉 4.1 万 t，同比增长 8.2％。

表 1 2014 年我国玉米主产区产量

单位：万 t

省、自治区	2013 年	2014 年	同比增长（％）
河 北	1 073.9	1 670.7	−1.95
山 西	955.5	938.1	−1.82
内蒙古	2 069.7	2 186.1	5.62
辽 宁	1 563.2	1 170.5	−25.12
吉 林	2 775.7	2 733.5	−1.52
黑龙江	3 216.4	3 343.4	3.95
山 东	1 967.1	1 988.3	1.08
河 南	1 796.5	1 732.1	−3.58
陕 西	586.7	539.6	−8.03
其 他	5 214.2	5 262.3	0.92
总 计	**21 848.9**	**21 564.6**	**−1.30**

1. 我国淀粉及深加工品产量和品种情况 由于行业认真贯彻落实近几年国家有关部门针对玉米深加工行业出台的各项调控措施，2014 年玉米淀粉行业的发展速度得到了有效控制，玉米淀粉产量首次出现了负增长。马铃薯淀粉由于 2014 年马铃薯种植面积比 2013 年增加了 28%，原料供应充足，且售价比 2013 年下降，所以马铃薯淀粉产量有了较大幅度的增长。木薯淀粉中，广西壮族自治区占了 80% 以上的份额，云南、海南等地的木薯淀粉由于原料少、企业生产规模小，几乎都没有污水治理设施，不可能有大的发展。甘薯淀粉和小麦淀粉产量都有增长。综合看，2014 年行业面临的困难是前所未有的，且产能过剩，以致淀粉和下游产品的产量整体呈下滑趋势，深加工品总量也有下降（表 2、表 3）。

表 2 2014 年我国淀粉产量及品种情况

品 种	产量（万 t）	占总淀粉（%）	同比增长（%）
玉米淀粉	2 006.4	94.3	−8.6
木薯淀粉	48.6	2.3	2.9
马铃薯淀粉	43.4	2.0	25.5
甘薯淀粉	25.8	1.2	9.1
小麦淀粉	4.1	0.2	8.2
合 计	2 128.3	100.0	−7.7

表 3 2014 年我国淀粉深加工品产量及品种情况

主要品种	产量（万 t）	占深加工（%）	同比增长（%）
变性淀粉	142.4	12.2	−13.8
结晶葡萄糖	268.1	23.0	−20.8
液体淀粉糖	656.6	56.3	−32.6
糖 醇	99.5	8.5	−3.3
合 计	1 166.6	100.00	−26.2

2. 淀粉产量分布及生产规模情况 2014 年我国玉米淀粉产量分布情况与以往没有变化，只是前 3 位在全国的占比略有下降，首位山东省占我国玉米淀粉总产量的 48.2%（2013 年 51.8%）；其次是吉林和河北省，分别占全国玉米淀粉总产量的 17.8%（2013 年 19.4%）和 10.7%（2013 年 11.9%），该三省玉米淀粉产量之和，占全国玉米淀粉总产量的 76.7%（2013 年 83.1%）。全国玉米淀粉产量 10 万 t 以上的企业 42 个，玉米淀粉总产量为 1 917.1 万 t，占玉米淀粉总产量的 95.6%（2013 年 98.5%）（表 4）。

表 4 2014 年我国淀粉产量分布及生产规模情况

地 区	淀粉产量（万 t）	占总产量（%）	玉米淀粉生产规模情况	
			年产 10 万 t 以上企业数（个）	企业最大年产量（万 t/年）
山 东	982.7	46.2	13	318.8
吉 林	358.6	16.8	7	100.0
河 北	218.1	10.2	7	54.4
河 南	133.4	6.0	6	21.7
陕 西	119.3	5.6	3	85.0
其他 20 省份	316.2	14.8	6	63.0
合 计	2 128.3	100.0	42	

注：其他 20 省份为山西、内蒙古、辽宁、黑龙江、江苏、江西、安徽、湖南、湖北、四川、广东、广西、海南、云南、重庆、甘肃、宁夏、青海、新疆和贵州。

二、市场及进出口情况

2014 年玉米淀粉加工业的原料玉米价格居高不下，虽然玉米淀粉的出厂价格比 2013 年上涨了 1.6%，但企业仍处于亏损边缘。消费市场的低迷，导致深加工品也随之减量，且利润率降至近年来的最低水平。

2014 年我国玉米淀粉等 13 种商品的进出口总量分别比上年增长 27.5% 和 17.0%（表 5）。木薯淀粉的进口量从 2011 年开始逐年增长，2014 年再创历史新高，已接近 200 万 t，相当于我国木薯淀粉产量的 300%，该品种的进口量占进口总量的 80% 以上，与此同时也不难看出，我国木薯淀粉市场的空间很大，该品种所耗的外汇占玉米淀粉等 13 个品种总外汇的近 70%。马铃薯淀粉依然面临国外低价的冲击，同时国内人民币不断升值又使企业出口受到很大程度的影响，尽管 2014 年国内马铃薯淀粉产量比上年增加 25%，出口量却比上年下降 28%。淀粉糖由于产量比上年减少了近 1/3，出口量也相应下降，特别是葡萄糖及葡萄糖浆（果糖＜20%）、葡萄糖及糖浆（20%≤果糖≤50%）和果糖及果糖浆 3 个品种，出口量都比 2013 年下降，失去了前几年创汇的优势。但是山梨醇、甘露糖醇和化学纯果糖出口还是具有一定的优势，特别是化学纯果糖，出口单价涨幅在 30% 以上。

表5 2014年我国淀粉及部分深加工品进出口情况

品 名	进口（t）	同比增长（%）	出口（t）	同比增长（%）
玉米淀粉	1 688	10	56 444	−42
木薯淀粉	1 906 249	35	2 113	69
马铃薯淀粉	30 157	−18	2 555	−28
小麦淀粉	875	33	5 130	−16
山梨醇	3 706	−1	29 363	−1
甘露糖醇	248	−16	7 948	−10
肌 醇	11	−27	4 272	17
葡萄糖及葡萄糖浆，果糖<20%	837	−41	468 625	−13
葡萄糖及糖浆，20%≤果糖≤50%，转化糖除外	1 494	42	8 185	−45
果糖及果糖浆，果糖>50%，转化糖除外	3 658	9	162 324	−13
糊精及其改性淀粉	335 940	5	94 979	−22
未列名淀粉	10 159	6	35 180	3
化学纯果糖	1 710	20	15 249	16
合 计	**2 296 726**	**27.5**	**1 218 054 116**	**17**

三、我国淀粉加工业生产技术发展情况

（一）生产规模

我国淀粉加工业的生产布局集中度相对较高，规模以上企业产量的占比均在70%以上（表6、表7）。玉米淀粉年产100万t以上的企业5个，合计产量占总产量的45.7%，其中最大企业的年产量超过300万t；变性淀粉年产10万t以上的企业4个，合计产量占总产量的35.5%。其中，最大企业年产量15万t以上。结晶葡萄糖年产100万t以上的企业1个，年产量130万t，占总产量的49.5%；液体淀粉糖由于2014年产量较大幅度下降，最大企业年产量仅69万t（2013年年产100万t以上企业3个）。

表6 2014年我国玉米淀粉生产规模

项 目	2013年	2014年	同比增长（%）
年产100万t以上企业（个）	6	5	−16.70
年产100万t以上企业总产量（万t）	1 079.1	915.9	−15.10
占全国玉米淀粉总产量（%）	49.1	45.7	−6.90
年产40万t以上企业（个）	9	9	持平
年产40万t以上企业总产量（万t）	539.5	546.6	0.13
占全国玉米淀粉总产量（%）	24.6	27.2	10.60

表 7 2014 年我国部分淀粉深加工品生产规模

项 目		2013 年	2014 年	同比增长（%）
变性淀粉	年产 10 万 t 以上企业（个）	5	4	−20.00
	年产 10 万 t 以上企业总产量（万 t）	77.5	50.5	−34.80
	占全国总产量（%）	46.9	35.5	−24.30
	年产 5 万 t 以上企业（个）	3	3	持平
	年产 5 万 t 以上企业总产量（万 t）	21.8	16.9	−22.50
	占全国总产量（%）	13.2	11.9	−9.90
	年产 3 万 t 以上企业（个）	10	9	−10.00
	年产 3 万 t 以上企业总产量（万 t）	38.5	30.9	−19.70
	占全国总产量（%）	23.3	21.7	−6.90
结晶葡萄糖	年产 100 万 t 以上企业（个）	1	1	持平
	年产 100 万 t 以上企业总产量（万 t）	140.5	132.8	7.85
	占全国总产量（%）	41.5	49.5	19.28
	年产 20 万 t 以上企业（个）	4	3	−25.00
	年产 20 万 t 以上企业总产量（万 t）	113.9	74.1	−34.94
	占全国总产量（%）	33.6	27.6	−17.86
	年产 10 万 t 以上企业（个）	2	1	−5.00
	年产 10 万 t 以上企业总产量（万 t）	23.7	14.0	−66.12
	占全国总产量（%）	7.0	5.2	−64.78
液体淀粉糖	年产 50 万 t 以上企业（个）	3	2	−33.40
	年产 50 万 t 以上企业总产量（万 t）	178.6	103.2	−42.20
	占全国总产量（%）	18.3	15.7	−14.20
	年产 10 万 t 以上企业（个）	11	18	63.60
	年产 10 万 t 以上企业总产量（万 t）	219.7	378.8	72.40
	占全国总产量（%）	22.6	57.7	155.30

（二）新工艺、新技术、新设备、新产品

（1）由河北省承担的国家农业科技成果转化资金项目"淀粉糖、大豆生物法制取透明黄原胶技术中试"通过验收。透明黄原胶是以淀粉糖、大豆粉等农产品为基本原料，经特殊生物发酵工程制取的生物多糖，是一种具有特殊功能的安全型食品添加剂，属国家"十二五"战略新兴产业重点支持的生物技术领域。该项目在研发过程中取得 4 项重大突破。一是筛选出可同时利用无机氮和有机氮，但以无机氮为主的黄原胶生产菌，且丙酮酸含量达 2.6%；二是酶技术与膜技术相结合，分离提纯发酵液；三是预处理非粮发酵碳源；四是负压低温干燥与低温粉碎相结合，保证多糖分子结构的均一性。

（2）浙江力普粉碎设备有限公司攻克了一般粉碎工艺存在的产品密度大、易扬尘、溶解慢等缺陷，创新研发的黄原胶专用粉碎生产线，已被国内多家黄原胶生产企业选用，使用结果表明，设备运行平稳；粉碎效率高，不停机即可调节粉体细度，且细粉可全部回收，不污染环境；维修、操作和清理方便；生产能力大。

（3）"变性甘薯蛋白生产工艺及其特性研究"项目，已由中国农业科学院农产品加工研究所完成并通过农业部成果鉴定，认为该成果总体达到了国际先进水平，建成的世界上第一条规模化的甘薯蛋白生产线应用结果表明，可以缓解甘薯淀粉加工废液对环境的污染，解决高附加值蛋白资源浪费等问题，对提高我国甘薯淀粉加工综合利用技术水平，保障我国甘薯加工产业可持续发展具有重要意义。

（4）"木薯黄浆废水混合发酵高效、清洁生产技术研发与示范项目"，通过自治区级验收。该项目由明阳生化集团和广西科学院共同完成并建成了中试规模的生产装置1套，筛选出符合木薯黄浆水混合发酵生产乙醇要求的酿酒酵母菌1株，发酵的成熟醪乙醇含量15.05%（V/V），残留总糖1.0%，残留还原糖0.4%，发酵效率达到92.29%。与传统的清水调浆木薯乙醇相比，生产成本降低11%，能耗降低10%以上，废水排放减少34%。

（5）由中国热科院热带生物技术研究所、热带品种资源研究所，中国科学院上海生命科学院，北京基因组研究所等8个单位经过5年联合攻关完成的国家"973"计划项目"重要热带作物木薯品种改良的基础研究"通过验收。该项目在木薯基础研究领域取得突破性进展，为木薯及其他热带作物的基础生物学和遗传改良研究奠定了重要基础，对我国未来的粮食安全和生物能源安全具有重要意义。

（6）世界首家产业化产品——新型高端药用辅料淀粉胶囊投放市场。自1989年美国辉瑞胶囊公司率先开发上市全球第一个羟丙基甲基纤维素非明胶胶囊后，目前国际上已形成以纤维素酯、植物多糖及植物淀粉类为代表的三类不同原料的新型植物胶囊产品，湖南尔康制药以木薯淀粉为原料制成的植物胶囊，与明胶胶囊相比，具有安全、不易变质、无交联反应、稳定性好等优点，具有显著替代传统明胶胶囊的竞争优势。

四、行业管理

（1）为了凸显平台效应，中国淀粉工业协会主办的"2014年第9届上海国际淀粉及淀粉衍生物展览会"，联袂世界制药原料中国展、亚洲食品配料、健康天然原料中国展及上海食品加工技术与装备展同期同地举办，总展出面积达20万m²，参展企业超过3500个，为业内人士打造了一个全球首屈一指的淀粉及其衍生物、医药原料、食品配料及食品机械一站式高效采购平台。展会同期举办的亚洲淀粉大会和行业交流研讨会，同样受到业界专业人士的关注和参与。

（2）在中国淀粉工业协会积极配合和大连商交所1年多的筹备努力下，2014年12月19日玉米淀粉期货上市交易。上市玉米淀粉期货，可通过交割质量标准设计和交割仓库布局，引导产业升级，推动行业整合步伐，提高行业整体实力。为了推动玉米淀粉期货上市工作，在大连商品交易所的支持下，中国淀粉工业协会与期货相关单位联合在多地多次举办推介会或培训班，帮助玉米淀粉产业链上下游的实体企业，提

高运用玉米淀粉期货及场外期权等金融衍生品进行风险管理的能力，打造适合企业自身发展的新型风险管理及经营模式。

（3）受国家卫生和计划生育委员会委托，中国淀粉工业协会起草制订的13种食品添加剂变性淀粉食品安全国家标准，2013年12月已由国家卫生和计划生育委员会发布，2014年6月1日实施。为保证标准的有效实施，中国淀粉工业协会委托变性淀粉专业委员会在江南大学食品学院举办了为期一周的贯标培训班，通过培训和实际操作，帮助变性淀粉生产企业品控人员基本掌握了标准实施要点，为推动企业生产许可证申请和审查工作起到了积极的作用。

（4）为了做好制定"十三五"淀粉行业发展规划，中国淀粉工业协会组织有关人员对玉米淀粉主产区和淀粉糖主产区进行了实地深入调研，并召开各类型座谈会，广泛听取意见和建议，同时对各专业委员会提出了深入下去、摸清底数等具体要求，做好制定"十三五"淀粉行业发展规划的各项准备工作。

（5）为填补甘薯淀粉标准空白、规范行业秩序、保障产品质量安全，2012年以来，中国淀粉工业协会甘薯淀粉专业委员会曾先后多次分别向农业部、商业部、工信部、国标委等部门反映甘薯淀粉国标或行业标准缺失等问题，并申请牵头制定标准。目前，由中国淀粉工业协会甘薯淀粉专业委员会、中国农业科学院农产品加工研究所等单位联合申报的"食用甘薯淀粉"国家标准已被国家标准化管理委员会批准立项。同时批准立项的还有"薯类及薯类制品名词术语"和"甘薯干"农业行业标准。

（6）为加强中国淀粉工业协会网站宣传阵地的利用，全面提高宣传和信息工作的质量，提高网站的点击率和浏览量，真正为企业服好务。2014年中国淀粉工业协会对开通了5年的网站进行了为期2个月的全面改版升级工作。

五、行业未来发展趋势

我国玉米加工业受政策影响较大。前几年，国家考虑粮食安全问题，对玉米深加工业进行宏观调控，诸如取消玉米淀粉等产品出口退税、玉米托市和10余条限制政策。2014年，形势发生变化，由于玉米产量年年增产，深加工消费萎缩，原料供应过剩，国家临储压力巨大，进而转向鼓励转化，依次出台了多项玉米加工转化宽松政策，诸如调整部分产品出口退税率、东北玉米深加工企业竞购加工国家临储玉米补贴管理办法等，尽管这是玉米加工业发展的机遇，但随着我国经济发展进入新常态，玉米加工业也需从规

模速度型的粗放增长转向质量效益型的集约增长；在调结构上下功夫，向产品组合的深度和宽度发展，满足市场的新需求。行业未来发展趋势：

1. 创新引领产业转型升级　通过大宗下游产品转化和细分高附加值个性化产品开发的组合方案，提升淀粉转化率，促进企业向创新驱动型升级发展。

2. 规模和技术研发成主流　针对目前淀粉加工业集中度还较低、科技投入力度小的情况，创新整合模式，加速整合力度，使产品规模逐步聚集，不断增加研发投入，由成本驱动型向技术先导型发展。

3. 健康和环保引领新方向　根据消费需求趋向营养、健康、口味更好、更多元化的新情况，向食品添加剂方向延伸发展。以玉米、秸秆等可再生资源为原料，通过糖化、发酵和化学合成转换成的聚乳酸，是公认的环境友好材料，替代石油基塑料应用已经逐渐成熟，在包装、农膜、纤维、日用品、医药等领域已广泛应用，有较大的市场空间。

4. 风险控制或将成为关键　我国玉米淀粉加工行业在2000年之后快速扩张，出现了产能过剩，行业开工率不足，利润率低，面临着较大市场风险，迫切需要避险工具。玉米淀粉期货上市时间虽然还不长，但在期货市场的带动下，原有市场规律被彻底打破，风险控制将成为核心竞争力。

（中国淀粉工业协会　董延丰）

制 糖 工 业

一、制糖期基本情况

我国有14个省、自治区产糖，沿边境地区分布，主产糖区集中在我国北部、西北部和西南部。甘蔗糖产区主要分布在广西、云南、广东、海南及邻近省、自治区；甜菜糖产区主要分布在新疆、黑龙江、内蒙古及邻近省、自治区。与糖料种植相关的人员近4 000万人。2014/2015年制糖期全国食糖总产量中，甘蔗糖占93.01%，甜菜糖占6.99%。我国的食糖生产销售年度为10月1日至翌年的9月30日，开榨时间由北向南各不相同。甜菜糖厂一般在9月底或10月初开机生产；甘蔗糖厂中，湖南省10月底或11月初开榨，广西、广东、海南等省、自治区11月中或12月初开榨，云南省12月底或次年1月初开榨。2014/2015年制糖期于2014年9月26日中粮屯河新源糖业公司正式开机生产，至2015年6月24日云南孟定糖厂最后一个停机，历时272 d，比上一年制糖期多生产31 d。

全国共有开工制糖生产企业（集团）46个，开工糖厂245个。其中，甜菜糖生产企业（集团）4个，糖厂27个；甘蔗糖生产企业（集团）42个，糖厂218个；另有炼糖企业16个。本制糖期食糖产量超过40万t的制糖企业集团10个，占全国食糖产量的72.26%。2014/2015年制糖期，全国共生产食糖1 055.60万t。其中优级和一级白砂糖974.75万t，精制糖3.65万t，绵白糖29.24万t，赤砂糖和红糖28.77万t，原糖及其他糖19.19万t。本制糖期，全国糖料种植面积157.93 hm²，同比减少11.31%，其中甘蔗种植面积145.71万 hm²，同比减少10.38%；甜菜种植面积12.22万 hm²，同比减少20.99%。甘蔗品种目前仍以台糖系列和粤糖系列为主，两大系列品种占总种植面积的88.10%；其他品种约占总种植面积的11.90%。甜菜主要种植品种仍以原种引进为主。甜菜品种主要以德国KWS系列、比利时安地系列、瑞士先正达系列为主，占甜菜总种植面积的81.43%。2014/2015年制糖期食糖产量、播种面积、开工糖厂数见表1。

表1　2014/2015年制糖期全国糖料播种面积、食糖产量及开工糖厂数

企业分布	糖料播种面积（万 hm²）	产糖量（万 t）	开工糖厂数（个）
全国累计	157.93	1 055.60	245
甘蔗糖合计	145.71	981.82	218
广　东	13.33	79.85	29
其中：湛江	11.33	65.32	20
广　西	90.00	634.00	97
云　南	35.75	230.68	72
海　南	5.02	28.23	14
其　他	1.60	9.06	6
甜菜糖合计	12.22	73.78	27
黑龙江	1.02	3.10	3
新　疆	6.82	44.55	14
内蒙古	2.80	17.70	5
其　他	1.59	8.43	5

2014/2015 年制糖期全国糖料收购价与上一年制糖期相比，甘蔗收购价有所下降，甜菜收购价略有增加。甘蔗平均收购价格（地头价，不含运输及企业对农民各种补贴费用等，下同）为 418 元/t，同比每吨减少 17 元，甜菜平均收购价格为 492 元/t，同比每吨增加 14 元。2014/2015 年制糖期全国制糖行业主要技术指标：甘蔗平均单产 61.80 t/hm²，甜菜平均单产 47.40 t/hm²。甘蔗平均含糖分 13.66%，甜菜平均含糖分 15.14%。甘蔗产糖率 11.94%，甜菜产糖率 12.11%。

二、市场概况

（一）国内食糖市场

2014/2015 年制糖期全国累计产糖 1 055.60 万 t，较上一年制糖期减少 276.20 万 t，同比减少 20.74%。其中，甘蔗糖产量 981.82 万 t，同比减少 21.90%；甜菜糖产量 73.78 万 t，同比减少 1.14%。2014/2015 年制糖期全国食糖消费量 1 510 万 t，比上一年制糖期增加 30 万 t，同比增长 2%；年人均食糖消费量为 11.04 kg。食糖消费结构基本稳定，食糖消费总量中民用消费为 36%，工业消费比例为 64%。2014/2015 年制糖期，中国糖业协会食糖价格指数 4 979 元/t，较上制糖期上涨 141 元/t；工业累计销售平均价格为 4 945 元/t，较上制糖期上涨 312 元/t。本制糖期全国制糖行业销售收入 549 亿元；实现利税总额 10.40 亿元（其中，利润－18.70 亿元）；农民种植糖料收入 385 亿元。2014/2015 年制糖期行业运行特征：

1. 食糖产量大幅下降　全国糖料种植面积 157.93 万 hm²，较上一年制糖期减少 20.13 万 hm²；加工糖料 8 834.50 万 t，较上一年制糖期减少 2 440.50 万 t；食糖产量 1 055.60 万 t，较上一年制糖期减少 276.20 万 t。

2. 食糖消费平稳增长　全国食糖消费量达到 1 510 万 t，较上一年制糖期增加 30 万 t。

3. 国际食糖价格大幅下跌　2014/2015 年制糖期，纽约原糖期货价格持续下跌，期间创出 10.13 美分/磅的 7 年新低。全国食糖进口保持高位。

4. 全行业大幅减亏　食糖进口管控卓有成效，国内食糖价格合理回升，全国制糖工业库存由上一年制糖期 191.40 万 t 减少至 98 万 t，全行业亏损额由上一年制糖期 97.60 亿元减少至 18.70 亿元。

5. 国家宏观调控力度不断加强　国家继续实施制糖工业企业临时储存国产糖政策，缓解了制糖企业资金压力；在行业自律基础上实施了进口关税配额外食糖自动进口许可管理，食糖进口实现了按需、有序、平稳、可控；严厉打击食糖走私等宏观调控措施，维护了市场秩序，保障了食糖市场运行基本稳定。

（二）国际食糖市场综述

2014/2015 年制糖期，受国际食糖市场连续五个制糖期产需过剩以及巴西货币持续贬值等因素影响，纽约原糖期货价格自制糖期初（2014 年 10 月）16.50 美分/磅左右震荡下跌，至 2015 年 8 月下旬创出 10.13 美分/磅的 7 年新低。随后，巴西降雨增加和巴西石油公司提高汽油出厂价格引发市场忧虑，巴西产糖量不及此前预期，纽约原糖期货价格止跌反弹，在制糖期末（2015 年 9 月末）报收于 12.17 美分/磅。整个制糖期，纽约原糖期货价格下跌 24%，最高跌幅约 37%。展望 2015/2016 年制糖期，市场普遍预期全球食糖供求形势将出现新变化。食糖产量方面，"厄尔尼诺"异常天气和食糖价格持续下跌等因素抑制全球食糖生产，预计欧盟、中国和巴西等主要食糖生产国（地区）的食糖产量下降。受此影响，预计全球食糖产量下降。消费方面，食糖价格低迷促进食糖消费，经济增长和人口刚性增长有利于食糖消费增加，预计全球食糖消费量增长。例如，德国分析机构 F.O.Licht 最新报告预计，2015/2016 年制糖期全球食糖产量将减少 816 万 t 至 1.762 亿 t，为 2010/2011 年制糖期以来的最低产量。其中，甜菜糖减少 512 万 t，甘蔗糖减少 304 万 t。国际糖业组织（ISO）预期 2015/2016 年制糖期全球食糖产量将由上年度的 1.73 亿 t 下降至 1.71 亿 t，食糖消费量将由 1.70 亿 t 增加至 1.73 亿 t，产需缺口约 249 万 t。英国 Czarni-kow 公司则预计，2015/2016 年制糖期全球食糖产量将减少 430 万 t 至 1.83 亿 t。其中，预计欧盟甜菜糖产量将减少 390 万 t 至 1 550 万 t；预计全球食糖消费量继续增长 2%左右，高于人口增长水平；预期全球食糖产销缺口 410 万 t。总体判断，市场主流研究分析机构预期 2015/2016 年全球食糖产需将出现缺口，目前预计产需缺口 300 万 t 左右。因此，在 2015/2016 年制糖期，食糖供求基本面变化支撑国际食糖价格止跌回升，重返价值回归之路。但是，作为具有能源属性以及作为美元计价货币的国际食糖，其价格波动还将会受到能源价格波动影响以及受到美元走强压力。

（三）食糖进出口贸易

2014/2015 年制糖期截至 2015 年 8 月底，我国累计进口食糖 307.35 万 t，累计出口食糖 4.22 万 t，进口量与去年同期相比明显增加。我国食糖进出口贸易情况分别见表 2、表 3。

表2　2006—2015年全国食糖进口与贸易方式统计表

单位：万 t

年　度	合　计	一般贸易	来料加工	进料加工	保税仓库进出境货物	特殊监管区域物流货物	边　贸	其　他
2006	136.54	99.30	3.50	20.72	12.93			0.09
2007	119.34	99.18	1.59	13.28	5.22			0.07
2008	77.99	61.91	1.97	8.89	3.67			1.55
2009	106.45	83.02	0.17	9.93	12.77			0.56
2010	176.61	163.91	0.87	10.89	0.04		0.07	0.83
2011	291.94	276.68	0.97	13.27	0.06			0.96
2012	374.72	360.86	0.99	12.55	0.04			0.28
2013	454.59	434.86	1.30	14.77				3.66
2014	348.58	266.33	1.24	13.94	66.93			0.14
2015	307.35	209.28	0.54	6.68	81.19	9.65		0.01

注：2015年统计数字截至8月底。

表3　2006—2015年全国食糖出口与贸易方式统计表

单位：万 t

年　度	合　计	一般贸易	来料加工	进料加工	保税仓库进出境货物	特殊监管区域物流货物	边　贸	其　他
2006	15.45	2.49	3.06	9.61				0.29
2007	11.05	2.24	2.80	5.98				0.03
2008	5.84	1.76	2.15	1.51				0.42
2009	6.39	2.21	0.90	3.15				0.13
2010	9.43	5.65	0.91	1.99			0.25	0.63
2011	5.94	1.79	0.99	2.17	0.00		0.03	0.96
2012	4.71	1.64	0.93	1.87	0.00		0.02	0.25
2013	4.78	1.48	1.06	1.71			0.02	0.51
2014	4.62	1.39	1.09	2.00				0.14
2015	4.22	0.75	0.71	1.23	0.16	1.37		

注：2015年度统计数字截至8月底。

三、行业工作

（1）"2014/2015年制糖期全国食糖产销工作会议暨全国食糖、糖蜜酒精订货会"于2014年11月1～2日在广西桂林市召开。会议通过相互交流、分组讨论，总结了2013/2014年制糖期各产区食糖产销工作，通报了2014/2015年制糖期各产区糖料种植及产量预计情况；通报了新制糖期国家对食糖行业宏观调控的思路和原则；分析和展望了我国经济运行态势和全球食糖形势；分析研究了2014/2015年制糖期全国糖料生产及食糖产销形势，对新制糖期食糖供求平衡、产销工作、政府调控工作提出建议。

（2）"中国糖业协会原糖进口加工委员会第三次工作会议"于2014年11月2日在广西桂林市召开。会议经过充分讨论与协商达成相关自律约定。并根据此次会议精神，于11月27日在北京召开了"原糖进口加工委员会第二次主任工作会议"，会议认真总结了2014年行业自律工作的经验，并就2015年度配额外原糖进口自律承诺达成共识。

（3）工信部消费品司于2014年12月18日在京组织召开了"2014年制糖和糖精行业工作座谈会"，

会议围绕全国制糖行业发展现状、存在的问题以及对新的一年行业生产经营形势进行了深入交流；对2014年限产限销糖精工作进行了回顾总结，对继续加强对定点糖精生产企业管理及对非定点企业的检查研究了具体办法和建议，对行业污染治理和环境保护提出了更高的要求。

（4）为全面了解制糖企业发展现状和面临的困难，中国糖业协会于2015年1月29日在广西南宁召开"全国主产省区糖业协会理事长及全国九大制糖企业（集团）负责人座谈会"，会议听取了参会代表对于目前行业、企业发展所面临的困境汇报，并对人大代表建议案的修改意见和建议进行了研究，专题研究了帮助制糖行业走出困境的对应措施。

（5）中国糖业协会于2015年3月10日在北京组织召开了"全国大型用糖食品企业（集团）座谈会议"。会上各大型用糖食品企业汇报了2014年生产销售基本情况、食糖和淀粉糖的采购和使用情况，以及2015年生产计划和预计食糖采购量，针对当前市场形势下企业用糖问题进行了广泛交流，并对国家宏观调控提出了意见和建议。

（6）"2015年中国（广西）糖业发展国际论坛暨中国糖业协会商业流通会员座谈会"于2015年3月22日在广西南宁召开。国家有关部委领导及广西壮族自治区有关领导做了重要讲话，会议介绍了2014/2015年制糖期的全国食糖产销情况和行业宏观调控政策，分析了2014年国内食品工业运行情况及2015年发展趋势。会议期间，工商企业还探讨了流通领域中存在的问题及对策，并展开了交易洽谈。

（7）中国糖业协会于2015年4月2日在上海组织召开了"制糖及相关行业发展研究——我国甜味剂行业发展及市场消费研究"课题专家论证会，受邀的专家以及课题组代表出席了论证会。该项目课题组按照规划要求，对近十年我国甜味剂行业的发展历程和消费情况进行分析，对我国甜味剂市场消费构成进行了首次细化，研究分析了我国甜味剂市场消费及产业布局现状和未来发展趋势，对存在的问题进行了较为深入的剖析，提出未来我国甜味剂行业发展的大体方向以及政策建议。评审专家组认为该课题研究达到规定要求，一致同意通过验收。会后课题组按专家组意见，对报告进一步修改完善。

（8）"中国糖业协会四届六次理事长工作（扩大）会议暨糖业形势分析会"于2015年5月18日在北京召开。会议听取了各参会代表食糖产销形势汇报，对目前行业存在的问题和面临的形势进行了分析，进一步加强食糖进口行业自律和积极支持国家加强食糖自动进口许可工作，以维护当前我国糖业来之不易的良好形势的意见和建议。会议讨论研究确定了中国糖业协会第五次会员大会相关事宜及第五届理事会理事、常务理事、副理事长、理事长、秘书长等推荐人选。

（9）"中国糖业协会第五次会员大会"于5月19～20日在北京召开。会议表决通过了关于《中国糖业协会四届理事会工作报告》的决议、关于《中国糖业协会四届理事会财务工作报告》的决议、关于修改《中国糖业协会章程》的决议、关于《中国糖业协会会费收缴（标准）办法》的决议和关于调整中国糖业协会分支机构的决议。大会选举产生了中国糖业协会第五届理事会，同期还召开了中国糖业协会第三届专家组工作会。

（10）中国糖业协会于2015年8月18日在吉林省延吉市组织召开了"糖精行业发展研讨会"。会议听取了各成员企业汇报上半年糖精生产计划执行情况和企业生产经营情况的汇报；结合天津港爆炸事故，企业领导就安全生产和污染治理等热点难点问题进行了深入研究和讨论，认真研究分析糖精行业当前面临的形势和制约行业发展的关键因素，并对行业发展提出意见和建议。

（11）中国糖业协会于2015年9月8日至10日在辽宁营口召开了"中国糖业协会五届二次理事长工作会议"。会议听取了各主产省、自治区糖业协会负责人对本省、自治区食糖产销情况的汇报；认真分析了当前我国糖业面临的形势及存在的问题。对原糖进口加工行业自律和自动进口许可工作予以了充分肯定；对中国糖业协会秘书处在落实国务院有关会议精神，实施进口管控工作取得的成效予以了高度评价。会议认真研究了原糖进口加工委员会提交的《原糖进口加工企业（集团）自律准则》（草案）和《原糖进口加工企业（集团）自律原则》（草案），并提出了建设性修改意见。

（12）为了促进我国糖业技术进步和产业升级，推动节能减排和综合利用，降低成本，提高制糖企业综合竞争实力，实现行业健康稳定可持续发展，中国糖业协会于2015年9月22日至23日在云南昆明市组织召开了"全国糖业2014/2015年制糖期绩效同业对标年会"。会议表彰了活动中涌现出来的标杆企业，参会代表还进行了广泛的技术交流与讨论。会议号召全国制糖企业积极参与到"绩效对标"活动中来，掀起"比、学、赶、帮、超"热潮，力争在"十三五"期间全国制糖企业生产技术水平再上新台阶。

（中国糖业协会　胡志江　王让梅）

蔬 菜 加 工 业

一、基本情况

（一）资源情况

2014 年，我国蔬菜种植面积为 21 404.8 万 hm^2，同比增长 2.36%；蔬菜总产量 76 005.5 万 t，同比增长 3.39%。2014 年播种面积最多的 6 省依次是山东为 1 862.41 khm^2，河南为 1 725.62 khm^2，江苏为 1 372.39 khm^2，广东为 1 350.4 khm^2，湖南为 1 329.96 khm^2，四川为 1 315.46 khm^2；全国蔬菜总产量排名前五位的省份：山东为 9 973.7 万 t，河北为 8 125.69 万 t，河南为 7 272.46 万 t，江苏为 5 416.97万 t，四川为 4 069.31 万 t。2014 年全国蔬菜生产形势整体持续向好，农业部 580 个蔬菜重点县信息监测点月底蔬菜在田面积增加，加上气象条件好于 2013 年，蔬菜长势良好，产量有所增加，放大了扩种效果。

（二）发展导向

（1）强化信息检测能力，发挥 580 个蔬菜产业重点县的作用，对 20 类 38 种蔬菜的播种面积、产量、上市档期及地头批发价等生产信息进行监测，加强形势分析研判，强化信息发布和预警。

（2）农业部要求稳定发展蔬菜生产，组织编制全国设施蔬菜发展规划，开展北方城市冬季设施蔬菜开发试点，加强海南、广西、广东等南菜北运基地建设。加快实施新一轮"菜篮子"工程，推动健全落实"菜篮子"市长负责制。推进北方设施蔬菜发展，重点统筹"南菜北运"基地和北方设施蔬菜生产，打造区域分工明确、特色突出的设施蔬菜产业集群，到 2020 年比目前增加 200 万亩，相当于增加近 800 万 t 的蔬菜，使北方大中城市自给率达到 80% 以上。

（3）农业部等 7 部委局将六盘山片区高原夏菜、武陵山片区高山蔬菜、燕山—太行山片区错季蔬菜、西藏地区绿色蔬菜列为扶持重点，将秦巴山片区、乌蒙山片区、滇桂黔石漠化片区、大兴安岭南麓片区、罗霄山片区和四省藏区的蔬菜种植也同时纳入特色产业中进行扶持。

（4）农业部发布特色农产品区域布局规划（2013—2020），四川省西部的稻菜轮作产业带、浙江省沿杭州湾加工蔬菜产业区、丘陵山地的食用笋产业区、重庆市永川和荣昌的笋竹产业带初步形成，实现了农业发展格局的新突破。规划在有区域优势的地区，重点发展莲藕、魔芋、莼菜、藠头、芋头、竹笋、黄花菜、荸荠、山药、黑木耳、银耳、辣椒等 14 种特色蔬菜。要求在特色农产品的传统加工和精深加工上下功夫，延伸产业链，提高特色农产品附加值。

（三）加工业概况

2014 年我国蔬菜加工业总体平稳发展态势，加工比例和产业化水平提高，产品多样化、标准化，以食品安全为重点的完善质量控制体系工作越来越引起规模以上加工企业的重视，同时行业内也加大了资源合理化利用的力度，蔬菜产地初加工和加工副产物综合利用的研发力度得以加强，形成了净菜加工、蔬菜贮运保藏、蔬菜脱水、蔬菜罐藏、蔬菜腌制、蔬菜汁、蔬菜速冻、蔬菜深加工等门类齐全的蔬菜加工产业。我国水生蔬菜的规模化加工受到重视，渐已形成以长江流域为主，辅以珠江流域、黄河流域的 3 个水生蔬菜产业带。水生蔬菜加工主要为保鲜及鲜切蔬菜（莲藕、莲子、莼菜）、蔬菜汁及罐装蔬菜（荷叶茶、马蹄汁、藕汁、马蹄罐头）、蔬菜粉（藕粉、马蹄粉、菱角粉、芋头粉）等。番茄加工产业化关键技术研究与应用、茭白贮藏保鲜与深加工技术研究等 10 个蔬菜类项目获农业部中华农业科技奖。山东省农业科学院在果蔬原料中多酚、花青素、类黄酮等成分的提取、组成分析及功能性上进行了专题研究。

1. 采后加工 采后加工是现代农业的重要内容，加强蔬菜加工技术创新，有利于农产品产后减损、提质增效和质量安全。重点技术在于：田头预冷处理设施建设，采后分级、包装及贮运设备和技术，改善产品外观质量，提高劳动生产率的自动化前处理设备，脱水蔬菜节能设备。组装式恒温库是一种集果蔬 1-甲基环丙烯（1-MCP）处理、预冷及贮藏保鲜为一体的综合性产地贮藏设施，农业部已将该设施建设列入补助项目。真空预冷在蔬菜采后预冷的作用越来越引起重视，欧美日等已把真空预冷作为果蔬采摘后的第 1 道工序。鲜切蔬菜所导致的机械损伤、表面褐变、病原微生物侵染、果蔬腐烂等问题，不但降低蔬菜的商品价值也制约了加工业的发展。因此，鲜切果蔬的保鲜技术日益重要，不同蔬菜和加工方式决定了低温保藏、气调贮藏（CAS）、气调包装（MAP）、涂膜保鲜、防腐保鲜剂、冷杀菌保鲜（辐照杀菌、超高压灭菌、臭氧杀菌）、减压保鲜、生物保鲜剂等技术均在鲜切蔬菜中得到应用。

2. 蔬菜汁、蔬菜罐藏 2014年我国果蔬汁产量为2 387万t。近些年多营养、多功能的复合饮料发展较快，由单一蔬菜汁向功能性复合果蔬汁转化。杀菌技术和膜分离技术特别是反渗透和联合膜分离在果蔬汁生产中的应用，是目前研究热点。闪蒸技术适用于果蔬汁浓缩加工且节能减排意义较大，陕西师范大学提出了工艺解决的技术路线，海南农垦食品饮料有限公司对PET果蔬汁无菌冷灌装工艺进行了研究，运城学院对番木瓜、芹菜复合果蔬汁的澄清工艺进行了研究。蔬菜罐藏指经杀菌并使酶失活后，将经预处理的蔬菜密封在玻璃罐、马口铁罐或其他能密封的容器中，致死或抑制原来存在于蔬菜中的微生物生长，便于较长期储藏。一般的加工过程主要包括挑选、清洗、去皮去杂、热烫、分选、调汁、装罐、高压杀菌排气、速冷密封等。

3. 脱水蔬菜 果蔬干制已经成为加工、增值的一种重要手段，产业发展增值潜力巨大，正在由自然晾晒向机械干燥的方向快速发展。但是除少数大型加工企业外，多数还是小微企业，我国辣椒、黄花菜、木耳等需要制干后才能上市，基本上还是散户加工，通常使用简易棚炉等传统设施，技术落后、劳动强度大、能耗高、污染重，亟须向集约加工方式转变。与发达国家相比干制品比例仍比较低，目前脱水蔬菜的加工量仅占总产量的10%左右。果蔬干燥业必须向质量提高、效率提升的专业化、规模化方向发展。现有热风干燥脱水法所造成的脱水蔬菜易变质、复水率较低以及营养成分流失等问题，引起有关方面的重视，有关资料介绍通过海藻糖溶液浸泡有一定效果。脱水蔬菜的水分含量是品质判定的重要指标之一，吉林省食品检验所对脱水蔬菜中水分含量测定结果的不确定度进行了研究。

4. 速冻蔬菜 属于一种冷冻保鲜食品，即将新鲜蔬菜通过原料处理、清洗、烫漂、脱水、冷却等相应的加工处理后，快速冻结、包装的食品。蔬菜速冻加工业近年来得到了快速发展，便利了人们的日常饮食消费。《GB/T 31273—2014 速冻水果与速冻蔬菜生产管理规范》标准的发布，让国内200多家速冻水果、蔬菜的加工企业站在同一起跑线上，按规范的要求加工生产，对提高加工技术水平，丰富人们的多样化选择，确保质量安全等起到积极作用。天津市食品与生物技术重点实验室对速冻工艺、对胡萝卜等四种蔬菜的维生素C和可溶性固形物（TSS）含量的影响进行了研究，提出了工艺改进措施。

5. 腌制蔬菜 腌制蔬菜历史悠久、风味独特、营养丰富，在调剂蔬菜淡旺季时发挥着巨大作用，深受人们欢迎。我国发酵腌制和非发酵腌制均实现了规模化、标准化生产。腌制蔬菜加工具有明显的区域特色：东北以酸菜和酱菜为主，华北以酱菜为主，华东以榨菜为主，西南、华南以泡菜、榨菜为主。四川的腌制蔬菜发展势头良好，近几年年均增速20%以上。腌制蔬菜低盐化方向明显，四川食品发酵研究院等采用蔬菜预处理和低盐高酸技术改造提升传统盐渍工艺，在提高泡菜产品质量的同时，可降低盐渍用盐量。四川农业大学对不同发酵方式的泡菜挥发性成分分析；西华大学对不同盐质量浓度四川泡菜腐败前后微生物进行分析比较研究，为四川泡菜的腐败防控提供理论参考。

6. 蔬菜物流 2014年上半年，全国规模以上果蔬冷链物流企业数量为680个，其冷库库容总量为2 047万t，较上年同期分别增长36%和8%。计划新建冷藏库（不包括在建工程和二期库）330万t。苏州大福与中国科学院华南植物园等研发干雾控湿生物保鲜技术，在果蔬保鲜和降低贮藏成本等方面具有良好效果，其"干雾"系统既能保持高湿度，又能防止高湿度引起的落水、滴水现象，保证果蔬的新鲜品质。国投中鲁与济南果品研究院果蔬节能冷链与深加工关键技术和装备创新项目，荣获2014年度山东省科技进步一等奖。甘肃出入境检验检疫局将风险矩阵法应用于出口脱水蔬菜的风险评估，保证了商品安全。

7. 副产物利用 蔬菜在采收、运输、加工等环节产生了大量的副产物（如渣、核、根、皮、种子等），蔬菜采后损失率高达20%～25%。以北京为例，每年蔬菜供应约为770万t，每500 g蔬菜平均产生150 g的垃圾，全年蔬菜垃圾约230万t。副产物大多处于简单丢弃或者直接作为饲料或肥料，除了固体废弃物外，加工中还排放了大量的废水，造成资源浪费和环境污染。加大副产物综合利用的研究，对蔬菜加工业提质增效、健康发展事关重要。皖南学院利用南瓜籽壳中极高的药用功能性成分，对南瓜籽壳进行超微粉碎药用研究。江南大学利用豆渣脱腥、超微粉碎制成膳食纤维粉用于番茄酱制作，利用脱水蔬菜橄榄下脚料用于复合苹果汁。

8. 预制菜肴 随着城乡发展和社会化进程，预制菜肴加工业中蔬菜比重也逐步增大，传统预制菜肴产品主要有肉类酱卤预制、地方名菜预制和罐头预制等，现代的即烹、即热、即食预制食品中蔬菜的保鲜预制加工显得越来越重要。

（四）发展布局

2014年全国规模以上蔬菜加工企业6 754个，实现主营业务收入11 271亿元，利润总额855.3亿元，分别同比增长10.4%和6.3%。必须看到，蔬菜加工业中蔬菜原料和生产辅料的价格高，劳动力成本上涨，企业生产成本不断攀升，本年度果蔬菜加工业成本增长要高于主营业务收入增长 1 个百分点,高于利润增长 5.1 个百分点,行业平均利润空间降低,竞争优势下降。江苏兴化以香葱为主的脱水蔬菜生产,成为全国脱水蔬菜生产加工重要基地,产品销往 50 多个国家和地区;山东临沂的 FD 蔬菜成为全国真空冷冻干燥蔬菜加工出口最大基地。山东临沂大林食品有限公司是山东省农业产业化重点龙头企业,也是世界上最大的冻干食品生产基地,企业目前拥有 FD (冻干)生产线 33 条、AD(热烘干)生产线 20 条、MD(干燥箱)50 套,年出口蔬菜 8.25 万 t,年综合生产能力达 5 500 t,FD 生产能力达 4 000 t,位居全球 FD 蔬菜生产企业排行榜之首。针对农产品田间浪费、农民丰产不丰收的问题,国家注意扩大农产品初加工补助范围和规模,发展贮藏、保鲜、分等分级、包装、运销等。农业部确定 2014 年中央财政补贴的 12 个大类 48 个小类机具种类范围,其中果蔬加工机械等 6 个小类 12 个品目列入农产品初加工机械类补贴范围,干燥机械、仓储机械等涉及初加工环节的 5 个小类列入收获后处理机械类补贴范围。

二、国内外市场概况

针对菜价的波动,防止菜贱伤农,上海、宁夏、山东等多省、自治区、直辖市于 2014 年启动了蔬菜价格保险工作,以保障居民生活稳定。加工企业开始重视"互联网+"对未来企业发展的重要性,蔬菜电商销售发展迅速,正逐步替代传统营销模式,成为蔬菜产业未来重要的销售方式之一。大众消费观念和消费能力滞后、冷链物流和易碎、易挤产品在包装物流方面的改进、信誉度的提高和推广等问题,是制约网络销售发展的主要因素。

(一)国内市场

2014 年蔬菜市场价格总体运行平稳,同比略有下降。1~2 月元旦、春节价格走高;3~6 月天气转暖价格季节性下行,6 月降至最低点;7~8 月蔬菜生产进入淡季,加之南方遭遇暴雨、冰雹等,蔬菜价格低迷且止跌回升;9 月继续小幅攀升;10~11 月采收

旺季,价格小幅回落;12 月气温下降,设施蔬菜和南方蔬菜开始替代露地蔬菜,蔬菜价格进入季节性上行。茎菜类受生姜价格的拉动,涨幅明显;叶菜类(菠菜、大白菜等)、果菜类(菜豆、黄瓜等)价格下降;根菜类(白萝卜和胡萝卜)、花菜类(花椰菜和青花菜)价格低位平稳运行。2014 年全国 36 种蔬菜年均批发价格较 2013 年下降了 0.53 元/kg,同比降幅为 11.8%。

(二)国际市场

2014 年蔬菜国际贸易继续呈现回升趋势,出口基本保持稳定,全年出口 125 亿美元,同比增长 7.9%;进口 5.1 亿美元,同比增长 21.7%;贸易顺差 119.9 亿美元,同比增长 7.3%。果蔬罐头出口量为 217.4 万 t,同比下降 6.2%;出口额 28.5 亿美元,同比增长 0.7%。干制蔬菜出口量 32.6 万 t,同比下降 1.4%;出口额 24.3 亿美元,同比增长 5.6%。果蔬汁出口量 52.2 万 t,同比下降 21.8%;出口额 7.4 亿美元,同比下降 26.6%。

三、质量管理与标准化建设

(一)质量管理

农业部制订了《2014 年国家农产品质量安全风险评估计划》,农业部蔬菜产品质量安全风险评估实验室(北京)为 2014 年国家蔬菜产品质量安全风险评估项目总牵头(主持)单位。农业部下发了《加强农药使用安全风险监控工作的通知》,要求结合农产品农药残留抽查监测结果,监测引发蔬菜、茶叶等农产品残留超标的农药品种范围、违规使用情况及残留超标情况。2014 年全国蔬菜农药残留年度抽检合格率为 96.3%,连续 7 年保持 96% 以上,全年未发生重大质量安全事故,蔬菜质量安全水平保持了总体优良稳定。

(二)标准化建设

2014 年有关部门发布与蔬菜加工相关的国家标准 4 项,农业行业标准 11 项,轻工行业标准 7 项,出入境行业标准 4 项(表 1)。

表 1　2014 年有关部门发布的与蔬菜加工相关的标准

标 准 号	标 准 名 称
GB/T 30762—2014	主要竹笋质量分级
GB/T 31121—2014	果蔬汁类及其饮料
GB/T 31273—2014	速冻水果和速冻蔬菜生产管理规范
GB/T 31322—2014	多功能切菜机试验方法
NY/T 1045—2014	绿色食品　脱水蔬菜
NY/T 1047—2014	绿色食品　水果、蔬菜罐头

（续）

标 准 号	标 准 名 称
NY/T 2559—2014	植物新品种特异性、一致性和稳定性测试指南 莴苣
NY/T 2560—2014	植物新品种特异性、一致性和稳定性测试指南 香菇
NY/T 2561—2014	植物新品种特异性、一致性和稳定性测试指南 胡萝卜
NY/T 2574—2014	植物新品种特异性、一致性和稳定性测试指南 菜薹
NY 2619—2014	瓜菜作物种子 豆类（菜豆、长豇豆、豌豆）
NY 2620—2014	瓜菜作物种子 萝卜和胡萝卜
NY/T 2637—2014	水果和蔬菜可溶性固形物含量的测定 折射仪法
NY/T 2643—2014	大蒜及制品中酸素的测定 高效液相色谱法
NY/T 2560—2014	泡椒类食品辐照杀菌技术规范
QB/T 1394—2014	番茄罐头
QB/T 1395—2014	什锦蔬菜罐头
QB/T 1405—2014	绿豆芽罐头
QB/T 1406—2014	竹笋罐头
QB/T 4625—2014	黄瓜罐头
QB/T 4626—2014	香菜心罐头
QB/T 4627—2014	玉米笋罐头
SN/T 0614—2014	出口蔬菜中杜烯残留量的检测 气相色谱
SN/T 0627—2014	番茄黑环病毒检疫鉴定方法
SN/T 2344—2014	黄瓜绿斑驳花叶病毒检疫鉴定方法
SN/T 4059—2014	出口辣椒调味品中磁性金属颗粒物的测定

四、行业活动

（1）"第十五届中国（寿光）国际蔬菜科技博览会"于2014年4月20日至5月30日开幕。本届菜博会由农业部、商务部和山东省人民政府等13个单位主办，设立了1个主展区和14个分展区，并专门设立了台湾馆，主展区展览总面积45万 m^2，室内展览总面积15.6万 m^2。共展出国内外蔬菜2 000多种，共吸引国内外200多个重要代表团及6 000多个旅游团参会，参观总人数达到218万人次。集中签约了31个重点项目，签约额156亿元，实现各类贸易额160亿元。作为国内唯一的国际性蔬菜产业品牌展会已连续成功举办了15届。

（2）以"优质安全，产业之本"为主题的"2014年中国蔬菜产业大会"于2014年5月9～10日在江苏常熟召开。这次会议由中国蔬菜协会主办，农业部及各省、自治区、直辖市农委或农业厅主管领导和专家等800余人参加了会议。农业部总经济师钱克明在

会上作了主题发言，农业部农村经济研究中心主任宋洪远作了宏观"三农"政策报告，20多位专家分别在专业论坛上作了演讲。会上中国蔬菜协会制定并发布了优秀蔬菜生产商评价标准，首次推出13个优秀蔬菜生产商。

（3）"2014年第五届中国蔬菜新优品种博览会"于2014年6月14～16日在上海浦东新区中国青年蔬菜产业创业就业培训园召开。大会由中国农业技术推广中心、中国蔬菜协会、上海市农业委员会等单位主办，来自全国28个省农业主管部门、科研院所、蔬菜相关企业等800余人参会。

（4）"2014年中国（北京）国际果蔬展览会"于2014年11月14～16日在北京国家会议中心举行。该展会由中国果品流通协会等单位主办，来自全国十多个省份及新西兰等19个国家和地区的数百个果蔬展商参加了展会，蔬菜企业和果蔬加工企业的比重明显增加，国际展商的展出面积超过60%。促进国内外技术及贸易交流、品种改良，提高种植及加工技术，完善储藏、保鲜、冷链运输等物流技术，保障果

蔬食品安全和提升品牌影响力是本次展会的宗旨。

（5）"2014 年果蔬精深加工关键技术与装备应用研讨会"于 2014 年 4 月 19～20 日在北京举行，本次会议由国家食品行业生产力促进中心主办，来自国内外的科研院所及企业事业单位的有关专家学者应邀出席，16 名专家学者分别针对各自研究课题作了精彩的学术报告，报告内容分别聚焦果蔬副产物综合利用技术、果蔬营养与功能、果蔬微生物及化学安全性评价、NFC 果蔬汁加工新技术及新装备 4 个方面。

（6）"2014 年中国果蔬汁产业峰会暨中国饮料工业协会果蔬汁分会换届大会"于 7 月 24～25 日在河南焦作举行。本次会议由中国饮料工业协会主办，来自全国各大企业、科研院校的 200 多位代表参加了本次会议。中国工程院院士孙宝国等多位行业专家，从我国目前果蔬汁饮料行业的发展现状、食品添加剂在果蔬汁饮料中的应用等方面作了精彩报告。

（山东省农业机械科学研究院　李寒松）

茶 叶 加 工 业

一、我国茶叶在世界上的地位

根据中国茶叶流通协会提供资料，2014 年世界茶园总面积为 437 万 hm²。其中，我国为 265.0 万 hm²，占世界茶园种植面积的 60.6%，是世界上茶园面积最大的国家。其余国家依次为：印度 56.7 万 hm²，占世界 13.0%；肯尼亚 20.3 万 hm²，占世界 4.6%；斯里兰卡 18.8 万 hm²，占世界 4.3%；越南 12.5 万 hm²，占世界 2.7%。2014 年，世界茶叶总产量为 517.3 万 t。其中，我国为 209.6 万 t，占世界茶叶总产量的 40.5%，是世界上茶叶产量最多的国家。其余国家依次为：印度 120.7 万 t，占世界 23.3%；肯尼亚 44.5 万 t，占世界 8.6%；斯里兰卡 33.8 万 t，占世界 6.5%；土耳其 23.0 万 t，占世界 4.5%。2014 年，世界茶叶总出口量为 182.7 万 t，比上一年减少 3.4 万 t，同比下降 1.8%。茶叶生产国只有 35.3% 的茶叶供出口，其余在国内消费。世界茶叶出口第一位的国家是肯尼亚，出口量为 49.9 万 t，占世界总出口量的 27.3%；第二位是斯里兰卡，出口量为 31.79 万 t，占世界总出口量 17.4%；我国是第三位，出口量为 30.15 万 t，占世界总出口量的 16.5%；第四位是印度，出口量为 20.46 万 t，占世界总出口量的 11.2%；第五位是越南，出口量为 13.20 万 t，占世界总出口量的 7.2%。2014 年，我国茶叶出口地位被斯里兰卡超越，在世界排名下降一位。2014 年世界绿茶的出口比上年增长 8%，主要来自于我国和越南。2014 年世界茶叶消费量 476.4 万 t，十年间增长 132.4 万 t，增幅为 38.49%。我国是世界最大的茶叶消费大国，2014 年消费量达 165.0 万 t，占世界总消费量的 34.6%；排第二的国家为印度，消费量为 92.7 万 t，占世界总消费量的 19.5%；土耳其消费量为 23.5 万 t，占世界总消费量的 4.9%；俄罗斯消费量为 15.4 万 t，占世界总消费量的 3.2%；巴基斯坦消费量为 13.8 万 t，占世界总消费量的 2.9%。世界茶叶出口价格依然低迷，始终在 3 美元/kg 左右徘徊。2014 年斯里兰卡茶叶出口均价最高，为 4.90 美元/kg。其次是我国，为 4.22 美元/kg。我国出口均价的提升，很大程度因人民币对美元汇率变化较大所致。第三是印度，为 3.14 美元/kg。出口量最大的肯尼亚，出口均价为 2.3 美元/kg，排序为第四。

二、我国茶叶生产情况

2014 年我国茶叶生产，遭遇长江中下游茶区严重伏旱、东部茶区早春持续低温多雨等不利因素，仍取得各项生产指标超历史的好成绩。根据国家统计局、农业部和中国茶叶流通协会提供的数据、信息分析如下：

（一）茶园面积

根据国家统计局统计，2014 年全国茶园面积和开采面积统计见表 1。从表 1 可以看出，我国茶园面积和开采面积仍处于上升趋势。2014 年全国茶园面积为 2 649.8 khm²，较上年增长 181.0 khm²，同比增幅为 7.33%，开采面积为 1 989.4 khm²。贵州、四川等省增长较快，全国茶园面积前 5 位的省份为云南、贵州、四川、湖北和福建。

表1　2014年全国茶园面积

地　区	茶园总面积（khm²）		2014比2013年增加		2014年采摘面积（khm²）
	2013年	2014年	绝对数（khm²）	同比增长（%）	
全国总计	**2 468.8**	**2 649.8**	**181.0**	**7.33**	**1 989.4**
江　苏	34.0	34.3	0.3	0.88	28.5
浙　江	184.0	195.6	11.6	6.30	175.3
安　徽	155.3	166.6	11.3	7.24	144.6
福　建	232.3	242.9	10.6	4.58	216.3
江　西	72.6	77.8	5.2	7.18	58.3
山　东	22.7	23.9	1.2	5.36	17.0
河　南	97.7	105.5	7.8	7.96	88.5
湖　北	291.8	303.8	12.0	4.12	218.9
湖　南	115.5	127.5	12.0	10.40	98.4
广　东	44.2	48.2	4.0	9.05	42.5
广　西	62.9	67.1	4.2	6.65	53.8
海　南	1.2	1.3	0.1	2.59	1.1
重　庆	35.9	37.7	1.8	4.93	28.4
四　川	284.0	305.7	21.7	7.64	216.4
贵　州	313.2	369.3	56.1	17.89	174.8
云　南	400.6	409.4	8.8	2.20	346.0
西　藏	0.2	0.5	0.3	113.64	0.1
陕　西	109.7	121.4	11.7	10.62	75.1
甘　肃	10.8	11.4	0.6	4.99	5.6

根据农业部统计数据，2014年全国无公害茶园面积为1 758.7 khm²，同比增长94.0 khm²，同比增幅为5.68%。全国有机茶园面积为159.3 khm²，同比增长12.4 khm²，同比增幅为8.41%。无性系良种茶园面积为1 632.7 khm²，同比增长193.3 khm²，同比增幅为13.4%，在全国茶园总面积中的比重由上年的55.2%上升到59.5%。

（二）茶叶产量

根据国家统计局统计，2014年全国茶叶总产量及茶类产量见表2。2014年全国干毛茶产量为209.6万t，较2013年的192.4万t增长17.2万t，同比增幅为8.9%。除海南省略有减产外，其他产茶省、自治区、直辖市几乎全部增产。全国茶叶产量最多的省有福建、云南、湖北和四川等。根据农业部提供数据，2014年全国名优茶产量为89.9万t，比2013年增长8万t，同比增幅9.76%；大宗茶产量为119.3万t，增长11.5万t，同比增幅为10.75%。全国名优茶和大宗茶产量分别占茶叶总产量的43%和57%，大宗茶增幅超过名优茶，分别下降和上升2个百分点。

表 2　2014 年全国茶叶产量

单位：t

地　区	茶　叶	其　中						
		绿茶	青茶	红茶	黑茶	黄茶	白茶	其他茶叶
全国总计	2 095 709	1 416 238	249 605	180 180	112 885	234	17 287	119 280
江　苏	14 592	12 334		2 250			5	3
浙　江	165 385	159 607		1 296	2 989			1 494
安　徽	111 196	103 741	20	5 660			91	1 684
福　建	372 087	114 859	197 461	43 359			14 626	1 782
江　西	47 123	37 390	1 017	5 723	32	14	622	2 325
山　东	17 647	17 647						
河　南	61 119	53 910		7 209				
湖　北	250 316	186 451	3 817	27 467	18 343	28 695	980	2 906
湖　南	161 813	71 994	3 330	17 342	52 531	61 169	3	7 949
广　东	73 925	29 281	34 632	3 410				6 593
广　西	58 752	39 694	366	12 122	1 178	1 085		5 485
海　南	1 025	421		572				32
重　庆	33 753	28 124	41	3 679	1 894			1 909
四　川	233 970	194 690	3 895	3 788	14 428	15 245	392	15 814
贵　州	107 145	88 655	659	4 863	480	3 670	565	8 696
云　南	335 495	227 120	4 367	41 441			3	62 562
西　藏	54	5						47
陕　西	49 128	49 128						
甘　肃	1 185	1 185						

（三）茶叶产值

根据农业部提供数据，2014 年全国干毛茶总产值为 1 349 亿元，较 2013 年增加 216 亿元，同比增幅为 9.07%。除海南略有减少外，其他产茶省、自治区、直辖市均有增加，增加较多的省为：贵州增加 55.9 亿元，同比增幅为 52.98%，陕西、云南分别增加 27.3 亿元和 26.5 亿元，福建、浙江、四川、湖北也都增加 14 亿～20 亿元。

2014 年全国名优茶总产值为 892.5 亿元，增加 131.3 亿元，同比增幅为 17.26%；大宗茶产值为 456.4 亿元，同比增幅为 22.77%。全国名优茶和大宗茶产值分别占茶叶总产值的 66.2% 和 33.8%，大宗茶增幅超过名优茶，分别下降和上升 1 个百分点。

（四）茶叶单产和单产值

根据农业部提供信息，2014 年全国茶叶单产水平在连续 3 年下降基础上，开始止降回升。按茶园面积计算，平均产量 763.2 kg/hm²，同比增加 40.95 kg/hm²，同比增长 4.89%；按采摘面积计算，平均产量 992.7 kg/hm²，同比增加 17.70 kg/hm²，同比增长 1.81%。除江西、山东、河南、广西、海南单产下降外，其他产茶省、自治区、直辖市均有所提高。同时，按茶园面积计算，全国平均每公顷产值为 49 200 元，增加 5 730 元，同比增幅为 13.2%；按采摘面积计算，每公顷产值为 63 990 元，增加 5 745 元，同比增幅为 9.88%。除江苏、河南、海南每公顷产值下降外，其他产茶省、自治区、直辖市均有所提高。

（五）茶叶出口

据海关统计，2014 年我国茶叶出口总量为 30.1 万 t，同比下降 7.55%；出口金额为 12.7 亿美元，同比上升 2.1%。近年来，由于生产成本持续上升和茶叶品质明显改善，我国茶叶出口价格逐年上涨。绿茶出口价同比上涨 8.4%，红茶上涨 33.8%，乌龙茶上涨 12.7%，普洱茶上涨 20.5%，花茶上涨 1.3%。2014 年茶叶出口中，绿茶、红茶和乌龙茶均量减价增。在 30.1 万 t 的茶叶总出口量中，绿茶占 80% 以上，达 24.9 万 t，同比下降 5.8%；出口金额为 9.5 亿美元，同比增 2.2%。红茶出口量为 2.8 万 t，同比下降 15.6%；出口金额为 1.5 亿美元，同比上升 13%。乌龙茶出口量为 1.5 万 t，同比下降 9.7%；出口金额为 0.89 亿美元，同比上升 1.8%。与此同时，2014 年花茶和普洱茶出口量价齐跌，花茶出口量为 5 782 t，金额为 4 715 万美元，同比分别下降 15.7% 和 14.6%；普洱茶出口量为 3 385 万 t，金额 3 915 万美元，同比分别下降 25.0% 和 9.6%。2014 年我国茶叶出口到 126 个国家和地区，超过万吨的国家和地区有摩洛哥、多哥、乌兹别克斯坦、美国、阿尔及利亚、日本、毛里塔尼亚、俄罗斯、塞内加尔、德国和中国香港等。这 11 个国和地区出口量占我国出口总量的 66.5%，其中摩洛哥长期占我国茶叶出口首位，占我国茶叶出口总量的 20%。2014 年我国茶叶出口还显现出不少茶叶主销市场大幅下降。摩洛哥、乌兹别克斯坦、美国、日本、毛里塔尼亚同比分别下降 3.6%、30%、30.7%、17.1%、22.5%；俄罗斯市场连续数年低迷，已从 2010 年第 3 位降至目前第 8 位。我国茶叶出口减少的原因：一是茶叶出口价格涨幅较大，抑制了市场需求，贸易量下降。二是部分非洲国家疾病疫情和政局动荡影响了茶叶贸易，对非洲出口下降了 4.2%。三是欧盟、日本等茶叶农残检验标准严苛、检验方法多变。2014 年我国出口欧盟及日本的茶叶因农残检测超标被通报 32 次，其中欧盟 30 次、日本 2 次。四是俄罗斯经济形势复杂，加之西方制裁使卢布大幅贬值，茶叶消费不振。五是乌兹别克斯坦茶叶贸易周期长，回款慢，企业经营风险大，茶叶出口萎缩。

三、茶事动态

（1）国家主席习近平对我国茶产业发展和茶文化在世界上传播十分关心。2014 年 4 月 1 日，国家主席习近平在比利时布鲁日欧洲学院发表演讲，当论述我国与欧洲关系时，巧妙以茶和酒借喻我国和欧洲关系："我们要建设文明共荣之桥，把中欧两大文明连接起来。中国是东方文明的重要代表，欧洲则是西方文明的发祥地。正如中国人喜欢茶而比利时人喜爱啤酒一样，茶的含蓄内敛和酒的热烈奔放代表了品味生命、解读世界的两种不同方式。但是，茶和酒并不是不可兼容的，既可以酒逢知己千杯少，也可以品茶品味品人生。中国主张'品而不同'，而欧盟强调'多元一体'。中欧要共同努力，促进各种人类文明之花

竞相绽放。" 2014 年 7 月 16 日，到巴西访问的习主席，在巴西国会作《弘扬传统友好，共谱合作新篇》的演讲，其中开篇就讲到 200 多年前中国茶农到巴西帮助种茶增进友谊的故事："'海内存知己，天涯若比邻'。用这句古诗形容中巴关系再贴切不过了。中国和巴西远隔重洋，但浩瀚的太平洋没能阻止两国人民的友好交往的进程。200 多年前，首批中国茶农就跨越千山万水来到巴西种茶授艺。在 1783 年维也纳世界博览会上，巴西出产的茶叶赢得了广泛赞誉。中巴人民在漫长岁月中结下的真挚情谊，恰似中国茶农的辛勤劳作一样，种下的是希望，收获的是喜悦，品味的是友谊。" 2014 年 9 月 16 日，习主席访问斯里兰卡，在斯里兰卡《每日新闻》发表题为《做同舟共济的逐梦伙伴》署名文章，开篇就写道："斯里兰卡是印度洋上的一颗明珠，这里有勤劳勇敢的人民，还有香飘四溢的红茶、晶莹夺目的宝石，令人向往。"红茶是我国六大茶类之一，已有 400 多年历史。100 多年前，英国人将中国茶树引种到印度和斯里兰卡。当地气候适宜红茶生产，造就了斯里兰卡红茶，又称锡兰红茶。锡兰红茶与我国祁门红茶和印度阿萨姆红茶、大吉岭红茶并称世界四大红茶。

（2）随着中央廉政政策的推行，2014 年高档名优茶销售量和价格继续下行，而价格适中的中、低档名优茶市场销售量增价升。据中国茶叶流通协会提供的信息，低档春茶价格较往年提高 10% 左右，市场上 200~600 元/kg 的中、低档名优茶比较受消费者的欢迎，价格在 250 元/kg 以内的中档茶成为 2014 年春市场消费主流。

（3）随着城市化进程的加快和农村劳力进城务工，茶区各地茶叶生产用工需求矛盾进一步突出，特别是采摘劳力缺乏，鲜叶老在树上的现象普遍，已形成茶产业发展的主要瓶颈。据报道，湖北省采摘高峰期采茶工缺口达 15%~25%，东部茶区则大量通过省外招工缓解用工紧张。如江苏茶区采茶工多从安徽、河南等地调集，与上年相比，采茶工工资平均增加 500 元/月，月薪最低也要 3 000 元/人。浙江采茶工短缺更突出，高峰期采摘劳力缺口在 50 万人以上，新昌县采摘人工成本从 100 元左右/人上升到 120~150 元/人，包吃包住，还要报销往返路费，中档龙井茶的采摘成本达 75 元/kg，采茶成本同比增加 20%，上升趋势仍在继续。为缓解采茶劳力矛盾，推广机械化采茶已势在必行。2014 年，湖北省宜都市春茶机采面积达 4293.33 hm²，占总采摘面积的 70%。五峰县机采面积达 4 800 hm²，占采摘总面积的 40%。

（4）据国家标准公告，21 项茶叶国家标准于

2014 年 6 月 22 日起实施。其中包括 GB/T 8302—2013《茶取样》、GB/T 8303—2013《茶磨碎试样制备及其干物质测定》、GB/T 8304—2013《茶水分测定》、GB/T 8305—2013《茶水浸出物测定》、GB/T 8306—2013《茶总灰分测定》、GB/T 8307—2013《茶水溶性和水不溶性灰分测定》、GB/T 8308—2013《茶酸不溶性灰分测定》、GB/T 8309—2013《茶水溶性灰分碱度测定》、GB/T 8310—2013《茶粗纤维测定》、GB/T 8311—2013《茶粉末和碎茶含量测定》、GB/T 8312—2013《茶咖啡碱测定》、GB/T 8313—2013《茶游离氨基酸测定》、GB/T 18798.4—2013《固态速溶茶　第 4 部分：规格》、GB/T 18798.5—2013《固态速溶茶　第 5 部分：自由流动和紧密堆积密度测定》、GB/T 30357.1—2013《乌龙茶　第 1 部分：基本要求》、GB/T 30357.2—2013《乌龙茶　第 2 部分：铁观音》、GB/T 30375.1—2013《茶叶贮存》、GB/T 30376—2013《茶叶中铁、锰、铜、锌、

镍、磷、硫、钾、钙、镁的测定　电感耦合等离子体发射光谱法》、GB/T 30377—2013《紧压茶茶树种植良好规范》、GB/T 30483—2013《茶黄素测定　高效液相色谱法》等 21 项。此外，GB/T 30766—2014《茶叶分类》国家标准于 2014 年 10 月 27 日起实施。

（5）随着 O2O 模式的广泛普及，越来越多的品牌茶企开始在天猫、淘宝、京东等第三方平台上开设旗舰店，电商化成为品牌茶企拓展茶叶销售途径的新方向，也是必然方向。2013 年 10 月国内电商航母阿里巴巴与福建省安溪县政府合作打造"安溪铁观音天猫秋茶节"，2014 年 6 月京东商城在安溪举办"京东 POP 开放平台招商大会"，召集安溪百家安溪品牌茶企进驻京东商城。2013 年安溪茶叶电商销售额超过 15 亿元，2014 年安溪电子商务总产值将超过 20 亿元。

（中国农业科学院茶叶研究所　权启爱）

蜂产品加工业

一、基本情况

2014 年，蜂产品产量持续增长，内销量市场日益看好，产业结构调整和优化升级步伐持续加快，"互联网＋蜂产业"快速发展，阿里巴巴、天猫、淘宝、京东、1 号店、易趣、拍拍、当当、卓越等网店的发展如雨后春笋。2014 年，我国蜂蜜产量 46.8 万 t，约占世界总产量的 28%，比 2010 年增长 16.7%，居世界首位；蜂王浆产量约 4 000 t，约占全球总产量的 90%，居世界第一；蜂花粉产量约 6 000 t，蜂胶产量约 350 t，均名列世界前茅。2014 年，我国蜂产品出口总额达 3.53 亿美元，比 2010 年增长 63%，蜂产品出口整体显现大幅上升趋势。

二、生产与销售

（一）蜂蜜

1. 蜂蜜生产

2014 年早春，南方，蜜蜂春繁地区云南、四川、湖北、江西、安徽、江苏等地出现了历史罕见的高温干旱天气，越冬蜜蜂出现了严重的空飞与盗蜂现象，造成越冬蜜蜂群势下降，蜜蜂弱群繁殖时间拉长，形

成强群期较往年普遍晚 10～15 d。同时，蜜蜂春繁蜜源油菜受高温干旱之影响，开花提前 3～5 d，致使蜜蜂采油菜花高效期较往年偏少半月有余。受此双重影响，全年南方油菜花蜜普遍较正常年景下降 3 成至 4 成。4 月至 5 月上旬，受强冷空气侵袭，北京、河南、山东、河北、辽宁等地蜜源植物洋槐花芽受冻，洋槐蜜生产受损严重，基本无收获。甘肃及陕西延安、山西临汾等地区开花泌蜜较好，蜂蜜采集一般在 30～40 kg/群；陕西延安，山西临汾吕梁部分地区高达 60 kg/群，创了自 2003 年以来的新高，最高单产打破了 2003 年的最高纪录。从全国来看，洋槐蜜总产较正常年景丰收。7 月，华北、东北、西北及内蒙古等主要蜜源植物受气候影响，流蜜状况较正常年景略差，油菜、荆条、椴树等流蜜与常年持平；陕北、山西吕梁等枣花蜜生产期虫害影响较大，流蜜受损，平均单产 10～20 kg，枣花蜜歉收。东北椴树蜜源流蜜形势一般，黑龙江尚志地区，吉林省桦甸、大蒲、柴河、抚松、靖宇等地椴树流蜜形势较好，平均单产 40～50 kg，收成可观。河北、山西、北京等地荆条流蜜形势偏差，产量平均在 10～15 kg；东北荆条蜜主产区辽宁葫芦岛、锦州、朝阳等地荆条流蜜形势一般，平均单产在 35～40 kg。内蒙古地区油菜蜜生产正常，海拉尔地区平均单产 30～40 kg，较好的

地区可达 50 kg。

2014 年，按农业部《全国养蜂业"十二五"规划》中的区域划分，华北地区 5 省份（北京、天津、河北、山西和山东）蜂蜜产量约 2.6 万 t，东北地区 4 省份（内蒙古、辽宁、吉林、黑龙江）约 3.7 万 t，华东地区 6 省份（上海、江苏、浙江、安徽、江西、福建）约 14.1 万 t，中南地区 6 省份（河南、湖北、湖南、广东、广西、海南）约 16.8 万 t，西南地区 5 省份（重庆、四川、贵州、云南、西藏）约 7.8 万 t，西北地区 5 省份（陕西、甘肃、青海、宁夏、新疆）约 2 万 t（表 1）。

表 1　2014 年全国区划六地区蜂蜜产量

单位：万 t

地　区	产　量	地　区	产　量
华北地区（5 省份）	**2.6**	东北地区（4 省份）	**3.7**
北　京	0.2	内蒙古	0.2
天　津		辽　宁	0.1
河　北	1.3	吉　林	1.5
山　西	0.5	黑龙江	1.9
山　东	0.6		
华东地区（6 省份）	**14.1**	中南地区（6 省份）	**16.8**
上　海	0.1	河　南	9.5
江　苏	0.5	湖　北	2.7
浙　江	8.8	湖　南	1.3
安　徽	1.9	广　东	1.9
江　西	1.6	广　西	1.3
福　建	1.2	海　南	0.1
西南地区（5 省份）	**7.8**	西北地区（5 省份）	**2.0**
重　庆	1.8	陕　西	0.6
四　川	4.7	甘　肃	0.1
贵　州	0.3	青　海	0.2
云　南	1.0	宁　夏	0.1
西　藏		新　疆	1.0

2. 蜂蜜国内外市场

（1）蜂蜜收购　2014 年根据中国养蜂学会不完全统计，我国蜜蜂收购价格涨跌互现，不同品种不同地区蜂蜜价格均有所差异，浮动范围大约 5 500～26 000 元/t。中国养蜂学会 2014 年主要蜂蜜品种收购价格报告显示：油菜蜂蜜收购价格为 5 500～6 500 元/t，非纯正洋槐蜂蜜（含油菜、泡桐蜜）价格为 9 000～10 000 元/t，纯正洋槐蜂蜜价格为 12 000～13 000 元/t，枣花蜂蜜价格为 12 000～17 000 元/t，荆花蜂蜜价格为 7 000～10 000 元/t，椴树蜂蜜价格为 10 000～20 000 元/t，葵花蜂蜜价格为 7 000～7 200 元/t，柑橘蜂蜜价格为 8 000～9 000 元/t，荔枝蜂蜜价格为 13 000～14 000 元/t，龙眼蜂蜜价格为 15 000～16 000 元/t，山花蜂蜜价格为 12 000～15 000 元/t。

（2）蜂蜜国内市场　在蜂蜜销售价格方面，2014 年各大超市、网店和专卖店的销售价格差异较大。其中，各大超市销售价格为 18.8～199.8 元/kg，网店销售价格为 37.2～236 元/kg，专卖店销售价格为 60～1 980 元/kg；进口蜂蜜销售价格最高，为 356～3 196 元/kg。在消费量方面，2014 年国内蜂蜜消量为 34 万 t，与 10 年前相比（2005 年蜂蜜国内消费 21 万 t）增长了 38%，若以此速度消费，我国将有望成为世界蜂蜜消费大国，全国蜂蜜产量将供不应求。

（3）蜂蜜国际市场　在出口方面，据海关统计，2014 年我国蜂蜜出口 12.98 万 t，同比增长 3.9%；创汇 2.6 亿美元，同比增长 5.6%；平均单价 2 005.0 美元/t，同比增长 1.6%。2014 年，我国蜂蜜出口欧洲 7.96 万 t，同比下降 0.7%；创汇 1.5 亿美元，同比增长 3.6%；平均单价 1 940.2 美元/t，同比增长 4.4%。出口亚洲地区 4.03 万 t，同比下降 0.7%；创汇 8 746.6 万美元，同比下降 2.7%；平均单价 2 171.9 美元/t，同比下降 2.0%。出口非洲 4 268.9 t，同比增长 39.7%；创汇 744.1 万美元，同比增长 38.4%；平均单价为 1 743.0 美元/t，同比下降 0.9%。出口南美洲 118.9 t，同比增长 19.9%；创汇 24.5 万美元，同比增长 19.3%；平均单价 2 063.7 美元/t，同比下降 0.5%。出口北美洲 544.3 t，同比增长 556.8%，创汇 118.7 万美元，同比增长 468.7%；平均单价 2 180.3 美元/t，同比下降 13.4%。出口大洋洲 5 035.8 t，同比增长 424.5%；创汇 955.0 万美元，同比增长 411.4%；平均单价 1 896.3 美元/t，同比下降 2.5%。出口前十名的国家有日本、比利时、英国、西班牙、德国、泰国、澳大利亚、荷兰、波兰、意大利。主要出口的省、自治区、直辖市有北京、天津、河北、山西、内蒙古、辽宁、吉林、黑龙江、上海、江苏、浙江、安徽、福建、山东、河南、湖北、湖南、广东、广西、海南、重庆、四川、陕西、宁夏、新疆。2014 年，我国蜂蜜出口企业类别按创汇多少依次为私营企业、国有企业、外商投资企业、外商独资企业、中外合资企业、集体企业。在进口方面，2014 年我国主要蜂蜜进口国为日本、比利时、英国。据海关统计，从日本进口 2.6 万 t，同比下降 15.6%；金额 5 876.2 万美元，同比下降

16.5%；平均单价 2 260.7 美元/t，同比下降 1.0%。从比利时进口约 2.1 万 t，同比增长 2.9%；金额 4 747.0 万美元，同比增长 17.0%；平均单价 2 225.8 美元/t，同比增长 13.7%。从英国进口约 2.2 万 t，同比增长 0.7%；金额 3 745.4 万美元，同比下降 2.4%；平均单价 1 685.4 美元/t，同比下降 3.1%。

（二）蜂王浆

我国是蜂王浆生产和出口大国，蜂王浆总产量约占世界的 90%。然而，我国蜂王浆的经济价值却不乐观，不论是内销价格还是出口价格均处于全球最低位。2014 年，全国蜂王浆产量约 3 000 t，收购价格约 110～150 元/kg，出口 1 400 t，内销 1 200 t，出口仍大于内销。

1. **蜂王浆生产** 我国蜂王浆生产仍为手工作业，属劳动密集型。近几年，随着国内劳动力及生产资料成本不断上涨，蜂场雇工难，收购价下跌，产销价格倒挂等因素，许多生产蜂王浆蜂场开始缩减蜂王浆生产，转型生产蜂蜜，导致产量未见上升趋势。2014 年我国蜂王浆产量近 3 000 t，同比持平。

2. **蜂王浆国内市场** 据中国养蜂学会全国蜂产品市场信息，2014 年蜂王浆国内销量未见上涨，约 1 200 t，同比持平，仍处低迷状态，与 2013 年相比跌幅 35%。2014 年，蜂王浆收购价仍处低位徘徊，收购价因时间、品种、质量不同有所差异。一季度，蜂农见面价 110～180 元/kg，之后下滑，最低跌至 90 元/kg。下半年有所回升到约 120 元/kg。2014 年 6 月 30 日，蜂王浆在渤海商品交易所现货交易平台挂牌上市，交易平台价格看好，开盘价为 419.80 元/kg，最高达 421.20 元/kg，当日成交额突破 1 亿元；后有下滑，第四季度平均成交价为 265 元/kg。2014 年，渤商所蜂王浆总交易量约 140 t。国内其他市场如超市、网店、专卖店蜂王浆零售价格约 336～1 160 元/kg。

3. **蜂王浆国际市场** 2014 年，我国蜂王浆主要出口日本、法国、比利时、美国、西班牙、泰国、沙特、马来西亚、德国、韩国、土耳其、乌拉圭、新加坡、澳大利亚、意大利、荷兰、阿根廷、加拿大、阿联酋及中国香港等国家和地区，全年共出口蜂王浆约 1 400 t，同比下降 15.7%。

（1）鲜王浆出口 2014 年，我国出口鲜蜂王浆 742.78 t，同比下降 8.18%；创汇 2 014.25 万美元，同比下降 14.61%（表 2）；鲜蜂王浆出口企业主要来自浙江、江苏和北京，主要出口企业为：浙江江山恒亮蜂产品有限公司、杭州碧于天保健品有限公司、杭州蜂之语股份有限公司、北京一品全蜂产品有限公

司、浙江裕蜂行进出口有限公司、南京豪瑞贸易有限公司、浙江江山健康蜂业有限公司、宁波市海曙区健升经贸有限公司、杭州天厨蜜源保健品有限公司、宁波顺康保健品有限公司。

表 2　2014 年我国鲜蜂王浆出口国家及地区统计

国家或地区	数量（kg）	金额（美元）
日　本	288 710	9 457 723
法　国	96 900	2 252 594
比利时	71 081	1 716 882
美　国	50 400	1 385 998
西班牙	53 808	1 209 422
泰　国	61 508	1 179 561
沙　特	27 300	495 338
马来西亚	13 632	408 687
德　国	14 901	374 875
韩　国	9 925	270 837
土耳其	10 600	204 625
乌拉圭	9 300	172 080
新加坡	3 959	151 569
澳大利亚	4 762	135 089
意大利	4 500	111 854
荷　兰	3 000	90 000
阿根廷	3 000	75 000
中国香港	2 400	74 866
加拿大	2 150	50 795
阿联酋	2 118	49 994
总　计	**736 104**	**19 917 783**

（2）蜂王浆冻干粉出口 2014 年，我国出口蜂王浆冻干粉 220.55 t，同比下降 16.49%；创汇 1 919.27 万美元，同比下降 21.05%（表 3）。出口蜂王浆冻干粉省份主要是浙江、辽宁、湖北及北京，主要出口企业为：杭州蜂之语股份有限公司、浙江惠松制药有限公司、浙江江山恒亮蜂产品有限公司、青海新铠实业有限公司、大连大阁保健品有限公司、湖北省扬子江蜂业有限公司、杭州特耐虬进出口有限公司、杭州天厨蜜源保健品有限公司、浙江省医药保健品进出口有限责任公司、北京一品全蜂产品有限公司。

表 3　2014 年我国鲜蜂王浆出口国家及地区统计

国家或地区	数量（kg）	金额（美元）
日　本	95 408	9 702 809
美　国	32 270	2 425 374
澳大利亚	16 060	1 454 426
新西兰	14 840	1 195 449
西班牙	16 300	1 176 799
法　国	7 760	578 863
荷　兰	6 900	536 930
埃　及	3 600	354 310
沙　特	6 200	256 312
比利时	3 003	211 580
韩　国	2 050	206 204
德　国	2 240	169 167
印度尼西亚	2 655	160 884
马来西亚	1 945	159 997
意大利	1 500	107 891
新加坡	1 200	90 000
加拿大	885	71 420
泰　国	900	69 652
乌拉圭	1 300	66 205
中国香港	650	53 649
总　计	**217 666**	**19 047 921**

表 4　2014 年蜂王浆制剂出口国家及地区统计

国家或地区	数量（kg）	金额（美元）
哥伦比亚	84 970	667 711
墨西哥	61 623	498 172
美　国	39 159	379 043
加拿大	33 739	246 539
斯洛伐克	23 407	215 100
巴拿马	23 118	177 769
德　国	6 381	152 809
危地马拉	17 568	144 000
罗马尼亚	22 255	127 760
中国香港	12 600	110 813
匈牙利	10 640	98 000
新西兰	1 339	85 230
马来西亚	3 801	57 299
荷　兰	2 496	46 197
哥斯达黎加	5 257	43 496
澳大利亚	2 942	42 461
洪都拉斯	5 497	41 966
印度尼西亚	4 026	37 950
智　利	3 440	35 291
毛里求斯	1 422	15 900
总　计	**365 680**	**3 223 506**

（3）蜂王浆制剂出口　据中国养蜂学会不完全统计，2014 年全国蜂王浆制剂约 200 种，主要用于内销，也有少量出口。据海关及中国医药保健品商会统计，2014 年蜂王浆制剂出口约 372.86 t，创汇316.57 万美元，同比下降 19.15%，主要出口的国家和地区见表 4。主要出口的地区为黑龙江哈尔滨、辽宁、浙江、天津和北京，主要出口企业有：哈药集团股份有限公司、沈阳美尔康对外贸易有限公司、大连瑞兴国际贸易有限公司、辽宁粮油进出口股份有限公司、杭州裕美生物科技有限公司、哈尔滨怡康药业有限公司、辽宁华曦集团医保、天津土产进出口集团有限公司、大连古草天然保健品有限公司、北京同康保健品公司。

（4）蜂王浆进口　据海关统计，2014 年我国仍进口少量蜂王浆，主要来自马来西亚（212 kg）、新西兰（10 kg）、日本（2 kg），共进口量 224 kg，进口金额 12 282 美元。

（三）蜂花粉

我国蜂花粉生产主要以大宗油菜花粉、茶花粉和杂花粉为主，荷花、玉米、柳树、荞麦、五味子花粉等为辅。油菜花粉主产区有江西、安徽、湖北、四川、辽宁、青海、甘肃、新疆、内蒙古等地；茶花粉主产区有四川、江西、安徽、浙江、江苏等地。据中国养蜂学会及全国蜂产品市场信息会不完全统计，2014 年全国蜂花粉产量约 5 000 t。

1. 蜂花粉生产　2014 年，由于气候干旱，内蒙古赤峰、包头等花粉歉收，青海大宗油菜花粉产量也有所下降等，其他花粉主产省均受天气影响，全年蜂花粉产量下降。2014 年全国花粉产量约 5 000 t，同比下降 20%。

2. 蜂花粉国内市场 2014 年油菜花粉与蜂农收购价 27～31 元/kg，同比上涨 10%～28%；茶花粉收购价 35～40 元/kg，同比增长 17%～25%；杂花粉收购价 20～22 元/kg，同比基本持平。2014 年蜂花粉国内市场主要是超市、网店和专卖店，国内总销量约 3 000 t，同比持平；内销价格因不同市场而异，超市及网店价格约 116～438 元/kg；专卖店价格各异，但相对较高，为 118～1 320 元/kg。

3. 蜂花粉国际市场 2014 年，我国蜂花粉国际市场形势良好，主要出口韩国、美国、墨西哥、日本、沙特、乌拉圭、马来西亚、德国、希腊、比利时、法国、阿根廷、澳大利亚、阿曼、罗马尼亚、土耳其、约旦、伊拉克、叙利亚、阿联酋等国家（表 5）。据海关统计，2014 年我国蜂花粉出口 1 808 t，同比增长 22.8%；创汇约 920 万美元，同比增长 34%。韩国仍为我国蜂花粉出口主市场，而且出口数量与日俱增，2014 年出口 750.2 t，同比增长 22%；美国为我国蜂花粉出口第二大市场，2014 年出口 457.5 t，同比增长 40%；我国蜂花粉出口第三大市场为墨西哥，出口 155 t，同比增长 23%。

表 5　2014 年我国蜂花粉出口国家统计

国　　家	数量（kg）	金额（美元）
韩　国	750 200	3 495 810
美　国	457 563	2 560 026
墨西哥	155 000	718 866
日　本	53 710	340 168
沙特阿拉伯	54 250	259 638
乌拉圭	48 000	226 780
马来西亚	25 154	194 613
德　国	32 000	191 706
希　腊	37 000	164 108
比利时	21 000	123 050
法　国	15 050	116 818
阿根廷	25 000	112 500
澳大利亚	13 930	111 854
阿　曼	20 100	84 229
罗马尼亚	12 000	81 600
土耳其	13 000	56 550
约　旦	8 200	45 971
伊拉克	10 000	36 620
叙利亚	10 240	34 418
阿联酋	12 000	32 820

4. 蜂花粉制品 目前，我国蜂花粉制品品种繁多，主要有蜂宝素、花粉蜜、花粉片、花粉晶、花粉冲剂、花粉口服液、破壁花粉及花粉饮品、药品、化妆品等百余种，主市场为国内消费。

（四）蜂胶

1. 蜂胶生产与收购 2014 年，我国蜂胶产量约 450 t，同比增长 12.5%。蜂胶原料收购价格因胶量纯度不同而异，按含胶量每个百分点为 7～8 元收购，收购价格 217～400 元/kg，均价 308 元/kg，同比上浮 18%。

2. 蜂胶市场 蜂胶原料主要用于国内市场，供不应求。2014 年蜂胶提取物的用量为 155 t，消耗蜂胶原料 444 t，同比增长 4.6%。蜂胶提取物价格也因浓度高低而有所差异，含胶量 95.0%～99.5% 的蜂胶提取物售价为 800～1 450 元/kg，平均价 1 125 元/kg。由于国内蜂胶原料供不应求，蜂胶原料进口数量上升，2014 年从巴西进口 25 t，同比增长 23%，含胶量达 40%～55%，与国内原料相比质量更高。目前，市场上的蜂胶保健品、药品、化妆品琳琅满目，约有 200 余种。2014 年，全国蜂胶产品销售额 11 亿元。其中，巴西蜂胶产品约 1.3 亿元，约占 11.8%，巴西蜂胶日益受高层消费者青睐，蜂胶市场整体看好。

（五）蜂蜡

据中国养蜂学会不完全统计，2014 年全年蜂蜡产量约 10 000 t，同比增长 25%。我国蜂蜡主要以出口为主，德国、美国和法国仍然是我国蜂蜡出口的三大主市场，出口数量与日俱增。据海关统计，2014 年我国蜂蜡出口量为 10 783 t，同比增长 20%；创汇 5 992 万美元，同比增长 19%。其中，出口德国 2 310 t，同比增长 10%；创汇 1 423 万美元，同比增长 16%。出口美国 1 638 t，同比增长 7.5%；创汇 1 106 万美元，同比增长 9.4%。出口法国 1 242 t，同比增长 39%；创汇 741 万美元，同比增长 43%。位居出口前 20 的国家还有荷兰、希腊、意大利、西班牙、澳大利亚、英国、阿尔及利亚、土耳其、塞尔维亚、韩国、墨西哥、俄罗斯、比利时、日本、阿尔巴尼亚、突尼斯和伊朗（表 6）。其中，出口数量涨幅最大是意大利，出口 446 t，同比增长 66%；创汇 266 万美元，同比增长 70%。创汇涨幅最大的是希腊，出口 713 t，同比增长 62%；创汇 324 万美元，同比增长 79%。2014 年，我国从美国进口蜂蜡 40 t，法国 23 t，韩国 20 t，荷兰 2.2 t，日本 9.1 t，德国 1.4 t。共进口蜂蜡 116 t，金额 136 万美元。

表6　2014年我国蜂蜡出口国家统计

国　　　家	数量（kg）	金额（美元）
德　国	2 309 920	14 235 285
美　国	1 638 034	11 059 809
法　国	1 241 975	7 414 868
荷　兰	632 000	3 782 678
希　腊	713 554	3 247 371
意大利	446 000	2 664 715
西班牙	441 050	1 955 650
澳大利亚	264 057	1 943 358
英　国	283 900	1 814 131
阿尔及利亚	673 571	1 762 632
土耳其	342 500	1 408 705
塞尔维亚	262 000	1 000 927
韩　国	140 710	985 919
墨西哥	169 867	923 530
俄罗斯	154 750	832 592
比利时	127 976	762 992
日　本	91 377	711 010
阿尔巴尼亚	139 795	353 770
突尼斯	116 400	340 723
伊　朗	65 000	273 477

三、科技工作

2014年，国家蜂产业体系开展的科技研究重点工作：一是蜜蜂优质高效养殖技术研究与示范。主要攻关蜜蜂规模化饲养管理技术，抗螨、高产和优质高产蜂王浆优良蜂种；开展油菜蜜蜂授粉技术和授粉昆虫调查研究，开展蜜蜂健康风险排序和指标体系研究，建立蜜蜂健康风险综合图谱；抗病毒蜂药推广和防治巢虫的绿色蜂药小试；关注我国蜂蜜主产区蜜蜂病虫害发生和流行情况。二是蜂产品质量安全与增值加工技术研究与示范。主要攻关便携式手提电脑（PDA）流通环节溯源信息管理软件系统的研发与实验应用研究；蜂产品溯源规程标准化研究；我国不同产地油菜、荆条、洋槐、荔枝蜜与溯源性识别相关的特征组分的指纹图谱或模型的信息研究；蜂蜜特征性组分分析，蜂蜜品种与品质红外光谱鉴别研究；蜂产品增值加工技术研究。三是熊蜂为经济作物授粉研究。主要开展熊蜂分类与保护研究、熊蜂繁育研究、熊蜂行为学研究、熊蜂授粉应用研究、农药对熊蜂影响研究。2014年中国农业科学院建立6个蜜蜂创新工程团队，落户中国农业科学院蜜蜂研究所，主要研究方向：传粉蜂生物学与授粉应用、蜂种质资源与育种、蜜蜂蛋白质组学、蜜蜂病虫害生物学、蜂产品加工与功能评价和蜂产品质量与风险评估。

四、标准化工作

2014年发布的蜂产品供销合作行业标准有GH/T 30764—2014《雄蜂蛹》；农业部颁发第2061号公告，明确规定我国中华蜜蜂、东北黑蜂、新疆黑蜂、珲春黑蜂及引入品种为国家畜禽遗传资源保护品种。2014年，新制定的蜂产品国家标准有《蜂胶》《巢蜜》；地方标准有《中华蜜蜂规模化饲养管理技术规范》《西方蜜蜂规模化定地饲养管理技术规范》《西方蜜蜂规模化转地饲养管理技术规范》《西方蜜蜂规模化蜂王浆生产技术规范》。

五、行业工作与重大活动

（1）农业部以中国养蜂学会为技术依托，于2014年大力推广"全国标准化养蜂生产示范"。目的是充分发挥学会学术专家组作用，在全国养蜂重点省指导建设标准化养蜂生产示范基地，以点带面，引领全国蜂业标准化健康快速发展。

（2）由中国养蜂学会发起，倡导中国要与国际接轨，生产由蜂蜜采集、酿造、封盖成熟的纯天然蜂蜜，强调不得从蜂蜜中取走任何物质，也不允许添加任何物质，旨在体现蜂蜜真正的天然价值，维护消费者健康，让老百姓食用真正的纯天然蜂蜜，提升我国蜂业在国际市场的影响。

（3）安徽黄山区人民政府、广西浦北政府于2014年分别与中国养蜂学会共建"蜜蜂之乡"，以促进本地蜜蜂保护与利用，促进蜜蜂产业化发展。

（4）中国养蜂学会于2014年开展了云南、青海、江西等地的"养蜂扶贫"活动，倡导发展养蜂事业，促进山区农民脱贫致富，促进农民增收。

（5）由中国养蜂学会主办的"21世纪中国蜂产业发展大会及科技论坛"，于11月4～6日在北京香山举行，来自28个省、自治区、直辖市300多名代表参加了会议。本届大会是21世纪以来，首次举办如此高规格的全国蜂业产业发展大会和综合学术论坛，是一次回顾21世纪以来我国蜂业科技成果、总结全国蜂业发展状况、展望我国蜂业未来发展前景的盛会，收录论文100篇，气氛热烈，盛况空前。

（中国农业科学院蜜蜂研究所　陈黎红　徐　明）

食用菌加工业

食用菌产业布局持续呈"南菇北移""东菇西移"的发展趋势。在过去传统的主产区、主要品种基础上,陕西、内蒙古、甘肃等新兴食用菌产区逐渐形成,食用菌产业基本覆盖我国31个省、自治区、直辖市。滑菇、杏鲍菇、茶薪菇等部分珍稀食用菌年产量达10万t以上,成为百姓餐桌上的常见品种。依靠资金、技术和人才优势,我国东部地区逐渐形成以金针菇、杏鲍菇等工厂化生产为主的生产模式,而中西部地区则依靠资源及区位优势,形成了以香菇、黑木耳、银耳等特色品种优势生产基地。

一、基本情况

(一) 产量产值

1. 产量　据对全国27个省、自治区、直辖市统计调查,与2013年相比,增加了重庆和内蒙古的数据,减少了海南省的数据。2014年,全国食用菌总产量为3 270万t。其中,参与2013年统计调查的25个省、自治区、直辖市的2014年产量为3 230.41万t,比2013年增长了1.92%。排在前10位的省份依次是河南省460.21万t,山东省419.95万t,黑龙江省316.44万t,福建省236.16万t,河北省230万t,江苏省212.97万t,四川省175.75万t,吉林省151.61万t,湖北省144.11万t,广西壮族自治区125.24万t。年产量超过100万t的省,还有辽宁省,为116.74万t,江西省为106.24万t。

2. 产值　2014年,全国食用菌总产值为2 258.1亿元。其中,参与2013年统计调查的25个省、自治区、直辖市的2014年产值为2 257.25亿元,比2013年增长了11.87%。从全国食用菌产值分布情况看,2014年年产值超过100亿元的省份有山东、河南、福建、黑龙江、河北、江苏、吉林、安徽、湖北和广西10个省、自治区。超过50亿元的省份有云南、江西、辽宁、四川、湖南、浙江、广东和陕西8个省。

(二) 出口创汇

1. 出口量　据中国海关统计,2014年我国共出口食(药)用菌类数量为51.47万t(干、鲜混计),与2013年相比增长了0.53%。出口量排名前三位的省份依次为辽宁省17.4万t,山东省16.3万t,广东省为9.8万t。

2. 创汇　中国海关统计数字表明,2014年食用菌类创汇28.33亿美元,比2013年增长了5.26%,再创历史新高。创汇排名前三位的省份依次为湖北省8.2亿美元,福建省7.3亿美元,辽宁省3.5亿美元。

二、科研、新产品、新技术

(1) 国家质量监督检验检疫总局发布公告,安徽省霍山灵芝(赤芝)正式成为被批准实施地理标志产品保护的地方特产。这将对促进霍山灵芝(赤芝)产业发展和保护有着积极深远的影响。作为赤芝发源地,霍山位于安徽省西部,1 200 m的亚热带温湿季风区,具有优越的山地气候条件和典型的森林小气候特征,相对湿度80%,酸碱平衡适宜,非常适合灵芝(赤芝)的生长并能有效保留灵芝(赤芝)中的营养成分。

(2) 配套"会呼吸的无菌透气袋"的蘑菇种植新工艺,让鲜菇增产,还能节约成本。日前,福建省农业科学院食用菌研究所的蘑菇制种新工艺在省科技奖励大会上获得2013年福建专利二等奖。目前,该技术已推广1 552多万 m^2、5 400万瓶,新增鲜菇产量17.38万t,新增产值3.16亿元,实现利润9 428万元,节约开支2 629万元,新增出口创汇1 500万美元。

(3) 由中国农业科学院农业资源与农业区划研究所牵头的我国食用菌研究领域首个"973"项目——"食用菌产量和品质形成的分子机理及调控"研究项目,于2014年2月15日在京启动。此次启动的项目,将以大宗栽培的木腐菌平菇、金针菇和草腐菌草菇、双孢蘑菇为材料,在已有基因组测序基础上,开展食用菌产量和品质形成的分子机理及调控研究。科研人员将综合应用功能基因组学、蛋白组学、生物信息学、现代酶学、现代化学等研究手段,鉴定分析子实体形成的营养高效利用和遗传调控的关键基因及其调控机制,分析温度响应的关键基因及其分子调控机制,解析食用菌活性物质及其合成调控途径,开展食用菌优异种质性状形成的遗传基础研究。

(4) 由新疆青河县隆濠发展有限公司申报的"沙棘枝条培养黑木耳菌种技术引进开发及推广"项目,顺利通过自治区专家组的论证评审,被列为2014年自治区科技兴新项目计划,该项目总投资216万元,其中获自治区科技兴新项目资金30万元。该项目与黑龙江省农业科学院合作，引进黑木耳菌种，通过以废旧沙棘枝条和油葵头、棉籽壳、玉米芯等为原料进行合理配伍，对沙棘枝条培养黑木耳菌种进行技术开发。

（5）四川省会东县与意大利 FRANTOIO OLEARIO LUCANO 集团公司签署了《国际松露项目合作备忘录》，双方将成立合资公司，建设菌根苗培育繁育中心。该项合作正式投产后，将年产高品质块菌菌根苗 10 万株以上，建成块菌种植示范园区 0.13 万 hm²，产值达 1.6 亿元以上。同时，还将逐步培育"专业合作社＋龙头企业＋专业投资商＋科研机构"的产学研一体化新型块菌产业化经营模式，划定林地、荒山 0.20 万 hm² 建立松露产业园，切实打造会东松露产业发展平台。

（6）由西北农林科技大学葡萄酒学院承担的"葡萄冬剪枝条生产食用菌技术研究与示范"项目在陕西杨凌顺利通过教育部成果鉴定。专家组认为，项目提供的技术资料齐全、翔实、符合鉴定要求；通过利用葡萄修剪枝条作为主栽原料，辅以麸皮、玉米粉、豆粕栽培食用菌配方的研究和对食用菌营养价值的分析，提出了葡萄修剪枝条栽培食用菌的合理配方及配套栽培技术，申请了两项国家发明专利；该技术通过中试生产，较传统食用菌栽培方法降低了生产成本，提升了品质，提高了经济效益，为解决葡萄修剪枝条资源利用提出了新的思路和方法，具有显著的社会和生态效益。总之，该项目能紧密结合葡萄产业发展实际，系统研究了葡萄枝条生产食用菌的栽培技术，实用性强，应用前景广阔，整体研究达到了国内领先水平，建议进一步加大该成果的推广力度。

（7）国家质量监督检验检疫总局于 2014 年 9 月 11～12 日在北京召开"国家地理标志产品保护技术审查会"，对"雷山乌杆天麻"国家地理标志产品保护进行技术审查。会议认为，雷山乌杆天麻特色鲜明、质量特色与当地的地理和人文具有较强的关联性，历史文化底蕴深厚，产品知名度和美誉度较高，符合国家地理标志产品保护的要求，一致同意通过国家地理标志保护产品技术审查。另外，专家组提出了整改意见，限期整改完善申报材料。

三、标准化工作

《靖州茯苓菌种》（DB43/T 842—2013）、《靖州茯苓袋料栽培技术规程》（DB43/T 843—2013）、《靖州鲜茯苓》（DB 43/T844—2013）、《靖州干茯苓》（DB43/T 845—2013）等靖州茯苓系列地方标准，已经由湖南省质量技术监督局公告发布，并于 2014 年 1 月 1 日正式实施。靖州是有名的"中国茯苓之乡"，

茯苓产业是该县农村经济的支柱产业，全县年种植茯苓 0.13 万余 hm²，42 万窖，占全国茯苓种植面积的 25.3%，年产鲜茯苓 1.5 万 t，每年苓农人均增收 1 280 元，苓农收入占农民年均收入的 45%。为解决因标准不统一而出现的价格争议、等级争议等问题，靖州县组织专家起草制定了"靖州茯苓系列地方标准"。这一系列标准的制定实施，一方面将对推进靖州茯苓产业的标准化生产起到积极的指导作用，促进茯苓产业健康快速发展；另一方面将对遏制假冒靖州茯苓行为、保护靖州茯苓品牌起到积极作用。

四、行业工作

（1）"中国食用菌行业大会暨第二届中国·四川（金堂）食用菌（新技术新产品菌需物资）博览会"，于 2014 年 3 月在四川金堂县举办，本届博览会以"引领、交流、发展"为主题。博览会期间，举办了国内外食用菌新技术、新产品、菌需物资展示、先进实用技术研讨推介会暨技术成果产业化项目洽谈会等 7 项活动。据悉，金堂县食用菌产业已有 30 余年历史，形成了以"金堂姬菇"为主导，羊肚菌、鲍鱼菇、鸡腿菇、灵芝等 10 余个品种竞相发展，集菌种培育、精深加工、菌渣循环利用、销售为一体的生产经营格局，年产食用菌 5.41 亿袋，产值 26.93 亿元，产品远销日本、韩国、新加坡等地。

（2）由中华全国供销合作总社、黑龙江省人民政府、中国食用菌协会等联合主办的"2014 年中国特色农产品博览会暨中国·牡丹江第六届黑木耳节"于 2014 年 8 月在牡丹江市举行。本届展会的主题是"绿色、创新、合作、共赢"，以"展示成果、搭建平台、促进交流、推动合作"为宗旨，以推介展示全国名优特农产品，进一步推动农产品产销衔接流通为目的。

（3）"中国国际食用菌烹饪大赛暨中国（杨凌）食用菌行业秋季博览会"，于 2014 年 9 月在陕西杨凌举办。本次活动以"营养、健康、美味、时尚"为主题，通过参赛队伍的精彩比武，为来宾呈现了色、香、味、形上乘的百菇盛宴。活动期间举办了健康大讲堂活动、装备及产品展览展示等活动。协会发布了《2013 年全国食用菌产量产值出口统计调查报告》《全国食用菌行业企业综合实力与经营发展情况》《2013 中国食用菌工厂化产业研究报告》。

（4）受科技部及全国供销总社委托，中国食用菌协会于 2014 年 12 月在北京举办了"食用菌流通领域科技特派员培训班"。来自各省、自治区、直辖市的培训代表参加了此次活动。通过授课与交流等培训，加强对行业从业人员科技素质、职业技能和增收致富能

力教育与提升，以推动食用菌科技成果的推广普及。

（5）农业部农产品加工局和福建省农业厅联合举办的"2014年食用菌加工技术科企对接及产业示范对接会"，于2014年6月在福建古田县召开。会议旨在深入贯彻全国农产品加工业工作会议精神，进一步推动食用菌加工业技术提升，加快食用菌加工业的发展步伐。会议还开展了"食用菌干燥技术分会场（含精深加工）"和"食用菌保鲜技术分会场"两场技术对接活动。专家、企业、农户和食用菌加工管理部门，就加工过程中红菇、猴头菇、银耳等食用菌干燥设备选用、猴头菇饼干生产线、食用菌活性多糖提取分离、食用菌冷藏设备建设、预防食用菌变色、自然灾害后如何减损等具体技术问题进行探讨。此次科企对接会共解决食用菌加工企业技术需求和技术难题50余项，并有多个企业与科研机构达成了合作意向。

（中国食用菌协会　戚　俊）

乳 制 品 制 造 业

一、基本情况

（一）生鲜乳生产

2014年，全国生鲜乳产量出现恢复性增长，全年奶类产量为3 841.2万t，同比增长5.3%。其中，牛奶产量为3 724.6万t，同比增长5.5%；其他奶类产量为116.6万t，同比减少1.3%。

牛奶产量前五位省、自治区为内蒙古、黑龙江、河北、河南和山东。其中，内蒙古产量为788.0万t，占全国的21.2%。从牛奶生产增长情况看，传统奶业大省产量全部重新恢复了增长。其中，宁夏增长幅度最大，产量为135.7万t，同比增长30.2%；另外，还有山西、青海、安徽3省同比增长10.0%以上；新疆、辽宁、西藏、黑龙江、云南、河北、江西等7省、自治区增长在5.0%以上；广东、北京、海南、浙江、重庆等5省、直辖市产量有所减少。其他奶类生产方面，陕西、河南、山东、内蒙古、河北、新疆等省、自治区产量较高，其中陕西产量为47.6万t，同比增长0.3%，占全国的40.8%。奶类、牛奶产量前五位省、自治区情况分别见表1、表2。

表1　2014年全国奶类总产量前五位省、自治区情况

地 区	产量（万t）	同比增长（%）	占全国比例（%）
全国总计	3 841.2	5.3	100.0
内蒙古	797.1	2.4	20.8
黑龙江	560.1	7.2	14.6
河 北	496.1	6.5	12.9
河 南	342.4	4.1	8.9
山 东	289.6	3.0	7.5

资料来源：国家统计局。

表2　2014年全国牛奶产量前五位省、自治区情况

地 区	产量（万t）	同比增长（%）	占全国比例（%）
全国总计	3 724.6	5.5	100.0
内蒙古	788.0	2.7	21.2
黑龙江	556.6	7.4	14.9
河 北	487.8	6.5	13.1
河 南	332.0	4.9	8.9
山 东	279.6	3.0	7.5

资料来源：国家统计局。

（二）经济运行状况

2014年，乳制品行业继续保持平稳增长，但增长速度有所放缓，根据国家统计局月报数据，全国规模以上乳制品企业（即年主营业务收入2 000万元及以上工业企业）有631个。其中，内资企业533个，占比为84.5%；香港、澳门和台湾投资企业16个，占比为2.5%；外商投资企业82个，占比为13.0%。

2014年全行业累计流动资产净值平均余额为1 237.0亿元，同比增长10.8%；资产合计为2 321.2亿元，同比增长12.5%。其中，不同类型企业资产合计分别为：内资企业1 482.1亿元，同比增长16.4%，占全行业的63.8%；香港、澳门和台湾投资企业115.5亿元，同比增长28.7%，占全行业的5.0%；外商投资企业723.6亿元，同比增长3.3%，占全行业的31.2%。

2014年全国乳制品企业负债合计为1 241.3亿元，同比增长10.9%；资产负债率为53.5%，同上年比降低0.8个百分点。其中，内资企业负债为764.9亿元，同比增长15.9%；负债率为51.6%，同上年比升高 0.2 个百分点。香港、澳门和台湾投资企业负债 51.5 亿元，同比增长 48.2%；负债率为44.6%，同上年比升高 5.6 个百分点。外商投资企业负债为 424.9 亿元，与上年基本持平；负债率为58.7%，同上年比降低 3.2 个百分点。

2014 年全国规模以上企业实现主营业务收入为3 297.7 亿元，同比增长 18.1%。其中，内资企业为1 950.7 亿元，同比增长 10.3%，占全行业的59.2%；香港、澳门和台湾投资企业为 96.7 亿元，同比减少 0.4%，占全行业的 2.9%；外商投资企业为 1 250.3 亿元，同比增长 34.7%，占全行业的37.9%。2014 年全国规模以上企业主营业务收入及前五位省、自治区情况见表 3。

表 3　2014 年全国乳制品企业主营业务收入前五位省、自治区情况

地　区	主营业务收入（亿元）	同比增长（%）	占全国比例（%）
全国总计	3 297.7	18.1	100.0
内蒙古	632.9	81.5	19.2
黑龙江	373.1	11.9	11.3
山　东	304.9	15.5	9.2
河　北	259.2	14.6	7.9
陕　西	161.1	4.0	4.9

资料来源：国家统计局。

2014 年全行业利税总额为 330.4 亿元，同比增长 13.5%，增速同上年比提高 2 个百分点。其中利润 225.3 亿元，同比增长 25.6%，增速同上年比提高 13 个百分点；税金 105.1 亿元，同比减少 7.6%，利润占利税的比重为 68.2%。其中，内资企业利税总额为 202.1 亿元，同比增长 15.4%。其中利润139.6 亿元，同比增长 19.0%；税金 62.5 亿元，同比增长 3.2%，利润占利税总额的比重为 69.1%。香港、澳门和台湾投资企业利税总额为 17.6 亿元，同比增长 10.0%。其中利润 10.0 亿元，同比增长26.1%。税金 7.6 亿元，同比减少 6.2%，利润占利税额的比重为 56.7%。外商投资企业利税总额为110.7 亿元，同比增长 10.9%。其中利润 75.7 亿元，同比增长 40.1%；税金 35.0 亿元，同比减少22.5%，利润占利税总额的比重为 68.4%。

全行业销售收入利润率为 6.8%，同上年比提高0.5 个百分点。其中内资企业 7.2%，同上年比提高0.7 个百分点；香港、澳门和台湾投资企业 10.3%，同上年比提高 2.6 个百分点；外商投资企业 6.1%，与上年持平。

全行业亏损企业 100 个，企业亏损率为 15.9%。其中内资企业 81 个，占内资企业总数的 15.2%；港澳台商投资企业 4 个，占香港、澳门和台湾投资企业总数的 25.0%；外商投资企业 15 个，占外商投资企业总数的 18.3%。

2014 年，全国乳制品产量为 2 651.8 万 t，同比减少 1.2%。其中，液体乳产量为 2 400.1 万 t，同比减少 0.9%；乳粉产量为 150.8 万 t，同比减少6.4%。乳制品产量前五位省、自治区乳制品产量为1 227.7 万 t，占全国的 46.3%，占比较上年降低 1.2个百分点。液体乳产量前五位省、自治区液体乳产量为 1 133.8 万 t，占全国的 47.2%，占比较上年降低1.2 个百分点。乳粉产量前五位省自治区合计生产乳粉 110.4 万 t，占全国的 73.2%，占比较上年提高0.1 个百分点。2014 年全国规模以上企业乳制品、液体乳、乳粉产量及产量前五位省、自治区情况分别见表 4、表 5、表 6。

表 4　2014 年全国乳制品产量前五位省、自治区情况

地　区	产量（万 t）	同比增长（%）	占全国比例（%）
全国总计	2 651.8	-1.2	100.0
河　北	328.9	4.9	12.4
内蒙古	269.8	-8.5	10.2
河　南	220.8	15.5	8.3
山　东	212.8	-20.6	8.0
黑龙江	195.4	-9.0	7.4

资料来源：国家统计局。

表 5　2014 年全国液体乳产量前五位省、自治区情况

地　区	产量（万 t）	同比增长（%）	占全国比例（%）
全国总计	2 400.1	-0.9	100.0
河　北	323.1	4.5	13.5
内蒙古	246.5	-8.0	10.3
河　南	220.2	15.4	9.2
山　东	203.0	-21.7	8.5
黑龙江	141.1	-6.1	5.9

资料来源：国家统计局。

表6 2014年全国乳粉产量前
五位省、自治区情况

地 区	产量 （万 t）	同比增长 （%）	占全国比例 （%）
全国总计	150.8	-6.4	100.0
黑龙江	54.3	-15.6	36.0
陕 西	24.0	16.2	15.9
内蒙古	21.8	-13.7	14.5
浙 江	5.9	9.1	3.9
河 北	4.4	24.8	2.9

资料来源：国家统计局。

（三）产业结构

2014年，据中国乳制品工业协会对95个会员单位（销售收入占全行业的86.1%）的统计，在乳粉类产品中，全脂乳粉占29.5%，全脂加糖乳粉占4.0%，脱脂乳粉占1.2%，婴幼儿配方乳粉占51.3%，中老年乳粉占5.7%，调味乳粉占2.2%，其他乳粉占6.1%。

2014年，根据中国乳制品工业协会统计数据，全国奶油类产品产量约6万t，干酪类产量约2.6万t。其中原干酪约占37.3%，再制干酪约占62.7%。炼乳产量约17万t，其中甜炼乳约占81.6%，无糖炼乳约占18.4%。

2014年，根据中国乳制品工业协会统计数据，全国液体乳产品构成为：巴氏杀菌鲜乳约占10.0%，灭菌纯乳约40.6%，调制乳约28.1%，发酵乳约占21.3%。

（四）行业集中度及大型骨干企业

2014年，行业集中度进一步提高，大型企业盈利能力得到大幅提升。根据国家统计局月报数据，2014年年底，全国共有大型企业（指从业人数≥1 000人，并且销售收入≥40 000万元的工业企业）47个，占行业全部规模以上企业数的7.4%，其全年共实现主营业务收入1 380.7亿元，同比增长20.4%，占行业的41.9%，比上年提高0.9个百分点；利润总额96.3亿元，同比增长38.5%，占行业的42.7%，比上年提高5.1个百分点。

根据中国乳制品工业协会的统计数据，2014年，乳制品产量前十位企业产量合计1 290.1万t，占全国规模以上企业乳制品产量的48.6%；液体乳产量前十位的企业产量合计1 245.5万t，占全国规模以上企业液体乳产量的51.9%（表7）；乳粉产量前十位的企业产量合计66.7万t，占全国规模以上企业乳粉产量的44.2%（表8）。

表7 2014年国内液体乳产量位居前列的企业

单位名称	液体乳产量 （万 t）
内蒙古伊利实业集团股份有限公司	422.6
内蒙古蒙牛乳业（集团）股份有限公司	375.1
光明乳业股份有限公司	113.0
旺旺控股有限公司	97.4
维维集团	59.0
西安银桥生物科技有限责任公司	42.3
北京三元食品股份有限公司	36.6
石家庄君乐宝乳业有限公司	34.2
新希望乳业控股有限公司	33.1
黑龙江省完达山乳业股份有限公司	32.2

资料来源：中国乳制品工业协会。

表8 2014年国内乳粉产量位居前列的企业

单位名称	乳粉产量 （万 t）
北京双娃乳业有限公司	13.7
内蒙古伊利实业集团股份有限公司	8.6
雀巢（中国）有限公司	8.5
黑龙江省完达山乳业股份有限公司	7.6
黑龙江飞鹤乳业有限公司	5.7
明一国际营养品集团有限公司	5.6
贝因美婴童食品股份有限公司	5.1
西安银桥生物科技有限责任公司	4.1
美赞臣营养品（中国）有限公司	4.1
哈尔滨太子乳品工业有限公司	3.6

资料来源：中国乳制品工业协会。

二、市场状况

（一）生鲜乳收购价格

2014年，国内奶源供应形势发生了巨大变化，从年初的奶源紧张、价格居高不下，到5、6月奶源供应形势出现缓和，奶价开始下降，10月以后，在主产区的一些地方开始出现交奶难的情况，到年底多地出现倒奶、卖牛现象。乳业再次成为社会关注的热点。

据农业部对内蒙古、河北等10个奶牛主产省、自治区（即河北、山西、内蒙古、辽宁、黑龙江、山东、河南、陕西、宁夏、新疆，2013年10省、自治区生鲜乳产量占全国的82.6%）生鲜乳平均价格的调查数据，2014年3月平均价格为4.23元/kg，6月为4.08元/kg，9月为3.92元/kg，12月为3.79元/kg（表9）。2014年12月全国主产区生鲜乳平均价格同比下降了8.0%。

表 9　2014 年农业部监测 10 个主产省生鲜乳月平均价格情况

单位：元/kg

月份	1 月	2 月	3 月	4 月	5 月	6 月
月平均价格	4.23	4.26	4.23	4.21	4.16	4.08
月份	7 月	8 月	9 月	10 月	11 月	12 月
月平均价格	4.00	3.95	3.92	3.90	3.84	3.79

数据来源：农业部监测数据。

2014 年，受原料乳价格高位运行及企业产品结构调整的影响，乳制品平均价格持续增长，但在第四季度开始出现回落。根据国家统计局的调查数据，2014 年 12 月，乳制品价格环比降低 0.4%，全年乳制品平均价格同比增长 8.5%，远高于食品 3.1% 的增长幅度。

（二）进出口

1. 进口　2014 年乳制品进口继续维持高速增长，1～12 月共计进口乳制品 205.18 万 t，货值 84.88 亿美元，同比分别增长 12.30% 和 18.77%，进口乳制品货值已占到国内行业主营业务收入的 16.2%。

从进口来源看，新西兰仍然是我国进口乳制品的主要来源地，全年共从新西兰进口乳制品 90.4 万 t，同比增长 8.9%，占我国进口乳制品总量的 44.0%。其次是美国、德国和法国，分别进口了 34.8 万 t、18.8 万 t 和 14.8 万 t 的乳制品；以上四国合计占到我国进口乳制品总量的 77.4%。

进口乳制品中，乳粉、乳清粉、液体乳、婴幼儿配方乳粉、乳糖进口量较大（表 10）。其中，乳粉中进口全脂乳粉为 67.00 万 t，同比增长 8.46%；进口金额为 33.09 亿美元，同比增长 26.53%。进口脱脂乳粉为 25.25 万 t，同比增长 7.45%；进口金额为 11.24 亿美元，同比增长 17.24%。

表 10　2014 年全国乳制品进口情况

商品名称	数量（万 t）	同比增长（%）	金额（亿美元）	同比增长（%）
进口合计	**205.18**	**12.30**	**84.88**	**18.77**
液体乳	32.02	73.49	4.08	74.09
乳　粉	92.34	8.07	44.38	23.79
炼　乳	0.92	−0.85	0.21	2.81
酸　乳	0.87	−15.13	0.37	−9.06
乳　清	40.47	−6.76	7.89	−7.26
奶　油	8.04	53.74	3.78	67.17
干　酪	6.60	39.43	3.42	48.18
乳　糖	8.49	1.57	1.26	−13.22
婴幼儿零售食品	12.31	0.28	15.66	5.98
酪蛋白	1.55	23.26	1.83	32.09
白蛋白	1.59	−1.57	2.00	1.15

注：1. 数据来源：中国海关；2. 液体乳数据：不含发酵乳；3. 乳粉数据：不含零售包装婴幼儿配方乳粉。

从进口来源看，液体乳主要来源于德国、新西兰、澳大利亚和法国，进口量分别为 12.6 万 t、4.5 万 t、4.3 万 t 和 3.9 万 t，四国合计占我国进口液体乳总量的 78.7%。乳粉主要来源于新西兰、美国、澳大利亚和法国，进口量分别为 72.8 万 t、5.0 万 t、3.3 万 t 和 1.8 万 t，四国合计占我国进口乳粉总量的 89.7%。乳清粉主要来自于美国、法国、德国和荷兰，进口量分别为 20.9 万 t、6.4 万 t、2.2 万 t 和 2.2 万 t，四国合计占我国进口乳清粉总量的 78.5%。乳糖主要来自于美国，进口量为 6.3 万 t，占我国进口乳糖总量的 74.0%。婴幼儿配方乳粉主要来自荷兰、爱尔兰、法国、丹麦和新西兰，分别进口 3.4 万 t、1.7 万 t、1.6 万 t、1.2 万 t 和 1.0 万 t，五国合计占我国进口婴幼儿配方乳粉总量的 73.2%。

从进口价格看，2014 年，由于世界乳制品主要消费市场消费能力不足，全球乳制品贸易逐渐呈现供大于求的状态，国际乳制品价格持续走低。2014 年 12 月，乳粉的平均进口价格为 3191 美元/t，每吨同比大幅下降 1 774 美元，下降幅度达 35.73%。

2. 出口　2014 年，在进口大幅增长的同时，我国乳制品出口缓慢增长，全年出口乳制品 4.19 万 t，货值为 0.92 亿美元，同比分别增长 7.89% 和 13.30%。

我国乳制品出口主要是保持香港、澳门地区的产品供应，2014 年共向香港、澳门地区出口乳制品 2.99 万 t，占总出口量的 71.33%。出口产品中，液体乳、乳粉、奶油、炼乳是出口的主要产品（表 11）。

表 11　2014 年全国乳制品出口情况

商品名称	数量（万 t）	同比增长（%）	金额（亿美元）	同比增长（%）
出口合计	**4.19**	**7.89**	**0.92**	**13.30**
液体乳	2.57	−0.88	0.26	9.45
乳　粉	0.81	144.87	0.32	98.73
炼　乳	0.24	−46.76	0.06	−34.39
酸　乳	0.06	14.16	0.01	21.28
乳　清	0.01	−93.25	0.00	−98.20
奶　油	0.28	244.56	0.09	225.47
干　酪	0.03	18.36	0.01	27.88
乳　糖	0.08	141.18	0.03	27.50
婴幼儿零售食品	0.07	51.66	0.07	131.15
酪蛋白	0.06	−67.75	0.06	−60.84
白蛋白	0.00	−99.50	0.01	−61.95

注：1. 数据来源：中国海关；2. 液体乳数据：不含发酵乳；3. 乳粉数据：不含零售包装婴幼儿配方乳粉。

2014 年 1～12 月，全国进出口乳制品（包括乳糖、零售包装婴幼儿配方乳粉、酪蛋白、白蛋白）数量逆差 200.99 万 t，货值逆差 83.96 亿美元，分别比上年度增长 12.39% 和 18.83%。

三、行业动态

（一）质量管理

2014 年，乳制品质量安全仍保持了稳定向好的状况。据国家食品药品监督管理总局公布的一次国家监督抽检和两个阶段食品安全监督抽检结果，共抽检各种乳制品（不含婴幼儿配方乳粉）8 009 批次样品，

覆盖了几乎所有的乳制品生产企业，合格率达到 99.2%。发现的 68 个批次不合格样品的项目为：酸度不合格 21 批次，大肠菌群超标 19 批次，酵母超标 13 批次，菌落总数超标 9 批次，蛋白质不合格 6 批次，霉菌超标 4 批次，非脂乳固体不合格 4 批次，脂肪不合格 2 批次，违法添加食品添加剂安赛蜜 1 批次。在不合格项目中，属于质量指标的 33 个，占 42.3%；属于卫生安全指标的占 57.7%。

2014 年，国家监督抽检和国家食品药品监督管理总局专项抽检共检验婴幼儿配方乳粉样品 4 263 批次，覆盖国内全部 100 个生产企业的产品和部分进口产品，检出不合格的 48 批次样品，整体合格率为 98.9%。不合格样品主要涉及产品卫生和营养素指标不符合食品安全国家标准，以及营养素指标与标签明示的含量不符。其中，有企业检出黄曲霉毒素 M_1 超标、阪崎肠杆菌和菌落总数超标及硝酸盐超标；另外，检出维生素 C、亚油酸与 α−亚麻酸比值、氯、锰、硒、铁、钙等营养素指标不符合食品安全国家标准，钠、锰、氯、维生素 C、铜、铁、锌、维生素 B_1、泛酸、牛磺酸等营养素指标与标签明示含量不符。涉事企业对所有不合格产品都及时停止销售并进行了召回，对问题原因进行彻底追查，企业也依据问题严重程度分别受到吊销生产许可证或进行停产整改的处理。

（二）婴幼儿配方乳粉生产许可

2014 年，根据《国务院办公厅转发食品药品监督管理总局等部门关于进一步加强婴幼儿配方乳粉质量安全工作意见的通知》（国办发〔2013〕57 号）要求，国家食品药品监督管理总局部署各地按照《婴幼儿配方乳粉生产许可审查细则（2013 版）》，开展了婴幼儿配方乳粉生产许可审查和再审核工作。这次重新审核严格了准入条件，对产品配方、产品研发、质量管理等设定了更加严格的要求，要求婴幼儿配方乳粉生产企业，都要建立从原辅料的采购、使用到产品销售全过程的记录制度，建立完善的追溯体系，通过这些手段提升保障婴幼儿配方乳粉质量安全的能力。

截至 2014 年 11 月 28 日，通过国家食品药品监督管理总局公布的信息，全国共有 92 个婴幼儿配方乳粉生产企业获得了生产许可证。

（三）国内收购、投资及合资合作情况

受国内消费形势影响，国内乳制品投资趋缓，企业重点进行自有奶源建设和推进企业"走出去"发展战略；同时，国际乳制品巨头也在对中国乳业进行布局，通过与中国成熟企业的合资合作，谋求在中国的快速发展（表 12）。

表 12　2014 年乳制品行业部分国内外收购、投资及合资合作情况

日　期	主　要　事　件
1 月 14 日	飞鹤乳业宣布全面收购吉林艾培特。吉林艾倍特乳业有限公司始建于 2008 年 4 月，加工项目坐落在吉林镇赉工业集中区，具有日处理 1 000 t 生鲜乳的加工能力
2 月 19 日	飞鹤乳业宣布以控股形式与羊奶粉龙头企业关山乳业达成战略合作初步意向，飞鹤乳业斥资 3 亿元收购关山乳业 70% 股权
2 月 25 日	伊利股份公告称与荷兰瓦赫宁根大学及研究中心在荷兰合作成立研发中心，共同致力于拓展全球食品领域的合作成果
3 月 4 日	三元股份发布公告，公司将以非公开发行股票方式募集资金，用于扩大乳粉产能。拟以 6.53 元/股的价格，向北京首都农业集团有限公司、上海平闰投资管理有限公司及上海复星创泓股权投资基金合伙企业发行不超过 6.13 亿股。拟募集资金总额不超过 40 亿元。本次发行完成后，北京企业（食品）有限公司将持有公司 21.82% 的股份，不再为公司控股股东；同时为北京企业（食品）有限公司大股东的首农集团直接持有公司 35.79% 的股份，相当于直接和间接控制公司 57.61% 的股份，成为公司控股股东
4 月 9 日	光明乳业与澳洲 PACTUM 乳业集团（PDG）签订产品代加工协议，光明乳业委托 PDG 在澳大利亚生产光明优＋澳洲原盒进口纯牛奶
5 月 22 日	光明食品集团与英国私募股权投资公司 Apax Partner 旗下基金就收购以色列最大食品公司 Tnuva 56% 股权事宜达成初步收购协议，预计交易价格为 86 亿谢克尔（折合约 25 亿美元，约 153 亿人民币）
7 月 25 日	贝因美公告称，公司全资子公司宜昌贝因美拟投资 5.5 亿元实施宜昌贝因美婴童食品产业园一期项目，包括 3 万 t 婴幼儿配方奶粉技改项目（湿法）及区域物流仓储配套项目；天津贝因美拟投资 5.85 亿元，拟建年产 15 万 t 儿童配方奶项目和区域配送中心（RDC）
8 月 22 日	新希望乳业与澳大利亚自由食品集团（Freedom Foods）旗下 Pactum 乳业集团达成战略供应协议，Pactum 预定于 2015 年初开始向新希望乳业供应产品
8 月 27 日	新西兰恒天然合作集团有限公司和贝因美婴童食品股份有限公司正式签约达成战略合作，携手打造全球伙伴关系，恒天然香港公司将以约 36.81 亿元收购贝因美婴童食品股份有限公司 20% 已发行股份，之后双方将成立合资公司，收购恒天然位于澳大利亚的达润工厂
9 月 28 日	河北三元工业园项目在新乐市经济开发区正式奠基。该项目由北京三元食品公司独资兴建，占地 58.2 hm², 投资 16 亿元。该项目将整合北京三元公司所辖石家庄乳品二厂、乳品三厂、乳品六厂等企业，日处理鲜奶 1 000 t，生产百余种乳制品，形成年产奶粉 4 万 t、各类液奶 25 万 t 的综合乳制品研发生产基地和物流中心
10 月 8 日	荷兰皇家菲仕兰有限公司和辉山乳业正式宣布成立合资公司，荷兰皇家菲仕兰将以 7 亿元人民币获得辉山乳业位于沈阳的秀水工厂 50% 的股份
10 月 18 日	武威荣华集团投资 10.8 亿元，年加工 30 万 t 白奶、1.5 万 t 婴幼儿奶粉（湿法）项目开工建设
11 月 12 日	伊利股份与美国最大牛奶公司 DFA（Dairy Farmers of America）正式签约，双方共同出资在美国堪萨斯州建设奶粉生产样板工厂，预计年产 8 万 t，产品不仅会供应中国市场，也会供应全球其他市场
11 月 13 日	伊利集团与意大利最大乳品生产商斯嘉达公司（Sterilgarda Alimenti S. P. A.）宣布正式达成战略合作，合作内容涉及奶源、生产及技术等多个方面

（四）行业年度会议

8月22～24日，"中国乳制品工业协会第二十次年会暨第十四次乳品技术精品展示会"在上海光大会展中心召开。会议以"聚焦全球乳业创新发展"为主题，来自中外乳业及相关行业的企业家、专家、经济学家以及参展商和代表约4 000人参加了盛会。工业和信息化部党组成员、总工程师朱宏任、国家食品药品监督管理总局食监一司司长马纯良、工业和信息化部消费品司司长王黎明出席了大会开幕式。朱宏任和马纯良在开幕式上讲话。上海市政府副秘书长、市国资委党委书记、主任徐逸波代表市政府向大会致辞。澳大利亚驻华大使孙芳安女士、以色列大使马腾先生以及法国驻沪总领事卢力捷先生也应邀出席了大会并致贺辞。中国乳制品工业协会名誉理事长宋昆冈在《新形势下的中国乳业》的报告中指出，近几年来，乳制品行业以产品质量与安全为重心的整顿提升取得了显著成绩，但生产发展与奶源基地建设滞后的矛盾，产品结构与消费市场的矛盾渐渐显现出来，开始影响到了行业持续稳定发展。主要表现在四个方面：一是奶源紧张，价格趋高；二是国内生产和市场消费受国际市场的影响越来越明显；三是高成本高价格已成为制约行业发展的突出矛盾；四是乳制品生产增速放缓。他对乳业发展新思路提出要着手做好以下四方面工作：第一，做好奶源基地建设工作；第二，加速产品结构调整的步伐；第三，加快走出去发展的步伐；第四，实施低成本战略，让乳制品回归大众化的基本生活品的本位。同期举办的第十四次乳品技术精品展示会吸引了200多个国内外知名企业参加展出，其中内资企业177个，外资企业47个；展出面积1.5万m²，展出展位600多个。本次展会吸引了许多外国相关行业参展，来自法国、美国、英国、澳大利亚、新西兰、爱尔兰、芬兰、日本等十几个国家的参展团出席精品展示专业交流会。

（中国乳制品工业协会　岳增君）

烟 草 加 工 业

2014年，面对复杂多变的内外环境，我国烟草行业认真贯彻党的十八大和十八届三中、四中全会精神，深入贯彻习近平总书记系列重要讲话精神，紧扣实践"三大课题"（即改革的红利在哪里、发展的潜力在哪里、追赶的目标在哪里）、提升"五个形象"（即提升行业深化改革的形象、提升行业科学发展的形象、提升行业控烟履约的形象、提升行业规范管理的形象、提升行业干部队伍的形象）总体考量和年初确定的总体要求、预期指标、重点任务，狠抓各项工作举措的落实，保持了稳中有进、稳中向好的发展态势。

一、基本情况

全行业坚持把行业发展建立在质量提高、价值提升、技术进步、成本节约基础之上，全年实现工商税利总额跨越了1万亿元大台阶，达到10 517.6亿元，同比增加957.7亿元，同比增长10.02%，全面完成年初提出的"保八争十超万亿"年度目标。认真落实国务院领导指示精神，向中央国库上缴专项税后利润450亿元，通过财政渠道向云南鲁甸地震灾区捐赠30亿元。全年行业上缴财政总额9 110.3亿元，同比增加949.1亿元，同比增长11.63%。在经济下行压力加大的情况下，烟草行业为国家财政增收做出了新的贡献。

二、科研、新产品、新技术

（1）大力实施创新驱动发展战略，建立健全科技创新体系，推进烟草基因组计划等科技重大专项，强化产品质量监督和标准化建设工作，国产卷烟焦油量加权平均值10.5 mg/支，卷烟危害性指数8.6，降焦、减害工作扎实推进。

（2）大力推进"两化"融合，制定《烟草行业信息化发展规划（2014—2020年）》，全面加强数据资源开发应用，行业信息化建设水平稳步提高。

（3）新型8 000支/min（ZJ118型）卷接机组研发项目顺利通过鉴定。ZJ118型卷接机组是卷接设备领域完全依靠自身技术积累集成创新研发的一款全新的中速卷接机组，其整体技术及性能指标达到了中速卷接机组国际先进水平，是国产烟机对自主创新道路的一次积极尝试和探索，是集成创新与自主研发相结合的成功范例。

三、国内外市场概况

（一）国内市场概况

2014年，全国签订烤烟种植收购合同166万份，种植面积 122.47 万 hm²，同比减少 17 万 hm²。全年共安排补贴资金 98 亿元，建设项目 43 万个。其中，烟田水利设施项目 10 万个，机耕路 6 800 km，密集烤房 6.8 万座，土地整理 4.13 万 hm²；安排 197 个单元开展田间机械化试点，机械整地比例达到 84.1%，机械中耕和机械移栽均达到 20% 以上；安排 76 个单元 5.1 万座烤房示范推广烟夹装烟和散叶堆积烘烤技术。完善水源工程援建项目及资金管理制度，增加重点项目现场调研和资料初审环节。2014 年，全年销售卷烟约 5 099 万箱，同比增加 105 万箱，实现销售收入约 13 590 亿元，同比增加 1 116 亿元。

（二）国外市场概况

1. 烟叶　2014 年国际烟叶市场销量有所增长，总体供过于求，价格持续低迷。受到烟草消费品需求减少的影响，烟叶需求降低，而部分烟叶主产区丰产，导致烟叶总体供过于求，价格低迷。2014 年美国首个开拍的烤烟拍卖场成交约 12.5 万磅烟叶，仅占拍卖总量的 60%，均价为 1.1 美元/磅（约 2.42 美元/kg），最高价格为 1.5 美元/磅，大量种植者表示不能接受拍卖场过低的报价。2014 年津巴布韦烟叶的产量达到 2.16 亿 kg，同比增长 31%；销量 1.29 亿 kg，同比下降 12.3%；均价 5.72 美元/kg，同比略有提高，但拍卖场价格曾跌至 3 美元/kg 以下；出口收入 7.36 亿美元，同比下降 11.3%。2014 年马拉维烤烟产量创五年新高，销量较过去五年的平均销量增长约 180%，共售出各类烟叶 1.88 亿 kg，同比增长 14.11%；均价 1.9 美元/kg，同比下降 13.2%。各烟叶主产地，正通过缩减烟叶种植面积等措施应对供过于求、价格低迷的困境。2014 年全球烟叶采购方式的主要变化为：直采比重增加，但美国烟叶直采比重下降。直采主要是指烟草公司事先与烟叶种植者签订采购协议，整株购买烟叶，并自行承担烟叶质量风险的采购方式。而通过跨国烟叶公司或者拍卖场进行的烟叶采购为间接采购。为加强对原料供应的控制，烟草公司直接向种植者采购的比例不断上升，但是大的烟草公司仍在全球范围内拥有更强的资源配置优势，其地位和作用不可替代。2014 年，菲莫国际改变了在美国的烟叶采购模式，不再直接与种植者签约，完全通过烟叶公司进行采购。全球烟叶市场的供求变化，也影响了两大跨国烟叶公司的市场表现。2014 年，全球第一大跨国烟叶公司环球烟叶公司销售收入 21.84 亿美元（约合人民币 136.47 亿元），同比减少 12.5%；净利润（不含所得税）9 545 万美元（约合人民币 6 亿元），同比减少 35.7%。2013 年巴西税收政策的变化曾为公司带来收入，除去这一因

后，2014 年净利润较 2013 年略有下降。2014 财年，全球第二大烟叶公司联一烟叶公司烟叶销量为 4.25 亿 kg，连续三年保持基本稳定；销售收入 23.55 亿美元（约合人民币 147.19 亿元），同比增长 5%；净亏损 8 670 万美元（约合人民币 5.42 亿元）。亏损的主要原因是，2013 年下半年至 2014 年一季度，巴西烟叶价格高企，并引发全球烟叶价格提高；优质烟叶产量下降引起采购成本增加；公司业务重组以及资金运作导致的资金净流出等。

2. 卷烟　2014 年，世界卷烟销量（含中国）近 12 000 万箱，同比下降约 2%。过去几年，受到全球金融危机、卷烟加税提价等因素影响，部分发达国家销量加速下降，近期下降速度趋缓。预计未来一段时间内，发达国家卷烟销量约以 3%～6% 的速度逐年递减，部分发展中国家卷烟销量有所增加，全球总量以 1%～2% 的速度稳步下降。同时，细切烟丝、斗烟、雪茄、口含烟、鼻烟等非卷烟类烟草制品销量逐年递增。2014 年，奥驰亚集团在美国境内无烟气烟草制品销量较 2013 年增长 0.7%，销售雪茄 13 亿支，较 2013 年增长 6.1%；在欧洲市场上的非卷烟类烟草制品销量也继续增长，但增幅有所趋缓。菲莫国际 2014 年非卷烟类烟草制品销量增长 3.4%，细切烟丝在比利时、捷克、匈牙利、波兰等国销量增长较快。电子烟、低温卷烟是新型烟草制品的主要代表。新型烟草制品起步较晚，销量基数不大、增长较快，厂商数量多、集中度不高，监管不完善。各大烟草公司加大产品研发力度，不断推陈出新，大力开发潜在市场。统计数据显示，电子烟市场规模约为传统烟草制品的 1%～2%，主要消费群体是有戒烟需求及有猎奇心理的消费者，主要消费地区是美国和欧洲，主要产地是我国珠三角地区。美国市场上的前三大电子烟品牌分别为"Blu"、"Njoy"、"Logic"，三者市场占有率为 80% 以上。欧洲各国情况不一。意大利引入电子烟较早，对新型烟草制品的接受度较高，也成为菲莫国际新近研发的潜在减害烟草制品的发售地及生产地。英国、法国、德国、荷兰等国电子烟销售形势较好，西班牙经历了电子烟暴增之后转向低迷。2014 年，雷诺、罗瑞拉德、帝国三大公司之间的兼并重组案中，电子烟是重要内容之一。重组完成之后，原罗瑞拉德旗下电子烟品牌"Blu"将易主帝国，其在美国近 50% 的市场份额是吸引帝国的主要原因。虽然此次雷诺放弃了"Blu"，但其正在全力培育自有电子烟品牌"Vuse"，近期市场表现良好。菲莫国际收购英国电子烟公司 Nicocigs，得以快速进入英国电子烟市场。日本烟草收购英国 Zandera 电子烟公司，主要生产高质量可重复使用型电子烟，旗下

品牌"E-Lites"在英国的销售形势非常好。奥驰亚集团子公司 Nu Mark 有限责任公司收购绿烟公司电子烟业务及其附属公司，交易价值约为 1.3 亿美元。电子烟业内专利数量庞大，但实质性差异不大，这也就容易引发侵权案件。美国最大的独立电子烟制造商 Njoy 公司起诉 Victory 电子烟侵犯其专利权和商业包装，去年 5 月美国亚利桑那州地方法院判决原告胜诉。帝国烟草公司宣布对美国三家最大的电子烟公司 Blu、Njoy 和 Logic 提起专利侵权诉讼，此前帝国烟草公司收购了电子烟的发明者中国叁龙公司（原如烟集团），由此引发了这宗专利权纠纷。电子烟的主要原料是烟油，类似于烟叶。电子烟市场的繁荣吸引了各类企业投入电子烟油的生产，包括跨国烟叶公司、香精香料公司等。2014 年 4 月，联一烟叶公司宣布与 LOTO 在美国成立合资公司，专业生产电子烟油。但是关于电子烟油的成分、功能、安全性的担忧日益显现，近期美国 FDA 可能会对电子烟油的生产做出规定，如标注电子烟油成分等，这可能会对生产商造成一定影响，也是未来电子烟油生产商面临的重要考验。

此外，低温卷烟也在 2014 年有较大进展。2014 年 1 月 10 日，菲莫国际宣布将在意大利投资 5 亿美元建设首家潜在减害产品生产工厂以及一个实验工厂。项目规划生产规模达每年 300 亿支，预计 2016 年竣工，届时将创造 600 个就业岗位。全球第一个潜在减害产品生产工厂的规模之大，充分反映了菲莫国际对其产品的市场前景充满信心。2014 年 10 月 10 日，实验工厂正式投入使用，第一批潜在减害产品也在日本、意大利上市。据报道，雷诺美国也将于 2015 年 2 月在美国威斯康星州推出低温卷烟产品"Revo"。20 世纪 90 年代，雷诺曾推出类似产品"Eclipse"，"Revo"产品是对"Eclipse"的"重新定位"。

（三）主要烟草公司发展情况

1. 四大跨国烟草公司

作为全球第一大跨国烟草公司，菲莫国际公司拥有全球销量前 15 位的烟草品牌中的 7 个，业务遍及全球 180 余个国家和地区，国际市场占有率约 25%。其中，"万宝路（Marlboro）"在美国以外市场的年销量约 580 万箱，高居榜首。2014 财年，菲莫国际卷烟销量 1 711.9 万箱，同比下降 2.8%。其中，欧盟市场销量 370.4 万箱，同比增长 0.1%。2014 年 11 月在日本、意大利上市的潜在减害产品（低温卷烟）品牌"IQOS"势头良好，日本消费者知晓率约为 34%，意大利约为 16%。2014 财年，其销售收入（含消费税）801 亿美元（约合人民币 5 000 亿元）。全球第二大跨国烟草公司英美烟草公司，目前国际市场占有率约为 20%，公司旗下主要国际大品牌包括

"登喜路（Dunhill）"、"健牌（Kent）"等。2014 财年，英美公司共销售卷烟 1 334 万箱，同比下降 1.4%，但全球驱动品牌卷烟销量增幅达 5.8%。亚太地区卷烟销量 394 万箱，同比增长 0.1%；美洲地区卷烟销量 262 万箱，同比下降 2.3%；西欧地区卷烟销量 224 万箱，同比下降 5.9%。2014 财年，其销售收入（含消费税）425.06 亿英镑（约合人民币 4 132 亿元）。日本烟草公司国际市场占有率约为 17%，主要多元化业务包括食品、饮料、制药。公司旗下主要国际大品牌包括"云斯顿（Winston）"、"骆驼（Camel）"、"七星（Mevius）"、"乐迪（L&D）"等。2014 财年，日烟公司销售烟草制品（含非卷烟类产品）1 020.8 万箱，同比减少 4.4%。其中，国内烟草制品销量 224.8 万箱，同比减少 3.6%；国际烟草制品销量 796 万箱，同比减少 4.7%。2014 财年，其烟草业务含税销售收入 74 427 亿日元（约合人民币 3 917 亿元）。帝国烟草公司目前国际市场占有率约为 9%。除烟草主营业务外，子公司 Fontem Ventures 经营电子烟、饮料业务，子公司 Logista 经营欧洲地区烟草物流业务。公司将旗下品牌划分为成长型、专业型，成长型包括"大卫·杜夫"等 10 个品牌，占卷烟总销量的 45%；专业型品牌是指针对部分消费群体的多样化烟草制品品牌，含卷烟、细切烟丝、雪茄和无烟气烟草制品等，占烟草制品总销售收入的 12%。2014 财年，帝国烟草销量 588.8 万箱，同比下降 7%。成长型品牌销量 262 万箱，同比增长 7%；专业型品牌销售收入（不含税）8.11 亿英镑，同比增长 2%。

2. 区域公司

（1）奥驰亚集团 2014 财年，集团卷烟销量 250.8 万箱，同比减少 3%；雪茄 12.7 亿支，同比增长 6.1%。卷烟市场份额 50.9%，同比提高 0.2 个百分点。其中"万宝路"销量 216 万箱，同比减少 3%；市场占有率 43.8%，同比提高 0.1 个百分点；雪茄市场份额 29%，同比下降 0.1 个百分点。无烟气烟草制品销量 7 933 亿盒，同比增长 0.7%；销售收入 16.71 亿美元（不含消费税），同比增长 1.4%；市场份额 55.2%，同比提高 0.2 个百分点。

（2）雷诺美国公司 2014 年，雷诺烟草公司销售卷烟 122 万箱，同比减少 5%；美国市场占有率 26.5%，同比下降 0.1 个百分点；美国鼻烟公司销售产品 4.8 亿听，同比增长 2.8%；美国市场占有率 34.3%，同比提高 0.3 个百分点；圣塔菲天然烟草公司销售卷烟 7.8 万箱，同比增长 10%；美国卷烟市场占有率 1.6%，同比提高 0.2 个百分点。

（3）韩国烟草人参公社 2014 财年，国内卷烟

销量 111.4 万箱，同比增长 2.4%；国内市场占有率 62.2%，较上年提高 0.7 个百分点。境外卷烟销量 86.6 万箱，同比增长 26.4%；卷烟销售收入（不含税）25 000 亿韩元（约合人民币 142.5 亿元），同比增长 6.7%。其中，国内卷烟销售收入（不含税）19 669 亿韩元（约合人民币 112.1 亿元），同比增长 4.1%；出口卷烟销售收入（不含税）5 331 亿韩元（约合人民币 30.39 亿元），同比增长 17.8%；公司实现净利润 7 176 亿韩元（约合人民币 40.9 亿元），同比增长 34.9%。

（4）印度烟草公司 公司前身为帝国烟草公司印度分公司，1974 年改组更名为印度烟草公司，现为印度第一大烟草公司。公司业务范围广泛，涵盖快速消费品、酒店、造纸印刷、信息技术、农业等多个领域。印度烟草市场的突出特点是：消费总量大，合法卷烟消费量小。其烟草消费量居全球前 10 位，但合法卷烟制品消费仅占全球卷烟消费量的 1.8%，占国内各类烟草制品消费量的 12%，主要原因是高额歧视性卷烟消费税和增值税导致合法卷烟与其他烟草制品的价差较大。高额税收同时引发了大量卷烟非法贸易，约占国内卷烟消费量的 20%。

（5）埃及东方烟草公司 2014 年，埃及国内市场，改变了与菲莫国际原有授权加工的合作关系；国际市场，大力开拓非洲市场，计划在马拉维投资设厂。

（6）印尼盐仓集团 印尼领先的丁香烟制造商，自 2004 年起国内市场占有率逐年下降，主要原因是丁香烟这一品类所占市场份额不断下降。2013 年国内市场占有率约为 20.6%，同比基本持平。烟草制品销量 153.2 万箱，同比增长 4.5%。

四、行业管理

2014 年，行业以巩固完善专卖制度为目标，以适应市场真实需求为原则，以维护烟草市场秩序为任务，进一步完善专卖内管、打假打私、市场监管"三个体系"，专卖管理工作取得良好成效。4 月 29 日，国家烟草专卖局和海关总署在广东省湛江市彻底销毁走私卷烟 37 万余条，这是我国近年来规模最大的一次公开销毁走私卷烟活动。10 月 22 日，由海关总署、公安部、国家烟草专卖局联合侦办的首起自媒体售假贩私案件的全面告破，对进一步联合开展卷烟打假打私工作起到了重要推动作用。同时，通过持续加大源头打假工作力度，坚持打防结合，坚定不移抓好内部规范工作，坚决遏制真烟非法流通，卷烟市场得到进一步净化。

2014 年，行业围绕年初全国烟草工作会议提出的"全面提升行业规范管理形象"的要求，将规范管理各项任务落到实处。各单位积极响应国家烟草专卖局"精益十佳"创建工作，切实提升企业管理水平，行业可控成本费用大幅降低，管理产生的效益占行业新增税利的比重超过 10% 以上。卷烟包装箱循环利用工作扎实推进，顺利完成 1 000 万箱年度任务。规范工程招标和物资采购、投资项目管理，加强审计监督，确定全面推广预算定额标准体系建设工作，规范管理水平持续提升。

2014 年，该行业在北京、天津、河北 3 省、直辖市进行市场化取向改革试点。3 月份，中国卷烟销售公司下发《京、津、冀卷烟营销市场化取向改革试点工作实施方案》，6 月份印发《京、津、冀卷烟营销市场化取向改革试点工作要点》，指导京津冀卷烟营销市场化取向改革试点有序开展。京津冀积极推行"按订单组织货源、按需求衔接计划、按价格调整策略"，北京市局（公司）各项指标名列前茅，天津市局（公司）后来居上，河北省局（公司）实现跨越式发展。这是行业贯彻落实中央精神、全面深化改革的具体体现，为深化卷烟营销改革提供了启迪和经验，行业各单位纷纷结合自身实际，积极探索市场化取向改革，也为进一步挖掘市场潜力、释放改革红利、推动行业平稳健康持续发展提供助力。

（郑州烟草研究院 王英元）

酿 酒 工 业

一、基本情况

（一）经济运行状况

据国家统计局数据，截至 2014 年末，全国酿酒行业规模以上企业 2 602 个（其中大中型企业 617 个），行业资产总值 2 000.25 亿元；全年完成酿酒总产量 7 528.27 万 kL，同比增长 0.22%。其中，饮料酒产量 6 543.99 万 kL，同比增长 -0.85%；发酵酒精产量 984.28 万 kL，同比增长 7.79%。全行业完成销售收入 8 778.05 亿元，同比增长 3.84%；实现利润 976.17 亿元，同比增长 -8.09%；上缴税金总额达 830.81 亿元，同比增长 -3.21%。酒类及相关产品进出口总额 36.85 亿元（其中累计出口额 8.46 亿元、进口额 28.39 亿元），同比下降 17.50%。总之，随着我国改革开放的不断深入，国民经济得到持续增长，居民消费水平显著提升，而我国酿酒行业经济效益也在创造价值、增加税收、吸收劳动就业等方面做出了不小的贡献。

（二）主要特点

2014 年，我国酿酒行业已整体进入经济转型期，开始步入放缓增速、稳增长、调结构阶段，呈现了以下特点：

1. 产业结构趋于合理　自 2010 年以来，酿酒行业通过淘汰落后产能、优化产业布局、建设先进制造业基地和现代化产业集群，打造特色经济区域集群，以及市场并购等手段，有力地提高了产业集中度和企业竞争力。据不完全统计，截止到 2014 年，白酒行业已经初步建成 9 个特色区域和产业集群；啤酒行业的规模以上生产企业数量由 2010 年的 592 个下降到 2014 年的 480 个，但产量由 2014 年的 4 483 万 kL 增长至 2014 年底的 4 922 万 kL；发酵酒精行业经过淘汰落后产能以及充分的市场竞争机制，综合产能大幅度提高，由 2010 年的 826 万 kL 增长至 2014 年底的 984 万 kL，规模以上企业由 198 个下降到 144 个。从全产业来看，资产规模在 4 亿元以上、年销售收入在 3 亿元以上、员工数量在 2 000 人以上的大型企业数量由 2010 年的 43 个增加到 2014 年的 108 个，占全产业的比重由 1.45% 上升到 4.15%。企业集团化、规模化逐步形成。这些企业集团的形成与壮大，引领和规范了行业的发展，成为行业的典型企业（表 1）。

表 1　截至 2014 年我国酿酒行业特色区域和产业集群建设情况

序号	名　　称	所在地区	授予时间
1	中国（宜宾）白酒之都	四川省宜宾市	2009 年 6 月
2	中国北方浓香型白酒生产基地	内蒙古巴彦淖尔市	2010 年 9 月
3	中国豉香型白酒产业基地	广东省佛山市	2010 年 12 月
4	中国芝麻香白酒第一镇	山东省安丘市	2012 年 2 月
5	中国白酒名镇	湖北省宜昌市	2012 年 6 月
6	中国（宿迁）白酒之都	江苏省宿迁市	2012 年 7 月
7	中国白酒原酒之乡·邛崃	四川省邛崃市	2012 年 11 月
8	中国白酒名城·枝江	湖北省枝江市	2014 年 11 月
9	中国白酒原酒基地·高青	山东省高青县	2014 年 11 月

2. 产品结构更加丰富　随着市场消费环境的不断变化，酿酒行业主动适应市场需求，产品结构进一步趋于合理，产品品类更加丰富。品质优良白酒得到市场认可，低度白酒有了较大的市场空间；啤酒产品向不同口味、多品种方向发展，具有独特口感的微酿啤酒蓬勃兴起，使市场更加丰富多彩；干型佐餐葡萄酒生产跻身世界葡萄酒行列，白葡萄酒比例逐年增加，甜型、半甜型和起泡葡萄酒全面更新升级，市场呈现多样化格局；黄酒行业紧紧围绕健康、绿色的理念，开发适应现代消费需求的产品。同时，我国作为产能和消费规模居世界第三位的酒精工业大国，逐步实现以多元化原料生产变形燃料乙醇产品，在大力发展非粮乙醇方面取得了可喜成绩。

3. 品牌建设成果凸现　据统计，2014 年中国酿酒行业品牌价值合计 7 605.11 亿元，比 2010 年的 2 785.60 亿元高出 4 819.51 亿元，增长幅度为 173%，在世界酒业中的地位得到大幅度提高（表 2）。

表 2　2014 年"中国 500 强最具价值品牌"排行榜

单位：亿元

排名	品牌名称	品牌价值	排名	品牌名称	品牌价值
21	茅台	972.45	243	王朝葡萄酒	86.39
22	青岛啤酒	950.16	249	古井贡	86.07
23	五粮液	926.73	275	崂山啤酒	81.72
26	中粮集团	899.31	283	五星股份	78.42
28	雪花啤酒	875.82	289	烟台张裕	76.63
40	燕京啤酒	660.76	301	水井坊	74.89
50	郎酒	354.76	302	汉斯啤酒	74.86
109	洋河	182.82	336	枝江	65.36
110	泸州老窖	182.75	358	华致酒行	49.40
115	沱牌	176.95	362	劲牌	49.04
118	剑南春	173.64	440	古越龙山	31.44

4. 科技创新能力提升 近年来，我国酿酒行业致力于提升中国酒业机械化、信息化、智能化水平，通过建立产学研联动机制，形成了酒类生产企业与科研院所、设计单位、装备制造企业的结合。在引进先进技术的同时，积极开展两化融合，装备转型升级试点等工作，提升了生产技术工艺水平。啤酒、葡萄酒技术已达到世界主要生产国水平；白酒、黄酒装备升级换代进程明显加快，推动了整个行业的科技进步和产品质量的提高（表3）。

表3 截至2014年我国酿酒行业国家级企业技术工程中心建设情况

类　　型	所属企业	通过年份
国家级企业技术中心	青岛啤酒股份有限公司	1996
国家级企业技术中心	贵州茅台酒股份有限公司	1998
国家级企业技术中心	燕京啤酒股份有限公司	2002
国家级企业技术中心	广州珠江啤酒集团有限公司	2002
国家级企业技术中心	烟台张裕葡萄酒股份有限公司	2003
国家级企业技术中心	王朝葡萄酿酒有限公司	2005
国家级企业技术中心	河南天冠企业集团有限公司	2005
国家级企业技术中心	中粮生物化学（安徽）股份有限公司	2006
国家级企业技术中心	山西杏花村汾酒集团	2007
国家级企业技术中心	中国长城葡萄酒有限公司	2007
国家级企业技术中心	四川剑南春集团有限责任公司	2008
国家级企业技术中心	宜宾五粮液集团	2009
国家级企业技术中心	宁夏红枸杞产业集团	2009
国家工程技术研究中心	中国绍兴黄酒集团	2011
国家工程技术研究中心	泸州老窖公司	2014

5. 低碳绿色产业发展模式初具雏形 随着以"促进行业科技进步、技术改造，引导行业转变发展方式"为目标的中国酿酒产业"十二五"规划的执行，以资源环境为代价换取利润的年代已经过去，节能减排成为每个企业生存和发展的先决条件之一。我国酒类产业总体发展呈现出迅速蜕变的特征，同时与相关产业融合度进一步提高，上下游企业结合更加紧密；创新技术在酿酒领域应用越来越广泛；大力开展科学研究，做好"三废"利用工作，将废糟液制成饲料，废水再利用，废渣制砖，实现污染物的零排放，将传统的"资源—产品—废弃物排放"开环式经济模式，科学转变为"资源—产品—废弃物—再生资源"闭环式经济模式，实现企业经济与社会效益的同步发展。可以说，酿酒产业低碳、绿色的产业发展模式已经初具雏形。

二、科技奖励工作

1. 评奖工作 2014年中国酒业协会获得了国家科学技术奖励办公室授予的向国家科技进步奖推荐备选项目资格，为进一步促进和提高了"中国酒业协会科学技术奖"奖项的科技水平和行业地位。2014年度"中国酒业协会科学技术奖"申报工作于2014年正式启动，经评审委员会专业组评审专家评审、评审委员会审议、奖励委员会审定、评选结果网上公示和中国酒业协会批准，评选出2014年度"中国酒业协会科学技术奖"获奖项目27项。其中，对"优质啤酒麦芽供应链技术保障的体系建立与应用"4个项目授予一等奖，"钢厂尾气制燃料乙醇示范工程项目"等10个项目授予二等奖，"提高糟醅香味成分的发酵方法"等 13 个项目授予三等奖；同时，授予《包装氧（TPO）对啤酒风味的影响》等 43 篇文章为 2014 年度中国酒业协会科技进步优秀论文。

2. 颁奖工作　中国酒业协会于 2015 年 4 月 28～29 日，在京召开的"中国酒业协会第五次会员代表大会暨第五届理事会第一次（扩大）会议"上，同期举办了 2014 年度中国酒业协会科学技术奖颁奖活动。向在"2014 年度中国酒业协会科学技术奖"评选活动中获得荣誉奖的单位及个人颁发了荣誉证书、奖状及奖金。2014 年中国酒业协会在科学技术发明奖、科学技术进步奖、国际合作奖的基础上，增设了科学技术优秀论文奖、中国酒业领军人才奖。总计奖励 2014 年度中国酒业协会科学技术发明奖 2 项、科学技术进步奖 27 项、国际合作奖 1 项、科学技术进步优秀论文奖 43 篇。以上获奖单位和个人，总计颁发奖金 53 万元。

三、行业工作

1. 组建白酒技术创新联盟　科技创新是未来白酒行业发展的关键途径，为将白酒产业技术创新规范化、长期化，2014 年中国酒业协会组建了"中国酒业协会白酒技术创新联盟"。联盟由中国酒业协会和白酒领军企业、重点科研院所共同发起，共有成员单位 54 个。通过技术创新联盟这一体系保障，充分发挥中国酒业协会的服务引导作用，使产、学、研各单位之间的科研创新合作制度化、常态化，力争开创白酒行业科技进步的新格局。

2. 举办专业展览活动　2014 年起"中国国际酒业博览会"移师四川泸州，先后以"强化品牌责任，推进国际合作、传承与创新"为主题，展会上参展商品云集，国内白酒、啤酒、黄酒、葡萄酒、果露酒的主要企业悉数参展，同时还有美国、法国、澳大利亚等国行业组织以及近百个知名洋酒企业前来参展。据统计 2015 年酒博会有来自 20 个国家和地区的 512 个企业参展，参会客商累计 15 000 多人，参观人数达 35 万多人次，签约项目 327 个，签约金额 498.4 亿元。目前，协会已经形成了年度"中国国际酒类博览会"和双年"中国国际酒业技术博览会"相配套的展会平台。

3. 举办多类型技术论坛　为加强国内外酿酒企业之间的科技交流与合作，探讨国际最新的酿造科技进展，提高我国酿酒科研技术水平，2014 年举办了多类型技术论坛。一是举办了"2014 年（第三届）中国国际啤酒高峰技术论坛"，就行业关注的原料与产品稳定性、新产品、消费者科学、低碳节能等热点话题进行了广泛交流。二是举办了"2014 年国际蒸馏酒技术高峰论坛"。来自法国、英国、俄罗斯、墨西哥、日本、荷兰以及我国著名白酒企业和大专院校的专家学者出席论坛，就原料、酿酒微生物、新产品、新技术、质量安全、低碳节能等国际热点话题展开了热情交流，共同分享了蒸馏酒科研创新方面的心得与体会。三是举办了"中国白酒装备创新论坛"和"中小型白酒企业转型升级创新论坛"。中国酒业协会先后于 2014 年、2015 年分别召开了"中国白酒装备创新论坛"和"中小型白酒企业转型升级创新论坛"。论坛围绕提升白酒转型升级、改变落后生产方式、促进行业健康持续发展等主题，对白酒行业转型升级进程进行了深入的分析和探讨，提出了重点工作计划。首次实现了白酒生产企业与装备制造企业进行同台交流的先例，使白酒技术装备创新、新技术得到了有效的融合。

4. 召开会员代表大会暨理事会会议　中国酒业协会于 2015 年 4 月 28～29 日，组织召开了"第五次会员代表大会暨第五届理事会第一次（扩大）会议"。本次会员代表大会主要内容，包括审议并通过中国酒业协会第四届理事会工作报告，审议并通过第四届理事会财务工作报告，审议并通过中国酒业协会《章程》修改方案，投票表决通过会费标准，投票选举产生第五届理事会理事、常务理事及中国酒业协会负责人，颁发 2014 年度"中国酒业协会科学技术奖"，举办 2015 年中国国际"酒与社会"论坛、"互联网＋机遇与挑战"高峰论坛和 2015 中国啤酒业年度峰会等。大会选举产生了中国酒业协会第五届理事会成员和领导成员，第五届理事会理事长王延才就今后工作方向和设想做了汇报。他提出，新一届理事会将不断强化服务意识，拓展服务平台，开创新的服务领域，提升产业协会的综合能力，实现现代化产业协会的拓展与升级。中国酒业协会将与行业同仁一起，与时俱进，创新观念，提升产业的软实力，互信合作，担当责任，加强酒与社会和谐发展。将从以下方面入手：一是深入实际调查研究；二是加强产业政策研究；三是推动产业升级由大而强，走国际化之路；四是坚持科技创新，实现产业转型升级；五是示范行业正能量；六是优化结构，塑造精品；七是坚持厂商联合，探索市场新兴模式；八是强化产品的安全保障；九是继续完善中国酒业协会组织建设等工作，共同推动酿酒产业的健康发展。

（本文由中国酒业协会提供资料，本编辑部付涛汇总整理）

蚕 丝 加 工 业

一、基本情况

（一）蚕桑生产

1. **产量**　据国家茧丝协调办公室统计，2014年全国桑园面积82.80万 hm²，同比减少1.32%；蚕种发种量1 625.81万张，减少18.20万张，同比减少1.35%；蚕茧产量64.10万 t，同比减少0.31%；综合均价36.7元/kg，同比下降8.71%。

2. **资源分布**　从18个桑蚕主产省、自治区、直辖市生产情况看，除江苏、浙江桑园面积继续减少，广西、四川、云南继续增加外，其他大部分蚕区桑园面积基本稳定。其中，江苏和浙江分别减少0.60万 hm²和0.34万 hm²，广西、四川、云南、湖南分别增加0.67万 hm²、0.34万 hm²、0.29万 hm²、0.10万 hm²。我国茧丝绸行业在发展过程中受到了很多冲击，其中最大的冲击就是许多沿海城市快速发展，使得大量土地转化为城镇和工业开发区，沿海城市种桑养蚕的数量开始逐渐萎缩。东部沿海省份是我国传统的优质茧丝产区，浙江、江苏、山东等东部沿海省份的茧丝品种优良，品质稳定，品位高档，可以满足高档丝绸织造的优质茧丝主要产自这里。然而，由于近年工业化和城镇化建设，大幅减少种桑面积，传统家庭散养模式和三边桑（宅边、路边、河边）难有规模效益。同时由于半夜喂蚕很辛苦，年轻人从事桑蚕养殖积极性不高，东部沿海省份的蚕桑与蚕茧总量在衰减。因此，如何推进茧丝绸行业的技术进步，稳定茧丝绸原料基础，平衡茧、丝、绸产业链上下游利益，实现行业的创新发展，是当前摆在我国茧丝绸行业面前的一个课题。

（二）加工量、产值、利税、固定资产投资

据国家统计局对392个规模以上缫丝绢纺企业统计，2014年生丝产量16.73万 t，同比增长6.85%；全行业规模以上企业主营业务收入1 281.29亿元，同比2013年增长6.79%，同比2010年下降33.60%；利润总额69.58亿元，同比2013年增长4.68%。其中，40个绢丝企业绢丝产量11 754 t，同比下降2.87%；265个规模以上织绸企业绸缎产量93 124万 m，同比下降1.21%；95个蚕丝被企业蚕丝被产量2 482万条，同比下降19.70%。总体来看，

2014年，全行业主营业务收入1 147.96亿元，同比增长3.11%；利润71.90亿元，同比增长10.80%。其中，缫丝加工实现利润34.32亿元，同比增长4.35%；丝织加工实现利润22.29亿元，同比增长7.10%；丝印染加工实现利润4.29亿元，同比增长81.22%。2014年全行业利润继续实现稳定增长，但增速较2013年同期下降了16个百分点。从其他经济指标看：丝绢纺织及精加工行业亏损企业亏损总额2.02亿元，同比下降15.46%；企业存货145.94亿元，同比增长4.35%；企业营业费用同比增长17.18%。

二、新技术、新成果

1. **五个丝绸项目获得"纺织之光科技进步奖"**　"纺织之光2014年度中国纺织工业联合会科技教育奖励大会"于2014年11月25日在人民大会堂隆重举行。苏州大学与吴江飞翔印染有限公司联合开发的"超临界 CO_2 流体无水绳状染色关键技术及其装备系统项目"获得二等奖；苏州大学与南通丝乡丝绸有限公司等单位开发的"面向中小型企业的服装定制智能生产系统项目"、万事利集团有限公司与浙江理工大学开发的"真丝绸装饰和文化艺术品的研发及其产业化项目"、达利丝绸（浙江）有限公司与浙江理工大学开发的"彩色茧丝色彩工艺特性及其丝绸产品关键技术和产业化项目"、浙江巴贝领带有限公司与浙江理工大学开发的"真丝提花面料花纹闪色技术研究与产品开发项目"分别获得三等奖。

2. **家蚕基因重组研究取得新进展蚕宝宝首次吐出人工合成蚕丝蛋白**　蚕体约含16 425个基因，其中一个基因叫做 Fib-H 基因，它是丝蛋白的最主要成分，是几千年以来人类驯化和利用家蚕的主要靶标。敲除 Fib-H 基因获得空丝腺，蚕宝宝首次吐出人工合成蚕丝蛋白，这在国内外尚属首次，将为大规模获取生物蛋白提供可能。世界上人工设计的蛋白纤维在活体生物中首次合成，有着极其重要的应用价值。如桑蚕丝面料的衣服，由于桑蚕丝爱泛黄、易皱，衣服款式、花色比较单一，桑蚕丝让人有些爱不起来。通过对蚕丝纤维的人为改良和重新设计，以后桑蚕丝可能会像棉质衣服一样，既保持桑蚕丝的舒适

感，又像棉衣一样耐穿、好打理。

3. 育成抗病毒病家蚕新品种　中国农业科学院蚕业研究所科研人员利用从家蚕种质资源筛选评价中获得的抗家蚕核型多角体病毒病基因，成功培育出一种对养蚕生产中主要发生的病毒病（俗称血液型脓病）具有高度抵抗性的夏秋用家蚕新品种——华康 2 号，2014 年通过了相关部门审定。华康 2 号是选择我国蚕区推广量较大的夏秋用蚕品种秋丰和白玉作为受体，用蚕核型多角体病毒病耐受性基因载体品种作供体，采用杂交、回交、抗病基因纯合固定及系统选育而成。目前，该品种已在贵州、广西、浙江、山西、陕西、江西、江苏等省、自治区部分蚕区进行推广试养，2011 年、2012 年区域试验单张蚕种平均产茧量 49 kg。该品种生命力强、产量高，尤其对家蚕核型多角体病毒病有较强的抵抗性，深受蚕农的欢迎。

4. 全龄人工饲料养蚕技术取得新突破　人工饲料与桑叶相比，能节约 90% 的耕地，不受气候和环境因素制约，为实现一年四季产业化养蚕奠定了基础。2014 年重点解决了长期以来饲料易发生霉变的技术难题，重振了广大技术人员和农民采用饲料养蚕的信心。夏蚕和秋蚕生产期间，在全国 40 个共育室共 60 次开展了 1～3 龄、1～4 龄乃至全龄采用饲料养蚕的试验，取得了进展。据晚秋蚕期调查，1～2 龄饲料育 192 h 起蚕率达 97.27%～98.36%，平均为 97.60%；1～3 龄起蚕率达 95.53～98.10%，平均为 96.59%；1～4 龄起蚕率达 94.55～96.80，平均为 95.90%。在前两年制订《稚蚕人工饲料共育技术规程》和《家蚕小蚕人工饲料饲育技术规程》的基础上，形成了《家蚕 1～4 龄饲料饲育技术规程》，将我国饲料养蚕技术又向前推进了一大步。此外，2014 年春季在各地开展了高密度饲料桑园栽培试验，对新开发的饲料切片机进行了进一步改进，成功开发了一款自动化饲料切片机，为今后工厂化饲料养蚕奠定了基础。

5. 蚕蛹蛋白纤维纱线被广泛应用　蚕蛹蛋白纤维虽然具有不少优良特性，但也存在可纺性较差的缺点。因此，在产品开发过程中，重点研究了蚕蛹蛋白纤维的预处理工艺，通过多次对比试验，有效地改善了纤维的可纺性，保证了纺纱过程的顺利进行，成功开发了蚕蛹蛋白纤维纯纺和蚕蛹蛋白与莫代尔、POREL 混纺纱线，而且同配比、同纱支纱线的质量在条干 CV 值、粗节、棉结和单纱强力等各方面都大大优于同行水平。该纱线可用于生产高档服装面料、T 恤、内衣、床上用品等产品，目前已有厂家采用蚕蛹蛋白纤维纯纺纱开发了高档针织内衣。蚕蛹蛋白产

品保留了真丝织物的优点，又克服了真丝织物娇嫩、色牢度差、易缩、易皱、易泛黄、遇强碱易脆损等缺陷，产品柔软细腻、透气舒适、亲肤美肤、环保健康、染色绚丽，具有较好的市场前景。

6. 数码织造试验开发装备技术通过专家组验收　由浙江丝绸科技公司承担的浙江省科技计划项目"完备丝绸产品创制实验室的数码织造试验开发装备"，通过专家组验收。项目引进电子多臂、电子提花、刚性剑杆织机等先进的织造装备及数码设计系统，完备了实验室条件，并在数码织造新技术研发创新和工程化开发应用上发挥了良好作用。

7. 超临界 CO_2 无水绳状染色"技术实现绿色和环保化生产　传统印染行业每年排放大量废水，造成严重的生态环境污染，国际上运用的超临界二氧化碳（CO_2）经轴匹染技术，虽可对纺织品进行无水化染色，但其加工产品匀染性不易控制。由苏州大学纺织与服装工程学院承担的超临界 CO_2 流体无水染整课题组成功研发的新型无水生态染色已经进入生产示范阶段。超临界 CO_2 流体无水染色机及其配套生态染色关键技术，首次实现了超临界 CO_2 流体无水绳状匹染，具有无水、无污染排放、生态环保等清洁化生产特点，社会、环境效益显著。超临界流体无水染色技术还实现了超临界流体高压染色釜中绳状织物与大流量流体的双重可控和协调循环，解决了匹染织物不匀性问题。因此产品质量同样得到认可，经国家丝绸及服装产品质量监督检验中心检测，该课题组研发的超临界 CO_2 流体无水生态染色产品，主要染色牢度达到或高于国家标准（GB/T 17253—2008）一等品要求。

8. 三家丝绸企业获得中纺联产品开发贡献奖　"2014 年中国纺织创新年会"于 2014 年 12 月 11 日在北京召开。为推进我国纺织服装行业的产品开发工作，树立行业产品开发的先进典型企业，探索产品研发的创新模式，提高行业科技贡献率和品牌贡献率，促进产品结构调整，推动产业升级和纺织强国建设，经中国纺织工业联合会产品开发贡献奖评委会对申报企业的资格审查、专家初评和终评，全国共有 60 个纺织企业入围，其中达利丝绸（浙江）有限公司、四川顺成纺织品有限公司、湖州永昌丝绸有限公司 3 个丝绸企业获得"2014 年度中国纺织工业联合会产品开发贡献奖"荣誉称号。

9. 废丝蛋白提取改性深加工技术　我国是产丝大国，每年由缫丝、织绸、服装等企业产生的蚕丝下脚料 63 100 t 以上，包括废丝、废绸及服装边角料。但我国一直以来对这些资源的回收、综合利用的研发力度不够，大量优质天然蛋白资源被浪费，严重制约

了该领域的发展。我国研究开发的丝蛋白的生物水解、化学物理改性及其综合利用相关技术具有重要意义。该技术通过对各种蛋白酶种进行酶解开展对比试验，选择出水解效率高的 Alcalase 酶和 Flavourzyme 酶，通过一次酶解、复合酶解及二次酶解工业化适用性研究，确定酶工业化生物水解技术，得到各种用途的丝蛋白产品，产品可用于食品、化妆品、服装等领域。使不宜制作蚕丝被等产品的蚕丝下脚料，通过废丝蛋白的提取改性技术进行深加工也可以变废为宝。

三、国内市场概况

（一）国内市场

2014 年国内消费市场相对平稳。根据中国丝绸营销网络管理系统监测的 60 个监测企业数据显示，全年丝绸企业内销额 42.55 亿元，同比减少 6.50%，国内市场规模有所萎缩。从销售品种看，家纺类产品的仍占据了丝绸企业销售额的半壁江山，而真丝绸缎类和真丝服装类在当年的内销额各有增减。据统计，2014 年，我国家纺类产品年内销额 16.23 亿元，同比减少 5.50%，占内销额比重的 35.40%；真丝绸缎类年内销额 12.56 亿元，同比减少 3.20%，占内销额比重的 21.40%；真丝服装类年内销额 5.01 亿元，同比下降 8.60%，占内销额比重的 15.60%；丝绸服饰类年内销额 3.63 亿元，同比减少 3%，占内销额比重的 8.50%；其他丝绸制品年内销额 1.13 亿元，同比减少 4.90%，占内销额比重的 2.40%。

（二）国外市场

2014 年我国累计出口蚕丝类商品 13 384.6 t，同比下降 10.52%；平均单价 45.93 美元/kg，同比上涨 2.55%。出口量排名前五位的市场依次为：印度、意大利、日本、越南、罗马尼亚，市场占比分别为 30.73%、13.10%、12.98%、8.00%、7.85%。全国出口总额 61 474.10 万美元，同比下降 8.23%。主要出口省份按出口额排名前六位的是浙江、江苏、山东、广西、广东、四川，市场占比依次为 28.69%、21.90%、11.37%、10.61%、6.98%、6.24%。四川蚕丝类商品出口额 3 834.10 万美元，同比下降 26.81%；出口数量 816.39 t，同比下降 21.93%。真丝绸商品累计出口 307 974.30 万美元，同比下降 12.19%。其中，丝类出口 61 411.36 万美元，同比下降 8.24%；绸类出口 90 745.95 万美元，同比下降 5.93%；丝绸制成品出口 155 754.23 万美元，同比下降 16.83%。出口额排名前五位的市场依次为美国、意大利、印度、日本、巴基斯坦，五市场合计占我国丝绸商品出口总额的 50.53%。出口额排名前五位的省、直辖市依次为浙江、江苏、广东、上海、四川，市场占比是 39.30%、12.89%、11.52%、8.03%、6.08%。四川省真丝绸商品出口额 18 729.4 万美元，同比下降 14.61%，占比为 6.08%；真丝绸商品出口数量 2 937 万 m（件套），同比下降 36.58%，占比为 8.13%。累计出口丝绸服装 9 086.03 万件（套），同比下降 71.40%；出口额为 102 546.90 万美元，同比下降 21.60%。世界茧丝绸行业的生产格局发生了根本性变化，其中最主要的变化就是曾经的一些高档丝绸生产国，其茧丝绸业开始大幅度萎缩和转移。首先，以意大利、日本等国为代表的高端丝绸产品生产向中国转移；其次，以中国香港地区为代表的丝绸服装生产向本土转移，这为我国的丝绸行业带来了重大的挑战和机遇——世界要求中国不再只是提供中间产品，而是要提供终端商品，茧丝绸业所承担的任务则从"挽救国家经济"转变为美化人民生活，我国茧丝绸行业开始走上了一条全新的发展道路。

四、质量管理与标准化工作

1. 中国主导制定的首个丝绸国际标准正式发布　国际标准化组织（ISO）于 2014 年 5 月 10 日正式发布了首个由我国主导制定的丝绸国际标准（ISO 15625：2014）《生丝疵点条干电子检测试验方法》。该项标准填补了世界生丝电子检测领域技术空白，是我国丝绸乃至纺织工业第一个原创性国际标准，对加快世界生丝电子检测技术发展，推动我国实现"丝绸强国"战略目标具有历史性里程碑意义。

2. 工业和信息化部批准《桑蚕绢纺原料》等 4 项丝绸行业标准实施　工业和信息化部于 2014 年 5 月 6 日以 2014 年第 32 号公告批准了 49 项纺织行业标准，其中丝绸领域有《桑蚕绢纺原料》等 4 项。《桑蚕绢纺原料》标准适用于评定桑蚕绢纺原料的品质，规定了长吐、条吐、滞头、茧衣和下茧等桑蚕绢纺原料的术语与定义、要求、分级规定、检验方法、检验规则、包装标志。《生丝/氨纶包缠丝》标准适用于包缠方式为单包、双包的生丝/氨纶包缠丝的品质，规定了生丝/氨纶包缠丝的术语与定义、标记、要求、试验方法、检验规则、标志和包装。《涤纶、锦纶窗纱丝织物》标准适用于评定以涤纶、锦纶长丝作经纯织、交织，经漂白、印花、染色加工的窗纱丝织物的品质，规定了涤纶、锦纶窗纱丝织物的术语与定义、要求、试验方法、检验规则、包装和标志。《高弹桑蚕丝针织绸》标准适用于评定练白、染色、色织的高弹桑蚕丝（桑蚕丝含量在 30% 及以上）针织绸的品质，规定了高弹桑蚕丝针织绸的术语与定义、规格、要求、试验方法、检验规则、包装和标志。

3. 蚕桑生产标准化建设步伐进一步加快 各地分别制定华南、华东、西南等主要蚕区的蚕桑生产技术标准或操作规程。其中，华南亚热带多批次饲养模式生产技术规程共 25 个，覆盖杂交桑种子生产、杂交桑苗生产、桑树栽培管理、种茧育桑园栽培、桑蚕种保护、冷藏、浸酸技术、大蚕地面育、蚕茧收购、蚕病防治、蚕茧干燥等技术规程。华东高效茧丝蚕桑生产的蚕桑标准化生产技术规程共 15 个，覆盖桑苗繁育、嫁接、桑树病虫害防治、高密度蚕种催青、小蚕饲育、蚕病防治、桑蚕茧（鲜茧）分类与分级、热循环烘茧灶烘茧等技术规程。西南丘陵地区简易化蚕桑生产技术规程共 19 个，覆盖桑树快速建园、桑园肥培管理、果桑栽培、桑蚕种消毒、桑蚕省力蚕台饲育、桑蚕上蔟、桑蚕茧干燥、养蚕消毒、稚蚕饲育机操作等技术规程。全国桑园间作套种立体栽培技术规程 16 个。

4. 2014 年新版《蚕品种审定标准》发布 国家农作物品种审定委员会于 2014 年 8 月 28 日以《关于印发主要农作物品种审定标准的通知》（国品审〔2014〕2 号）的形式发布了《主要农作物品种审定标准》和《蚕品种审定标准》。新标准规定，生产鉴定主要调查蚕品种每盒杂交种（25 000±500 粒良卵）产茧量、健蛹率，要求这 2 项指标优于对照品种。新标准将参试品种分为春期品种和秋期品种，强调桑蚕品种的强健性和丰产性，取消了茧丝纤度相关指标和 50 kg 桑产茧量指标，首次将生产鉴定指标纳入审定标准，审定内容主要审定蚕品种的遗传稳定性、特征特性、饲养性能、强健性、蚕茧产量、茧丝质量以及繁育性能等。

5. 中纤局部署茧丝绸标准化体系建设工作 我国现有茧丝绸产业相关标准超过 200 项，其中国家标准 37 项、行业标准 123 项、地方标准 100 多项，覆盖了蚕种、桑园桑树、蚕茧、丝类（含绢、绵球等）、织物、衍生产品和专用仪器设备等。但是，目前茧丝绸标准缺失老化、交叉矛盾、水平不高等现实问题，严重困扰了产业的健康发展。中纤局认真贯彻首届中国质量大会精神，按照"三个转变"的重要指示和构建"放、管、治"三位一体质量提升格局的要求，深入推进我国茧丝绸标准体系建设工作，提出了当前的任务和要求：一是根据国民经济行业分类（GB/T 4754），结合国际标准分类（ICS）和中标分类，按照所服务的国民经济行业（第一、第二、第三产业），覆盖茧丝绸整体产业和相关社会事业的要求，进一步完善标准体系分类框架；二是开展基础通用、产品、方法和管理类标准制修订以及共性地方标准的转化或提升工作；三是推进茧丝绸标准的国际化，提升丝绸产品的国际竞争力；四是增强检验检测装备自主创新能力，推进蚕茧自动检测和蚕丝性状分析等关键检验仪器设备的研发和升级换代。

五、行业管理

1. 商务部高档丝绸标志市场化建设公共服务平台上线 中国丝绸协会于 2014 年 3 月在中国茧丝绸网设计制作了"商务部高档丝绸标志市场化建设项目公共服务平台"。该平台具有品牌推广、技术支持和在线服务三大功能，同时利用现代网络技术，实现企业品牌形象在线展示推介与企业天猫、京东、淘宝等电商平台的有机对接，消费者还可通过扫描标签二维码进入在线服务平台，进行商品查询和信息反馈。平台的建立，提高了高档丝绸标志管理服务水平，对提升国内丝绸自主品牌整体形象将发挥积极的作用。

2. 首次举办海峡两岸丝绸文化创意高峰论坛 "首届海峡两岸丝绸文化创意高峰论坛"于 2014 年 5 月 13～15 日在深圳举办。论坛以"中华丝绸，两岸聚智"为主题，邀请国内外专家分别就"中华丝绸品牌之路"等四个专题发表演讲。来自德国、法国、加拿大、韩国、日本及中国台湾和香港等地的 8 位知名设计师，以"丝绸的容颜"为主题创意设计的作品在深圳文博会期间进行了展示。论坛为弘扬中华丝绸文化、加强海峡两岸丝绸行业和创意设计界的交流与合作、促进两岸优势互补搭建了重要平台。

3. 江、浙两省丝绸协会联合发文呼吁不收毛脚茧倡议 针对毛脚茧泛滥的问题，在丝绸之路等龙头企业的积极呼吁下，浙江省丝绸协会、江苏省丝绸协会于 2014 年 5 月联合发文，向两省蚕茧收购单位和缫丝企业发起不收毛脚茧的倡议，鼓励倡导蚕农交售化蛹茧，蚕茧收购企业严把质量关，维护正常的蚕茧收购秩序，切实保护蚕农和缫丝企业的利益。此次联合行动，对逐步改变蚕农从唯利向重质转变、引导缫丝企业自律发挥了积极而重要的作用。

4. 蚕茧收购监督检查工作 为保持茧丝市场供求总体平衡，维护收购秩序稳定，保护蚕农利益，确保茧丝绸行业平稳有序发展，商务部、工商总局印发了《关于做好 2014 年蚕茧生产与收购管理工作的通知》。通知要求各有关部门，要高度重视蚕茧收购工作，切实加强蚕茧收购管理，维护正常收购秩序。各级工信、工商行政管理部门要对从事鲜茧收购的经营者进行全面清理，严把市场主体准入关，未取得鲜茧收购资格的单位和个人，一律不得经营鲜茧收购业务；各级工商行政管理部门要加大市场巡查和执法力度，积极配合各级工信、商务等部门维护蚕茧收购市场秩序；建立毗邻市、县工商部门区域监管协作机制，加强协调沟通，严厉查处无照收购、超范围收购蚕茧行为；严禁已取得经营资格的单位以租借、转让等方式，为未取得经营资格的单位提供蚕茧收购活动；在蚕茧收购期间，各地、各相关部门开展了联合执法和专项检查，严厉打击无证经营，全国共出动检查车辆2 000（车）次，先后对900多起无证收购蚕茧、压级压价和滥收毛脚茧行为进行了查处，杜绝了大规模的蚕茧大战、短斤少两和给蚕农"打白条"的现象发生，确保了蚕茧收购秩序总体平稳，切实维护了广大蚕农的利益。

5. 缫丝业税制改革取得重大突破　浙江省国家税务局、浙江省财政厅发布公告，自2014年8月1日起蚕茧等农产品实行新的增值税进项税额核定扣除办法；江苏省也将于2015年1月1日起实行新税制；经过行业各方的长期呼吁，困扰缫丝企业多年的"高征低扣"问题终于在部分省份得到试点解决，这将大大减轻缫丝生产企业的税赋压力。

6. 构建新型蚕茧收购管理信息系统服务万家农户　开发最新的"蚕茧收购管理信息系统"正式交付使用，全国2千个茧站在2014年早中秋蚕茧收购时发挥作用，为全国近2千万蚕农带去便利，在收购方式、管理方式和服务模式跨上一个新的台阶，首创国内蚕茧收购新模式。通过蚕茧收购管理信息系统运作，实现蚕农信息管理、蚕业合同管理、蚕种订购和配送管理、蚕茧收购管理、蚕农款项结算管理、蚕茧专业合作社分红管理、蚕茧收购数据分析、各项蚕茧收购数据查询统计报表输出管理等领域的全面信息化和智能化。

7. 中国茧丝绸交易市场实施国家生丝公证检验　中国茧丝绸交易市场对市场电子系统交易的生丝产品申报国家生丝公证检验，湖州市纤维检验所作为中国纤维检验局和中国茧丝绸交易市场指定的检验机构，根据《生丝公证检验工作规程》和《中国茧丝绸交易市场生丝交易交收结算实施细则》的相关规定，对生丝的质量、数量进行检验并出具公证检验证书。中国茧丝绸交易市场是我国成立最早的全国性茧丝绸产品专业交易市场，拥有配套服务体系，市场交易形成的茧丝价格直接影响到国际和国内市场，成为国际茧丝价格的风向标。国家生丝公证检验与专业市场交易的有效结合，将进一步促进茧丝产品以质论价价格形成机制和市场竞争机制的完善，同时在为茧丝绸企业提供 技术参数、降低检测成本、提质增效，探索"互联网＋茧丝绸"、推进产业数字化、网络化、智能化发展等方面发挥积极作用。

（中国农业科学院蚕业研究所　梁培生）

饲　料　加　工　业

一、基本情况

2014年，全国商品饲料总产量19 727万t，同比增长2.0%。其中，配合饲料产量为16 935万t，同比增长3.8%；浓缩饲料产量为2 151万t，同比下降10.3%；添加剂预混合饲料产量为641万t，同比增长1.1%。2014年全球复合饲料总产量近9.8亿t，比2013年增长了2.4%。其中亚太地区大部分国家均实现了增长，印度复合饲料增长近10%，一举超越了西班牙，成为世界第五大饲料生产国。非洲地区总产量345.7万t，同比增长9%；美洲地区总产量3.8亿t，其中拉丁美洲增长4%；欧洲地区总产量2.3亿t，同比增长2%。

1. 不同品种饲料产量　2014年，猪饲料8 616万t，同比下降2.4%；蛋禽饲料2 902万t，同比下降4.4%；肉禽饲料5 033万t，同比下降1.7%；水产饲料1 903万t，同比下降2.1%；反刍饲料总产量876万t，同比增加10.2%；其他饲料397万t，同比增长37.8%。

2. 主要大宗饲料原料价格　2014年，玉米平均价格为2.42元/kg，与2013年持平；豆粕、麦麸、鱼粉平均价格分别为3.85元/kg、1.91元/kg、10.93元/kg，同比分别下降7.2%、1.5%、1.6%；棉籽粕、菜籽粕平均价格分别为3.14元/kg、2.69元/kg，同比分别增长6.1%、1.1%。饲料添加剂平均价格中，除固体、液体蛋氨酸同比分别增长45.6%、34.3%外，98.5%赖氨酸同比下降22.2%、65%赖氨酸同比下降18.3%；磷酸氢钙同比下降7.6%。

3. 饲料机械设备生产总量　2014年，饲料加工机械设备生产总量为28 510台套，同比增加368台套,同比增长 1.3%。其中,成套机组 1 710 台套,同比增加 74 台套,同比增长 4.5%;单机 26 800 台,同比增加 294 台,同比增长 1.1%。在成套机组中,时产≥10 t 设备 1 285 台套,时产<10 t 设备 425 台套。在单机设备中,粉碎机 8 873 台,同比增加 90 台,同比增长 1.0%;混合机 7 051 台,同比减少 417 台,同比下降 5.6%;制粒机 7 841 台,同比减少 239 台,同比下降 3.0%;单机其他 3 035 台,同比增加 860 台,同比增长 39.5%。

4. 各经济类型饲料企业总数 2014 年,全国各经济类型饲料企业总数为 9 584 个,同比减少 4 495 个,同比下降 31.9%。

二、行业运行特点及原因分析

2014 年,饲料行业发展放缓,除了受畜牧养殖市场低迷,食品安全事件频发,疾病、疫情、灾害天气以及我国饲料产业自身发展进入相对饱和期,对行业的冲击和影响外,还与奢侈浪费性消费继续减少,畜禽产品的消费受到抑制有关。直接表现是市场行情低迷,养殖效益下降,畜牧饲料行业整体不景气。另外,今年是饲料生产许可证的换证年,众多不达标的小微型饲料企业生产资格受到影响。国内经济增长模式及消费环境发生深刻变化对饲料行业的影响也不可忽视。我国宏观经济增长由高速增长期转向中高速增长期的"新常态",宏观经济减速慢行,必然影响到各个行业,我国畜牧饲料业发展也多个方面呈现出新特点。

1. 饲料行业发展进入结构性发展调整期,增速放缓 1992—2012 年我国饲料年均增长 8.5%,2013 年下降 0.6%,成为行业发展的一个拐点。据 180 个重点跟踪企业近 3 年饲料总产量情况显示,饲料产量连续两年下降。从各省产量情况来看,有近一半的省、自治区、直辖市饲料产量下降,一半增长,但增速下降。饲料生产大省山东、广东、河北等产量增降幅度都较小,行业运行较为平稳;而贵州、甘肃、宁夏等产量基数较小的省份易受内外因素影响,产量波动幅度较大。

2. 饲料生产周期规律发生变化,呈现旺季不旺 生猪价格持续低迷,养殖户深度亏损,家禽市场受年初及年末 H7N9 流感影响,水产养殖受恶劣天气、病害等多重打击,饲料生产呈现旺季不旺。根据 180 个重点跟踪企业数据显示,从季度环比看,一季度环比下降 21.1%,除猪饲料和反刍饲料增长外其他品种饲料均下降;二季度环比增长 14.1%,主要是水产饲料、反刍饲料和其他饲料增长为主;

三季度随着 H7N9 流感疫情逐渐的淡化、畜产价格略有上涨,环比增长 12.2%,由于水产饲料受天气影响以及南方主产区域虾病严重,造成水产饲料旺季不旺;四季度是畜禽产品消费的传统旺季,但因受经济下行、消费观念转变等因素影响,猪、家禽产品消费有所削弱,导致养殖积极性不高,饲料产量环比下降 5.8%。

3. 猪禽等饲料品种均为跌势,反刍饲料成为新亮点 2014 年生猪养殖价格低迷,几乎跨越全年度的亏损,中小养殖农户大批退出,养殖龙头企业乘势扩张。生猪产能不断调整,能繁母猪存栏逐月减少。养殖行情的低迷和存栏下降直接抑制猪饲料的需求。由于受上年度延续至 2014 年上半年 H7N9 流感疫情影响,蛋鸡存栏下降。肉禽市场消费低迷,价格大幅下滑,部分养殖户因亏损严重退出家禽养殖业,肉鸡存栏下降。由于存栏并未完全恢复到正常水平,肉禽饲料产量同比仍然呈现下降态势。2014 年全国反刍饲料总产量 876 万 t,同比增加 10.2%,占全国饲料总产量的比重为 4.4%。奶牛、肉牛、肉羊目前均保持较好盈利水平。此外,部分地区出台生产反刍动物饲料补贴政策,进一步刺激反刍饲料产销量。在宏观经济进入"新常态",养殖业行情整体低迷的大环境下,反刍饲料再次成为饲料行业的一大亮点,继续保持稳定增长的势头。

4. 饲料产品结构不断调整 随着饲料行业产业化、规模化发展,饲料产品结构跟随调整。据统计数据显示,2009 年配合饲料占比 76.3%,浓缩饲料占比 19.6%;2011 年配合饲料占比 82.9%,浓缩饲料占比 13.1%;2014 年配合饲料占比 85.8%,浓缩饲料占比 10.9%。近 6 年来,配合饲料比重持续增加,浓缩料的比重不断减少。

5. 企业运营成本继续攀升 饲料产业已由快速增长期进入产业结构调整期,饲料产品逐步微利化。企业综合经营成本以及原料成本均在增长。2014 年 4~9 月玉米价格持续上涨,河北、广东玉米价格分别高达 2 800 元/t、2 820 元/t,每吨配合饲料生产成本约增加 100 元以上,挤压畜牧、饲料生产利润空间;在 9 月和 10 月蛋氨酸和鱼粉价格又出现大幅上涨,进一步压缩了企业效益。另外,食品安全和环保要求对企业资金投入方面的刚性增长以及新修订《饲料和饲料添加剂管理条例》(以下简称《条例》)的实施,既促进了行业的规范,也增加了企业改造升级的投入。

6. 上市企业大多采取调结构提增效益 饲料上市企业发展增速同样放缓,产品结构调整特点突出,以驱动利润率持续提升。如新希望集团把重点转移到猪饲料、蛋禽饲料，产业链延伸朝向食品终端；海大集团全力发展高档水产饲料业务，从而实现利润的增长；通威股份产品结构的优化（高端虾料提升、禽料下滑）使公司饲料产品毛利率同比提升1.8个百分点，达到12.3%；大北农将更多精力放在高附加值产品预混料、教槽料、保育浓缩料、乳猪配合料、母猪浓缩料、高比例预混料等上。

7. 企业数量大幅减少，行业整体水平提高 按照新修订《条例》的要求以及配套法规的具体实施，各地严把行业准入关，有序开展饲料生产企业换发证工作。农业部新闻办公室公布数据显示，截至2014年12月，全国获得饲料生产许可证的企业数量为7 061个，较2013年底减少3 000个，减少比例达到30%。根据25个省、自治区、直辖市的分析材料看，黑龙江、吉林、陕西、宁夏、江西、云南、内蒙古、辽宁、江苏企业数据减少一半；重庆、河南、天津、山西、湖南、广西、河北、四川、新疆、上海、浙江、安徽的企业减少在20%～45%之间；广东、湖北、福建减少10%。小企业的淘汰出局，为一些实力强或完成提档升级的企业带来新的发展机遇。由此，优化了企业发展环境，促进了企业整合重组，提高了集中度，有助于大幅提高我国饲料企业整体水平。

8. 部分大型企业仍然保持稳健扩张之势 近两年，虽然行业整体形势不景气，部分大型企业采取收缩战略。但总体扩张势头还是比较迅猛的，特别是产业链深度拓展方面的投入力度很大，呈现巨龙效应。如正大集团11月份计划投资48亿元建设生猪园区，涵盖种猪、屠宰加工、有机肥加工以及50万t饲料厂等。华西希望·德康集团与意大利TWB集团联合投资40亿元，按照欧盟标准建设食品安全产业链体系，发展生猪生产。通威股份、华西希望·特驱集团、正邦科技、大北农均大额度投资饲料领域扩张建设。这些饲料企业的崛起不仅给畜牧业的发展注入了动力，也为饲料业发展提供了基础。

9. 企业加强战略合作，提升产业链价值 2014年以来，国内大型饲料企业与饲料行业上下游加强合作，通过建立战略联盟关系，共同推动业务合作规模的不断增长、提升抵御市场风险的能力、提升产业链价值。如5月新希望六和与永辉超市签署畜禽产品战略合作框架协议；7月，又联手五粮液，利用酒糟合作生产饲料。2014年9月，中粮集团分别与温氏、双胞胎、海大、桂林力源粮油等集团企业签订战略合作协议，联手打造安全、高效、稳固的饲料产业链，在原料供应、信息共享、增值服务、交易模式创新等方面建立全面、深入的战略联盟关系。

10. 饲料企业尝试电商运营 拥抱互联网的大风潮之下，大北农、新希望等大型饲料企业集团，正大力开拓移动互联网和电商模式。2014年3～4月，新希望先后与阿里淘宝、京东合作，加快布局农牧电商；10月，新希望六和禽肉食品事业部微店上线，涉水移动电商；5月，大北农"智农网"、"智农网店"、"智农通"、"服务体验中心"、"农信网"和"农富宝"六大产品上线；12月，安佑推出"安佑云"，包括"猪维通"、"云端照护"产品体验、养猪百科、安佑大学等。行业企业试水电商，正在悄然改变和不断创新企业发展的传统模式，形成新的趋向。

11. 积极拓展国际市场 大中型饲料企业集团在巩固和发展国内市场的同时，积极拓展国际市场。新希望、海大、通威等资金雄厚的饲料企业纷纷将眼光放在海外市场。10月，华西希望·德康集团（华西希望·特驱集团养殖事业部）与意大利TWB公司达成5亿欧元（约合40亿元人民币）在中国建设食品安全产业链体系，发展生猪养殖；12月18日，新希望六和公告称，拟实施5个投资发展项目，投资总额4.2亿元，项目包括印尼里里汶地区新建年产12万t饲料项目和波兰大波兰省新建年产18万t饲料项目；通威高层也表示，如今海外市场处于高速增长阶段，公司会相应的加大对对虾板块投入，包括产能、人员、技术服务要求等方面的投资。

12. 全国饲料产品质量稳步提升 自新修订的《条例》实施以来，农业部组织各地深入贯彻实施各项新制度，着力规范饲料生产经营秩序。2014年，全国饲料产品抽检合格率96.2%，连续3年稳步提高。从各省情况来看，在除青海、西藏以外的29个省、自治区、直辖市中，宁夏和新疆饲料产品合格率为100%；辽宁、广西、四川、湖北、广东、海南、贵州和山西等省、自治区、直辖市的饲料产品合格率在98%以上；江苏省饲料产品合格率相对较低，但也在90%以上。

今后一段时间，饲料行业将整体进入稳定调整期，呈现消化过剩产能，优化饲料业务结构、加速内部整合和战略性发展，以及实现与互联网结合、进行资本运作等新特点。2014年，饲料行业发展幅度有所放慢，与经济大环境有关。整个经济大环境已进入了"新常态"，从原来的高增长，到当下的中高速增长。近期，中央经济工作会议明确"新常态"成为经济发展大逻辑，从而寻求中高速增长与转型升级平衡，经济发展动力也正从传统增长点转向新的增长点。而饲料行业、企业正在改革、调整的方向也与以上几点"新常态"吻合。

三、质量管理与标准化工作

农业部副部长于康震在 2014 年 4 月 25 日召开的饲料质量安全管理规范现场会上对 2014 年的饲料工作做出部署。于康震强调，2014 年要着力抓好以下重点工作：一是切实把好行政许可审核关。要求把握好三项原则，其一，老企业换证标准不变、时间不变。今年 7 月 1 日前原有配合饲料、浓缩饲料、精料补充饲料和单一饲料生产企业必须完成换证。剩下的 2 个月内，各地要加快工作进度，但不得放宽标准。今年下半年，各地要组织开展专项检查，防止没有换证的企业无证经营。其二，新的生产许可申请没有时间限制，与庞大的养殖规模相比，现代化的饲料企业数量还不够，鼓励新建或改建现代化的饲料厂。其三，行政许可审批权不宜继续下放。二是认真组织实施《规范》工作。其一，组织领导到位。各地都要成立组织领导机构，制订工作方案，建立《规范》专家组，把《规范》推进纳入绩效考核。其二，宣传培训到位。要面向基层管理监管人员、饲料生产企业开展系统培训，要开展多种形式的宣传活动。其三，指导服务到位。要创新服务方式，主动帮助企业解决规范实施过程中的困难和问题。其四，示范带动到位。积极推进部级、省级示范企业验收工作，同时加强对验收合格企业的回访检查，确保示范企业执行规范不走样；其五，考核验收到位。要高标准、严要求，不走过场，做好企业的沟通。三是要深入开展"瘦肉精"专项整治，按照中央提出的"四个最严"要求，全面整治不留死角、严厉打击不留情面、深挖根源不留隐患。四是要全面强化风险防范和应急处置，进一步强化饲料质量安全监测工作，集中排查带有行业共性的隐患，防止出现系统性风险。五是要加强基层监管体系建设，及时发现质量管理漏洞和风险隐患，最大限度保障消费安全和产业安全，推动饲料管理工作再上新台阶。

2014 年 2 月 1 日起正式实施《饲料添加剂品种目录（2013）》。凡《目录（2013）》外的物质拟作为饲料添加剂使用，应按照《新饲料和新饲料添加剂管理办法》的有关规定，申请并获得新产品证书。饲料添加剂的生产企业需办理生产许可证和产品批准文号。生产源于转基因动植物、微生物的饲料添加剂，以及含有转基因产品成分的饲料添加剂，应按照《农业转基因生物安全管理条例》的有关规定进行安全评价，获得农业转基因生物安全证书后，再按照《新饲料和新饲料添加剂管理办法》的有关规定进行评审。

2014 年 7 月 1 日，新修订的《饲料标签》正式实施。对于饲料行业来说，新标签的实施对饲料企业整合起到至关重要的作用。就行业集中度来看，目前国内饲料企业仍以小型企业为主，饲料标签新国标加大对小型饲料企业的考验，将增大小型饲料企业的运营成本。同时一些对饲料、饲料原料、饲料添加剂等新定义，使得饲料原料种类更加清晰，防止饲料企业混淆饲料原料概念，以次充好的现象。对饲料生产原料把控更加严格，有利于市场优胜劣汰。

2014 年 7 月 1 日起，新修订的《进口饲料和饲料添加剂登记管理办法》正式实施。明确了进口饲料和饲料添加剂登记必须委托我国境内机构办理，境外企业不得直接在中国境内销售进口饲料、饲料添加剂；申请进口的饲料和饲料添加剂应当符合生产地和中国的相关法律法规、技术规范的要求；细化了首次申请和续展的材料要求和产品复核检测程序，重点注重产品的标准、检测方法、生产工艺、质量安全等情况；完善了问题产品的召回制度；完善信用体系，有助于饲料管理部门的建立不良记录的境外企业及其销售机构、销售代理机构名单。作为新《饲料和饲料添加剂管理条例》配套的重要法规，新《进口饲料和饲料添加剂登记管理办法》的出台将进一步加强进口饲料和饲料添加剂的管理。新的政策法规的实施，不仅规范了我国饲料原料产品，也同时提高了进口饲料产品的门槛。同时，为进一步规范进口饲料和饲料添加剂登记、新饲料和新饲料添加剂审定工作，指导行政许可申请人正确理解审批要求，根据《饲料和饲料添加剂管理条例》（国务院令第 609 号）及其配套规章，农业部制定了《进口饲料和饲料添加剂登记申请材料要求》《进口饲料和饲料添加剂续展登记申请材料要求》《进口饲料和饲料添加剂变更登记申请材料要求》《新饲料添加剂申报材料要求》，自 2014 年 7 月 1 日起施行。

2014 年 9 月 3 日，GB/T 31216—2014《全价宠物食品 犬粮》、GB/T 31217—2014）《全价宠物食品 猫粮》两项国家全价宠物食品标准，由中华人民共和国国家质量监督检验检疫总局和中国国家标准化管理委员会发布，自 2015 年 3 月 8 日正式开始实施。此次我国发布实施的国际标准指标与美国饲料管理协会（AAFCO）犬猫饲粮标准处于同一水平，达到国际标准。国标将宠物食品进行了更为严格细致的科学区分，对宠物食品生产商提出了原料要求、感官指标、理化指标、卫生指标、检验规则、标签要求等。从原料、配方、生产、检测、出厂、上市各个环节进行规范，极力营造一个健康的国内宠物食品行业发展环境，让消费者更加信赖国产宠物食品。

2014 年，是我国饲料相关法规实施最集中的一年，或将成为我国饲料工业发展以来，整合最为严酷的一年。

四、行业发展趋势

饲料上市企业纷纷推出战略新举措，调整结构、加快转型升级，全面推进创新与变革，控制各项费用，提高营运及内部管理效率，转变企业发展方式，克服了宏观经济形势下行、养殖消费端持续低迷、原料市场波动起伏及政策导向等多重影响，实现全年业绩稳定增长，从这些行业标杆企业的战略举措和方略中感知行业发展大趋势。

1. 布局全产业链生产体系是行业发展大趋势 新希望集团联席董事长兼CEO陈春花表示，"从生产商转向服务商，要拥有供应链的能力，这将是一个全面的转型"。2014年，新希望持续整合公司资源，提出从传统农牧企业向现代农牧食品供应链平台企业转型的目标，提高食品深加工业务的比重，强化终端需求表达，实现由生产销售型企业转向消费者供应型企业战略转型。一方面加大食品深加工业务的比重，另一方面通过多种渠道加强与销售终端的对接，推动渠道升级。海大集团在做强水产饲料的同时发力猪料板块，同时，积极延伸产业链，切入下游养殖，在建生猪养殖产能30万头，在广西、广东地区布局"公司＋农户"合作养殖。唐人神立足养殖端和消费端，全面创新经营模式，打造种猪饲料生产研发与猪场管理平台、肉品生产加工与研发平台、物联网交易平台、金融租赁平台等四大综合服务平台。

2. 合作共赢和资源互补被空前重视 目前，行业已进入新的整合时期。国内外的饲料原料、饲料加工企业以及下游养殖业间的联合互补，将极大促进饲料养殖产业链上下游环节的有机结合，实现资源互补共赢。原料供应、信息共享、增值服务、交易模式创新等方面建立全面、深入的战略联盟关系，共同推进业务合作规模的不断增长，共同提升抵御市场风险的能力；共同推动合作规模的不断增长，联手打造安全、高效、稳固的饲料产业链被空前重视。大企业间的产业链联合联盟，可以充分发挥各方优势，整合各方资源，实现资源互补、优势互补、合作共赢。

3. 增加研发投入推动行业科技进步提到新高度 "新常态"下，靠科技带动新的增长、靠服务提高饲料价值是未来饲料企业得以持续发展最重要的推动力。通威股份在现代渔业、渔光一体化、渔光效益互补等方面有多项技术创新。大北农聚焦于不断优化产品性能，集高档饲料、高附加值兽药疫苗、优质高产植物新品种等产品的科技含量及竞争力。海大集团

在饲料配置技术应用开发、饲料添加剂的应用开发、家系选育技术开发和动保产品及健康养殖模式开发方面加大研发投入。唐人神首创国内红外线烘焙技术饲料工艺生产线，实现教槽料产品增加采食量、提高消化率和增重10％以上。正虹科技研发半烘干发酵技术，利用粮食副产物在饲料中的应用、发酵和无蒸汽冷制粒联合生产仔猪料的技术等的研发。正邦科技强化在饲料、育种和兽药、农药研发力量，提高产品的安全性、高效性，在猪场建设方面寻求更现代化、更节能和更高效的建设和饲养模式。

4. 开展融资担保业务，做强农村互联网金融 新希望把做强农村互联网金融上升为企业的未来战略之一，在现有基础上，创新模式、建立千企万家互联互通的农村金融服务网，力求使之成为促进企业快速增长和促进农村经济发展的新引擎。截至2014年年底，新希望做了40亿元的担保，拉动公司内部60多万t饲料销售。2015年新希望担保总额度预计82.4亿元，其中为养殖场（户）或经销商等提供的担保总额为10.8亿元。新希望分别与中国邮政储蓄银行、海尔集团合作，此外，还设立新希望慧农（天津）科技有限公司，以搭建互联网金融平台，抓住农村金融互联网服务发展契机，推动公司互联网金融平台建设，促进公司农牧业务的创新与转型。大北农的农业互联网平台建设已初具规模，下一步将继续通过新旧两类业务的O2O融合，将公司打造成为一个高科技、互联网化和金融类的现代农业综合服务商。海大集团SAP系统涵盖采购管理、生产管理、销售信用管理、折扣管理、应收账款管理等诸多方面，并将逐步延伸，上线养殖场管理系统。

5. 放眼全球，加速海外布局扩张 国内部分大型饲料企业集团加快走出去、引进来战略，积极开拓海外市场，加速海外发展战略，参与国际竞争，促进饲料行业的全球化发展渐成趋势。新希望在全球范围足迹遍布15个国家，分别在越南、菲律宾、孟加拉、印度尼西亚、柬埔寨、斯里兰卡、新加坡、埃及、土耳其、南非等国家建立了公司，海外业务连续多年都保持了高于国内业务增速的增长。在2015年新希望要实现1000亿元的销售目标，在海外的销售要超过150亿元（新希望计划3年内海外业务占比由目前的3％～4％提高至20％，5年内达到30％）。海大集团表示，集团将持续提升产品效果，增加东南亚市场的投入，未来几年海外片区将仍是公司发展最快的片区之一。禾丰牧业国际化之路以合作建厂为主，辅以并购、融资、合资、投资等手段，2006年禾丰牧业与荷兰最大的饲料生产企业——荷兰De Heus公司开展合作，该公司目前是持股禾丰15％的股东。为了

更好地利用新兴市场的原料和资源产地优势，禾丰在周边国家选择了朝鲜和尼泊尔作为投资国家，并且在上市以后加大力度开辟非洲市场。

6. 探索"互联网＋"，打造行业新时代 随着互联网技术向各行业渗透，饲料行业单一、传统的营销模式正在被互联网＋变革和渗透，将成为未来饲料行业发展的一大趋势。新希望先后与阿里淘宝、京东合作，加快布局农牧电商；10月新希望六和禽肉食品事业部微店上线；12月新希望集团先期投资10亿元进军互联网，未来3~5年计划投入上百亿元进军互联网。大北农推出了猪联网、农信商城、农信金融及智农通等"三网一通"新产品体系，并于2015年计划定增22亿元，发力农业互联网。通威集团借助华为打造模块化数据中心；2014年唐人神着手搭建"鲜肉食品安全智慧溯源云平台"包括智慧猪场、智慧屠宰、移动电商三个子系统。未来三年的发展方向重点打造饲料、种猪、肉品的生产与研发平台、猪场管理平台、金融服务平台、O2O交易平台。2014年11月，上海禾丰正式实现与淘宝网的强强联手，成为入驻淘宝网的新卖家。

过去10多年间，我国工业饲料产量保持了8%以上的年均复合增长率，而同期粮食增长率是3.4%左右，肉类增长幅度是2.7%，蛋类是0.5%左右。以8%的工业饲料产量复合增长率仅仅支撑了2.7%的肉类增长，而3.4%的粮食增长却支撑了8%的复合增长。这从一个侧面反映了我国饲料工业整体发展的粗放程度和饲料资源利用的低效。这种发展模式转型过缓，加之饲料粮快速进入全球性上涨渠道，严重挤压了饲料行业的整体增长和盈利空间。今后，我国饲料工业增长将长期受到环境、饲料原料等要素的刚性约束，过去饲料原料资源和生态环境空间相对较大，现在承载能力已经达到或接近上限，必须推动形成高效循环的产业发展新模式。

我国饲料工业今后的发展特点可能主要表现在：饲料工业向形态更高级、分工更复杂、结构更合理的阶段提升；发展速度进入"新常态"，从高速增长转向中低速平衡增长，发展方式从规模速度型粗放增长转向质量效率型集约增长；饲料产业结构从增量扩能为主转向调整存量、做优增量并存的深度转变。在我国宏观经济进入"新常态"的大背景下，饲料行业的发展迎来转型升级、整合提升的历史机遇期，而科技作为第一生产力，必将成为行业科学发展的重要引擎。因此，以饲料质量安全为基础，以高效、低耗、循环、优化为转型和发展模式，全面构建现代饲料工业生产体系，将是今后我国建设饲料工业强国的主要任务，要完成这一系列任务，需要依赖饲料行业科技进步。

（中国农业科学院饲料研究所 刁其玉）

水 产 品 加 工 业

一、基本情况

（一）生产情况

据《中国渔业统计年鉴》显示，2014年我国水产品总产量为6 461.52万t，同比增长4.69%，占世界水产品总产量的39%左右。其中，养殖产量4 748.41万t，占我国水产品总产量的73.49%，占全球养殖水产品总量的64%左右；捕捞产量1 713.11万t，占水产品总产量的26.51%，占全球捕捞总量的19%左右。总产量中，海水产品产量3 296.22万t，占总产量的51.02%，同比增长5.01%；淡水产品产量3 165.30万t，占总产量的48.98%，同比增长4.36%。在国内渔业生产中，鱼类产量3 770.07万t，甲壳类产量671.69万t，贝类产量1 423.16万t，藻类产量203.77万t，头足类产量67.67万t，

其他产量122.43万t。

（二）水产品加工

1. 生产规模 2014年，我国水产品加工企业9 663个，比2013年减少111个，同比下降1.14%。年加工能力为2 847.24万t，同比增长3.71%。水产品加工业冷库8 624座，同比下降4.67%。其中，冻结能力为67.18万t/d，同比增长1.85%；冷藏能力为519.12万t/次，同比增长6.19%；制冰能力为23.78万t/d，同比增长2.32%。

2. 加工产量与产值 2014年，我国水产品加工总量为2 053.16万t，同比增长5.07%。淡水加工产品为374.52万t，同比增长3.18%；海水加工产品为1 678.63万t，同比增长5.51%。冷冻水产品1 317.15万t，同比增长7.09%。其中，冷冻品654.85万t，同比增长11.21%；冷冻加工品662.29万t，同比增长3.33%。鱼糜制品及干腌制品产量为

306.88 万 t，同比增长 5.59%。其中，鱼糜制品 151.79 万 t，同比增长 14.40%；干腌制品为 155.09 万 t，同比下降 1.82%。藻类加工制品为 108.71 万 t，同比增长 9.82%。罐制品为 39.99 万 t，同比增长 6.66%。鱼粉产量为 75.99 万 t，同比下降 23.66%。鱼油制品产量为 10.13 万 t，同比增长 31.57%。其他水产加工品为 194.02 万 t，同比增长 2.29%。2014 年我国水产品加工总产值 3 712.70 亿元，同比增长 8.07%。

二、科研、新产品、新技术

1. 金枪鱼高值化加工关键技术及下脚料综合利用　由宁波今日食品有限公司与宁波大学联合技术攻关，通过建成金枪鱼营养成分数据库和指纹图谱，提出一种金枪鱼物种的快速鉴别方法，并形成鱼肉脱酸、去腥、肉质改良，鱼油的酶解分离和 DHA 纯化等高值化加工的关键技术成果，有效提升了传统水产品加工质量效益。该项目历时 3 年，通过了宁波市科技计划项目验收。

2. 银鱼加工新工艺　"热风微波干燥鄱阳湖银鱼（即食银鱼）新工艺的开发研究"由余干江南水产食品有限公司完成，主要以鄱阳湖银鱼为原料，采用热风微波干燥技术，首次系统地研究了鄱阳湖银鱼的热风微波干燥加工工艺，研究确定了最佳的技术参数，建立了鄱阳湖银鱼规模化工业化干燥加工技术体系。鄱阳湖银鱼的热风微波干燥加工工艺与传统的干燥加工生产技术相比较，缩短了干燥时间，降低了能耗，保持了鄱阳湖银鱼的外观形状和原有风味，开发了鄱阳湖银鱼罐头系列产品，产品质量符合绿色食品标准 NY/T 1328—2007 的规定。

3. "系列海洋生物酶制品研发"通过专家验收　由中国水产科学研究院黄海水产研究所主持的"系列海洋生物酶制品研发"子课题在上海进行结题验收。该课题针对海洋溶菌酶、脂肪酶和过氧化氢酶开展了发酵过程优化控制及制备工艺的研究；研制了海洋生物液体蛋白酶、固定化酯酶、浓缩型生物酶洗衣液、羊毛织物酶洗剂、饲料添加剂、胶原肽食品、妇产科药物栓剂、餐具洗涤剂、蔬果洗涤剂、护手液、洗手液和点钞液，开展了相关功效评价试验，获得了 4 个生产证书和 6 个产品批准文号；在海洋微生物酶的制备和应用技术等方面取得了重要进展，所研发的海洋生物蛋白酶、脂肪酶、酯酶、溶菌酶和过氧化氢酶具有我国自主知识产权。该课题是黄海水产研究所主持的国家"十二五"863 课题"新型海洋生物酶制品开发（2011AA090703）"课题下的 5 个子课题之一。

4. 鱼鳞鱼皮成广东湛江水产品出口新亮点　2014 年 1~7 月，湛江口岸出口鱼鳞鱼皮 2 197 t，货值约 296 万美元，分别比去年同期增长 29% 和 48%，成为湛江水产行业发展的又一新亮点。据悉，湛江鱼鳞鱼皮产品主要销往日本、韩国和越南等国家和地区。鱼鳞鱼皮是水产品加工过程的副产品，生产加工企业对其进一步开发利用，变废为宝，经清洗后作为提取胶原蛋白的原料出口，在取得经济效益的同时，也产生了良好的生态效益。

5. 淡水鱼去鳞设备　由中国水产科学研究院渔业机械仪器研究所发明的"加工大宗淡水鱼的卧式多级滚筒去鳞设备及其去鳞方法"，获国家发明专利授权。该发明涉及鱼类加工装备技术，公开了一种加工淡水鱼的卧式多级滚筒去鳞设备及其去鳞方法。该发明是将待加工鱼体连续不断地输入旋转运动着的多级滚筒内，通过各级滚筒内壁上造型多样的刮鳞结构件进行鱼鳞去除；在各个筒状连接件的内壁上设置若干轴向的螺旋通道，能够将鱼体从上一级去鳞筒推送到下一级去鳞滚筒；毛刷辊轮轴系与多级滚筒同轴设置，由机架上部的两套功率大小不同的变频调速动力装置分别驱动，毛刷辊轮轴系中的多组毛刷辊轮能够对鱼体进行辅助去鳞和送料控制；从鱼体表面除落的鱼鳞通过各级去鳞滚筒上的鳞片通孔掉入鱼鳞沉积槽内方便收集；中心管轴中的压力水流通过其管壁上设置的若干小孔向着多级滚筒内的加工鱼体喷水冲洗。该发明的有益效果在于：连续送料使得去鳞加工能够持续进行，自动化程度高，节约人工和降低劳动强度；多级滚筒的应用使得鱼鳞去除更彻底；实现了全方位的去鳞和喷水作业，鱼鳞去除率更高，均匀洒水后的去鳞效果更佳，具有广泛的推广前景。

6. "一种鱼糜制品中肉来源的检测方法"获国家发明专利授权　由中国水产科学研究院黄海水产研究所发明的"一种鱼糜制品中肉来源的检测方法"获得国家发明专利授权，专利号为：ZL 201310038401.1。此项发明公开了鱼糜制品中肉来源的分子生物学检测方法，可一次检测并区分出多种肉类，检测成本低，检测周期短，适用于实际检测。

7. "一种虾类脱壳装置"获国家发明专利授权　由中国水产科学研究院渔业机械仪器研究所发明的"一种虾类脱壳装置"获国家发明专利授权，专利授权号：ZL201210274007.3。本发明为一种针对新鲜南极磷虾的脱壳装置，该装置能将虾壳从虾本体快速剥离，且壳肉分离后的虾肉完整，外形保持良好。整个装置结构紧凑，自动化程度高，适用于远洋捕捞加工船上南极磷虾整形虾肉的加工生产。

8. "一种小型鱼类去脏加工的除脏轮装置及其去

脏方法"获国家发明专利授权 中国水产科学研究院渔业机械仪器研究所发明的"一种小型鱼类去脏加工的除脏轮装置及其去脏方法"获国家发明专利授权,专利授权号:ZL201310148780.X。本发明通过区别小杂鱼的品种和体形差异,寻求去脏加工技术共同点。采用可变频调速的去脏轮形式,利用轮齿对鱼体进行剖切去脏,同时通过轮齿上喷孔喷射水/气对轮齿进行清洁。并针对深水红娘鱼、竹荚鱼以及狗母鱼等不同形态小杂鱼配套设计多款专用齿型轮,实现快速去脏。本发明解决了小型鱼类机械化去脏加工的多品种广适性难题,能够高效率实现小型鱼类去脏加工机械化,有效提高机械去脏加工的除净率。

9. "一种利用虾壳制备抗坏血酸钙的方法"获得国家发明专利授权 由中国水产科学研究院南海水产研究所发明的"一种利用虾壳制备抗坏血酸钙的方法"获得国家发明专利授权,专利号为ZL201110106550.8。该发明公开了一种利用虾壳制备抗坏血酸钙的方法,该制备方法工艺简单、反应温度低,利用该方法制备的抗坏血酸钙纯度高,同时该方法还可以实现虾壳中钙源的高值化综合利用,有利于保护环境,为医药、食品工业提供优质的抗坏血酸钙。

三、国内外市场运行情况

(一) 国内贸易

2014年水产品市场交易总体平稳,价格前高后低。其中,受春节消费拉动,1、2月份水产品价格环比分别上涨5.25%和3.67%,之后经历3、4月份的小幅回落和5、6月份的小幅回升,7月份起价格持续下跌,9月份之后价格开始低于2013年同期。海水产品价格波动明显,部分品种价格涨跌幅度较大。淡水产品价格走势相对平稳,9月份起价格持续下滑。据对全国80个水产品批发市场成交价格统计,2014年水产品批发市场综合平均价格21.70元/kg,同比上涨3.54%。其中,海水产品综合平均价格39.39元/kg,同比上涨3.81%;淡水产品综合平均价格14.96元/kg,同比上涨2.76%。另据对可比的33个水产品批发市场交易情况统计,水产品市场成交量663.41万t,同比增长1.43%;成交额1246.31亿元,同比增长0.24%。

(二) 进出口贸易

面对错综复杂的国内外经济形势,克服国内生产成本不断提高、国际贸易摩擦增多、同构竞争加剧等困难,2014年我国水产品进出口增速逐步企稳回升,全年实现了较快增长,进出口总额首次突破300亿美元,创历史新高。据海关数据统计,2014年我国水产品进出口总量844.43万t、进出口总额308.84亿美元,同比分别增长3.87%和6.86%。其中,出口量416.33万t、出口额216.98亿美元,同比分别增长5.16%和7.08%,出口额占农产品出口总额的30.15%;进口量428.1万t、进口额91.86亿美元,同比分别增长2.65%和6.34%。贸易顺差125.13亿美元,较去年同期增加8.9亿美元,同比增长7.66%。

1. 一般贸易出口稳步增长,来进料加工贸易增长乏力 作为世界上最大的水产品加工出口国,我国水产品来进料加工出口曾持续多年保持快速增长态势。但受国内生产成本尤其是劳动力成本不断增加、汇率变化以及全球经济低迷等影响,自2008年以来,来进料加工贸易结束了连续多年快速增长的态势,来进料加工出口额占水产品出口总额的比重持续下降。2014年我国水产品来进料加工贸易出口量118.70万t、出口额54.60亿美元,同比分别增长1.40%和1.90%,占水产品出口总额的比重仅为25.20%,较上年下降1.2个百分点,较2008年下降12个百分点。其中,进料加工出口量94.07万t、出口额40.72亿美元,同比分别增长1.66%和1.73%;来料加工出口量24.62万t、出口额13.87亿美元,同比分别增长0.36%和2.46%。

2. 一般贸易出口继续保持平稳较快增长 2014年水产品一般贸易出口量284.70万t、出口额160.49亿美元,同比分别增长7.93%和9.36%,占水产品出口总额比重达到73.97%。墨鱼鱿鱼及章鱼、对虾、贝类、罗非鱼、鳗鱼、蟹类等产品出口额占我国一般贸易出口总额的66.8%。其中,贝类、蟹类和小龙虾出口均量额齐增。罗非鱼和大黄鱼出口量减额增;鳗鱼出口量增额减。由于连续两年养殖病害高发,南美白对虾养殖产量下降,同时国内市场需求持续增加,我国成为周边及南美白对虾养殖大国争相抢占的市场,2014年对虾出口量同比下降16%,进口量同比增长11.8%。其他贸易方式(边境小额、保税仓储等)出口量12.94万t、出口额1.91亿美元,同比分别下降14.09%和17.88%。

3. 出口市场总体向好,多个市场呈现两位数增长 2014年以来,随着美国、英国等国家逐渐摆脱金融危机、欧债危机的影响,逐步提振经济,传统市场前期压抑的消费需求得以释放,加上我国大力推进"一带一路"及"自贸区"战略实施,水产品对主要出口市场均呈现恢复向好态势。其中,对美国、韩国出口额同比分别增长6.18%和19.93%,对东盟及我国香港、台湾地区市场出口也逐步扭转了年初普遍下降的态势，全年出口额同比分别增长 14.16％、5.85％和 24.78％。对欧盟出口量小幅下降 1％，出口额增长 3.79％。受鳗鱼出口单价下降因素影响，对日出口量增额减，出口量同比增长 3.9％，出口额同比下降 2.81％。

4. 多数省份出口稳步增长，广东、江西出口小幅下滑 年初，部分省份出口出现明显下滑，3 月份以后逐步企稳回升并逐月向好，全年多数省份出口实现增长，部分省份实现较快增长。其中，福建出口量、出口额同比分别增长 8.70％和 11.83％，继续位居出口省份首位；山东省出口量、出口额同比分别增长 5.19％和 2.66％，排名第二；辽宁、浙江、广西出口量额均有不同程度的增长；海南、江苏出口量减额增，河北出口额同比增长 63.28％，超过江苏成为第八大出口省份；广东、江西出口量额双降，出口额同比分别下降 1.74％和 9.9％。

5. 进口产品结构基本稳定，进口市场份额有所调整 2014 年我国水产品进口量 428.10 万 t，进口额 91.86 亿美元，同比分别增长 2.65％和 6.34％。进口产品主要分为四类，按照进口量的大小分别为来进料加工原料、鱼粉、供国内消费水产品和保税仓储等产品。其中，来进料加工原料进口量 162.88 万 t，进口额 33.25 亿美元，同比分别增长 4.04％和 6.40％。鱼粉进口量 103.82 万 t，同比增长 6.38％；进口额 15.59 亿美元，同比下降 6.77％。除鱼粉外其他以一般贸易方式进口（主要供国内食用）的水产品进口量 82.57 t，同比下降 10.66％；进口额 30.96 亿美元，同比增长 11.12％。其他贸易方式（主要指保税仓储、进出境等）进口量 78.80 万 t，进口额 12 亿美元，同比分别增长 11.7％和 14.2％。

从主要进口市场看，俄罗斯仍是我国第一大进口市场，但 2014 年进口量、进口额同比分别下降 12.76％和 5.58％，进口额占我水产品进口总额的比例降至 15.28％，较上年下降了 2 个百分点。自美国进口水产品量额双增，进口额达到 13.79 亿美元，仅和俄罗斯相差 0.25 亿美元。自东盟进口水产品持续快速增长，继 2013 进口额增长 28.93％之后，2014 年进口额同比再增 12.75％，东盟已超过秘鲁成为我第三大进口市场。秘鲁是我国最大的鱼粉供应市场，2013 年进口量大幅下降 31.10％，2014 年呈现恢复性增长，进口量、进口额同比分别增长 10.78％和 2.69％。挪威、加拿大在我国的产品推介活动成效显著，近两年进口保持稳定较快态势，2014 年进口额同比分别增长 24.78％和 15.02％。自智利进口量、进口额同比分别下降 15.26％和 8.37％。

四、质量管理与标准化工作

1. 农业部开展了水产品违法添加禁用物质专项整治行动，严厉打击了养殖生产者违法使用硝基呋喃类药物、孔雀石绿等违禁物质行为 强化水产品产地监测，合格率为 99.2％，比上年提升 1 个百分点。对重点省份的国家级和省级水产原良种场生产的苗种进行抽检，合格率为 96.1％。贝类卫生监测抽检合格率达到 90.3％，同比上升 4.9 个百分点。通过对捕捞产品质量进行监测，对贝类产品、渔业投入品质量安全隐患排查，初步摸清了水产品质量安全隐患，并有针对性地采取了防范措施。及时组织开展了海参用药专项调查，平息了事态，明辨了是非，消除了负面影响。完成了美国食品药品监督管理局（FDA）来华水产品检查工作。全年未发生重大水产品质量安全事件。

2. 国家质检总局发布进口冰鲜水产品实施新要求 国家质检总局发布《关于进一步加强进口冰鲜水产品检验检疫监管的通知》，就该类产品进口商落实产品质量安全主体责任提出明确要求：进口商应配备熟悉我国质量安全相关规定的食品安全管理人员，负责企业的食品安全管理；需制定年度自主检查计划，对境外冰鲜水产品生产企业进行自主检查，评估确定合格供应商，并主动将有关情况向当地检验检疫机构进行报告，鼓励进口商开展自主检测；同时，应及时填写产品进口和销售记录，确保产品可追溯。对于同一进口商在同一口岸首次进口同一冰鲜水产品时，鼓励其提供检测机构出具的、证明该批产品符合我国食品安全国家标准以及其他有关要求的检测报告；对于按要求提供自主检测报告的产品，检验检疫机构将优先安排检验检疫，尽量缩短检测周期。

3. "水产品中 3 种禁用药物残留快速检测技术研发与推广"项目通过验收与鉴定 由江苏省水产质量检测中心等 5 个单位联合承担的省科技厅社会发展项目"水产品中 3 种禁用药物残留快速检测技术研发与推广"（项目编号：BE2011813）顺利通过验收与鉴定。项目在大量前期研究工作基础之上，针对水产品中重点监控的主要禁用药物，利用胶体金及筛查柱快速检测技术，开发了 12 个水产品中禁用药物残留快速检测产品。在江苏省内构建了水产品禁用药物残留快速监测体系，建立了 3 个批发市场快检点、在 56 个渔业重点县建成了 330 个快检点；合计完成 47 000 多个样品快速抽检工作；在浙江等外省建立了 35 个快速检测点，检测样品 6 400 多个。

4. "广东省罗非鱼质量安全风险隐患及其危害分

析排查和评估" 由中国水产科学研究院珠江水产研究所主持完成的广东省水产品质量安全专项资金项目"广东省罗非鱼质量安全风险隐患及其危害分析排查和评估",通过了由广东省海洋与渔业局组织的项目验收。项目组进行了肇庆、茂名、广州、惠州4市罗非养殖鱼塘水体重金属、有机氯农药多环芳烃等化学污染状况排查及罗非鱼肌肉中重金属残留状况分析,对水样和鱼样分别进行了 532 个和 795 个参数检测。

5. 水产品标准 农业部于 2014 年 4 月 3 日发布第 2081 号公告,批准发布 125 项标准为中华人民共和国农业行业标准,自 2014 年 6 月 1 日起实施,其中部分水产品标准见表 1。

表 1 2014 年农业部发布的水产行业标准

标 准 号	标准名称	代替标准号
SC/T 3043—2014	养殖水产品可追溯标签规程	
SC/T 3044—2014	养殖水产品可追溯编码规程	
SC/T 3045—2014	养殖水产品可追溯信息采集规程	
SC/T 3048—2014	鱼类鲜度指标 K 值的测定 高效液相色谱法	
SC/T 3122—2014	冻鱿鱼	
SC/T 3307—2014	冻干海参	
SC/T 3308—2014	即食海参	
SC/T 3702—2014	冷冻鱼糜	
SC/T 3215—2014	盐渍海参	SC/T 3215—2007

五、行业管理

(一)农业部继续开展海水贝类产品卫生监测工作

为加强我国海水贝类生产区域管理,努力确保贝类产品消费安全,推动贝类产品出口贸易持续健康发展,农业部决定 2014 年继续开展海水贝类产品卫生监测和生产区域划型工作。按照《划型工作要求》已确定类型的海水贝类生产区域不再列入 2014 年度划型区域范围。相关省级渔业主管部门应结合本辖区水产品质量安全监测计划,定期对该类区域海水贝类产品开展卫生监测。根据定期监测结果,生产区域类型需要调整的,由省级渔业主管部门自行调整,并报农业部渔业局备案,抄送中国水科院质量标准中心。

(二)加强水产企业诚信建设

为树立水产行业诚信经营的良好形象,受商务部、国资委委托,中国水产流通与加工协会在行业内率先开展水产行业诚信体系建设,获得国家水产行业首家信用评价资质。2014 年共有 14 个企业被评为 AAA 级,5 个企业已完成复评。

(三)举办专业研讨会

1. 第六届中国对虾产业发展研讨会 2014 年 4 月,中国水产流通与加工协会在湛江召开"第六届中国对虾产业发展研讨会"。本次大会国外代表较多,不仅有来自泰国、印度、印度尼西亚、马来西亚和厄瓜多尔对虾主产国的行业代表对本国对虾生产贸易情况进行了报告,会议还针对目前对虾 EMS 疫情特别开设了 EMS 专题,并邀请到了 FAO、中国国家虾产业技术体系、泰国玛希隆大学、越南水生动物健康管理部、GAA 等 EMS 研究领域的权威专家就 EMS 研究的最新进展和疾病防控机制进行了分享,本次会议共有近 300 名国内外同业人士参加。目前研讨会已经成为东亚地区对虾产业最有影响力的专题活动,备受包括中国、泰国、越南、印尼和印度等重要生产国的关注,在带动产业可持续发展方面起到了很好的推动作用。

2. 首届鱼糜产业发展研讨会 2014 年 5 月,中国水产流通与加工协会在厦门组织召开了"中国水产流通与加工协会鱼糜及其制品分会成立大会暨首届鱼糜产业发展研讨会"。来自鱼糜产业各界的 200 多位代表参加了会议,会议围绕鱼糜及鱼糜制品的创新、加工技术、质量影响因素、标准及市场发展等方面进行报告,通过深入解析鱼糜产业发展过程中遇到的瓶颈和困难,详细分析产业未来的发展趋势,促进鱼糜及其制品产业的健康可持续发展。

3. 第二届中国海洋生物资源高效利用发展暨水生生物胶原蛋白产业发展研讨会 2014 年 11 月,中国水产流通与加工协会在山东青岛召开"第二届中国海洋生物资源高效利用发展暨水生生物胶原蛋白产业发展研讨会"。来自海洋生物产业的龙头企业、国际跨国集团及相关行业代表、中国海洋大学、中国农业大学、中国科学院过程工程研究所、淮海工学院等科研院所的专家学者及媒体代表近100人参加会议。会议围绕海洋生物资源高效利用方面的政策解读、形势分析、胶原蛋白加工新技术、新产品的应用与推广、市场需求及功能作用分析等内容进行专题研讨。本届研讨会的召开，对海洋生物资源的综合开发和产业化发展起到积极的推动作用，为利用海洋生物资源提取物，建立先进高效、绿色节能的产品生产示范线，获得市场竞争力强、附加值高、具有自主知识产权的海洋生物制品，提高海洋生物产业的国际竞争力奠基坚实的基础，同时，也明确了水生生物胶原蛋白的功能及发展前景，规范引导水生生物胶原蛋白产业的健康有序发展。

4. 第十一届罗非鱼产业发展研讨会 2014年11月，中国水产流通与加工协会联合罗非鱼产业技术创新战略联盟在广西北海召开了"第十一届罗非鱼产业

发展研讨会"。本次研讨会以"促进产业升级转型，营造差异化竞争格局"为主题，由国内行业专家从贸易形势、市场潜力、认证管理、高值化利用、可持续发展、内销策略、信息化服务等方面进行了报告分析。罗非鱼研讨会召开了11年，见证了产业的发展历程，成为产业发展的方向标，得到了业界人士的一致肯定。

5. 第三届鱼粉鱼油产业发展大会 2014年12月，中国水产流通与加工协会召开了"第三届鱼粉鱼油产业发展大会"，本届会议为生产商会议，山东、辽宁、杭州的主要鱼粉生产企业负责人参加了会议。会议围绕产业发展思路、运营模式、生产方式、完善鱼粉鱼油信息平台、产业抗风险机制、资源整合、产业政策建议等方面展开交流与讨论。参会代表在渔业资源养护问题方面一致建议在保证原有的休渔期基础上，向前和向后各延长1个月。

（中国水产流通与加工协会 陈丽纯）

林 产 品 加 工 业

一、经济林、竹、油茶及花卉产业

2014年，新造经济林面积为113.92万hm²，比2013年降低7.66%。各类经济林产品总量达1.58亿t，比2013年增长6.81%。水果产量为1.35亿t，比2013年增长6.72%；干果产量为1148万t，比2013年增长5.39%；林产饮料产品产量为210万t，比2013年增长13.65%；林产调料产品产量为65万t，比2013年增长8.36%；林产工业原料产量为187万t；木本油料产量为212万t；竹笋干、食用菌等森林食品产量为340万t；木本药材产量为171万t。2014年，竹材产量为22.24亿根，比2013年增长18.52%，其中毛竹为13.08亿根，其他直径在5cm以上的大径竹为9.16亿根。2014年，各级财政和社会投入油茶产业的资金达57亿元，为油茶产业持续健康发展提供了资金保障。2014年，14个油茶发展省、自治区共繁育油茶良种苗木为7.8亿株，其中2014年新育苗4.6亿株，留床苗木3.3亿株，容器苗3.9亿株，出圃苗木3.7亿株，满足了油茶造林苗木需求。全年全国油茶新造林15.75万hm²，改造低产林13.75万hm²，油茶总面积达到365万hm²，油茶籽产量为202.34万t，年产值为553亿元，比

2013年增长31.62%，发展态势持续向好。2014年，花卉种植面积为102.21万hm²，切花切叶为176亿支，盆栽植物为45亿盆，观赏苗木为111亿株，草坪为3.79亿hm²。具有一定规模的花卉市场为4472个，花卉企业为4.92万个，其中大中型花卉企业为9000多个；花卉从业人员为493万人，花农为136万户；控温温室面积和日光温室面积分别为6585万m²和16813万m²。

二、木材生产及林产工业

1. 木材产量略有下降 2014年，全国商品材总产量为8233.30万m³，比2013年减少205.2万m³。在全部木材产量中，原木产量为7553.46万m³，薪材产量为679.84万m³。东北、内蒙古国有林区木材产量比2013年减少82.21万m³，商品材产量持续调减。此外，全国农民自用材采伐量为773.11万m³，农民烧材采伐量为2127.40万m³。

2. 锯材、木片产量继续增长 2014年，锯材产量为6836.98万m³，比2013年增长8.56%。木片、木粒加工产品为4314.09万m³，比2013年增长9.62%。

3. 以胶合板为主的人造板产量持续增长 2014

年，全国人造板总产量为 27 371.79 万 m³，比 2013 年增长 7.09%。在全部人造板产量中，胶合板为 14 970.03 万 m³，比 2013 年增长 9.07%，占全部人造板产量的 54.69%；纤维板为 6 462.63 万 m³，与 2013 年基本持平，占全部人造板产量的 23.61%，其中中密度纤维板产量为 5 682.57 万 m³；刨花板产量 2 087.53 万 m³，比 2013 年增长 10.75%，占全部人造板产量的 7.63%；其他人造板 3 851.60 万 m³（细木工板占 62%），比 2013 年增长 8.57%，占全部人造板产量的 14.07%。

4. 木竹地板保持两位数增长 2014 年木竹地板产量为 7.60 亿 m²，比 2013 年增长 10.30%。在木竹地板产量中，实木地板为 1.50 亿 m²，占全部木竹地板产量的 19.68%；实木复合地板为 2.43 亿 m²，占全部木竹地板产量的 31.95%；强化木地板（浸渍纸层压木质地板）为 2.47 亿 m²，占全部木竹地板产量的 32.51%；竹地板为 1.02 亿 m²，占全部木竹地板产量的 13.49%；包括软木地板、集成材地板等其他木地板为 0.18 亿 m²。江苏和浙江两省是木竹地板产量最大的省份，产量分别达到 1.69 亿 m² 和 1.20 亿 m²，江苏省主要以强化木地板为主，而浙江省主要以实木及实木复合地板为主。

5. 木制家具持续增长 2014 年，全国木制家具总产量为 26 345.01 万件，比 2013 年增长 11.41%。

6. 木浆产量略有增长 2014 年，纸和纸板总产量为 10 470 万 t，比 2013 年增长 3.56%；纸浆产量为 7 906 万 t，比 2013 年增长 3.33%，其中木浆产量为 962 万 t，比 2013 年增长 9.07%。

7. 林产化工产品有增有减 2014 年，全国松香类产品产量为 170.07 万 t，比 2013 年增长 3.56%。松节油类产品产量为 23.08 万 t，比 2013 年下降 13.41%。樟脑产量为 1.32 万 t，冰片产量为 2 610 t，栲胶类产品产量为 5 013 t，紫胶类产品产量为 4 645 t，包括木炭、竹炭、活性炭等各类木竹热解产品产量为 134.08 万 t。与 2013 年相比，分别增长 −25.60%、57.04%、−40.34%、−19.41%、21.68%。

三、木材产品市场供给与消费

(一) 木材产品供给

木材产品市场供给由国内供给和进口两部分构成。国内供给包括商品材、农民自用材和农民烧柴、木质纤维板和刨花板；进口包括进口原木、锯材、单板、人造板、家具、木浆、木片、纸和纸制品、废纸及其他木质林产品。2014 年木材产品市场总供给为 53 945.91 万 m³，比 2013 年增长 3.25%。

1. 商品材 2014 年，全国商品材产量为 8 233.30 万 m³，比 2013 年减少 2.43%；其中，原木产量为 7 553.46 万 m³，比 2013 年减少 3.62%，薪材（不符合原木标准的木材）为 679.84 万 m³，比 2013 年增加 13.01%。

2. 农民自用材和烧柴 根据测算，农民自用材和烧柴折合木材供给量为 4 194.48 万 m³，其中农民自用材为 1 393.78 万 m³，农民烧柴为 2 800.70 万 m³。

3. 木质纤维板和刨花板 2014 年，木质纤维板产量为 6 339.90 万 m³，木质刨花板产量为 2 052.60 万 m³，分别比 2013 年增长 1.39% 和 10.45%。木质纤维板和刨花板折合木材供给 14 490.72 万 m³，扣除与薪材产量的重复计算部分，相当于净增加木材供给 14 388.74 万 m³。

4. 进口 2014 年，我国木质林产品进口折合木材为 25 859.61 万 m³，其中原木为 5 119.49 万 m³，锯材（含特形材）为 3 349.63 万 m³，单板和人造板为 420.64 万 m³，纸浆及纸类（木浆、纸和纸板、废纸和废纸浆、印刷品）为 15 052.72 万 m³，木片为 1 593.14 万 m³，家具、木制品及木炭为 323.99 万 m³。

5. 其他 2014 年，由上年库存、超限额采伐等形式形成的木材供给为 1 269.79 万 m³。

(二) 木材产品消费

木材产品市场消费由国内消费和出口两部分构成。国内消费包括工业与建筑用材消费、农民自用材和烧柴消费；出口包括出口原木、锯材、单板、人造板、家具、木浆、木片、纸和纸制品、废纸及其他木质林产品。2014 年木材产品市场总消费为 53 945.91 万 m³，比 2013 年增长 3.25%。

1. 工业与建筑用材消费 据国家统计局和有关部门统计，按相关产品木材消耗系数推算，2014 年我国建筑业与工业用材折合木材消耗量为 40 840.78 万 m³，比 2013 年增长 2.14%。其中，建筑业用材（包括装修与装饰）为 16 566.62 万 m³，比 2013 年增长 1.74%；家具用材（指家具的国内消费部分，出口家具耗材包括在出口项目中）为 6 699.46 万 m³，比 2013 年增长 9.82%；造纸业用材为 14 924.93 万 m³，比 2013 年下降 0.71%；煤炭业用材为 1 010.61 万 m³，比 2013 年下降 2.11%；车船制造、化工、化纤等其他部门用材为 1 639.16 万 m³，比 2013 年增长 6.64%。

2. 农民自用材和烧柴 根据产量测算，农民自用材消耗量为 1 393.77 万 m³，农民烧柴消耗量为 2 800.70 万 m³。由于农民自用材消耗中有很大一部分用于农民建房，约合 1 254.40 万 m³，扣除与建筑用材消耗的重复计算后，农民自用材和烧柴消耗量为 2 940.08 万 m³。

3. 出口 2014 年，我国木质林产品出口折合木材为 10 165.05 万 m³，其中原木为 1.17 万 m³，锯材（含特形材）为 99.83 万 m³，单板和人造板为 3 605.11万 m³，纸浆及纸类（木浆、纸和纸板、废纸和废纸浆、印刷品）为 2 659.85 万 m³，家具为 3 478.96万 m³，木片、木制品和木炭为 320.13 万 m³。

（三）木材产品市场供需特点

2014 年，我国木材产品市场供需的主要特点表现为：木材产品总供求小幅增长，其中国内实际供求和进口低速增长、出口快速扩大，国内实际供求增幅小于进出口增幅。

1. 木材产品总供给小幅增长，进口增速高于国内供给增速 从国内供给看，2014 年尽管商品材、农民自用材和烧柴产量下降，但刨花板产量大幅增长的同时，木质纤维板产量也有所增加，国内木材产品实际供给增长 2.48%；从进口看，纸类产品（纸和纸板、废纸和废纸浆、印刷品）和木片进口量较大幅度下降、刨花板进口量小幅减少的同时，其他木质林产品进口量大幅度增长，木材产品进口总量增长 4.10%。

2. 木材产品总消费小幅扩大，出口增幅远高于国内消费增幅 从国内消费看，2014 年，虽然房地产销售下降导致国内装修用材消耗较大幅度下降，造纸用材消耗微幅下降，但建筑业的增长带动建筑用材消耗较大幅度增加，加上家具用材消耗的大幅扩大，木材产品国内消费增长 1.64%；同时，随着欧美经济的缓慢复苏，国际市场对木质林产品的需求大幅回升，家具、胶合板、纸和纸板等主要产品的出口量均大幅扩大，木材产品出口总规模增长 10.81%。

四、主要林产品进出口

1. 林产品进出口贸易增速加快，且出口增速高于进口增速，贸易顺差进一步扩大；在全国商品进出口贸易中所占比重提高 2014 年，林产品进出口贸易总额为 1 390.17 亿美元，比 2013 年增长 8.15%，增幅提高 1.60 个百分点；其中，林产品出口 714.12 亿美元，比 2013 年增长 10.79%，增速提高 0.97 个百分点，高于全国商品出口 6.10%的平均增长速度，占全国商品出口额的 3.05%，比 2013 年提高了 0.13 个百分点；林产品进口 676.05 亿美元，比 2013 年增

加 5.49%，增幅扩大 2.04 个百分点，高于全国商品进口 0.40%的平均增长速度，占全国商品进口额的 3.45%，比 2013 年提高了 0.16 个百分点。林产品贸易顺差为 38.07 亿美元，比 2013 年扩大了 34.40 亿美元。

2. 林产品进出口贸易中木质林产品仍占绝对比重，且其出口和进口占比小幅提高 2014 年，林产品进出口贸易总额中，木质林产品占 71.79%，比 2013 年提高了 2.22 个百分点。其中，林产品出口额和进口额中，木质林产品占比分别为 76.09% 和 67.24%，比 2013 年分别提高了 1.28 和 2.94 个百分点。

3. 林产品贸易以亚洲、北美洲和欧洲市场为主，但非洲市场份额进一步扩大 出口市场中，北美洲的份额明显减少，欧洲的份额微幅下降，亚洲和非洲的份额有所提高；进口市场中，亚洲的份额持续下降，北美洲的份额略有减少，非洲和拉丁美洲的份额小幅提高。从主要贸易伙伴看，美国、日本仍为主要的出口市场，进口市场则以美国及加拿大、俄罗斯、东盟国家为主，但进出口贸易的市场集中度明显下降。2014年，林产品出口总额中各洲所占份额依次为：亚洲 46.53%、北美洲 23.59%、欧洲 17.70%、非洲 4.89%、拉丁美洲 3.65%、大洋洲 3.63%，与 2013 年相比，亚洲和非洲的份额分别提高了 0.75 和 0.60 个百分点，北美洲的份额下降了 1.27 个百分点；林产品进口总额中各洲所占份额分别为：亚洲 38.85%、北美洲 20.22%、欧洲 19.60%、拉丁美洲 9.00%、大洋洲 7.44%、非洲 4.88%，与 2013 年相比，亚洲和北美洲的份额分别下降了 2.55 和 0.97 个百分点，非洲、拉丁美洲和大洋洲的份额分别提高了 1.63、1.02 和 0.50 个百分点。从主要贸易伙伴看，前 5 位出口贸易伙伴依次是美国、日本、中国香港、英国和韩国，占 43.47%的市场份额，比 2013 年下降了 2.32 个百分点，其中，美国和日本的份额分别下降了 1.00 和 0.95 个百分点；前 5 位进口贸易伙伴分别为美国、泰国、印度尼西亚、加拿大和俄罗斯，集中了 46.06%的市场份额，比 2013 年下降了 3.46 个百分点，其中马来西亚和泰国的份额分别下降了 1.36 和 1.20 个百分点，俄罗斯的份额提高了 0.56 个百分点。

（国家林业局发展规划与资金管理司 刘建杰 于百川 姜喜麟）

农作物秸秆加工业

一、基本情况

2014年，我国粮食总产达到6 070.99亿kg，比上年增加51.64亿kg，同比增长0.9%，再创历史新高，粮食总产量实现历史罕见的"十一连增"。粮食生产附属产物秸秆的产量也达到历史新高。如何有效地利用秸秆，避免焚烧秸秆造成环境污染，实现秸秆经济效益、社会效益和生态效益，成为农作物秸秆加工业的关键问题。在各级政府的共同努力下，2014年我国秸秆综合利用效果显著，各地根据实际需要重点推广了机械化粉碎还田、保护性耕作、秸秆养畜、秸秆生物质能源利用等技术，综合利用效果显著。

（一）主要成就

1. 秸秆利用机械化机具增速显著 在农业机械购置补贴的基础上，各级政府加大对秸秆利用机具的补贴力度，2014年全国秸秆粉碎还田机达到75.75万台，比上年增加5.94万台，增幅达到8.51%；秸秆捡拾打捆机达到2.84万台，比上年增加0.59万台，增幅达到26.44%；青饲料收获机保有量3.69万台，比上年增加0.43万台，增幅达到13.02%。

2. 秸秆机械化粉碎还田面积达到新高点 2014年，机械化粉碎还田面积达43 156.02 khm²，比上年增加6 157.72 khm²，增幅达到16.64%，成为秸秆利用最多的方式。

3. 保护性耕作技术推广有了新的突破 保护性耕作技术可有效地改善土壤结构，提高土壤有机质含量，减少水分蒸发，增强蓄水保墒保肥能力。2014年，农业部继续在政策和资金上增加投入，保护性耕作面积突破8 622.80 khm²，比上年增加891.44 khm²，增长幅度达到11.53%，增幅显著。

4. 秸秆养畜发展形势喜人 2014年，秸秆捡拾打捆面积2 825.26 khm²，比上年增长6 157.72 khm²，增幅16.64%；机械化青贮秸秆8 987.49万t。秸秆养畜已成为推动种养殖业有机结合、发展农业循环经济的关键环节，是保障动物性食品供给、降低粮食安全压力的必然选择，是治理秸秆焚烧的长效手段，是促进农民增收、实现秸秆综合利用的有效手段。

5. 秸秆能源化利用技术发展迅速 秸秆等农林废弃物已经被称作"生物质能资源"，是我国秸秆利用发展趋势。目前，我国秸秆的能源化利用主要有秸秆发电、秸秆沼气、秸秆气化、秸秆压块、秸秆制乙醇等技术。

（二）存在问题

2014年我国秸秆利用在秸秆机械化还田、保护性耕作技术、秸秆养畜、秸秆能源化利用技术等方面取得了好的成就，但是由于政策、资金、技术及认识等方面的差距，致使我国秸秆利用仍然存在突出的问题。

1. 表现在焚烧秸秆现象屡禁不止 2014年多地发生由于秸秆焚烧造成严重雾霾的现象，有些地方的空气质量指数达到500以上爆表的情况。据环境保护部办公厅《关于2014年夏季秸秆禁烧工作情况的通报》指出，2014年5月20日至7月31日，环境卫星和气象卫星共监测到秸秆焚烧火点2 119个（剔除卫星误判火点，不含云覆盖下火点）。从全国秸秆焚烧火点分布情况看，火点数排前10位的省份依次为河南、安徽、山东、河北、湖北、江苏、四川、陕西、山西和内蒙古，火点数分别为815个、644个、230个、106个、79个、53个、34个、31个、25个和16个。

2. 现有秸秆综合利用体系尚不能解决秸秆出路问题 秸秆分散、体积大、密度较低，缺乏配套的收集、运输机械设施，尤其是在粮食主产省，秸秆量大，茬口时间紧，劳动力少，收割以后难以及时清理，收集储运成本较高，加之服务体系尚未建立，服务市场难以形成，制约了秸秆综合利用的发展。

3. 部分地区仍然存在"重堵轻疏、疏堵配合不畅"的现象 秸秆综合利用和秸秆禁烧工作力度尚需进一步加大，部门监管合力有待进一步提升。

（三）成效显著的地区

在各级政府的指导下，全国各地加大了秸秆综合利用工作的力度，秸秆利用普遍取得了良好的效果，北京市、天津市、江苏省等地区农作物秸秆综合利用效果较为突出。

1. 北京市 北京市农业局会同市园林绿化局、市环保局、市城管执法局、市发改委等6部门联合印发了《综合施策杜绝农作物秸秆和园林绿化废弃物焚烧工作方案》，规定全市行政区域内均为农作物秸秆禁烧区，按照"调结构、转方式、全利用、严监管"的原则，让农民不舍得烧秸秆。全市种植玉米 8.86 万 hm²（其中青贮 1.47 万 hm²）、小麦 2.36 万 hm²，可收集利用秸秆 108 万 t。其中，农作物秸秆 85% 左右用于粉碎还田作为肥料和青（黄）贮加工作为饲料，其余用于能源燃料和食用菌培养基料。其中，小麦秸秆已基本实现综合利用，玉米秸秆 80% 实现综合利用。

2. 天津市　天津市实施美丽天津一号工程以来，全市各级机关认真贯彻市委、市政府的决策部署，采取领导带队、下乡进村、分片督查等方式，始终保持秸秆禁烧与综合利用高压检查态势。2014 年，农作物秸秆综合利用率达到 82.6%。其中，实现肥料化利用 144 万 t，饲料化利用 26.7 万 t，原料化利用 9.13 万 t，能源化利用 10.16 万 t，基料化利用 0.01 万 t。

3. 江苏省　江苏省按照《关于全面推进农作物秸秆综合利用的意见》（苏政发〔2014〕126 号）精神，2014 年，省内各级财政投入作业补助资金达 10.44 亿元，秸秆粉碎还田的补助标准从原来的平均每亩 10 元提高到 20 元。省内各级管理部门高度重视秸秆综合利用，全年共组织现场演示会 2 746 场，技术培训 2 978 期，参加演示和培训人数达 29 万人次，实施稻麦秸秆机械化还田面积 255.2 万 hm²，还田率达 51.5%。

4. 陕西省　2014 年，陕西省在 12 个市（区）58 个县区实施农作物秸秆机械化综合利用项目，共完成项目投资 2 000 万元，共建立 29 个万亩和 29 个千亩示范田，示范面积达到 2.17 万 hm²。累计投入秸秆综合利用机械 24 万余台（套），全省秸秆机械化综合利用面积达到 178.67 万 hm²，秸秆机械化综合利用率达到 74%，比 2002 年提高 49 个百分点，其中重点区和禁烧区达到 96% 以上。

5. 安徽省　2014 年，安徽省高度重视秸秆焚烧和综合利用工作，安徽省委书记、省长亲自检查部署相关工作，省级财政新安排奖补资金 11.45 亿元，用于主产区秸秆机械化还田及其他综合利用项目，同时严格考核，以县为单位，重点区域、非重点区域每发现 1 个焚烧火点分别扣减 5% 和 2% 的省奖补资金。同时，秸秆发电也作为该省秸秆综合利用主要途径之一。目前已建成并运行 20 个秸秆电厂，装机容量达到 57 万 kW。对秸秆电厂利用每吨水稻、小麦和其他农作物秸秆，省财政分别按 50 元、40 元和 30 元进行补贴。同时对新建秸秆电厂建设用地、环境容量、取水量等指标实行省计划单列，不占项目所在地

相关指标。在省、市、县各级政府的共同努力下，安徽省主要农作物秸秆可收集利用量 4 591 万 t，综合利用率达到为 71%。

二、新产品和新技术

各级政府为了解决秸秆焚烧带来的问题及提高秸秆利用等内容，针对困扰秸秆综合利用发展各种技术开展攻关研究，在秸秆利用机具、秸秆乙醇等方面取得了新的成就，有力地推动了农作物秸秆的综合利用，提高了农作物秸秆的经济价值和社会价值。

（1）由北大荒股份八五二分公司白桦耕作机有限公司自主研制成功 4JL-400 型秸秆聚拢机，于 2014 年 4 月经专家现场鉴定，认为该机械在国内外具有重要的推广价值。据介绍，这是国内首台秸秆聚拢机，正在申请国家专利。该机械工作幅度为 4～6 m，工作效率为 1.8～3.9 hm²/h，连接方式为牵引式，配套动力为 120～180 马力以上的田间作业机车。这种机械主要用于田间秸秆的回收，一次作业可完成秸秆的打碎和聚拢，通过搅龙的输送实现干净、整齐的秸秆集堆，为打包工作做好充分的准备，解决了田间秋后清理的难题。

（2）由松原光禾能源有限公司和中科院过程工程研究所合作完成的"万吨级汽爆秸秆乙醇产业化技术"，2014 年 8 月 31 日在北京通过中国科学院鉴定。这标志着吉林省生物质产业发展取得重大突破，秸秆等农业废弃物炼制技术具备了大规模产业化发展的条件。该项目以秸秆、玉米芯等农业废弃物为原料，开发出的产品以秸秆乙醇为主，生物绿色车用压缩天然气、木质素热塑材料为辅。项目生产的秸秆乙醇含量超过 99.5%，生产的车用压缩天然气符合国家标准，生产的木质素热塑材料符合国家建筑模板用木塑复合板、室内装饰装修材料人造板及其制品甲醛释放量的标准。

（3）由中国科学院过程工程研究所与吉林省松原市石化园区公司合作完成的"万吨级秸秆酶解发酵丁醇产业化技术"，于 2014 年 5 月通过了中国科学院长春分院组织的技术成果鉴定。项目组针对秸秆等木质纤维素难以转化的难题，提出了面向原料、面向过程、面向产品的生物质炼制工程理念。其研究取得了如下创新性成果：第一，基于秸秆原料结构特性，发明高效、清洁的组分选择性拆分炼制技术，揭示了破除天然纤维素抗降解屏障作用机制；第二，通过连续动态驯化方法选育出同步发酵木糖、葡萄糖，具有耐受抑制物的工业发酵菌株；第三，创建了秸秆先固相

强化酶解解聚后同步糖化全糖发酵新工艺,在400 m³工业规模发酵装置上稳定运行;第四,构建出秸秆乙醇或丁醇,车用压缩生物天然气(CNG)、全木质素热塑材料等多元产品的产业化秸秆炼制技术路线,并组建出与万吨级秸秆酶解发酵丁醇和乙醇技术体系相配套的自主加工的工业化装置系统,实现了秸秆原料组分全利用,突破了秸秆发酵丁醇和乙醇的技术经济世界性难题。专家组认为万吨级秸秆酶解发酵丁醇和乙醇产业化技术创新强,具有自主知识产权,达到国际领先水平。

(4)由甘肃农业大学主持研发的"旱地秸秆带状覆盖冬小麦、马铃薯栽培技术"于2014年10月在通渭县通过了验收。该技术利用玉米秸秆带状覆盖,不仅保墒增产效果显著,而且为大量剩余玉米秸秆资源提供了有效利用途径。玉米秸秆将将成为一种"新型地膜",可避免地膜对土壤的"白色污染"和秸秆焚烧形成的雾霾污染。一次覆秆可连续使用2年以上,覆盖秸秆通过在地表的风化腐解,可轻易被旋耕打碎还田,有利于培肥地力、改良土壤结构,用养结合。试验结果表明秸秆带状覆盖冬小麦、马铃薯试验点田长势良好,获得全面丰收,冬小麦较露地栽培增产37%,马铃薯较黑色地膜覆盖增产9.3%~16.9%,增产效果明显。

(5)吉林省辽源市牧兴机械有限公司历经10多年研发出具有独立知识产权的全国首创"秸秆分丝帚化机"简称秸秆膨化机,共获得国家五项实用专利、一项发明专利,受到中科院、中国农业大学、中国造纸业协会等相关专家学者和农业合作社关注。其工作原理是把农作物秸秆,通过机械能直接转化为热能而形成的高压喷放,使秸秆纤维细胞壁断裂,破坏秸秆表面蜡质膜,并且自然形成高温、高压、消毒、杀菌、熟化、糖化的质变过程,使秸秆转化成了营养丰富、绿色生态的天然饲料和优质的造纸纤维原料。这项新型技术设备的发明和五项新型实用专利系列发明应用,填补了国内秸秆膨化设备的空白,是一项集低碳、节能、环保、绿色、生态为一体的循环经济示范项目。

(6)由中国科学院广州能源研究所承担的国家863计划"生物质水相催化合成生物航空燃油"课题日前取得了重要进展。课题组人员以秸秆等木质纤维素类生物质及木薯等非粮生物质为原料,研发出了生物质高效水热解聚—水相化学催化合成生物航空燃油新技术,并设计建成了国际上首座生物质水相催化合成生物航空燃油中试装置,生产的生物航空燃油经国家油品质量监督检验中心检测,达到了国际生物航空燃油 ASTM7566 标准,具备了应用于航空飞行的质量可行性。中试结果表明,8~10 t 秸秆类生物质原料可生产 1 t 生物航空燃油产品,生产成本约为8 000~10 000 元/t,通过进一步优化及提高催化效率,生产成本可再降低。我国在这一技术领域率先取得突破,有望成为率先掌握纤维素生物航空燃油生产技术的国家。

三、政策促进与行业管理

秸秆综合利用的提高不仅需要国家各级政府大力支持,还需要社会各种力量的鼎力支持。各地政府在政策制定、举办的各种活动中都倾注了相当的关注,在产业政策支持、科研开发支持等方面都采取了重大举措,保障了秸秆产业的良好发展。

(1)国家发展和改革委员会、农业部、环境保护部于2014年9月30日联合颁布了《关于印发〈京津冀及周边地区秸秆综合利用和禁烧工作方案(2014—2015年)〉的通知》,方案分析了秸秆禁烧的重要性和紧迫性,介绍了利用情况和焚烧情况以及存在问题,强调了发展目标任务,最后提出了重点发展工程和扶持政策,为加快推进京津冀及周边地区秸秆综合利用和焚烧工作,确保 APEC 会议期间空气质量清洁,缓解秸秆焚烧带来的大气污染影响做出贡献。

(2)国家发展和改革委员会办公厅、农业部办公厅于2014年11月24日联合印发了《秸秆综合利用技术目录(2014)》。目录中推荐了秸秆肥料化、饲料化、原料化、燃料化、基料化共5类,19项具体技术,详细介绍了每项技术内涵与技术内容、技术特征、技术实施注意事项、适宜秸秆以及可供参照的主要技术标准与规范等内容,为各省的秸秆综合利用提供了技术支撑。

(3)为了解决秋季玉米收获后未播种小麦且秸秆被丢弃在田间地头的现象,北京市农业局组织的"农作物秸秆综合利用——玉米秸秆捡拾打捆机械化技术现场演示会",于2014年1月8日在延庆县召开,现场演示了两个型号秸秆拣拾打捆机的作业效果。该技术的推广,不但使种植户和农民合作社实现了增收,还为养殖企业部分解决了秸秆饲料问题,而且从根本上解决了农民任意焚烧秸秆污染环境的难题,从而实现了"四赢"。

(4)长三角(上海)秸秆综合利用技术对接会于2014年6月10日在上海市能效中心召开,来自上海市、江苏省、浙江省有关方面人员围绕节能宣传周"携手节能低碳,共建碧水蓝天"的主题,就杜绝秸秆焚烧、推进秸秆产业化利用等议题进行了研讨。对接会上，上海牛奶集团鼎牛饲料有限公司与上海雅特兰家具科技有限公司签订"农作物秸秆利用产业化联盟协议"，将采用世界先进技术，建设年处理4万t稻麦秸秆制作家具板材和奶牛粗饲料综合利用加工厂。上海艾耐基节能科技有限公司与光明长江现代农业有限公司，签订"崇明年产3万t秸秆成型燃料项目合作协议"。

（5）龙江秸秆综合利用联盟—生物质液固体燃料与循环经济技术产业联盟于2014年9月28日在东北林业大学召开成立大会，标志着黑龙江省有了自己的生物质液固体燃料与循环经济高新技术协同创新平台。该联盟由企业、科研单位和大专院校等单位组成。联盟以推进秸秆生物质液固体燃料与循环经济相关技术协同创新、研发和产业化应用及发展为目标，以"推动秸秆开发利用技术协同创新、引领秸秆利用产业深度高效发展"为宗旨。通过多家企业的优势互补与强强联合，从而促进生物质液固体燃料产业共性技术的研发与应用，解决其产业深度发展的关键技术问题，提升黑龙江省生物质液固体燃料及相关产业技术自主创新和协同创新的能力与水平。

（天津市农业机械与农业工程学会 辛永波 宋樱 胡伟）

食品与包装机械制造业

2014年，全球总需求不振，高水平引进来、大规模走出去正在同步发生，个性化、多样化消费渐成主流，保证产品质量安全、通过创新供给激活需求的重要性显著上升。在这种情况下，我国食品和包装机械行业正在向形态更高级、分工更复杂、结构更合理的阶段演化，发展速度正从高速增长转向中高速增长，发展方式正从规模速度型粗放增长转向质量效率型集约增长，这标志着我国食品和包装机械行业已经进入一种新常态。在新常态下，食品市场需求总体上升，粮油、果蔬、肉类、乳品、蛋品、水产品等持续稳定增长，酒类、饮料类、营养保健类、休闲方便类等加速发展。从市场需求主流看，安全、营养、功能性市场需求普遍上升，高端市场份额普遍扩大，日常消费、大宗产品产销基本平衡，为食品和包装机械提供了新的需求和发展空间。

一、经济运行情况

（一）主营业务收入情况

据中国食品和包装机械工业协会统计，2014年我国食品和包装机械行业完成主营业务收入为3400亿元（按7000个企业测算），同比增长15.25%，远超过全国机械工业当年9.4%的增长率。其中，食品机械主营业务收入为1636亿元，同比增长14.77%；包装机械主营业务收入为1764亿元，同比增长15.63%（表1）。食品和包装机械的健康发展，为食品工业的稳定发展发挥了重要的支撑作用。

表1 2014年我国食品和包装机械行业主营业务收入情况

单位：亿元

名 称	2013年	2014年	同比增长（%）
食品和包装机械主营业务收入	2 950.0	3 400.0	15.25
其中：食品机械主营业务收入	1 425.5	1 636.0	14.77
包装机械主营业务收入	1 524.5	1 764.0	15.71

由表1分析看出，2014年我国食品和包装机械经济运行大体表明三种态势：一是总体保持正增长态势。食品和包装机械、食品机械、包装机械主营业务收入同比增长分别为15.25%、14.77%和15.71%。二是总体增速趋缓。2013年食品和包装机械同比增长为18.00%，2014年同比增长为15.25%，同比下降2.75个百分点。三是政策性扶持力度持续加大。2014年中央财政安排6亿元专项资金，采取以奖代补的形式进行农产品初加工机械补贴，同比增长20%。补贴范围包括碾米机械、磨粉（浆）机械、果蔬加工机械、茶叶加工机械等领域。

（二）进出口状况

据中国海关统计，2014年我国食品和包装机械行业进出口总额为77.01亿美元，同比增长4.11%（表2）。其中，食品机械进出口额为30.26亿美元，同比增长11.67%，包装机械进出口额为46.75亿美元，同比增长0.26%。

1. 进口情况 在进口额中，2014年我国食品和包装机械行业进口额为 39.03 亿美元，同比增长 −0.89%。其中，食品机械进口额为 13.45 亿美元，同比增长 12.58%；包装机械进口额为 25.57 亿美元，同比增长 −6.78%。进口的食品机械中，进口额较大的产品依次有烟草加工机械 25 215.64 万美元，水过滤净化装置为 23 227.52 万美元，屠宰与肉类加工机械为 16 629.38 万美元，食品、饮料加工机械为 15 638.47 万美元，烹调与食品加热机械为 15 272.43 万美元，糕点与面制品加工机械为 8 830.68 万美元，糖果（含可可粉、巧克力）加工机械为 3 792.31 万美元。进口的包装机械中，进口额较大的产品依次有打包及热收缩包装机械为 80 704.97 万美元，饮料及液体食品灌装机械为 40 613.31 万美元，其他灌装包装机械为 22 294.54 万美元，饮料充气及容器装封机械为 21 677.39 万美元。

2. 出口情况 在出口额中，2014 年我国食品和包装机械行业出口额为 37.98 亿美元，同比增长 10.88%。其中，食品机械出口额为 16.81 亿美元，同比增长 10.95%；包装机械出口额为 21.18 亿美元，同比增长 8.95%。出口的食品机械中，出口额较大的产品依次有水过滤净化装置为 39 434.66 万美元，烹调与食品加热机械为 23 358.78 万美元，食品、饮料加工机械为 20 950.25 万美元，糕点与面制品加工机械为 14 084.86 万美元，糖果（含可可粉、巧克力）加工机械为 6 979.19 万美元，饼干、面包加工机械为 6 410.98 万美元。出口的包装机械中，出口额较大的产品依次有打包及热收缩包装机械为 35 769.43 万美元，其他灌装包装机械为 30 640.32 万美元，纸浆制品、纸制品或纸板制品加工机械为 28 537.88 万美元，饮料及液体食品灌装机械为 17 368.53 万美元，食品容器加工机械为 13 398.92 万美元，纸或纸板加工机械为 12 586.98 万美元，饮料充气及容器装封机械为 11 167.04 万美元。

表 2 2014 年我国食品和包装机械进出口情况

单位：亿美元

名　称	2013 年	2014 年	同比增长（%）
食品和包装机械进出口额	73.97	77.01	4.11
其中：食品机械进口额	11.95	13.45	12.55
包装机械进口额	27.43	25.57	−6.78
食品机械出口额	15.15	16.81	10.95
包装机械出口额	19.44	21.18	8.95

由表 2 分析看出，我国食品和包装机械进出口贸易表明了三种情况：一是进出口贸易整体提升。2014

年由于技术水平和产品质量提升，不断开拓国外市场，极大地促进了食品和包装机械进出口贸易整体提升。进出口额由 2013 年的 73.97 亿美元上升到 77.01 亿美元，同比上升 4.11 个百分点。二是进口贸易呈负增长。2014 年由于食品和包装机械行业技术水平提升，一大批产品质量好、技术含量高、适应能力强的食品和包装机械不断投放市场，导致进口贸易呈负增长，进口额由 2013 年的 39.38 亿美元下降到 2014 年的 39.03 亿美元，同比增长 −0.89%。三是出口贸易增长较快。2014 年由于食品和包装机械行业不断加大技术创新力度，一批技术含量高的拳头产品不断参与国际市场竞争，导致出口贸易增长较快。出口额由 2013 年的 34.25 亿美元增长到 2014 年的 37.98 亿美元，同比增长 10.88%。

二、科研、新产品与新技术

（1）由国家粮食储备局西安油脂科学研究设计院完成的"一步法亚麻木酚素提取及高蛋白亚麻粕脱毒与制备工艺"项目，于 2014 年 3 月 18 日通过了陕西省科学技术厅组织的科技成果鉴定。亚麻在我国北方内蒙古、山西、宁夏等地广泛种植，年产 50 多万 t，是一种优质的制油原料，在亚麻籽饼粕中提取的亚麻木酚素在食品工业中有广泛应用。采用一步法用 65% 乙醇碱性溶剂在提取亚麻籽饼粕中的亚麻木酚素，同时脱除了生氰糖苷、提高了亚麻蛋白含量。亚麻木酚素提取率 ≥90%，亚麻粕的蛋白含量 ≥50%，粕中生氰糖苷（HCN）含量 ≤40 mg/kg。新工艺相对传统亚麻加工工艺，提取时间缩短 40%～50%。一是在蒸脱过程中采用蒸煮和高温双效作用，对浸提亚麻粕进一步脱除生氰糖苷毒素，符合 GB 13078—2001 中饲用亚麻粕的指标要求，为饲料行业开发了新的高蛋白资源，提高了亚麻粕的利用率。二是利用喷雾干燥时的瞬时高温作用，对木酚素提取液中的生氰糖苷进行脱除，使亚麻木酚素粉末中生氰糖苷（HCN）含量 ≤5 mg/kg，亚麻木酚素含量 ≥20%，符合食品中氰化物的含量要求，有助于木酚素向食品工业的推广应用。鉴定专家认为，该课题选题正确，符合我国油脂行业综合利用及国家节能减排、节资、高效的产业政策。该项目技术先进，创新性强，达到了国内领先水平，具有很好的市场推广应用前景。鉴定委员会专家建议，尽快将该项成果进行推广应用，实现工业化生产。

（2）由山西戎子酒庄有限公司承担的"鲜葡萄酒产品开发及工艺研究"项目，于 2014 年 6 月 3 日通过了陕西省科技厅组织的成果鉴定会。会上，项目负责人张会宁，对鲜葡萄酒产品开发及工艺研究作了汇报。并指出，随着人均收入水平的提高，消费结构升级，以及人们对营养健康的重视，越来越多的消费者会选择低酒精度的酒类产品。在众多酒类产品中，葡萄酒以低酒度、健康、时尚的特点，顺应消费趋势，其需求量有望大幅增长。葡萄原料质量直接决定了葡萄酒的品质，采收前期的气候条件影响着葡萄原料的质量。不同年份，葡萄品质会有所差异，而对于采收前期降雨较多的较差年份，不仅降低酒农收入，而且浪费葡萄。针对上述问题于 2011 年提出应对措施，将糖度较低、酸度较高的葡萄酿制成无需橡木桶陈酿，年轻的葡萄酒。经过三年技术改进，于 2014 年成功研发出四款简单、轻松、愉快、时尚风格的葡萄酒。此项目填补了鲜葡萄酒酿造工艺的空白，丰富了葡萄酒产品种类。与会专家对产品技术进行了讨论并进行了品评。经讨论研究，鉴定委员会专家一致认为《戎子酒庄鲜葡萄酒产品开发及工艺研究成果鉴定会》成果均符合各项鉴定标准的要求，通过了本次成果鉴定，总体技术达到国际领先水平。

（3）由湖南省玉峰食品实业有限公司承担的"新型面制休闲食品（全谷物健康面筋）研究"课题，于 2014 年 8 月 23 日通过了中国粮油学会组织召开的成果鉴定会。会上，项目负责人介绍了课题工作情况和取得的重大科研突破。鉴定委员会认真听取了项目组成员的技术研究报告等相关技术资料，考察了公司生产使用状况，并进行了现场品尝。针对"新型面制休闲食品（全谷物健康面筋）"课题进行了详细质询和认真讨论。该课题其产品安全、健康、营养，符合国家产业发展方向及市场需求，技术成果为国际先进水平。该课题成果主要包括：一是对产品的主要原料小麦粉进行了升级。通过对原料的市场调研和分析检测，项目组选择了不含任何添加剂的一加一天然面粉，并与面粉生产商共同开发出适合面筋产品生产的天然面筋专用粉（中筋小麦粉）。二是将盐的使用量降低了 40%（盐的使用量由 7.3% 降到 4.4%），同时用天然甜味料替代了化学合成甜味剂，选择天然食品配料魔芋精粉和糯小麦粉添加到产品中产生协同增效作用，代替了乳化剂（单甘酯）的使用；此成果改变了传统的麻辣食品采用高糖、高盐和化学添加剂来改善产品的品质和货架期落后做法。三是产品所用的主要原料均为纯天然食品原料，生产的产品营养丰富、安全健康，符合国家发展方向和市场需求。鉴定委员会一致认为，该课题整体技术达国际先进水平，安全、健康、营养、口感兼具，建议对该产品加快产业化开发和市场推广。

（4）由陕西西凤酒股份有限公司和江南大学共同

承担的中国白酒"169"计划之一的"凤香型西凤酒特征风味物质研究"课题于 2014 年 11 月 30 日通过了成果鉴定。鉴定委员会专家听取了课题组的研究工作、技术、应用报告，并审查了鉴定资料，经过讨论质询，形成了一致的鉴定意见，认为该项目技术成果达到了国际先进水平，为进一步完善凤香型白酒风味研究体系、稳定和提高产品质量奠定了基础。鉴定委员会高度肯定了该项目在西凤酒生产、新产品开发、工艺创新等方面具有较高的应用价值，并建议进一步推广应用，以取得更好的经济效益和社会效益。中国白酒"169"计划是中国酿酒工业协会提出并主持的国家重点科研项目。项目是根据中国白酒发展的需要，结合国内外酒类研究现状而制定的一项国家计划。该计划中的 6 个课题内容，主要是针对白酒行业中的一些共性、关键性和基础性的问题，研究的成果直接服务于整个白酒行业，将对企业的产品质量、经济效益、科研实力、人才培养等方面产生重大影响，同时也必将有力地推动中国白酒行业的技术进步和又好又快的发展。"凤香型西凤酒特征风味物质研究"应用 GC-O 技术和 GC-MS 技术，采取综合分析剖析了凤香型白酒复杂成分的风味特性，分析检测出西凤酒的微量成分达 1410 种，香气风味化合物 102 种，定性 92 种，通过研究各香味物质与酒体特性对风味贡献的定量指数，追溯具有风味功能的复杂香味物质的产生机理与作用。其研究成果对于推动中国凤香型白酒传统工艺的科学价值和技术进步、实现风味定向的工艺提升的工业化改造具有积极的推动作用。

（5）由中机康元粮油装备（北京）有限公司承担的"高品质橄榄油加工工艺技术及装备"课题，于 2014 年 12 月 29 日通过了中国机械工业联合会主持的成果鉴定会。该课题针对我国橄榄油加工工艺和装备研究不足的现状，开展了高品质橄榄油加工工艺技术和装备的研究。采用两相离心分离先进技术，研究确定了橄榄油全程低温加工工艺（≤35℃）及其参数；研制了橄榄果清选机、清洗机和粉碎—融合机等关键设备，填补了国内空白；通过技术集成与创新，建立了 10 t/d 高品质橄榄油加工示范生产线，经过生产实际运行检验，该系统结构新颖，运行平稳，无废水排放，具有良好的经济、社会和生态效益。鉴定委员会认为，高品质橄榄油加工工艺技术及装备填补了国内空白，整体技术水平达到国际先进水平。

三、质量管理与标准化工作

（一）质量管理

2014 年，国家质检总局组织了对食品和包装机械产品质量监督抽查，并就抽查不合格产品和生产企业进行了有效处理。主要抽查结果如下：

1. 厨房机械产品质量国家监督抽查　国家质检总局发布了 2014 年第四季度厨房机械产品质量国家监督抽查结果。本次共抽查了江苏、浙江、广东等 3 个省 55 个企业生产的 57 批次厨房机械产品。浙江绍兴苏泊尔生活电器有限公司、中山市快特电器有限公司、中山市黄圃镇友晟电子厂、中山市四友电器有限公司等 4 家企业生产的 4 批次产品不合格。本次抽查依据 GB 4706.1—2005《家用和类似用途电器的安全　第 1 部分：通用要求》、GB 4706.30—2008《家用和类似用途电器的安全　厨房机械的特殊要求》、GB 4706.19—2008《家用和类似用途电器的安全　液体加热器的特殊要求》等标准的要求，执法人员对厨房机械产品的对触及带电部件的防护、输入功率和电流、发热、工作温度下的泄漏电流和电气强度、耐潮湿、泄漏电流和电气强度、非正常工作、稳定性和机械危险、机械强度、结构、内部布线、电源连接和外部软线、外部导线用接线端子、接地措施、螺钉和连接、电气间隙、爬电距离和固体绝缘共 16 个项目进行了检验。其中，接地措施、工作温度下的泄漏电流和电气强度、泄漏电流和电气强度等项目不符合相关标准的规定。

2. 工业和商用电热食品加工设备产品质量国家监督抽查　电热食品加工设备主要包括商用箱式电烤炉、商用旋转电烤炉、商用热风电烤炉、商用烧烤炉、商用电炸炉、商用电热铛、商用电平锅、商用电炉灶、商用电蒸锅、商用电煮锅、商用电开水器和工业电烤炉产品等 12 个种类，是我国饮食加工和食品加工业最重要的产品，规格品牌众多，也是厨房必备器具。国家质检总局发布了 2014 年第 3 批工业和商用电热食品加工设备产品质量监督抽查结果。这是在全国范围内对生产工业和商用电热食品加工设备的获证企业进行的一次国家监督专项抽查。经检验，278 个企业的 292 种产品合格，企业抽样合格率为 96.2%，产品抽样合格率为 96.1%。数据显示，电热食品加工设备总体质量较以往都有所提高。抽查数据显示，"输入功率和电流"项在本次抽查中有 7 种产品不合格，占产品总数的 2.3%，存在的主要问题是器具实测输入功率与额定输入功率偏差过大。"工作温度下的泄漏电流和电气强度"项在本次抽查中有 2 种产品不合格，占产品总数的 0.7%，存在的主要问题是器具上的加热部件发热后泄漏电流过大，绝缘性能差，致使器具的泄漏电流不符合标准要求或器具经受不住标准规定的电气强度试验。"对触及带电部件的防护"项在本次抽查中有 1

种不合格，占产品总数的 0.3%。标准要求器具的结构和外壳应使其对意外触及带电部件有足够的防护，甚至打开盖子或门和取下可拆卸部件后均不应触及到带电部件。实际检验中发现部分产品的防触电保护达不到标准要求，产品的电器盒防护不到位，在不借助任何工具的条件下可从器具底部触及交流接触器上的带电部位，或器具在倾翻的状态下可直接触及到带电部件。

3. 食品机械产品质量广州监督抽查　2014 年广州市质量技术监督局对本市生产领域食品机械产品质量进行了监督抽查，共抽查了 34 个企业生产的 49 批次产品，经检验有 2 个企业的 2 批次产品质量不符合标准要求。本次抽查依据国家强制性标准 GB 16798—1997《食品机械安全卫生》、GB 22747—2008《食品加工机械　基本概念　卫生要求》等标准，对食品机械产品的机械危险、电气危险、噪声、特殊危险的防护、卫生要求、人类工效学等 6 大项目进行了检验。抽查发现，标称广州市赛豪机械有限公司生产的一批次不锈钢万能粉碎机（号型规格 HAO-180 生产日期/批号 2014 年 3 月）机械危险、噪声、卫生要求项目不合格，标称广州市荣麦烘焙食品机械制造有限公司生产的一批次和面机（号型规格 RMJ-15 生产日期/批号 2014 年 4 月）机械危险项目不合格，均在整改复查中。

（二）标准化工作

1. 标准批准发布情况　2014 年，国家标准化管理委员会、工业和信息化部、农业部共发布食品机械、包装机械标准共 60 项，其中国家标准 15 项，农业行业标准 2 项，机械行业标准 39 项，轻工行业标准 4 项。这些标准中，涵盖了大米加工机械、面粉加工机械、屠宰和肉类加工机械、面制品加工机械、糕点加工机械、果蔬加工机械、饲料加工机械、饮料机械、制糖机械、水产品加工机械、干燥机械、搅拌机械、乳化机械以及其他食品和包装机械。

2. 开展标准制修订情况　2014 年，机械工业食品机械标准化技术委员会和全国食品包装机械标准化技术委员会，加强标准制修订指导，组织企业积极参加标准立项答辩工作，广泛开展标准项目调查研究，认真听取各方意见和建议，高度重视标准起草、征求意见和审查工作，力求将存在的问题解决在标准报批之前。

3. 开展标准报批情况　2014 年，机械工业食品机械标准化技术委员会和全国食品包装机械标准化技术委员会，按照国家标准化管理委员会、工业和信息化部和中国机械工业联合会的标准报批要求，加大标准报批工作力度，严格控制标准报批关，对照标准报批新要求、新模板做好标准报批材料的修改工作。本年度参加机械行业标准报批材料联合审核会的食品和包装机械行业标准共 29 项，其中食品机械行业标准 23 项，包装机械行业标准 6 项。

四、主要行业活动

1. 举办"第五届中国国际粮油食品机械及包装机械博览会" 由中国粮油学会油脂分会、中国粮油学会食品分会、中国营养学会、中国食品和包装机械工业协会联合指导，永红国际展览（北京）有限公司和北京博文阳光展览有限公司承办的"第五届中国国际粮油食品机械及包装机械博览会"，于 2014 年 10 月 26～28 日在北京全国农业展览馆召开。中国粮油学会油脂分会王瑞元会长、中国粮油学会食品分会姚惠源会长、中国食品与包装机械工业协会楚玉峰秘书长、中国营养学会杨月欣理事长分别对第五届中国国际粮油食品机械及包装机械博览会召开表示热烈的祝贺。展出的食品加工机械包括饮料机械、酒类加工机械、乳制品机械、果蔬机械、糖果机械、豆制品机械、休闲食品机械、烘焙设备等；展出的包装机械包括自动包装机、真空充气包装机、袍罩包装机、捆扎打包机、颗粒/粉末自动包装机等；展出的粮食机械包括米面食品加工设备、全自动粉皮生产线、挂面生产线、擀面皮机、面条设备、油炸即食面生产线、大米精选机等；展出的油脂机械包括榨油机、精炼油设备、成套浸出设备、成套色拉油设备、食用油过滤脱色机、蒸炒锅、滤油机、脱皂机、脱色罐、脱臭罐等；展出的包装材料及制品包括模具设备、薄膜、铝箔类、泡沫塑膜、胶带、打包带、木制品、专用复合材料、可保鲜环保餐具、纸浆膜塑等。

2. 举办"第四届亚洲食品装备论坛" 由中国食品和包装机械工业协会与中国包装和食品机械有限公司共同举办的"第四届亚洲食品装备论坛"，于 2014 年 10 月 23 日在合肥市召开。合肥市政协副主席华艾、农业部农产品加工局刘明国副局长、农业装备产业技术创新战略联盟秘书长方宪法、国家工信部装备司张荣瀚处长、中国酒类协会科教装备委员会秘书长蔡娥娥、安徽省肉类行业协会副会长孙礼正以及来自全国各省、自治区、直辖市食品和包装机械工业协会 400 余名代表出席会议。中国食品和包装机械工业协会秘书长、中国食品科学技术学会食品机械分会秘书长楚玉峰致开幕词，合肥市政协副主席华艾到会致欢迎辞。在亚洲食品装备论坛上，西门子工业软件（上海）有限公司 Siemens

PLM Software 方案顾问贾仲文发表了《食品装备和包装机械企业应对工业革命 4.0 策略》、瑞士维多利亚大学 MBA 项目教务顾问王富臣发表了《食品装备与包装机械行业营销人才培养》、安徽省农产品精深加工技术研究院院长姜绍通发表了《我国软饮料高分子包装材料现状及新材料开发趋势分析》、广东佛山欣涛材料科技有限公司总经理郑昭发表了《食品装备与包装机械配套使用优化方案研究》的主题演讲。本次论坛会议主题鲜明、内容丰富，会议代表规格高，各方高度关注，社会反响热烈。在食品装备发展战略高端对话会议上，国家工信部装备司处长张荣瀚、机械工程学会食品与包装工程分会秘书长赵有斌、全国包装机械标准化技术委员会秘书长陈润洁、广州达意隆包装机械股份有限公司董事长张颂明、广州万世德包装智能装备科技有限公司董事长刘远强、北京大森长空包装机械有限公司总经理杜克飞等六位嘉宾，围绕市场驱动和市场主导创新驱动会议主题，从产业政策与发展路径、产业需求与技术创新、标准与技术壁垒、资本运作与企业成长、高端人才紧缺与合理流动、国际化与竞争力等六个方面展开了深入讨论。在"2014 果蔬保鲜加工装备创新发展专题报告会"分论坛上，江苏大学食品与生物工程学院院长马海乐、山东瑞帆果蔬机械科技有限公司总工程师吕月晶、济南新思达机械有限公司董事长刘同军、机械工业食品机械标准化技术委员会副秘书长王国扣、江苏省农科院农产品加工所活性物质与功能食品研究室主任李春阳、北京工商大学材料与机械工程学院院长黄志刚、《食品与机械》杂志主编黄寿恩等七位嘉宾就果蔬保鲜加工不同领域新技术作专题报告，众多果蔬保鲜加工行业专家与企业参与交流，会议现场学术氛围浓厚，交流讨论热烈。

3. 举办"第十四届上海国际包装和食品加工技术展览会" 由中国包装和食品机械有限公司、中国食品和包装机械工业协会及法国爱博展览集团共同举办的"第十四届上海国际包装和食品加工技术展览会"，于 2014 年 5 月 13～15 日在上海新国际博览中心举行。本届展览会展出面积约 10 万 m²，参观人员约 5 万人，展出内容覆盖整个食品产业链。参展范围包括啤酒饮料罐装封盖设备、碳酸饮料混合设备、CIP 系统及清洗消毒设备、输送系统装卸箱及码垛设备、屠宰与肉类加工设备、保鲜真空包装设备、乳品加工设备、牛奶包装机及无菌罐装设备、烘焙设备、调味品加工设备、月饼面包饼干糕点生产设备、厨房设备、包装设备、纸浆模塑设备、纸箱纸板设备、收缩充填包装机、塑料编织设备、制瓶制罐设备、塑料制袋机、油脂加工包装设备、咖啡巧克力糖果加工包装设备、豆制品加工包装设备等。在这次展会中，组委会将在汲取历届展会成功经验的基础上，为展商提供更加增值的服务，免费为企业提供技术交流的机会，介绍企业的新产品、新技术。通过本次展会可以看出，随着中国城市化进程的加快，国民收入的提高以及全球品牌业主的进入，一个相当大的食品包装机械市场正在形成；同时食品安全问题日益受到人们的重视，食品加工和包装机械化的进程被快速推进，而展会无疑为行业发展提供了一个充分展示的舞台，也为同行提供了一个同台竞技的机会。

（本文由中国食品和包装机械工业协会提供数据，由本编辑部王国扣编写）

3

第三部分

政策法规及
重要文件

关于做好2015年农产品加工业重点工作的通知

（农业部　农加发〔2015〕1号　2015年1月20日）

各省、自治区、直辖市及计划单列市农业（农牧、农村经济）、农机、畜牧、兽医、农垦、农产品加工、渔业厅（局、委、办），新疆生产建设兵团农业（水产）局：

为深入贯彻落实《中共中央国务院关于加大改革创新力度加快农业现代化建设的若干意见》（中发〔2015〕1号）精神，转变农业发展方式，调整优化农业和农村经济结构，促进农民就业增收，现就做好2015年农产品加工业重点工作通知如下：

一、积极推动促进农产品加工业发展有关政策的落实

近年来，国家有关方面陆续出台了一些促进农产品加工业发展的扶持政策，但目前落实得还不够到位，政策效应还未充分发挥出来。为此，各地要把促进已有政策落实作为重要工作抓紧抓好。要在全面梳理、准确把握、深刻理解政策的基础上，通过与有关部门联合开展督促检查等形式，推动政策落实。主要有：积极推动税收政策落实，包括增值税进项税额优惠、免征初加工所得税、进口设备免征关税和增值税、农产品出口退税优惠等；积极推动信贷政策的落实，包括扩大农产品加工业信贷投放总量、建立审批绿色通道、严禁利率"一浮到顶"、减免贷款手续费用等；积极推动保险政策的落实，包括扩大农业保险覆盖范围、推广新型险种、鼓励对外贸易和"走出去"企业保险服务等；积极推动科技创新政策的落实，包括企业技术开发费用所得税前扣除、技术改造国产设备投资抵免所得税、技术创新资助等；积极推动强农惠农富农政策的落实，包括农业综合开发、扶贫开发、现代农业、农业产业化等政策向农产品加工业倾斜，农产品初加工用电执行农业生产用电的价格政策；积极推动扶持小型微型企业发展政策的落实，包括小型微型企业减半计征所得税、减免中小企业涉企收费、中小企业发展专项资金、小额担保贷款等政策在农产品加工业的有效落实。与此同时，要加强新的政策创设，在初加工、主食加工、综合利用、原料基地、收购资金、设施装备、加工园区、主产区布局等方面实现突破。要大力营造落实政策的舆论环境，开展各种宣传、宣讲和培训活动，确保政策公开透明。

二、加快发展农产品产地初加工

认真组织实施初加工补助政策。积极争取扩大实施区域、品种和资金规模，整体推进初加工设施建设，通过产后减损实现增产增收提供增效。积极推进粮食加工减损。鼓励农民合作社、家庭农场和专业大户等通过合资合作方式建设烘储设施，同时采取技术指导和政策支持等措施，防止粮食过度加工造成浪费。加强菜篮子产品和特色农产品产后商品化处理。改造升级贮藏、保鲜、烘干、分类分级、包装和运销等设施装备，并与园艺作物标准化基地建设同步规划、建设和实施，择项列入初加工补助和农机补贴范围，同时积极向物流配送和电商拓展。

三、深入开展主食加工业提升行动

培育主食加工知名企业和"老字号"。通过示范引导和培训提升等形式，着力培育一批产权清晰化、生产标准化、技术集成化、管理科学化、经营品牌化的主食加工示范企业；开展主食加工知识普及、产品展示和技术交流，树立现代主食消费理念，组织主食加工"老字号"品牌推介，加快推进马铃薯主粮化、主食化进程。加强主食加工公共服务。开展主食加工业监测分析与预警，建立专家咨询会商平台，加强研发体系和标准化技术委员会等平台建设，推动建立主食加工业产业联盟。组建主食加工技术集成联合体。着力促进引进装备国产化，增强主食加工技术自主创新能力，满足城乡居民对主食营养、安全、美味、健康、方便、实惠的多样化市场需求。

四、启动实施农产品及加工副产物综合利用提升工程

明确一部分农产品及加工副产物综合利用的主攻方向。科学选择一批重点地区、品种和环节，主攻农业副产物循环利用、加工副产物全值利用和加工废弃物梯次利用，研究最经济、最有效的阶段性突破路径。筛选一批综合利用成熟技术设备装备。集成、示范和推广一批综合利用新技术，通过工程、设备和工艺的组装物化，在秸秆微生物腐化有机肥及过腹还田、稻壳米糠、等外果及皮渣、畜禽骨血、水产品皮骨内脏等环节开展试点。制修订一批综合利用标准。完善产品标准、方法标准、管理标准及相关技术操作规程等。积极探索以政府购买服务的方式开展综合利用服务的做法和经验。

五、着力提升农产品加工技术装备水平

加快推进国家农产品加工技术研发体系建设。支持和引导研发体系以瓶颈问题为导向，分品种分领域按照产业链条布置创新链条，构建"产学研推用"有机融合的科技创新体系，协同开展重大共性关键技术设施装备研发。建设一批农产品加工技术集成基地。有效整合科技资源，建立具有中试能力的工程化研究平台及产业化应用平台，通过技术优化、组装、集成和配套研发，开展工程化研究和核心装备创制，孵化形成一批集成度高、系统化强、能应用、可复制的农产品加工先进技术装备。加强成熟技术筛选推广。深入开展科企对接活动，搭建推广转化信息平台，选择重点产区建立技术示范基地，加大先进适用技术先行先试力度，支持有条件的企业承担专项研发项目，加快推进标准化体系建设。培养造就人才队伍。通过交流合作、科技攻关、职业技能培训等方式，培育一批经营管理人才、科技领军人才、创新团队、生产能手和技能人才。

六、积极培育农产品加工龙头企业

以资产为纽带积极培育一批农产品加工的产业集团。鼓励龙头企业通过兼并、重组、参股、联合等方式，促进要素流动和资源整合，与上下游中小微企业建立产业联盟，与农民合作社、家庭农场、种养大户和农户结成利益共同体，创建一批农产品加工示范企业和示范单位。积极争取财税融资政策。推动企业与资本市场对接，加强上市融资服务和指导培训，与金融机构沟通协调，支持企业进行技术装备改造和产业升级。实施质量立企、品牌强企战略。支持引导企业建立检测检验、质量标准和全程质量可追溯体系，将质量和信誉凝结成知名品牌；加强同区域同类别的品牌整合，大力宣传和保护品牌，建立农产品加工品牌目录制度；鼓励企业和农民合作社申报和推介无公害农产品、绿色食品、有机农产品和农产品地理标志。

七、稳步推进农产品加工业园区建设

积极培育农产品加工产业集群。以县为单元整建制创建一批原料基地、加工园区、营销体系等有机衔接、相互配套、功能互补、联系紧密的国家农产品加工业示范区、示范县，推动构建现代农业产业体系。建设一批专业化、规模化、标准化的原料生产基地。组织筛选推广加工专用优良品种，组装集成原料生产技术，从生产到销售全程实现标准化。扶持建设一批起点高、功能全、带动力强的加工园区。注重发挥产业集聚区整体效率，改善软硬件环境，加强运行机制建设，引导企业加强分工协作，完善研发机构、监测机构和污水处理及给排水系统等配套设施，让企业共享资源和服务、共同治理污染。构建物流配送和市场营销体系。支持有条件的园区打造农产品加工品集散中心、物流配送中心、展销中心和价格形成中心，发展直销直供、电子商务、移动互联网营销、第三方电子交易平台等新型流通业态，创新商业模式，探索发展大宗农产品期货市场，鼓励骨干企业利用农产品期货市场开展套期保值和风险管理。

八、鼓励支持主产区农产品加工业发展

加强主产区产加销整体构建和区域合理分工。与优势农产品和特色农产品区域布局衔接，将加工流通与生产消费同步规划和实施，促进一二三产业融合发展；科学确定粮食主产区、经济作物主产区、养殖主产区、沿海发达地区、大中城市郊区、垦区、草原生态区等区域发展重点，对主产区加工业进行重点布局。促进粮食主产区发展粮食加工转化。通过协调争取政策、资金，大力推动粮食加工科技创新和推广，完善技术服务体系，努力改善粮食烘储加工条件，加强粮食生产、收购、储存、运输、加工、消费等环节管理，引导企业科学开展粮食精深加工，积极鼓励粮食加工副产物综合利用，积极拓展粮食加工转化增值空间。搭建加工产能转移承接平台。组织加工企业将产业转移到主产区，与主产区的资源优势加以整合，合力打造优势主导产业。支持农民合作社兴办农产品

加工流通，鼓励农民专业合作社等经营主体建设"粮食银行"，探索粮食产后统一烘干、统一加工、统一储存、统一销售的经营模式，促进产加销、贸工农一体化经营。

九、努力提高农产品加工业管理服务水平

发展农产品加工业对农业提质增效和农民就业增收、对转变农业发展方式和调整结构、对加快农业现代化建设等都具有十分重要的意义。各级农业部门要从战略和全局的高度深化认识，把农产品加工业摆上重要位置，列入重要议事议程。要完善管理体制，进一步调整充实人员队伍，理顺职责关系，推动建立和完善符合现代农业发展要求的管理体制和机制；加强协调配合，落实责任分工，在人才队伍、原料基地、技术装备、营销网络、基本建设、财政预算、外经外贸、质量标准体系等方面给予支持。各级农产品加工业管理部门要加强与政府有关部门的协调合作、紧密配合，采取更加有力有效的措施，形成促进农产品加工业发展的合力；要依法履行职责，充分发挥规划指导、监督管理、协调服务职能作用，从本地实际出发，组织拟定发展战略、政策、规划、计划并指导实施，结合优势农产品区域和现代农业布局，对"十三五"农产品加工业发展进行科学规划；要引导督促企业守法诚信经营，建立健全质量标准体系并严格执行；要指导农产品加工业结构布局调整、区域合作，建立信息、技术、人才、融资等公共服务体系，搭建投资贸易合作交流平台，建设创业示范基地；要组织关键公共技术研发，推广先进适用技术，开展监测分析、标准跟踪、教育培训、技能开发等工作，完善农产品加工业统计制度和调查方法；要充分发挥科研单位和大专院校的支撑作用，发挥行业协会和其他社会组织的桥梁纽带作用；要总结成功经验，树立先进典型，强化新闻宣传和舆论导向，努力营造促进农产品加工业发展的良好环境。

关于做好 2015 年畜禽屠宰行业管理工作的通知

（农业部 农医发［2015］2 号 2015 年 1 月 29 日）

为全面落实中央关于加强食品安全工作的决策部署，切实加强畜禽屠宰行业管理，努力确保肉品质量安全，现就做好 2015 年畜禽屠宰行业管理工作通知如下：

一、高度重视，切实加强对畜禽屠宰行业管理的组织领导

2014 年畜禽屠宰行业管理工作开局良好，各级农牧部门一手抓监管职责调整，一手抓屠宰行业管理，做了大量工作，取得显著成效。2015 年畜禽屠宰行业管理工作任务艰巨复杂，畜禽屠宰行业管理与畜禽屠宰产业发展长期积累的问题尚未得到根本改变，屠宰企业"多、乱、小、散、差"并存，屠宰行业产能严重过剩，收费代宰现象普遍，屠宰违法行为时有发生，市县两级屠宰监管职责调整尚未全面到位。对此，各地要高度重视，深刻认识畜禽屠宰行业管理在保障肉品质量安全方面的极端重要性，准确把握当前畜禽屠宰行业管理面临的形势任务，进一步增强责任感和使命感，切实加强对畜禽屠宰行业管理工作的组织领导。各地要强化属地管理责任，按照地方政府负总责的要求，抓紧建立健全畜禽屠宰行业管理工作协调机制，加强部门间协调配合，尽快形成"政府领导、部门负责、齐抓共管"的畜禽屠宰行业管理工作新机制。各地要把畜禽屠宰行业管理作为一项重要任务，摆上重要议事日程，主要领导要亲自抓、分管领导要积极推，加强畜禽屠宰行业管理体系建设，着力提升畜禽屠宰行业监管能力，依法及时处置屠宰环节质量安全事件，确保人民群众肉品消费安全。

二、积极协调，大力推进市县畜禽屠宰监管职责调整

畜禽屠宰监管职责调整是国务院深化机构改革和职能转变的重大任务，是深化食品安全管理体制改革

和农产品质量安全监管体系建设的重要内容。2014年省级畜禽屠宰监管体系基本建立。各地要在当地政府统一领导下，采取定期调度通报、专项督促检查等方式，加快推进市、县两级畜禽屠宰监管职责调整，尽早建立上下贯通、运转顺畅的畜禽屠宰监管新体制。要加强与机构编制、发展改革、财政等部门的沟通协调，注重畜禽屠宰监管职责调整质量，同步推进畜禽屠宰监管职责移交与强化畜禽屠宰监管能力建设，切实解决畜禽屠宰监管"缺枪、少炮、乏力"、"粮不足、兵不够、马不壮"的问题。畜禽屠宰监管职能划转尚未实质性完成的地方，要加强部门协调配合，确保监管工作无缝衔接，未完成交接的，由原主管部门继续负责；完成交接的，农牧部门要全面履职尽责，切实做到畜禽屠宰行业管理不留空档、不留死角、不出问题。

三、精心组织，加快屠宰 法规标准体系建设

（一）加快《畜禽屠宰管理条例》立法进程 加快法治建设步伐，健全完善科学合理的畜禽屠宰管理制度，明确屠宰厂（场）肉品质量安全主体责任，改革肉品品质检验制度和屠宰检疫制度，强化畜禽屠宰监督管理措施，保障肉品质量安全。

（二）健全畜禽屠宰管理配套规章标准体系 组织起草《畜禽屠宰企业质量管理规范》、《畜禽屠宰企业分级管理办法》、《畜禽屠宰兽医卫生检验规程》，抓紧出台《畜禽屠宰统计信息管理办法》、《畜禽屠宰证章标志管理办法》、《畜禽屠宰风险分级监督管理办法》、《畜禽屠宰监督管理操作规范》、《屠宰环节病害猪无害化处理管理办法》等部门规章和规范性文件，研究制定《家畜屠宰企业兽医卫生风险评估技术规范》、《家禽屠宰企业兽医卫生风险评估技术规范》，尽快形成行政法规、部门规章、管理规范和技术标准相配套的畜禽屠宰行业管理法规标准体系，提高畜禽屠宰行业管理法治化、规范化水平。

（三）推进地方畜禽屠宰行业管理立法 各地要按照全面深化改革和全面推进依法治国的总体要求，结合本地实际情况，研究制定乡镇小型生猪屠宰场（点）监督管理办法、牛羊禽屠宰管理办法等地方性法规和政府规章。对国家已出台法律、行政法规的，要抓紧地方配套立法，增强法律、行政法规在本地区的适应性和可操作性；对国家立法时机尚不成熟的，地方可先行先试，为国家立法积累经验，创造条件。

四、突出重点，切实加强 畜禽屠宰行业管理

（一）严格屠宰行业准入管理 各地要在当地人民政府统一领导下，继续组织开展生猪定点屠宰资格审核清理工作，从严掌握生猪定点屠宰企业清理标准，符合生猪定点屠宰企业法定设立条件的，及时核发新证；不符合法定设立条件的，限期整改，整改仍达不到要求的，要报请设区的市级人民政府坚决依法取缔。对生猪定点屠宰企业资格审核清理中存在的问题，要报请设区的市或省级人民政府出台生猪定点屠宰企业整改或者关停的政策措施，及时化解矛盾，积极稳妥推进。对新设立的畜禽屠宰企业，要严格按照《动物防疫法》、《生猪屠宰管理条例》规定的条件和畜禽屠宰行业发展规划及本地区生猪定点屠宰企业设置规划的要求，严格审核把关，不得擅自降低标准、违反审批程序进行畜禽屠宰企业许可。

（二）加强屠宰质量安全过程监管 各地要督促屠宰企业切实履行屠宰环节产品质量安全第一责任人责任，建立健全畜禽进厂（场）屠宰登记、肉品检验、"瘦肉精"自检、病死畜禽无害化处理等制度，落实好各项质量安全控制措施。要强化屠宰检疫监管，严格执行屠宰检疫规程，规范屠宰检疫出证行为。要建立健全畜禽屠宰监管台账制度，对畜禽进场、索证验物、屠宰检疫检验、肉品出场和病害畜禽无害化处理等实行全过程档案管理。要创新畜禽屠宰监管模式，组织开展屠宰企业兽医卫生风险评估，逐步推行屠宰企业风险分级管理。

（三）组织开展生猪屠宰专项整治 各地要围绕农产品质量安全执法年活动，严格按照《农产品质量安全法》、《动物防疫法》、《生猪屠宰管理条例》等有关法律法规和司法解释，围绕重要时节、重点区域和薄弱环节，继续组织开展生猪屠宰专项整治行动，持续保持高压态势，严厉打击私屠滥宰、添加"瘦肉精"、注水或注入其他物质等各类违法犯罪行为。要集中力量查办一批大案要案，端掉一批私屠滥宰黑窝点，严惩一批违法犯罪分子，公布一批典型案例。要组织基层畜牧兽医站，加大对城乡结合部、私屠滥宰专业村（户）的集中排查和日常巡查。要建立健全举报核查制度，公布举报投诉电话，及时调查处理群众反映的突出问题。要做好行政执法与刑事司法衔接，加强与公安、食品药品、环保等部门的协调配合，形成跨部门监督执法合力。

五、统筹协调，稳步推进畜禽屠宰行业转型升级

（一）研究制定畜禽屠宰行业发展规划 按照"工厂化屠宰、品牌化经营、冷链化流通、冰鲜化上市、一体化管理"的总体思路，研究制定全国生猪屠宰行业发展规划。各地要结合本地区实际情况，研究制定本地区畜禽屠宰行业发展规划，及时修订生猪定点屠宰企业设置规划，优化产业布局，逐步改变屠宰企业"多、乱、小、散、差"等突出问题，稳步推进畜禽屠宰行业转型升级，引领畜禽屠宰行业健康有序发展。

（二）强化畜禽屠宰统计监测 整合畜禽屠宰统计监测系统，优化统计样本企业，建立统计信息员队伍，强化统计、监测、分析功能，进一步提升畜禽屠宰行业管理信息化水平。各地要严格落实国家畜禽屠宰统计监测制度，监督指导企业做好畜禽屠宰统计监测信息填报工作，切实发挥好统计监测在促进畜禽生产和流通、稳定市场供应等方面的重要作用。

（三）加强畜禽屠宰产业发展研究 各地要在畜禽屠宰企业升级改造、冰鲜肉冷链体系建设、代宰经营方式转变等方面，按照市场主导、政府引导的原则，推动地方各级人民政府研究出台促进畜禽屠宰产业发展的政策措施。要跟踪研究本地区畜禽屠宰产业发展情况，对畜禽屠宰产业发展和肉品质量安全形势及时做出预警预判，为政府决策当好参谋，为企业发展搞好引导。

六、常抓不懈，着力提升畜禽屠宰行业管理能力

（一）完善屠宰行业管理保障措施 各地要根据畜禽屠宰行业管理任务繁重的实际，配备充足的畜禽屠宰监管执法力量。要把畜禽屠宰行业管理经费纳入本级财政预算，保障畜禽屠宰行业管理相应的工作条件。要着力解决在设施设备、执法条件等方面存在困难和问题，重大问题要主动加强部门间协调沟通，及时报当地人民政府研究解决。

（二）狠抓屠宰行业队伍建设 各地要抓紧制订畜禽屠宰从业人员培训规划，加强对畜禽屠宰技术人员、肉品品质检验人员培训，提高畜禽屠宰从业人员技术水平。要建立健全畜禽屠宰监督执法管理制度，规范畜禽屠宰监督工作程序，严肃畜禽屠宰监督执法纪律，加大对失职、渎职等违法行为的追责力度。

（三）加强屠宰行业管理舆论引导 要充分利用各类媒体，大力宣传畜禽屠宰行业工作成效，努力营造良好的社会环境和舆论氛围，传递畜禽屠宰监管"正能量"。要切实提高畜禽屠宰行业管理舆情应对能力，加大舆情动态监测力度，及时发现本地区畜禽屠宰行业管理方面存在的突出问题，积极应对、妥善处理各种突发事件，努力降低社会影响。

2015年农产品质量安全监管工作要点

（农业部　农办质［2015］7号　2015年2月11日）

2014年各级农业部门认真贯彻中央决策部署，依法履职，扎实工作，深入开展农产品质量安全监管年活动，落实强化监管八项措施，取得了较好成绩。全年未发生重大农产品质量安全事件，蔬菜、畜禽和水产品监测合格率稳中有升。

2015年是"十二五"规划的收官之年，是全面深化改革的关键之年，是全面推进依法治国的开局之年。继续做好农产品质量安全监管工作，巩固平稳向好的发展态势，任务艰巨、责任重大。2015年农产品质量安全监管工作的总体要求是，深入贯彻党的十八大和十八届三中、四中全会和习近平总书记系列重要讲话精神，认真落实中央农村工作会议和全国农业工作会议的决策部署，紧紧围绕"努力确保不发生重大农产品质量安全事件"目标，以深入推进农产品质量安全执法年活动为总的抓手，以农产品质量安全县创建为重要载体，坚持"产出来"和"管出来"两手抓，强化源头治理和执法监管，大力推行标准化生产和全程控制，推进监管能力和制度机制建设，确保主要农产品例行监测合格率稳定在96%以上，切实维护公众健康和消费安全，促进农业提质增效和可持续发展。

一、深入推进专项整治

（一）深化突出问题治理 坚持问题导向，突出

关键环节，强化执法查处，重点开展7大专项整治行动，努力消除行业"潜规则"生存空间。农药及农药使用专项整治重点针对违规生产经营禁用农药、非法添加隐性成分、违法使用禁用农药、超范围使用限用农药。"瘦肉精"专项整治重点针对饲料生产、养殖饲喂、收购贩运环节添加"瘦肉精"的行为。生鲜乳专项整治重点打击无证收购运输生鲜乳和非法添加有毒有害物质等行为。养殖抗菌药专项整治重点打击兽药非法添加隐性成分、未按规定销售和使用兽用处方药、超剂量超范围使用抗菌药、不执行休药期等行为。生猪屠宰专项整治继续抓好生猪定点屠宰场清理整顿，重点打击私屠滥宰、注水或注入其他物质、违法销售和屠宰病死猪的行为。水产品专项整治重点打击养殖及育苗过程中使用孔雀石绿、硝基呋喃类代谢物、氯霉素等禁用药物和不执行休药期的行为。农资打假专项治理集中在春耕备耕、"三夏"、秋冬种等高峰期严厉打击制售种子、农药、肥料、兽药、饲料和饲料添加剂、水产苗种、农机具等假冒伪劣农资的违法违规行为。

（二）加大案件查办力度 加大高风险农产品和农业投入品监督抽查，将农产品质量安全作为农业综合执法重点，实施检打联动，集中力量查办一批大案要案。健全大案要案协作查处机制，会同公安、食药、工商等部门开展案件联合查办。加强行政执法与刑事司法衔接，凡达到移交标准的坚决移送司法机关追究刑事责任。组织开展各类风险隐患排查，采取针对性措施全面强化薄弱环节监管，及时消除问题隐患，有效防范系统性、区域性风险。

（三）集中曝光一批违法违规案例 充分发挥舆论震慑作用，加大案件曝光力度，以非法添加有毒有害物质、屠宰病死猪、制售假劣农资案件为重点，集中曝光一批案值较大、影响面广、情节恶劣的重大案件。

二、抓好质量安全县创建

（四）扎实做好首批创建工作 加强组织保障，推动首批试点的100个县和4个市落实属地责任，实施全程监管，提升监管能力和水平，健全制度机制，推进社会共治，努力打造成标准化生产和依法监管的样板区。强化政策扶持，落实国家农产品质量安全县创建经费，推动涉农相关项目和资金向质量安全县集中和倾斜。

（五）鼓励探索创新 推动各地因地制宜开展省级农产品质量安全县和示范乡镇创建，强化投入品监管、产地管理、生产控制、质量追溯、准出准入、检验检测等方面的改革创新，总结形成因地制宜、独具地域特色的监管模式。加大宣传引导力度，通过信息报送、新闻宣传、经验交流等形式，对示范创建的典型地区和先进经验加强宣传报道，营造良好创建氛围。

（六）严格考核验收 科学制定和完善国家农产品质量安全县（市）考核管理办法，引入第三方测评机制和动态管理机制，确保首批创建县（市）立得住、过得硬、叫得响。及时总结创建工作，逐步扩大创建范围，力争用3～5年或稍长时间覆盖到所有"菜篮子"产品主产县，最终以点带面，整体提升我国农产品质量安全监管水平。

三、加快标准制修订进程

（七）加快标准制修订工作 坚持以科学数据为支撑，以风险评估为依据，完善农产品质量安全标准体系，加快农兽药残留标准制修订进程，抓紧清理与农兽药残留标准相配套的检测方法标准。加快转化一批国际食品法典标准。加紧已登记农药的残留补充试验，推进蔬菜等小宗作物和特色农产品农药残留限量标准制定。支持各地结合实际配套制定一批保障农产品质量安全的生产技术规程和过程质量控制规范。

（八）推进标准化示范创建 推广环境友好、安全生态的标准化生产技术，不断扩大果菜茶标准园、畜禽水产标准化养殖示范场规模，新创建一批标准化的示范基地、示范农场、示范企业和示范合作社，提高产地农产品标准化生产水平。严格管控化肥、农兽药、饲料及饲料添加剂等投入品使用，加大高效低毒农兽药推广力度，推动病虫害绿色防控和病死畜禽无害化处理。

四、稳步发展"三品一标"

（九）加强品牌培育 大力推进无公害、绿色、有机和地理标志农产品发展，无公害农产品要强化安全生产，绿色食品要突出全程控制，有机农产品要坚持因地制宜和生态安全，地标农产品要立足地域特色和品质特性。强化品牌创建，培育一批以"三品一标"和"三园两场"为基础的安全优质知名农产品品牌和生产基地，充分发挥"三品一标"在品牌引领、消费认知、市场增值等方面的示范带动作用。

（十）强化认证监管 进一步完善认证程序，落实工作责任，推动认证工作规范化。加强证后监管和标志使用管理，对认证产品加大监督抽查和跟踪抽检力度。完善"三品一标"退出机制，维护"三品一标"的公信力和品牌形象。

五、强化监测评估预警

（十一）**强化例行监测** 制定全国统一的农产品质量安全监测规划和年度计划，明确各级农业部门依法监测的重点，防止上下一般粗、监测指标重叠、监测对象重复现象。对例行监测没有覆盖到的粮食、油料作物、薯类等产品，开展专项监测，摸清问题隐患。加强监测结果会商分析，深入研究变化趋势和问题原因，为专项整治和执法监管提供技术支撑。

（十二）**深入开展风险评估** 制定国家农产品质量安全风险评估规划和年度计划，全面摸清"米袋子"、"菜篮子"产品危害因子的种类、范围和危害程度，提出全程监管的关键点及技术措施，最大限度发挥风险评估在标准制定、应急处置、生产指导、消费引导等方面的支撑作用。对一些"老大难"问题，深入实施跟踪评估，跟进开展科研攻关，提出解决问题的风险评估报告和全程管控方案。完善风险评估制度规范，充分发挥风险评估专家委员会和专家组作用。加强科学研究和风险交流，组织专家适时进行解疑释惑和科普解读，全面普及农产品质量安全知识。

六、加快推动追溯体系建设

（十三）**加快构建质量追溯平台** 加快建设国家农产品质量安全追溯管理信息平台。积极推动省、市、县三级农产品质量安全信息化建设。尽快实现监管信息互联共享，贯通检测、认证、预警、评估、执法、追溯、标准化等全要素，不断提升监管信息化水平。

（十四）**积极开展追溯试点** 制定农产品质量安全追溯管理办法、管理规范和技术标准。以规模化的生产经营主体为载体，以农业投入品和有条件的农产品为重点，选择部分省市县和"三品一标"获证单位开展追溯试点。

七、探索构建产地准出市场准入机制

（十五）**建立准出准入衔接机制** 落实农业部与食品药品监管总局合作协议，制定产地准出市场准入指导意见，探索产地准出与市场准入衔接机制，贯通农产品质量安全全程监管链条。

（十六）**探索产地质量证明制度** 研究制定农产品产地质量证明管理办法和技术规范，选择部分农产品生产企业、专业合作社、家庭农场、销售企业开展试点，充分发挥质量证明在产地准出和全程管控过程中的

导向作用，全面落实生产经营者质量安全主体责任。

八、认真做好应急处置

（十七）**提升应急处置能力** 完善各层级、各行业应急预案，加强应急培训演练，提高全系统的应急处置技能。强化舆情监测，第一时间掌握舆情。对负面舆情信息，做到早发现、早处置，严防舆情的发酵和蔓延。开展科普宣传，及时回应社会关切，依托主流媒体宣传农产品质量安全工作。

（十八）**妥善处置突发事件** 高度重视突发问题的应对，力争做到第一时间掌握和报告情况，迅速启动应急预案，实施果断处置，尽最大努力将负面影响降到最低。坚持举一反三、化危为机，从问题中吸取教训，落实工作责任，健全制度机制，提升工作水平。

九、加强基层监管能力建设

（十九）**充实基层监管队伍** 编制"十三五"全国农产品质量安全提升规划，积极参与农业执法监管能力建设规划的编制与启动实施，努力为基层监管能力和条件的改善争取政策和资金扶持。推动地方农业部门主动争取发改、财政等部门支持，将农产品质量安全纳入当地经济社会发展"十三五"规划和农业执法能力建设重点。加快推动地市和县区两级监管机构建设，充实监管人员，落实监管经费，改善监管条件。推进乡镇监管服务机构标准化建设和规范化运行，通过"特岗计划"为乡镇监管机构充实一批专业化的技术人员。推动有条件的地方延伸配备村级农产品质量安全协管员，着力解决监管"最后一公里"问题。

（二十）**强化质检体系建设管理** 做好农产品质检体系二期规划收尾工作，加强质检机构建设管理、计量认证和资质认可，确保"建得全、管得好、用得了、检得准"。按照大农业的架构和综合建设的思路，稳妥推进农业系统内检测机构整合，贯通产前、产中、产后全过程。探索构建农业检验检测技术合作联盟，加强技术协作交流和协同配合，做大做强农业检测机构。推动建立农产品质检人员国家职业资格证书制度，提升基层检测人员能力素质和业务水平。

十、加强制度建设和机制创新

（二十一）**推动监管法治建设** 按照与《食品安全法》两法并行、相互衔接、各有侧重的原则，加快推动修订《农产品质量安全法》。开展调查研究，总结提炼各地的好经验和好做法。加快肥料、农药、畜

禽屠宰等相关法律法规的制修订进程，跟进制定相关的配套规章。增强法治思维，认真履行法定职责，着力提升基层执法监管能力。

（二十二）加强工作协调联动 加强与食品药品监管、公安部门的联合行动，强化重大问题联合整治和重大案件协同查处。加强农业系统各行业、各单位的协作，推动农技推广与质量安全监管、执法与检测、质量安全执法与综合执法有机衔接。加强中央与地方联动，动员全系统聚焦重点任务，以绩效延伸考核为载体，推动监管责任落实。通过横向合作和纵向联动，形成监管合力，创建信息沟通顺畅、指挥协调有力、协同配合到位的农产品质量安全监管"全国一盘棋"工作格局。

（二十三）推进社会协同共治 督促生产经营者落实质量安全主体责任，树立质量安全自律意识，健全内部管理制度，把好生产经营关。发挥行业协会等社会组织的约束作用，推进农产品质量安全信用体系建设，构建守信激励、失信惩戒机制。发挥新闻媒体和社会公众的监督作用，畅通投诉举报渠道，营造全社会共同关心、支持和参与农产品质量安全的良好氛围。

2015 年无公害农产品和农产品地理标志工作要点

（农业部 农质安发［2015］1 号 2015 年 2 月 26 日）

2015 年，无公害农产品和农产品地理标志工作要深入贯彻中央农村工作会议和全国农业工作会议精神，按照全国农产品质量安全监管工作的总体部署，紧紧围绕规范认证登记审查、强化证后监督管理、推进追溯平台建设这个核心，加强制度建设，坚持依法办事，创新工作机制，狠抓工作落实，扎实推进无公害农产品和农产品地理标志事业持续健康发展。全年工作目标是，力争新认证无公害农产品 7 000 个，其中种植业产品 4 000 个，畜牧业产品 1 500 个，渔业产品 1 500 个；新备案无公害农产品产地 7 000 个，种植业产地 4 000 个，畜牧业产地 1 500 个，渔业产地 1 500 个；做好到期产地和产品的复查换证工作。力争新评审公示农产品地理标志 220 个。

一、全面提高无公害农产品认证质量

（一）开展审查工作质量督导 出台《无公害农产品审查工作质量督导检查办法》，建立以问题为导向的督导检查机制。组织开展初审工作质量督导检查，落实有关审查工作制度，进一步提高认证工作的规范性、有效性和时效性。

（二）大力推动复查换证工作 加大对复查换证工作的指导、服务和督促力度，推动换证数量较多地区及时、规范开展复查换证工作，宣传和推广典型经验、做法，切实提高复查换证率。

（三）加强业务交流和指导 组织开展无公害农产品管理系统应用及审核业务专题培训交流，结合专家评审、检查员和内检员培训等工作，强化审查工作制度规范讲解培训，进一步提高各级检查员业务能力和水平，落实好审查工作责任。

二、积极推进农产品地理标志登记

（四）严格规范审查评审 建立健全农产品地理标志管理制度，出台异议处理制度，完善产品受理目录、申请人确认等制度规范。加强产品申报与资源普查结果的衔接，强化产品质量审查评审，确保精品门槛。严格申报材料审查，对达不到标准要求的一律从严要求整改完善，对材料出现明显错误、错误较多及初审工作明显不尽责的，坚决予以退回。

（五）抓好示范创建和培训 做好首批国家级农产品地理标志示范样板创建试点的后续跟进和总结验收等工作，加强创建经验交流。新创建 6～7 个国家级农产品地理标志示范样板，推动各地创建省级示范样板。举办两期全国农产品地理标志品牌建设培训班，强化品牌意识和市场开拓能力。启动农产品地理标志核查员注册工作。

（六）积极开展国际交流合作 实施中欧农产品地理标志交流合作项目，跟进中欧地理标志合作协议谈判，做好中欧互认产品技术文本修订完善等后续工作，召开中欧农产品地理标志互认产品推进工作现场会。

（七）强化品牌宣传 在《农民日报》等媒体上

对农产品地理标志资源普查、中欧互认、示范创建等工作进行广泛宣传。推动获证产品积极参加展览展销等活动，在全国农交会举办农产品地理标志专区，展示发展成效及品牌形象。

三、进一步强化证后监管

（八）**开展产品质量监测预警**　组织开展无公害农产品和农产品地理标志跟踪监测，有效监控认证登记产品质量安全状况和地理标志农产品品质符合性情况。选择重点区域、重要产品开展监测结果分析研判，提升质量安全预警和风险防范能力。

（九）**完善标志管理制度**　进一步理顺无公害农产品标志相关工作流程，改进标志征订方式方法，细化完善标志申领审核发放制度，方便企业，提高效率，优化服务。组织实施"3·15"标志使用专项检查，集中查处不规范用标行为。继续开展同类产品为定标单元的工作试点，总结归纳试点经验，完善标志管理征订方式。

（十）**加强综合检查**　组织实施无公害农产品和农产品地理标志综合检查，重点跟踪检查各级工作机构认证登记工作规范性、无公害农产品获证单位质量安全管理措施落实以及农产品地理标志品质保持、知识产权保护、品牌建设等方面情况。

四、加快推进追溯体系建设

（十一）**推进国家追溯平台建设**　组织开展国家农产品质量安全追溯平台初步设计，启动平台建设工作。围绕国家平台与地方平台对接模式、业务关系等重大问题，选择2个工作基础较好的省份开展相关研究和工作试点。

（十二）**强化管理制度和标准建设**　起草印发《农业部关于加快推进农产品质量安全追溯体系建设的指导意见》，统一思想，明确追溯职责，形成推动氛围。完善出台追溯管理办法，启动制定追溯管理相关配套规范以及编码标识、信息管理、操作指南等相关标准，建立科学完善的追溯管理标准体系。

（十三）**加快追溯管理人员队伍建设**　组织开展农产品质量安全追溯体系建设培训等，推进省级追溯管理队伍建设。选聘一批熟悉信息化和追溯管理的专家和技术力量，为追溯平台建设和工作推动提供技术支持。

五、强化工作支撑和保障

（十四）**加快推进信息化**　进一步完善无公害农产品管理系统功能，将认证管理端口延伸至县级工作机构，实现省级工作机构产地认定和产品初审信息化，推进证后监管数据信息化管理。加强农产品地理标志管理系统建设，完善各类基础数据库，适时启动纸质申报材料与电子信息传递同步试运行。

（十五）**加强体系队伍能力建设**　加大无公害农产品师资培训力度，充分发挥优秀师资的作用，满足各地培训工作需求。加强检查员和内检员管理，做好培训、注册、服务工作，修订内检员培训教材，对省级工作机构培训质量加强检查。开展省级工作机构监管人员培训，强化证后监管工作信息交流，提升监管能力。

（十六）**加强标准体系建设**　深化无公害农产品检测目录的实施、跟踪和评估工作，继续对小品种产品实施风险监测。全面梳理无公害农产品标准，组织修订、整合有关投入品使用准则和产地环境类标准，加强无公害农产品过程控制标准的宣传贯彻和推广。

（十七）**强化检测机构管理**　完善定点检测机构委托、考评管理办法。组织开展定点检测机构的续展考评、监督考评、培训、能力验证等工作。及时做好产地环境检测机构备案，促进检测机构提高监测服务水平。

（十八）**跟进部局重点工作**　协助做好《农产品质量安全法》修订工作。参与推进国家农产品质量安全县认定管理，建立相关管理制度机制。做好乡镇农产品质量安全公共监管服务机构建设的技术支撑工作，完善乡镇监管信息系统，组织起草《乡镇农产品质量安全监管站建设规范》。开展农产品质量安全突发事件应急演练和应急管理培训。规范受理农产品质量安全申投诉。

2015年食品安全重点工作安排

（国务院　国办发〔2015〕10号　2015年3月2日）

2014年，各地区、各有关部门按照党中央、国务院的决策部署，深化改革创新，强化监管执法，着力消除风险隐患，坚决治理"餐桌污染"，巩固了全国食品安全稳定向好的形势。但食品安全基础依然薄弱，问题仍时有发生，与人民群众的期待相比还存在差距。为贯彻党的十八大、十八届二中、三中、四中全会和中央经济工作会议、中央农村工作会议精神，落实国务院关于食品安全工作的部署要求，进一步提高食品安全治理能力和保障水平，现就 2015 年食品安全重点工作作出如下安排：

一、严格监管执法，着力解决突出问题

（一）**加强食用农产品源头治理** 深入开展农产品质量安全专项整治，采取完善标准、制定行为规范、加强抽检、建立追溯体系等措施，着力解决农药兽药残留问题。加大食用农产品监管力度，大力推行标准化生产和全程控制，严格管控化肥、农药兽药等投入品使用，推动病虫害绿色防控和病死畜禽无害化处理。探索建立食用农产品产地准出与市场准入管理衔接机制，研究出台指导意见。开展重点食用农产品联合治理行动。加强产地重金属污染、种养殖用水污染、持久性有机物污染等环境污染问题治理。建立超标粮食处置长效机制。严厉打击非法添加有毒有害物质、病死畜禽收购屠宰、私屠滥宰、农资制假售假等违法违规行为。

（二）**加强食品生产经营全过程监管** 围绕婴幼儿配方乳粉、婴幼儿辅助食品、乳制品、肉制品、食用植物油、"大桶水"、白酒等重点大宗食品开展综合治理。针对超范围超限量使用食品添加剂和食品中非法添加非食用物质、食品中检出塑化剂、食品标签标识不符合规定等突出问题，开展专项治理。加强对大型食品生产加工、流通餐饮企业的监督检查，规范对小作坊、摊贩、网络销售等的管理。继续打击无证无照、销售和使用无合法来源食品和原料、侵权仿冒等违法违规行为。强化进出口食品监管和风险管控，严格进口食品准入和回顾性检查，严格实施进口食品境外生产企业注册。

继续推进婴幼儿配方乳粉企业兼并重组。加强婴幼儿配方乳粉质量安全监管，组织对婴幼儿配方乳粉生产企业开展食品安全审计。

（三）**加强重点区域风险防控** 加大对农产品主产区、食品加工业集聚区、农产品和食品批发市场、农村集贸市场、城乡结合部等重点区域的监管力度。加强对学校食堂、旅游景区、铁路车站等就餐人员密集场所的食品安全监管，对农村集体聚餐进行指导，防范食物中毒事故的发生。

（四）**加强风险隐患排查治理** 开展食品生产经营主体基本情况统计调查，摸清底数、排查风险。制定并实施农产品和食品安全风险监测和监督抽检计划，加大监测抽检力度，加强结果分析研判，及时发现问题、消除隐患。进一步规范问题食品信息报告和核查处置，完善抽检信息公布方式，依法公布抽检信息。严格监督食品经营者持证合法经营，督促其履行进货查验和如实记录查验情况等法定义务。

（五）**持续保持高压严打态势** 针对严重危害食品安全的突出问题，强化刑事责任追究，依法严惩食品安全违法犯罪行为。加快出台推进行政执法与刑事司法衔接的指导意见，健全线索通报、案情通报、案件移送、信息发布等工作衔接机制，强化涉案物品处置、涉案产品检验鉴定、证据转换等工作的协调配合。继续推动公安机关食品安全犯罪侦查队伍建设，充实人员力量。

二、健全法规标准，完善制度体系

（六）**推动立法进程** 继续推进食品安全法及其实施条例的修订出台，推动农产品质量安全法、农药管理条例、生猪屠宰管理条例修订，做好食品安全法与农产品质量安全法的衔接。加快食品安全法规、规章和规范性文件清理。推进食品生产加工小作坊和食品摊贩生产经营管理的地方立法工作。

（七）**完善制度规范** 制定修订食品生产经营许可、食品生产企业监督检查、食品经营监督管理、保健食品注册及监督管理、食品召回和停止经营、食品标识、食品相关产品监督管理、食品安全风险监测、风险评估等规章制度。研究制定食用农产品经营监督管理办法。完善畜禽屠宰等相关规章。

积极稳步推进食品生产经营许可改革，完善食品生产经营许可制度体系。研究制定食品生产经营企业分级分类管理制度。深化保健食品审评审批制度改革，逐步扩大备案范围。探索建立食品检查员制度，加大企业现场监督检查和现场行政处罚力度。研究建立基层食品药品监管所管理有关制度。推动完善进出口食品安全相关制度。

研究建立餐饮服务单位排放付费及餐厨废弃物收运、处理企业资质管理等制度，加大餐厨废弃物处理利用力度。

（八）**制定修订食品安全标准** 完成国家食品安全监管体系"十二五"规划确定的食品安全国家标准清理整合任务，加强重点、急需标准的制定修订工作，加快形成符合我国国情和国际通行做法的食品安全国家标准体系。推进食品安全标准的贯彻实施，开展重点标准的跟踪评价。加强食品安全标准制定修订与食品安全监管工作实际、标准执行情况的有机衔接。

（九）**加强执法规范化建设**　完善食品安全行政执法程序，规范执法操作流程，量化自由裁量标准，统一执法文书，统一执法标识，依法实施行政许可、行政处罚、行政收费和行政检查等行为。加强执法监管信息化建设，建立执法活动全过程记录制度，依法公开行政处罚信息，推动执法联动和区域合作。全面落实监管执法责任制，完善纠错问责机制，强化制约监督，加大问责力度。

三、规范生产经营，全面落实企业责任

（十）**健全企业质量安全管理制度**　扩大食品质量安全授权制度试点。推动食品企业完善食品生产经营全过程质量安全记录制度，加快形成上下游食品质量安全信息可查询、过程可控制、责任可追究的追溯体系。加大从业人员食品安全教育培训力度。

建立食品生产企业风险问题报告制度。试点推行大型餐饮服务企业风险自查报告制度，在餐饮服务企业推行"明厨亮灶"。

（十一）**完善企业主体责任体系**　督促企业完善食品安全生产经营者主体责任制度，强化企业主要负责人首负责任，落实食品质量安全授权人员、管理人员、从业人员岗位责任。强化违法违规企业食品安全主体责任追究，依法加大行政处罚力度，推进处罚结果公开。

（十二）**推进食品安全信用体系建设**　进一步完善企业信用记录，探索建立统一的食品信用分级分类标准，构建守信激励、失信惩戒机制。依法及时公布严重违法食品生产经营者相关信息，加大对严重失信者的惩戒力度，建立跨区域、跨部门联合惩戒机制。

四、强化宣传和应急处置，
提高风险管控水平

（十三）**加强风险交流**　健全风险预警工作体系和专家队伍，建立科学的风险预警和交流工作机制，制订工作规范，加强舆情监测和风险隐患预判。积极发挥第三方在食品安全风险交流工作中的作用，拓展风险交流渠道。建立健全大型企业风险交流机制，强化行业预警交流。

（十四）**强化宣传引导**　完善新闻发言人制度和食品安全信息发布制度，及时发布权威信息、消费提示和风险警示，曝光违法违规行为。深入开展政策解读，大力宣传食品安全工作重大方针、举措和重要领

域专项整治情况。加强与媒体沟通，妥善做好突发事件和热点问题舆情应对，主动回应社会关切。

开展全国食品安全宣传周等重点宣传活动，动员社会力量参与食品安全公益宣传和科普工作，提高公众食品安全科学素养。继续推进食品安全科普工作队伍建设和示范创建，强化食品安全科普网点建设。

（十五）**提高应急能力**　强化跨区域、跨部门应急协作与信息通报机制，加快建立覆盖全国的突发事件信息直报网和舆情监测网，建立健全上下贯通、高效运转的国家食品安全应急体系。加强应急队伍及装备建设，开展多种形式的应急演练和应急管理培训。督促指导食品生产经营企业特别是大型企业建立事故防范、处置、报告等工作制度。

五、完善治理体系，坚持依法行政

（十六）**健全监管体系**　加快完成市、县级食品安全监管机构改革任务，抓紧职能调整、人员划转、技术资源整合，充实专业技术力量，尽快实现正常运转。健全乡镇（街道）或区域食品安全监管派出机构，建立重心下移、保障下倾的工作机制，加强基层监管力量，完善基层食品安全网格化管理体系和责任体系，打通"最后一公里"。合理划分省、市、县、乡级食品安全监管事权关系。

综合设置市场监管机构的地方，要把食品安全作为综合执法的首要责任，相应设置内设机构、配备专业人员，提高食品安全监管执法的专业化水平，确保监管力量比改革前加强。

加快推进农产品质量安全监管体系建设，强化县乡农产品质量安全监管能力，健全乡镇或区域性农产品质量安全监管机构，逐步建立村级监管队伍。将农产品质量安全监管执法纳入农业综合执法范围，整合充实执法力量。推动地方生猪定点屠宰监管职责调整到位。

（十七）**强化综合协调**　各级食品安全委员会要充分发挥统筹协调、监督指导作用，督促落实地方政府对食品安全工作的属地管理责任。加强食品安全监管部门综合协调力量，更好地承担食品安全委员会日常工作，健全部门间、区域间的信息通报、形势会商、联合执法、行政执法与刑事司法衔接、事故处置等协调联动机制，凝聚齐抓共管合力。

（十八）**完善社会共治体系**　积极搭建社会共治平台，建立社会共治激励机制，畅通投诉举报渠道，落实举报奖励专项资金，调动消费者、新闻媒体、志愿者等社会各方参与的积极性。支持行业协会制订行规行约、自律规范和职业道德准则，监督生产经营活

动，交流沟通食品安全风险信息，加强行业自律。

把公众参与、专家论证纳入行政决策法定程序，积极发挥专家学者咨政启民作用。大力发展基层监督员、协管员、信息员等群众性队伍。促进第三方机构在检验检测、合规性检查和认证等方面发挥作用。

开展食品安全责任保险试点，探索建立政府、保险机构、企业、消费者多方参与互动的激励约束机制和风险防控机制。

（十九）提高依法行政水平 建立健全重大政策、制度和重大事项的合法性审查和风险评估机制。深入开展食品安全法治宣传教育，强化监管人员法治意识，着力提高基层监管人员执法能力。组织开展地方领导干部食品安全知识专题培训，进一步提高食品安全工作决策能力和管理水平。

六、加大投入力度，加强能力建设

（二十）落实"十二五"规划 抓紧实施国家食品安全监管体系"十二五"规划项目，加大预算内基建投资和转移支付投入力度，着力解决基层监管能力薄弱问题。

（二十一）持续开展"餐桌污染"治理 推进食品安全城市、农产品质量安全县创建试点工作，及时总结经验，扩大试点范围。加强出口食品农产品质量安全示范区建设。

（二十二）提高风险监测和评估能力 继续加强风险监测网络和能力建设，完善食品中非食用物质名单，开展相关检验方法研究。制订农产品和食品安全风险评估办法及未来五年工作规划，组织实施年度优先风险评估和应急评估项目。夯实农产品和食品安全风险评估工作基础，全面开展食物消费量调查和总膳食研究。建立部门间风险监测数据共享与分析机制，提高数据利用度。

加强食源性疾病管理，进一步完善食源性疾病监测报告制度与溯源平台，建立部门间信息互通和有效防控工作机制。加大对新发风险、进出口食品安全风险的监测力度，健全风险线索发现、分析、报告、通报和预警机制。

（二十三）加强技术创新和基层执法装备配备 开展食品和食用农产品中危害物监测识别等关键技术研究，加快研发一批适用于快速检测、应急监测的检测方法、试剂、设备，以及适合基层监管执法的移动执法终端。开展食品安全科技创新工程，在珠海（横琴）等地开展区域性示范。按照"适用够

用、填平补齐"的原则，重点强化执法车辆、执法装备、执法设施配备，加强基层执法装备配备标准化建设。

（二十四）强化检验检测能力建设 根据食品产业布局和现有基础，统筹加强国家、省、市、县级食品安全检验检测能力建设，扩大县级食品安全检验检测资源整合试点，加快推进农产品质量安全检验检测体系建设，确保监管和打击违法犯罪工作需要。推动食品安全重点实验室建设，建立重点实验室管理制度，提高实验室管理水平。指导食品生产企业加强质量安全检测能力建设。

（二十五）加快信息化建设步伐 建设统一高效、资源共享的国家食品安全信息平台，加快食品安全监管信息化工程、食品安全风险评估预警系统、重要食品安全追溯系统、农产品质量安全追溯管理信息平台等项目实施进度，推进进出口食品安全风险预警信息平台建设，加快建设"农田到餐桌"全程可追溯体系。加强食品安全标准、风险监测、风险评估、日常监管统计数据的采集和分析利用，提升科学监管水平和监管效能。

（二十六）组织编制"十三五"规划 发挥专家智库作用，统筹规划、科学编制"十三五"国家食品安全治理体系和治理能力建设规划，研究提出重大工程、重大项目、重大政策措施，加快提升农产品质量和食品安全保障水平。

七、狠抓督促落实，强化责任措施

（二十七）加强组织领导 地方各级政府要认真履行食品安全属地管理职责，将食品安全工作列入重要议事日程，加强对本地区食品安全工作的统一领导、组织协调，加大工作力度，强化投入保障。

（二十八）落实任务分工 各地区、各有关部门要制定具体措施，细化任务分工，明确时间进度，认真抓好落实。对涉及多个部门的工作，牵头部门要加强协调，其他部门要积极支持和配合。

（二十九）强化督查考评 进一步完善食品安全督查考评制度，将食品安全全面纳入地方政府绩效考核、社会管理综合治理考核范围，考核结果作为综合考核评价领导班子和相关领导干部的重要依据。建立激励约束机制，强化考核结果运用。开展督促检查，根据任务分工和时间表，一级抓一级，层层抓落实，确保按进度完成各项工作任务。

（三十）严格责任追究 根据食品安全法等法律法规，严肃追究失职渎职工作人员责任。

食品召回管理办法

（国家食品药品监督管理总局令第 12 号　2015 年 3 月 11 日）

第一章 总 则

第一条 为加强食品生产经营管理，减少和避免不安全食品的危害，保障公众身体健康和生命安全，根据《中华人民共和国食品安全法》及其实施条例等法律法规的规定，制定本办法。

第二条 在中华人民共和国境内，不安全食品的停止生产经营、召回和处置及其监督管理，适用本办法。

不安全食品是指食品安全法律法规规定禁止生产经营的食品以及其他有证据证明可能危害人体健康的食品。

第三条 食品生产经营者应当依法承担食品安全第一责任人的义务，建立健全相关管理制度，收集、分析食品安全信息，依法履行不安全食品的停止生产经营、召回和处置义务。

第四条 国家食品药品监督管理总局负责指导全国不安全食品停止生产经营、召回和处置的监督管理工作。

县级以上地方食品药品监督管理部门负责本行政区域的不安全食品停止生产经营、召回和处置的监督管理工作。

第五条 县级以上食品药品监督管理部门组织建立由医学、毒理、化学、食品、法律等相关领域专家组成的食品安全专家库，为不安全食品的停止生产经营、召回和处置提供专业支持。

第六条 国家食品药品监督管理总局负责汇总分析全国不安全食品的停止生产经营、召回和处置信息，根据食品安全风险因素，完善食品安全监督管理措施。

县级以上地方食品药品监督管理部门负责收集、分析和处理本行政区域不安全食品的停止生产经营、召回和处置信息，监督食品生产经营者落实主体责任。

第七条 鼓励和支持食品行业协会加强行业自律，制定行业规范，引导和促进食品生产经营者依法履行不安全食品的停止生产经营、召回和处置义务。

鼓励和支持公众对不安全食品的停止生产经营、召回和处置等活动进行社会监督。

第二章 停止生产经营

第八条 食品生产经营者发现其生产经营的食品属于不安全食品的，应当立即停止生产经营，采取通知或者公告的方式告知相关食品生产经营者停止生产经营、消费者停止食用，并采取必要的措施防控食品安全风险。

食品生产经营者未依法停止生产经营不安全食品的，县级以上食品药品监督管理部门可以责令其停止生产经营不安全食品。

第九条 食品集中交易市场的开办者、食品经营柜台的出租者、食品展销会的举办者发现食品经营者经营的食品属于不安全食品的，应当及时采取有效措施，确保相关经营者停止经营不安全食品。

第十条 网络食品交易第三方平台提供者发现网络食品经营者经营的食品属于不安全食品的，应当依法采取停止网络交易平台服务等措施，确保网络食品经营者停止经营不安全食品。

第十一条 食品生产经营者生产经营的不安全食品未销售给消费者，尚处于其他生产经营者控制中的，食品生产经营者应当立即追回不安全食品，并采取必要措施消除风险。

第三章 召 回

第十二条 食品生产者通过自检自查、公众投诉举报、经营者和监督管理部门告知等方式知悉其生产经营的食品属于不安全食品的，应当主动召回。

食品生产者应当主动召回不安全食品而没有主动召回的，县级以上食品药品监督管理部门可以责令其召回。

第十三条 根据食品安全风险的严重和紧急程度，食品召回分为三级：

（一）一级召回：食用后已经或者可能导致严重健康损害甚至死亡的，食品生产者应当在知悉食品安全风险后 24 小时内启动召回，并向县级以上地方食品药品监督管理部门报告召回计划。

（二）二级召回：食用后已经或者可能导致一般健康损害，食品生产者应当在知悉食品安全风险后 48 小时内启动召回，并向县级以上地方食品药品监督管理部门报告召回计划。

（三）三级召回：标签、标识存在虚假标注的食品，食品生产者应当在知悉食品安全风险后 72 小时内启动召回，并向县级以上地方食品药品监督管理部门报告召回计划。标签、标识存在瑕疵，食用后不会造成健康损害的食品，食品生产者应当改正，可以自愿召回。

第十四条　食品生产者应当按照召回计划召回不安全食品。

县级以上地方食品药品监督管理部门收到食品生产者的召回计划后，必要时可以组织专家对召回计划进行评估。评估结论认为召回计划应当修改的，食品生产者应当立即修改，并按照修改后的召回计划实施召回。

第十五条　食品召回计划应当包括下列内容：

（一）食品生产者的名称、住所、法定代表人、具体负责人、联系方式等基本情况；

（二）食品名称、商标、规格、生产日期、批次、数量以及召回的区域范围；

（三）召回原因及危害后果；

（四）召回等级、流程及时限；

（五）召回通知或者公告的内容及发布方式；

（六）相关食品生产经营者的义务和责任；

（七）召回食品的处置措施、费用承担情况；

（八）召回的预期效果。

第十六条　食品召回公告应当包括下列内容：

（一）食品生产者的名称、住所、法定代表人、具体负责人、联系电话、电子邮箱等；

（二）食品名称、商标、规格、生产日期、批次等；

（三）召回原因、等级、起止日期、区域范围；

（四）相关食品生产经营者的义务和消费者退货及赔偿的流程。

第十七条　不安全食品在本省、自治区、直辖市销售的，食品召回公告应当在省级食品药品监督管理部门网站和省级主要媒体上发布。省级食品药品监督管理部门网站发布的召回公告应当与国家食品药品监督管理总局网站链接。

不安全食品在两个以上省、自治区、直辖市销售的，食品召回公告应当在国家食品药品监督管理总局网站和中央主要媒体上发布。

第十八条　实施一级召回的，食品生产者应当自公告发布之日起 10 个工作日内完成召回工作。

实施二级召回的，食品生产者应当自公告发布之日起 20 个工作日内完成召回工作。

实施三级召回的，食品生产者应当自公告发布之日起 30 个工作日内完成召回工作。

情况复杂的，经县级以上地方食品药品监督管理部门同意，食品生产者可以适当延长召回时间并公布。

第十九条　食品经营者知悉食品生产者召回不安全食品后，应当立即采取停止购进、销售，封存不安全食品，在经营场所醒目位置张贴生产者发布的召回公告等措施，配合食品生产者开展召回工作。

第二十条　食品经营者对因自身原因所导致的不安全食品，应当根据法律法规的规定在其经营的范围内主动召回。

食品经营者召回不安全食品应当告知供货商。供货商应当及时告知生产者。

食品经营者在召回通知或者公告中应当特别注明系因其自身的原因导致食品出现不安全问题。

第二十一条　因生产者无法确定、破产等原因无法召回不安全食品的，食品经营者应当在其经营的范围内主动召回不安全食品。

第二十二条　食品经营者召回不安全食品的程序，参照食品生产者召回不安全食品的相关规定处理。

第四章　处　　置

第二十三条　食品生产经营者应当依据法律法规的规定，对因停止生产经营、召回等原因退出市场的不安全食品采取补救、无害化处理、销毁等处置措施。

食品生产经营者未依法处置不安全食品的，县级以上地方食品药品监督管理部门可以责令其依法处置不安全食品。

第二十四条　对违法添加非食用物质、腐败变质、病死畜禽等严重危害人体健康和生命安全的不安全食品，食品生产经营者应当立即就地销毁。

不具备就地销毁条件的，可由不安全食品生产经营者集中销毁处理。食品生产经营者在集中销毁处理前，应当向县级以上地方食品药品监督管理部门报告。

第二十五条　对因标签、标识等不符合食品安全标准而被召回的食品，食品生产者可以在采取补救措施且能保证食品安全的情况下继续销售，销售时应当向消费者明示补救措施。

第二十六条　对不安全食品进行无害化处理，能够实现资源循环利用的，食品生产经营者可以按照国家有关规定进行处理。

第二十七条　食品生产经营者对不安全食品处置方式不能确定的，应当组织相关专家进行评估，并根据评估意见进行处置。

第二十八条　食品生产经营者应当如实记录停止生产经营、召回和处置不安全食品的名称、商标、规格、生产日期、批次、数量等内容。记录保存期限不得少于 2 年。

第五章　监督管理

第二十九条　县级以上地方食品药品监督管理部门发现不安全食品的，应当通知相关食品生产经营者停止生产经营或者召回，采取相关措施消除食品安全风险。

第三十条　县级以上地方食品药品监督管理部门发现食品生产经营者生产经营的食品可能属于不安全食品的，可以开展调查分析，相关食品生产经营者应当积极协助。

第三十一条　县级以上地方食品药品监督管理部门可以对食品生产经营者停止生产经营、召回和处置不安全食品情况进行现场监督检查。

第三十二条　食品生产经营者停止生产经营、召回和处置的不安全食品存在较大风险的，应当在停止生产经营、召回和处置不安全食品结束后 5 个工作日内向县级以上地方食品药品监督管理部门书面报告情况。

第三十三条　县级以上地方食品药品监督管理部门可以要求食品生产经营者定期或者不定期报告不安全食品停止生产经营、召回和处置情况。

第三十四条　县级以上地方食品药品监督管理部门可以对食品生产经营者提交的不安全食品停止生产经营、召回和处置报告进行评价。

评价结论认为食品生产经营者采取的措施不足以控制食品安全风险的，县级以上地方食品药品监督管理部门应当责令食品生产经营者采取更为有效的措施停止生产经营、召回和处置不安全食品。

第三十五条　为预防和控制食品安全风险，县级以上地方食品药品监督管理部门可以发布预警信息，要求相关食品生产经营者停止生产经营不安全食品，提示消费者停止食用不安全食品。

第三十六条　县级以上地方食品药品监督管理部门将不安全食品停止生产经营、召回和处置情况记入食品生产经营者信用档案。

第六章　法律责任

第三十七条　食品生产经营者违反本办法有关不安全食品停止生产经营、召回和处置的规定，食品安全法律法规有规定的，依照相关规定处理。

第三十八条　食品生产经营者违反本办法第八条第一款、第十二条第一款、第十三条、第十四条、第二十条第一款、第二十一条、第二十三条第一款、第二十四条第一款的规定，不立即停止生产经营、不主动召回、不按规定时限启动召回、不按照召回计划召回不安全食品或者不按照规定处置不安全食品的，由食品药品监督管理部门给予警告，并处一万元以上三万元以下罚款。

第三十九条　食品经营者违反本办法第十九条的规定，不配合食品生产者召回不安全食品的，由食品药品监督管理部门给予警告，并处五千元以上三万元以下罚款。

第四十条　食品生产经营者违反本办法第十三条、第二十四条第二款、第三十二条的规定，未按规定履行相关报告义务的，由食品药品监督管理部门责令改正，给予警告；拒不改正的，处二千元以上二万元以下罚款。

第四十一条　食品生产经营者违反本办法第二十三条第二款的规定，食品药品监督管理部门责令食品生产经营者依法处置不安全食品，食品生产经营者拒绝或者拖延履行的，由食品药品监督管理部门给予警告，并处二万元以上三万元以下罚款。

第四十二条　食品生产经营者违反本办法第二十八条的规定，未按规定记录保存不安全食品停止生产经营、召回和处置情况的，由食品药品监督管理部门责令改正，给予警告；拒不改正的，处二千元以上二万元以下罚款。

第四十三条　食品生产经营者停止生产经营、召回和处置不安全食品，不免除其依法应当承担的其他法律责任。

食品生产经营者主动采取停止生产经营、召回和处置不安全食品措施，消除或者减轻危害后果的，依法从轻或者减轻处罚；违法情节轻微并及时纠正，没有造成危害后果的，不予行政处罚。

第四十四条　县级以上地方食品药品监督管理部门不依法履行本办法规定的职责，造成不良后果的，依照《中华人民共和国食品安全法》的有关规定，对直接负责的主管人员和其他直接责任人员给予行政处分。

第七章 附 则

第四十五条 本办法适用于食品、食品添加剂和保健食品。

第四十六条 本办法自2015年9月1日起施行。

食品生产经营者对进入批发、零售市场或者生产加工企业后的食用农产品的停止经营、召回和处置，参照本办法执行。

粮食收储供应安全保障工程建设规划（2015—2020年）

（国家发展和改革委员会等 发改粮食〔2015〕570号 2015年3月23日）

前 言

粮食安全始终是关系我国经济发展、社会稳定和国家自立的全局性重大战略问题，保障国家粮食安全始终是治国安邦的头等大事。

为切实贯彻落实党中央、国务院关于粮食工作的重要决策部署，从根本上解决粮食流通领域存在的突出问题，坚决守住"种粮卖得出，吃粮买得到"的粮食流通工作的底线，确保不出现农民卖粮难，确保不发生粮食供应脱销断档，要大力实施粮食收储供应安全保障工程（以下简称"粮安工程"）。"粮安工程"的主要内容包括"建设粮油仓储设施、打通粮食物流通道、完善应急供应体系、保障粮油质量安全、强化粮情监测预警、促进粮食节约减损"等。要全面深化粮食流通领域各项改革，构建符合我国国情和社会主义市场经济体制要求的现代粮食收储供应安全保障体系。

根据党的十八大、十八届三中、四中全会精神以及中央经济工作会议和中央农村工作会议关于切实保障国家粮食安全，实施新形势下的国家粮食安全战略的要求，特编制本规划。规划提出了今后我国粮食收储供应安全保障能力建设的指导思想、目标和主要任务及政策措施，是今后一个时期我国粮食流通基础设施建设的重要依据。规划期为2015年至2020年。

第一章 指导思想和目标任务

党的十八大提出，要"确保国家粮食安全和重要农产品有效供给"。习近平总书记强调，"把保障粮食供应能力牢靠地建立在我们自己身上、把饭碗牢牢端

在我们自己手中"；把粮食仓储建设"作为农业基础设施的重点工作抓紧抓好"。李克强总理指出，要加强粮食仓储物流设施建设，确保储备数量实、质量好、调得动、用得上。"粮安工程"要统一布局、统筹安排，要与粮食安全省长责任制衔接起来。

实施"粮安工程"，是新形势下保障国家粮食安全和增加粮食有效供给守住底线的必然选择，是满足全面建成小康社会对粮食质量安全需求新期待的基本要求，是应对国际粮食市场复杂形势增强我国粮食流通抗风险能力的迫切需要。

第一节 现状与挑战

改革开放以来，我们党成功地解决了十几亿人的吃饭问题，取得了世人瞩目的成就。特别是进入新世纪以来，我国粮食生产实现"十一连增"，粮食流通设施条件得到改善，应急体系逐步建立，宏观调控能力不断增强，统一开放、竞争有序的粮食市场体系逐步健全，为国家的粮食安全打下良好基础，对促进国民经济平稳较快发展发挥了重要作用。同时也要看到，保障国家粮食安全仍面临着严峻的形势和新的挑战。从需求方面看，我国人口总量还将增加，粮食消费将呈刚性增长；随着全面建成小康社会的深入推进，城镇人口比重上升，居民收入水平普遍提高，粮食品种结构性矛盾和供需区域性矛盾加剧，对质量也提出了新的更高要求。从供给方面看，粮食增产制约因素增多，我国农业靠天吃饭的局面短期内难以根本改变，耕地、水等资源约束日趋强化，国际粮食市场大幅波动对国内市场的影响日益显著。这些都对保障国家粮食供应安全提出了新的要求。

在粮食收储供应安全保障体系方面，为缓解粮食流通设施严重不足和落后的局面，20世纪80年代末

到本世纪初，我国先后进行过机械化骨干粮库、世行贷款粮食流通项目、利用国债建设中央储备粮库等3次大规模粮食仓储设施建设，其中世行项目投资约80亿元，在东北等地区和部分粮食物流通道建设近300个粮食中转库、港口库和收纳库，建成仓容480万吨；国债建库项目投资343亿元，集中建设了1114个国家储备粮库，建成仓容5260万吨。实施《国家粮食安全中长期规划纲要（2008—2020年）》、《粮食行业"十二五"发展规划纲要》、《粮食现代物流发展规划（2006—2015年）》、《粮油仓储设施建设方案》、《农户科学储粮"十二五"建设规划》、《粮食质量安全检验监测"十二五"规划》。近几年来国家继续推进粮食仓储、物流设施建设和仓房维修改造，其中2009—2014年中央财政资金补助各地和央企建仓3480万吨，仓储条件得到一定改善；支持粮食现代物流项目建设，东北港口粮食发运能力和东南沿海的接卸能力明显增强，长江信道基本形成；农户科学储粮专项目前共为全国26个省（自治区、直辖市）配置817万套标准化储粮装具，可储存粮食约1400万吨，每年减少储粮损失90万吨；强化粮油质量检验监测能力，为300多个检验机构配置粮食检验检测仪器设备，有效提升了全国粮食质量安全检验监测能力和水平。这些粮食流通设施为形成有中国特色的粮食流通体系奠定了基础。

但是，现代粮食收储供应安全保障体系远没有建成，随着我国粮食产量的增加、供需形势的变化，粮食收储仓容能力不足、物流通道不畅、应急供应能力薄弱、质量安全隐患较大、粮情监测预警滞后、产后损失浪费严重等矛盾又日益突出，国家粮食供应安全仍面临严峻挑战。一是粮食收储设施能力严重不足。2014年全国粮食产量达6.07亿吨，相对于3.98亿吨的商品粮数量，粮食仓储仓容缺口巨大。粮食主产区中的东北地区尤为严重。《粮油仓储设施建设方案（2009—2020年）》确定的原建设规模已不能满足新的需要。基层粮食收储设施陈旧老化严重的问题依然非常突出，安全生产隐患很大。二是粮食物流通道不畅。随着粮食生产继续向主产区集中，主销区和西部地区产需缺口进一步扩大，"北粮南运"格局更加凸显。实施《粮食现代物流发展规划（2006—2015年）》，对主要跨省粮食物流通道建设起到了积极推动作用，但离确定的目标还有较大差距。2014年全国有1.65亿吨粮食跨省运输，原粮跨省散运比例约25%，以包粮运输为主。特别是铁路散粮车因回空问题而尚未实现在全国范围内运营，东北粮食入关和西南、西北流入通道能力不足。三是粮食应急供应能力薄弱。我国自然灾害频发、应急保供任务艰巨。粮食应急供应网点数量不足，布局不合理，应急加工和供应网点设施陈旧落后，功能不完善，配送效率低，面向农村和边远地区等应灾应急供应能力尤其薄弱。四是粮食质量安全隐患较大。由于粮油质量安全指标快速检验能力不足，质量安全检验监测体系不健全，粮食流通质量安全追溯体系尚未建立，造成粮食质量安全存在隐患。五是粮情监测预警滞后。现有粮情监测预警体系尚不健全，缺乏完整统一规范的信息监测平台和科学灵敏的预警预测功能。粮情信息采集不全面、时效性差，采集手段落后。资源缺乏有效整合，数据挖掘不深入，信息反馈不灵敏，信息发布和共享平台未建立，服务内容和手段单一。粮食库存监管效率低，成本高。六是粮食产后损失浪费严重。我国农户存粮约占全国粮食年总产量一半左右，由于储存条件差、设施简陋等，农户储粮损失比例约8%左右。加上粮食仓储装卸运输抛洒遗漏、过度和粗放加工，每年造成的粮食损失超过3500万吨。餐饮消费环节的浪费更是触目惊心。

这些问题叠加交织，对保障粮食收储供应安全提出了巨大挑战。根据守住粮食流通工作底线，实现全面建成小康社会目标的总体要求，上述问题如不及时有效解决，将成为推进"新四化"同步发展和保障国家粮食安全的短板。为此，为切实保障国家粮食安全，实施"以我为主、立足国内、确保产能、适度进口、科技支撑的国家粮食安全战略"，必须抓紧推进"粮安工程"建设，全面提升粮食收储供应安全保障能力。

第二节　指导思想

以邓小平理论、"三个代表"重要思想、科学发展观为指导，深入贯彻习近平总书记系列重要讲话精神，全面落实党的十八大和十八届三中、四中全会精神，认真贯彻国家粮食安全战略，落实守住管好"天下粮仓"，做好"广积粮、积好粮、好积粮"三篇文章的总要求，紧紧围绕全面建成小康社会对保障国家粮食安全的新要求和守住"种粮卖得出、吃粮买得到"的粮食流通工作底线，加大政策支持和资金投入，彻底改善粮食仓储、应急等基础设施条件，全面提升粮食收储供应安全综合保障能力、宏观调控能力和抗风险能力，确保国家粮食安全。

实施"粮安工程"，应坚持以下原则：

——统一规划、突出重点。统筹生产与消费、近期与长远、中央与地方、产区与销区、国内市场与国际市场，进行统一规划，并衔接行业及各类专项规划。注意处理好当前急需与发展趋势、经济建设与国防建设的关系。抓住最重要、最关键的环节，建设一批"粮安工程"的重点项目，发挥引领、主导和带动作用。

——整体布局、优化资源。坚持全国一盘棋，中央与地方之间、产销区之间的建设规模和布局要相互衔接，做到功能互补、结构合理，避免重复建设。统筹"粮安工程"各项任务，整合存量资源，优化增量资源，提升整体功能。

——深化改革、完善体制。全面深化粮食流通领域改革，使市场在资源配置中起决定性作用并更好发挥政府作用。粮食收储供应的体系建设要与全面深化农村改革加快推进农业现代化相适应，与协同推进新"四化"相适应。要用改革的思路推进"粮安工程"建设，既要加大政府投入，也要积极引导社会力量、民营等多元主体参与粮食流通基础设施建设。

——科技支撑、创新驱动。坚持高标准、高起点，注重用高新技术改造传统粮食行业，用信息化引领带动粮食流通现代化。实施科技兴粮和创新驱动发展战略，健全技术创新市场导向机制，加快粮食科技支撑新突破。进一步推进产学研用相结合，大力提高粮食行业的科技含量。

——多元筹资、加大投入。针对粮食仓储设施建设基础性、战略性和公益性的特点，充分发挥中央投资的支持和带动作用。综合应用土地、财税、金融、保险等政策杠杆，多渠道筹集建设资金。充分调动中央、地方、企业和社会力量等各方面的积极性，加大投入力度，高效利用资金，加快建设进度，提高建设水平。

第三节　主要目标

到2020年，全面建成售粮便利、储存安全、物流通畅、供给稳定、应急高效、质量安全、调控有力的粮食收储供应安全保障体系，形成布局合理、结构优化、竞争有序、监管有力的现代粮食流通新格局。

——粮食收储能力大幅增强。可用仓容满足粮食收储需要，彻底消除"危仓老库"带病储粮，基本消除"席茓囤"等露天存粮，粮食收储机械化、自动化、信息化水平明显提升。

——粮食物流效率显著提高。八大粮食物流通道功能更加完善，跨省原粮"四散化"比例明显提高，粮食从产区到销区的运输时间明显缩短、损耗大幅减少，跨区域的物流运输更加顺畅。

——应急保障能力明显提升。粮食应急供应网络更加完善，应对突发事件应急保障能力显著提升，救助受灾群众口粮供应得到基本保障，部队军粮保障及时有效，应急粮食储备物资快速运抵灾区集结点，确保灾区不断粮，供应有保障。

——粮油质量安全综合保障能力全面提升。"放心粮油"的零售网络覆盖80%以上的社区、乡村。建成从田间到餐桌全产业链的粮油质量安全追溯体系，粮食质量安全指标的综合检验能力达到70%以上，检验效率明显提高，粮食检验监测技术水平显著增强，确保城乡居民吃到"放心粮油"。

——粮情监测预警体系全面建成。粮情监测预警能力不断加强，建成指标科学合理、技术先进适用、监测灵敏高效、数据权威可靠、发布及时通畅的粮情监测预警体系，努力实现"未动先知"、"未涨先知"、"未抢先知"。

——粮食产后节约减损取得明显成效。每年减少粮食产后流通环节损失浪费1 300万吨以上，损失浪费率下降40%以上，粮食消费更加科学合理，形成全社会节粮减损长效机制。

专栏　"粮安工程"主要指标

指　标	2015年	2017年	2020年
一、粮食收储能力大幅增强			
维修改造"危仓老库"比例（%）	60	100	
消除露天存粮比例（%）	20	60	95以上
新建仓容（万吨）	5 000		
二、应急保障能力明显提升			
应急供应网点达到（万家）	4.5	5	5
应急加工企业达到（万家）	0.6	0.6	0.6
改建成品粮批发市场达到（家）	120	210	312
改建区域性配送中心达到（个）	90	290	531

（续）

指　标	2015 年	2017 年	2020 年
三、粮油质量安全保障能力提高			
国家粮食质量监测机构数量达到（个）	396	500	500
粮食质量安全风险监测网点达到（个）	1 200	2 500	2 500
四、粮情监测预警体系全面建成			
国家粮食信息直报点增加到（个）	800	1 000	2 000
粮食供需平衡抽样调查城乡居民户（万户）	18	19	20
五、粮食产后节约减损取得明显成效			
年减少粮食产后流通环节损失浪费（万吨）	440	770	1 300
实现农户科学储粮专项户数（万户）	1 000		

注：新建仓容指标为规划期建设任务累计数。

通过实施"粮安工程"，将全面深化细化和拓展《粮食行业"十二五"发展规划纲要》目标，并使其更清晰完善。进一步加强粮食仓储物流设施、粮油质量安全检验监测能力建设和农户科学储粮专项，补充完善应急供应体系、强化粮情监测和促进节粮减损等相关目标，并将相关建设目标延伸到"十三五"时期。

第四节　区域布局

根据我国粮食产销区域特点，按照整体布局、优先产区、突出重点，统筹中央与地方的要求，优化区域布局。

主产区着力解决仓容不足、大量粮食露天储存和"危仓老库"带病储粮问题，重点加强粮食收储设施建设、"危仓老库"维修改造和农户科学储粮等。优化东北、黄淮海、长江中下游等 3 个流出通道物流节点布局。产销平衡区全面提升粮食供应保障能力和农户储粮减损水平，重点加强西南、西北粮食物流通道和应急供应体系、仓储设施等薄弱环节建设。主销区全面提升市场调控保供应急能力，重点加强粮食接卸、地方储备、粮情监测预警和应急供应能力建设。继续加强中央粮食企业粮油仓储设施建设。

第五节　进度安排

按照统筹兼顾、重点突破，急需优先、梯次推进的要求，分应急建设期、整体推进期、全面建成期三个阶段实施。

应急建设期（2015 年）：重点解决仓储设施不足等紧迫问题，核心是主产区仓容建设和"危仓老库"维修改造。优先解决黑龙江、吉林等部分主产区和中国储备粮管理总公司收储仓容矛盾突出问题。分批次整省区加快推进主产区"危仓老库"维修改造。完成"十二五"农户科学储粮专项、粮食质量安全检验监测能力建设专项规划明确的建设任务，启动应急供应体系、粮情监测预警等建设。

整体推进期（2016—2017 年）：全面推进粮食流通领域基础设施建设。全面完成规划确定的"危仓老库"维修改造和烘干能力建设任务。继续加强仓储、物流设施建设，全面推进应急供应体系、粮油质量安全、粮情监测预警系统、粮食节约减损等建设。

全面建成期（2018—2020 年）：全面完成"粮安工程"建设任务。分别完成粮食收储设施、物流节点、应急供应体系、粮油质量安全、粮情监测预警系统、粮食节约减损等规划建设任务。"粮安工程"规划的所有建设任务全面完成。

第二章　建设粮油仓储设施

加强加快粮食收储能力建设，优化仓储设施区域布局，全面完成"危仓老库"维修改造，消除 95% 以上"席茓囤"等露天存粮现象，确保粮食敞开收购和安全储存。全面推广应用绿色生态智能储粮技术，进一步提升粮食仓储管理技术水平。

第一节　加快仓储设施建设

创新投融资方式，通过鼓励社会多元主体参与联合建仓和粮食收储，以东北地区及南方稻谷产区等为重点，加快建设粮食仓储设施，并配套建设烘干设施设备。加大政府扶持力度，2015 年年底前，完成国务院 2014 年第 52 次常务会确定的集中新建仓容 5 000 万吨任务，仓容建设要与提高粮食生产能力挂钩、与地方新增储备规模挂钩、与仓容缺口挂钩、与加强中央储备粮调控作用挂钩，并结合完善粮食价格政策和收储机制，通过市场竞争方式，充分利用社会仓储和加工企业资源，新建成符合相关条件的仓储设施纳入集中新建仓容规模，建设形成适应粮食安全需要的收储能力。仓容建设要与需求紧密结合，优化区域、结构布局，切实解决农民卖粮难问题，保证粮食存储安全。"十三五"期间继续重点安排仓储设施建设。按照全面落实粮食安全省长责任制的要求，主销区、产销平衡区也要加强粮食仓储设施建设，与主产区建立产销衔接长效机制，并鼓励主销区的企业到主产区建设粮食收储设施。

研究提高国家粮食储备总规模。通过配套鼓励政策，严格落实地方粮食储备任务，进一步增加地方粮食储备规模。继续加强粮油仓储设施建设，完善相关配套设施，切实解决农民卖粮难问题，保证粮食存储安全。探索发展混合所有制粮食企业，积极建立"粮食安全社会责任企业"机制，择优遴选部分加工企业承担收储加工转化调节等调控任务。

第二节 维修改造"危仓老库"

集中资金，突出重点，加快维修改造"危仓老库"进度，以粮食主产区为重点逐省整体推进，兼顾产销平衡区。到2017年之前完成全国"危仓老库"维修改造和功能提升。重点对仓房保温隔热、防潮防雨、气密性等进行改造，配置先进适用的仓储作业设备，提升粮情检测、机械通风、环流熏蒸等功能。对达到报废年限、无维修价值的"危仓老库"，按照调整结构、优化布局的原则报废重建或异地新建。

第三节 建设成品粮应急低温储备库

加快成品粮应急低温储备库建设，提升应对突发事件尤其是重大自然灾害等的保供能力，重点在36个省会城市（直辖市）、计划单列市示范建设一批成品粮应急低温储备库。解决大城市成品粮应急低温储备库不足、设施条件落后的突出矛盾，并优先满足长三角、珠三角、京津唐、成渝等大城市群成品粮储备应急保障的需要。

第四节 提升仓储设施技术水平

针对收纳、中转、储备等不同功能需求，优化仓型设计和储粮"四合一"技术应用，因地制宜推广使用保温钢板仓等新仓型，提高设施机械化程度；全面推进物理和生物杀虫防霉、气调储粮、智能粮情监测、智能通风、节能低碳烘干等绿色生态智能储粮技术，推广粮食品质分析、质量追溯、真菌毒素和重金属超标粮食消解技术等质量监测技术。推进仓储信息

化建设，逐步实现粮库数字化、智能化，提高仓储管理水平。

第三章 打通粮食物流通道

加大东北、黄淮海、长江中下游等流出通道和华东沿海、华南沿海、京津、西南、西北及沿海进口流入通道建设力度，完善和优化物流节点布局，建设物流公共信息平台，提高物流组织化程度，实现散粮运输全程无缝连接。

第一节 打通"北粮南运"三大主通道

重点加快东北粮食流出通道建设，完善铁路散粮发放设施和铁水联运物流系统，着力提高散粮铁路入关外运能力和主要港口疏港外运能力，充分利用东北地区港口转运能力，积极引导东北粮食通过海运方式增加外运，彻底解决"北粮南运"入关瓶颈制约问题。结合实施《中长期铁路网规划》、《"十二五"综合交通运输体系规划》中有关完善粮食运输系统目标任务，建设一批粮食大型装车点和散粮集装箱发放点，解决铁路散粮车回空问题，开通从东北地区到华北、华东、华中地区的铁路散粮车和到西南、西北地区的粮食集装箱班列，实现铁路散粮车入关运营。组织力量，积极研究攻关集装袋等单元化运输新方式，提升正反向运输的集约化能力，降低散粮运输成本。

加强黄淮海粮食流出通道建设，提升"北粮南运"承东启西、连南贯北能力。建设一批铁路散粮车和集装箱装卸节点及内河散粮节点，完善散粮发放设施，开通铁路散粮车和集装箱班列；充分利用社会资源，依托公路网建设，大力发展散粮汽车运输。

完善长江中下游流出通道，强化公、铁、水运输无缝衔接。建设一批铁路散粮车和集装箱装卸节点及内河散粮节点，依托内河水运干线及航道工程建设，重点在长江沿线和运河水网等建设一批散粮节点，强化粮食集并江海联运发运能力。充分利用社会资源，大力发展散粮船舶运输。

第二节 加强粮食主要流入通道建设

加强西南、西北通道建设，重点沿主要铁路干线等建设一批粮食物流节点，提升西南、西北各省会城市和区域中心城市粮食卸车能力，开通班列运输。建立华南港口到西南地区的铁路运输直通通道；逐步提升新疆等后备基地粮食物流外运能力。

完善华东沿海、华南沿海、京津等流入通道，依托沿海现有主要港口节点，大力发展公、铁、水联运，完善港口后方铁路和珠江等内河散粮集疏运系

统，主要建设一批铁路及内河散粮接卸节点，实现铁路和港口无缝衔接，扩大沿海港口来粮对内陆的辐射能力。

完善沿海粮食进口通道，依托华东、东南沿海等现有大豆、玉米、小麦等进口粮食主要港口节点，重点完善临港加工成品粮、饲料用粮及豆粕等副产品的内河、铁路、公路等疏运系统；依托西南、西北通道建设，发挥边境口岸和中心城市节点的集散功能，构建我国与东南亚、南亚、中亚国家的粮食流通走廊。

加强粮食产销对接，完善运营组织管理模式，鼓励销区企业通过合资、重组等与产区企业组成购销联合体，保证发运点、接卸点运量稳定，为铁路班列运输创造有利条件。在物流与加工能力较大的地区，依托节点建设，形成一批运作规范、集粮食仓储、运输、检验、交易、加工、配送、信息等现代物流服务功能和技术手段于一体的大型粮食物流园区。

第三节　推广应用新技术新装备

加强"北粮南运"各通道和节点公、铁、水多式联运物流衔接技术的研发应用，加快推广专用散粮汽车、内河船舶等新型专用运输工具和散粮、成品粮集装箱（袋）等集装单元化运输装备及配套专用装卸装备技术；大力推广钢板筒仓等新型中转仓型以及高大平房仓、浅圆仓散粮进出仓设备。加强粮食物流信息管理等新技术研发，充分利用物联网等信息技术，积极推进粮食物流环节自动监测、优化调度和智能追溯等技术应用。

第四章　完善应急供应体系

落实《国家粮食应急预案》，切实提高各类应急条件下的粮食供应保障能力，按照"合理布点、全面覆盖、平时自营、急时应急"的要求，进一步加强城乡粮油应急供应网点建设和维护，完善粮食应急供应、配送和加工网络布局，构建现代粮食应急保供体系。

第一节　健全粮食应急供应网络

到2017年，依托现有社会资源基本建成覆盖城乡的粮食应急供应网络保障体系，确保应急供应网点覆盖乡镇（农垦系统农场）、街道（社区）和直辖市、省会城市、计划单列市人口集中的社区。同时，增强应急供应网点的辐射功能，使应急能力覆盖到辐射所有村屯、社区的居民点。

应急网点原则上不新建，主要是根据不同地区、应对不同突发事件的要求，制定应急网点的布局和标准，按布局选择现有零售网点进行改造，增加应急功能、赋予相应的职责。应急供应点建设以现有应急供应点、成品粮批发市场、放心粮店、粮油平价店等为基础，同时从商场、超市、便利店、粮油经销店，尤其是政府扶持的城市便民菜场、社区菜店、"万村千乡市场工程"连锁店、大众主食厨房等网点中择优选定。按应急标准改造一批网点，配备相应的设施装备，提升粮油应急供应能力，并且明确突发事件发生时承担粮食供应的责任和义务。平时按市场化自主经营、自负盈亏，履行承诺，维护信誉，应急状态时作为政府救灾应急和调控的载体。

根据自然灾害、事故灾难、公共卫生事件、社会安全事件等不同类型突发事件的特点，有针对性地加强粮食应急供应体系建设，促进储存、加工、运输、供应等各环节的有效衔接，促进应急供应网络与现有储备体系有效配套、衔接，组织应急演练培训。按规定要求建立和充实成品粮油应急储备，确保随时投放市场，保证应急需要。全国大中城市成品粮油应急储备规模应满足15天以上的口粮消费需要。对自然灾害多发地区、人口密度小的西部地区，设立必要的临时供应点，确保应急状态下的粮食应急供应需要。

第二节　提高粮油应急配送能力

制定粮油配送中心规范和改造建设规程，以现有成品粮油批发市场、配送中心、国有粮食购销企业（储备库）、骨干应急加工企业等为依托，整合资源，改造建设一批区域性骨干粮油应急配送中心、成品粮批发市场，提高突发事件发生时粮油的应急供给、调运、配送能力。大力推进主食产业化，增强突发事件情况下的加工保供能力，提高即食食品的生产能力和供应的及时性。

鼓励流通企业建立城乡一体化的配送网络，加强城际配送、城市配送、社区配送、农村配送的有效衔接。建立各类突发事件条件下粮油及食品运输配送的应急预案，以及装备征用调度能力，完善跨区域粮油应急储运协调机制，建立健全应急物流体系，提高复杂条件下粮油应急运输协同保障的能力。探索建设陆空水三位一体的粮油及食品应急配送投放保障体系，进一步增强各类自然灾害、群体性事件、国防安全等情况下的应急供应能力。

第三节　增强粮油应急加工能力

依托骨干企业建立应急粮油生产加工能力储备，现有粮食应急加工企业不足的，适当增建部分应急加工企业，确保应急加工能力与应急供应需求相适应。优先选择国有粮油加工企业、地方骨干粮油加工企业，特别是具备小包装粮油生产能力的企业，承担应急粮油及食品的加工能力储备任务。支持一批企业围绕提升应急加工能力进行技术改造。改善粮油应急加工骨干企业成品粮仓储条件，完善应急设施设备，推广应用低温储存技术，提升粮油应急加工企业仓储和配送能力。鼓励有条件的地区积极发展储存、加工、运输、配送一体化的粮油应急示范企业。

第五章 保障粮油质量安全

加强粮油质量安全检验监测体系、"放心粮油"供应销售网络平台和质量安全管理体系、流通追溯体系建设，完善粮油质量安全标准体系，提升粮食质量安全应急处置能力，确保粮油全产业链质量安全。

第一节 完善粮油质量安全检验监测体系

加强粮食质量检验监测能力建设。继续实施《全国粮食质量安全检验监测能力"十二五"建设规划》，充分利用现有检验资源，分类配备粮油检验仪器设备，全面实现粮油理化品质、安全卫生、添加剂和非法添加物、转基因等检验监测能力，粮食检验监测技术水平显著提高。依托现有粮食检验监测机构，建设一批国家粮食质量安全检验监测机构；依托现有大中型粮食企业、成品粮批发市场的检验资源，建设一批粮食质量安全风险监测网点。完善粮油标准体系，建设一批粮油标准研究验证测试中心和粮油标准验证站，逐步形成粮油标准研究验证和后评估体系。

第二节 发展"放心粮油"销售网络

按照全面建成小康社会的进程，到2020年力争80%以上的社区、乡村建成"放心粮油"示范店，引导和带动全社会粮油供应质量的提高，保障广大人民群众粮油消费的质量安全。根据城乡居民粮油消费安全的要求，制订"放心粮油"店的行业标准。从现有各类零售网点中择优选定一批"放心粮油"示范店和经销点，按标准进行规范化改造，并授予"放心粮油"店的标牌。坚持市场化原则，推动建立为示范店供货的规范的粮油加工、配送渠道，并加强对流通各环节的监管，加大产品质量安全检验监测力度，建立和完善"放心粮油"食品安全、索票索证、诚信档案等经营管理制度，为全面提升城乡居民粮油产品消费质量安全水平打好基础。

第三节 建立粮油流通质量安全追溯体系

采用物联网、快速检验等技术，开发和配置相应的设施设备，以覆盖收购、储存、加工、销售等各环节的粮油流通质量安全追溯平台及其子系统为支撑，制订粮油及产品流通质量安全追溯体系规程行业标准，构建与国家农产品质量安全追溯管理信息平台相衔接的粮油流通质量安全追溯体系，提高粮油流通质量安全保障能力。结合应急供应体系和成品粮批发市场等建设，基本实现"放心粮油"网点质量安全追溯全覆盖。建设一批粮油流通质量安全追溯点，实现来源可追溯，去向可查证，信息可查询，责任可追究。充分发挥国家粮食质量检验监测机构作用，实现对粮油收购、储藏、加工、销售等环节的粮油质量检验监测，从源头上确保各环节粮油质量安全。加强粮食企业诚信体系、信息征集、评价体系建设，所有粮食企业建立征信记录，褒扬诚信，惩戒失信，通过社会约束，规范粮食企业经营行为。

第四节 提升粮油质量安全应急处置能力

制订污染粮食干预性收购制度和粮食质量安全应急预案，建立产销区联动追溯机制，健全组织机构和应急处置体系。按照食品安全由地方政府负总责的原则，由省级人民政府组织污染粮食的收购和处置工作。提升污染粮食处置能力和粮食质量安全应急处置能力，推进污染粮食无害化处理和合理利用技术研究与应用。

第六章 强化粮情监测预警

整合现有粮食信息资源，强化信息基础设施和安全保障能力建设，建成包括信息采集、警情分析、信息发布的粮情监测预警体系，建立和完善库存粮食识别代码制度，推进"智慧粮食"建设，增强国家调控市场的前瞻性、针对性和有效性。

第一节 建设粮情信息采集平台

完善粮情信息采集平台。依托国家统一的电子政务网络等基础设施，整合行业现有网络资源，加快信息基础设施建设，实现国家、省、市、县的信息采集点互联互通，建立国家粮情信息采集体系。实现信息在线填报、审核、汇总，规范粮情信息采集内容，完善粮食市场统计监测体系，优化粮情市场监测网点布局，加强对重点粮食品种、重点时段、重点环节和重点地区的监测。

建立部门信息协作机制。加强与发展改革、财政、农业、统计、交通运输、海关、科技、商务、气象、农发行等部门信息系统的衔接，构建涵盖种植、收购、储藏、运输、加工、消费、贸易、质量、政策等综合信息，促进信息公开，实现信息互通，资源共享。

第二节　构建粮情监测预警分析系统

加强国内外粮食市场形势分析　以粮食供需和市场价格监测为重点，加强动态信息监测和数据深入挖掘，建立以主要粮食品种为核心的国内国际粮食市场信息监测预测体系。科学分析粮油供求形势，开展中长期供求趋势预测工作，为宏观调控提供决策依据。跟踪国际市场变化，重点强化世界农产品产量、贸易量、消费量、库存量、气象、现货、期货价格等信息采集分析能力，增强国际粮食市场话语权。

健全警情层级评估确认机制　研究建立粮情预警模型，实现短期、中期和长期相结合，常规、热点与应急监测互补，国内和国际市场监测兼顾，增强监测预警的灵敏性、前瞻性和权威性。建立主要粮食品种专家会商机制，积极探索建立粮食价格指数，综合应用模型和专家分析系统，提高粮情监测预警分析能力。

第三节　推进核心业务信息系统建设

加快推进全国粮食行业信息化建设　实施大力推进粮食行业信息化发展的指导意见，构建涵盖粮食基础信息、管理业务信息与流通信息的国家粮食安全数据资源，提升粮食信息资源开发利用和服务能力。加强粮食收购、储存等监督检查，按照分级负责原则，推进各级储备粮及商品粮的粮食库存动态监管信息系统应用，注重与现有体系衔接，建立库存粮食标识制度，实现库存实物信息化管理。推进粮食应急保供信息化管理，实现相关部门在应急指挥、储备调节、应急供应保障、公共信息发布等方面的业务协同。

第四节　提升行业信息服务水平

构筑全方位多层次的粮食信息发布渠道，满足生产者、消费者、流通企业及管理部门需求，涵盖粮食政策、市场价格、质量、供需等多层次的粮食信息产品，促进行业信息消费。合理运用专业化粮食报刊、广播、电视、网站等新闻媒体，定期发布相关信息，正确引导市场预期，提升行业信息服务的影响力、权威性和覆盖面。

第七章　促进粮食节约减损

深入推进节粮减损示范工程和专项行动，继续扩大农户科学储粮专项实施范围，大力推进粮油适度加工和副产物高效利用，形成政府主导、企业实施、全民参与的全社会节粮减损行动长效机制。

第一节　进一步减少农户储粮损失

加大农户科学储粮专项实施力度，扩大实施规模和范围，加快推进农户科学储粮专项建设。适应农业规模化经营的发展需要，大力支持种粮大户、家庭农场和专业合作组织等建设粮食烘干、储存设施设备，在试点基础上推广适合其规模化储存的小型钢板仓等及配套设备。加强农户科学储粮技术服务体系建设，加大绿色环保储粮新技术、新装具的研发推广应用。继续做好《"十二五"农户科学储粮专项建设规划》的落实工作，鼓励各地采取多种措施，协助农户建设粮食储存设施。

第二节　推进粮食储运减损

通过加强粮油仓储设施建设，消除露天存粮和"危仓老库"，推广绿色、高效、实用的仓储新技术，改善粮食储存设施条件，完成建设粮油仓储设施规划任务，明显降低粮食收储环节的损失。通过加强散粮运输、装卸设备及物流信息技术推广应用，加快推进粮食"四散化"，减少粮食运输环节的损失。

第三节　加强粮油加工节粮减损

引导企业成品粮适度加工，鼓励开发全谷物等营养健康食品，明显提高成品粮出品率。加快完善产业政策，促进产业结构调整转型升级，建立科学合理可持续的加工产能规模。淘汰一批工艺落后、食品安全和环保不达标、物耗能耗高的落后产能。加强粮油加工企业节粮减损技术改造，推广节粮节能降耗工艺技术和设备，明显提高大米、小麦粉、食用植物油出品率。

支持大型加工企业加强米糠、稻壳、碎米、玉米胚、麦胚等副产物高效利用，构建全产业链经营模式，形成一批技术含量高、综合利用全、带动能力强的现代粮油加工示范基地或集聚区，明显提升副产物综合利用率，其中米糠综合利用率争取达到近50%。

第四节　促进粮油科学健康消费

强化粮油科学消费引导。充分利用世界粮食日暨全国爱粮节粮宣传周、粮食科技活动周等平台和社会媒体，深入开展形式多样的爱粮节粮、反对浪费宣传教育活动，广泛普及全民粮油营养健康科学消费知识，组织开展爱粮节粮先进单位和示范家庭创建活动，以及粮食产后损失浪费调查，提高全社会爱粮节粮意识，并建立长效机制。

建立爱粮节粮减损教育示范基地。依托现有粮食仓储、物流、加工大型龙头企业、粮食科研检测机构和高等院校，加快建设一批国家节粮减损宣传教育示范基地。面向学校和社会公众，科学设计爱粮节粮、营养健康、质量安全等互动体验活动，开发制作专题科普宣传片、宣传册以及模型等，搭建爱粮节粮科普资源信息平台，提升节粮减损宣传活动的保障能力。

第八章 投资来源及效益分析

中央和地方政府给予投资及政策扶持，充分发挥企业和社会力量等多元主体作用，建立稳定的投资长效机制，扎实推进"粮安工程"建设。

第一节 投资来源

发挥政府投资引导作用，把粮食仓储设施等建设列为公共财政投入的重点领域之一，根据中央和地方事权划分和支出责任分别落实。确需中央投资支持的，结合中央投资安排的重点和原则统筹考虑，优先支持粮食主产区粮食仓储设施及跨区域粮食现代物流等重大项目。

按照粮食安全省长责任制要求和"粮安工程"的建设需要，地方财政给予必要的支持。积极盘活粮食企业现有的土地和区位优势等存量资源，筹集更多的建设资金。

充分发挥市场配置资源的决定性作用，有效利用社会资源，大力推广政府和社会资本合作（PPP）模式，能通过市场化解决的，要更多地吸引社会资本投入。放宽和合理引导市场多元主体投资经营领域，逐步建立"负面清单"发布制度，各类市场主体可依法平等进入清单之外投资领域。

第二节 经济和社会效益分析

实施本规划将产生巨大的经济效益、社会效益和生态效益。

经济效益：将有效减少粮食产后损失浪费，明显提升粮食流通效率和降低粮食流通成本，增加粮食产业综合效益，到2020年预期每年可减少粮食产后损失1 300万吨以上，相当于每年开发了3 700多万亩的无形良田，每年粮食流通环节损失浪费将减少40%以上，可实现直接经济效益300亿元以上。通过绿色储粮、现代物流和新型设备的应用，有效提高粮食品质，明显降低粮食储存物流成本，可带来巨大的经济效益。

社会效益：规划实施将显著增强粮食收储能力，极大方便农民售粮，直接增加种粮农民收入。通过国家提价托市政策性粮食收购，帮助广大受灾农户采取相应措施使受灾粮食提等进级等，可促进粮农每年增收300亿元左右。规划实施将全面增强粮油食品安全监管能力，从源头大幅提升粮食质量安全保障水平，

明显提高城乡居民食品消费的营养健康水平，对维护人民群众身体健康和生命安全具有重要意义。规划实施将明显增强粮食宏观调控的预见性和时效性，提高粮食市场抗风险能力，将国际粮食市场波动影响基本控制在可控范围之内，有利于基本稳定宏观经济增长预期和物价总水平。规划投资重点主要集中在仓储物流基础设施、质量检验检测、信息监测及预警等建设项目，在一定程度上还可以拉动钢材、水泥、建筑、运输等传统行业生产，加快新材料、相关装备制造、节能环保等产业发展，促进信息消费，拉动国内有效需求，促进经济增长，推动经济结构转型升级。

生态效益：规划实施将明显减少粮食产后损失浪费，节约大量耕地、水资源和能源，按照每年节粮1 300万吨计算，相当于每年可节水100亿吨，节能468万吨标准煤，相应减少二氧化碳排放1 220万吨，还可有效缓解农药、化肥大量施用对地下水、土壤等造成的环境污染。粮食消费环节浪费减少，还将明显减少城市垃圾填埋场的食物腐烂及交通工具运输过程中造成的温室气体排放量，具有显著的生态效益，为建设生态文明做出贡献。

第三节 环境影响评价

实施本规划，通过绿色储粮、节能环保新技术的应用和推广，明显带动粮食流通各环节的节能减排，也具有一定的环境效益。项目建设和运营中，会产生固体废料、粉尘、噪音及少量污水及废气排放，但通过加强管理，采取有效控制措施、动态监测等，能够使污水、粉尘及噪音排放控制在国家规定的标准范围内；通过气调储粮、生物防治虫害等绿色储粮技术代替磷化氢熏蒸杀虫技术，减少有害气体排放。因此，实施本规划，总体上不会造成环境污染，并能有效促进环境友好型、资源节约型社会发展。

第九章 政策措施与组织保障

加强粮食收储供应安全保障能力建设任务艰巨，必须从我国国情和粮食流通产业发展实际出发，突出重点，加大投入力度，建立长效机制，强化措施，综合施策，为"粮安工程"提供有力保障。

第一节 强化粮食安全责任

强化粮食安全责任，全面落实粮食安全省长责任制。按照中央与地方粮食事权划分，健全"粮安工程"建设全面负责制，将省级政府负责区域内粮食收储供应安全建设任务纳入粮食安全省长责任制，切实守住本地区粮食流通工作的底线，加强本地区粮食储

备能力、流通能力建设，加快推进现代粮食流通产业发展，健全粮食收购、储备、仓储物流和供应体系，加快构建粮食质量安全治理体系，确保本地区不出现农民卖粮难，粮食供应不断档，建立有效的监督检查和绩效考核机制，强化地方各级政府粮食收储供应安全保障责任。

第二节 深化改革创新

全面深化粮食流通领域改革，以改革创新的思路推进"粮安工程"建设。统筹兼顾国内国际粮食供求变化，研究建立现代粮食储备体系，调整确定合理的储备规模和储备调节机制。改进完善投融资机制，建立"政府引导、市场运作、多方参与"的投资方式。推进国有粮食购销企业兼并重组，按照"一县一企、一企多点"模式，促进资产优化组合。鼓励国有粮食企业与民营粮食企业的融合，形成混合所有制新型市场主体。培育一批跨粮食产销区的大型粮食企业，积极参与国际粮食市场竞争，增强国际话语权和影响力。

第三节 发挥财政性资金的支持和带动作用

粮食仓储设施建设为农业基础设施投资重要组成部分，要在政府主导下，充分调动多方面积极性，加大投资力度。建立中央财政投入机制，特别是要加大对粮食主产区及中西部财力薄弱地区的投资支持力度。地方财政要支持粮食流通设施建设。积极引导社会资本进入粮食流通领域，加快推进"粮安工程"建设。

第四节 落实信贷、税收等优惠政策

加快改革步伐，创新支持政策，对纳入"粮安工程"规划范围建设的粮食流通基础设施，落实信贷、税收等优惠政策，支持企业退城进郊，合理布局。切实发挥政策性银行的作用，鼓励其在国家批准的业务范围内加大对"粮安工程"建设的信贷支持力度；加大商业性银行支持力度，积极引导社会资本投入。

第五节 加强协调指导

加强规划的实施领导和统筹协调，强化部门分工协作机制，发展改革委、财政部负责规划实施的综合协调和宏观指导，粮食局具体负责实施"粮安工程"，科技部、工业和信息化部、交通运输部、商务部、质检总局、食品药品监管总局、铁路局、农业部等有关部门在各自职责范围内配合做好有关工作。各省级粮食行政管理部门在省级人民政府统一领导下，作为建设项目实施和责任主体，依据本规划确定的任务，会同有关部门制定本区域的实施规划并组织实施。中储粮总公司等中央粮食企业要在总体规划指导下，制订本企业实施方案，加强协调，避免重复建设。

第六节 改革项目管理方式

简化项目审批程序，下放审批和管理权限。涉及申请中央预算内投资补助和贴息的粮食流通基础设施建设项目，按照《中央预算内投资补助和贴息管理办法》（发展改革委 2013 年第 3 号令）等相关要求办理。严格按照有关规定履行建设程序，落实项目法人责任制、招投标管理制、工程监理制和项目合同制，强化项目运行情况的跟踪管理，严格落实建设主体责任，确保建设项目取得实效。

第七节 建立考核评估机制

加强规划考核评估，建立动态的评估机制，发展改革委、财政部、粮食局会同有关部门对规划实施情况进行督促检查，开展中期评估，不断调整和优化规划实施方案和保障措施，促进规划工程建设目标和任务顺利实施。

关于大力推进农产品加工科技创新与推广工作的通知

（农业部 农加发〔2015〕2 号 2015 年 3 月 26 日）

各省、自治区、直辖市及新疆生产建设兵团农产品加工业管理部门：

为深入贯彻党的十八大和十八届三中、四中全会精神，认真落实《中共中央国务院关于深化体制机制改革加快实施创新驱动发展战略的若干意见》和中央1号文件部署要求，推动农产品加工业转型升级发展，现就大力推进农产品加工科技创新与推广工作通知如下。

一、充分认识农产品加工科技创新的重大意义

实施创新驱动发展战略是党中央作出的重大战略部署，习近平总书记指出"实施创新驱动发展战略，最根本的是要增强自主创新能力，最紧迫的是要破除体制机制障碍，最大限度地解放和激发科技作为第一生产力所蕴藏的巨大潜能。"当前，我国农产品加工业正从快速增长阶段向质量提升和平稳发展阶段转变，加快实施创新驱动发展战略，是新常态下发展农产品加工业的必然选择，对增强市场竞争力、推动产业转型发展、保障食物安全和有效供给具有重要意义和积极作用。但是我国农产品加工科技创新能力总体不高，科技资源配置不合理、人才队伍素质不高、体制机制不活、科技成果转化率低等仍然是制约科技进步的关键问题。各级农产品加工业管理部门要把思想统一到中央的决策部署上来，牢固树立科技是第一生产力、人才是第一资本、创新是第一竞争力的理念，紧紧抓住国家实施创新驱动发展战略的重大机遇，以农产品加工业科技创新与推广为核心，促进科技创新与经济发展紧密结合，不断激发科技创新主体的积极性和主动性，力争在重大关键技术装备创新推广转化上取得新突破，在体制机制创新和人才队伍建设上取得新进展，在自主创新能力建设上取得新提升，为推动农产品加工业持续稳定健康发展提供坚强的科技和人才支撑。

二、不断增强农产品加工重大共性关键技术创新能力

加强重大共性关键技术创新，是提升我国农产品加工业整体发展水平的有效途径。要紧紧把握国家科技体制改革的重大机遇，坚持问题导向，瞄准国际前沿和行业重大共性关键问题，积极争取国家重大创新项目，按照全链条设计、一体化推进，统筹各环节之间、产业链上下游之间协同互动创新，在精深加工、副产物综合利用及节能减排等基础理论和重大共性技术装备上实现重大突破。加强企业技术需求征集，组织科研单位、大专院校与企业协同攻关，提高科技创新的针对性和时效性。进一步强化企业创新主体地位，全面落实企业技术开发费用所得税前扣除、技术改造国产设备投资抵免所得税和企业技术创新、引进、推广资金等扶持政策，鼓励企业增加创新投入，激发企业创新活力，在科技创新基础上，全面推进管理创新、产品创新和市场模式创新。坚持引进来与走出去相结合，用好国际国内两种创新资源、两个科技

市场，加强国外先进技术引进吸收消化再创新，不断提高自主创新能力。

三、加快提升农产品产地初加工技术装备水平

农产品初加工是现代农业的重要内容，是农产品加工业的关键环节。加强初加工技术创新，有利于农产品产后减损、提质增效和质量安全。要加强粮食、果蔬等大宗农产品烘干贮藏保鲜共性关键技术创新和推广，开发新型农产品初加工设施装备，不断降低农产品产后损失水平。要以实施农产品产地初加工补助政策为重点，充分利用农机购置补贴等强农惠农富农政策，加强农产品分级、清洗、打蜡、包装、贮藏、运输等环节技术、工艺和设施集成配套，实现"一库多用、一窖多用、一房多用"目标。加强适用技术先行先试，熟化推广一批特色农产品加工技术，提高特色农产品加工水平。

四、积极引导传统食品和主食加工技术传承创新

传统食品是中华民族智慧的结晶，是中华饮食文化的物质载体。要以深入开展主食加工业提升行动为切入点，坚持传承和保护相结合，创新和发展相结合，以开发营养、安全、美味、健康、便捷、实惠的传统食品为目标，研发推广一批先进技术装备，推进传统食品和主食加工标准化规模化生产。要加强农产品营养健康等多功能开发，赋予传统食品和主食新的功能，开发适应不同消费群体、不同消费需求的产品，不断提高传统食品和主食的市场占有率。要积极引导传统食品和主食加工企业加强技术改造和产业升级，培育一批创新驱动型品牌企业。

五、大力促进农产品加工科技成果转化推广应用

科技成果推广是科技向生产力转化的关键环节，是培育新产业、新业态和新主体的有效途径。要坚持成熟技术筛选、技术配套集成与推广一体化设计、产业化推进，开展成熟技术筛选推广，发布行业重大科技成果，培育科企合作先进典型，引导科研更好地为产业服务。要加强科技成果推广转化平台建设，在办好全国农产品加工科技创新与推广活动和区域性科企对接活动基础上，加快推进互联网与科技成果转化结合，探索建立线上线下紧密结合的科技成果转化电子

商务平台，集中展示最新技术、工艺、装备和产品，为科研单位和加工企业更广泛对接创造良好的条件，有条件的地区要积极建立农产品加工科技成果转化交易中心。全面落实国家科技成果转化扶持政策，完善科技成果转化和收益分配机制，不断激发和调动企业、科研院校的创新积极性，推动科技成果高效转化应用。

六、努力推进标准化进程和品牌培育

质量是企业的生命，品牌是企业信誉和综合实力的凝结。推进农产品加工业转型升级发展，必须要加强质量、标准和品牌建设。进一步完善农产品加工标准体系，要坚持科技创新与标准化建设相结合，同步推进科技创新、标准研制和产业发展，加强农产品初加工、精深加工和综合利用标准的制修订，更好地发挥标准促进产业发展的重要作用。进一步强化企业在标准创制应用中的重要地位，支持企业参与重要技术标准研制，鼓励企业采用先进标准，把标准化管理贯彻到生产经营的全过程，以标准促进企业管理水平提升。要积极实施农产品加工品牌战略，更好地发挥农产品加工品牌对提升市场竞争力、引领消费导向和农业增效农民增收的重要支撑作用。要按照标准化生产、产业化经营、品牌化营销原则，坚持"产""管"并举，加快培育一批特色突出、类型多样、核心竞争力强、影响范围广的农产品加工品牌，带动农产品加工产业链、价值链、供给链全面提升。要加强农产品加工品牌推广，建立健全品牌保护机制，加大监管、保护和宣传、推介力度，挖掘利用好地方的历史、文化、旅游等资源，把地方特色文化注入品牌建设中，提升品牌的文化品位，扩大农产品加工品牌影响力和传播力，提高品牌市场占有率。

七、继续完善农产品加工科技创新体系

农产品加工科技创新体系是实施科技创新驱动发展战略的重要支撑，是推进科技创新与转化应用的主体力量。进一步加强国家农产品加工技术研发体系建设，吸纳更多的创新主体和力量，实现跨部门、跨领域、跨专业、跨行业的大联合、大协作、大创新。要加强重大关键技术难题攻关，聚焦重点加工领域和核心环节，组织开展具有战略性、前瞻性和基础性研究，大力促进原始创新、集成创新、引进消化吸收再创新。要进一步完善科企合作机制，整合研发体系内企业、科研单位和大专院校优势，构建开放共享互动的创新平台，建立企业主导、产学研一体的技术创新推广联盟，促进科技创新和成果转化同步推进。进一步加强技术集成基地建设，加大资金投入，完善基础设施条件，努力把技术集成基地建成新技术、新产品、新工艺的孵化器。加强地方农产品加工科技创新体系建设，加强政策支持和项目扶持，组织开展技术推广服务，推进科研单位与加工企业合作，加快培育一批科技创新小巨人。

八、进一步加强农产品加工创新人才队伍建设

人才是创新的关键，是实施国家创新驱动发展战略，推动大众创业、万众创新的重要保障。要牢固树立人才是第一创新要素理念，坚持创新与人才培养同步推进，通过科技创新活动凝聚人才和培养人才。要进一步完善竞争激励机制，健全人才评价制度，最大限度地激发广大科技人员的创造精神和创新热情，加快培育一批科技创新人才。要重视企业家队伍建设，特别要加强中小微加工企业和西部地区企业经营管理者培训，强化责任意识、诚信意识和创新意识培养，提高经营管理能力和创新创业能力。加强职业技能人才队伍建设，围绕农产品加工各领域、各环节，通过校企合作等方式，加快培养一批技术骨干和生产能手。加强各级农产品加工业管理部门人员政策理论和业务知识培训，提高指导工作和服务发展的能力。

关于做好 2015 年粮食质量安全重点工作的通知

（国家粮食局　国粮发［2015］54号　2015年4月10日）

各省、自治区、直辖市及新疆生产建设兵团粮食局：

为贯彻落实《国务院关于建立健全粮食安全省长

责任制的若干意见》(国发〔2014〕69号)和《国务院办公厅关于印发 2015 年食品安全重点工作安排的通知》(国办发〔2015〕10号)关于强化粮食质量安全治理和食品安全监管工作的要求与部署,现就 2015 年粮食质量安全重点工作作出如下安排:

一、加强能力建设,提升治理水平

(一)完善和加强粮食质量安全监管监测体系建设 按照"加强基层粮食质量安全监管,强化县乡两级监管责任"和"建立重心下移、保障下倾的工作机制"的原则,进一步加强基层监管力量,加快推进质量安全监管体系建设,明确职责,健全机构,落实人员,细化责任,充实设备,确保基层监管工作有人抓、有人管、有人负责。

(二)强化质量安全属地管理责任 切实把保障粮食质量安全作为民生大事来抓,研究提出落实粮食质量安全保障机制方案,主动汇报与呼吁,着力解决基层粮食质量安全监管人员少、监管职责不清、监管执法设备陈旧落后、监管经费不足等问题。采取各种有效措施,保持并强化技术支撑体系,确保粮食部门有足够的检验资源和力量,履行相关法定职责。

(三)提升检验机构的检验监测能力 对照《粮食质量安全检验监测能力"十二五"建设规划》确定的建设目标和任务,加强对建设投资项目,尤其是实验室面积、检验能力达标的监督检查,以确保规划项目达到预期目的并发挥效益。加强资金管理,中央预算内资金要专款专用,不得挪作他用。严格招投标管理,按期完成年度粮油检验技术装备建设计划。对地方配套资金未落实或落实不到位的单位,要积极与有关部门沟通协调,争取支持,足额落实地方配套资金。对已完成规划项目建设任务的单位,省级粮食部门要按照规范程序,尽快安排项目验收。

(四)提升检验人员技术水平和业务能力 认真落实党中央、国务院关于加强粮食质量安全和食品安全的要求与部署,全面加强本省(区、市)从事粮食质量检验人员的技术与政策培训,分层次、分项目做好培训工作,要做到培训有内容、有考核,参培人员有收获、有提升,切实达到增强责任意识、忧患意识、大局意识,增强依法行政能力和依规检验能力的目的。

(五)强化风险管控能力 建立粮食质量安全舆情监测制度和信息发布制度,妥善做好突发事件和敏感问题舆情应对,在省级人民政府或食品安全主管部门的统一领导下,主动回应社会关切。建立信息通报机制和国有粮食企业质量安全情况报告制度,加强风险管控,构建资源共享、统一高效的粮食质量安全信息平台。逐步建设覆盖全省(区、市)的监管网络。加强粮食质量安全事故(事件)应急能力建设,开展应急演练,健全快速反应机制,确保一旦发生事故能够早发现、早报告、早处置,将危害和影响控制到最低程度和最小范围。

二、健全保障体系,确保舌尖安全

(六)做好监测预警 认真落实《2015 年国家食品安全风险监测计划》,加大主要粮食品种的质量安全监测预警力度,增加省级监测样品数量,强化样品代表性和监测工作时效性,加强风险交流和情况通报,严防发生区域性、系统性粮食质量安全风险。继续做好新收获粮食常规质量、内在品质的质量会检及质量调查与品质测报工作,加强检验结果分析利用,丰富信息发布方式,更好地服务粮食生产者、经营者和消费者。

(七)扎实开展质量抽查 加大库存粮食质量安全抽查力度,受国家粮食行政管理部门委托开展辖区内中央储备粮油的质量安全专项抽查。要创新抽查方式,突出抽查效果。按照有关要求,积极开展 2015 年最低收购价稻谷重金属检测工作。建立健全重金属、真菌毒素和农药残留超标粮食处置地方监管责任制,切实做好处置监管工作,保障人民群众"舌尖上的安全"。

(八)完善过程监管制度 进一步落实粮食出入库质量检验制度、索证索票制度、库存粮食质量安全检查制度,守住国有粮食企业收购、储存和出库三个重点环节,捍卫质量安全底线。存在质量安全隐患的地区,要突出收购前质量检验,推进主要食品安全指标先检测后入仓试点工作,积累经验。粮食调入地区,要有针对性地开展食品安全性指标检验,严把质量关。建立完善质量档案制度。积极采用保障粮食质量的储粮新技术。强化粮食销售出库质量检验制度,优化出库监管模式,督促做好不符合食品安全标准库存粮食的处置和监管工作,严防流入口粮市场。

(九)建立超标粮食处置长效机制 积极协调有关部门,依照职责分工,加强对农药残留、真菌毒素、重金属超标粮食的管控。研究建立超标粮食处置长效机制和具体处置办法,切实做到既防止超标粮食流入口粮市场,又能充分合理利用粮食资源,从源头保障国家粮食安全和食品安全。

(十)推进质量追溯体系建设试点 积极推动粮食标识制度和质量追溯体系建设。以粮食库存识别代码为技术载体,开展以覆盖收储、加工、终端销售等各环节企业为链条的粮食质量安全追溯体系试点工作。按照国家粮食局统一部署，依托国家粮食质量监测中心，开展省级质量追溯平台建设试点工作。

（十一）切实发挥机构效用　组织开展国家粮食质量监测机构运行情况"回头看"工作，对照国家粮食质量监测机构职责与义务要求以及应具备的条件，逐项检查履职尽责、仪器设备配备与使用、检验工作质量控制等运行情况，加强对监测机构的人员管理。要统筹合理安排国家粮食质量监测中心与监测站检验任务，全面发挥各监测机构的作用。要及时总结先进经验，积极拓展监测机构主营业务。落实挂牌机构定期监督评审制度和准入退出制度。

（十二）组织编制"十三五"规划　发挥粮食行业质量管理与检验监测方面专家作用，科学编制"十三五"粮食质量安全监管体系和检验监测体系能力建设规划，加强基层装备配备标准化建设，加速提升急需、薄弱环节的地市级粮食检验监测能力。

三、着力制度建设，强化责任意识

（十三）落实粮食经营企业主体责任　督促粮食经营企业完善质量安全生产经营者责任制，强化粮食质量安全主要负责人首负责任，以及粮食质量安全授权人员、管理人员、从业人员岗位责任为主要内容的主体责任制度建设。强化企业质量安全主体责任追究，推进处罚结果公开。

（十四）推进信用体系建设　加快推进质量安全诚信体系建设，进一步完善企业信用记录和从业人员信用档案。依托国家粮食局动态信息系统和"智慧粮食"等信息平台，逐步建立粮食企业质量安全信用分类分级标准，实施分类监管。

（十五）加强宣传引导　深入开展粮食质量安全及相关食品安全等方面政策解读。着力宣传粮食安全省长责任制、粮食质量安全属地管理责任。认真做好"食品安全宣传周"活动。

四、加强基础研究，完善粮食标准

（十六）提高基础研究能力　结合"科技兴粮""人才兴粮"战略，积极争取有关部门支持，加大基础研究投入力度，针对当前粮食质量安全工作亟须解决的热点、难点问题开展集中攻关。加强粮油标准研究验证测试机构的指导，提升粮油标准研究验证能力，充实标准基础数据。

（十七）进一步完善粮油标准体系　配合"粮安工程"、"节粮减损"、"适度加工"和发展木本油料等工作，做好涉及国计民生和行业急需的标准制修订工作。加强与有关部门合作，重点抓好重要产品、检测方法、良好质量管理规范等重要粮油标准的制修订工作。组织做好粮食行业特色地方标准制定工作。指导粮食企业制定企业标准，提升企业竞争能力。

（十八）积极参与国际标准化工作　积极组织相关科研、检验机构和各类企业，实质性参与国际标准化工作，充分利用国际标准化资源平台，在粮食国际标准制修订工作中主导方向，更好地利用国内国际两个市场。

五、加强组织保障，狠抓责任落实

（十九）强化考核评价　完善粮食质量安全工作的考核办法。逐步建立健全逐级考评制度，确保各项任务落实到位。强化考评结果运用，积极协调相关部门，将粮食质量安全监管工作纳入政府绩效考核、党政领导干部政绩考核等考核评价体系。

（二十）加强督促检查　加强各项粮食质量安全重点工作落实情况的督促检查，确保各项工作部署及时落实到位。对工作不落实、不作为的工作人员，要严肃追究失职渎职责任。国家粮食局将适时开展督促检查。

中药材保护和发展规划

（国务院　国办发〔2015〕27号　2015年4月14日）

中药材是中医药事业传承和发展的物质基础，是关系国计民生的战略性资源。保护和发展中药材，对于深化医药卫生体制改革、提高人民健康水平，对于发展战略性新兴产业、增加农民收入、促进生态文明建设，具有十分重要的意义。为加强中药材保护、促进中药产业科学发展，按照国务院决策部署，制定本规划。

一、发展形势

（一）中药材保护和发展具有扎实基础

党和国家一贯重视中药材的保护和发展。在各方面的共同努力下，中药材生产研究应用专业队伍初步建立，生产技术不断进步，标准体系逐步完善，市场监管不断加强，50余种濒危野生中药材实现了种植养殖或替代，200余种常用大宗中药材实现了规模化种植养殖，基本满足了中医药临床用药、中药产业和健康服务业快速发展的需要。

（二）中药材保护和发展具备有利条件

随着全民健康意识不断增强，食品药品安全特别是原料质量保障问题受到全社会高度关注，中药材在中医药事业和健康服务业发展中的基础地位更加突出。大力推进生态文明建设及相关配套政策的实施，对中药材资源保护和绿色生产提出了新的更高要求。现代农业技术、生物技术、信息技术的快速发展和应用，为创新中药材生产和流通方式提供了有力的科技支撑。全面深化农村土地制度和集体林权制度改革，为中药材规模化生产、集约化经营创造了更大的发展空间。

（三）中药材保护和发展仍然面临严峻挑战

一方面，由于土地资源减少、生态环境恶化，部分野生中药材资源流失、枯竭，中药材供应短缺的问题日益突出。另一方面，中药材生产技术相对落后，重产量轻质量，滥用化肥、农药、生长调节剂现象较为普遍，导致中药材品质下降，影响中药质量和临床疗效，损害了中医药信誉。此外，中药材生产经营管理较为粗放，供需信息交流不畅，价格起伏幅度过大，也阻碍了中药产业健康发展。

二、指导思想、基本原则和发展目标

（一）指导思想

以邓小平理论、"三个代表"重要思想、科学发展观为指导，深入贯彻党的十八大和十八届二中、三中、四中全会精神，按照"四个全面"战略布局，坚持以发展促保护、以保护谋发展，依靠科技支撑，科学发展中药材种植养殖，保护野生中药材资源，推动生产流通现代化和信息化，努力实现中药材优质安全、供应充足、价格平稳，促进中药产业持续健康发展，满足人民群众日益增长的健康需求。

（二）基本原则

1. 坚持市场主导与政府引导相结合 以市场为导向，整合社会资源，突出企业在中药材保护和发展中的主体作用。发挥政府规划引导、政策激励和组织协调作用，营造规范有序的市场竞争环境。

2. 坚持资源保护与产业发展相结合 大力推动传统技术挖掘、科技创新和转化应用，促进中药材科学种植养殖，切实加强中药材资源保护，减少对野生中药材资源的依赖，实现中药产业持续发展与生态环境保护相协调。

3. 坚持提高产量与提升质量相结合 强化质量优先意识，完善中药材标准体系，提高中药材生产规范化、规模化、产业化水平，确保中药材市场供应和质量。

（三）发展目标

到2020年，中药材资源保护与监测体系基本完善，濒危中药材供需矛盾有效缓解，常用中药材生产稳步发展；中药材科技水平大幅提升，质量持续提高；中药材现代生产流通体系初步建成，产品供应充足，市场价格稳定，中药材保护和发展水平显著提高。

具体指标为：

——中药材资源监测站点和技术信息服务网络覆盖80%以上的县级中药材产区；

——100种《中华人民共和国药典》收载的野生中药材实现种植养殖；

——种植养殖中药材产量年均增长10%；

——中药生产企业使用产地确定的中药材原料比例达到50%，百强中药生产企业主要中药材原料基地化率达到60%；

——流通环节中药材规范化集中仓储率达到70%；

——100种中药材质量标准显著提高；

——全国中药材质量监督抽检覆盖率达到100%。

三、主要任务

（一）实施野生中药材资源保护工程

开展第四次全国中药资源普查 在全国中药资源普查试点工作基础上，开展第四次全国中药资源普查工作，摸清中药资源家底。

建立全国中药资源动态监测网络 建立覆盖全国中药材主要产区的资源监测网络，掌握资源动态变化，及时提供预警信息。

建立中药种质资源保护体系 建设濒危野生药用动植物保护区、药用动植物园、药用动植物种质资源库，保护药用种质资源及生物多样性。

专栏 1 野生中药材资源保护专项

1. 第四次全国中药资源普查 推进31个省（区、市）约1000个县的中药资源普查试点工作，启动并完成第四次全国中药资源普查工作，建立国家、省（区、市）、县（市）三级中药资源普查数据库。

2. 全国中药资源动态监测网络建设 每个省（区、市）建设2~3个中药资源动态监测和信息服务站，逐步在资源集中的市（地）、县（市）建设监测和信息服务站点。

3. 全国中药种质资源保护体系建设 建设濒危野生药用动植物保护区10个，药用动植物园15个，药用动植物种质资源库3个。原生境保护药用物种5000种以上，迁地保护药用物种6500种以上，离体保存药用物种种质7000种、共10万份。

（二）实施优质中药材生产工程

建设濒危稀缺中药材种植养殖基地 重点针对资源紧缺、濒危野生中药材，按照相关物种采种规范，加快人工繁育，降低对野生资源的依赖程度。

建设大宗优质中药材生产基地 建设常用大宗中药材规范化、规模化、产业化基地，鼓励野生抚育和利用山地、林地、荒地、沙漠建设中药材种植养殖生态基地，保障中成药大品种和中药饮片的原料供应。

建设中药材良种繁育基地 推广使用优良品种，推动制订中药材种子种苗标准，在适宜产区开展标准化、规模化、产业化的种子种苗繁育，从源头保证优质中药材生产。

发展中药材产区经济 推进中药材产地初加工标准化、规模化、集约化，鼓励中药生产企业向中药材产地延伸产业链，开展趁鲜切制和精深加工。提高中药材资源综合利用水平，发展中药材绿色循环经济。突出区域特色，打造品牌中药材。

专栏 2 中药材生产基地建设专项

1. 濒危稀缺中药材种植养殖基地建设 建设100种中药材野生抚育、野生变种植养殖基地，重点建设麝香、人参、羚羊角、川贝母、穿山甲、沉香、冬虫夏草、石斛等濒危稀缺中药材基地。

2. 大宗优质中药材生产基地建设 重点建设中药基本药物、中药注射剂、创新中药、特色民族药等方面100种常用中药材规范化、规模化、产业化生产基地；结合国家林下经济示范基地建设、防沙治沙工程和天然林保护工程等，建设50种中药材生态基地。

3. 中药材良种繁育基地建设 选用优良品种，建设50种中药材种子种苗专业化、规模化繁育基地。

4. 中药材产区经济发展 培育150家具有符合《中药材生产质量管理规范（试行）》（GAP）种植基地的中药材产地初加工企业，培育50家中药材产地精深加工企业。

（三）实施中药材技术创新行动

强化中药材基础研究 开展中药材生长发育特性、药效成分形成及其与环境条件的关联性研究，深入分析中药材道地性成因，完善中药材生产的基础理论，指导中药材科学生产。

继承创新传统中药材生产技术 挖掘和继承道地中药材生产和产地加工技术，结合现代农业生物技术创新提升，形成优质中药材标准化生产和产地加工技术规范，加大在适宜地区推广应用的力度。

突破濒危稀缺中药材繁育技术 综合运用传统繁育方法与现代生物技术，突破一批濒危稀缺中药材的繁育瓶颈，支撑濒危稀缺中药材种植养殖基地建设。

发展中药材现代化生产技术 选育优良品种，研发病虫草害绿色防治技术，发展中药材精准作业、生态种植养殖、机械化生产和现代加工等技术，提升中药材现代化生产水平。

促进中药材综合开发利用 充分发挥中药现代化科技产业基地优势，加强协同创新，积极开展中药材功效的科学内涵研究，为开发相关健康产品提供技术支撑。

专栏 3 中药材技术创新重点

1. 中药材基础研究 系统掌握50种中药材生长发育特性和药效成分形成规律，以及环境和投入品使用对中药材产量和品质的影响，形成理论体系。

2. 传统中药材生产技术继承创新 建立100种道地中药材种植养殖和产地加工标准化技术规范。

3. 濒危稀缺中药材繁育技术突破 开发20种濒危稀缺中药材经济适用、品质优良的大规模繁育技术。

4. 中药材现代化生产技术发展 选育100个优良中药材品种，开发50种中药材的病虫草害绿色防治技术，突破人参、三七等中药材的连作障碍，开发50项中药材测土配方施肥、硫黄熏蒸替代、机械化生产加工技术。

（四）实施中药材生产组织创新工程

培育现代中药材生产企业 支持发达地区资本、技术、市场等资源与中药材产区自然禀赋、劳动力等优势有机结合，输入现代生产要素和经营模式，发展中药材产业化生产经营，推动现代中药材生产企业逐步成为市场供应主体。

推进中药材基地共建共享 支持中药生产流通企业、中药材生产企业强强联合，因地制宜，共建跨省（区、市）的集中连片中药材生产基地。

提高中药材生产组织化水平 推动专业大户、家庭农场、合作社发展，实现中药材从分散生产向组织化生产转变。支持中药企业和社会资本积极参与、联合发展，进一步优化组织结构，提高产业化水平。

专栏 4 中药材生产组织创新专项

1. 现代中药材生产企业培育 培育发展 50 家年销售收入超过 1 亿元的现代中药材生产骨干企业，重点扶持 10 家年销售收入超过 5 亿元的现代中药材生产领军企业。

2. 中药材基地共建共享 支持建立 50 个跨省（区、市）的中药材规模化共建共享基地。

（五）构建中药材质量保障体系

提高和完善中药材标准 结合药品标准提高及《中华人民共和国药典》编制工作，规范中药材名称和基原，完善中药材性状、鉴别、检查、含量测定等项目，建立较完善的中药材外源性有害残留物限量标准，健全以药效为核心的中药材质量整体控制模式，提升中药材质量控制水平。

完善中药材生产、经营质量管理规范 修订《中药材生产质量管理规范（试行）》，完善相关配套措施，提升中药材生产质量管理水平。严格实施《药品经营质量管理规范》（GSP），提高中药材经营、仓储、养护、运输等流通环节质量保障水平。

建立覆盖主要中药材品种的全过程追溯体系 建立中药材从种植养殖、加工、收购、储存、运输、销售到使用全过程追溯体系，实现来源可查、去向可追、责任可究。推动中药生产企业使用源头明确的中药材原料。

完善中药材质量检验检测体系 加强药品检验机构人才队伍、设备、设施建设，加大对中药材专业市场经销的中药材、中药生产企业使用的原料中药材、中药饮片的抽样检验力度，鼓励第三方检验检测机构发展。

专栏 5 中药材质量保障体系建设专项

1. 中药材标准提高和完善 制修订 120 种中药材国家标准；完善农药、重金属及有害元素、真菌毒素等安全性检测方法和指标，建立中药材外源性有害物质残留数据库，建立 50 种药食两用中药材的安全性质量控制标准；完成 10 种野生变种植养殖大宗中药材的安全性和质量一致性评价。建设可供社会共享的国家中药材标准信息化管理平台。

2. 中药材全过程追溯体系建设 采用现代信息技术，建立常用大宗中药材的全过程追溯体系。

3. 中药材质量检验检测体系建设 进一步提升现有药品检验机构的中药材检验检测能力，在中药材主要产区和集散地重点支持建设 20 家第三方检验检测机构。

（六）构建中药材生产服务体系

建设生产技术服务网络 发挥农业技术推广体系作用，依托科研机构，构建全国性中药材生产技术服务网络，加强中药材生产先进适用技术转化和推广应用，促进中药材基地建设整体水平提高。

建设生产信息服务平台 建设全国性中药材生产信息采集网络，提供全面、准确、及时的中药材生产信息及趋势预测，促进产需有效衔接，防止生产大起大落和价格暴涨暴跌。

加强中药材供应保障 依托中药生产流通企业和中药材生产企业，完善国家中药材应急储备，确保应对重大灾情、疫情及突发事件的用药需求。

专栏 6 中药材生产服务体系建设专项

1. 中药材生产技术服务网络建设 建设由 1 个国家级中心、50 个区域中心、300 个工作站组成的中药材生产技术服务网络，推进技术共享。

2. 中药材生产信息服务平台建设 建设由 1 000 个信息站点组成的中药材生产信息服务网络。

3. 中药材供应保障 提高国家应急储备能力，建立 100 种常用中药材的国家储备。

（七）构建中药材现代流通体系

完善中药材流通行业规范 完善常用中药材商品规格等级，建立中药材包装、仓储、养护、运输行业标准，为中药材流通健康发展夯实基础。

建设中药材现代物流体系 规划和建设现代化中药材仓储物流中心，配套建设电子商务交易平台及现代物流配送系统，引导产销双方无缝对接，推进中药材流通体系标准化、现代化发展，初步形成从中药材种植养殖到中药材初加工、包装、仓储和运输一体化的现代物流体系。

专栏 7　中药材现代流通体系建设专项

1. 完善中药材流通行业规范　健全 200 种常用中药材商品规格等级，建立包装、仓储、养护、运输行业标准。
2. 现代中药材仓储物流中心建设　在中药材主要产区、专业市场及重要集散地，建设 25 个集初加工、包装、仓储、质量检验、追溯管理、电子商务、现代物流配送于一体的中药材仓储物流中心，开展社会化服务。

四、保障措施

（一）完善相关法律法规制度

推动完善中药材相关法律法规，强化濒危野生中药材资源管理，规范种植养殖中药材的生产和使用。完善药品注册管理制度，中药、天然药物注册应明确中药材原料产地，使用濒危野生中药材的，必须评估其资源保障情况；鼓励原料来源基地化，保障中药材资源可持续利用和中药质量安全。

（二）完善价格形成机制

坚持质量优先、价格合理的原则，建立反映生产经营成本、市场供求关系和资源稀缺程度的中药材价格形成机制，完善药品集中采购评价指标和办法，引导中药生产企业建设优质中药材原料生产基地。

（三）加强行业监管工作

加强中药材质量监管，规范中药材种植养殖种源及过程管理。强化中药材生产投入品管理，严禁滥用农药、化肥、生长调节剂，严厉打击掺杂使假、染色增重等不法行为。维护中药材流通秩序，加大力度查处中药材市场的不正当竞争行为。健全交易管理和质量管理机构，加强中药材专业市场管理，严禁销售假劣中药材，建立长效追责制度。

（四）加大财政金融扶持力度

加大对中药材保护和发展的扶持力度，加强项目绩效评价，充分发挥财政资金的支持作用。将中药材生产和配套基础设施建设纳入中央和地方相关支农政策支持范围。鼓励发展中药材生产保险，构建市场化的中药材生产风险分散和损失补偿机制。鼓励金融机构改善金融服务，在风险可控和商业可持续的前提下，加大对中药材生产的信贷投放，为集仓储、贸易于一体的中药材供应链提供金融服务。

（五）加快专业人才培养

加强基层中药材生产流通从业人员培训，提升业务素质和专业水平。培养一支强有力的中药材资源保护、种植养殖、加工、鉴定技术和信息服务队伍。加强中药材高层次和国际化专业技术人才培养，鼓励科技创业，推动中药材技术创新和成果转化。

（六）发挥行业组织作用

发挥行业组织的桥梁纽带和行业自律作用，宣传贯彻国家法律法规、政策、规划和标准，发布行业信息，推动企业合作，促进市场稳定，按规定开展中药材生产质量管理规范基地、道地中药材基地和物流管理认证。弘扬中医药文化，提高优质中药材的社会认知度，培育中药材知名品牌，推动建立现代中药材生产经营体系和服务网络。

（七）营造良好国际环境

加强与国际社会的沟通交流，做好中药材保护和发展的宣传工作，按照国际公约主动开展和参与濒危动植物、生物多样性保护活动，合法利用药用动植物资源，促进中药材种植养殖。进一步开展国际合作，推动建立多方认可的中药材标准，促进中药材国际贸易便利化，鼓励优势企业"走出去"建立中药材基地。

（八）加强规划组织实施

各地区、各有关部门要充分认识中药材保护和发展的重大意义，加强组织领导，完善协调机制，结合实际抓紧制定具体落实方案，确保本规划顺利实施。

中华人民共和国食品安全法

（第十二届全国人大常委会第十四次会议修订　2015 年 4 月 24 日）

第一章　总　　则

第一条　为了保证食品安全，保障公众身体健康和生命安全，制定本法。

第二条　在中华人民共和国境内从事下列活动，应当遵守本法：

（一）食品生产和加工（以下称食品生产），食品销售和餐饮服务（以下称食品经营）；

（二）食品添加剂的生产经营；

（三）用于食品的包装材料、容器、洗涤剂、消毒剂和用于食品生产经营的工具、设备（以下称食品相关产品）的生产经营；

（四）食品生产经营者使用食品添加剂、食品相关产品；

（五）食品的贮存和运输；

（六）对食品、食品添加剂、食品相关产品的安全管理。

供食用的源于农业的初级产品（以下称食用农产品）的质量安全管理，遵守《中华人民共和国农产品质量安全法》的规定。但是，食用农产品的市场销售、有关质量安全标准的制定、有关安全信息的公布和本法对农业投入品作出规定的，应当遵守本法的规定。

第三条 食品安全工作实行预防为主、风险管理、全程控制、社会共治，建立科学、严格的监督管理制度。

第四条 食品生产经营者对其生产经营食品的安全负责。

食品生产经营者应当依照法律、法规和食品安全标准从事生产经营活动，保证食品安全，诚信自律，对社会和公众负责，接受社会监督，承担社会责任。

第五条 国务院设立食品安全委员会，其职责由国务院规定。

国务院食品药品监督管理部门依照本法和国务院规定的职责，对食品生产经营活动实施监督管理。

国务院卫生行政部门依照本法和国务院规定的职责，组织开展食品安全风险监测和风险评估，会同国务院食品药品监督管理部门制定并公布食品安全国家标准。

国务院其他有关部门依照本法和国务院规定的职责，承担有关食品安全工作。

第六条 县级以上地方人民政府对本行政区域的食品安全监督管理工作负责，统一领导、组织、协调本行政区域的食品安全监督管理工作以及食品安全突发事件应对工作，建立健全食品安全全程监督管理工作机制和信息共享机制。

县级以上地方人民政府依照本法和国务院的规定，确定本级食品药品监督管理、卫生行政部门和其他有关部门的职责。有关部门在各自职责范围内负责本行政区域的食品安全监督管理工作。

县级人民政府食品药品监督管理部门可以在乡镇或者特定区域设立派出机构。

第七条 县级以上地方人民政府实行食品安全监督管理责任制。上级人民政府负责对下一级人民政府的食品安全监督管理工作进行评议、考核。县级以上地方人民政府负责对本级食品药品监督管理部门和其他有关部门的食品安全监督管理工作进行评议、考核。

第八条 县级以上人民政府应当将食品安全工作纳入本级国民经济和社会发展规划，将食品安全工作经费列入本级政府财政预算，加强食品安全监督管理能力建设，为食品安全工作提供保障。

县级以上人民政府食品药品监督管理部门和其他有关部门应当加强沟通、密切配合，按照各自职责分工，依法行使职权，承担责任。

第九条 食品行业协会应当加强行业自律，按照章程建立健全行业规范和奖惩机制，提供食品安全信息、技术等服务，引导和督促食品生产经营者依法生产经营，推动行业诚信建设，宣传、普及食品安全知识。

消费者协会和其他消费者组织对违反本法规定，损害消费者合法权益的行为，依法进行社会监督。

第十条 各级人民政府应当加强食品安全的宣传教育，普及食品安全知识，鼓励社会组织、基层群众性自治组织、食品生产经营者开展食品安全法律、法规以及食品安全标准和知识的普及工作，倡导健康的饮食方式，增强消费者食品安全意识和自我保护能力。

新闻媒体应当开展食品安全法律、法规以及食品安全标准和知识的公益宣传，并对食品安全违法行为进行舆论监督。有关食品安全的宣传报道应当真实、公正。

第十一条 国家鼓励和支持开展与食品安全有关的基础研究、应用研究，鼓励和支持食品生产经营者为提高食品安全水平采用先进技术和先进管理规范。

国家对农药的使用实行严格的管理制度，加快淘汰剧毒、高毒、高残留农药，推动替代产品的研发和应用，鼓励使用高效低毒低残留农药。

第十二条 任何组织或者个人有权举报食品安全违法行为，依法向有关部门了解食品安全信息，对食品安全监督管理工作提出意见和建议。

第十三条 对在食品安全工作中做出突出贡献的单位和个人，按照国家有关规定给予表彰、奖励。

第二章　食品安全风险监测和评估

第十四条 国家建立食品安全风险监测制度，对食源性疾病、食品污染以及食品中的有害因素进行监测。

国务院卫生行政部门会同国务院食品药品监督管理、质量监督等部门，制定、实施国家食品安全风险监测计划。

国务院食品药品监督管理部门和其他有关部门获知有关食品安全风险信息后，应当立即核实并向国务院卫生行政部门通报。对有关部门通报的食品安全风险信息以及医疗机构报告的食源性疾病等有关疾病信息，国务院卫生行政部门应当会同国务院有关部门分析研究，认为必要的，及时调整国家食品安全风险监测计划。

省、自治区、直辖市人民政府卫生行政部门会同同级食品药品监督管理、质量监督等部门，根据国家食品安全风险监测计划，结合本行政区域的具体情况，制定、调整本行政区域的食品安全风险监测方案，报国务院卫生行政部门备案并实施。

第十五条 承担食品安全风险监测工作的技术机构应当根据食品安全风险监测计划和监测方案开展监测工作，保证监测数据真实、准确，并按照食品安全风险监测计划和监测方案的要求报送监测数据和分析结果。

食品安全风险监测工作人员有权进入相关食用农产品种植养殖、食品生产经营场所采集样品、收集相关数据。采集样品应当按照市场价格支付费用。

第十六条 食品安全风险监测结果表明可能存在食品安全隐患的，县级以上人民政府卫生行政部门应当及时将相关信息通报同级食品药品监督管理等部门，并报告本级人民政府和上级人民政府卫生行政部门。食品药品监督管理等部门应当组织开展进一步调查。

第十七条 国家建立食品安全风险评估制度，运用科学方法，根据食品安全风险监测信息、科学数据以及有关信息，对食品、食品添加剂、食品相关产品中生物性、化学性和物理性危害因素进行风险评估。

国务院卫生行政部门负责组织食品安全风险评估工作，成立由医学、农业、食品、营养、生物、环境等方面的专家组成的食品安全风险评估专家委员会进行食品安全风险评估。食品安全风险评估结果由国务院卫生行政部门公布。

对农药、肥料、兽药、饲料和饲料添加剂等的安全性评估，应当有食品安全风险评估专家委员会的专家参加。

食品安全风险评估不得向生产经营者收取费用，采集样品应当按照市场价格支付费用。

第十八条 有下列情形之一的，应当进行食品安全风险评估：

（一）通过食品安全风险监测或者接到举报发现食品、食品添加剂、食品相关产品可能存在安全隐患的；

（二）为制定或者修订食品安全国家标准提供科学依据需要进行风险评估的；

（三）为确定监督管理的重点领域、重点品种需要进行风险评估的；

（四）发现新的可能危害食品安全因素的；

（五）需要判断某一因素是否构成食品安全隐患的；

（六）国务院卫生行政部门认为需要进行风险评估的其他情形。

第十九条 国务院食品药品监督管理、质量监督、农业行政等部门在监督管理工作中发现需要进行食品安全风险评估的，应当向国务院卫生行政部门提出食品安全风险评估的建议，并提供风险来源、相关检验数据和结论等信息、资料。属于本法第十八条规定情形的，国务院卫生行政部门应当及时进行食品安全风险评估，并向国务院有关部门通报评估结果。

第二十条 省级以上人民政府卫生行政、农业行政部门应当及时相互通报食品、食用农产品安全风险监测信息。

国务院卫生行政、农业行政部门应当及时相互通报食品、食用农产品安全风险评估结果等信息。

第二十一条 食品安全风险评估结果是制定、修订食品安全标准和实施食品安全监督管理的科学依据。

经食品安全风险评估，得出食品、食品添加剂、食品相关产品不安全结论的，国务院食品药品监督管理、质量监督等部门应当依据各自职责立即向社会公告，告知消费者停止食用或者使用，并采取相应措施，确保该食品、食品添加剂、食品相关产品停止生产经营；需要制定、修订相关食品安全国家标准的，国务院卫生行政部门应当会同国务院食品药品监督管理部门立即制定、修订。

第二十二条 国务院食品药品监督管理部门应当会同国务院有关部门，根据食品安全风险评估结果、食品安全监督管理信息，对食品安全状况进行综合分析。对经综合分析表明可能具有较高程度安全风险的食品，国务院食品药品监督管理部门应当及时提出食品安全风险警示，并向社会公布。

第二十三条 县级以上人民政府食品药品监督管理部门和其他有关部门、食品安全风险评估专家委员会及其技术机构，应当按照科学、客观、及时、公开的原则，组织食品生产经营者、食品检验机构、认证机构、食品行业协会、消费者协会以及新闻媒体等，就食品安全风险评估信息和食品安全监督管理信息进行交流沟通。

第三章　食品安全标准

第二十四条　制定食品安全标准，应当以保障公众身体健康为宗旨，做到科学合理、安全可靠。

第二十五条　食品安全标准是强制执行的标准。除食品安全标准外，不得制定其他食品强制性标准。

第二十六条　食品安全标准应当包括下列内容：

（一）食品、食品添加剂、食品相关产品中的致病性微生物，农药残留、兽药残留、生物毒素、重金属等污染物质以及其他危害人体健康物质的限量规定；

（二）食品添加剂的品种、使用范围、用量；

（三）专供婴幼儿和其他特定人群的主辅食品的营养成分要求；

（四）对与卫生、营养等食品安全要求有关的标签、标志、说明书的要求；

（五）食品生产经营过程的卫生要求；

（六）与食品安全有关的质量要求；

（七）与食品安全有关的食品检验方法与规程；

（八）其他需要制定为食品安全标准的内容。

第二十七条　食品安全国家标准由国务院卫生行政部门会同国务院食品药品监督管理部门制定、公布，国务院标准化行政部门提供国家标准编号。

食品中农药残留、兽药残留的限量规定及其检验方法与规程由国务院卫生行政部门、国务院农业行政部门会同国务院食品药品监督管理部门制定。

屠宰畜、禽的检验规程由国务院农业行政部门会同国务院卫生行政部门制定。

第二十八条　制定食品安全国家标准，应当依据食品安全风险评估结果并充分考虑食用农产品安全风险评估结果，参照相关的国际标准和国际食品安全风险评估结果，并将食品安全国家标准草案向社会公布，广泛听取食品生产经营者、消费者、有关部门等方面的意见。

食品安全国家标准应当经国务院卫生行政部门组织的食品安全国家标准审评委员会审查通过。食品安全国家标准审评委员会由医学、农业、食品、营养、生物、环境等方面的专家以及国务院有关部门、食品行业协会、消费者协会的代表组成，对食品安全国家标准草案的科学性和实用性等进行审查。

第二十九条　对地方特色食品，没有食品安全国家标准的，省、自治区、直辖市人民政府卫生行政部门可以制定并公布食品安全地方标准，报国务院卫生行政部门备案。食品安全国家标准制定后，该地方标准即行废止。

第三十条　国家鼓励食品生产企业制定严于食品安全国家标准或者地方标准的企业标准，在本企业适用，并报省、自治区、直辖市人民政府卫生行政部门备案。

第三十一条　省级以上人民政府卫生行政部门应当在其网站上公布制定和备案的食品安全国家标准、地方标准和企业标准，供公众免费查阅、下载。

对食品安全标准执行过程中的问题，县级以上人民政府卫生行政部门应当会同有关部门及时给予指导、解答。

第三十二条　省级以上人民政府卫生行政部门应当会同同级食品药品监督管理、质量监督、农业行政等部门，分别对食品安全国家标准和地方标准的执行情况进行跟踪评价，并根据评价结果及时修订食品安全标准。

省级以上人民政府食品药品监督管理、质量监督、农业行政等部门应当对食品安全标准执行中存在的问题进行收集、汇总，并及时向同级卫生行政部门通报。

食品生产经营者、食品行业协会发现食品安全标准在执行中存在问题的，应当立即向卫生行政部门报告。

第四章　食品生产经营

第一节　一般规定

第三十三条　食品生产经营应当符合食品安全标准，并符合下列要求：

（一）具有与生产经营的食品品种、数量相适应的食品原料处理和食品加工、包装、贮存等场所，保持该场所环境整洁，并与有毒、有害场所以及其他污染源保持规定的距离；

（二）具有与生产经营的食品品种、数量相适应的生产经营设备或者设施，有相应的消毒、更衣、盥洗、采光、照明、通风、防腐、防尘、防蝇、防鼠、防虫、洗涤以及处理废水、存放垃圾和废弃物的设备或者设施；

（三）有专职或者兼职的食品安全专业技术人员、食品安全管理人员和保证食品安全的规章制度；

（四）具有合理的设备布局和工艺流程，防止待加工食品与直接入口食品、原料与成品交叉污染，避免食品接触有毒物、不洁物；

（五）餐具、饮具和盛放直接入口食品的容器，使用前应当洗净、消毒，炊具、用具用后应当洗净，保持清洁；

（六）贮存、运输和装卸食品的容器、工具和设备应当安全、无害，保持清洁，防止食品污染，并符合保证食品安全所需的温度、湿度等特殊要求，不得将食品与有毒、有害物品一同贮存、运输；

（七）直接入口的食品应当使用无毒、清洁的包装材料、餐具、饮具和容器；

（八）食品生产经营人员应当保持个人卫生，生产经营食品时，应当将手洗净，穿戴清洁的工作衣、帽等；销售无包装的直接入口食品时，应当使用无毒、清洁的容器、售货工具和设备；

（九）用水应当符合国家规定的生活饮用水卫生标准；

（十）使用的洗涤剂、消毒剂应当对人体安全、无害；

（十一）法律、法规规定的其他要求。

非食品生产经营者从事食品贮存、运输和装卸的，应当符合前款第六项的规定。

第三十四条　禁止生产经营下列食品、食品添加剂、食品相关产品：

（一）用非食品原料生产的食品或者添加食品添加剂以外的化学物质和其他可能危害人体健康物质的食品，或者用回收食品作为原料生产的食品；

（二）致病性微生物，农药残留、兽药残留、生物毒素、重金属等污染物质以及其他危害人体健康的物质含量超过食品安全标准限量的食品、食品添加剂、食品相关产品；

（三）用超过保质期的食品原料、食品添加剂生产的食品、食品添加剂；

（四）超范围、超限量使用食品添加剂的食品；

（五）营养成分不符合食品安全标准的专供婴幼儿和其他特定人群的主辅食品；

（六）腐败变质、油脂酸败、霉变生虫、污秽不洁、混有异物、掺假掺杂或者感官性状异常的食品、食品添加剂；

（七）病死、毒死或者死因不明的禽、畜、兽、水产动物肉类及其制品；

（八）未按规定进行检疫或者检疫不合格的肉类，或者未经检验或者检验不合格的肉类制品；

（九）被包装材料、容器、运输工具等污染的食品、食品添加剂；

（十）标注虚假生产日期、保质期或者超过保质期的食品、食品添加剂；

（十一）无标签的预包装食品、食品添加剂；

（十二）国家为防病等特殊需要明令禁止生产经营的食品；

（十三）其他不符合法律、法规或者食品安全标准的食品、食品添加剂、食品相关产品。

第三十五条　国家对食品生产经营实行许可制度。从事食品生产、食品销售、餐饮服务，应当依法取得许可。但是，销售食用农产品，不需要取得许可。

县级以上地方人民政府食品药品监督管理部门应当依照《中华人民共和国行政许可法》的规定，审核申请人提交的本法第三十三条第一款第一项至第四项规定要求的相关资料，必要时对申请人的生产经营场所进行现场核查；对符合规定条件的，准予许可；对不符合规定条件的，不予许可并书面说明理由。

第三十六条　食品生产加工小作坊和食品摊贩等从事食品生产经营活动，应当符合本法规定的与其生产经营规模、条件相适应的食品安全要求，保证所生产经营的食品卫生、无毒、无害，食品药品监督管理部门应当对其加强监督管理。

县级以上地方人民政府应当对食品生产加工小作坊、食品摊贩等进行综合治理，加强服务和统一规划，改善其生产经营环境，鼓励和支持其改进生产经营条件，进入集中交易市场、店铺等固定场所经营，或者在指定的临时经营区域、时段经营。

食品生产加工小作坊和食品摊贩等的具体管理办法由省、自治区、直辖市制定。

第三十七条　利用新的食品原料生产食品，或者生产食品添加剂新品种、食品相关产品新品种，应当向国务院卫生行政部门提交相关产品的安全性评估材料。国务院卫生行政部门应当自收到申请之日起六十日内组织审查；对符合食品安全要求的，准予许可并公布；对不符合食品安全要求的，不予许可并书面说明理由。

第三十八条　生产经营的食品中不得添加药品，但是可以添加按照传统既是食品又是中药材的物质。按照传统既是食品又是中药材的物质目录由国务院卫生行政部门会同国务院食品药品监督管理部门制定、公布。

第三十九条　国家对食品添加剂生产实行许可制度。从事食品添加剂生产，应当具有与所生产食品添加剂品种相适应的场所、生产设备或者设施、专业技术人员和管理制度，并依照本法第三十五条第二款规定的程序，取得食品添加剂生产许可。

生产食品添加剂应当符合法律、法规和食品安全国家标准。

第四十条　食品添加剂应当在技术上确有必要且经过风险评估证明安全可靠，方可列入允许使用的范围；有关食品安全国家标准应当根据技术必要性和食品安全风险评估结果及时修订。

食品生产经营者应当按照食品安全国家标准使用食品添加剂。

第四十一条 生产食品相关产品应当符合法律、法规和食品安全国家标准。对直接接触食品的包装材料等具有较高风险的食品相关产品，按照国家有关工业产品生产许可证管理的规定实施生产许可。质量监督部门应当加强对食品相关产品生产活动的监督管理。

第四十二条 国家建立食品安全全程追溯制度。

食品生产经营者应当依照本法的规定，建立食品安全追溯体系，保证食品可追溯。国家鼓励食品生产经营者采用信息化手段采集、留存生产经营信息，建立食品安全追溯体系。

国务院食品药品监督管理部门会同国务院农业行政等有关部门建立食品安全全程追溯协作机制。

第四十三条 地方各级人民政府应当采取措施鼓励食品规模化生产和连锁经营、配送。

国家鼓励食品生产经营企业参加食品安全责任保险。

第二节　生产经营过程控制

第四十四条 食品生产经营企业应当建立健全食品安全管理制度，对职工进行食品安全知识培训，加强食品检验工作，依法从事生产经营活动。

食品生产经营企业的主要负责人应当落实企业食品安全管理制度，对本企业的食品安全工作全面负责。

食品生产经营企业应当配备食品安全管理人员，加强对其培训和考核。经考核不具备食品安全管理能力的，不得上岗。食品药品监督管理部门应当对企业食品安全管理人员随机进行监督抽查考核并公布考核情况。监督抽查考核不得收取费用。

第四十五条 食品生产经营者应当建立并执行从业人员健康管理制度。患有国务院卫生行政部门规定的有碍食品安全疾病的人员，不得从事接触直接入口食品的工作。

从事接触直接入口食品工作的食品生产经营人员应当每年进行健康检查，取得健康证明后方可上岗工作。

第四十六条 食品生产企业应当就下列事项制定并实施控制要求，保证所生产的食品符合食品安全标准：

（一）原料采购、原料验收、投料等原料控制；

（二）生产工序、设备、贮存、包装等生产关键环节控制；

（三）原料检验、半成品检验、成品出厂检验等检验控制；

（四）运输和交付控制。

第四十七条 食品生产经营者应当建立食品安全自查制度，定期对食品安全状况进行检查评价。生产经营条件发生变化，不再符合食品安全要求的，食品生产经营者应当立即采取整改措施；有发生食品安全事故潜在风险的，应当立即停止食品生产经营活动，并向所在地县级人民政府食品药品监督管理部门报告。

第四十八条 国家鼓励食品生产经营企业符合良好生产规范要求，实施危害分析与关键控制点体系，提高食品安全管理水平。

对通过良好生产规范、危害分析与关键控制点体系认证的食品生产经营企业，认证机构应当依法实施跟踪调查；对不再符合认证要求的企业，应当依法撤销认证，及时向县级以上人民政府食品药品监督管理部门通报，并向社会公布。认证机构实施跟踪调查不得收取费用。

第四十九条 食用农产品生产者应当按照食品安全标准和国家有关规定使用农药、肥料、兽药、饲料和饲料添加剂等农业投入品，严格执行农业投入品使用安全间隔期或者休药期的规定，不得使用国家明令禁止的农业投入品。禁止将剧毒、高毒农药用于蔬菜、瓜果、茶叶和中草药材等国家规定的农作物。

食用农产品的生产企业和农民专业合作经济组织应当建立农业投入品使用记录制度。

县级以上人民政府农业行政部门应当加强对农业投入品使用的监督管理和指导，建立健全农业投入品安全使用制度。

第五十条 食品生产者采购食品原料、食品添加剂、食品相关产品，应当查验供货者的许可证和产品合格证明；对无法提供合格证明的食品原料，应当按照食品安全标准进行检验；不得采购或者使用不符合食品安全标准的食品原料、食品添加剂、食品相关产品。

食品生产企业应当建立食品原料、食品添加剂、食品相关产品进货查验记录制度，如实记录食品原料、食品添加剂、食品相关产品的名称、规格、数量、生产日期或者生产批号、保质期、进货日期以及供货者名称、地址、联系方式等内容，并保存相关凭证。记录和凭证保存期限不得少于产品保质期满后六个月；没有明确保质期的，保存期限不得少于二年。

第五十一条 食品生产企业应当建立食品出厂检验记录制度，查验出厂食品的检验合格证和安全状况，如实记录食品的名称、规格、数量、生产日期或者生产批号、保质期、检验合格证号、销售日期以及购货者名称、地址、联系方式等内容，并保存相关凭证。记录和凭证保存期限应当符合本法第五十条第二款的规定。

第五十二条 食品、食品添加剂、食品相关产品的生产者，应当按照食品安全标准对所生产的食品、食品添加剂、食品相关产品进行检验，检验合格后方可出厂或者销售。

第五十三条 食品经营者采购食品，应当查验供货者的许可证和食品出厂检验合格证或者其他合格证明（以下称合格证明文件）。

食品经营企业应当建立食品进货查验记录制度，如实记录食品的名称、规格、数量、生产日期或者生产批号、保质期、进货日期以及供货者名称、地址、联系方式等内容，并保存相关凭证。记录和凭证保存期限应当符合本法第五十条第二款的规定。

实行统一配送经营方式的食品经营企业，可以由企业总部统一查验供货者的许可证和食品合格证明文件，进行食品进货查验记录。

从事食品批发业务的经营企业应当建立食品销售记录制度，如实记录批发食品的名称、规格、数量、生产日期或者生产批号、保质期、销售日期以及购货者名称、地址、联系方式等内容，并保存相关凭证。记录和凭证保存期限应当符合本法第五十条第二款的规定。

第五十四条 食品经营者应当按照保证食品安全的要求贮存食品，定期检查库存食品，及时清理变质或者超过保质期的食品。

食品经营者贮存散装食品，应当在贮存位置标明食品的名称、生产日期或者生产批号、保质期、生产者名称及联系方式等内容。

第五十五条 餐饮服务提供者应当制定并实施原料控制要求，不得采购不符合食品安全标准的食品原料。倡导餐饮服务提供者公开加工过程，公示食品原料及其来源等信息。

餐饮服务提供者在加工过程中应当检查待加工的食品及原料，发现有本法第三十四条第六项规定情形的，不得加工或者使用。

第五十六条 餐饮服务提供者应当定期维护食品加工、贮存、陈列等设施、设备；定期清洗、校验保温设施及冷藏、冷冻设施。

餐饮服务提供者应当按照要求对餐具、饮具进行清洗消毒，不得使用未经清洗消毒的餐具、饮具；餐饮服务提供者委托清洗消毒餐具、饮具的，应当委托符合本法规定条件的餐具、饮具集中消毒服务单位。

第五十七条 学校、托幼机构、养老机构、建筑工地等集中用餐单位的食堂应当严格遵守法律、法规

和食品安全标准；从供餐单位订餐的，应当从取得食品生产经营许可的企业订购，并按照要求对订购的食品进行查验。供餐单位应当严格遵守法律、法规和食品安全标准，当餐加工，确保食品安全。

学校、托幼机构、养老机构、建筑工地等集中用餐单位的主管部门应当加强对集中用餐单位的食品安全教育和日常管理，降低食品安全风险，及时消除食品安全隐患。

第五十八条 餐具、饮具集中消毒服务单位应当具备相应的作业场所、清洗消毒设备或者设施，用水和使用的洗涤剂、消毒剂应当符合相关食品安全国家标准和其他国家标准、卫生规范。

餐具、饮具集中消毒服务单位应当对消毒餐具、饮具进行逐批检验，检验合格后方可出厂，并应当随附消毒合格证明。消毒后的餐具、饮具应当在独立包装上标注单位名称、地址、联系方式、消毒日期以及使用期限等内容。

第五十九条 食品添加剂生产者应当建立食品添加剂出厂检验记录制度，查验出厂产品的检验合格证和安全状况，如实记录食品添加剂的名称、规格、数量、生产日期或者生产批号、保质期、检验合格证号、销售日期以及购货者名称、地址、联系方式等相关内容，并保存相关凭证。记录和凭证保存期限应当符合本法第五十条第二款的规定。

第六十条 食品添加剂经营者采购食品添加剂，应当依法查验供货者的许可证和产品合格证明文件，如实记录食品添加剂的名称、规格、数量、生产日期或者生产批号、保质期、进货日期以及供货者名称、地址、联系方式等内容，并保存相关凭证。记录和凭证保存期限应当符合本法第五十条第二款的规定。

第六十一条 集中交易市场的开办者、柜台出租者和展销会举办者，应当依法审查入场食品经营者的许可证，明确其食品安全管理责任，定期对其经营环境和条件进行检查，发现其有违反本法规定行为的，应当及时制止并立即报告所在地县级人民政府食品药品监督管理部门。

第六十二条 网络食品交易第三方平台提供者应当对入网食品经营者进行实名登记，明确其食品安全管理责任；依法应当取得许可证的，还应当审查其许可证。

网络食品交易第三方平台提供者发现入网食品经营者有违反本法规定行为的，应当及时制止并立即报告所在地县级人民政府食品药品监督管理部门；发现严重违法行为的，应当立即停止提供网络交易平台服务。

第六十三条 国家建立食品召回制度。食品生产

者发现其生产的食品不符合食品安全标准或者有证据证明可能危害人体健康的，应当立即停止生产，召回已经上市销售的食品，通知相关生产经营者和消费者，并记录召回和通知情况。

食品经营者发现其经营的食品有前款规定情形的，应当立即停止经营，通知相关生产经营者和消费者，并记录停止经营和通知情况。食品生产者认为应当召回的，应当立即召回。由于食品经营者的原因造成其经营的食品有前款规定情形的，食品经营者应当召回。

食品生产经营者应当对召回的食品采取无害化处理、销毁等措施，防止其再次流入市场。但是，对因标签、标志或者说明书不符合食品安全标准而被召回的食品，食品生产者在采取补救措施且能保证食品安全的情况下可以继续销售；销售时应当向消费者明示补救措施。

食品生产经营者应当将食品召回和处理情况向所在地县级人民政府食品药品监督管理部门报告；需要对召回的食品进行无害化处理、销毁的，应当提前报告时间、地点。食品药品监督管理部门认为必要的，可以实施现场监督。

食品生产经营者未依照本条规定召回或者停止经营的，县级以上人民政府食品药品监督管理部门可以责令其召回或者停止经营。

第六十四条 食用农产品批发市场应当配备检验设备和检验人员或者委托符合本法规定的食品检验机构，对进入该批发市场销售的食用农产品进行抽样检验；发现不符合食品安全标准的，应当要求销售者立即停止销售，并向食品药品监督管理部门报告。

第六十五条 食用农产品销售者应当建立食用农产品进货查验记录制度，如实记录食用农产品的名称、数量、进货日期以及供货者名称、地址、联系方式等内容，并保存相关凭证。记录和凭证保存期限不得少于六个月。

第六十六条 进入市场销售的食用农产品在包装、保鲜、贮存、运输中使用保鲜剂、防腐剂等食品添加剂和包装材料等食品相关产品，应当符合食品安全国家标准。

第三节　标签、说明书和广告

第六十七条 预包装食品的包装上应当有标签。标签应当标明下列事项：

（一）名称、规格、净含量、生产日期；

（二）成分或者配料表；

（三）生产者的名称、地址、联系方式；

（四）保质期；

（五）产品标准代号；

（六）贮存条件；

（七）所使用的食品添加剂在国家标准中的通用名称；

（八）生产许可证编号；

（九）法律、法规或者食品安全标准规定应当标明的其他事项。

专供婴幼儿和其他特定人群的主辅食品，其标签还应当标明主要营养成分及其含量。

食品安全国家标准对标签标注事项另有规定的，从其规定。

第六十八条 食品经营者销售散装食品，应当在散装食品的容器、外包装上标明食品的名称、生产日期或者生产批号、保质期以及生产经营者名称、地址、联系方式等内容。

第六十九条 生产经营转基因食品应当按照规定显著标示。

第七十条 食品添加剂应当有标签、说明书和包装。标签、说明书应当载明本法第六十七条第一款第一项至第六项、第八项、第九项规定的事项，以及食品添加剂的使用范围、用量、使用方法，并在标签上载明"食品添加剂"字样。

第七十一条 食品和食品添加剂的标签、说明书，不得含有虚假内容，不得涉及疾病预防、治疗功能。生产经营者对其提供的标签、说明书的内容负责。

食品和食品添加剂的标签、说明书应当清楚、明显，生产日期、保质期等事项应当显著标注，容易辨识。

食品和食品添加剂与其标签、说明书的内容不符的，不得上市销售。

第七十二条 食品经营者应当按照食品标签标示的警示标志、警示说明或者注意事项的要求销售食品。

第七十三条 食品广告的内容应当真实合法，不得含有虚假内容，不得涉及疾病预防、治疗功能。食品生产经营者对食品广告内容的真实性、合法性负责。

县级以上人民政府食品药品监督管理部门和其他有关部门以及食品检验机构、食品行业协会不得以广告或者其他形式向消费者推荐食品。消费者组织不得以收取费用或者其他牟取利益的方式向消费者推荐食品。

第四节　特殊食品

第七十四条 国家对保健食品、特殊医学用途配方食品和婴幼儿配方食品等特殊食品实行严格监督管理。

第七十五条 保健食品声称保健功能,应当具有科学依据,不得对人体产生急性、亚急性或者慢性危害。

保健食品原料目录和允许保健食品声称的保健功能目录,由国务院食品药品监督管理部门会同国务院卫生行政部门、国家中医药管理部门制定、调整并公布。

保健食品原料目录应当包括原料名称、用量及其对应的功效;列入保健食品原料目录的原料只能用于保健食品生产,不得用于其他食品生产。

第七十六条 使用保健食品原料目录以外原料的保健食品和首次进口的保健食品应当经国务院食品药品监督管理部门注册。但是,首次进口的保健食品中属于补充维生素、矿物质等营养物质的,应当报国务院食品药品监督管理部门备案。其他保健食品应当报省、自治区、直辖市人民政府食品药品监督管理部门备案。

进口的保健食品应当是出口国(地区)主管部门准许上市销售的产品。

第七十七条 依法应当注册的保健食品,注册时应当提交保健食品的研发报告、产品配方、生产工艺、安全性和保健功能评价、标签、说明书等材料及样品,并提供相关证明文件。国务院食品药品监督管理部门经组织技术审评,对符合安全和功能声称要求的,准予注册;对不符合要求的,不予注册并书面说明理由。对使用保健食品原料目录以外原料的保健食品作出准予注册决定的,应当及时将该原料纳入保健食品原料目录。

依法应当备案的保健食品,备案时应当提交产品配方、生产工艺、标签、说明书以及表明产品安全性和保健功能的材料。

第七十八条 保健食品的标签、说明书不得涉及疾病预防、治疗功能,内容应当真实,与注册或者备案的内容相一致,载明适宜人群、不适宜人群、功效成分或者标志性成分及其含量等,并声明"本品不能代替药物"。保健食品的功能和成分应当与标签、说明书相一致。

第七十九条 保健食品广告除应当符合本法第七十三条第一款的规定外,还应当声明"本品不能代替药物";其内容应当经生产企业所在地省、自治区、直辖市人民政府食品药品监督管理部门审查批准,取得保健食品广告批准文件。省、自治区、直辖市人民政府食品药品监督管理部门应当公布并及时更新已经批准的保健食品广告目录以及批准的广告内容。

第八十条 特殊医学用途配方食品应当经国务院食品药品监督管理部门注册。注册时,应当提交产品配方、生产工艺、标签、说明书以及表明产品安全性、营养充足性和特殊医学用途临床效果的材料。

特殊医学用途配方食品广告适用《中华人民共和国广告法》和其他法律、行政法规关于药品广告管理的规定。

第八十一条 婴幼儿配方食品生产企业应当实施从原料进厂到成品出厂的全过程质量控制,对出厂的婴幼儿配方食品实施逐批检验,保证食品安全。

生产婴幼儿配方食品使用的生鲜乳、辅料等食品原料、食品添加剂等,应当符合法律、行政法规的规定和食品安全国家标准,保证婴幼儿生长发育所需的营养成分。

婴幼儿配方食品生产企业应当将食品原料、食品添加剂、产品配方及标签等事项向省、自治区、直辖市人民政府食品药品监督管理部门备案。

婴幼儿配方乳粉的产品配方应当经国务院食品药品监督管理部门注册。注册时,应当提交配方研发报告和其他表明配方科学性、安全性的材料。

不得以分装方式生产婴幼儿配方乳粉,同一企业不得用同一配方生产不同品牌的婴幼儿配方乳粉。

第八十二条 保健食品、特殊医学用途配方食品、婴幼儿配方乳粉的注册人或者备案人应当对其提交材料的真实性负责。

省级以上人民政府食品药品监督管理部门应当及时公布注册或者备案的保健食品、特殊医学用途配方食品、婴幼儿配方乳粉目录,并对注册或者备案中获知的企业商业秘密予以保密。

保健食品、特殊医学用途配方食品、婴幼儿配方乳粉生产企业应当按照注册或者备案的产品配方、生产工艺等技术要求组织生产。

第八十三条 生产保健食品,特殊医学用途配方食品、婴幼儿配方食品和其他专供特定人群的主辅食品的企业,应当按照良好生产规范的要求建立与所生产食品相适应的生产质量管理体系,定期对该体系的运行情况进行自查,保证其有效运行,并向所在地县级人民政府食品药品监督管理部门提交自查报告。

第五章 食品检验

第八十四条 食品检验机构按照国家有关认证认可的规定取得资质认定后,方可从事食品检验活动。但是,法律另有规定的除外。

食品检验机构的资质认定条件和检验规范,由国务院食品药品监督管理部门规定。

符合本法规定的食品检验机构出具的检验报告具

有同等效力。

县级以上人民政府应当整合食品检验资源，实现资源共享。

第八十五条 食品检验由食品检验机构指定的检验人独立进行。

检验人应当依照有关法律、法规的规定，并按照食品安全标准和检验规范对食品进行检验，尊重科学，恪守职业道德，保证出具的检验数据和结论客观、公正，不得出具虚假检验报告。

第八十六条 食品检验实行食品检验机构与检验人负责制。食品检验报告应当加盖食品检验机构公章，并有检验人的签名或者盖章。食品检验机构和检验人对出具的食品检验报告负责。

第八十七条 县级以上人民政府食品药品监督管理部门应当对食品进行定期或者不定期的抽样检验，并依据有关规定公布检验结果，不得免检。进行抽样检验，应当购买抽取的样品，委托符合本法规定的食品检验机构进行检验，并支付相关费用；不得向食品生产经营者收取检验费和其他费用。

第八十八条 对依照本法规定实施的检验结论有异议的，食品生产经营者可以自收到检验结论之日起七个工作日内向实施抽样检验的食品药品监督管理部门或者其上一级食品药品监督管理部门提出复检申请，由受理复检申请的食品药品监督管理部门在公布的复检机构名录中随机确定复检机构进行复检。复检机构出具的复检结论为最终检验结论。复检机构与初检机构不得为同一机构。复检机构名录由国务院认证认可监督管理、食品药品监督管理、卫生行政、农业行政等部门共同公布。

采用国家规定的快速检测方法对食用农产品进行抽查检测，被抽查人对检测结果有异议的，可以自收到检测结果时起四小时内申请复检。复检不得采用快速检测方法。

第八十九条 食品生产企业可以自行对所生产的食品进行检验，也可以委托符合本法规定的食品检验机构进行检验。

食品行业协会和消费者协会等组织、消费者需要委托食品检验机构对食品进行检验的，应当委托符合本法规定的食品检验机构进行。

第九十条 食品添加剂的检验，适用本法有关食品检验的规定。

第六章　食品进出口

第九十一条 国家出入境检验检疫部门对进出口食品安全实施监督管理。

第九十二条 进口的食品、食品添加剂、食品相关产品应当符合我国食品安全国家标准。

进口的食品、食品添加剂应当经出入境检验检疫机构依照进出口商品检验相关法律、行政法规的规定检验合格。

进口的食品、食品添加剂应当按照国家出入境检验检疫部门的要求随附合格证明材料。

第九十三条 进口尚无食品安全国家标准的食品，由境外出口商、境外生产企业或者其委托的进口商向国务院卫生行政部门提交所执行的相关国家（地区）标准或者国际标准。国务院卫生行政部门对相关标准进行审查，认为符合食品安全要求的，决定暂予适用，并及时制定相应的食品安全国家标准。进口利用新的食品原料生产的食品或者进口食品添加剂新品种、食品相关产品新品种，依照本法第三十七条的规定办理。

出入境检验检疫机构按照国务院卫生行政部门的要求，对前款规定的食品、食品添加剂、食品相关产品进行检验。检验结果应当公开。

第九十四条 境外出口商、境外生产企业应当保证向我国出口的食品、食品添加剂、食品相关产品符合本法以及我国其他有关法律、行政法规的规定和食品安全国家标准的要求，并对标签、说明书的内容负责。

进口商应当建立境外出口商、境外生产企业审核制度，重点审核前款规定的内容；审核不合格的，不得进口。

发现进口食品不符合我国食品安全国家标准或者有证据证明可能危害人体健康的，进口商应当立即停止进口，并依照本法第六十三条的规定召回。

第九十五条 境外发生的食品安全事件可能对我国境内造成影响，或者在进口食品、食品添加剂、食品相关产品中发现严重食品安全问题的，国家出入境检验检疫部门应当及时采取风险预警或者控制措施，并向国务院食品药品监督管理、卫生行政、农业行政部门通报。接到通报的部门应当及时采取相应措施。

县级以上人民政府食品药品监督管理部门对国内市场上销售的进口食品、食品添加剂实施监督管理。发现存在严重食品安全问题的，国务院食品药品监督管理部门应当及时向国家出入境检验检疫部门通报。国家出入境检验检疫部门应当及时采取相应措施。

第九十六条 向我国境内出口食品的境外出口商或者代理商、进口食品的进口商应当向国家出入境检验检疫部门备案。向我国境内出口食品的境外食品生产企业应当经国家出入境检验检疫部门注册。已经注册的境外食品生产企业提供虚假材料，或者因其自身的原因致使进口食品发生重大食品安全事故的，国家出入境检验检疫部门应当撤销注册并公告。

国家出入境检验检疫部门应当定期公布已经备案的境外出口商、代理商、进口商和已经注册的境外食品生产企业名单。

第九十七条 进口的预包装食品、食品添加剂应当有中文标签；依法应当有说明书的，还应当有中文说明书。标签、说明书应当符合本法以及我国其他有关法律、行政法规的规定和食品安全国家标准的要求，并载明食品的原产地以及境内代理商的名称、地址、联系方式。预包装食品没有中文标签、中文说明书或者标签、说明书不符合本条规定的，不得进口。

第九十八条 进口商应当建立食品、食品添加剂进口和销售记录制度，如实记录食品、食品添加剂的名称、规格、数量、生产日期、生产或者进口批号、保质期、境外出口商和购货者名称、地址及联系方式、交货日期等内容，并保存相关凭证。记录和凭证保存期限应当符合本法第五十条第二款的规定。

第九十九条 出口食品生产企业应当保证其出口食品符合进口国（地区）的标准或者合同要求。

出口食品生产企业和出口食品原料种植、养殖场应当向国家出入境检验检疫部门备案。

第一百条 国家出入境检验检疫部门应当收集、汇总下列进出口食品安全信息，并及时通报相关部门、机构和企业：

（一）出入境检验检疫机构对进出口食品实施检验检疫发现的食品安全信息；

（二）食品行业协会和消费者协会等组织、消费者反映的进口食品安全信息；

（三）国际组织、境外政府机构发布的风险预警信息及其他食品安全信息，以及境外食品行业协会等组织、消费者反映的食品安全信息；

（四）其他食品安全信息。

国家出入境检验检疫部门应当对进出口食品的进口商、出口商和出口食品生产企业实施信用管理，建立信用记录，并依法向社会公布。对有不良记录的进口商、出口商和出口食品生产企业，应当加强对其进出口食品的检验检疫。

第一百零一条 国家出入境检验检疫部门可以对向我国境内出口食品的国家（地区）的食品安全管理体系和食品安全状况进行评估和审查，并根据评估和审查结果，确定相应检验检疫要求。

第七章 食品安全事故处置

第一百零二条 国务院组织制定国家食品安全事故应急预案。

县级以上地方人民政府应当根据有关法律、法规的规定和上级人民政府的食品安全事故应急预案以及本行政区域的实际情况，制定本行政区域的食品安全事故应急预案，并报上一级人民政府备案。

食品安全事故应急预案应当对食品安全事故分级、事故处置组织指挥体系与职责、预防预警机制、处置程序、应急保障措施等作出规定。

食品生产经营企业应当制定食品安全事故处置方案，定期检查本企业各项食品安全防范措施的落实情况，及时消除事故隐患。

第一百零三条 发生食品安全事故的单位应当立即采取措施，防止事故扩大。事故单位和接收病人进行治疗的单位应当及时向事故发生地县级人民政府食品药品监督管理、卫生行政部门报告。

县级以上人民政府质量监督、农业行政等部门在日常监督管理中发现食品安全事故或者接到事故举报，应当立即向同级食品药品监督管理部门通报。

发生食品安全事故，接到报告的县级人民政府食品药品监督管理部门应当按照应急预案的规定向本级人民政府和上级人民政府食品药品监督管理部门报告。县级人民政府和上级人民政府食品药品监督管理部门应当按照应急预案的规定上报。

任何单位和个人不得对食品安全事故隐瞒、谎报、缓报，不得隐匿、伪造、毁灭有关证据。

第一百零四条 医疗机构发现其接收的病人属于食源性疾病病人或者疑似病人的，应当按照规定及时将相关信息向所在地县级人民政府卫生行政部门报告。县级人民政府卫生行政部门认为与食品安全有关的，应当及时通报同级食品药品监督管理部门。

县级以上人民政府卫生行政部门在调查处理传染病或者其他突发公共卫生事件中发现与食品安全相关的信息，应当及时通报同级食品药品监督管理部门。

第一百零五条 县级以上人民政府食品药品监督管理部门接到食品安全事故的报告后，应当立即会同同级卫生行政、质量监督、农业行政等部门进行调查处理，并采取下列措施，防止或者减轻社会危害：

（一）开展应急救援工作，组织救治因食品安全事故导致人身伤害的人员；

（二）封存可能导致食品安全事故的食品及其原料，并立即进行检验；对确认属于被污染的食品及其原料，责令食品生产经营者依照本法第六十三条的规定召回或者停止经营；

（三）封存被污染的食品相关产品，并责令进行清洗消毒；

（四）做好信息发布工作，依法对食品安全事故及其处理情况进行发布，并对可能产生的危害加以解释、说明。

发生食品安全事故需要启动应急预案的，县级以上人民政府应当立即成立事故处置指挥机构，启动应急预案，依照前款和应急预案的规定进行处置。

发生食品安全事故，县级以上疾病预防控制机构应当对事故现场进行卫生处理，并对与事故有关的因素开展流行病学调查，有关部门应当予以协助。县级以上疾病预防控制机构应当向同级食品药品监督管理、卫生行政部门提交流行病学调查报告。

第一百零六条 发生食品安全事故，设区的市级以上人民政府食品药品监督管理部门应当立即会同有关部门进行事故责任调查，督促有关部门履行职责，向本级人民政府和上一级人民政府食品药品监督管理部门提出事故责任调查处理报告。

涉及两个以上省、自治区、直辖市的重大食品安全事故由国务院食品药品监督管理部门依照前款规定组织事故责任调查。

第一百零七条 调查食品安全事故，应当坚持实事求是、尊重科学的原则，及时、准确查清事故性质和原因，认定事故责任，提出整改措施。

调查食品安全事故，除了查明事故单位的责任，还应当查明有关监督管理部门、食品检验机构、认证机构及其工作人员的责任。

第一百零八条 食品安全事故调查部门有权向有关单位和个人了解与事故有关的情况，并要求提供相关资料和样品。有关单位和个人应当予以配合，按照要求提供相关资料和样品，不得拒绝。

任何单位和个人不得阻挠、干涉食品安全事故的调查处理。

第八章 监督管理

第一百零九条 县级以上人民政府食品药品监督管理、质量监督部门根据食品安全风险监测、风险评估结果和食品安全状况等，确定监督管理的重点、方式和频次，实施风险分级管理。

县级以上地方人民政府组织本级食品药品监督管理、质量监督、农业行政等部门制定本行政区域的食品安全年度监督管理计划，向社会公布并组织实施。

食品安全年度监督管理计划应当将下列事项作为监督管理的重点：

（一）专供婴幼儿和其他特定人群的主辅食品；

（二）保健食品生产过程中的添加行为和按照注册或者备案的技术要求组织生产的情况，保健食品标签、说明书以及宣传材料中有关功能宣传的情况；

（三）发生食品安全事故风险较高的食品生产经营者；

（四）食品安全风险监测结果表明可能存在食品安全隐患的事项。

第一百一十条 县级以上人民政府食品药品监督管理、质量监督部门履行各自食品安全监督管理职责，有权采取下列措施，对生产经营者遵守本法的情况进行监督检查：

（一）进入生产经营场所实施现场检查；

（二）对生产经营的食品、食品添加剂、食品相关产品进行抽样检验；

（三）查阅、复制有关合同、票据、账簿以及其他有关资料；

（四）查封、扣押有证据证明不符合食品安全标准或者有证据证明存在安全隐患以及用于违法生产经营的食品、食品添加剂、食品相关产品；

（五）查封违法从事生产经营活动的场所。

第一百一十一条 对食品安全风险评估结果证明食品存在安全隐患，需要制定、修订食品安全标准的，在制定、修订食品安全标准前，国务院卫生行政部门应当及时会同国务院有关部门规定食品中有害物质的临时限量值和临时检验方法，作为生产经营和监督管理的依据。

第一百一十二条 县级以上人民政府食品药品监督管理部门在食品安全监督管理工作中可以采用国家规定的快速检测方法对食品进行抽查检测。

对抽查检测结果表明可能不符合食品安全标准的食品，应当依照本法第八十七条的规定进行检验。抽查检测结果确定有关食品不符合食品安全标准的，可以作为行政处罚的依据。

第一百一十三条 县级以上人民政府食品药品监督管理部门应当建立食品生产经营者食品安全信用档案，记录许可颁发、日常监督检查结果、违法行为查处等情况，依法向社会公布并实时更新；对有不良信用记录的食品生产经营者增加监督检查频次，对违法行为情节严重的食品生产经营者，可以通报投资主管部门、证券监督管理机构和有关的金融机构。

第一百一十四条 食品生产经营过程中存在食品安全隐患，未及时采取措施消除的，县级以上人民政府食品药品监督管理部门可以对食品生产经营者的法定代表人或者主要负责人进行责任约谈。食品生产经营者应当立即采取措施，进行整改，消除隐患。责任约谈情况和整改情况应当纳入食品生产经营者食品安全信用档案。

第一百一十五条 县级以上人民政府食品药品监督管理、质量监督等部门应当公布本部门的电子邮件地址或者电话，接受咨询、投诉、举报。接到咨询、投诉、举报，对属于本部门职责的，应当受理并在法定期限内及时答复、核实、处理；对不属于本部门职责的，应当移交有权处理的部门并书面通知咨询、投诉、举报人。有权处理的部门应当在法定期限内及时处理，不得推诿。对查证属实的举报，给予举报人奖励。

有关部门应当对举报人的信息予以保密，保护举报人的合法权益。举报人举报所在企业的，该企业不得以解除、变更劳动合同或者其他方式对举报人进行打击报复。

第一百一十六条　县级以上人民政府食品药品监督管理、质量监督等部门应当加强对执法人员食品安全法律、法规、标准和专业知识与执法能力等的培训，并组织考核。不具备相应知识和能力的，不得从事食品安全执法工作。

食品生产经营者、食品行业协会、消费者协会等发现食品安全执法人员在执法过程中有违反法律、法规规定的行为以及不规范执法行为的，可以向本级或者上级人民政府食品药品监督管理、质量监督等部门或者监察机关投诉、举报。接到投诉、举报的部门或者机关应当进行核实，并将经核实的情况向食品安全执法人员所在部门通报；涉嫌违法违纪的，按照本法和有关规定处理。

第一百一十七条　县级以上人民政府食品药品监督管理等部门未及时发现食品安全系统性风险，未及时消除监督管理区域内的食品安全隐患的，本级人民政府可以对其主要负责人进行责任约谈。

地方人民政府未履行食品安全职责，未及时消除区域性重大食品安全隐患的，上级人民政府可以对其主要负责人进行责任约谈。

被约谈的食品药品监督管理等部门、地方人民政府应当立即采取措施，对食品安全监督管理工作进行整改。

责任约谈情况和整改情况应当纳入地方人民政府和有关部门食品安全监督管理工作评议、考核记录。

第一百一十八条　国家建立统一的食品安全信息平台，实行食品安全信息统一公布制度。国家食品安全总体情况、食品安全风险警示信息、重大食品安全事故及其调查处理信息和国务院确定需要统一公布的其他信息由国务院食品药品监督管理部门统一公布。食品安全风险警示信息和重大食品安全事故及其调查处理信息的影响限于特定区域的，也可以由有关省、自治区、直辖市人民政府食品药品监督管理部门公布。未经授权不得发布上述信息。

县级以上人民政府食品药品监督管理、质量监督、农业行政部门依据各自职责公布食品安全日常监督管理信息。

公布食品安全信息，应当做到准确、及时，并进行必要的解释说明，避免误导消费者和社会舆论。

第一百一十九条　县级以上地方人民政府食品药品监督管理、卫生行政、质量监督、农业行政部门获知本法规定需要统一公布的信息，应当向上级主管部门报告，由上级主管部门立即报告国务院食品药品监督管理部门；必要时，可以直接向国务院食品药品监督管理部门报告。

县级以上人民政府食品药品监督管理、卫生行政、质量监督、农业行政部门应当相互通报获知的食品安全信息。

第一百二十条　任何单位和个人不得编造、散布虚假食品安全信息。

县级以上人民政府食品药品监督管理部门发现可能误导消费者和社会舆论的食品安全信息，应当立即组织有关部门、专业机构、相关食品生产经营者等进行核实、分析，并及时公布结果。

第一百二十一条　县级以上人民政府食品药品监督管理、质量监督等部门发现涉嫌食品安全犯罪的，应当按照有关规定及时将案件移送公安机关。对移送的案件，公安机关应当及时审查；认为有犯罪事实需要追究刑事责任的，应当立案侦查。

公安机关在食品安全犯罪案件侦查过程中认为没有犯罪事实，或者犯罪事实显著轻微，不需要追究刑事责任，但依法应当追究行政责任的，应当及时将案件移送食品药品监督管理、质量监督等部门和监察机关，有关部门应当依法处理。

公安机关商请食品药品监督管理、质量监督、环境保护等部门提供检验结论、认定意见以及对涉案物品进行无害化处理等协助的，有关部门应当及时提供，予以协助。

第九章　法律责任

第一百二十二条　违反本法规定，未取得食品生产经营许可从事食品生产经营活动，或者未取得食品添加剂生产许可从事食品添加剂生产活动的，由县级以上人民政府食品药品监督管理部门没收违法所得和违法生产经营的食品、食品添加剂以及用于违法生产经营的工具、设备、原料等物品；违法生产经营的食品、食品添加剂货值金额不足一万元的，并处五万元以上十万元以下罚款；货值金额一万元以上的，并处货值金额十倍以上二十倍以下罚款。

明知从事前款规定的违法行为，仍为其提供生产经营场所或者其他条件的，由县级以上人民政府食品药品监督管理部门责令停止违法行为，没收违法所得，并处五万元以上十万元以下罚款；使消费者的合法权益受到损害的，应当与食品、食品添加剂生产经营者承担连带责任。

第一百二十三条 违反本法规定，有下列情形之一，尚不构成犯罪的，由县级以上人民政府食品药品监督管理部门没收违法所得和违法生产经营的食品，并可以没收用于违法生产经营的工具、设备、原料等物品；违法生产经营的食品货值金额不足一万元的，并处十万元以上十五万元以下罚款；货值金额一万元以上的，并处货值金额十五倍以上三十倍以下罚款；情节严重的，吊销许可证，并可以由公安机关对其直接负责的主管人员和其他直接责任人员处五日以上十五日以下拘留：

（一）用非食品原料生产食品、在食品中添加食品添加剂以外的化学物质和其他可能危害人体健康的物质，或者用回收食品作为原料生产食品，或者经营上述食品；

（二）生产经营营养成分不符合食品安全标准的专供婴幼儿和其他特定人群的主辅食品；

（三）经营病死、毒死或者死因不明的禽、畜、兽、水产动物肉类，或者生产经营其制品；

（四）经营未按规定进行检疫或者检疫不合格的肉类，或者生产经营未经检验或者检验不合格的肉类制品；

（五）生产经营国家为防病等特殊需要明令禁止生产经营的食品；

（六）生产经营添加药品的食品。

明知从事前款规定的违法行为，仍为其提供生产经营场所或者其他条件的，由县级以上人民政府食品药品监督管理部门责令停止违法行为，没收违法所得，并处十万元以上二十万元以下罚款；使消费者的合法权益受到损害的，应当与食品生产经营者承担连带责任。

违法使用剧毒、高毒农药的，除依照有关法律、法规规定给予处罚外，可以由公安机关依照第一款规定给予拘留。

第一百二十四条 违反本法规定，有下列情形之一，尚不构成犯罪的，由县级以上人民政府食品药品监督管理部门没收违法所得和违法生产经营的食品、食品添加剂，并可以没收用于违法生产经营的工具、设备、原料等物品；违法生产经营的食品、食品添加剂货值金额不足一万元的，并处五万元以上十万元以下罚款；货值金额一万元以上的，并处货值金额十倍以上二十倍以下罚款；情节严重的，吊销许可证：

（一）生产经营致病性微生物，农药残留、兽药残留、生物毒素、重金属等污染物质以及其他危害人体健康的物质含量超过食品安全标准限量的食品、食品添加剂；

（二）用超过保质期的食品原料、食品添加剂生产食品、食品添加剂，或者经营上述食品、食品添加剂；

（三）生产经营超范围、超限量使用食品添加剂的食品；

（四）生产经营腐败变质、油脂酸败、霉变生虫、污秽不洁、混有异物、掺假掺杂或者感官性状异常的食品、食品添加剂；

（五）生产经营标注虚假生产日期、保质期或者超过保质期的食品、食品添加剂；

（六）生产经营未按规定注册的保健食品、特殊医学用途配方食品、婴幼儿配方乳粉，或者未按注册的产品配方、生产工艺等技术要求组织生产；

（七）以分装方式生产婴幼儿配方乳粉，或者同一企业以同一配方生产不同品牌的婴幼儿配方乳粉；

（八）利用新的食品原料生产食品，或者生产食品添加剂新品种，未通过安全性评估；

（九）食品生产经营者在食品药品监督管理部门责令其召回或者停止经营后，仍拒不召回或者停止经营。

除前款和本法第一百二十三条、第一百二十五条规定的情形外，生产经营不符合法律、法规或者食品安全标准的食品、食品添加剂的，依照前款规定给予处罚。

生产食品相关产品新品种，未通过安全性评估，或者生产不符合食品安全标准的食品相关产品的，由县级以上人民政府质量监督部门依照第一款规定给予处罚。

第一百二十五条 违反本法规定，有下列情形之一的，由县级以上人民政府食品药品监督管理部门没收违法所得和违法生产经营的食品、食品添加剂，并可以没收用于违法生产经营的工具、设备、原料等物品；违法生产经营的食品、食品添加剂货值金额不足一万元的，并处五千元以上五万元以下罚款；货值金额一万元以上的，并处货值金额五倍以上十倍以下罚款；情节严重的，责令停产停业，直至吊销许可证：

（一）生产经营被包装材料、容器、运输工具等污染的食品、食品添加剂；

（二）生产经营无标签的预包装食品、食品添加剂或者标签、说明书不符合本法规定的食品、食品添加剂；

（三）生产经营转基因食品未按规定进行标示；

（四）食品生产经营者采购或者使用不符合食品安全标准的食品原料、食品添加剂、食品相关产品。

生产经营的食品、食品添加剂的标签、说明书存在瑕疵但不影响食品安全且不会对消费者造成误导的，由县级以上人民政府食品药品监督管理部门责令改正；拒不改正的，处二千元以下罚款。

第一百二十六条　违反本法规定，有下列情形之一的，由县级以上人民政府食品药品监督管理部门责令改正，给予警告；拒不改正的，处五千元以上五万元以下罚款；情节严重的，责令停产停业，直至吊销许可证：

（一）食品、食品添加剂生产者未按规定对采购的食品原料和生产的食品、食品添加剂进行检验；

（二）食品生产经营企业未按规定建立食品安全管理制度，或者未按规定配备或者培训、考核食品安全管理人员；

（三）食品、食品添加剂生产经营者进货时未查验许可证和相关证明文件，或者未按规定建立并遵守进货查验记录、出厂检验记录和销售记录制度；

（四）食品生产经营企业未制定食品安全事故处置方案；

（五）餐具、饮具和盛放直接入口食品的容器，使用前未经洗净、消毒或者清洗消毒不合格，或者餐饮服务设施、设备未按规定定期维护、清洗、校验；

（六）食品生产经营者安排未取得健康证明或者患有国务院卫生行政部门规定的有碍食品安全疾病的人员从事接触直接入口食品的工作；

（七）食品经营者未按规定要求销售食品；

（八）保健食品生产企业未按规定向食品药品监督管理部门备案，或者未按备案的产品配方、生产工艺等技术要求组织生产；

（九）婴幼儿配方食品生产企业未将食品原料、食品添加剂、产品配方、标签等向食品药品监督管理部门备案；

（十）特殊食品生产企业未按规定建立生产质量管理体系并有效运行，或者未定期提交自查报告；

（十一）食品生产经营者未定期对食品安全状况进行检查评价，或者生产经营条件发生变化，未按规定处理；

（十二）学校、托幼机构、养老机构、建筑工地等集中用餐单位未按规定履行食品安全管理责任；

（十三）食品生产企业、餐饮服务提供者未按规定制定、实施生产经营过程控制要求。

餐具、饮具集中消毒服务单位违反本法规定用水，使用洗涤剂、消毒剂，或者出厂的餐具、饮具未按规定检验合格并随附消毒合格证明，或者未按规定

在独立包装上标注相关内容的，由县级以上人民政府卫生行政部门依照前款规定给予处罚。

食品相关产品生产者未按规定对生产的食品相关产品进行检验的，由县级以上人民政府质量监督部门依照第一款规定给予处罚。

食用农产品销售者违反本法第六十五条规定的，由县级以上人民政府食品药品监督管理部门依照第一款规定给予处罚。

第一百二十七条　对食品生产加工小作坊、食品摊贩等的违法行为的处罚，依照省、自治区、直辖市制定的具体管理办法执行。

第一百二十八条　违反本法规定，事故单位在发生食品安全事故后未进行处置、报告的，由有关主管部门按照各自职责分工责令改正，给予警告；隐匿、伪造、毁灭有关证据的，责令停产停业，没收违法所得，并处十万元以上五十万元以下罚款；造成严重后果的，吊销许可证。

第一百二十九条　违反本法规定，有下列情形之一的，由出入境检验检疫机构依照本法第一百二十四条的规定给予处罚：

（一）提供虚假材料，进口不符合我国食品安全国家标准的食品、食品添加剂、食品相关产品；

（二）进口尚无食品安全国家标准的食品，未提交所执行的标准并经国务院卫生行政部门审查，或者进口利用新的食品原料生产的食品或者进口食品添加剂新品种、食品相关产品新品种，未通过安全性评估；

（三）未遵守本法的规定出口食品；

（四）进口商在有关主管部门责令其依照本法规定召回进口的食品后，仍拒不召回。

违反本法规定，进口商未建立并遵守食品、食品添加剂进口和销售记录制度、境外出口商或者生产企业审核制度的，由出入境检验检疫机构依照本法第一百二十六条的规定给予处罚。

第一百三十条　违反本法规定，集中交易市场的开办者、柜台出租者、展销会的举办者允许未依法取得许可的食品经营者进入市场销售食品，或者未履行检查、报告等义务的，由县级以上人民政府食品药品监督管理部门责令改正，没收违法所得，并处五万元以上二十万元以下罚款；造成严重后果的，责令停业，直至由原发证部门吊销许可证；使消费者的合法权益受到损害的，应当与食品经营者承担连带责任。

食用农产品批发市场违反本法第六十四条规定的，依照前款规定承担责任。

第一百三十一条　违反本法规定，网络食品交易第三方平台提供者未对入网食品经营者进行实名登

记、审查许可证，或者未履行报告、停止提供网络交易平台服务等义务的，由县级以上人民政府食品药品监督管理部门责令改正，没收违法所得，并处五万元以上二十万元以下罚款；造成严重后果的，责令停业，直至由原发证部门吊销许可证；使消费者的合法权益受到损害的，应当与食品经营者承担连带责任。

消费者通过网络食品交易第三方平台购买食品，其合法权益受到损害的，可以向入网食品经营者或者食品生产者要求赔偿。网络食品交易第三方平台提供者不能提供入网食品经营者的真实名称、地址和有效联系方式的，由网络食品交易第三方平台提供者赔偿。网络食品交易第三方平台提供者赔偿后，有权向入网食品经营者或者食品生产者追偿。网络食品交易第三方平台提供者作出更有利于消费者承诺的，应当履行其承诺。

第一百三十二条　违反本法规定，未按要求进行食品贮存、运输和装卸的，由县级以上人民政府食品药品监督管理等部门按照各自职责分工责令改正，给予警告；拒不改正的，责令停产停业，并处一万元以上五万元以下罚款；情节严重的，吊销许可证。

第一百三十三条　违反本法规定，拒绝、阻挠、干涉有关部门、机构及其工作人员依法开展食品安全监督检查、事故调查处理、风险监测和风险评估的，由有关主管部门按照各自职责分工责令停产停业，并处二千元以上五万元以下罚款；情节严重的，吊销许可证；构成违反治安管理行为的，由公安机关依法给予治安管理处罚。

违反本法规定，对举报人以解除、变更劳动合同或者其他方式打击报复的，应当依照有关法律的规定承担责任。

第一百三十四条　食品生产经营者在一年内累计三次因违反本法规定受到责令停产停业、吊销许可证以外处罚的，由食品药品监督管理部门责令停产停业，直至吊销许可证。

第一百三十五条　被吊销许可证的食品生产经营者及其法定代表人、直接负责的主管人员和其他直接责任人员自处罚决定做出之日起五年内不得申请食品生产经营许可，或者从事食品生产经营管理工作、担任食品生产经营企业食品安全管理人员。

因食品安全犯罪被判处有期徒刑以上刑罚的，终身不得从事食品生产经营管理工作，也不得担任食品生产经营企业食品安全管理人员。

食品生产经营者聘用人员违反前两款规定的，由县级以上人民政府食品药品监督管理部门吊销许可证。

第一百三十六条　食品经营者履行了本法规定的进货查验等义务，有充分证据证明其不知道所采购的食品不符合食品安全标准，并能如实说明其进货来源的，可以免予处罚，但应当依法没收其不符合食品安全标准的食品；造成人身、财产或者其他损害的，依法承担赔偿责任。

第一百三十七条　违反本法规定，承担食品安全风险监测、风险评估工作的技术机构、技术人员提供虚假监测、评估信息的，依法对技术机构直接负责的主管人员和技术人员给予撤职、开除处分；有执业资格的，由授予其资格的主管部门吊销执业证书。

第一百三十八条　违反本法规定，食品检验机构、食品检验人员出具虚假检验报告的，由授予其资质的主管部门或者机构撤销该食品检验机构的检验资质，没收所收取的检验费用，并处检验费用五倍以上十倍以下罚款，检验费用不足一万元的，并处五万元以上十万元以下罚款；依法对食品检验机构直接负责的主管人员和食品检验人员给予撤职或者开除处分；导致发生重大食品安全事故的，对直接负责的主管人员和食品检验人员给予开除处分。

违反本法规定，受到开除处分的食品检验机构人员，自处分决定做出之日起十年内不得从事食品检验工作；因食品安全违法行为受到刑事处罚或者因出具虚假检验报告导致发生重大食品安全事故受到开除处分的食品检验机构人员，终身不得从事食品检验工作。食品检验机构聘用不得从事食品检验工作的人员的，由授予其资质的主管部门或者机构撤销该食品检验机构的检验资质。

食品检验机构出具虚假检验报告，使消费者的合法权益受到损害的，应当与食品生产经营者承担连带责任。

第一百三十九条　违反本法规定，认证机构出具虚假认证结论，由认证认可监督管理部门没收所收取的认证费用，并处认证费用五倍以上十倍以下罚款，认证费用不足一万元的，并处五万元以上十万元以下罚款；情节严重的，责令停业，直至撤销认证机构批准文件，并向社会公布；对直接负责的主管人员和负有直接责任的认证人员，撤销其执业资格。

认证机构出具虚假认证结论，使消费者的合法权益受到损害的，应当与食品生产经营者承担连带责任。

第一百四十条　违反本法规定，在广告中对食品作虚假宣传，欺骗消费者，或者发布未取得批准文件、广告内容与批准文件不一致的保健食品广告的，依照《中华人民共和国广告法》的规定给予处罚。

广告经营者、发布者设计、制作、发布虚假食品广告，使消费者的合法权益受到损害的，应当与食品生产经营者承担连带责任。

社会团体或者其他组织、个人在虚假广告或者其他虚假宣传中向消费者推荐食品，使消费者的合法权益受到损害的，应当与食品生产经营者承担连带责任。

违反本法规定，食品药品监督管理等部门、食品检验机构、食品行业协会以广告或者其他形式向消费者推荐食品，消费者组织以收取费用或者其他牟取利益的方式向消费者推荐食品的，由有关主管部门没收违法所得，依法对直接负责的主管人员和其他直接责任人员给予记大过、降级或者撤职处分；情节严重的，给予开除处分。

对食品作虚假宣传且情节严重的，由省级以上人民政府食品药品监督管理部门决定暂停销售该食品，并向社会公布；仍然销售该食品的，由县级以上人民政府食品药品监督管理部门没收违法所得和违法销售的食品，并处二万元以上五万元以下罚款。

第一百四十一条 违反本法规定，编造、散布虚假食品安全信息，构成违反治安管理行为的，由公安机关依法给予治安管理处罚。

媒体编造、散布虚假食品安全信息的，由有关主管部门依法给予处罚，并对直接负责的主管人员和其他直接责任人员给予处分；使公民、法人或者其他组织的合法权益受到损害的，依法承担消除影响、恢复名誉、赔偿损失、赔礼道歉等民事责任。

第一百四十二条 违反本法规定，县级以上地方人民政府有下列行为之一的，对直接负责的主管人员和其他直接责任人员给予记大过处分；情节较重的，给予降级或者撤职处分；情节严重的，给予开除处分；造成严重后果的，其主要负责人还应当引咎辞职：

（一）对发生在本行政区域内的食品安全事故，未及时组织协调有关部门开展有效处置，造成不良影响或者损失；

（二）对本行政区域内涉及多环节的区域性食品安全问题，未及时组织整治，造成不良影响或者损失；

（三）隐瞒、谎报、缓报食品安全事故；

（四）本行政区域内发生特别重大食品安全事故，或者连续发生重大食品安全事故。

第一百四十三条 违反本法规定，县级以上地方人民政府有下列行为之一的，对直接负责的主管人员和其他直接责任人员给予警告、记过或者记大过处分；造成严重后果的，给予降级或者撤职处分：

（一）未确定有关部门的食品安全监督管理职责，未建立健全食品安全全程监督管理工作机制和信息共享机制，未落实食品安全监督管理责任制；

（二）未制定本行政区域的食品安全事故应急预案，或者发生食品安全事故后未按规定立即成立事故处置指挥机构、启动应急预案。

第一百四十四条 违反本法规定，县级以上人民政府食品药品监督管理、卫生行政、质量监督、农业行政等部门有下列行为之一的，对直接负责的主管人员和其他直接责任人员给予记大过处分；情节较重的，给予降级或者撤职处分；情节严重的，给予开除处分；造成严重后果的，其主要负责人还应当引咎辞职：

（一）隐瞒、谎报、缓报食品安全事故；

（二）未按规定查处食品安全事故，或者接到食品安全事故报告未及时处理，造成事故扩大或者蔓延；

（三）经食品安全风险评估得出食品、食品添加剂、食品相关产品不安全结论后，未及时采取相应措施，造成食品安全事故或者不良社会影响；

（四）对不符合条件的申请人准予许可，或者超越法定职权准予许可；

（五）不履行食品安全监督管理职责，导致发生食品安全事故。

第一百四十五条 违反本法规定，县级以上人民政府食品药品监督管理、卫生行政、质量监督、农业行政等部门有下列行为之一，造成不良后果的，对直接负责的主管人员和其他直接责任人员给予警告、记过或者记大过处分；情节较重的，给予降级或者撤职处分；情节严重的，给予开除处分：

（一）在获知有关食品安全信息后，未按规定向上级主管部门和本级人民政府报告，或者未按规定相互通报；

（二）未按规定公布食品安全信息；

（三）不履行法定职责，对查处食品安全违法行为不配合，或者滥用职权、玩忽职守、徇私舞弊。

第一百四十六条 食品药品监督管理、质量监督等部门在履行食品安全监督管理职责过程中，违法实施检查、强制等执法措施，给生产经营者造成损失的，应当依法予以赔偿，对直接负责的主管人员和其他直接责任人员依法给予处分。

第一百四十七条 违反本法规定，造成人身、财产或者其他损害的，依法承担赔偿责任。生产经营者财产不足以同时承担民事赔偿责任和缴纳罚款、罚金时，先承担民事赔偿责任。

第一百四十八条 消费者因不符合食品安全标准的食品受到损害的，可以向经营者要求赔偿损失，也可以向生产者要求赔偿损失。接到消费者赔偿要求的生产经营者，应当实行首负责任制，先行赔付，不得推诿；属于生产者责任的，经营者赔偿后有权向生产者追偿；属于经营者责任的，生产者赔偿后有权向经营者追偿。

生产不符合食品安全标准的食品或者经营明知是不符合食品安全标准的食品，消费者除要求赔偿损失外，还可以向生产者或者经营者要求支付价款十倍或者损失三倍的赔偿金；增加赔偿的金额不足一千元的，为一千元。但是，食品的标签、说明书存在不影响食品安全且不会对消费者造成误导的瑕疵的除外。

第一百四十九条　违反本法规定，构成犯罪的，依法追究刑事责任。

第十章　附　则

第一百五十条　本法下列用语的含义：

食品，指各种供人食用或者饮用的成品和原料以及按照传统既是食品又是中药材的物品，但是不包括以治疗为目的的物品。

食品安全，指食品无毒、无害，符合应当有的营养要求，对人体健康不造成任何急性、亚急性或者慢性危害。

预包装食品，指预先定量包装或者制作在包装材料、容器中的食品。

食品添加剂，指为改善食品品质和色、香、味以及为防腐、保鲜和加工工艺的需要而加入食品中的人工合成或者天然物质，包括营养强化剂。

用于食品的包装材料和容器，指包装、盛放食品或者食品添加剂用的纸、竹、木、金属、搪瓷、陶瓷、塑料、橡胶、天然纤维、化学纤维、玻璃等制品和直接接触食品或者食品添加剂的涂料。

用于食品生产经营的工具、设备，指在食品或者食品添加剂生产、销售、使用过程中直接接触食品或者食品添加剂的机械、管道、传送带、容器、用具、餐具等。

用于食品的洗涤剂、消毒剂，指直接用于洗涤或者消毒食品、餐具、饮具以及直接接触食品的工具、设备或者食品包装材料和容器的物质。

食品保质期，指食品在标明的贮存条件下保持品质的期限。

食源性疾病，指食品中致病因素进入人体引起的感染性、中毒性等疾病，包括食物中毒。

食品安全事故，指食源性疾病、食品污染等源于食品，对人体健康有危害或者可能有危害的事故。

第一百五十一条　转基因食品和食盐的食品安全管理，本法未作规定的，适用其他法律、行政法规的规定。

第一百五十二条　铁路、民航运营中食品安全的管理办法由国务院食品药品监督管理部门会同国务院有关部门依照本法制定。

保健食品的具体管理办法由国务院食品药品监督管理部门依照本法制定。

食品相关产品生产活动的具体管理办法由国务院质量监督部门依照本法制定。

国境口岸食品的监督管理由出入境检验检疫机构依照本法以及有关法律、行政法规的规定实施。

军队专用食品和自供食品的食品安全管理办法由中央军事委员会依照本法制定。

第一百五十三条　国务院根据实际需要，可以对食品安全监督管理体制作出调整。

第一百五十四条　本法自2015年10月1日起施行。

关于深化粮食科技体制改革和加快创新体系建设的指导意见

（国家粮食局　国粮展〔2015〕74号　2015年4月30日）

各省、自治区、直辖市及新疆生产建设兵团粮食局，中国储备粮管理总公司、中粮集团有限公司、中国中纺集团公司：

为深入贯彻国家粮食安全战略，认真落实中共中央、国务院《关于深化体制机制改革加快实施创新驱动发展战略的若干意见》（中发〔2015〕8号）和《关于深化科技体制改革加快创新体系建设的意见》（中发〔2012〕6号）的决策部署，结合粮食流通工作实际，现就全面深化粮食科技体制改革和加快粮食行业科技创新体系建设提出如下意见：

一、总体要求

全面推进粮食科技体制改革，促进粮食科技创新与产业发展紧密结合，是贯彻创新驱动发展战略和国家粮食安全战略的根本要求，是实现粮食流通产业科学发展和推进流通现代化的根本途径，是实施"科技兴粮"工程一项非常紧迫的重要任务。各级粮食科研机构和广大粮食企业要落实粮食科技工作的基本定位要求，把保障和支撑国家粮食安全作为粮食科技工作天大的责任和天高的使命，着力解决粮食行业创新发展最急需、最重要、最关键的科技难题。各级粮食行政管理部门要从保障国家粮食安全的战略高度和粮食流通事业科学发展的全局角度，深刻认识粮食科技体制改革和粮食行业创新发展的重要性和紧迫性，切实增强推进粮食科技体制改革、抓好粮食科技创新工作的责任感、使命感。

（一）**基本思路**　围绕贯彻中央确定的"以我为主、立足国内、确保产能、适度进口、科技支撑"国家粮食安全战略，以科技兴粮为中心任务，凝练行业科研需求，聚焦国家重大科研任务，有所为有所不为，统筹推进粮食科技体制机制改革和粮食科技创新体系建设，激发人才创新活力，加快转变政府部门科技管理职能，强化科技同经济对接、创新成果同产业对接、创新项目同现实生产力对接、研发人员创新劳动同其利益收入对接，增强科技创新能力，增强科技进步对粮食经济发展的贡献度，为确保国家粮食安全、提升粮食流通产业现代化水平提供强大动力和有力支撑。

（二）**总体目标**　粮食科技体制机制改革取得新突破，紧扣行业发展，使粮食科技创新更加聚焦国家目标、重大任务和行业需求；改革科技创新组织方式，确保粮食科研项目和资金配置更加规范合理高效；健全粮食科技创新激励机制，集聚创新人才和团队，科研人员创新活力得到激发；加快推进科研、设计和产业一体化发展，促进粮食科技成果推广应用，科技支撑粮食经济发展方式转变的作用更加突出。

二、聚焦行业需求，把准粮食科技创新主攻方向

（三）**强化科研任务顶层设计**　要围绕保障国家粮食安全战略目标，结合实施《粮食收储供应安全保障工程建设规划（2015—2020年）》和粮食行业发展规划，科学谋划粮食科研重大任务，聚焦保障国家粮食数量安全、质量安全和生态安全重大需求，重点攻克粮食节约减损、粮食质量安全、生态安全储粮、粮食现代物流、粮油加工增值、粮情监测预警等方面的重大科学技术难题，强化生物技术、信息技术等应用研究。做深粮食科技创新战略研究，选准粮食科技创新的主攻方向和突破口，科学规划。既要聚焦行业科技创新核心需求，也要兼顾产业发展现实需要，统筹兼顾、突出重点。

（四）**建立科技需求信息渠道**　各级粮食行业行政管理部门要定期组织科研机构、院校、企业的科技人员，深入基层和一线开展调研，紧密结合粮食流通工作实际，听取农民朋友、粮油企业职工、市民消费者的诉求和呼声。国家粮食局面向涉粮企业、科研机构、院校和省级粮食行政管理部门深入开展产业科技需求、重点研发任务建议和粮食科技资源调查，开通网络科技需求征集平台。逐步建立面向用户的粮食科技需求征集渠道，汇聚具有战略性、关键性和前瞻性的科技需求，从中凝练人民群众最期待、基层企业最急需、对促进行业发展最关键、对支撑国家粮食安全最管用的科技难题作为行业重大需求。

（五）**凝练重大科研任务建议**　采取专家评审与多方评估相结合的方式，规范程序，科学确定粮食科技创新重点领域和主攻方向，围绕突破粮食行业核心瓶颈和重大科技问题构建重大项目库。充分发挥国家粮食局科技创新专家咨询委员会的作用，省级粮食行政管理部门应建立相应的专家咨询团队，在研究粮食科技创新发展战略规划、凝练重大需求、审议论证重点科研任务和项目建议时，由专家提出咨询意见，提供决策参考。重大科研项目要涵盖基础理论、共性关键技术和应用示范，做到目标明确，边界清晰，成效可考核。

（六）**创新粮食科研评价机制**　以创新绩效管理、提升科研能力、促进成果转化等为导向，鼓励科研院所围绕行业重大需求开展应用型研究和产业化开发，按科研和市场规律激励重大科研成果产出、应用。建立粮食科技规划实施绩效评估机制，对各类项目实施对产业发展的作用进行综合评估。探索建立对科研项目实施过程和成果等的分类评价机制，发挥科技成果用户、业务管理部门、地方粮食行政管理部门等单位在科研评价中的作用，切实解决重论文轻发明、重数量轻质量、重成果轻应用的问题。建立决策、实施、监督相互独立、相互制约的科研项目全程跟踪和督导评估机制。探索委托具备条件的行业学会或独立专业机构开展科技评估和项目管理试点。改进专家遴选方式，实行专家轮换和回避机制。强化对科研资金、资源和成果的监管。严查学术不端和学术腐败行为。优化科技奖励推荐评审方法，提高推荐质量。

三、健全创新体系，构建粮食科技协同创新平台

（七）**继续深化粮食科研院所改革** 加快构建"专业布局优化、学科结构合理、人员精干高效、创新能力突出、行业特色鲜明"的粮食科技创新体系。健全更加高效的粮食科技创新研发体系，遵循规律，优化科研院所学科布局，完善新型粮食科技资源组合模式，合理配置科技资源。坚持以产业需求为导向，根据院所业务方向进一步厘清科研机构"学科集群、学科领域、研究方向"，减少重复研究和内耗，提高科研效率。各级粮食行政管理部门要进一步推进科研院所分类改革，一院一策，一所一策。对公益研究强化国家目标和社会责任评价，引导建立公益性研究机构依托国家资源服务行业创新机制。国家级公益性院所要完善管理制度，公益为主、市场为辅，进一步推进人员绩效考评、条件建设、资源分配、科研项目及经费管理等制度建设。明确管理处室的服务职能，简化程序，提高效率。推进转制院所进一步市场化，鼓励发展混合所有制，可组建产业技术联盟。依托转制科研院所等构建应用技术研发平台，推进科研、设计和产业一体化发展，促进理论、技术、产品、标准及装备等研究有机结合。

（八）**促进产学研用深度融合** 建立技术创新市场导向机制，发挥好市场对创新资源配置的导向作用和企业技术创新的主体作用，激发全行业科技创新创业活力，支持企业自主决策，先行投入，开展行业共性关键技术装备的研发攻关。建立高层次、常态化的企业技术创新对话、咨询制度，发挥企业和企业家在粮食创新决策中的咨询作用，吸收更多企业参与研究制定规划、政策和标准，提高相关专家咨询组中企业专家的比例。各级粮食行政管理部门可依托大型粮食企业，培育发展粮食科技创新型实体，鼓励围绕产业发展需求开展技术研发和工程化研究。国家粮食局将以遴选认定国家粮食局工程技术研究中心（重点实验室）为抓手，鼓励有条件的粮食企业建立研发机构，支持其与高等院校、科研院所联合攻关，联合组建产业技术创新战略联盟，解决企业生产实际问题，开展核心关键技术研发和相关基础研究，推进重大科技成果产业化。加强国际粮食科技交流合作，积极融入全球粮食科技创新体系。

（九）**发挥高校、地方科研院所和质检机构的作用** 充分利用高校的基础理论优势，开展粮食科技基础研究，取得原创性突破。发挥高校学科交叉和科技人才优势，开展科技发展预测，拓宽行业科技视野，

为行业科技发展决策提供咨询服务。充分发挥地方粮食科研院所和质检机构体系的作用，借鉴粮食质检体系发展模式，稳步发展省级粮食科研机构。支持国家级院所、院校与地方院所联合攻关，发挥省级科研院所和质检机构密切联系基层的优势，开展技术服务，推动新技术应用推广。

（十）**促进粮食科技创新资源开放共享** 加快推进粮食领域国家工程实验室和工程技术中心、国家粮食局工程技术中心（重点实验室）、科研院所、高等院校、质检中心面向企业等社会用户，开放大型科研仪器和科研基础设施，提高资源使用率。整合各类科技文献、科学数据、科研成果、科普作品等资源，构建开放共享互动的粮食科技服务信息平台。促进粮食科技创新平台向企业特别是中小企业开放，加大科研基础设施、大型科研仪器和专利资源向社会公众开放力度。

四、加强成果推广，推进粮食科研、设计、产业一体化

（十一）**加快粮食科技成果推广应用** 依法积极、稳妥地推广粮食科技成果，坚持以"先进性、适用性、可靠性、安全性、节约性、有效性"为标准，遴选成熟科研成果。遵循科学规律，按照国家推广应用新技术、新装备有关政策法规，制定粮食行业科技成果推广办法。加快科技成果推广体系和服务信息平台建设，培育专业化、社会化、网络化的粮食科技中介服务机构，面向企业提供科技成果、研发设计、检验检测、人才培训等专业服务。落实国家科技成果转化政策，按规定奖励科研人员。充分发挥科技企业成果转化推进器的作用，探索科技成果转化各方共赢模式，注重科技创新和经营创新相结合。

（十二）**加大科技推广服务力度** 各级粮食行政管理部门要充分调动各类主体的积极性，依托各科研机构、院校和科技企业等建立不同梯次的科技服务平台，加强实用技术集成示范、培训、展示、交流和爱粮节粮科普宣传，开展技术推广综合服务。探索粮食行业"科技特派员"试点，强化农村粮食产后科技服务。加快建设一批国家级粮食科技示范单位，使其成为全国粮食科技示范基地、成果推广中心和科技教育培训基地。

五、健全激励机制，激发科技创新人才活力

（十三）**优化科研环境** 为科研人员安心研究、施展才干创造良好条件。完善科技人才选拔机制和措

施,改变科研单位以取得的项目经费额度、论文数量、专利数量等作为人才评价主要依据的做法,建立有利于科技成果转化应用的考核评价体系,以科研能力、学术水平、成果质量和应用实效等作为科研人员评价的重要内容和依据,引导科研人员注重科研实效,激发科研人员主观能动性和创新活力,使优秀创新人才脱颖而出。面向全行业推行"首席科学家(研究员)"制度,围绕学科带头人形成稳定的学术团队,营造高效、严谨的学术氛围。鼓励学术自由,为科研人员创造宽松的学术环境,尊重个人的创造与贡献,支持自主创新和原始创新。同时强调科研人员遵守学术道德准则,恪守科研诚信,严格遵守科研项目和资金管理的各项规定。健全岗位职责,严格要求科研人员遵纪守法,杜绝学术腐败。既要用事业留人、感情留人,也要重视必要的物质激励,使科研人员"名利双收"。

(十四)加快健全高层次创新人才培养机制 实施"人才兴粮"工程,加快培养粮食科技领军人才和高水平创新团队,把人才培养、团队建设作为项目立项、实施、考评的重要指标之一。有计划地培养与选拔一批在粮食行业有重要影响的学科带头人,高起点、严要求,建立人才动态管理机制。实施百千万人才工程,探索评选"粮食青年科技英才"。支持优秀青年科技人才主持科研项目,并在项目经费上给予持续稳定支持。积极争取有关部门稳定支持基础性、原创性重大研究项目,扶持培育科技创新优秀团队。鼓励科研人员在科研院所、高等院校与企业间流动。

(十五)壮大粮食科技创新队伍 健全开放流动、竞争合作的用人机制,调整和优化队伍结构,提升队伍的整体水平和能力。面向全社会吸引优势科研力量和人才,通过公平竞争的遴选机制,充实、扩大粮食科研队伍。打破"业内"、"业外"界限,广开渠道,招贤聚才,积极吸引其他领域优秀科研人员和团队参加粮食科研工作,加强与中国科学院、中国工程院等机构的科研合作。提升创新队伍的国际化水平和科技管理队伍的专业化水平。

六、转变管理职能,增强为科技发展的服务能力

(十六)改革粮食科技管理机制 按照深化中央财政科技计划管理体制改革方案的总体要求,切实转变粮食科技管理职能、观念和组织方式,简政放权,强化科技创新统筹协调和服务等职能。改革调整粮食行政管理部门科技工作重点,加强战略规划、政策法规、标准规范研究和监督指导,做好产业政策、规划、标准与科研工作的衔接,着重做好凝练行业科技

需求、搭建科研平台和组织推广科技成果等工作。

(十七)加强科技管理服务 "以科研工作为要,以科技人员为本",做好服务。围绕科研项目和科研人员的实际需求,开展管理与服务工作,解决实际问题,提供有效支持。整合利用机构、人才、装置、资金、项目等资源,凝聚力量,争取国家重点研发计划、国家自然科学基金、国家科技重大专项、技术创新引导专项(基金)、基地和人才专项等支持,在重点领域抢占制高点。改革科研项目管理方式,简化项目管理程序,淡化行政管控,公开、公平、公正地进行事前咨询、事中跟踪、事后评估,引导科研人员将主要精力和时间用在科研上,杜绝虚报项目。科研管理部门、后勤保障机构要为科研人员提供优质可靠的服务保障。落实项目承担单位法人责任制,加强项目实施全过程的信息公开和痕迹管理,强化科研经费监管,加强项目验收和结题审查,严把验收和审查质量关。实施科研项目督导检查、考核问责、动态调整等制度,完善科研信用管理。

七、保障措施

(十八)加强粮食科技创新的统筹协调 各省级粮食行政主管部门要进一步加强对科技兴粮和粮食科技创新工作的领导,明确工作部门和责任单位,建立督查考核机制,把科技创新工作纳入领导干部目标责任考核体系。要加大对产业技术政策、创新体系建设的研究力度,整合科技力量开展科技协同创新。要积极争取各级政府和科技、财政、发展改革等部门对粮食科技的支持,重点扶持基础前沿、社会公益和共性关键技术等研究项目。要加强生产、科研和管理部门的协商,建立科技规划、重点研发任务、项目征集等重大科技事项会商制度,提高科学决策水平。

(十九)编制粮食科技发展规划 科学研究制定《粮食科技创新发展"十三五"规划》,制订《粮食科技项目督导评估管理试行办法》等相关管理制度。各省(区、市)粮食行政管理部门、中央粮食企业、局直属科研院、科技创新平台、科技型企业等要结合本地区、本部门、本单位的实际,制定各自"十三五"粮食科技创新发展规划,及时公布行业需求、粮食科技发展动态和趋势,跟踪相关领域最新科技进展。

(二十)加强对行业科技创新工作指导 贯彻落实国家深化科技体制改革和创新发展政策措施,全方位实施"科技兴粮"工程。促进粮食行业科技创新工作上下联动、协调发展,共同研究行业、区域发展中突出的粮食科技需求和难点问题,加强对地方推进科技创新、成果推广和科学普及工作的指导,形成有力

的协作机制，确保深化粮食科技体制改革和创新体系建设的顺利推进。

本意见贯彻执行中遇到的新情况和新问题，请及时向国家粮食局报告。

关于促进草食畜牧业加快发展的指导意见

（农业部　农牧发〔2015〕7 号　2015 年 5 月 4 日）

各省、自治区、直辖市及计划单列市畜牧兽医（农业、农牧）局（厅、委、办），新疆生产建设兵团畜牧兽医局：

草食畜牧业是现代畜牧业和现代农业的重要组成部分。近年来，在市场拉动和政策驱动下，我国草食畜牧业呈现出加快发展的良好势头，综合生产能力持续提升，标准化规模养殖稳步推进，有效保障了牛羊肉、乳制品等草食畜产品市场供给。但是，草食畜牧业生产基础比较薄弱，发展方式相对落后，资源环境约束不断加剧，产业发展面临诸多制约和挑战。为适应农业"转方式、调结构"的需要，促进草食畜牧业持续健康发展，现提出以下意见。

一、充分认识发展草食畜牧业的重要意义

（一）发展草食畜牧业是推进农业结构调整的必然要求

发展草食畜牧业是优化农业结构的重要着力点，既有利于促进粮经饲三元种植结构协调发展，形成粮草兼顾、农牧结合、循环发展的新型种养结构，又能解决地力持续下降和草食畜禽养殖饲草料资源不足的问题，促进种植业和养殖业有效配套衔接，延长产业链，提升产业素质，提高综合效益。

（二）发展草食畜牧业是适应消费结构升级的战略选择

草食畜产品是重要的"菜篮子"产品，牛羊肉更是国内穆斯林群众的生活必需品。随着人口增长、城镇化进程加快、城乡居民畜产品消费结构升级，草食畜产品消费需求仍将保持较快增长。缓解草食畜产品供需矛盾，必须大力发展草食畜牧业。

（三）发展草食畜牧业是实现资源综合利用和农牧业可持续发展的客观需要

发展草食畜牧业，不仅有助于充分利用我国丰富的农作物秸秆资源和其他农副产品，减少资源浪费和环境污染，而且是实现草原生态保护、牧业生产发展、牧民生活改善的有效途径。

二、总体要求

（四）指导思想

全面贯彻落实党中央、国务院加快农业"转方式、调结构"的决策部署，以肉牛、肉羊、奶牛为重点，兼顾其他特色草食畜禽，以转变发展方式为主线，以提高产业效益和素质为核心，坚持种养结合，优化区域布局，加大政策扶持，强化科技人才支撑，推动草食畜牧业可持续集约发展，不断提高草食畜牧业综合生产能力和市场竞争能力，切实保障畜产品市场有效供给。

（五）基本原则

——坚持因地制宜，分区施策。遵循产业发展规律，结合农区、牧区、半农半牧区和垦区的特点，统筹考虑资源、环境、消费等因素，科学确定主导品种、空间布局和养殖规模，大力发展适度规模标准化养殖，探索各具特色的草食畜牧业可持续发展模式。

——坚持农牧结合，良性循环。实施国家粮食安全战略，在抓好粮食安全保障能力建设的基础上，合理调整种植结构，优化土地资源配置，发展青贮饲料作物和优质牧草，培肥地力，增草增畜，促进种养业协调发展。

——坚持市场主导，政策助力。发挥市场在资源配置中的决定性作用，激发各类市场主体发展活力。加大良种繁育体系建设、适度规模标准化养殖、基础母畜扩群、农牧结合模式创新等关键环节的政策扶持，更好发挥政府引导作用。

——坚持机制创新，示范引领。完善草食畜牧业各环节利益联结机制，建立合作互助、风险共担、利益共赢的长效发展机制。加大对养殖大县和优势产业

集聚区、加工企业的支持力度，形成龙头企业带动、养殖基地支撑、全产业链发展的良性机制，更好发挥产业集聚效应。

——坚持国内为主，进口补充。落实地方政府保障草食畜产品供应的责任，牛羊肉应立足国内，确保牧区基本自给和全国市场有效供给；奶类应稳定奶源供给，适当进口，满足市场多元化需求。

（六）主要目标

到2020年，草食畜牧业综合生产能力进一步增强，牛羊肉总产量达到1 300万吨以上，奶类总产量达到4 100万吨以上；生产方式加快转变，多种形式的新型经营主体加快发展，肉牛年出栏50头以上、肉羊年出栏100只以上规模养殖比重达到45%以上，奶牛存栏100头以上规模养殖比重达到60%以上；饲草料供应体系和抗灾保备体系基本建立，秸秆饲用量达到2.4亿吨以上，青贮玉米收获面积达到3 500万亩以上，保留种草面积达到3.5亿亩，其中苜蓿等优质牧草面积达到60%以上。

三、优化种养结构

（七）完善农牧结合的养殖模式

贯彻《全国牛羊肉生产发展规划（2013—2020年）》，以优势区域为重点，形成资源高效利用、生产成本可控的养殖模式。在草原牧区坚持生态优先，推行草畜平衡制度，发展人工种草，建设标准化暖棚，推行半舍饲养殖；在农牧交错带实施草原改良、退耕还草、草田轮作，建立"牧繁农育"和"户繁企育"为主的养殖模式；在传统农区优化调整农业结构，发展青贮玉米和优质饲草料种植，建立"自繁自育"为主的养殖模式，提升标准化规模养殖水平；在南方草山草坡地区，推进天然草地改良，利用冬闲田种草，发展地方特色养殖。实施牛羊养殖大县奖励补助政策，调动地方发展草食畜产品生产积极性，建成一批养殖规模适度、生产水平高、综合竞争力强的养殖基地。

（八）建立资源高效利用的饲草料生产体系

推进良种良法配套，大力发展饲草料生产。支持青贮玉米、苜蓿、燕麦、甜高粱等优质饲草料种植，鼓励干旱半干旱区开展粮草轮作、退耕种草。继续实施振兴奶业苜蓿发展行动，保障苜蓿等优质饲草料供应。加大南方地区草山草坡开发利用力度，推行节水高效人工种草，推广冬闲田种草和草田轮作。加快青贮专用玉米品种培育推广，加强粮食和经济作物加工副产品等饲料化处理和利用，扩大饲料资源来源。在农区、牧区以及垦区和现代农业示范区、农村改革试验区，开展草牧业发展试验点。在玉米、小麦种植优势

带，开展秸秆高效利用示范，支持建设标准化青贮窖，推广青贮、黄贮和微贮等处理技术，提高秸秆饲料利用率。在东北黑土区等粮食主产区和雁北、陕北、甘肃等农牧交错带开展粮改饲草食畜牧业发展试点，建立资源综合利用的循环发展模式，促进农牧业协调发展。

（九）积极发展地方特色产业

加强市场规律和消费趋势研究，积极发展地方特色优势草食畜产品。实施差异化发展战略，加大市场开拓力度，降低价格大幅波动风险。加大地方品种资源保护支持力度，选择性能突出、适应性强、推广潜力大的品种持续开展本品种选育，提高地方品种生产性能。支持地方优势特色资源开发利用，鼓励打造具有独特风味的高端牛羊肉和乳制品品牌。积极发展兔、鹅、绒毛用羊、马、驴等优势特色畜禽生产，加强品种繁育、规模养殖和产品加工先进技术研发、集成和推广，提升产业化发展水平，增强产业竞争力。

四、推进发展方式转变

（十）大力发展标准化规模养殖

扩大肉牛肉羊标准化规模养殖项目实施范围，支持适度规模养殖场改造升级，逐步推进标准化规模养殖。加大对中小规模奶牛标准化规模养殖场改造升级，促进小区向牧场转变。扩大肉牛基础母牛扩群增量项目实施范围，发展农户适度规模母牛养殖，支持龙头企业提高母牛养殖比重，积极推进奶公犊育肥，逐步突破母畜养殖的瓶颈制约，稳固肉牛产业基础。鼓励和支持企业收购、自建养殖场，养殖企业自建加工生产线，增强市场竞争能力和抗风险能力。继续深入开展标准化示范创建活动，完善技术标准和规范，推广具有一定经济效益的养殖模式，提高标准化养殖整体水平。研发肉牛肉羊舍饲养殖先进实用技术和工艺，加强配套集成，形成区域主导技术模式，推动牛羊由散养向适度规模转变。

（十一）加快草食家畜种业建设

深入实施全国肉牛、肉羊遗传改良计划，优化草食种畜禽布局，以核心育种场为载体，支持开展品种登记、生产性能测定、遗传评估等基础工作，加快优良品种培育进程，提升自主供种能力。加大奶牛遗传改良工作，补贴优质胚胎引进，提升种公牛自主培育能力，建设一批高产奶牛核心群，逐步改变良种奶牛依靠进口的局面。健全良种繁育体系，加大畜禽良种工程项目支持力度，加强种公牛站、种畜场、生产性能测定中心建设，提高良种供应能力。继续实施畜牧良种补贴项目，推动育种场母畜补贴，有计划地组织开展杂交改良，提高商品牛羊肉用性能。

（十二）加快草种保育扩繁推一体化进程

加强野生牧草种质资源的收集保存，筛选培育一批优良牧草新品种。组织开展牧草品种区域试验，对新品种的适应性、稳定性、抗逆性等进行评定，完善牧草新品种评价测试体系。加强牧草种子繁育基地建设，扶持一批育种能力强、生产加工技术先进、技术服务到位的草种企业，着力建设一批专业化、标准化、集约化的优势牧草种子繁育推广基地，不断提升牧草良种覆盖率和自育草种市场占有率。加强草种质量安全监管，规范草种市场秩序，保障草种质量安全。

（十三）着力培育新型经营主体

支持专业大户、家庭牧场等建立农牧结合的养殖模式，合理确定养殖规模和数量，提高养殖水平和效益，促进农牧循环发展。鼓励养殖户成立专业合作组织，采取多种形式入股，形成利益共同体，提高组织化程度和市场议价能力。推动一、二、三产业深度融合发展。引导产业化龙头企业发展，整合优势资源，创新发展模式，发挥带动作用，推进精深加工，提高产品附加值。完善企业与农户的利益联结机制，通过订单生产、合同养殖、品牌运营、统一销售等方式延伸产业链条，实现生产与市场的有效对接，推进全产业链发展。鼓励电商等新型业态与草食畜产品实体流通相结合，构建新型经营体系。

（十四）提高物质装备水平

加大对饲草料加工、畜牧饲养、废弃物处理、畜产品采集初加工等草畜产业农机具的补贴力度。研发推广适合专业大户和家庭牧场使用的标准化设施养殖工程技术与配套装备，降低劳动强度，提高养殖效益。积极开展畜牧业机械化技术培训，支持开展相关农机社会化服务。重点推广天然草原改良复壮机械化、人工草场生态种植及精密播种机械化、高质饲料收获干燥及制备机械化等技术，提高饲草料质量和利用效率。在大型标准化规模养殖企业推广智能化环境调控、精准化饲喂、资源化粪污利用、无害化病死动物处理等技术，提高劳动生产率。

（十五）促进粪污资源化利用

综合考虑土地、水等环境承载能力，指导地方科学规划草食畜禽养殖结构和布局，大力发展生态养殖，推动建设资源节约、环境友好的新型草食畜牧业。贯彻落实《畜禽规模养殖污染防治条例》，加强草食畜禽养殖废弃物资源化利用的技术指导和服务，因地制宜、分畜种指导推广投资少、处理效果好、运行费用低的粪污处理与利用模式。实施农村沼气工程项目，支持大型畜禽养殖企业建设沼气工程和规模化生物天然气工程。继续实施畜禽粪污等农业农村废弃物综合利用项目，支持草食畜禽规模养殖场粪污处理利用设施建设。积极开展有机肥使用试验示范和宣传培训，大力推广有机肥还田利用。

五、提升支撑能力

（十六）强化金融保险支持

构建支持草食畜牧业发展的政策框架体系，在积极发挥财政资金引导作用的基础上，探索采用信贷担保、贴息等方式引导和撬动金融资本支持草食畜牧业发展。适当加大畜禽标准化养殖项目资金，并逐步将直接补贴调整为贷款担保奖补和贴息，推动解决规模养殖场户贷款难题。积极争取金融机构的信贷支持，合理确定贷款利率，引导社会资本进入，为草食畜牧业发展注入强大活力。建立多元化投融资机制，创新信用担保方式，完善农户小额信贷和联保贷款等制度，支持适度扩大养殖规模，提高抵御市场风险的能力。继续实施奶牛政策性保险，探索建立肉牛肉羊保险制度，逐步扩大保险覆盖面，提高风险保障水平。

（十七）加强科技人才支撑服务

整合国家产业技术体系和科研院所力量，以安全高效养殖、良种繁育、饲草料种植等核心技术为重点，加强联合攻关和先进技术研发。加快培养草食畜牧业科技领军人才和创新团队，开展技能服务型和生产经营型农村实用人才培训。完善激励机制，鼓励科研教学人员深入生产一线从事技术推广服务，促进科技成果转化。加强基层畜牧草原推广体系和检验检测能力建设，发挥龙头企业和专业合作组织的辐射带动作用，推广人工授精、早期断奶、阶段育肥、疫病防控等先进实用技术，提高生产水平。加快精料补充料和开食料等牛羊专用饲料的研发，降低饲喂成本，提高饲料转化效率。加强对基层技术推广骨干和新型经营主体饲养管理技术的培训，提升科学养畜水平。

（十八）加大疫病防控力度

围绕实施国家中长期规划，切实加强口蹄疫等重大动物疫病防控，落实免疫、监测、检疫监管等各项关键措施。加强布鲁氏菌病、结核病、包虫病等主要人畜共患病防控。指导开展种牛、种羊场疫病监测净化工作。统筹做好奶牛乳房炎等常见病的防治，加强养殖场综合防疫管理，健全卫生防疫制度，强化环境消毒和病死畜禽无害化处理，不断提高生物安全水平，降低发病率和死亡率。加强肉牛肉羊屠宰管理，强化检疫监管。加强养殖用药监管，督促、指导养殖者规范用药，严格执行休药期等安全用药规定。

（十九）营造良好市场环境

加强生产监测和信息服务，及时发布产销信息，引导养殖场户适时调整生产规模，优化畜群结构。加强消费引导和品牌推介，支持开展无公害畜产品、绿色食品、有机畜产品和地理标志产品认证，打造草食畜产品优势品牌，提升优势产品的市场占有率。支持屠宰加工龙头企业建立稳定的养殖基地，加强冷链设施建设，开展网络营销，降低流通成本。鼓励地方建立原料奶定价机制和第三方检测体系，完善购销合同，探索种、养、加一体化发展路径。支持建设区域性活畜交易市场和畜产品专业市场，鼓励经纪人和各类营销组织参与畜产品流通，推动实现畜产品优质优价。支持行业协会发展，发挥其在行业自律、权益保障、市场开拓等方面的作用。

（二十）统筹利用两个市场两种资源

加强草食畜产品国际市场调研分析，在确保质量安全并满足国内检疫规定的前提下，逐步实现进口市场多元化，满足不同层次的消费需求。加强草食畜产品进口监测预警，研究制定草食畜产品国际贸易调控策略和预案，推动建立草食畜产品进口贸易损害补偿制度，维护国内生产者利益。支持企业到境外建设牛羊肉生产、加工基地和奶源基地，推动与周边重点国家合作建设无规定疫病区。

当前，我国草食畜牧业发展迎来了难得的历史机遇。各地要把思想和行动统一到中央关于农业发展"转方式、调结构"的要求上来，乘势而上，主动作为，创新发展机制，突破瓶颈制约，努力促进草食畜牧业持续健康发展。

关于加强旅游食品安全监管工作的通知

（国家食品药品监督管理总局　食药监食监二〔2015〕54号　2015年5月13日）

各省、自治区、直辖市食品药品监督管理局，新疆生产建设兵团食品药品监督管理局：

为认真贯彻落实《国务院关于促进旅游业改革发展的若干意见》（国发〔2014〕31号）精神，加强旅游食品安全监管，保障游客饮食安全，防控重大食品中毒事故，推动旅游业健康发展，现将有关工作要求通知如下：

一、提高认识，加强组织领导

食品经营是旅游服务的重要组成部分，规范食品经营行为、提高食品安全监管水平对于保障游客健康安全、营造良好旅游环境、促进旅游经济平稳增长具有十分重要的作用。要充分认识加强旅游食品安全监管工作的重要意义，将旅游食品安全监管工作作为促进旅游业改革发展的重要基础抓实、抓细、抓好，努力推动形成依法监管、规范经营、放心旅游的旅游市场食品安全格局。要进一步加强旅游食品安全监管的组织领导，落实"地方政府对行政区域食品安全监管负总责、食品药品监管部门负监管责任、景区（点）经营者负管理责任、食品经营者负首要责任"的食品安全责任体系，建立旅游食品安全综合治理机制，不断提高旅游食品安全保障水平。

二、强化措施，加强日常监管

要将旅游食品安全作为日常监管的工作重点，对旅游食品安全监管进行专门部署，不断健全工作机制，创新方式方法，督促食品经营者落实主体责任，规范食品经营行为，积极推动旅游食品诚信经营。

要落实属地监管责任，加大例行检查力度，严格落实进货查验和索证索票等制度要求，把好旅游食品经营的进货、储存、销（制）售和退市关口，严厉查处旅游食品经营各类违法违规行为，严禁采购和使用病死、毒死或者死因不明的禽、畜肉类及其制品，以及超过保质期的食品等违法行为。

要将量化分级管理作为强化旅游食品安全日常监管的重要抓手，探索将量化分级评定结果作为食品经营主体资格的重要指标，鼓励具备相应供餐规模、量化分级管理等级较高的餐饮服务单位承担旅游团队的餐饮服务工作。要将实施"明厨亮灶"作为规范旅游食品经营行为、强化食品安全监管、保障旅客知情权益、促进社会共治的重要措施，引导督促餐饮服务单位优化场所布局，通过透视明档、矮墙展示、视频传输、参观回廊、开放式厨房等多种方式，实现"明厨亮灶"，做到食品加工制作重点区域可视、关键环节可知、风险点位可控。

三、强化抽检，加强信息公示

要强化旅游食品安全监督抽检工作，将旅游景区（点）餐饮服务单位和地方传统特色食品作为食品安全抽样检验工作计划重点，按照公开、公平、公正的原则，依法组织开展旅游食品安全抽样检验工作。对于抽检中发现的问题，要及时采取有效措施，强化整改，严控食品安全风险。对旅游食品安全监督抽检信息，要依法及时进行公布，加大公示曝光力度，并将相关情况记入食品安全信用档案，营造健康有序的旅游食品经营秩序。

要充分利用各类媒体、公示栏、广告牌等，发布食品安全知识和消费预警、提示，公布食品安全监督举报电话，建立健全有奖举报制度、"黑名单"制度，鼓励游客增强食品安全消费维权意识。要在景区入口处、旅游集散中心等明显位置和食品经营场所公示旅游景区（点）食品经营者的食品安全监督量化分级管理等级以及食品抽检情况，引导游客理性消费。

四、突出重点，加强风险防控

要坚持问题导向，强化风险意识，对旅游景区（点）及其周边商场、超市、食品店、农家乐等旅游消费重点区域，节假日、节庆活动和重大活动等旅游高峰重点时段，以及集体配送单位、旅游团队餐饮服务提供单位和地方传统食品经营者进行重点监督检查，尤其对发生过食物中毒事故的餐饮服务单位，要认真开展问题回访，严格落实整改要求，严防食物中毒事故再次发生。对于区域性突出问题，要组织开展食品安全专项整治，深入排查安全隐患，全面规范经营行为，全力提升食品安全水平。

五、加强协调，形成工作合力

要加强与旅游管理等部门的沟通协调，建立齐抓共管的部门合作机制。要加强部门间信息沟通，掌握旅游区域分布和态势、旅游大型活动和节庆活动等信息，采取有针对性的监管措施。要及时将旅游景区（点）食品经营者的行政许可、日常监管和食品安全事故等信息通报旅游行政管理部门，为其开展旅游景区和旅游饭店等级评定等工作提供参考。要积极配合旅游管理等部门适时开展联合督查，健全信息监测、现场检查、问题核查、飞行检查、动态监督、随机抽检、明查暗访等旅游市场食品安全立体风险防控体系。

六、加强应急，防控中毒事故

要建立健全应急管理机制，会同旅游管理等部门按照本地食品安全应急预案，积极开展应急培训，定期开展应急演练，不断完善快速反应机制，严格落实节假日、节庆活动和重大活动等旅游高峰重点时段值班值守制度，提高事故防范和应急处置能力。旅游景区（点）经营管理者要建立食品安全应急预案，食品经营者要制定食品安全事故应急方案，一旦发生食物中毒等食品安全事故，要按照应急处置方案迅速采取控制措施，及时报告当地政府以及食品药品监管、旅游管理和卫生行政管理部门。

七、结合实际，狠抓工作落实

要结合当地实际，认真贯彻落实国发〔2014〕31号文件精神，积极创新旅游食品安全监管工作机制措施，提升监管水平，不断优化旅游发展环境。要建立健全旅游食品安全制度，特别是旅游重点省份，要积极推动地方立法，制定出台本行政区域旅游食品安全管理制度。要认真落实食品安全属地责任，将旅游食品安全工作落实情况纳入各级地方政府食品安全工作年度考核。要探索建立地方传统特色食品培育机制，积极争取地方政府支持，鼓励和指导具有地方特色和民俗特色的食品经营者升级改造，不断提高旅游食品安全水平。

2015年生猪屠宰专项整治行动实施方案

（农业部　农医发〔2015〕11号　2015年5月13日）

为切实做好2015年生猪屠宰专项整治行动，制定实施方案如下：

一、工作目标

（一）总体要求

按照《中华人民共和国农产品质量安全法》《中华人民共和国动物防疫法》《生猪屠宰管理条例》等有关法律法规和《最高人民法院、最高人民检察院关于办理危害食品安全刑事案件适用法律若干问题的解释》，围绕重点时段、重点区域和薄弱环节，组织开展生猪屠宰专项整治行动，持续保持高压态势，严厉打击私屠滥宰、添加"瘦肉精"、注水或注入其他物质、销售及屠宰病死猪等违法犯罪行为，保障猪肉产品质量安全。

（二）目标任务

各地要围绕生猪屠宰存在的突出问题，加大对屠宰违法犯罪行为打击力度，具体做到"八个一"：

1. 深挖一批生猪屠宰违法线索　通过监督检查、明察暗访、接访举报与基层排查等方式，对辖区内生猪屠宰活动实施全面、细致排查，寻找、发现、掌握一批生猪屠宰违法线索。

2. 组织一次企业主体责任宣传教育　组织开展广泛宣传活动，采取明白纸、告知书、约谈、签订责任书等方式，强化对辖区内生猪屠宰企业的屠宰法律法规、安全知识和职业道德诚信教育，督促引导落实屠宰企业质量安全主体责任。

3. 开展一次多部门联合执法　联合公安、食品药品监督管理等部门，对城乡结合部、私屠滥宰专业村（户）和肉食品加工集中区域等私屠滥宰易发区域和多发地区开展一次联合执法检查。

4. 排查一批违禁物质　按照屠宰环节"瘦肉精"等违禁物质监督抽检技术要求，对生猪屠宰环节"瘦肉精"进行抽检。全国抽检达到30万批次以上。

5. 取缔一批私屠滥宰窝点　加大执法力度，依法取缔一批生猪私屠滥宰窝点。对查获的违法线索依法立案查处或者及时移送相关部门处理，涉嫌犯罪的一律移送公安机关。

6. 曝光一批违法企业　将违法生猪屠宰企业名单向社会公布，列入辖区内食品安全黑名单管理，同时及时报我部。

7. 通报一批典型案例　适时向社会和媒体公布查办的生猪屠宰违法犯罪典型案例，震慑违法犯罪分子，树立兽医部门依法执法、严格执法形象。

8. 构建一批长效机制　专项整治行动结束后，要认真总结专项整治行动中好的经验和做法，健全完善生猪屠宰监管规章制度，探索构建生猪屠宰监管长效机制。

二、工作任务

（一）整治重点

1. 重点区域　城乡结合部、私屠滥宰专业村（户）和肉食品加工集中区域等私屠滥宰易发区域和多发地区。

2. 重点对象　屠宰场，私屠滥宰"黑窝点"，收购病死猪的"黑窝点"。

3. 重点打击的违法违规行为　私屠滥宰行为，注水或注入其他物质的行为，屠宰环节违法添加使用"瘦肉精"的行为，违法销售及屠宰病死猪的行为。

（二）主要措施

1. 强化主体责任落实　督促屠宰企业落实生猪进厂（场）检查登记、肉品品质检验、"瘦肉精"自检等制度，落实好各项质量安全控制措施。监督屠宰企业及时对病害猪进行无害化处理，强化屠宰环节病害猪无害化处理补贴经费管理。督促屠宰企业落实屠宰台账制度，如实记录屠宰生猪来源、数量、屠宰日期、检疫检验证号、销售去向和病害猪无害化处理情况，切实做到屠宰全过程痕迹化管理。

2. 加大监督抽检力度　对生猪屠宰环节注水或注入"瘦肉精"等非法添加物质进行全面抽检、排查。严格检查屠宰企业"瘦肉精"检测记录凭证，对每年"瘦肉精"抽检任务中阳性率高的地区或屠宰场点，要进行重点监控、提高抽检比例。快速筛查出的阳性样品要及时予以确证，对确证含有"瘦肉精"的涉案线索及时移送公安机关。

3. 严厉打击屠宰违法行为　要会同公安、食品药品监督管理等部门，集中开展多部门联合执法，加大对生猪屠宰违法案件的查处力度。围绕"国庆""元旦""春节""两会"等食品安全敏感期，针对城乡结合部、私屠滥宰专业村（户）和肉食品加工集中区域等私屠滥宰易发区域和多发地区，开展拉网式普查，严厉打击私屠滥宰、违法销售和屠宰病死猪、添加"瘦肉精"、注水或注入其他物质等各类违法犯罪行为。

4. 加强屠宰行业管理　切实做好生猪定点屠宰许可管理，继续开展生猪定点屠宰企业资格审核清理工作，加强生猪定点屠宰企业设立审批管理，严格执行定点屠宰设置条件和要求，严肃查处定点屠宰企业出租、转让定点屠宰证书和标志牌等违法行为。

三、工作步骤

生猪屠宰专项整治行动时间从 2015 年 5 月至 2016 年 4 月。具体包括以下六个阶段。

（一）动员部署阶段（2015 年 5 月） 根据本地区实际情况，制定有针对性的实施方案，要重点突出、措施有力、要求明确，确保各项工作落到实处。要组织召开动员会议，研究部署本地区生猪屠宰专项整治行动。

（二）宣传发动阶段（2015 年 6 月） 开展生猪屠宰环节质量安全宣传月活动，充分发挥广播、电视、报纸、网络等新闻媒体作用，采取灵活多样的形式，普及肉品消费知识，提高消费者自我保护意识和能力，为专项整治行动营造良好社会氛围。

（三）集中排查阶段（2015 年 7 月） 集中力量对生猪屠宰场所进行全面排查摸底，重点加强对城乡结合部、私屠滥宰专业村（户）的排查。要把集中排查工作与畜禽屠宰行业统计、政策调研等工作紧密结合，通过本次排查准确掌握生猪屠宰行业全面情况，系统梳理分析本地区生猪屠宰行业的问题及风险隐患。

（四）整治查处阶段（2015 年 8 月—2016 年 3 月） 在前期排查的基础上，集中整治生猪屠宰行业存在的问题和隐患，提高肉品质量安全保障水平。要做好行政执法与刑事司法衔接，集中查处生猪屠宰环节各类违法行为，端掉一批私屠滥宰黑窝点，严惩一批违法犯罪分子。

（五）督促检查阶段（2015 年 9 月） 组织开展全国生猪屠宰专项整治行动省际交叉互查活动，督查地市和县市屠宰监管职责调整进展情况，检查生猪屠宰专项整治行动部署和开展情况。

（六）总结提升阶段（2016 年 4 月） 召开 2016 年全国畜禽屠宰监管工作座谈会，全面总结生猪屠宰专项整治行动开展情况、主要成效、经验做法和存在的不足，公布一批违法屠宰典型案例，震慑违法犯罪分子。

四、工作要求

（一）加强组织领导，狠抓责任落实 各省、自治区、直辖市兽医部门要把生猪屠宰专项整治纳入重要议事日程，加大经费投入，加强工作力量，切实落实责任。要加大对各市、县的督导检查力度，对重点地区、重点问题实施现场指导、跟踪督办，确保整治行动取得实效。我部将把生猪屠宰专项整治行动作为 2015 年加强重大动物疫病延伸绩效考核管理重要内容，对各地工作进行考核。

（二）加强协调配合，形成工作合力 各省、自治区、直辖市兽医部门要加强系统内的协调配合，形成监管合力。要加强与公安、食品药品监督管理、环保等部门的协调配合，形成跨部门执法合力。要进一步完善案件移送机制，涉嫌犯罪的要按照行政执法与刑事司法衔接的规定，及时将案件线索或案件移送公安机关查处，并配合做好调查取证等工作。对于畜禽屠宰监管职能尚未划转到位的市、县，兽医部门要加强与商务部门的衔接，及时向当地政府汇报，确保整治任务落实到位。

（三）加强制度建设，健全长效机制 各省、自治区、直辖市兽医部门在集中开展专项整治的同时，要强化屠宰行业监管长效机制的建设，结合本地区和本系统实际，加强调查研究，总结屠宰行业畜禽产品质量安全监管好的经验和做法，积极探索行之有效的监管制度机制，切实提高生猪屠宰行业监管效能。要强化生猪屠宰企业肉品质量安全主体责任，加快屠宰场点升级改造，加强生猪定点屠宰许可管理。要推进屠宰环节病害猪无害化处理设施和收集制度建设，完善屠宰环节病害猪无害化处理补贴政策和长效机制。要健全完善生猪屠宰企业诚信和自律机制，促进生猪屠宰行业健康发展。

（四）加强舆情关注，强化信息报送 要建立健全生猪屠宰舆情监测和应急处置机制，切实做到及时发现、快速反应、积极应对。要充分发挥社会监督的作用，健全完善生猪屠宰违法行为举报和举报核查制度，积极拓宽案源线索。要建立固定的专项整治信息报送机制，案件信息实行月报制度，每月的 10 日前报送上月的查办案件情况统计表，移送司法机关的大案要案要报送详细案情。常规信息实行季报制度，分别于 2015 年 9 月、12 月和 2016 年 3 月的 10 日前报送上三个月整治情况统计表和前一阶段整治工作进展情况（包括整体情况、主要措施、存在的问题、下一步工作安排等）。

注：生猪屠宰专项整治行动查办案件统计表、生猪屠宰专项整治行动整治情况统计表（略）。

全国农产品产地市场发展纲要

（农业部 农市发〔2015〕2号 2015年5月22日）

农产品产地市场是我国现代农业产业体系和农产品市场体系的重要组成部分，是在农业市场化改革不断深入和农产品专业化、区域化、规模化生产不断发展的基础上兴起的，是指具有较高商品率的农产品主产区为了快速、大批量集散当地农产品，稳定农产品供应而兴建的市场，其市场交易量60%以上是本地农产品。为加快推进农产品产地市场体系建设，在抓好生产的同时抓好市场，大力推动农产品流通和营销，充分发挥农产品产地市场对农业产业的带动作用，着力解决农产品卖难、卖不出去、卖不上好价等问题，特制定本纲要。纲要中农产品产地市场指蔬菜、果品、畜禽、水产品和特色农产品市场。

一、产地市场发展状况

（一）发展现状

1. 农产品批发市场体系初步形成 经过多年的建设和发展，我国已初步形成专业性与综合性相结合，产地、集散地与销地相衔接的农产品批发市场体系。目前，我国农产品批发市场4 469家。年交易额亿元以上的农产品批发市场1 790家，其中专业性市场1 101家，占61.5%，年交易总额占67.3%。在专业市场中蔬菜、干鲜果品、畜禽、水产品和特色农产品市场数量约占89.9%。

2. 产地市场管理水平不断提升 在农产品流通业快速发展的形势下，产地市场经营者管理水平不断提高。一批实力较强的产地市场开始应用现代信息技术，实现了经营管理的信息化，并建立产地市场信息收集发布平台，实时发布农产品价格信息、交易信息和供求信息。同时，在传统的对手交易、现金结算的基础上，有些产地市场开始采用电子结算；一些产地市场建立了电子商务交易平台；有的产地市场还尝试推行了电子拍卖交易。

3. 产地市场功能逐步完善 产地市场从初期的集散交易不断拓展商品化处理、信息服务、品牌培育等功能。依托产地市场，经销商对农产品进行预冷、分级分选、包装等商品化处理，不仅能减少农产品流通损失，也有利于形成产地农产品品牌，提高了农产品附加值和市场竞争力。作为农产品需求信息和价格信息的交汇平台，产地市场能够反馈信息引导农民生产，推动了农业生产结构优化调整。

（二）存在的问题

1. 市场布局不够合理 目前，我国东部地区产地市场数量多、规模大，对产业带动和农产品流通的促进作用明显，而中、西部地区的产地市场数量少、建设标准低，特别是有些优势农产品生产区域产地市场建设严重滞后，制约了产业的发展。

2. 基础设施建设薄弱 产地市场已成为农产品流通领域最薄弱的环节，大多数产地市场只是一个简易的交易场所，设施简陋、环境差，缺少预冷库、保鲜库、冷藏车、污水处理、垃圾处理、电子结算等基础设施，分级、分选、包装和装卸多由人工完成，甚至有些产地市场只是季节性临时设点，几乎没有任何配套基础设施。

3. 信息服务功能不全 大部分产地市场信息服务设施建设滞后，生产、交易信息采集不全面、不准确，缺乏数据分析处理的方法和手段；信息发布渠道少，多数市场信息未通过网络、手机、电视等媒介进行传播，信息服务的针对性、及时性不强，不能满足广大生产者、经营者、消费者及各级政府的信息需求。

4. 交易方式总体落后 目前，我国产地市场基本都采用现货对手交易，只有少数市场采用了公开拍卖的交易方式，鲜活农产品网上交易和期货交易还处于起步阶段，现金结算仍然是主要方式。产地市场交易与结算方式比较落后、效率低、风险大，且难以形成公开、公正的交易价格。

5. 主体经营能力不强 农民合作社、家庭农场、种养大户、农村经纪人等流通主体，经营规模小、标准化程度低、信息获取渠道少、商品化处理水平低、议价和应对市场风险的能力差。绝大多数流通主体缺乏专业系统的经营管理知识与职业技能，营销能力和契约意识不强。

（三）发展机遇

1. 国家高度重视产地市场的发展 2012年发布的《国务院关于深化流通体制改革加快流通产业发展的意见》要求"统筹农产品集散地、销地、产地市场建设，构建农产品产销一体化流通链条"。2015 年中央 1 号文件《关于加大改革创新力度加快农业现代化建设的若干意见》明确提出"加强农产品产地市场建设，加快构建跨区域冷链物流体系，继续开展公益性农产品批发市场建设试点"。农业部认真落实中央有关要求，大力推进农产品产地市场建设，目前已与地方政府联合启动建设了一批全国性农产品产地市场和田头市场，在促进主产区农产品价格形成、信息服务、科技交流、物流集散及品牌培育等方面发挥了重要作用。

2. 产业发展对产地市场需求迫切　优势农产品区域布局规划自实施以来，成效显著，我国农产品生产的区域化、规模化、专业化水平显著提升，一批新

的优势产业区稳步发展壮大。随着"菜篮子"工程的不断推进，我国生鲜农产品市场均衡供给能力大幅提升，蔬菜、水果、肉类、禽蛋、水产品等"菜篮子"产品产量已连续多年位居世界首位，生产结构更加优化，产业布局更加合理。与此同时，农产品生产集中度的提高也增加了"滞销卖难"的风险，迫切需要专门的集散场所对农产品进行集中、商品化处理和批发交易。产地市场作为生产者出售农产品的重要场所，具有交易、商品化处理、信息服务、检验检测、仓储物流等功能，通过建立完善的农产品产地市场体系，可有效解决农产品销售难题，并带动农业产业结构调整和农产品规模化、标准化的发展。

近年来国家支持农产品产地市场发展的相关政策

2000 年发布的《中共中央、国务院关于做好农业和农村工作的意见》：各地要把产地批发市场纳入农业基础设施建设规划，增加投入，重点搞好场地、道路、通讯和农药检测等公用设施建设。

2009 年中央 1 号文件《促进农业稳定发展农民持续增收的若干意见》：加大力度支持重点产区和集散地农产品批发市场等流通基础设施建设……推进在全国范围内免收整车合法装载鲜活农产品的车辆通行费。

2011 年国务院办公厅《关于加强鲜活农产品流通体系建设的意见》：以加强产销衔接为重点，加强鲜活农产品流通基础设施建设。

2012 年中央 1 号文件《关于加快推进农业科技创新持续增强农产品供给保障能力的若干意见》：免除蔬菜批发和零售环节增值税，落实和完善鲜活农产品运输绿色通道政策，清理和降低农产品批发市场、城市社区菜市场、乡镇集贸市场和超市的收费。

2012 年《国务院关于深化流通体制改革加快流通产业发展的意见》：统筹农产品集散地、销地、产地批发市场建设，构建农产品产销一体化流通链条。

2013 年国家发展改革委办公厅《关于进一步降低农产品生产流通环节电价有关问题的通知》：降低农产品批发市场、农贸市场用电、农产品冷链物流的冷库用电价格。

2013 年中央 1 号文件《中共中央国务院关于加快发展现代农业进一步增强农村发展活力的若干意见》：统筹规划农产品市场流通网络布局，重点支持重要农产品集散地、优势农产品产地市场建设。

2013 年《国务院办公厅深化流通体制改革加快流通产业发展重点工作部门分工方案》：支持建设和改造一批具有公益性质的农产品批发市场……以及重要商品储备设施、大型物流配送中心、农产品冷链物流设施等。

2014 年中央 1 号文件《关于全面深化农村改革加快推进农业现代化的若干意见》：支持产地小型农产品收集市场、集配中心建设。

2014 年商务部联合农业部等 13 部委发布《商务部等 13 部门关于进一步加强农产品市场体系建设的指导意见》：在我国优势农产品产业带和集中生产基地，规划建设一批全国性、区域性和农村田头等产地市场。

2015 年 1 月，中央 1 号文件《关于加大改革创新力度加快农业现代化建设的若干意见》提出：加强农产品产地市场建设，继续开展公益性农产品批发市场建设试点。

---

3. 电子商务给产地市场带来机遇　随着我国农业现代化的加快发展和农产品消费市场的快速成长，农产品流通模式不断创新，农产品直供直销、电子商务等新兴流通业态蓬勃发展，这些新兴流通业态都需要依托产地市场进行农产品的分级、分选、预冷、包装等商品化处理以及货物的组配。与此同时，拍卖、网上交易、电子结算等新型交易及结算方式不断涌现；云计算、大数据等信息收集、处理技术快速发展；信息化、现代结算方式等不断推进使农产品价格形成越来越透明。现代技术的发展为产地市场建设创造了条件。

二、产地市场发展布局

(一) 产地市场发展

全面贯彻党的十八大和十八届三中、四中全会精神，深入贯彻落实中央 1 号文件和中央农村工作会议精神，以提高农产品流通效率、保障农产品有效供给、促进农民增收为宗旨，以市场需求为导向，以转方式、调结构为抓手，以机制创新为突破，通过政府引导、企业主体、社会投入，培育壮大流通主体、强化产销信息服务、推广公平交易方式、发展农业电子

商务、创建国家农业品牌、构建利益连接纽带、完善基础设施建设，积极构建现代农产品产地市场体系，推进农业产业发展和城乡繁荣，为新型工业化、信息化、城镇化和农业现代化同步发展提供有力支撑。

1. 与现代农业产业体系发展衔接 产地市场是现代农业产业体系重要组成部分，建设产地市场，有利于把分散农户生产的农产品汇集起来，形成商品批量，通过快速集散和扩大流通范围，促进农产品顺畅销售，实现小规模生产与大市场需求的有效对接。布局产地市场，完善主产区市场体系，搭建产销信息服务平台，能够提升农户与市场对接能力，提高农产品流通效率，促进农业产业发展。

2. 与农产品优势区域布局规划一致 产地市场建设要与全国优势农产品区域布局规划和特色农产品区域布局规划衔接，因地制宜、分类推进。在优势农产品集中区域建设全国性农产品产地市场、区域性农产品产地市场和田头市场，做好产地市场与生产基地的对接，紧密连接农户和消费者，以市场需求和消费驱动为导向，最大限度提高产地市场辐射带动农业生产的能力，推动主产区优势产业协调可持续发展。

3. 促进一二三产业融合发展 产地市场具备产业关联效应大的特点，建设产地市场，能够有效带动加工、包装、储藏、保鲜、运输、餐饮、住宿、农资供应等相关产业发展，实现农产品生产、加工流通、消费有效对接。通过产地市场建设，推动农产品由数量增长向质量提升、从分散布局向产业集聚转变，使得农村一二三产业之间紧密相连、协同发展，最终实现农业产业延伸、产业范围扩展和农民增加收入。

4. 推进农业品牌战略实施 农业品牌化是农业调结构转方式的重要抓手，也是农业规模化、标准化、产业化和市场化的重要手段。品牌化是农业现代化的核心标志，通过产地市场建设，充分利用农业优势资源，挖掘文化内涵，完善产地市场商品化处理和包装等功能，实现产品统一标准、统一处理和统一包装，有助于建立良好的品牌和信誉，提升产品价值和市场竞争力，带动产业规模化、标准化发展。

（二）产地市场布局

农产品产地市场体系是沟通农产品生产与消费的桥梁与纽带，是现代农业发展的重要支撑体系之一。依据《全国优势农产品区域布局规划（2008—2015年）》和《特色农产品区域布局规划（2013—2020年）》等相关文件，借鉴日本、韩国农产品市场体系建设的经验，到2020年，在优势产区和特色产区建成一批直接服务农户营销的产地市场，其中全国性产地示范市场30个，区域性产地示范市场300个，田头示范市场1 000个，通过示范带动和政策引导，形成布局合理、分工明确、优势互补的全国性、区域性和田头市场的三级产地市场体系。

日本农产品市场体系

日本1921年颁布第1部《中央批发市场法》，1971年修订为《批发市场法》，明确了农产品批发市场的法定地位。目前，日本的市场体系由中央批发市场、地方批发市场、小型批发市场和产地集货中心等构成，其中中央批发市场87个，产地集货中心3000多个。经批发市场流通的蔬菜和果品分别占各自流通总量的80.8%和56.8%。

韩国农产品市场体系

韩国1951年颁布了《中央批发市场法》，明确了农产品批发市场的法定地位。经过60多年的发展，形成了由公营批发市场、一般法定市场和农产品加工中心构成的市场体系。目前，韩国有公营批发市场33个（其中，中央批发市场11个，地方批发市场22个），一般法定市场19个，产地农产品加工中心350个。全部水产品和50%以上的果蔬都通过批发市场流通，其中22%的水产品采用拍卖方式进行交易。

---

1. 全国性农产品产地市场 全国性农产品产地市场是在优势农产品区域，由农业部和省政府共同支持建设，能够辐射带动本区域乃至全国优势农产品产业发展的大型农产品专业批发市场。全国性农产品产地市场是农产品产业体系的"航空母舰"和引领国内产业发展的龙头，是全国价格形成中心、产业信息中心、物流集散中心、科技交流中心和会展贸易中心。

全国性产地市场"五大中心"功能

价格形成中心是指市场采用公开、公平的交易方式，形成主营农产品交易价格，通过发布交易价格和价格指数，指导全国同类农产品市场交易。

产业信息中心是指市场通过对生产信息、供求信息、价格信息的采集和发布，构筑产业信息汇集、交换、传播的平台，解决现有信息不对称问题。

物流集散中心是指依托市场对农产品进行收集、交易、商品化处理、储藏和运输，确保农产品及时、有效地聚集疏散。

科技交流中心是指充分利用市场所在区域农业科技资源，通过资源整合，依托市场开展农产品新品种研发、新技术推广以及流通标准化等相关研究、推广、展示和交流活动，促进标准化生产，推广新技术和新方法。

会展贸易中心是指市场通过举办各类农产品贸易活动，形成生产者、经销商、贸易商集中交流、沟通的平台，展示农产品品牌，促进农产品销售。

（1）布局条件　市场所在地在优势产区中地位突出或位居全国前列，有一批带动能力强的专业合作社、骨干龙头企业，在国内外具有较高的品牌知名度和文化底蕴，科技、会展等相关产业较为发达，产业发展空间和潜力大。全国性水果产地市场辐射带动集中连片种植面积50万亩以上，市场交易量占市场所在优势区同种水果产量的30%以上，市场年交易额达100亿元以上。全国性蔬菜产地市场辐射带动集中连片种植面积100万亩以上，市场交易量占市场所在优势区蔬菜产量的30%以上，市场年交易额达80亿元以上。全国性畜禽产品产地市场禽蛋年交易量在50万吨以上，肉类年交易量15万吨以上，市场交易量占市场所在优势区畜禽产品产量的10%以上，市场年交易额达50亿元以上。全国性水产品产地市场水产品年交易量在20万吨以上，市场交易量占市场所在优势区水产品产量的20%以上，市场年交易额达50亿元以上。特色农产品产地市场辐射范围内特色农产品集中连片生产规模大，市场交易量占市场所在优势区同种特色农产品产量的30%以上，市场年交易额达80亿元以上。

（2）布局　按照对优势农产品区域乃至全国同类产品流通具有较强影响力的要求，在黄土高原苹果优势区、华北白梨优势区、赣南—湘南—桂北柑橘优势区、粤桂热带水果优势区、西北葡萄优势区、陕西关中猕猴桃优势区等水果优势区建设全国性水果产地市场。在华南冬春蔬菜优势区、长江上中游冬春蔬菜优势区、黄土高原夏秋蔬菜优势区、云贵高原夏秋蔬菜优势区、黄淮海与环渤海设施蔬菜优势区和西北鲜食用、加工用和种用马铃薯及蔬菜优势区等建设全国性专业产地市场。在黄渤海海产品优势区、东海海产品优势区、南海海产品优势区、长江流域淡水产品优势养殖区等水产优势区建设全国性水产品产地市场。在中原禽蛋优势区、西南生猪优势区、西北清真牛羊肉优势区等畜禽产品优势区建设全国性畜禽产品产地市场。在东北黑木耳优势区、云南中部鲜切花卉优势区、河南绿茶优势区等特色农产品优势区建设全国性特色农产品产地市场。

柑橘产地市场区域选择依据

根据《柑橘优势区域布局规划（2009—2015年）》，我国柑橘优势区包括长江上中游柑橘优势区、赣南—湘南—桂北柑橘优势区、浙—闽—粤柑橘优势区、鄂西—湘西柑橘优势区和特色柑橘优势区。其中，长江上中游柑橘优势区位于湖北秭归以西、四川宜宾以东、以重庆三峡库区为核心的长江上中游沿江区域，预计2015年，柑橘种植面积400万亩，产量550万吨，鲜食加工兼用。赣南—湘南—桂北柑橘优势区包括江西赣州、湖南郴州、永州、邵阳和广西桂林、贺州等地，具有发展甜橙生产的优越自然生态条件和丰富的土地资源，该区域脐橙品质好，在国内外市场上具有明显的质量优势，预计2015年，柑橘种植面积500万亩左右，总产量550万吨，产品主要满足国内对鲜食脐橙的需求。浙—闽—粤柑橘优势区位于北纬21°～30°，东经110°～122°之间的东南沿海地区，具有发展宽皮柑橘、柚类、杂柑类生产的优越自然生态条件，预计2015年，柑橘种植面积500万亩左右，产量600万吨，鲜食加工兼用。鄂西—湘西柑橘优势区位于东经111°左右，北纬27°～31°之间，海拔60～300米。预计2015年，柑橘种植面积稳定在400万亩，产量430万吨，鲜果主要供应北方市场。特色柑橘优势区包括南丰蜜橘基地、岭南晚熟宽皮橘基地、云南特早熟柑橘基地、丹江库区北缘柑橘基地和柠檬基地，预计2015年种植面积245.6万亩，总产量97.9万吨。

热带水果产地市场区域选择依据

根据《特色农产品区域布局规划（2013—2020年）》，我国热带水果优势区集中在粤桂南部、闽东沿海、海南、滇南干热河谷、四川等地。其中，广东和广西的香蕉、菠萝、荔枝、龙眼的总产量分别是679.3万吨和358.6万吨，分别占全国总产量的37.6%和19.7%。

葡萄产地市场区域选择依据

根据《特色农产品区域布局规划（2013—2020年）》，我国葡萄优势区包括华北区、东北区、华东区、中南区、西南区和西北区。其中，西北地区的新疆鲜食葡萄总产量最高，年产量达209.1万吨，占全国总产量的19.8%。

猕猴桃产地市场区域选择依据

根据《特色农产品区域布局规划（2013—2020年）》，我国猕猴桃优势区包括陕西关中、甘肃、渝湘黔区、江西、江苏等地。其中，陕西和河南的猕猴桃的总产量分别是82.3万吨和34.4万吨，分别占全国总产量的56.6%和23.7%。陕西省眉县猕猴桃产量占全国的28.3%，眉县已形成美味猕猴桃和中华猕猴桃两大类近20个品种，产品畅销北京、上海、广东、台湾等20多个省、直辖市和地区，高端产品出口北美、中东等10多个国家和地区。

蔬菜产地市场区域选择依据——华南

根据《全国蔬菜重点区域发展规划（2009—2015年）》，华南冬春蔬菜优势区蔬菜生产重点县74个，主栽品种包括豆类、瓜类、茄果类、西甜瓜等喜温瓜菜，蔬菜销往"三北"、长江流域、港澳地区以及日、韩等国冬淡市场，上市期为12月至次年2月。预计2015年本重点区域基地县蔬菜播种面积稳定在2100万亩左右、总产量超过4000万吨，调出比例达到55%以上，产品安全质量达到无公害食品要求，商品化处理程度达到80%以上。

蔬菜产地市场区域选择依据——长江上中游地区

根据《全国蔬菜重点区域发展规划（2009—2015年）》，长江上中游冬春蔬菜优势区蔬菜生产重点县92个，主栽品种包括花椰菜、结球甘蓝、莴笋、芹菜、蒜薹等喜凉蔬菜，蔬菜销往"三北"地区和珠江三角洲地区冬春淡季市场，上市期为11月至次年4月。预计到2015年，92个基地县蔬菜播种面积达到3000万亩，产量超过7000万吨，调出比例超过55%，产品安全质量达到无公害食品要求，商品化处理程度达到65%以上。

蔬菜产地市场区域选择依据——黄土高原

根据《全国蔬菜重点区域发展规划（2009—2015年）》，黄土高原夏秋蔬菜优势区包括陕西、甘肃、宁夏、青海、内蒙古、山西、河北等7省、自治区，88个蔬菜生产重点县，主栽品种包括洋葱、萝卜、胡萝卜、花椰菜、白菜、芹菜、生菜等喜凉蔬菜以及茄果类、豆类、瓜类、西甜瓜等喜温瓜菜，蔬菜销往华北地区、长江下游、华南夏秋淡季市场以及东欧、中亚、西亚等国际市场，上市期为7~9月。预计到2015年，88个基地县蔬菜播种面积达到1700万亩，产量超过6000万吨，调出比例达到65%，产品安全质量达到无公害食品要求，商品化处理率达到70%以上。

蔬菜产地市场区域选择依据——云贵高原

根据《全国蔬菜重点区域发展规划（2009—2015年）》，云贵高原夏秋蔬菜优势区包括云南、贵州、重庆、湖南、湖北5省份，65个蔬菜生产重点县，主栽品种包括白菜、结球甘蓝、花椰菜、胡萝卜、萝卜、食荚豌豆、芹菜、莴笋等喜凉蔬菜以及茄果类、豆类、瓜类、西甜瓜等喜温瓜菜，蔬菜销往珠江中下游、长江中下游和港澳地区以及东南亚和日本、韩国等国夏秋淡季市场，上市期为7~9月。预计到2015年，65个基地县蔬菜播种面积达到1400万亩，产量超过3500万吨，调出比例达到55%，产品安全质量达到无公害食品要求，商品化处理率达到65%以上。

蔬菜产地市场区域选择依据——黄淮海及环渤海

根据《全国蔬菜重点区域发展规划（2009—2015年）》，黄淮海及环渤海设施蔬菜优势区包括辽宁、北京、天津、河北、山东、河南、江苏、安徽等8省份，177个蔬菜生产重点县，主栽品种包括日光温室种植茄果类、瓜类、豆类、西甜瓜等喜温瓜菜以及芹菜、韭菜等喜凉蔬菜，大中棚种植茄果类、瓜类、豆类和叶菜类等，蔬菜销往"三北"地区和长江流域冬春淡季市场，上市期为11月至次年6月。预计到2015年，日光温室和大中棚面积达到2200万亩，产量超过1.3亿吨。其中日光温室面积800万亩，产量超过5300万吨；大中棚1400万亩，产量超过7700万吨。

海产品产地市场区域选择依据——黄渤海

根据《2012 年全国农业统计提要》，我国黄渤海海产品优势区包括天津、河北、辽宁、江苏和山东等 5 省份，海产品产量分别是 4.2 万吨、63.5 万吨、389.3 万吨、148.5 万吨和 686 万吨，分别占全国海产品总产量的 0.1%、2.0%、12.8%、4.9% 和 22.6%。

海产品产地市场区域选择依据——东海

根据《2012 年全国农业统计提要》，我国东海海产品优势区主要包括上海、浙江和福建 3 省份，海产品产量分别是 13 万吨、431.2 万吨和 546.6 万吨，分别占全国海产品总产量的 0.4%、14.2% 和 18.0%。

海产品产地市场区域选择依据——南海

根据《2012 年全国农业统计提要》，我国南海海产品优势区主要包括广东、广西和海南 3 省、自治区，海产品产量分别是 432.3 万吨、168.4 万吨和 132.5 万吨，分别占全国海产品总产量的 14.3%、5.6% 和 4.4%。

淡水产品产地市场区域选择依据

根据《全国优势农产品区域布局规划（2008—2015 年）》，我国淡水产品优势区包括黄渤海、东南沿海和长江流域。其中，黄渤海优势区涉及山东、辽宁、河北、天津 4 省份，2012 年该优势区淡水产品产量为 330.3 万吨，占全国淡水产品总产量的 11.5%；东南沿海优势区涉及浙江、福建、广东、广西、海南 5 省（自治区），2012 年该优势区水产品产量为 707 万吨，占全国淡水产品总产量的 24.6%；长江流域优势区涉及江苏、安徽、江西、湖北、湖南、重庆、四川 7 省（直辖市），2012 年该优势区水产品产量为 1 651.9 万吨，占全国淡水产品总产量的 57.5%。

禽蛋产地市场区域选择依据

根据《中国农业统计资料 2011》，我国禽蛋总产量在 2811.4 万吨。其中，年产量超过 100 万吨的省份有 9 个，分别是山东、河南、河北、辽宁、江苏、四川、湖北、安徽和黑龙江，总产量为 2 110.7 万吨，占全国禽蛋总产量的 75%。各省产量分别是 401.2 万吨、390.5 万吨、339.8 万吨、277.4 万吨、194.9 万吨、144.9 万吨、137.0 万吨、119.7 万吨和 105.4 万吨，分别占全国禽蛋总产量的 14.3%、13.9%、12.1%、9.9%、6.9%、5.2%、4.9%、4.3% 和 3.8%。

生猪产地市场区域选择依据

根据《生猪优势区域布局规划（2008—2015 年）》，我国生猪优势产区包括沿海地区、东北地区、中部地区和西南地区。其中，沿海优势区涉及江苏、浙江、广东和福建 4 省，2011 年该优势区生猪存栏量 6 625.8 万头，占全国存栏量的 14.2%，猪肉产量 769.3 万吨，占全部总产量的 15.2%；东北优势区的辽宁、吉林、黑龙江 3 省，2011 年该优势区生猪存栏量 3 942.6 万头，占全国存栏量的 8.4%，猪肉产量 464.8 万吨，占全部总产量的 9.2%；中部优势区的河北、山东、安徽、江西、河南、湖北和湖南 7 省，2011 年该优势区生猪存栏量 19 020.4 万头，占全国存栏量的 40.7%，猪肉产量 2 153.7 万吨，占全部总产量的 42.6%，其中河南省存栏量最多，占全国 9.8%；西南优势区的广西、四川、重庆、云南和贵州 5 省（自治区、直辖市），2011 年该优势区生猪存栏量 13 265.8 万头，占全国存栏量的 28.4%，猪肉产量 1 265.3 万吨，占全部总产量的 25.0%，其中四川生猪出栏量最高，占全国 10.9%，猪肉产量 484.8 万吨，占 9.6%。

清真牛羊肉产地市场区域选择依据

根据《全国肉羊优势区域布局规划（2008—2015 年）》和《全国肉牛优势区域布局规划（2008—2015 年）》，我国肉牛和肉羊优势产区包括中原地区、东北地区、西北地区和西南地区。其中，中原优势区涉及山东、河南、河北、安徽、江苏、湖北、山西等地，2011年该优势区牛（肉牛）羊存栏量7 685.3万头，占全国存栏量的22.0%，牛羊肉产量297.01万吨，占全部总产量的28.6%；东北优势区涉及吉林、黑龙江、辽宁、内蒙古、山西、河北北部等地，2011年该优势区牛（肉牛）羊存栏量9 888.6万头，占全国存栏量的28.4%，牛羊肉产量329.5万吨，占全部总产量的31.7%；西北优势区涉及新疆、甘肃、陕西、宁夏4省份，2011年该优势区牛（肉牛）羊存栏量6 554.2万头，占全国存栏量的18.8%，牛羊肉产量141.2万吨，占全部总产量的13.6%；西南优势区涉及四川、重庆、云南、贵州、广西和湖南6省（自治区、直辖市），2011年该优势区牛（肉牛）羊存栏量5 118.8万头，占全国存栏量的14.7%，牛羊肉产量145.7万吨，占全部总产量的14%。

黑木耳产地市场区域选择依据

根据《特色农产品区域布局规划（2013—2020年）》，我国黑木耳优势区包括东北区、浙闽区、秦巴伏牛山区、长江中上游地区和广西。其中，东北区涉及内蒙古、辽宁、吉林、黑龙江4省、自治区，2012年该优势区黑木耳（干品）产量33.7万吨，占全国总产量54.4%；浙闽区涉及浙江和福建2省，2012年该优势区黑木耳（干品）产量5.3万吨，占全国总产量8.49%；秦巴伏牛山区涉及甘肃、四川、陕西3省，2012年该优势区黑木耳（干品）产量3.1万吨，占全国总产量5%；长江中上游地区涉及河南、湖北2省，2012年该优势区黑木耳（干品）产量12.9万吨，占全国总产量20.8%；广西壮族自治区2012年黑木耳（干品）产量0.45万吨，占全国总产量0.7%。

茶叶产地市场区域选择依据

根据《特色农产品区域布局规划（2013—2020年）》，我国绿茶优势区包括四川、浙江、湖北、福建、安徽、贵州、湖南、河南、陕西、江西、重庆、江苏等地。根据《2012年全国农业统计提要》，优势区绿茶产量97.3万吨，占全国总产量的78%，优势区内各省的绿茶产量分别是17.2万吨、16.9万吨、16.5万吨、11.0万吨、8.9万吨、6.3万吨、5.8万吨、4.5万吨、3.5万吨、2.9万吨、2.4万吨和1.3万吨，分别占全国总产量的13.8%、13.5%、13.2%、8.8%、7.2%、5.1%、4.7%、3.6%、2.8%、2.3%、1.9%和1.0%。其中河南省信阳市能辐射带动鄂豫皖3省大别山地区茶叶产业发展，2012年，茶叶销售量达12万吨，其中50%来自外地，信阳市茶叶市场的发展基础好，辐射带动能力强。

鲜切花产地市场区域选择依据

根据《特色农产品区域布局规划（2013—2020年）》，我国鲜切花优势区域位于云南中部和浙江东北部，其中昆明斗南国际花卉产业园区是全国最大的花卉交易市场和集散地，云南省80%以上的鲜切花，周边省份的花卉、亚洲及南太平洋等地十余个国家花卉入场交易，在全国80多个大中城市中占据70%的市场份额，出口46个国家和地区。

人参、枸杞产地市场区域选择依据

《特色农产品区域布局规划（2013—2020年）》中指出了规划期内重点发展的25种道地中药材，其中人参和枸杞作为药食两用中药材，消费需求较高，发展空间巨大。吉林省人参产量占全国人参产量的85%以上，占世界人参产量的70%多。我国枸杞优势产区主要位于宁蒙河套地区、新疆精河、青海，其中宁蒙河套地区枸杞产量占全国枸杞产量的50%以上。

2. 区域性农产品产地市场 区域性农产品产地市场是建在农产品优势产区，能够辐射带动市场所在县及周边县优势产业发展的农产品批发市场。区域性农产品产地市场是引领区域主导产业发展的"桥头堡"，是区域内农产品的价格形成中心、产业信息中心和物流集散中心，是连接产销市场的重要纽带。

（1）布局条件 市场所在区域属于农产品优势产区，区域内已形成产业规模，商品量较大。市场建设符合本地区市政发展规划，交通区位条件好，五年内无变迁计划，市场连续三年稳定性和成长性良好，对当地优势或特色农业产业发展发挥龙头带动作用。区域性水果产地市场辐射带动集中连片种植面积20万亩以上，本地农产品交易量达到市场交易总量的50%以上，市场年交易额在10亿元以上。区域性蔬菜产地市场辐射带动集中连片种植面积 30 万亩以上，本地农产品交易量达到市场交易总量的 60% 以上，市场年交易额在 8 亿元以上。区域性畜禽市场年交易量在 15 万吨以上、肉类年交易量 5 万吨以上，本地农产品交易量达到市场交易总量的 85% 以上，市场年交易额在 15 亿元以上。区域性水产品市场年交易量在 5 万吨以上，本地农产品交易量达到市场交易总量的 60%，市场年交易额在 10 亿元以上。特色农产品市场辐射范围内，农产品生产集中连片，具有一定规模，产业可延伸性强，本地农产品交易量达到市场交易总量的 60%，市场年交易额在 10 亿元以上。

（2）布局 区域性水果产地市场分布在苹果优势产区（渤海湾产区与黄土高原产区）、柑橘优势产区（长江上中游产区、赣南—湘南—桂北产区、浙闽—粤产区和湘西—鄂西产区）、梨优势产区（华北白梨区、长江中下游砂梨区、西北白梨区和特色梨区）以及《特色农产品区域布局规划（2013—2020 年）》中热带水果、猕猴桃、葡萄、桃等特色果品的优势产区；区域性蔬菜产地市场分布在华南冬春蔬菜优势区、长江上中游冬春蔬菜优势区、黄土高原夏秋蔬菜优势区、云贵高原夏秋蔬菜优势区、黄淮海与环渤海设施蔬菜优势区；区域性畜禽产地市场分布在生猪优势产区（沿海地区、东北地区、中部地区和西南地区）、肉羊和肉牛优势产区（中原地区、东北地区、西北地区和西南地区）、禽蛋优势产区（东北地区、渤海湾地区、中部地区）；区域性水产品产地市场分布在黄渤海优势区、东南沿海优势区和长江流域优势区；建设区域性特色农产品产地市场分布在《特色农产品区域布局规划（2013—2020 年）》中特色蔬菜、特色饮料、特色花卉等特色产品优势产区。

3. 田头（村头、码头）市场 田头市场是建在农产品生产基地，辐射带动市场所在村镇及周边村镇农产品流通的小型农产品产地市场，主要开展预冷、分级、包装、干制等商品化处理及交易活动。田头市场是农民家门口的市场，属于典型的公益性流通基础设施，是提高农户营销能力，实现农产品产后"存得住、运得出、卖得掉"，发展农产品直销和电子商务等新兴流通业态的重要支撑。

日本农产品集货中心和韩国农产品加工中心

日本产地市场体系中，农产品集货中心是农产品产地商品化处理的重要场所，一般由基层农协组建，负责本农协成员产品的分选、包装、冷藏、销售，同时也将批发市场的农产品交易信息反馈给农户。韩国农产品加工中心（APC）是果蔬产品上市前进行商品化处理的场所，由农协或永农组织投资建设，其中，农协投资的 APC 占总数的 70%。二者运作模式不同，农协的 APC 受农民委托进行水果和蔬菜商品化处理和销售，向农民收取服务费，金额不超过销售价格的 7%。永农组织从农民手中购买水果和蔬菜，进行商品化处理后再销售。

（1）布局条件 田头市场主要经营水果、蔬菜和特色农产品等对产地商品化处理、储存或加工需求明显的农产品。市场所在村或镇内生产集中度高、已形成良好的市场基础、生产主体组织化程度相对较高。水果田头市场辐射半径 20 公里以上，辐射带动水果种植面积 5 000 亩以上。蔬菜田头市场辐射半径 10 公里以上，辐射带动蔬菜种植面积 3 000 亩以上。特色农产品田头市场辐射半径 20 公里以上，辐射带动特色农产品种植面积 3 000 亩以上。水产品田头市场辐射半径 20 公里以上，辐射带动水产品养殖面积 3 000 亩以上或渔船 600～1 000 艘以上。

（2）布局 按照东中西均衡发展，适度向西部倾斜的原则，水果田头市场示范点分布在苹果、柑橘、梨、葡萄、桃等果品优势产区；蔬菜田头市场分布在华南冬春蔬菜优势区、长江上中游冬春蔬菜优势区、黄土高原夏秋蔬菜优势区、云贵高原夏秋蔬菜优势区、黄淮海与环渤海设施蔬菜优势区、东南沿海出口蔬菜优势区、西北内陆出口蔬菜优势区和东北沿边出口蔬菜优势区；特色农产品分布在《特色农产品区域布局规划（2013—2020 年）》中特色蔬菜、特色饮料、特色花卉等特色产品优势产区；水产品田头市场分布在《全国优势农产品区域布局规划（2008—2015 年）》中水产品优势产区及中心渔港和渔港所在地。

三、产地市场发展重点任务

（一）培育壮大流通主体

近些年，农产品流通主体格局发生了深刻变革，多元化趋势日益明显，为数众多的农民合作社、经纪人、批发商、龙头企业、行业协会等构成的农产品流通主体，覆盖了鲜活农产品收集、运输、批发的各个环节，将千家万户的小生产与千变万化的大市场紧密连接起来，形成有效合理的市场分工。

农产品流通主体在农产品流通中非常活跃，但还存在诸多问题。流通主体结构复杂、规模较小、组织管理效率低，市场谈判能力弱，各主体之间竞争多于协同，难以形成流通规模效益。流通主体组织化程度低与鲜活农产品流通快速发展之间的矛盾越来越突出。此外，流通主体营销能力差，大多数产地市场流通主体从农业生产领域分化而来，不具备法人资格，缺乏市场营销知识，难以适应现代农产品流通的要求。产地市场经营管理者缺乏大型市场经营与管理的经验，农产品流通的专业背景和经营管理经验不足。

流通主体培育是提高流通主体营销能力的有效途径。一是通过对农民合作社、种养大户、家庭农场、经纪人等流通主体培育，提高农产品生产运销主体的规模化、专业化和组织化程度，有利于解决流通主体实力普遍不强的问题，实现"小生产"与"大市场"的有效对接，促进现代经营方式和流通业态的发展。二是从提高从业人员素质入手，对农民合作社、种养大户、家庭农场、经纪人等流通主体进行培育，解决农产品流通主体整体文化素质低，在市场对接、信息获取以及市场营销等方面能力差的问题，提高农产品流通主体的规模组织能力、信息获取能力、田头贮藏能力和产品直销能力。

坚持与引导规范经营相结合、与政策支持相结合的原则，发展壮大适应产地市场发展需要的农产品流通主体队伍，提升流通服务水平，提高我国农产品流通效率。一是建立农产品流通主体培训体系。支持编写发行农产品流通业务培训教材，建设培训网站，举办培训班，定期组织理论学习、专题研讨、经验交流、经营管理知识培训等活动，培养一批有文化、素质高、业务能力强的农产品流通专业人才。二是建立流通主体评价体系。开展流通主体筛选、评价和注册备案，通过建立从业人员准入、信用评价等多种机制，形成农产品流通主体的"大数据库"，根据流通主体的经营管理状况和诚信情况，对主体进行评价和归类。三是扶持流通企业成长。支持专业合作组织及产地市场个体经营户发展壮大，成长为流通企业；鼓励生产与加工企业延长产业链，进入农产品流通领域，开展流通服务；通过资金补助、保障用地、税费优惠、创新金融服务等政策扶持企业做大做强。四是发挥行业协会作用。鼓励成立行业协会并指导其健全各项自律性管理制度，引导行业协会在产前、产中、产后环节为农户提供免费技术服务和信息服务，支持行业协会参与产销衔接、公共信息服务以及市场监督管理等工作，将行业协会作为加强和改善农产品流通行业管理的重要支撑。

（二）强化产销信息服务

目前，我国少数产地建立了面向社会公众的市场信息收集发布平台，收集与发布农产品价格信息、成交量信息和供求信息。总体而言，我国农产品产销信息服务仍处于初级阶段，主要体现在三个方面。一是农产品产地市场收集信息类型单一、信息数量少。产地市场多是开展价格信息的抽样采集，极少涉及行业动态、科技发展、会展贸易等信息，信息量少、信息结构不合理，不能满足广大生产者、经营者、消费者各级政府的信息需求。二是信息处理能力低，多数产地市场缺乏及时处理大规模信息的硬件设施及软件技术，多数信息未经加工就直接发布。三是信息发布渠道不畅，绝大多数产地市场只通过市场的电子屏幕发布信息，未建立其他渠道，信息传播速度和范围受到影响。四是缺少专业人才，农业信息服务人才培养滞后，人才严重短缺，大部分产地市场信息人员为兼职人员，专业培训机会少，工作的标准化、规范化程度低，整体服务能力不强。

随着社会经济发展，农产品流通主体和各级政府对农产品价格、市场供求等信息的要求越来越高，农产品产地市场必须迅速提升信息服务能力。提高信息服务水平有助于产销有效衔接。完善产地市场的价格信息采收、分析和发布功能，为进入市场交易的农户和采购商提供及时、全面、准确的产销信息，有利于解决信息不对称问题，实现产销对接。提高信息服务水平有助于产业结构的调整。建立农产品产地市场信息收集制度，完善市场收集信息的类型，可为全国性农产品信息服务平台、农产品生产和流通管理部门进行产销数据汇集、信息分析和监测预警提供数据支撑，从而发挥指导农业生产，调整农业农村经济结构的作用。提高信息服务水平有助于新型交易方式的推广。通过普及电子结算、建立数据分析系统，可促进价格形成机制的建立，为进一步开展电子商务、挂牌交易，尝试期货、拍卖等现代化交易模式提供前提。

遵循技术先进、经济实用、信息共享、互联互通原则，提升农产品产地市场产销信息服务水平。一是制定农产品产销信息采集发布标准、规范和制度。农业部和各级地方政府组织专家制定生产、流通相关信息采集标准和规范，完善信息发布制度，建立信息发布长效机制，促进信息采集、发布工作规范化、法制化。二是完善产地市场信息收集、处理和发布功能。推广电子结算系统，获取及时、准确的价格信息；购置信息抓取系统，从互联网获得全面的生产、加工、流通、供求等方面的信息；开发信息分析软件，提高信息挖掘和利用能力；充分利用电视、报纸、广播、网站、微博、微信等多种媒体形式发布信息，扩大信息辐射范围。三是培养产地市场信息化专业人才。充分利用现有的农业信息基础设施和农业信息资源，通过开展宣传、教育、培训等工作，对市场管理者、农产品生产者、批发商、经纪人等进行理论知识与基本技能培训，培养一批产地市场信息化管理人才和技术人才。

（三）推广公平交易方式

农产品产地市场公平交易是指通过合理的渠道、有效的手段，使交易双方进行公平合理的买卖。实现公平交易的核心是实现交易价格的公开化，一对多和多对多交易可有效解决交易价格公开化问题。农产品市场公平交易方式主要包括拍卖交易和期货交易，对于传统的对手交易方式，通过电子结算、数据统计分析和交易数据公开化，也可以间接实现交易价格的公开化，从而促进公平交易。

目前，我国鲜活农产品产地市场的公平交易刚刚起步，主要表现在两个方面。一是电子结算尚未发挥效用。由于市场和批发商对国家免税制度的不信任，以及农民对电子结算的安全性和便捷性认识不够、不会使用等原因，我国大部分农产品产地市场尤其是田头市场没有建设电子统一结算设施设备，有的市场即使有电子统一结算设备也不使用。另外，实施电子结算的市场，其电子结算信息也很少对农民和经销商公开，未能发挥电子结算对公平交易的促进作用。二是公平交易方式难以推广。从 20 世纪 90 年代开始，我国就在积极尝试鲜活农产品电子拍卖交易，但因农产品品种繁多、标准化困难，工程技术不匹配，缺少农产品拍卖法律法规等因素，绝大多数农产品产地市场仍采取对手交易方式，只有云南斗南花卉、大连辽渔水产品等个别市场开展了拍卖交易，大连期货交易所开展了鸡蛋期货交易。

在产地市场开展公平交易有利于促进价格机制的形成，在一对多、多对多的集中竞价交易中，交易的价格取决于当日产品的供求关系以及商品的质量，是各地市场上供求关系在拍卖市场的集中反映，更趋近于农产品的真实价格，具备权威性。在产地市场推广公平交易有利于稳定农产品价格，中远期交易、期货交易都是对未来某一时间的交易预先达成的契约，此类交易可以帮助生产者了解未来一段时间内的供应和需求行情，在一定程度上锁定农产品生产风险，提前安排生产，防止农产品价格大起大落。在产地市场开展公平交易有利于保护农民利益，采用电子统一结算，获得准确的交易价格信息，通过数据分析处理和发布价格行情，使农户了解不同品种不同等级农产品的成交价格，指导农户定价，电子统一结算还可避免"打白条"、"跑单"等拖欠、不支付货款现象的发生。

因此，要在农产品产地市场积极推进公平交易，有条件的市场应在推进农产品质量等级化、包装规格化、标识规范化的基础上，探索、创新适用于市场所经营农产品的一对多、多对多交易方式，尝试拍卖、中远期、期货等多种集中竞价交易方式，促进公平交易的同时，完善农产品价格形成机制，分析形成价格

指数，指导农产品生产。尚不具备发展拍卖和期货交易的产地市场，应完善电子结算系统、信息处理和发布系统，通过建设硬件设施、健全保障制度，逐步推进结算信息公开化，为推广公平交易提供基础。

（四）发展农业电子商务

近年来，随着信息化技术的不断普及推广，农产品电子商务已成为一种新型的流通业态，涌现出政府信息服务、B2B、B2C、O2O、第三方电子商务平台及农产品网上竞价等多种电子商务模式。目前，全国农产品电商平台已达 4 000 家。

农产品电子商务快速发展过程中还存在一些问题。一是电子商务基础设施建设滞后。由于计算机、互联网等电子商务必需的硬件设施在农村地区应用普及率还不高，我国的信息网络在管理、技术、安全保密、电子货币等方面还不完善，直接影响到电子商务的开展和普及。二是农产品冷链物流标准不配套。生鲜农产品不易保存，消费者要求产品新鲜且安全，这些对冷链物流提出了较高要求，流通标准缺乏、物流成本高企、设施装备不足已成为制约生鲜农产品电子商务发展的瓶颈。三是农业电商人才缺乏。现阶段我国农业电子商务从业人员素质不高，缺少掌握计算机技术、金融、管理、商务等多种技能的复合型人才。

电子商务是产地市场的重要组成部分，是农产品流通发展的必然趋势之一。一是电子商务能有效实现产销衔接。电子商务改变了传统流通模式中农户和采购商地位不对等的状态，有利于生产者直接和消费者进行交流，迅速地了解市场信息，自主地进行交易，增强了生产者信息获取能力、产品自销能力和风险抵抗能力，实现产销的有效衔接。二是电子商务能缩短流通链条。电子商务拉近了田头和餐桌的距离，减少摊位费、产品陈列成本、信息搜寻成本、环节利润和时间成本，避免因无效物流和产品过剩带来的运输、储藏及损耗成本，让农民和市民都从中受益。三是电子商务有利于健全农产品市场机制和功能。电子商务可以打破信息闭塞、市场割据的局面，有利于构建规模大、信息流畅、透明度高、竞争充分的农产品市场。

遵循统筹兼顾、虚实结合、鼓励发展、规范管理原则，重点推动鲜活农产品电子商务的发展。一是建立农产品电子商务法规体系。制定相关法律法规，规范订单、商品标准、退换货等农产品电子商务行为，为流通主体开展农产品电子商务提供法制保障。二是加强电子商务宣传，通过印发常识图册、拍摄宣传短片、开展宣讲培训等活动，提高农户对电子商务的认识水平和操作应用能力。三是提升农产品冷链物流能力。加强产地农产品冷藏、冷链运输基础设施建设，

提高农产品冷藏运输能力，减少流通损失；在农产品产地建立第三方物流集散中心，降低农产品物流成本，实现农产品快速流通。四是引导产地市场开展电子商务。加强产地市场，特别是田头市场与电商企业的战略合作，不断创新农产品电子商务模式和运营机制。

（五）创建农业优质品牌

随着市场经济发展水平的不断提高，各级政府越来越重视农产品品牌的建设工作，农产品品牌数量急剧增加，政府、企业都加强了农产品品牌的宣传力度，培育出一批质量佳、具有市场竞争力的农产品品牌，品牌效益逐步显现。

农产品品牌建设虽然取得了一定成效，但仍有不足。一是知名品牌少。我国农产品品牌杂、乱、小的现象仍然存在，具有国际影响力的知名品牌非常极少，绝大部分农产品品牌的经营只进行到了初期阶段，品牌的发展与价值提升劲后劲不足。二是缺少顶层设计。缺少指导全国农产品品牌发展的规划和相关制度，导致品牌建设目标不统一，资源得不到很好的整合，甚至恶性竞争，难以形成合力，制约了农产品品牌的健康发展。三是品牌宣传推介力度不够。农产品品牌宣传存在后期跟踪与宣传报道工作不到位的问题，导致品牌知名度始终不高，竞争力不强。

开展农业品牌建设，是提高我国农业综合生产能力、科技创新能力、市场竞争能力、企业发展能力和农民综合素质的必然要求。一是品牌化是以农产品为原点，以农产品生产的区域特质、工艺特点为原生动力，进行产业链创新、资源价值集聚、产业融合实现的过程，品牌化与发展现代农业有高度的一致性。二是农产品品牌化的过程，就是实现区域化布局、专业化生产、规模化种养、标准化控制、产业化经营的过程，有利于促进农业升级，实现由数量型、粗放型增长向质量型、效益型增长的转变。

遵循市场为主、政府推动、各方参与原则，按照"定位、塑造、宣传、监管和保护"的思路，加快培育一批具有较高知名度、认知度、美誉度和较强市场竞争力的农产品品牌，进一步增强我国农业的国际竞争力。一是提升品牌塑造培育能力。严格农产品质量控制，包括环境保护、基地认证、标准化生产、农产品质量认证等，完善生产、加工、包装、储藏、运输等流通环节标准的制定，夯实品牌建设的基础。在农产品品牌的设计中，强化浓厚的人文、地域、风土气息，对自然优势、地理优势、历史文化等进行深度挖掘，突出品牌特色。加强地方政府在农业区域公用品牌的基础研究、规划编制、政策制定等方面的服务与

推动作用。二是加强品牌营销推介。充分发挥政府引导作用，以农产品产地市场为依托，利用会展贸易、科技交流、信息系统，电视、网络、报纸等媒体，构筑全方位、多渠道的品牌宣传和推介系统，进行品牌的整合宣传，提高公众对品牌的认知度和美誉度。定期开展品牌评选与价值评估活动，扩大产品知名度。三是做好品牌监管保护。明确品牌责任主体和营销主体，引导龙头企业、农民合作社等生产经营主体按照"标准化生产、产业化经营、品牌化营销、市场化运作"的要求，通过品牌注册、标识设计、标准控制、使用授权等措施，依法依规，强化品牌保护。

（六）创新市场建设机制

由于产地市场经营收入较低，具有显著的季节性特点，资产利用不充分，市场的经营利润较薄。产地市场的以上特点，导致市场建设方的投资意愿不高，市场建设水准普遍较低，市场功能不健全等。因此，遵循"用市场的力量建市场"的原则，创新市场建设机制，提升产地市场的技术、装备和管理水平。

全国性农产品产地市场采取"省部共建"的建设机制，由各省、市、自治区提出建设全国性产地市场规划，农业部组织专家对市场建设情况进行考察评估后，由农业部和市场所在地的省级人民政府签署共同支持市场建设的合作备忘录，确定"国家级农产品（品牌名称）市场"名称，明确市场建设的思路、目标任务和主要内容。全国性产地市场建设过程中，农业部负责协调相关部门支持电子结算、信息服务网络平台、冷链系统等公益性基础设施建设，营造良好的政策环境。地方政府要做好推动落实工作，明确市场建设运营主体，调动社会资本力量参与市场建设。

区域性农产品产地市场由市场所在地方政府提出规划，省级农业部门依据运营测评和专家考核情况报农业部认定为"全国农产品（品牌名称）产销示范中心"。建设区域性产地市场要充分发挥地方政府的能动性，由省级农业部门联合相关地市级政府共同制定区域性产地市场的数量和布局；地方政府要鼓励社会资本以独资、入股等多种形式参与区域性市场建设，对区域性农产品产地市场中的公益性设施装备，地方政府安排一定比例的资金扶持。

田头市场由市场所在地农业部门向省级农业部门提出田头市场示范点建设规划，省级农业部门按照农业部制定的评价参考指标和建设数量组织专家考察，考察合格的认定为"全国（地方或农产品品牌名称）田头市场示范点"，并报农业部备案。鼓励建立多元化投资机制建设田头市场，根据建设和运营主体不

同，田头市场的建设机制可分为三种，分别是"公建公营"、"公建民营"和"民建民营"。政府应积极鼓励"公建公营"和"公建民营"田头市场的发展，重点突出田头市场的公益性特点，由地方政府主导田头市场建设，并充分调动社会资本投入。对建设运营水平高的市场，国家和地方政府政府可在场区工程、信息服务系统、冷链等公益性基础设施建设方面给予资金扶持。

（七）构建利益连接纽带

我国产地市场与农民合作社、家庭农场、种养大户等新型经营主体和采购商尚未建立直接的利益关系，市场功能作用没有充分发挥，一是多数产地市场只为农户提供交易的场所，市场收入与农民销售价格没有直接关系，市场主动为农民建立产销渠道的积极性不强。二是产地市场的商业模式传统单一，市场多以出租摊位、收取入场费为主要收入来源，此种方式市场与经销商之间的关系相对松散。三是采购商是否到市场采购全凭主观意愿，市场客源数量不稳定。

建立产地市场与新型经营主体及采购商之间的利益连接机制，有利于发挥产销平台作用。一是农户分享流通利润，提高农产品附加值。通过建立利益连接机制，实现市场与农户共享收益，将市场与农户紧密相连，市场为了提高自身收益，为农户销售农产品出谋划策，农户又从市场收益中获得额外收入，实现双向促进、利益共赢。二是减少农产品流通环节，畅通流通渠道，缓解农产品卖难。通过建立利益连接机制，可将产地市场的农产品采购商汇集到市场，使农户直接与采购商进行对接，减少中间流通环节，降低流通成本。

构建产地市场利益连接机制，一是鼓励农民合作社、家庭农场、种养大户等新型经营主体发展成为企业或联合成立产业协会，以协会或企业的方式参与产地市场建设与运营管理，使新型经营主体成为市场的股东。二是积极发展会员制，根据新型经营主体及采购商的需求，免收相关手续费，提供定制信息服务、小额贷款或贷款担保等差异化服务，吸引各类流通主体成为产地市场会员，进而形成以产地市场为核心，产地的农户和经纪人、销地的采购商紧紧围绕的有机整体，建立顺畅的流通渠道。三是探索采购商激励机制，如当采购商在产地市场内的农产品交易量达到规定数额时给予一定的奖励，从而吸引采购商将市场作为其产地直购的重要渠道，与进入市场销售农产品的农户直接达成供货协议，实现产销对接。

（八）完善基础设施建设

随着农产品流通需求的增长，原有自发形成的农产品产地市场逐步发展成为稳定交易场所，并开始投资建设交易棚（厅）、地面硬化、水电配套、电话通讯等基础设施，有条件的大型产地市场开始清洗、分级、打蜡、包装等农产品商品化处理设施，冷库、冷藏车等冷链物流设施装备建设。

农产品产地市场与集散地、销地市场相比，基础建设水平较低。一是交易设施建设水平低，大多数产地市场基础设施建设还停留在交易大棚和门店建设阶段，只是一个简易交易场所。二是商品化处理方式简易，设施设备数量不足，许多市场仍然采用人工方式进行商品化处理，有的产地市场建有农产品清洗、干燥、分级、包装等商品化处理设施设备，但数量少，处理能力不能满足需求。三是冷链设施严重缺乏，受技术落后、投资运营成本高等因素影响，产地预冷专用设施缺失、机械冷库与产地需求量不匹配、冷藏车数量不足等在产地市场及农产品主产区普遍存在。四是场区工程建设水平低，多数产地市场特别是田头市场在垃圾处理、道路硬化、污水排放等场区工程建设上投入不够，市场交易环境脏、乱、差的局面尚未改善。五是市场内部管理信息系统处于初级阶段，电子监控系统、物流配送系统、车辆管理系统等软硬件设施建设滞后。

基础设施建设有利于改善市场的交易环境，规范场内车流走向、避免场区内的交通拥堵现象，缓解恶劣天气对市场交易的影响，维持市场正常交易秩序。建设分级分选、包装等商品化处理设施，储藏设施，冷链物流系统，可以实现加工增值、提高物流效益，降低农产品产后损失，减少资源浪费。此外，加强基础设施建设还有利于提高市场管理水平，通过市场综合管理信息系统建设，能快速提升市场内人员、商品、服务、设施、资金管理的现代化水平，提高市场工作效率，降低市场运营成本。

积极开展全国性、区域性和田头市场的基础设施建设和升级改造工作。一是完善市场交易设施。全国性和区域性农产品市场全部进棚（厅）交易，除新建项目外，应根据交易需求及相关市场建设要求，对市场内交易设施和交易结算设备进行升级改造。二是强化商品化处理设施建设。根据经营农产品特点、运输距离长短、买方需求等因素，配备预冷库，清洗、分级、包装、烘干等商品化处理设施装备，以最大限度地减少农产品采后损失，稳定或提高其商品性，提高经济效益。三是鼓励各级产地市场开展冷链物流设施建设。因地制宜地开展适度规模的经济适用型冷链仓储设施建设，配备节能、环保的长短途冷链运输车辆，有条件的市场还可改善农产品商品化处理环节的温控设施，从而全面提升市场内农产品流通链条的控温能力。四是提升市场辅助工程建设。提升各级产地市场尤其是田头市场内场地平整、道路和交易场地硬化、污染物处理设施等方面建设工作。完善场内供电、给排水、网络通讯、污水处理、垃圾分类回收、消防、生活服务等场区工程建设，切实改善市场交易条件。五是加强管理信息化系统建设。开展市场综合管理系统建设，通过完善市场管理的电子信息系统，实现市场人、财、物、车辆集成化管理。

四、推进产地市场发展的工作措施

产地市场是农产品产销衔接的基础环节，是农民走向市场的第一窗口、销售农产品的第一场所、获取市场信息的第一渠道，在促进农业稳定发展、推动农民持续增收、满足城乡消费需求方面发挥着不可替代的作用。

（一）明确职责分工，指导纲要实施

近几年的中央1号文件以及商务部、农业部等13部委共同印发的《关于进一步加强农产品市场体系建设的指导意见》中都提出重点支持农产品产地市场体系建设，要求把产地市场建设作为农产品市场流通的重要工作抓紧抓好。农业部及地方各级农业主管部门要围绕纲要发展目标和任务，切实承担责任，创造实施条件，认真落实各项工作。农业部负责全国农产品产地市场体系的统筹规划和宏观管理，制定产地市场发展战略和农业品牌发展战略，做好指导、推动、示范和引导工作。地方各级农业部门根据纲要要求，组织好全国性、区域性和田头市场的建设工作，结合本地区优势条件和生产布局，制定好本区域内农产品产地市场发展规划，抓好本地区产地市场工作。

（二）建立投入机制，推动产业发展

建立"政府引导、企业主体、社会投入"的产地市场建设多元化的投入机制。采取财政补助、贷款贴息、以奖代补、政府投资入股或资本金注入等方式，增加对市场公益性设施建设的投入，引导市场主体通过资本金注入、股份制改造、企业兼并重组等多种途径筹集建设资金，加大对市场基础设施的投入，吸引社会资本和金融机构投入产地市场建设。鼓励市场主体建立多种形式的担保质押制度，为经销商、经纪人提供担保、抵押和小额短期贷款，帮助扩大经营范围，提高营销能力。同时，通过市场建设，延伸农业产业链条，推进一二三产业深度融合，完善现代农业产业体系。

（三）做好试点示范，探索商业模式

全国性产地市场示范重点是打造两个平台，一是国家级产销平台，重点建设价格形成、产业信息服务、物流集散、科技交流和会展贸易中心；二是国家级品牌培育平台，按照"定位、塑造、宣传、监管、保护"思路，提升农产品市场影响力和竞争力，逐步打造区域公用品牌。区域性产地市场示范重点建设全国农产品产销对接示范中心。完善价格形成、信息服务和物流集散功能。田头市场示范重点在于强化市场信息服务和商品化处理等公益性职能。通过三级产地市场建设，探索政府投入、授权经营，企业投入、自主经营，联合投入、企业经营，集体投入、企业经营等多种商业模式，总结成功经验，并加以推广应用。支持中国农产品市场协会按品种分类发展专业分支机构。

（四）搭建信息平台，建立监测体系

搭建统一的农产品产地市场信息服务平台。重点开发农产品产地市场"信息监测系统"，采集全国性产地市场、区域性产地市场和田头市场示范点的建设运行信息、农产品交易信息和电子商务服务信息，明确监测范围和内容，制定采集标准，确定信息采集方法和规范，对采集信息进行分类、整理、分析和发布，掌握全国农产品产地市场农产品交易品种、交易价格、交易量和产品流向等信息，提升农产品产销对接效率。开设农产品流通政策文件解读、专题研究和工作交流等栏目，介绍与宣传农产品产地市场体系建设工作，引导和服务产业发展。

（五）开展跟踪评价，引导市场建设

为指导全国性、区域性和田头市场建设，农业部制定统一的全国性、区域性和田头市场的建设运营评价参考指标体系，建立"跟踪评价、动态管理"机制。全国性农产品产地市场建设运营评价内容包括总体运营管理水平、价格形成水平、产业信息服务水平、科技交流水平、会展贸易水平和物流集散水平6个方面。区域性农产品产地市场和田头市场建设运营评价内容包括市场总体运营管理水平、价格形成水平、产业信息服务水平和物流集散水平4个方面。跟踪评价采用第三方评价，每两年对产地市场评价一次。农业部和地方政府定期公布评价结果，并根据结果引导产地市场完善建设和运营管理。

注：全国性农产品产地市场建设运营评价参考指标体系、全国性农产品产地市场建设运营评价参考指标说明、区域性农产品产地市场建设运营评价参考指标体系、区域性农产品产地市场建设运营评价参考指标说明、田头市场建设运营评价参考指标体系、田头市场建设运营评价参考指标说明（略）。

关于严格加强调味面制品等休闲食品监管工作的通知

（国家食品药品监督管理总局　2015 年 5 月 27 日）

各省、自治区、直辖市食品药品监督管理局，新疆生产建设兵团食品药品监督管理局：

近年来，调味面制品（俗称"辣条"）等休闲食品行业发展迅速，产值逐年上升。这类产品主要在中小学校周边销售，青少年儿童特别是中小学生是主要消费群体。总局近期组织专项监测发现，"辣条"存在超范围、超限量使用食品添加剂及菌落总数超标等问题。为了进一步解决存在的问题，本着从严监管、标本兼治的原则，督促食品生产经营企业切实履行食品质量安全主体责任，严厉打击违法违规行为，提高产品质量安全水平，现就集中开展区域整治，加强调味面制品等休闲食品监管工作通知如下：

一、全面开展清查摸底

调味面制品等休闲食品涉及食品生产许可种类多，各地要全面开展清查摸底，掌握生产经营企业基本情况和存在的问题。特别是县级及乡（镇）食品药品监管机构，应对行政区域获证生产企业、小作坊和经营单位进行普查登记，健全监管档案，摸清生产销售的集中区域。特别是要将城中村、城乡结合部、边远农村等生产集中区域，以及学校周边商店、集贸市场、批发市场等销售集中场所作为清查摸底的重点，做到横向到边、纵向到底，不留死角、不留空白。

二、严格实施生产许可

根据调味面制品的产品特点和工艺要求，总局决定将其纳入"方便食品"实施许可，作为单独单元，生产许可证内容为"方便食品（调味面制品）"。省级食品药品监管部门可根据食品安全法、食品生产许可审查通则等规定，制定生产许可审查要求。已经制定地方标准的，省级食品药品监管部门要积极协调卫生计生部门，予以完善或修订；没有地方

标准的，尽快推动制定地方标准。未按照调味面制品实施许可的企业，原则给予 1～2 年过渡期，在许可期满后予以调整。对新申请许可的调味面制品生产企业，要严格按照相关法律、法规、标准规定和本通知要求实施许可；未取得生产许可的企业，不得生产加工调味面制品等休闲食品。地方各级食品药品监管部门要研究严格调味面制品等休闲食品生产许可等方面的管理措施，强化全环节质量安全监管。

三、督促企业严把质量安全控制关

调味面制品等休闲食品生产企业是质量安全第一责任人，要督促企业依法组织生产，切实采取措施，严把质量安全控制关。要坚决做到"五个严格"：一是严格保证生产条件持续符合许可要求。凡有地方标准的，产品必须严格符合地方标准；没有地方标准的，要按照规定制定和实施企业标准。二是严格控制产品中的微生物污染。企业选址、原辅材料存放、设备清洗消毒、卫生条件、人员健康状况等，都要符合相关规定。三是严格使用食品添加剂。不得超范围、超限量使用食品添加剂，重点是"三剂"即防腐剂（脱氢乙酸等）、甜味剂（甜蜜素、安赛蜜、糖精钠等）、着色剂（胭脂红、日落黄等）。严禁使用富马酸二甲酯等非食用物质生产加工调味面制品等休闲食品。四是严格产品出厂检验。不具备自检能力的，要委托有资质的食品检验机构检验。发现不符合标准的，要立即查明原因、召回产品、切实整改，并向当地食品药品监管部门报告。五是严格规范产品标签标识。标签标识要反映产品真实属性，规范使用产品名称，符合《国家食品安全标准　预包装食品标签通则》（GB 7718—2011）相关要求。严禁不标注、部分标注或虚假标注生产企业信息、生产许可证号、产品执行标准、成分或配料表等信息。

四、以生产经营集中区域为重点开展专项整治

要针对调味面制品等休闲食品区域问题，开展专项整治。加强对调味面制品等休闲食品生产经营企业集中区域特别是学校周边的监督检查，及时排除风险隐患，坚决查处生产经营不符合规定食品的违法行为。对生产企业，要重点检查是否严格按照相关法律、法规、标准等规定和本通知要求组织生产。发现违法违规行为，从严查处。对经营企业，要重点检查落实进货查验记录制度和索证索票情况，要求企业只能采购取得有效生产许可证企业生产的调味面制品等休闲食品，不得采购和销售无标识、标识不全或标识信息不真实的食品，及时停止销售、下架退市不符合食品安全标准、超过保质期、腐败变质等问题食品。发现未严格履行进货查验、记录等法定责任和义务，经营条件、环境不符合要求，或经营超过保质期的食品，要立即责令整改，整改不到位或拒不整改的，依法吊销食品流通许可证。对学校周边区域，要开展综合治理。积极主动会同当地教育部门，开展食品安全进校园活动。采用喜闻乐见的形式，加强对青少年儿童特别是中小学生对调味面制品等休闲食品质量安全及营养健康的科学宣传，倡导健康饮食习惯，不食用或少食用不健康食品，拒绝购买无证无照生产经营的食品。

五、加大抽检监测力度

加大对调味面制品等休闲食品的抽检监测力度，做到生产企业全覆盖、校园周边全覆盖。根据清查摸底掌握的生产经营单位情况，统筹安排抽检监测计划。既要抽取本地生产的样品，也要抽取异地生产的样品；重点是检验食品添加剂、微生物等项目。抽检发现不合格的，要立即责令企业停止生产销售、召回产品、彻查原因、限期整改，并依法处置。各地要加强抽检监测信息沟通，对发现的异地产品问题等，按照规定及时通报产地监管部门，共同做好处置工作，防止监管链条缺失。

六、严厉打击违法违规行为

要严厉打击调味面制品等休闲食品违法违规行

为，坚决做到"三严禁一取缔"：严禁无证生产加工调味面制品等休闲食品的违法违规行为，严禁超范围、超限量使用食品添加剂及使用非食用物质生产加工调味面制品等休闲食品，严禁经营单位销售没有取得生产许可证生产及无标识、标识不全或标识信息不真实、使用容易造成混淆或诱导性文字图片标注的调味面制品等休闲食品，坚决取缔无证无照生产经营假冒伪劣的黑作坊、黑窝点。发现违法违规行为，依法依规严肃查处；涉嫌犯罪的，及时移送公安机关追究刑事责任。

七、促进形成浓厚的社会监督氛围

支持各界参与调味面制品等休闲食品的社会监督，注重主动、科学与正确地引导舆论。加强监管执法信息公开工作，及时公布监督抽检、执法检查和案件查办等信息。及时发布消费提示和风险预警等食品安全信息，加强对食品质量安全知识的正面宣传，引导消费者科学消费。

八、引导行业诚信自律

鼓励行业协会制定行规行约、自律规范和职业道德准则，引导行业诚信自律，推动标准完善，促进依法依规生产经营。目前"辣条"普遍存在高盐、高油、高甜味剂的情况，要积极引导企业科研攻关，切实改善产品配方、提高标准、改进工艺、全面提升产品品质，向广大消费者提供安全、营养、健康的食品。

九、强化监管责任落实

要建立健全监管工作责任制和责任追究制，按照属地原则落实地方各级食品药品监管部门的责任。对监管责任不落实等失职渎职的，要依法依纪严肃查处，防止有法不依、执法不严、违法不究等行为发生。积极主动协调卫生计生、工商、公安等部门，及时研究解决调味面制品等休闲食品存在的问题，不断完善工作机制，齐心协力，严防区域性、系统性质量安全问题发生，确保调味面制品等休闲食品质量安全。

关于做好食品安全抽检及
信息发布工作的意见

（国家食品药品监督管理总局　食药监食监三〔2015〕64号　2015年6月8日）

各省、自治区、直辖市食品药品监督管理局，新疆生产建设兵团食品药品监督管理局：

为进一步加强食品安全抽检监测工作，根据《国务院办公厅关于印发2015年食品安全重点工作安排的通知》要求和《国家食品药品监督管理总局2015年工作要点》安排，现提出以下意见。

一、实现抽检全覆盖

各级食品药品监管部门要合理分工，提高食品安全抽检的覆盖率。国家食品药品监管总局和省级食品药品监管部门抽检的重点是大型企业生产且全国流通的社会关注度高、风险程度高、日常消费量大的婴幼儿配方食品、乳及乳制品、肉及肉制品、食用油、酒类、饮料、调味品、茶叶等重点品种。国家食品药品监管总局主要对规模以上占市场份额较大的食品生产企业进行抽检。省级食品药品监管部门要根据当地食品安全状况、居民饮食消费特点、易发多发问题等情况，制定省级抽检计划，被抽样的企业要避免与国家食品药品监管总局重复，力争覆盖本省（区、市）取得食品生产许可证的全部食品生产企业，并加强对国家食品药品监管总局重点抽检企业之外较大规模企业的抽检。市、县两级食品药品监管部门主要负责对行政区域内具有一定规模的市场销售的蔬菜、水果农药残留、畜禽肉、水产品兽药残留等进行抽检，同时注意对本地小型生产企业、小作坊生产加工的食品和餐饮单位自制食品的抽检。蔬菜、畜禽肉类、水产品等高风险品种每月抽检，较高风险的产品每季度抽检。抽检对象名单报省级食品药品监管部门，由省级食品药品监管部门汇总报国家食品药品监管总局。

二、突出检验重点

检验项目要突出食品中农药兽药残留、食品添加剂滥用和非法添加、致病菌、重金属、污染物质等安全性指标。

三、规范抽样行为

抽检的样品应主要在流通环节购买。国家食品药品监管总局、省级食品药品监管部门抽检的产品分别在全国范围、本省（自治区、直辖市）行政区域内流通企业中抽样；市、县抽检的产品，应当在当地食品、食用农产品批发零售市场、商场超市、中央厨房、餐饮单位购买。小型生产企业、小作坊生产加工的产品以及流通环节未抽到的产品，可在生产环节抽取。要坚持问题导向，采取交叉抽样、异地抽样和专项抽检等多种方式，提高问题发现率。

四、规范送样和检验行为

样品购买后，要有专人送达检验机构。各级食品药品监管部门要选择具有相应检验资质、实验室管理体系运行良好的食品检验机构承担检验任务，确保检验过程规范严谨、检验检测结果准确可靠。省级及地级市食品药品监管部门应当采用实验室检验。不具备检验条件和能力的县级食品药品监管部门可采用一定比例快速检测方法进行抽查检测，对抽查检测结果表明可能不符合食品安全标准的食品，应当依法进行检验。

五、加强风险监测

国家食品药品监管总局和省级食品药品监管部门抽样检验要同时满足抽检和监测需要，提高检验检测工作效率。要加强抽样布局和抽检结果的分析，及时发现食品安全风险隐患，提出排除风险隐患的措施建议。

六、加强复检监督

严格执行复检程序和复检报告接收时限。生产经营企业对检验结果有异议申请复检的，要严格依法进行。复检所需样品，由组织抽检的监管部门指定专人送达检验机构，并专门保管。取样检验应在组织抽检的监管部门监督下进行。鼓励初检机构赴复检机构实验室直接观察复检实施过程。如复检结论与原检验结论不一致，组织抽检的监管部门要组织初检机构与复检机构及外部专家一起进行分析研判。如发现存在弄虚作假嫌疑的，应及时立案调查，并将调查结果报告上一级食品药品监管部门。复检期间和真实性异议审核期间，复检申请人不得停止履行封存库存问题食品，暂停生产、销售和使用问题食品，召回问题食品等义务。

七、及时处置不合格产品

同一企业被抽样样品全部不合格的，食品药品监管部门要责令企业停止生产、召回全部市场销售的产品；部分样品不合格的，可责令企业召回不合格产品，视情停业整顿，同时增加对不合格产品生产企业其他批次产品的抽检频次。对产品不合格较多、且安全危害较大的，可采取全部产品下架、封存、检验合格的批次重新上架恢复销售。食品药品监管部门采取的责令下架、召回等措施，同时报告上一级食品药品监管部门。对外地企业生产的不合格产品，在责令经营企业采取退市、召回措施时应及时通报生产企业所在地省级食品药品监管部门。产地食品药品监管部门接到通报后，应根据风险情况和《食品召回管理办法》依法责令生产企业停止生产、清理库存、召回市场销售的不合格产品。对检出可能对身体健康和生命安全造成严重危害的，要按照有关规定在24小时内向国家食品药品监管总局和相关省级食品药品监管部门报告检验情况，并启动核查处置工作。

八、及时公布检验信息

按照《中华人民共和国政府信息公开条例》和《食品安全抽样检验管理办法》等有关规定，及时向社会公布抽检结果。各级食品药品监管部门要在检验结果出来后第一时间向社会公布，同时向上一级食品药品监管部门上报抽样布局及检验结果。省、市两级食品药品监管部门接到检验结果后，要在5个工作日内汇总，并报送上级食品药品监管部门。公布检验的信息应包括产品合格的企业和不合格的企业、产品名称、检验项目、合格与不合格的检测值、生产企业及抽取样品的地点等。对公布的不合格产品，要进行高

风险、较高风险和一般风险的解读。公布检验信息时应同时发布抽样检验结果的新闻稿。不合格产品风险情况、对不合格产品采取的处理措施等均应在新闻稿中注明，并对消费者进行风险提示。

九、监督企业整改

对不合格产品的生产经营企业，食品药品监管部门要责令其查找原因并限期整改。在规定期限内报告产生不合格产品的原因及相应的整改措施。经原抽检部门或原抽检部门委托产地食品药品监管部门复查合格后，方可恢复相关产品生产经营。

十、依法查处违法生产经营行为

生产经营企业应对其生产、销售的产品承担相应的法律责任。对抽检样品真伪发生争议的，如销售企业不能证明其合法来源的，由销售企业承担全部责任。生产企业购进原辅料不合格导致产品不合格的，同时不能出示采购原辅料记录的，要加重处罚。对涉嫌犯罪的，及时移送公安机关。食品药品监管部门应第一时间启动对不合格产品生产经营企业的调查工作，存在违法行为的，依法进行行政处罚。

十一、严肃工作纪律

食品药品监管部门、抽样单位、承检机构及其工作人员，应当严格按照《食品安全抽样检验管理办法》《食品安全监督抽检和风险监测工作规范》《食品安全监督抽检和风险监测承检机构管理规定》《食品安全监督抽检和风险监测实施细则》等有关规定和要求进行抽样、检验和报送检验结果。工作人员如有更改抽样地点和样品、篡改数据、出具虚假检验报告、瞒报、谎报检测数据，利用抽检结果牟取不正当利益等违法违规行为，以及违反保密纪律泄露相关抽检信息的，食品药品监管部门要及时立案查处；涉嫌犯罪的，移送公安机关立案调查，依法追究刑事责任。

十二、建立抽检数据统计制度

各省级食品药品监管部门要重视抽检数据的统计分析工作，按照国家食品药品监管总局要求将抽检计划、组织实施、抽检经费等纳入国家食品药品监管总局抽检数据系统，每月报送抽样检验情况、发现的问题及核查处置情况和信息公布等情况。市、县两级食品药品监管部门应在对外公布抽检结果的同时向上级

监管部门报送食用农产品抽检结果，省级食品药品监管部门及时汇总审核，并且专报国家食品药品监管总局。报送格式和方式由国家食品药品监管总局统一制定。各级食品药品监管部门每月初 3 个工作日内对社会公布上月食品抽检汇总分析情况。国家食品药品监管总局每月 10 日前向社会公布上月汇总分析情况。

十三、加强组织领导

各级食品药品监管部门要高度重视食品抽检和信息的发布，要明确牵头处（科、股、室），统一制定计划、统一组织实施、统一数据汇总、统一结果利用。对于抽样企业、抽样地点、检验单位的选择，样品运送保存，抽检结果的发布、通报、上报，对不合格产品生产经营企业的处理，均应严格程序、责任到人，并经本级食品药品监管部门主要负责同志审定批准。要加强舆情监测，妥善处置，确保食品安全抽检工作依法有序进行。

国家农产品质量安全县管理办法（暂行）

（农业部 农质发 [2015] 8 号 2015 年 7 月 31 日）

第一章 总 则

第一条 为规范国家农产品质量安全县（以下简称"质量安全县"，包含县级建制的区、市、团场）创建、申报、考评、命名等工作，加强监督管理，根据《国家农产品质量安全县创建活动方案》，制定本办法。

第二条 质量安全县创建，重点突出责任落实、全程监管、能力提升、社会共治，探索建立行之有效的农产品质量安全监管模式，引导和带动地方全面提升农产品质量安全监管能力和水平。

第三条 质量安全县创建活动采取县创建、省考评、部公布征询意见并命名的方式进行。活动初期，设置两年试点期，并认定国家农产品质量安全县创建试点单位。

第四条 农业部负责质量安全县创建工作的规划部署、标准规范制定、监督管理等工作。省级农业行政主管部门负责本省（区、市）质量安全县的考核评价、择优推荐、日常监管等工作。省级农业、畜牧、渔业行政主管部门分设的，由农业厅（局、委）牵头，联合组织开展相关工作。县级人民政府负责质量安全县创建的组织实施工作。

第二章 创建与申报

第五条 有条件的"菜篮子"产品主产县，围绕创建目标要求，组织自主创建活动。县级人民政府是创建工作的责任主体，创建内容主要包括：

（一）《国家农产品质量安全县创建活动方案》明确的重点任务。

（二）县域内主要农产品的监测合格率达到 98% 以上，禁用药物和违法添加物质的监测合格率达到 100%。

（三）群众对县域内农产品质量安全监管工作、质量安全保障能力和水平等方面的满意度达到 70% 以上。

第六条 符合《国家农产品质量安全县考核办法》要求的，县级人民政府可向省级农业行政主管部门提出申请，申请材料包括：

（一）书面申请；

（二）创建工作开展情况；

（三）自评报告。

申请材料需纸质文本一式二份及电子文本。

第三章 考评与命名

第七条 考核评价依据《国家农产品质量安全县考核办法》开展，主要包括工作考核、质量安全水平监测、群众满意度测评三个方面，可组织专家组或委托第三方机构具体实施。

（一）工作考核采取材料审查和现场核查相结合的方式，实施综合测评。

（二）质量安全水平监测由省级农业行政主管部门组织，监测范围应包括县域内的主要农产品、影响质量安全的重要参数，监测要有一定的代表性和科学性。

（三）群众满意度测评由省级农业行政主管部门委托具有较高公信力的第三方机构开展，应包括产地环境监控、投入品监管、生产过程管控、专项整治、监管工作、科普宣传、投诉举报受理、突发问题处置和质量安全状况等方面的内容。

第八条　质量安全县考核评价总分值为100分，其中工作考核占60%，质量安全水平占20%，群众满意度占20%，国家农产品质量安全县要求总分值在90分（含）以上，且所有关键项均符合要求。

第九条　考核评价要客观公正、公平公开，严禁弄虚作假、严禁违规操作、严禁以任何形式干扰考核评价工作，严把考评关口，保证考核结果真实可信，确保创建任务落到实处。

第十条　按照农业部的部署，省级农业行政主管部门负责质量安全县的择优推荐工作，报送材料包括：

（一）推荐名单；

（二）推荐县创建工作开展情况；

（三）推荐县农产品质量安全工作的典型经验做法；

（四）省级农业行政主管部门考核评价报告。

报送材料需纸质文本一式二份及电子文本。

第十一条　农业部委托第三方机构向社会公开征询意见，期限为7个工作日。有异议的，由第三方机构复核确认，并向农业部报送复核结果。公示无异议的和复核确认没有问题的，经审定由农业部命名为"国家农产品质量安全县"。

第四章　监督管理

第十二条　质量安全县监督管理实行"定期考核、动态管理"的工作机制。

第十三条　省级农业行政主管部门每年开展一次监督检查，农业部不定期地组织开展交叉检查和督查。

第十四条　定期考核由省级农业行政主管部门依据《国家农产品质量安全县考核办法》组织开展，采取书面考核与现场考评相结合的方式进行，每2~3年开展一次，考核结果应及时报送农业部。

第十五条　质量安全县有下列情形之一的，由省级农业行政主管部门下发整改通知书，责令限期整改，同时报送农业部。

（一）发生Ⅲ级、Ⅳ级农产品质量安全事件的；

（二）群众举报或媒体曝光经核实后确有问题的；

（三）定期考核总分值在80~90分之间或关键项不符合要求的；

（四）工作巡查、检查、督查、监测中发现有问题的；

（五）有其他违法违规行为的。

第十六条　整改期限为3个月，县级人民政府按期组织整改，对存在问题整改到位后，向省级农业行政主管部门提交整改情况报告及相关证明材料。省级农业行政主管部门对整改情况组织开展核查，核查结果应及时报送农业部。

第十七条　质量安全县有下列情形之一的，农业部撤销其"国家农产品质量安全县"称号。

（一）发生Ⅰ级、Ⅱ级农产品质量安全事件的；

（二）群众举报或媒体曝光问题突出，经核实后确实存在严重质量安全隐患或造成严重影响的；

（三）定期考核总分值未达到80分的；

（四）限期整改后质量安全水平仍未达到98%的；

（五）限期整改后群众满意度仍未达到70%的；

（六）整改后关键项仍不符合要求或总分值仍未达到90分的；

（七）有其他严重违法违规行为的。

第十八条　对具有第十七条所列撤销情形之一的，经审定由农业部发文撤销其"国家农产品质量安全县"称号。撤销县三年内不得再次申请，其名额保留在该省。

第十九条　农业部设立并公布质量安全县监督举报电话（010-62131998），鼓励社会公众监督。省级农业行政主管部门应设立并公布本省监督举报电话和邮箱，及时收集、处置群众举报。

第二十条　获得"国家农产品质量安全县"称号的，各级农业部门应在有关项目和资金安排上予以倾斜和重点支持。

第五章　附　则

第二十一条　地市内80%的县都符合条件的，可以由地市级人民政府向省级农业行政主管部门申报国家农产品质量安全市。质量安全市的创建、申报、考评、命名和监督管理等参照本办法执行。

第二十二条　鼓励各省（自治区、直辖市）分层次、分步骤组织开展质量安全县创建工作，形成良好的创建氛围。鼓励地（市、州、盟）积极参与质量安全创建活动，具体形式由省级农业行政主管部门确定。

第二十三条　本办法自公布之日起实施。

第二十四条　本办法由农业部负责解释。

关于进一步加强农产品加工业
人才队伍建设的意见

（农业部　农办加〔2015〕14 号　2015 年 8 月 28 日）

为深入实施人才强国和创新驱动发展战略，进一步加强农产品加工业人才队伍建设，推动我国农产品加工业由大到强持续健康发展，现提出如下意见。

一、充分认识加强农产品加工业人才队伍建设的重要意义

实现创新驱动发展，提高核心竞争力，关键靠人才。近年来，随着我国农产品加工业的快速发展，人才需求快速增长与供给不足的矛盾日益凸显，农产品加工业人才队伍总体规模偏小、结构不合理、综合素质不高、创业创新能力不强，尤其是领军人才、尖子人才不足等问题，已经成为制约农产品加工业转型升级的重要因素。加强人才队伍建设是实施农产品加工业创新驱动发展的客观要求，是促进农产品加工业转型发展的重要支撑，是提高农产品加工业综合竞争能力的关键因素，是推进以农产品加工业引领农村一二三产业融合发展的重要力量。当前，受国内外宏观经济形势影响，我国农产品加工业下行压力持续加大，加快实施创新驱动发展战略，促进农产品加工业转方式、调结构，推进农民创业创新和农村一二三产业融合发展，迫切需要建设一支高素质的人才队伍。各级农产品加工业管理部门要认清形势，深化认识，牢固树立人才是第一资源和核心竞争力理念，把人才队伍建设作为一项长期又紧迫的任务摆上重要议事日程，不断增强责任感、使命感，解放思想，创新机制，加强服务，优化环境，全面提升人才队伍建设水平，真正把我国农产品加工业发展从主要依靠要素投入和资源消耗转移到依靠科技进步和提高劳动者素质轨道上来。

二、准确把握加强农产品加工业人才队伍建设的总体要求

农产品加工业人才队伍建设要深入贯彻党的十八大和十八届三中、四中全会和习近平总书记系列重要讲话精神，以促进农产品加工业创新驱动转型升级发展为目标，以提高农产品加工业自主创新能力和市场竞争力为核心，以培养科技创新与推广人才、经营管理人才、职业技能人才、企业家及创新创业带头人为重点，进一步加大政策支持力度，创新体制机制，优化发展环境，加快建设一支规模宏大、结构合理、素质优良、善于实战的农产品加工业人才队伍，为推进农产品加工业持续健康发展提供强大的人才保障和智力支撑。

推进农产品加工业人才队伍建设要坚持以下原则：一是坚持人才优先与服务产业相结合。紧紧围绕促进农产品加工业持续健康发展，以提高人才队伍素质为重点，以用好用活人才、提高人才效能为目标，努力破除一切束缚人才发展的思想观念和体制机制障碍，加快形成关注人才、发现人才、培养人才、使用人才、爱护人才的良好社会氛围。二是坚持突出重点与全面提升相结合。紧紧围绕提升农产品加工业重点领域、重点行业发展水平，统筹推进不同层次、不同区域、不同领域人才队伍建设协调发展和结构优化，全面提升农产品加工业人才队伍素质和能力。三是坚持政府主导与社会广泛参与相结合。充分发挥各级管理部门组织引领作用，更好地发挥和调动广大科研单位、大专院校、企业及社会服务机构的积极性主动性，逐步形成政府主导、企业主体、科研教学和社会机构广泛参与的人才培养工作新格局。

到 2020 年，农产品加工业人才队伍建设取得积极进展，人才规模进一步扩大，结构进一步优化，素质能力进一步提高，人才培养体制机制更加完善，人才服务体系更加健全，重视人才工作、支持人才发展、人尽其才、才尽其用的发展氛围更加浓厚。

三、进一步明确加强农产品加工业人才队伍建设的主要任务

（一）加强科技创新与推广人才队伍建设　创新驱动发展关键是科技创新。提高我国农产品加工业自

主创新能力，核心是加强行业科技创新人才队伍建设。要坚持科技创新与人才培养同步推进，不断完善竞争激励机制，健全人才评价制度，最大限度地激发广大科技人才的创造精神和创新热情，为科技创新人才成长创造条件、搭建平台。加强国家农产品加工技术研发体系建设，组织开展重大关键共性技术攻关，培育一批创新领军人才和创新团队。落实国家科技成果转化扶持政策，推进农产品加工科技成果推广转化，打造一批全国性和区域性科技创新推广平台，培育一批既有较强创新能力又熟悉产业发展需求的科技创新与推广复合型人才。完善青年科技创新人才培养机制，通过项目支持、合作研究、成果推广、教育培训等途径，加强青年科技创新人才培育。积极开发利用国内国际两种人才资源，通过引进来、走出去，培育一批跨学科、跨行业和具有国际先进水平的科技创新人才。

（二）加强经营管理人才队伍建设 完善企业经营管理人才培训机制，推动经营管理人才队伍建设职业化、专业化、国际化发展。立足产业发展实际，着眼于全面提升企业经营管理人员素质能力，加强战略规划、资本运作、人力资源、质量安全、市场开拓以及金融、财务、法律、信用等专题培训，推动企业管理专业化、科学化。深入实施西部大开发等区域经济发展战略，充分发挥东部地区企业人才、管理、技术和资本优势，加强东中西部地区人才交流、产业转移和市场开拓，推进中西部地区企业经营管理人才队伍建设。以实施"一带一路""走出去"发展战略为重点，加快培育一批农产品加工业国际市场经营管理人才，提升我国农产品加工业国际市场竞争能力。

（三）加强职业技能人才队伍建设 高技能人才是创新技术技能、创造社会财富的重要力量，是提升企业竞争力的重要保障。紧紧围绕实施农产品产地初加工补助政策、主食加工提升行动、农民创业创新、合作社示范创建、休闲农业等重点工作，加快培育一批熟悉农村产业发展，懂经营、善管理的技术人才和生产能手。以促进农产品加工业和农村一二三产业融合发展为重点，加强农产品加工业、休闲农业新工种开发，加大职业技能培训力度，提高从业人员职业技能。积极整合乡镇企业职业技能人才培训、新型职业农民培训以及各种社会培训资源，拓展人才培养范围和领域，提高人才培训质量。支持有条件的企业开展自主培训，加快培育适合企业自身发展需求的职业技能人才。

（四）加强企业家和农村创业创新带头人队伍建设 企业家队伍是引领企业发展的核心力量，要适应经济发展新要求，着眼于提高企业综合素质和核心竞争力，采取积极有效措施，加快培育一支具有现代经营理念、具有战略思维、熟悉国家产业政策、热心服务"三农"的企业家队伍。以创业促创新，以创新带创业，加强农村青年创业培训，提高科技素质和经营水平，扎实推进农村青年创业富民行动，更好地发挥创业创新带头人在促进农村一二三产业融合发展中的生力军作用，增强农业农村经济发展的新动能。

四、努力强化农产品加工业人才队伍建设措施保障

（一）加强政策落实创设 全面落实国家人才队伍建设政策措施，积极争取财政、税收、金融、政府采购、知识产权保护等政策，形成政策支持合力。加强政策创设，把人才队伍建设同落实重点项目、推进重点工作结合起来，加大科技项目、财政项目和强农惠农富农政策支持力度，不断完善农产品加工业人才队伍建设政策体系。

（二）加强人才平台建设 加强以农产品加工科研院所、大专院校和领军企业为重点的科技创新平台建设，进一步完善科企合作、校企合作机制，为科技创新人才发展创造条件。加强各级乡镇企业培训中心能力建设，发挥农村实用人才培训基地优势，建立一批企业经营管理人才和创新创业人才培训基地。选择一批基础设施完善、服务功能齐全、社会影响力大、示范带动作用强的农产品加工园区和领军企业，建设一批创业基地和见习基地，为农民创业创新提供专业化、特色化、个性化服务。加强人才信息服务平台建设，逐步建立覆盖面广、优势互补、资源共享的人才信息服务系统，促进人才信息交流，提高人才管理科学化、信息化水平。健全人才评价使用机制，完善以能力、业绩为主要内容的人才评价标准，探索第三方或专业中介机构开展人才评价，推动人才评价的科学化和社会化。

（三）加强公共服务 各级农产品加工业和乡镇企业服务机构要立足服务产业发展，进一步履行公共服务职责，把服务农产品加工业人才队伍建设作为重要任务，加强队伍建设，强化职业理想、职业道德和职业纪律意识教育，拓展服务功能，创新服务方式，提高服务能力，更好地发挥服务新业态、新模式和新主体发展的重要保障作用。充分调动科研、教学、行业协会和社会中介组织的积极性，整合资源，聚焦聚力，为农产品加工业人才队伍建设提供积极有效的服务。

五、切实加强农产品加工业人才队伍建设组织领导

（一）健全工作机制 各级农产品加工业管理部门要切实履行主体责任，加强组织领导，强化工作措施，上下联动，形成合力，确保各项工作落到实处。积极协调人力资源、教育、科技等部门，争取政策和工作支持，加快形成优势互补、相互支持的工作协调推进机制。加大人才培养财政支持力度，引导和鼓励企业、科研、教学、社会机构等多渠道筹集资金，形成政府、企事业单位和社会各方面广泛参与的多元化人才队伍建设投入机制。

（二）加强规划引导 以编制"十三五"农产品加工业发展规划为契机，把人才队伍建设作为规划的重要内容，深入调查研究，摸清人才底数，针对人才发展需求和存在的困难问题，研究提出今后一个时期人才队伍建设的目标任务和政策措施。加强规划引领，落实工作任务，统筹安排部署，统一组织实施，加快提高农产品加工业人才队伍建设水平。

（三）加强宣传推动 充分利用各类媒体加大政策宣传力度，总结宣传各地农产品加工业人才队伍建设工作的成功经验和做法，加强学习交流，相互促进，相互提高，不断开创人才队伍建设工作新局面。大力宣传有突出贡献的先进人才典型，弘扬创业创新精神，树立创业创新典型，激发各类人才的积极性、主动性，努力营造农产品加工业人才队伍健康发展的良好社会氛围。

全国农产品市场体系发展规划

（商务部、国土资源部等 10 部门　2015 年 8 月 31 日）

为引导农产品市场在新型工业化、信息化、城镇化、农业现代化加快推进形势下合理布局，提升农产品市场服务功能，构建高效畅通、安全规范、竞争有序的农产品市场体系，编制此规划。

本规划依据《中共中央国务院关于全面深化农村改革加快推进农业现代化的若干意见》（中发〔2014〕1 号）、《国务院办公厅关于促进内贸流通健康发展的若干意见》（国办发〔2014〕51 号）、《国务院关于深化流通体制改革加快流通产业发展的意见》（国发〔2012〕39 号）、《国务院办公厅关于加强鲜活农产品流通体系建设的意见》（国办发〔2011〕59 号）、《全国蔬菜产业发展规划（2011—2020）》等编制。

本规划中的农产品主要指鲜活农产品[1]。农产品市场包括农产品批发市场和零售市场。规划期为2015—2020 年。

一、现状与形势

（一）发展现状

1. 市场规模不断扩大 2014 年，我国鲜活农产品总产量为 12.4 亿吨，同比增长 3%。[2]随着农产品产量的增加，我国农产品市场交易规模不断扩大。全国农产品批发市场成交额达 39 785.3 亿元，同比增长 6%。

2. 基础设施逐步完善 2014 年，我国三分之二的农产品批发市场建有检验检测中心，53%的市场建有信息中心，42%的市场建有废弃物处理中心，29.8%的市场建有电子结算中心。全国冷库总容量3 320万吨，公路冷藏车 7.5 万辆，同比增长分别为24%和 39%。

3. 市场主体多元发展 在国家一系列惠农、支农政策支持下，各类农产品市场主体快速发展。2014年，全国共有农产品批发市场 4 512 家，农业产业化龙头企业超过 12 万家，农民合作社 116 万个。

4. 流通模式多样并存 随着经济社会的发展，农超对接、电子商务等新型流通模式快速发展，农产品流通模式日益多样化。目前"农超对接"在农产品流通中的占比已达 15%，超过 1 000 家连锁企业与约1.6 万个农民合作社实现对接。2014 年全国农产品电子商务交易额超过 870 亿元，电子商务成为农产品流通创新的重要推动力。

总体上看，覆盖城乡的农产品市场体系已基本形成，但仍处于初级发展阶段，市场发展缺乏统筹规划、布局不合理，组织化和标准化程度低，市场信息不对称，市场制度建设滞后等问题依然存在。

（二）面临形势

随着我国经济发展进入新常态，农产品市场体系发展过程中，既存在"生产小农户、运输长距离、销

售大市场、消费高要求"的旧有矛盾，又面临新型工业化、信息化、城镇化和农业现代化快速推进的新要求和新挑战。一是新型工业化、城镇化推动农产品市场格局深刻变化。随着我国新型工业化和城镇化进程的不断推进，大量农村人口进城务工和落户，农产品消费逐渐向经济发达地区集聚，消费总量不断增长，城市农产品自给率大幅下降，农产品市场格局发生深刻变化。大规模、跨区域、反季节、长距离流通需求快速增长，在给农产品市场体系发展带来机遇的同时，也提出了新的要求和挑战。二是新型农业现代化加速农产品市场转型升级。随着农村综合改革的不断深入，农业现代化步伐逐步加快，农业生产由传统、粗放经营向现代、集约经营转变。这就要求农产品市场在硬件设施、组织方式、流通方式和交易手段等方面加快转型升级，更好发挥流通的基础和引导作用，以适应新型农业现代化的要求。三是新型信息化促进农产品流通模式不断创新。随着移动互联网和物联网等技术在农产品流通领域的应用和发展，流通方式不断创新，传统的农产品流通模式受到挑战，电子商务等新型方式在农产品流通中发挥着越来越重要的作用。"互联网＋"成为创新农产品流通模式、密切农产品产销衔接、推动农产品市场体系健康发展的重要力量。四是消费结构升级要求农产品市场建设量质并重。随着城乡居民收入水平提高和生活质量的提升，我国农产品消费结构持续升级并趋于多样化，鲜活农产品的市场需求潜力将进一步释放。同时，消费者也越来越注重农产品的安全和品质，农产品市场体系建设的目标从保供为主向量质并重提升。

二、指导思想、规划原则与发展目标

（一）指导思想

深入贯彻党的十八届三中、四中全会精神，充分发挥市场在资源配置中的决定性作用，同时更好发挥政府作用，厘清中央与地方事权，科学规划农产品流通网络布局，加强基础设施建设，推进流通方式创新，加快制度建设，构建与新型工业化、信息化、城镇化和农业现代化相适应的农产品市场体系，促进全国农产品流通产业健康发展。

（二）规划原则

1. 统筹规划，分级实施　坚持立足当前和着眼长远相结合，综合考虑人口分布、交通条件、产业布局等因素，统筹规划农产品市场建设，优化农产品市场结构和布局。中央负责规划全国农产品市场体系建设，地方负责规划本行政区域内农产品市场体系建设，并与相关省市统筹协调跨区域农产品市场体系

建设。

2. 市场运作，政府引导　处理好政府和市场的关系，调动企业积极性，引导社会资本参与农产品市场体系建设；加快转变政府职能，营造良好的市场环境。形成企业为经营主体，政府规划引导、有效监管和适度调节的发展机制，推进农产品市场体系健康发展。

3. 科学发展，鼓励创新　促进各类农产品市场协调有序发展。健全产销衔接机制，促进农产品市场与农业生产、城镇化建设的统筹协调发展。坚持新建与改造并举，不断创新发展理念，推进农产品流通方式创新、管理创新、组织创新和制度创新。

4. 完善功能，体现公益　依托现有市场资源，强化流通设施建设，完善农产品市场服务功能，提升服务水平。在市场化运作的基础上，加大政府投入力度，建立公益性保障机制，增强农产品市场的公益性，提升政府宏观调控能力和民生保障能力。

（三）发展目标

到2020年，初步建立起以产地集配中心和田头市场为源头，以农产品批发市场为中心，以农产品零售市场为基础，以高效规范的电子商务等新型市场为重要补充，有形和无形结合、线上和线下融合、产地和销地匹配，统一开放、竞争有序、布局合理、制度完备、高效畅通、安全规范的中国特色农产品市场体系。

三、规划布局

规划布局总体思路：依据我国各地经济社会、交通区位、人口、农产品流通基础等因素，结合"一带一路"、长江经济带、京津冀协同发展等国家战略部署和全国主要商业功能区、农产品优势产销区分布，在全国农产品生产、集散和消费集中区域确定全国性农产品流通骨干市场和市场集群，形成以全国骨干农产品批发市场为节点，连接东西、贯穿南北、辐射内外的全国农产品流通骨干网络。各地根据本地实际，合理布局区域农产品流通网络，与全国农产品流通骨干网络对接，形成全国网与区域网相结合、公益性与市场化相结合、实体网与虚拟网相结合、批发网络与零售网络相结合的全国农产品市场体系。

（一）全国农产品流通骨干网络布局

按照规划布局总体思路，规划形成"八大骨干市场集群和100个左右全国骨干农产品批发市场"，依托市场集群，形成"三纵三横"的全国农产品流通骨干网络。全国农产品流通骨干网络规划布局图见附图。

1. 全国骨干农产品批发市场及市场集群布局 根据人口和现有市场分布情况等因素，布局形成八个骨干市场集群，100 个左右全国骨干农产品批发市场。

京津冀市场集群 以北京、天津、河北为中心，辐射内蒙古中部、山西、山东。依托京津冀，向北衔接东北市场集群，对促进京津冀协同发展具有重要意义。

东北市场集群 以辽宁、吉林为中心，辐射黑龙江、内蒙古东部。该集群向南连接京津冀，向北面向东北亚市场，是连接国内外市场、促进东北地区农产品流通的主要市场集群。

长三角市场集群 以长三角经济区为中心，包括上海、江苏和浙江。该集群位于长江经济带东端，向北连接京津冀、向西沿长江经济带连接成渝经济区，向南连接珠三角经济区，在全国农产品流通中发挥重要作用。

珠三角市场集群 以珠三角为中心，辐射广东、福建、广西和海南。该集群与长江经济带相衔接，面向港澳台和东南亚地区，是通江达海、连接国内外市场的重要枢纽。

中原市场集群 以河南为中心，辐射安徽、山东、山西、陕西。该集群向北连接京津冀，向南连接长江经济带，向东连接长三角，向西连接陕甘宁市场集群，是连接东西、贯穿南北的市场集群。

长江中游市场集群 以湖北、湖南、江西为中心，辐射安徽、福建、广西和贵州。该集群向东连接长三角、向北连接中原市场集群，向西沿长江经济带连接成渝经济区，向南连接珠三角，在全国农产品流通中处于枢纽地位。

成渝市场集群 以重庆和四川为中心，辐射贵州、云南和西藏。该集群依托成渝经济区，北连陕甘宁市场集群，向东衔接长江经济带，是促进西南地区农产品流通的重要市场集群。

陕甘宁市场集群 以陕西、甘肃、宁夏为中心，辐射青海、新疆、西藏和内蒙古西部盟市。该集群向南与长江经济带相连，向东与中原经济区衔接，是连接国内外市场、促进西北部农产品流通的市场集群。

2. "三纵三横"骨干网络布局 依托市场集群，形成"三纵三横"为骨架的全国农产品流通骨干网络。其中"三纵"分别为：

哈广通道 北起黑龙江，南至广东，贯穿东北、京津冀、长三角、珠三角四大市场集群，形成贯穿南北、辐射全国的农产品流通大通道。

京琼通道 北起北京，南至海南，连接京津冀、中原、长江中游和珠三角四大市场集群，是贯穿南北、连接东西、辐射全国的重要流通大通道。

兰昆通道 北起兰州，南至昆明，连接陕甘宁、成渝两大市场集群，是西部纵贯南北的重要通道。

"三横"分别为：

京疆通道 东起北京，西至新疆，连接京津冀和陕甘宁两大市场集群，是丝绸之路经济带的流通大通道。

长江通道 东起上海，西至成都，连接长三角、长江中游和成渝三大市场集群，依托长江水道，成为承东启西、通江达海的农产品流通大通道。

闽昆通道 东起福建，西至昆明，连接珠三角和成渝两大市场集群，成为我国南部农产品流通的重要通道。

3. 全国骨干农产品批发市场布局条件 地处重要流通节点或重要的交通枢纽城市，区位优越，交通便利，辐射 10 个省（市）以上；东部地区年交易额 100 亿元及以上、市场产出率[3] 3.8 及以上，中部地区年交易额 80 亿元及以上、市场产出率 3.6 及以上，西部地区年交易额 60 亿元及以上、市场产出率 2.8 及以上；符合国家发展战略和所在省（市）发展规划。

（二）区域农产品流通网络布局

各地根据自身实际情况制订规划，布局区域农产品流通网络。区域重点农产品批发市场布局条件可按以下原则：市场位于区域流通节点城市或重要的区域交通枢纽城市；市场辐射范围 3 个省（市）以上；市场产出率不低于全国骨干市场；符合区域发展战略和所在省（市）发展规划。

（三）农产品零售市场网络布局

各地根据本地经济社会发展水平、人口密度、消费习惯等因素，合理布局农产品零售市场网络，与批发市场网络对接，在城市规划中合理配置菜市场、生鲜超市、农贸市场、便民菜店、农产品连锁销售网点等，丰富居民"菜篮子"、满足城乡居民消费需求。

（四）公益性农产品市场布局

根据资源禀赋、人口分布、消费能力等因素，结合全国农产品市场体系规划布局，在全国规划建设一批公益性的产地集配中心、田头市场、农产品批发市场和零售市场，形成由产地集配中心、田头市场、批发市场和零售市场共同组成的公益性农产品市场网络。

全国公益性农产品批发市场布局 在全国骨干农产品批发市场中，根据所在地人口分布、消费能力和市场条件等因素，择优规划建设全国公益性农产品批发市场。布局因素包括：含有市辖区人口超过 400 万的城市数量、居民恩格尔系数、居民消费倾向、少数民族人口占所在省市人口比例、食品价格波动幅度、工作基础等。

区域公益性农产品批发市场和零售市场布局　各地根据本地农产品流通网络布局及资源禀赋、人口分布、消费能力等因素，统筹规划建设一批区域公益农产品批发市场和平价菜店、社区菜店。

田头公益性市场布局　根据本地生产集中度高、已形成良好的集散基础，农产品生产组织化程度相对较高、商品化处理需求明显，主营的品种在县或乡镇有优势或特色，与市、县、乡镇的农业发展规划相协调等因素，规范建设一批田头市场。

四、重点任务

（一）加强农产品流通基础设施建设

重点加强全国性、区域性农产品产地、集散地和销地批发市场，具有国际影响力的农产品交易（会展）中心以及物流节点建设。加快农产品产地预选分级、加工配送、包装仓储等基础设施建设，强化农产品产地集配中心、田头市场的仓储、物流、冷链设施建设。推进农产品批发市场转型升级，完善标准化交易专区、集配中心、冷藏冷冻、电子结算、检验检测等设施设备，鼓励市场应用节能设施设备，加强废弃物循环利用与处理、安全监控等设施建设，提升农产品批发市场综合服务功能。加大农产品冷链物流基础设施建设力度，鼓励大型农产品批发市场、连锁超市、农产品流通企业推广现代冷链物流管理理念、标准和技术，建设具有集中采购和跨区域配送能力的农产品冷链物流集散中心，配备预冷、低温分拣加工、冷藏运输、冷库等冷链设施设备，建立覆盖农产品生产、加工、运输、储存、销售等环节的全程冷链物流体系。鼓励各地建设或改造农贸市场、菜市场、社区菜店、生鲜超市等农产品零售市场网络基础设施建设，完善农产品零售网络。

（二）培育壮大农产品市场主体

鼓励农产品流通企业和批发市场通过参股控股、兼并收购、特许经营等方式实现跨区域发展。培育农产品物流企业，发展农产品第三方物流，优化整合农产品供应链，推动农产品物流集约化、规模化发展，为农产品流通提供社会化的公共物流服务。支持供销合作社和国有流通企业参与农产品产销体系建设，提升农产品流通服务水平。加强农产品流通合作组织建设，鼓励农民兴办合作社，积极培育农民经纪人队伍和经纪公司，引导农民合作社、家庭农场、专业大户的经营活动向加工、流通领域拓展，建设农产品初加

工、仓储保鲜、集配中心等设施，提高农产品销售规模、议价能力和抵御风险能力。鼓励城镇从事农产品零售经营的小商小贩通过加入协会的形式提高组织化程度。鼓励从事运销批发经营的商贩向企业化方向发展，逐步培育批发、运销联合体。培育新型流通主体，促进农产品流通领域创业创新。

（三）完善农产品产销衔接体系

鼓励具备条件的农产品市场主体利用自身优势，向农产品生产和消费两端延伸经营链条，建立稳定的产销关系，减少流通环节，降低流通成本，提高流通效率。支持农产品批发市场、连锁超市和合作社积极开展"农批零对接"、"农超对接"、"农社对接"等各种形式的产销对接，以委托生产、订单农业等形式，与农产品生产企业和合作社建立利益联结机制，形成长期稳定的产销关系。支持农产品批发市场、农产品生产企业和合作社通过建设直供市场或菜店、在农产品销地批发市场和农贸市场设立农民和农民合作社免费直销专区等形式，发展直供直销，带动农产品基地发展和品牌建设。

（四）推动农产品流通信息化建设

加快移动互联网、物联网、二维码、无线射频识别等信息技术在农产品流通领域应用，发展"互联网＋农产品流通"，促进农产品商流、物流、信息流、资金流四流融合。鼓励传统农产品流通企业树立互联网思维，推动智慧型农产品批发市场发展，鼓励各类农产品流通主体完善信息化管理系统，整合各类涉农信息服务资源，构建覆盖生产、流通、消费的农产品流通大数据平台，建设互联互通的全国农产品流通信息服务体系。发展农产品电子商务，支持农产品批发市场和流通企业开展线上线下相结合的一体化经营，逐步扩大网上交易的品种和配送范围，完善网上交易技术标准、统计监测和信用体系，促进农产品产销与物联网、互联网协同发展。积极培育各类农产品电子商务平台，鼓励各类电商、物流、商贸流通、金融等企业，参与平台建设和运营。完善市场监测、预警和信息发布机制，重点对关系居民日常生活、容易出现"卖难买贵"问题的农产品的供求、质量、价格等信息进行实时监测。鼓励有条件的地区和农产品流通企业建立区域性农产品信息数据库和企业网上信息平台。

（五）维护农产品市场安全稳定运行

加强市场交易和管理制度建设，规范交易行为，保障市场高效运行。支持第三方检测机构为农产品企业提供专业化服务，建立政府部门监督抽检和第三方检测相结合的农产品检验检测制度。积极推进农产品质量安全追溯管理。完善农产品市场准入、索证索

票、信息传递与查询等管理制度。鼓励农产品批发市场、农贸市场利用绿色市场、有机产品、良好农业规范等认证手段提高农产品质量安全水平。加强农产品市场信用体系建设，推动农产品生产经营者建立信用记录，并纳入国家统一的信用信息平台，形成违法违规行为"黑名单"，实现全国农产品市场信用信息共享。建立健全重要农产品储备制度，依托农产品批发市场加强重要农产品商业储备，完善农产品跨区域应急调运、调剂机制。

（六）建立农产品市场公益性实现机制

开展公益性农产品市场建设试点，探索市场化环境下公益性的实现方式，以投资入股、股权回购等多种方式，建设改造一批公益性的全国骨干农产品批发市场，重点支持检验检测中心、消防安全监控中心、废弃物处理设施等公共服务设施建设，建立完善公益性农产品流通基础设施投资保障、运营管理、政府监管等长效运行机制和应急保供、稳定价格、食品安全保障等公益性功能刚性约束机制，在保障市场供应、稳定市场价格和促进食品安全等公益性功能方面发挥示范带动作用。各地合理规划布局建设一批区域公益性农产品批发市场和平价菜市场、平价社区菜店等公益性零售网点。在生产组织化程度高的农产品生产基地及村镇，试点示范建设一批田头公益性市场。通过公益性农产品市场建设，增强政府对农产品市场的宏观调控能力和民生保障能力。

五、保障措施

（一）建立健全法律法规标准体系

推动《农产品批发市场管理条例》等农产品流通领域立法工作。鼓励各地根据本地实际制订、出台地方性法规，将农产品市场体系纳入城乡规划统一建设，通过立法增强规划的约束力和保障力，使农产品流通体系建设步入健全的法制轨道。加快农产品流通标准体系建设，制定和推广主要农产品冷链物流操作规范和技术标准，加强农产品批发市场、零售市场、仓储物流、冷藏运输、包装标识等各系统标准化建设，推进农产品质量等级化、包装规格化、标识规范化、产品品牌化。

（二）改革创新投融资方式

优化政府投资，通过设立农产品流通产业发展基金、建立国有资本投资运营公司、推广公私合营等方式，带动社会资本投入，支持农产品市场体系建设。对于政府投资建设、具有公益性质的农产品市场，可按作价出资（入股）方式办理用地手续。加强宏观信贷政策指导，鼓励金融机构开展股权、债权、债券、

票据、融资租赁等多样化金融服务，支持融资担保公司对农产品批发市场及商户提供担保增信服务。

（三）强化土地节约集约利用机制

农产品市场应在符合土地利用总体规划和城乡规划的前提下进行选址建设，坚持最严格的节约用地制度，严格控制新增建设用地占用耕地，优先保障符合农产品市场发展规划的市场用地。城区农产品批发市场需异地搬迁改造的，在政府收回原国有建设用地使用权后，经批准可采取协议出让方式为原土地使用权人另行安排用地。鼓励新建大型农产品市场立体综合开发，提高土地利用强度，促进功能融合和农产品市场综合服务功能提升。支持利用工业企业旧厂房、仓库和存量土地资源兴办农产品市场。在符合规划和用途管制的前提下，鼓励农村集体经济组织依法以集体经营性建设用地使用权入股、联营等形式兴办农产品市场。农产品批发市场用地作为经营性商业用地，严禁擅自改变土地用途，确需改变用途、性质或进行转让的，应当符合土地利用总体规划并经依法批准。

（四）着力减轻企业税费负担

落实农产品批发市场、农贸市场用电、用气、用热与工业同价政策以及小型微利农产品流通企业所得税优惠政策。严格执行蔬菜流通环节增值税免征政策，落实鲜活农产品运输"绿色通道"政策，确保整车合法装载运输鲜活农产品车辆优先便捷通行并免收车辆通行费，坚决查处和打击假冒鲜活农产品运输车辆逃缴车辆通行费等违法行为。对于政府投资建设或控股的农产品市场收费，可按法定程序纳入地方政府定价目录，实行政府指导价或政府定价管理。清理超市向供应商收取的违反国家相关法律法规的费用。

（五）充分发挥行业协会作用

鼓励发展农产品批发商、运销商、加工商、零售商、服务商等各类协会组织，提高其协调、服务、自律、维权能力。将行业协会作为加强和改善农产品流通行业管理的重要支撑，指导行业协会健全各项自律性管理制度。加大政府向第三方购买公共服务力度，支持行业协会参与行业调查统计、公共信息服务、产销衔接促进和标准化推进等工作。发挥行业协会优势，推进农产品市场国际交流与合作，推进农产品流通领域人才队伍建设和舆论宣传。

（六）切实加强规划组织实施

建立规划实施部门协调联动机制和落实责任制，加强沟通协调，通力协作，制定新的政策举措。厘清央地事权，中央负责统筹规划全国农产品流通骨干网络和全国公益性农产品批发市场建设，各地负责统筹规划区域农产品流通网络和公益性批发市场、零售市场建设。根据本规划要求，各地结合自身实际分解落

实各项任务。加强年度计划与本规划的衔接，年度目标要充分体现本规划任务要求。建立规划实施的监测评估机制，对规划实行年度监督、中期评估和终期总结。

[1] 根据《关于进一步完善和落实鲜活农产品运输绿色通道政策的通知》（交公路发〔2009〕784号）规定，鲜活农产品主要包括新鲜蔬菜、新鲜水果，鲜活水产品，活的畜禽以及新鲜肉、蛋、奶等。

[2] 数据来源：《中国统计年鉴》。数据包括蔬菜、水果、肉、牛奶、禽蛋和水产品总产量。

[3] 产出率：反映市场资源利用效率，计算公式为：产出率＝年成交额（万元）/营业面积（m²）。根据中国商品交易市场统计年鉴中数据确定各区域产出标准。

食品经营许可管理办法

（国家食品药品监督管理总局令第17号　2015年8月31日）

第一章　总　　则

第一条　为规范食品经营许可活动，加强食品经营监督管理，保障食品安全，根据《中华人民共和国食品安全法》《中华人民共和国行政许可法》等法律法规，制定本办法。

第二条　在中华人民共和国境内，从事食品销售和餐饮服务活动，应当依法取得食品经营许可。

食品经营许可的申请、受理、审查、决定及其监督检查，适用本办法。

第三条　食品经营许可应当遵循依法、公开、公平、公正、便民、高效的原则。

第四条　食品经营许可实行一地一证原则，即食品经营者在一个经营场所从事食品经营活动，应当取得一个食品经营许可证。

第五条　食品药品监督管理部门按照食品经营主体业态和经营项目的风险程度对食品经营实施分类许可。

第六条　国家食品药品监督管理总局负责监督指导全国食品经营许可管理工作。

县级以上地方食品药品监督管理部门负责本行政区域内的食品经营许可管理工作。

省、自治区、直辖市食品药品监督管理部门可以根据食品类别和食品安全风险状况，确定市、县级食品药品监督管理部门的食品经营许可管理权限。

第七条　国家食品药品监督管理总局负责制定食品经营许可审查通则。

县级以上地方食品药品监督管理部门实施食品经营许可审查，应当遵守食品经营许可审查通则。

第八条　县级以上食品药品监督管理部门应当加快信息化建设，在行政机关的网站上公布经营许可事项，方便申请人采取数据电文等方式提出经营许可申请，提高办事效率。

第二章　申请与受理

第九条　申请食品经营许可，应当先行取得营业执照等合法主体资格。

企业法人、合伙企业、个人独资企业、个体工商户等，以营业执照载明的主体作为申请人。

机关、事业单位、社会团体、民办非企业单位、企业等申办单位食堂，以机关或者事业单位法人登记证、社会团体登记证或者营业执照等载明的主体作为申请人。

第十条　申请食品经营许可，应当按照食品经营主体业态和经营项目分类提出。

食品经营主体业态分为食品销售经营者、餐饮服务经营者、单位食堂。食品经营者申请通过网络经营、建立中央厨房或者从事集体用餐配送的，应当在主体业态后以括号标注。

食品经营项目分为预包装食品销售（含冷藏冷冻食品、不含冷藏冷冻食品）、散装食品销售（含冷藏冷冻食品、不含冷藏冷冻食品）、特殊食品销售（保健食品、特殊医学用途配方食品、婴幼儿配方乳粉、其他婴幼儿配方食品）、其他类食品销售；热食类食品制售、冷食类食品制售、生食类食品制售、糕点类食品制售、自制饮品制售、其他类食品制售等。

列入其他类食品销售和其他类食品制售的具体品种应当报国家食品药品监督管理总局批准后执行，并明确标注。具有热、冷、生、固态、液态等多种情形，难以明确归类的食品，可以按照食品安全风险等级最高的情形进行归类。

国家食品药品监督管理总局可以根据监督管理工作需要对食品经营项目类别进行调整。

第十一条 申请食品经营许可，应当符合下列条件：

（一）具有与经营的食品品种、数量相适应的食品原料处理和食品加工、销售、贮存等场所，保持该场所环境整洁，并与有毒、有害场所以及其他污染源保持规定的距离；

（二）具有与经营的食品品种、数量相适应的经营设备或者设施，有相应的消毒、更衣、盥洗、采光、照明、通风、防腐、防尘、防蝇、防鼠、防虫、洗涤以及处理废水、存放垃圾和废弃物的设备或者设施；

（三）有专职或者兼职的食品安全管理人员和保证食品安全的规章制度；

（四）具有合理的设备布局和工艺流程，防止待加工食品与直接入口食品、原料与成品交叉污染，避免食品接触有毒物、不洁物；

（五）法律、法规规定的其他条件。

第十二条 申请食品经营许可，应当向申请人所在地县级以上地方食品药品监督管理部门提交下列材料：

（一）食品经营许可申请书；

（二）营业执照或者其他主体资格证明文件复印件；

（三）与食品经营相适应的主要设备设施布局、操作流程等文件；

（四）食品安全自查、从业人员健康管理、进货查验记录、食品安全事故处置等保证食品安全的规章制度。

利用自动售货设备从事食品销售的，申请人还应当提交自动售货设备的产品合格证明、具体放置地点，经营者名称、住所、联系方式、食品经营许可证的公示方法等材料。

申请人委托他人办理食品经营许可申请的，代理人应当提交授权委托书以及代理人的身份证明文件。

第十三条 申请人应当如实向食品药品监督管理部门提交有关材料和反映真实情况，对申请材料的真实性负责，并在申请书等材料上签名或者盖章。

第十四条 县级以上地方食品药品监督管理部门对申请人提出的食品经营许可申请，应当根据下列情况分别作出处理：

（一）申请事项依法不需要取得食品经营许可的，应当即时告知申请人不受理。

（二）申请事项依法不属于食品药品监督管理部门职权范围的，应当即时作出不予受理的决定，并告

知申请人向有关行政机关申请。

（三）申请材料存在可以当场更正的错误的，应当允许申请人当场更正，由申请人在更正处签名或者盖章，注明更正日期。

（四）申请材料不齐全或者不符合法定形式的，应当当场或者在5个工作日内一次告知申请人需要补正的全部内容。当场告知的，应当将申请材料退回申请人；在5个工作日内告知的，应当收取申请材料并出具收到申请材料的凭据。逾期不告知的，自收到申请材料之日起即为受理。

（五）申请材料齐全、符合法定形式，或者申请人按照要求提交全部补正材料的，应当受理食品经营许可申请。

第十五条 县级以上地方食品药品监督管理部门对申请人提出的申请决定予以受理的，应当出具受理通知书；决定不予受理的，应当出具不予受理通知书，说明不予受理的理由，并告知申请人依法享有申请行政复议或者提起行政诉讼的权利。

第三章　审查与决定

第十六条 县级以上地方食品药品监督管理部门应当对申请人提交的许可申请材料进行审查。需要对申请材料的实质内容进行核实的，应当进行现场核查。仅申请预包装食品销售（不含冷藏冷冻食品）的，以及食品经营许可变更不改变设施和布局的，可以不进行现场核查。

现场核查应当由符合要求的核查人员进行。核查人员不得少于2人。核查人员应当出示有效证件，填写食品经营许可现场核查表，制作现场核查记录，经申请人核对无误后，由核查人员和申请人在核查表和记录上签名或者盖章。申请人拒绝签名或者盖章的，核查人员应当注明情况。

食品药品监督管理部门可以委托下级食品药品监督管理部门，对受理的食品经营许可申请进行现场核查。

核查人员应当自接受现场核查任务之日起10个工作日内，完成对经营场所的现场核查。

第十七条 除可以当场作出行政许可决定的外，县级以上地方食品药品监督管理部门应当自受理申请之日起20个工作日内作出是否准予行政许可的决定。因特殊原因需要延长期限的，经本行政机关负责人批准，可以延长10个工作日，并应当将延长期限的理由告知申请人。

第十八条 县级以上地方食品药品监督管理部门应当根据申请材料审查和现场核查等情况，对符合条件的，作出准予经营许可的决定，并自作出决定之日

起 10 个工作日内向申请人颁发食品经营许可证；对不符合条件的，应当及时作出不予许可的书面决定并说明理由，同时告知申请人依法享有申请行政复议或者提起行政诉讼的权利。

第十九条　食品经营许可证发证日期为许可决定作出的日期，有效期为 5 年。

第二十条　县级以上地方食品药品监督管理部门认为食品经营许可申请涉及公共利益的重大事项，需要听证的，应当向社会公告并举行听证。

第二十一条　食品经营许可直接涉及申请人与他人之间重大利益关系的，县级以上地方食品药品监督管理部门在作出行政许可决定前，应当告知申请人、利害关系人享有要求听证的权利。

申请人、利害关系人在被告知听证权利之日起 5 个工作日内提出听证申请的，食品药品监督管理部门应当在 20 个工作日内组织听证。听证期限不计算在行政许可审查期限之内。

第四章　许可证管理

第二十二条　食品经营许可证分为正本、副本。正本、副本具有同等法律效力。

国家食品药品监督管理总局负责制定食品经营许可证正本、副本式样。省、自治区、直辖市食品药品监督管理部门负责本行政区域食品经营许可证的印制、发放等管理工作。

第二十三条　食品经营许可证应当载明：经营者名称、社会信用代码（个体经营者为身份证号码）、法定代表人（负责人）、住所、经营场所、主体业态、经营项目、许可证编号、有效期、日常监督管理机构、日常监督管理人员、投诉举报电话、发证机关、签发人、发证日期和二维码。

在经营场所外设置仓库（包括自有和租赁）的，还应当在副本中载明仓库具体地址。

第二十四条　食品经营许可证编号由 JY（"经营"的汉语拼音字母缩写）和 14 位阿拉伯数字组成。数字从左至右依次为：1 位主体业态代码、2 位省（自治区、直辖市）代码、2 位市（地）代码、2 位县（区）代码、6 位顺序码、1 位校验码。

第二十五条　日常监督管理人员为负责对食品经营活动进行日常监督管理的工作人员。日常监督管理人员发生变化的，可以通过签章的方式在许可证上变更。

第二十六条　食品经营者应当妥善保管食品经营许可证，不得伪造、涂改、倒卖、出租、出借、转让。

食品经营者应当在经营场所的显著位置悬挂或者摆放食品经营许可证正本。

第五章　变更、延续、补办与注销

第二十七条　食品经营许可证载明的许可事项发生变化的，食品经营者应当在变化后 10 个工作日内向原发证的食品药品监督管理部门申请变更经营许可。

经营场所发生变化的，应当重新申请食品经营许可。外设仓库地址发生变化的，食品经营者应当在变化后 10 个工作日内向原发证的食品药品监督管理部门报告。

第二十八条　申请变更食品经营许可的，应当提交下列申请材料：

（一）食品经营许可变更申请书；

（二）食品经营许可证正本、副本；

（三）与变更食品经营许可事项有关的其他材料。

第二十九条　食品经营者需要延续依法取得的食品经营许可的有效期的，应当在该食品经营许可有效期届满 30 个工作日前，向原发证的食品药品监督管理部门提出申请。

第三十条　食品经营者申请延续食品经营许可，应当提交下列材料：

（一）食品经营许可延续申请书；

（二）食品经营许可证正本、副本；

（三）与延续食品经营许可事项有关的其他材料。

第三十一条　县级以上地方食品药品监督管理部门应当根据被许可人的延续申请，在该食品经营许可有效期届满前作出是否准予延续的决定。

第三十二条　县级以上地方食品药品监督管理部门应当对变更或者延续食品经营许可的申请材料进行审查。

申请人声明经营条件未发生变化的，县级以上地方食品药品监督管理部门可以不再进行现场核查。

申请人的经营条件发生变化，可能影响食品安全的，食品药品监督管理部门应当就变化情况进行现场核查。

第三十三条　原发证的食品药品监督管理部门决定准予变更的，应当向申请人颁发新的食品经营许可证。食品经营许可证编号不变，发证日期为食品药品监督管理部门作出变更许可决定的日期，有效期与原证书一致。

第三十四条　原发证的食品药品监督管理部门决定准予延续的，应当向申请人颁发新的食品经营许可证，许可证编号不变，有效期自食品药品监督管理部门作出延续许可决定之日起计算。

不符合许可条件的，原发证的食品药品监督管理部门应当作出不予延续食品经营许可的书面决定，并说明理由。

第三十五条　食品经营许可证遗失、损坏的，应当向原发证的食品药品监督管理部门申请补办，并提交下列材料：

（一）食品经营许可证补办申请书；

（二）食品经营许可证遗失的，申请人应当提交在县级以上地方食品药品监督管理部门网站或者其他县级以上主要媒体上刊登遗失公告的材料；食品经营许可证损坏的，应当提交损坏的食品经营许可证原件。

材料符合要求的，县级以上地方食品药品监督管理部门应当在受理后20个工作日内予以补发。

因遗失、损坏补发的食品经营许可证，许可证编号不变，发证日期和有效期与原证书保持一致。

第三十六条 食品经营者终止食品经营，食品经营许可被撤回、撤销或者食品经营许可证被吊销的，应当在30个工作日内向原发证的食品药品监督管理部门申请办理注销手续。

食品经营者申请注销食品经营许可的，应当向原发证的食品药品监督管理部门提交下列材料：

（一）食品经营许可证注销申请书；

（二）食品经营许可证正本、副本；

（三）与注销食品经营许可有关的其他材料。

第三十七条 有下列情形之一，食品经营者未按规定申请办理注销手续的，原发证的食品药品监督管理部门应当依法办理食品经营许可注销手续：

（一）食品经营许可有效期届满未申请延续的；

（二）食品经营者主体资格依法终止的；

（三）食品经营许可依法被撤回、撤销或者食品经营许可证依法被吊销的；

（四）因不可抗力导致食品经营许可事项无法实施的；

（五）法律法规规定的应当注销食品经营许可的其他情形。

食品经营许可被注销的，许可证编号不得再次使用。

第三十八条 食品经营许可证变更、延续、补办与注销的有关程序参照本办法第二章和第三章的有关规定执行。

第六章 监督检查

第三十九条 县级以上地方食品药品监督管理部门应当依据法律法规规定的职责，对食品经营者的许可事项进行监督检查。

第四十条 县级以上地方食品药品监督管理部门应当建立食品许可管理信息平台，便于公民、法人和其他社会组织查询。

县级以上地方食品药品监督管理部门应当将食品经营许可颁发、许可事项检查、日常监督检查、许可违法行为查处等情况记入食品经营者食品安全信用档案，并依法向社会公布；对有不良信用记录的食品经营者应当增加监督检查频次。

第四十一条 县级以上地方食品药品监督管理部门日常监督管理人员负责所管辖食品经营者许可事项的监督检查，必要时，应当依法对相关食品仓储、物流企业进行检查。

日常监督管理人员应当按照规定的频次对所管辖的食品经营者实施全覆盖检查。

第四十二条 县级以上地方食品药品监督管理部门及其工作人员履行食品经营许可管理职责，应当自觉接受食品经营者和社会监督。

接到有关工作人员在食品经营许可管理过程中存在违法行为的举报，食品药品监督管理部门应当及时进行调查核实。情况属实的，应当立即纠正。

第四十三条 县级以上地方食品药品监督管理部门应当建立食品经营许可档案管理制度，将办理食品经营许可的有关材料、发证情况及时归档。

第四十四条 国家食品药品监督管理总局可以定期或者不定期组织对全国食品经营许可工作进行监督检查；省、自治区、直辖市食品药品监督管理部门可以定期或者不定期组织对本行政区域内的食品经营许可工作进行监督检查。

第七章 法律责任

第四十五条 未取得食品经营许可从事食品经营活动的，由县级以上地方食品药品监督管理部门依照《中华人民共和国食品安全法》第一百二十二条的规定给予处罚。

第四十六条 许可申请人隐瞒真实情况或者提供虚假材料申请食品经营许可的，由县级以上地方食品药品监督管理部门给予警告。申请人在1年内不得再次申请食品经营许可。

第四十七条 被许可人以欺骗、贿赂等不正当手段取得食品经营许可的，由原发证的食品药品监督管理部门撤销许可，并处1万元以上3万元以下罚款。被许可人在3年内不得再次申请食品经营许可。

第四十八条 违反本办法第二十六条第一款规定，食品经营者伪造、涂改、倒卖、出租、出借、转让食品经营许可证的，由县级以上地方食品药品监督管理部门责令改正，给予警告，并处1万元以下罚款；情节严重的，处1万元以上3万元以下罚款。

违反本办法第二十六条第二款规定，食品经营者未按规定在经营场所的显著位置悬挂或者摆放食品经营许可证的，由县级以上地方食品药品监督管理部门责令改正；拒不改正的，给予警告。

第四十九条　违反本办法第二十七条第一款规定，食品经营许可证载明的许可事项发生变化，食品经营者未按规定申请变更经营许可的，由原发证的食品药品监督管理部门责令改正，给予警告；拒不改正的，处2000元以上1万元以下罚款。

违反本办法第二十七条第二款规定或者第三十六条第一款规定，食品经营者外设仓库地址发生变化，未按规定报告的，或者食品经营者终止食品经营，食品经营许可被撤回、撤销或者食品经营许可证被吊销，未按规定申请办理注销手续的，由原发证的食品药品监督管理部门责令改正；拒不改正的，给予警告，并处2000元以下罚款。

第五十条　被吊销经营许可证的食品经营者及其法定代表人、直接负责的主管人员和其他直接责任人员自处罚决定做出之日起5年内不得申请食品生产经营许可，或者从事食品生产经营管理工作、担任食品生产经营企业食品安全管理人员。

第五十一条　食品药品监督管理部门对不符合条件的申请人准予许可，或者超越法定职权准予许可的，依照《中华人民共和国食品安全法》第一百四十四条的规定给予处分。

第八章　附　　则

第五十二条　本办法下列用语的含义：

（一）单位食堂，指设于机关、事业单位、社会团体、民办非企业单位、企业等，供应内部职工、学生等集中就餐的餐饮服务提供者；

（二）预包装食品，指预先定量包装或者制作在包装材料和容器中的食品，包括预先定量包装以及预先定量制作在包装材料和容器中并且在一定量限范围内具有统一的质量或体积标识的食品；

（三）散装食品，指无预先定量包装，需称重销售的食品，包括无包装和带非定量包装的食品；

（四）热食类食品，指食品原料经粗加工、切配并经过蒸、煮、烹、煎、炒、烤、炸等烹饪工艺制作，在一定热度状态下食用的即食食品，含火锅和烧烤等烹饪方式加工而成的食品等；

（五）冷食类食品，指一般无需再加热，在常温或者低温状态下即可食用的食品，含熟食卤味、生食瓜果蔬菜、腌菜等；

（六）生食类食品，一般特指生食水产品；

（七）糕点类食品，指以粮、糖、油、蛋、奶等为主要原料经焙烤等工艺现场加工而成的食品，含裱花蛋糕等；

（八）自制饮品，指经营者现场制作的各种饮料，含冰淇淋等；

（九）中央厨房，指由餐饮单位建立的，具有独立场所及设施设备，集中完成食品成品或者半成品加工制作并配送的食品经营者；

（十）集体用餐配送单位，指根据服务对象订购要求，集中加工、分送食品但不提供就餐场所的食品经营者；

（十一）其他类食品，指区域性销售食品、民族特色食品、地方特色食品等。

本办法所称的特殊医学用途配方食品，是指国家食品药品监督管理总局按照分类管理原则确定的可以在商场、超市等食品销售场所销售的特殊医学用途配方食品。

第五十三条　对食品摊贩等的监督管理，按照省、自治区、直辖市制定的具体管理办法执行。

第五十四条　食品经营者在本办法施行前已经取得的许可证在有效期内继续有效。

第五十五条　各省、自治区、直辖市食品药品监督管理部门可以根据本行政区域实际情况，制定有关食品经营许可管理的具体实施办法。

第五十六条　本办法自2015年10月1日起施行。

食品生产许可管理办法

（国家食品药品监督管理总局令第16号　2015年8月31日）

第一章　总　　则

第一条　为规范食品、食品添加剂生产许可活动，加强食品生产监督管理，保障食品安全，根据《中华人民共和国食品安全法》《中华人民共和国行政许可法》等法律法规，制定本办法。

第二条　在中华人民共和国境内，从事食品生产活动，应当依法取得食品生产许可。

食品生产许可的申请、受理、审查、决定及其监督检查，适用本办法。

第三条 食品生产许可应当遵循依法、公开、公平、公正、便民、高效的原则。

第四条 食品生产许可实行一企一证原则，即同一个食品生产者从事食品生产活动，应当取得一个食品生产许可证。

第五条 食品药品监督管理部门按照食品的风险程度对食品生产实施分类许可。

第六条 国家食品药品监督管理总局负责监督指导全国食品生产许可管理工作。

县级以上地方食品药品监督管理部门负责本行政区域内的食品生产许可管理工作。

第七条 省、自治区、直辖市食品药品监督管理部门可以根据食品类别和食品安全风险状况，确定市、县级食品药品监督管理部门的食品生产许可管理权限。

保健食品、特殊医学用途配方食品、婴幼儿配方食品的生产许可由省、自治区、直辖市食品药品监督管理部门负责。

第八条 国家食品药品监督管理总局负责制定食品生产许可审查通则和细则。

省、自治区、直辖市食品药品监督管理部门可以根据本行政区域食品生产许可审查工作的需要，对地方特色食品等食品制定食品生产许可审查细则，在本行政区域内实施，并报国家食品药品监督管理总局备案。国家食品药品监督管理总局制定公布相关食品生产许可审查细则后，地方特色食品等食品生产许可审查细则自行废止。

县级以上地方食品药品监督管理部门实施食品生产许可审查，应当遵守食品生产许可审查通则和细则。

第九条 县级以上食品药品监督管理部门应当加快信息化建设，在行政机关的网站上公布生产许可事项，方便申请人采取数据电文等方式提出生产许可申请，提高办事效率。

第二章 申请与受理

第十条 申请食品生产许可，应当先行取得营业执照等合法主体资格。

企业法人、合伙企业、个人独资企业、个体工商户等，以营业执照载明的主体作为申请人。

第十一条 申请食品生产许可，应当按照以下食品类别提出：粮食加工品，食用油、油脂及其制品，调味品，肉制品，乳制品，饮料，方便食品，

饼干，罐头，冷冻饮品，速冻食品，薯类和膨化食品，糖果制品，茶叶及相关制品，酒类，蔬菜制品，水果制品，炒货食品及坚果制品，蛋制品，可可及焙烤咖啡产品，食糖，水产制品，淀粉及淀粉制品，糕点，豆制品，蜂产品，保健食品，特殊医学用途配方食品，婴幼儿配方食品，特殊膳食食品，其他食品等。

国家食品药品监督管理总局可以根据监督管理工作需要对食品类别进行调整。

第十二条 申请食品生产许可，应当符合下列条件：

（一）具有与生产的食品品种、数量相适应的食品原料处理和食品加工、包装、贮存等场所，保持该场所环境整洁，并与有毒、有害场所以及其他污染源保持规定的距离。

（二）具有与生产的食品品种、数量相适应的生产设备或者设施，有相应的消毒、更衣、盥洗、采光、照明、通风、防腐、防尘、防蝇、防鼠、防虫、洗涤以及处理废水、存放垃圾和废弃物的设备或者设施；保健食品生产工艺有原料提取、纯化等前处理工序的，需要具备与生产的品种、数量相适应的原料前处理设备或者设施。

（三）有专职或者兼职的食品安全管理人员和保证食品安全的规章制度。

（四）具有合理的设备布局和工艺流程，防止待加工食品与直接入口食品、原料与成品交叉污染，避免食品接触有毒物、不洁物。

（五）法律、法规规定的其他条件。

第十三条 申请食品生产许可，应当向申请人所在地县级以上地方食品药品监督管理部门提交下列材料：

（一）食品生产许可申请书；

（二）营业执照复印件；

（三）食品生产加工场所及其周围环境平面图、各功能区间布局平面图、工艺设备布局图和食品生产工艺流程图；

（四）食品生产主要设备、设施清单；

（五）进货查验记录、生产过程控制、出厂检验记录、食品安全自查、从业人员健康管理、不安全食品召回、食品安全事故处置等保证食品安全的规章制度。

申请人委托他人办理食品生产许可申请的，代理人应当提交授权委托书以及代理人的身份证明文件。

第十四条 申请保健食品、特殊医学用途配方食品、婴幼儿配方食品的生产许可，还应当提交与所生

产食品相适应的生产质量管理体系文件以及相关注册和备案文件。

第十五条　从事食品添加剂生产活动，应当依法取得食品添加剂生产许可。

申请食品添加剂生产许可，应当具备与所生产食品添加剂品种相适应的场所、生产设备或者设施、食品安全管理人员、专业技术人员和管理制度。

第十六条　申请食品添加剂生产许可，应当向申请人所在地县级以上地方食品药品监督管理部门提交下列材料：

（一）食品添加剂生产许可申请书；

（二）营业执照复印件；

（三）食品添加剂生产加工场所及其周围环境平面图和生产加工各功能区间布局平面图；

（四）食品添加剂生产主要设备、设施清单及布局图；

（五）食品添加剂安全自查、进货查验记录、出厂检验记录等保证食品添加剂安全的规章制度。

第十七条　申请人应当如实向食品药品监督管理部门提交有关材料和反映真实情况，对申请材料的真实性负责，并在申请书等材料上签名或者盖章。

第十八条　县级以上地方食品药品监督管理部门对申请人提出的食品生产许可申请，应当根据下列情况分别作出处理：

（一）申请事项依法不需要取得食品生产许可的，应当即时告知申请人不受理。

（二）申请事项依法不属于食品药品监督管理部门职权范围的，应当即时作出不予受理的决定，并告知申请人向有关行政机关申请。

（三）申请材料存在可以当场更正的错误的，应当允许申请人当场更正，由申请人在更正处签名或者盖章，注明更正日期。

（四）申请材料不齐全或者不符合法定形式的，应当当场或者在5个工作日内一次告知申请人需要补正的全部内容。当场告知的，应当将申请材料退回申请人；在5个工作日内告知的，应当收取申请材料并出具收到申请材料的凭据。逾期不告知的，自收到申请材料之日起即为受理。

（五）申请材料齐全、符合法定形式，或者申请人按照要求提交全部补正材料的，应当受理食品生产许可申请。

第十九条　县级以上地方食品药品监督管理部门对申请人提出的申请决定予以受理的，应当出具受理通知书；决定不予受理的，应当出具不予受理通知书，说明不予受理的理由，并告知申请人依法享有申请行政复议或者提起行政诉讼的权利。

第三章　审查与决定

第二十条　县级以上地方食品药品监督管理部门应当对申请人提交的申请材料进行审查。需要对申请材料的实质内容进行核实的，应当进行现场核查。

食品药品监督管理部门在食品生产许可现场核查时，可以根据食品生产工艺流程等要求，核查试制食品检验合格报告。在食品添加剂生产许可现场核查时，可以根据食品添加剂品种特点，核查试制食品添加剂检验合格报告、复配食品添加剂组成等。

现场核查应当由符合要求的核查人员进行。核查人员不得少于2人。核查人员应当出示有效证件，填写食品生产许可现场核查表，制作现场核查记录，经申请人核对无误后，由核查人员和申请人在核查表和记录上签名或者盖章。申请人拒绝签名或者盖章的，核查人员应当注明情况。

申请保健食品、特殊医学用途配方食品、婴幼儿配方乳粉生产许可，在产品注册时经过现场核查的，可以不再进行现场核查。

食品药品监督管理部门可以委托下级食品药品监督管理部门，对受理的食品生产许可申请进行现场核查。

核查人员应当自接受现场核查任务之日起10个工作日内，完成对生产场所的现场核查。

第二十一条　除可以当场作出行政许可决定的外，县级以上地方食品药品监督管理部门应当自受理申请之日起20个工作日内作出是否准予行政许可的决定。因特殊原因需要延长期限的，经本行政机关负责人批准，可以延长10个工作日，并应当将延长期限的理由告知申请人。

第二十二条　县级以上地方食品药品监督管理部门应当根据申请材料审查和现场核查等情况，对符合条件的，作出准予生产许可的决定，并自作出决定之日起10个工作日内向申请人颁发食品生产许可证；对不符合条件的，应当及时作出不予许可的书面决定并说明理由，同时告知申请人依法享有申请行政复议或者提起行政诉讼的权利。

第二十三条　食品添加剂生产许可申请符合条件的，由申请人所在地县级以上地方食品药品监督管理部门依法颁发食品生产许可证，并标注食品添加剂。

第二十四条　食品生产许可证发证日期为许可决定作出的日期，有效期为5年。

第二十五条　县级以上地方食品药品监督管理部门认为食品生产许可申请涉及公共利益的重大事项，需要听证的，应当向社会公告并举行听证。

第二十六条　食品生产许可直接涉及申请人与他人之间重大利益关系的，县级以上地方食品药品监督管理部门在作出行政许可决定前，应当告知申请人、利害关系人享有要求听证的权利。

申请人、利害关系人在被告知听证权利之日起 5 个工作日内提出听证申请的，食品药品监督管理部门应当在 20 个工作日内组织听证。听证期限不计算在行政许可审查期限之内。

第四章　许可证管理

第二十七条　食品生产许可证分为正本、副本。正本、副本具有同等法律效力。

国家食品药品监督管理总局负责制定食品生产许可证正本、副本式样。省、自治区、直辖市食品药品监督管理部门负责本行政区域食品生产许可证的印制、发放等管理工作。

第二十八条　食品生产许可证应当载明：生产者名称、社会信用代码（个体生产者为身份证号码）、法定代表人（负责人）、住所、生产地址、食品类别、许可证编号、有效期、日常监督管理机构、日常监督管理人员、投诉举报电话、发证机关、签发人、发证日期和二维码。

副本还应当载明食品明细和外设仓库（包括自有和租赁）具体地址。生产保健食品、特殊医学用途配方食品、婴幼儿配方食品的，还应当载明产品注册批准文号或者备案登记号；接受委托生产保健食品的，还应当载明委托企业名称及住所等相关信息。

第二十九条　食品生产许可证编号由 SC（"生产"的汉语拼音字母缩写）和 14 位阿拉伯数字组成。数字从左至右依次为：3 位食品类别编码、2 位省（自治区、直辖市）代码、2 位市（地）代码、2 位县（区）代码、4 位顺序码、1 位校验码。

第三十条　日常监督管理人员为负责对食品生产活动进行日常监督管理的工作人员。日常监督管理人员发生变化的，可以通过签章的方式在许可证上变更。

第三十一条　食品生产者应当妥善保管食品生产许可证，不得伪造、涂改、倒卖、出租、出借、转让。

食品生产者应当在生产场所的显著位置悬挂或者摆放食品生产许可证正本。

第五章　变更、延续、补办与注销

第三十二条　食品生产许可证有效期内，现有工艺设备布局和工艺流程、主要生产设备设施、食品类别等事项发生变化，需要变更食品生产许可证载明的许可事项的，食品生产者应当在变化后 10 个工作日内向原发证的食品药品监督管理部门提出变更申请。

生产场所迁出原发证的食品药品监督管理部门管辖范围的，应当重新申请食品生产许可。

食品生产许可证副本载明的同一食品类别内的事项、外设仓库地址发生变化的，食品生产者应当在变化后 10 个工作日内向原发证的食品药品监督管理部门报告。

第三十三条　申请变更食品生产许可的，应当提交下列申请材料：

（一）食品生产许可变更申请书；

（二）食品生产许可证正本、副本；

（三）与变更食品生产许可事项有关的其他材料。

第三十四条　食品生产者需要延续依法取得的食品生产许可的有效期的，应当在该食品生产许可有效期届满 30 个工作日前，向原发证的食品药品监督管理部门提出申请。

第三十五条　食品生产者申请延续食品生产许可，应当提交下列材料：

（一）食品生产许可延续申请书；

（二）食品生产许可证正本、副本；

（三）与延续食品生产许可事项有关的其他材料。

保健食品、特殊医学用途配方食品、婴幼儿配方食品的生产企业申请延续食品生产许可的，还应当提供生产质量管理体系运行情况的自查报告。

第三十六条　县级以上地方食品药品监督管理部门应当根据被许可人的延续申请，在该食品生产许可有效期届满前作出是否准予延续的决定。

第三十七条　县级以上地方食品药品监督管理部门应当对变更或者延续食品生产许可的申请材料进行审查。

申请人声明生产条件未发生变化的，县级以上地方食品药品监督管理部门可以不再进行现场核查。

申请人的生产条件发生变化，可能影响食品安全的，食品药品监督管理部门应当就变化情况进行现场核查。保健食品、特殊医学用途配方食品、婴幼儿配方食品注册或者备案的生产工艺发生变化的，应当先办理注册或者备案变更手续。

第三十八条　原发证的食品药品监督管理部门决定准予变更的，应当向申请人颁发新的食品生产许可证。食品生产许可证编号不变，发证日期为食品药品监督管理部门作出变更许可决定的日期，有效期与原证书一致。但是，对因迁址等原因而进行全面现场核查的，其换发的食品生产许可证有效期自发证之日起计算。

对因产品有关标准、要求发生改变，国家和省级食品药品监督管理部门决定组织重新核查而换发的食品生产许可证，其发证日期以重新批准日期为准，有效期自重新发证之日起计算。

第三十九条　原发证的食品药品监督管理部门决定准予延续的，应当向申请人颁发新的食品生产许可证，许可证编号不变，有效期自食品药品监督管理部门作出延续许可决定之日起计算。

不符合许可条件的，原发证的食品药品监督管理部门应当作出不予延续食品生产许可的书面决定，并说明理由。

第四十条　食品生产许可证遗失、损坏的，应当向原发证的食品药品监督管理部门申请补办，并提交下列材料：

（一）食品生产许可证补办申请书；

（二）食品生产许可证遗失的，申请人应当提交在县级以上地方食品药品监督管理部门网站或者其他县级以上主要媒体上刊登遗失公告的材料；食品生产许可证损坏的，应当提交损坏的食品生产许可证原件。

材料符合要求的，县级以上地方食品药品监督管理部门应当在受理后 20 个工作日内予以补发。

因遗失、损坏补发的食品生产许可证，许可证编号不变，发证日期和有效期与原证书保持一致。

第四十一条　食品生产者终止食品生产，食品生产许可被撤回、撤销或者食品生产许可证被吊销的，应当在 30 个工作日内向原发证的食品药品监督管理部门申请办理注销手续。

食品生产者申请注销食品生产许可的，应当向原发证的食品药品监督管理部门提交下列材料：

（一）食品生产许可注销申请书；

（二）食品生产许可证正本、副本；

（三）与注销食品生产许可有关的其他材料。

第四十二条　有下列情形之一，食品生产者未按规定申请办理注销手续的，原发证的食品药品监督管理部门应当依法办理食品生产许可注销手续：

（一）食品生产许可有效期届满未申请延续的；

（二）食品生产者主体资格依法终止的；

（三）食品生产许可依法被撤回、撤销或者食品生产许可证依法被吊销的；

（四）因不可抗力导致食品生产许可事项无法实施的；

（五）法律法规规定的应当注销食品生产许可的其他情形。

食品生产许可被注销的，许可证编号不得再次

使用。

第四十三条　食品生产许可证变更、延续、补办与注销的有关程序参照本办法第二章和第三章的有关规定执行。

第六章　监督检查

第四十四条　县级以上地方食品药品监督管理部门应当依据法律法规规定的职责，对食品生产者的许可事项进行监督检查。

第四十五条　县级以上地方食品药品监督管理部门应当建立食品许可管理信息平台，便于公民、法人和其他社会组织查询。

县级以上地方食品药品监督管理部门应当将食品生产许可颁发、许可事项检查、日常监督检查、许可违法行为查处等情况记入食品生产者食品安全信用档案，并依法向社会公布；对有不良信用记录的食品生产者应当增加监督检查频次。

第四十六条　县级以上地方食品药品监督管理部门日常监督管理人员负责所管辖食品生产者许可事项的监督检查，必要时，应当依法对相关食品仓储、物流企业进行检查。

日常监督管理人员应当按照规定的频次对所管辖的食品生产者实施全覆盖检查。

第四十七条　县级以上地方食品药品监督管理部门及其工作人员履行食品生产许可管理职责，应当自觉接受食品生产者和社会监督。

接到有关工作人员在食品生产许可管理过程中存在违法行为的举报，食品药品监督管理部门应当及时进行调查核实。情况属实的，应当立即纠正。

第四十八条　县级以上地方食品药品监督管理部门应当建立食品生产许可档案管理制度，将办理食品生产许可的有关材料、发证情况及时归档。

第四十九条　国家食品药品监督管理总局可以定期或者不定期组织对全国食品生产许可工作进行监督检查；省、自治区、直辖市食品药品监督管理部门可以定期或者不定期组织对本行政区域内的食品生产许可工作进行监督检查。

第七章　法律责任

第五十条　未取得食品生产许可从事食品生产活动的，由县级以上地方食品药品监督管理部门依照《中华人民共和国食品安全法》第一百二十二条的规定给予处罚。

第五十一条　许可申请人隐瞒真实情况或者提供

虚假材料申请食品生产许可的,由县级以上地方食品药品监督管理部门给予警告。申请人在1年内不得再次申请食品生产许可。

第五十二条 被许可人以欺骗、贿赂等不正当手段取得食品生产许可的,由原发证的食品药品监督管理部门撤销许可,并处1万元以上3万元以下罚款。被许可人在3年内不得再次申请食品生产许可。

第五十三条 违反本办法第三十一条第一款规定,食品生产者伪造、涂改、倒卖、出租、出借、转让食品生产许可证的,由县级以上地方食品药品监督管理部门责令改正,给予警告,并处1万元以下罚款;情节严重的,处1万元以上3万元以下罚款。

违反本办法第三十一条第二款规定,食品生产者未按规定在生产场所的显著位置悬挂或者摆放食品生产许可证的,由县级以上地方食品药品监督管理部门责令改正;拒不改正的,给予警告。

第五十四条 违反本办法第三十二条第一款规定,食品生产者工艺设备布局和工艺流程、主要生产设备设施、食品类别等事项发生变化,需要变更食品生产许可证载明的许可事项,未按规定申请变更的,由原发证的食品药品监督管理部门责令改正,给予警告;拒不改正的,处2000元以上1万元以下罚款。

违反本办法第三十二条第三款规定或者第四十一条第一款规定,食品生产许可证副本载明的同一食品类别内的事项、外设仓库地址发生变化,食品生产者未按规定报告的,或者食品生产者终止食品生产,食品生产许可被撤回、撤销或者食品生产许可证被吊销,未按规定申请办理注销手续的,由原发证的食品

药品监督管理部门责令改正;拒不改正的,给予警告,并处2000元以下罚款。

第五十五条 被吊销生产许可证的食品生产者及其法定代表人、直接负责的主管人员和其他直接责任人员自处罚决定做出之日起5年内不得申请食品生产经营许可,或者从事食品生产经营管理工作、担任食品生产经营企业食品安全管理人员。

第五十六条 食品药品监督管理部门对不符合条件的申请人准予许可,或者超越法定职权准予许可的,依照《中华人民共和国食品安全法》第一百四十四条的规定给予处分。

第八章 附 则

第五十七条 取得食品经营许可的餐饮服务提供者在其餐饮服务场所制作加工食品,不需要取得本办法规定的食品生产许可。

第五十八条 食品添加剂的生产许可管理原则、程序、监督检查和法律责任,适用本办法有关食品生产许可的规定。

第五十九条 对食品生产加工小作坊的监督管理,按照省、自治区、直辖市制定的具体管理办法执行。

第六十条 食品生产者在本办法施行前已经取得的生产许可证在有效期内继续有效。

第六十一条 各省、自治区、直辖市食品药品监督管理部门可以根据本行政区域实际情况,制定有关食品生产许可管理的具体实施办法。

第六十二条 本办法自2015年10月1日起施行。

关于白酒生产企业建立质量安全追溯体系的指导意见

(国家食品药品监督管理总局 食药监食监一〔2015〕194号 2015年9月9日)

各省、自治区、直辖市食品药品监督管理局,新疆生产建设兵团食品药品监督管理局:

根据《中华人民共和国食品安全法》等法律法规规定,现就白酒生产企业建立质量安全追溯体系,提出如下指导意见。

一、工作目标

白酒生产企业通过建立质量安全追溯体系,真实、准确、科学、系统地记录生产销售过程的质量安全信息,实现白酒质量安全顺向可追踪、逆向可溯

源、风险可管控，发生质量安全问题时产品可召回、原因可查清、责任可追究，切实落实质量安全主体责任，保障白酒质量安全。

二、基本原则

白酒生产企业建立质量安全追溯体系，应当遵循以下基本原则：一是企业建立。企业应当根据相关法律法规和食品药品监管部门要求，结合企业实际，建立质量安全追溯体系。二是部门指导。食品药品监管部门根据有关法律法规，督促和指导白酒生产企业建立质量安全追溯体系。三是运行有效。白酒生产企业结合白酒生产过程复杂、生产周期和产品生命周期长的特点，保存记录信息，确保白酒质量安全追溯体系有效运行，并定期组织演练。

三、质量安全信息的记录

白酒生产企业建立质量安全追溯体系的核心和基础，是记录质量安全信息，包括产品、生产、设备、设施和人员等信息内容。

（一）**产品信息** 企业应当记录白酒产品的相关信息，包括产品名称、执行标准及标准内容、配料、生产工艺、标签标识等。情况发生变化时，记录变化的时间和内容等信息。应当将使用的白酒产品标签实物同时存档。

（二）**生产信息** 信息记录覆盖白酒生产过程，重点是原辅材料进货查验、生产过程控制、白酒出厂检验等三个关键环节。

1. 原辅材料进货查验信息 企业应当建立白酒原料、食品添加剂、食品相关产品进货查验记录制度，记录质量安全信息。重点是粮谷、外购原酒、食用酒精、食品添加剂、加工助剂、直接接触酒体的包装材料等质量安全信息。

2. 生产过程控制信息 企业应当记录原辅材料贮存、投料、生产过程控制、产品包装入库及贮存等生产过程质量安全控制信息。主要包括：一是原辅材料入库、贮存、出库、生产使用的相关信息；二是制曲、发酵、蒸馏、勾调、灌装的相关信息；三是自产原酒的入库、贮存、出库、生产使用、销售的相关信息；四是成品酒的入库、贮存、出库、销售的相关信息；五是生产过程检验的相关信息，包括每批产品原始检验数据并保存检验报告。

3. 出厂检验信息 企业应当建立白酒出厂检验记录制度，记录相关质量安全信息。

（三）**设备信息** 记录与白酒生产过程相关设备的材质、采购、安装、使用、清洗、消毒及维护等信息，并与相应的生产信息关联，保证设备使用情况明晰，符合相关规定。

（四）**设施信息** 记录与白酒生产过程相关的设施信息，包括原辅材料贮存车间及预处理车间、制曲车间、酿酒车间、酒库、勾调车间、包装车间、成品库、检验室等设施基本信息，以及相关的管理、使用、维修及变化等信息，并与相应的生产信息关联，保证设施使用情况明晰，符合相关规定。

（五）**人员信息** 记录与白酒生产过程相关人员的培训、资质、上岗、编组、在班、健康等情况信息，并与相应的生产信息关联，符合相关规定。明确人员各自职责，包括质量安全管理、技术工艺、生产操作、检验等不同岗位、不同环节的人员，特别是制曲、配料、投料、发酵、蒸馏、原酒贮存、勾调、灌装、检验等关键岗位负责人，切实将职责落实到具体岗位的具体人员，记录履职情况。

四、质量安全信息记录与保存的基本要求

企业质量安全信息记录与保存，应当确保产品从原辅材料采购到产品出厂销售所有环节，都可有效追溯。

（一）**质量安全信息记录基本要求** 一是真实。能够实时采集的信息应当实时采集，确需后期录入的应当保留原始信息记录。二是准确。采集使用的设备设施能够准确采集信息。三是科学。根据生产过程要求和科技发展水平，设定信息的采集点、采集数据、采集频率等技术要求。四是系统。信息应当形成闭环，前后衔接，环环相扣，做到"五清晰"：原辅材料使用清晰、生产过程管控清晰、时间节点清晰、设备设施运行清晰、岗位履职情况清晰。

（二）**质量安全信息保存基本要求** 一是不能修改。企业在建立追溯体系中采集的信息，应当从技术上、制度上保证不能修改。二是不能灭失，确保信息安全。采用纸质记录存储的，明确保管方式；采用电子信息手段存储的，要有备份系统。无论采取任何保存形式，都要明确保管人员职责，防止发生信息部分或全部损毁、灭失等问题。

五、企业建立、完善和实施质量安全追溯制度

白酒生产企业负责建立、完善和实施质量安全追溯制度，通过统一规范，严格管理，保障追溯体系有

效运行。

（一）建立制度 企业应当建立白酒质量安全追溯制度，适用和涵盖企业组织实施追溯的人员，生产过程各个环节实施追溯的记录，追溯方式及相关硬件、软件运用，追溯体系实施等要求。企业可根据实际情况选择具体追溯方式，如采用条码、二维码、RFID等。记录可采用纸质，或依托计算机等电子记录等形式。鼓励企业采用信息化手段采集、留存信息，不断完善质量安全追溯体系。

（二）组织实施 企业应当按照建立的质量安全追溯体系，严格组织实施。出现产品不符合相关法律、法规、标准等规定，或生产环节发生质量安全事故等情况，要依托追溯体系，及时查清流向，召回产品，排查原因，迅速整改；原辅材料发现质量安全问题，应当通报相关生产经营单位；如有人为因素，应当依法追究责任。企业建立、完善和实施追溯制度情况，应当向所在地县级食品药品监管部门报告。

（三）完善提高 在追溯体系实施过程中，企业应当及时分析问题、查找原因、总结经验，特别是对发生食品质量安全问题或发现制度存在不适用、有缺环、难追溯的情况，要及时采取有效措施，调整完善。企业的组织机构、设备设施、生产状况、管理制度等发生变化，应当及时调整追溯信息记录与保存的相应要求，确保追溯体系运行的连续性。

六、监管部门检查指导

地方食品药品监管部门根据相关法律法规和本指导意见，提出指导、监督白酒生产企业建立质量安全追溯体系的具体措施，督促企业落实质量安全主体责任，提高监管工作水平。

（一）试点示范，稳步推进 省级食品药品监管部门应当根据行政区域白酒生产企业实际，制定规划，做好指导、督促、推进和示范工作。可选择有代表性的白酒生产企业先行试点，逐步覆盖所有白酒生产企业。不断指导企业加强追溯信息化建设，重点是追溯技术平台建设，引导企业依托信息化手段，提升追溯体系实施水平。

（二）检查指导，取得实效 地方食品药品监管部门要对白酒生产企业建立质量安全追溯体系情况进行监督检查，对于没有建立追溯体系、追溯体系不能有效运行，特别是出现不真实信息或信息灭失的，要依照相关法律法规等规定严肃处理。不断探索根据监管需要调用企业追溯信息的方式方法，提高监管工作的针对性和有效性，严防区域性、系统性白酒质量安全问题的发生。省级食品药品监管部门应当及时将白酒质量安全追溯体系实施情况分析总结，报告食品药品监管总局。通过大力推动企业建立追溯体系，提升白酒质量安全整体水平，保障我国白酒行业持续健康发展。

食品经营许可审查通则（试行）

（国家食品药品监督管理总局　食药监食监二〔2015〕228号　2015年9月30日）

第一章　总　　则

第一条 为规范食品经营许可，根据《中华人民共和国食品安全法》《食品经营许可管理办法》等法律法规章的规定，制定本通则。

第二条 本通则适用于食品药品监督管理部门对食品经营许可申请的审查。

第三条 食品药品监督管理部门按照主体业态、食品经营项目，并考虑风险高低对食品经营许可申请进行分类审查。

第四条 主体业态包括食品销售经营者、餐饮服务经营者、单位食堂。如申请通过网络经营、内设中央厨房或者从事集体用餐配送的，应当在主体业态后以括号标注。

第五条 食品经营项目分为预包装食品销售（含冷藏冷冻食品、不含冷藏冷冻食品）、散装食品销售（含冷藏冷冻食品、不含冷藏冷冻食品）、特殊食品销售（保健食品、特殊医学用途配方食品、婴幼儿配方乳粉、其他婴幼儿配方食品）、其他类食品销售、热食类食品制售、冷食类食品制售、生食类食品制售、糕点类食品制售、自制饮品制售、其他类食品制售。如申请散装熟食销售的，应当在散装食品销售项目后以括号标注。

第二章　许可审查基本要求

第六条　食品经营企业应当配备食品安全管理人员，食品安全管理人员应当经过培训和考核。取得国家或行业规定的食品安全相关资质的，可以免于考核。

第七条　食品经营企业应当具有保证食品安全的管理制度。食品安全管理制度应当包括：从业人员健康管理制度和培训管理制度、食品安全管理员制度、食品安全自检自查与报告制度、食品经营过程与控制制度、场所及设施设备清洗消毒和维修保养制度、进货查验和查验记录制度、食品贮存管理制度、废弃物处置制度、食品安全突发事件应急处置方案等。

第八条　食品经营者应当具有与经营的食品品种、数量相适应的食品经营和贮存场所。食品经营场所和食品贮存场所不得设在易受到污染的区域，距离粪坑、污水池、暴露垃圾场（站）、旱厕等污染源 25 米以上。

第九条　食品经营者应当根据经营项目设置相应的经营设备或设施，以及相应的消毒、更衣、盥洗、采光、照明、通风、防腐、防尘、防蝇、防鼠、防虫等设备或设施。

第十条　直接接触食品的设备或设施、工具、容器和包装材料等应当具有产品合格证明，应为安全、无毒、无异味、防吸收、耐腐蚀且可承受反复清洗和消毒的材料制作，易于清洁和保养。

第十一条　食品经营者在实体门店经营的同时通过互联网从事食品经营的，除上述条件外，还应当向许可机关提供具有可现场登陆申请人网站、网页或网店等功能的设施设备，供许可机关审查。

第十二条　无实体门店经营的互联网食品经营者应当具有与经营的食品品种、数量相适应的固定的食品经营场所，贮存场所视同食品经营场所，并应当向许可机关提供具有可现场登陆申请人网站、网页或网店等功能的设施设备，供许可机关审查。

贮存场所、人员及食品安全管理制度等均应当符合本章的通用要求。

无实体门店经营的互联网食品经营者不得申请所有食品制售项目以及散装熟食销售。

第三章　食品销售的许可审查要求

第十三条　申请预包装食品销售（含冷藏冷冻食品、不含冷藏冷冻食品），许可审查应当符合第二章和本章第一节通用要求。

第十四条　申请散装食品销售（含冷藏冷冻食品、不含冷藏冷冻食品）、特殊食品销售（保健食品、特殊医学用途配方食品、婴幼儿配方乳粉、其他婴幼儿配方食品），许可审查除应当符合本章第一节通用要求外，还应当符合本章第二节至第三节的相应规定。

第一节　一般要求

第十五条　食品销售场所和食品贮存场所应当环境整洁，有良好的通风、排气装置，并避免日光直接照射。地面应做到硬化，平坦防滑并易于清洁消毒，并有适当措施防止积水。食品销售场所和食品贮存场所应当与生活区分（隔）开。

第十六条　销售场所应布局合理，食品销售区域和非食品销售区域分开设置，生食区域和熟食区域分开，待加工食品区域与直接入口食品区域分开，经营水产品的区域与其他食品经营区域分开，防止交叉污染。

食品贮存应设专门区域，不得与有毒有害物品同库存放。贮存的食品应与墙壁、地面保持适当距离，防止虫害藏匿并利于空气流通。食品与非食品、生食与熟食应当有适当的分隔措施，固定的存放位置和标识。

第十七条　申请销售有温度控制要求的食品，应配备与经营品种、数量相适应的冷藏、冷冻设备，设备应当保证食品贮存销售所需的温度等要求。

第二节　散装食品销售许可审查要求

第十八条　散装食品应有明显的区域或隔离措施，生鲜畜禽、水产品与散装直接入口食品应有一定距离的物理隔离。

直接入口的散装食品应当有防尘防蝇等设施，直接接触食品的工具、容器和包装材料等应当具有符合食品安全标准的产品合格证明，直接接触食品的从业人员应当具有健康证明。

第十九条　申请销售散装熟食制品的，除符合本节上述规定外，申请时还应当提交与挂钩生产单位的合作协议（合同），提交生产单位的《食品生产许可证》复印件。

第三节　特殊食品销售审查要求

第二十条　申请保健食品销售、特殊医学用途配方食品销售、婴幼儿配方乳粉销售、婴幼儿配方食品销售的，应当在经营场所划定专门的区域或柜台、货架摆放、销售。

第二十一条　申请保健食品销售、特殊医学用途配方食品销售、婴幼儿配方乳粉销售、婴幼儿配方食品销售的，应当分别设立提示牌，注明"＊＊＊＊销售专区（或专柜）"字样，提示牌为绿底白字，字体为黑体，字体大小可根据设立的专柜或专区的空间大小而定。

第四章　餐饮服务的许可审查要求

第二十二条　申请热食类食品制售的，应当符合第二章和本章第一节通用要求。

第二十三条　申请冷食类食品制售、生食类食品制售、糕点类食品制售、自制饮品制售的，除符合第二章和本章第一节通用要求外，还应当符合本章第二节至第四节的相应规定。

第二十四条　申请内设中央厨房、从事集体用餐配送的，除符合第二章和本章第一到四节的有关规定外，还应当符合第五、六节的规定。

第一节　一般要求

第二十五条　餐饮服务企业应当制定食品添加剂使用公示制度。

第二十六条　餐饮服务食品安全管理人员应当具备2年以上餐饮服务食品安全工作经历，并持有国家或行业规定的相关资质证明。

第二十七条　餐饮服务经营场所应当选择有给排水条件的地点，应当设置相应的粗加工、切配、烹调、主食制作以及餐用具清洗消毒、备餐等加工操作条件，以及食品库房、更衣室、清洁工具存放场所等。场所内禁止设立圈养、宰杀活的禽畜类动物的区域。

第二十八条　食品处理区应当按照原料进入、原料处理、加工制作、成品供应的顺序合理布局，并能防止食品在存放、操作中产生交叉污染。

第二十九条　食品处理区内应当设置相应的清洗、消毒、洗手、干手设施和用品，员工专用洗手消毒设施附近应当有洗手消毒方法标识。食品处理区应当设存放废弃物或垃圾的带盖容器。

第三十条　食品处理区地面应当无毒、无异味、易于清洗、防滑，并有给排水系统。墙壁应当采用无毒、无异味、不易积垢、易清洗的材料制成。门、窗应当采用易清洗、不吸水的材料制作，并能有效通风、防尘、防蝇、防鼠和防虫。天花板应当采用无毒、无异味、不吸水、表面光洁、耐腐蚀、耐温的材料涂覆或装修。

第三十一条　食品处理区内的粗加工操作场所应当根据加工品种和规模设置食品原料清洗水池，保障

动物性食品、植物性食品、水产品三类食品原料能分开清洗。

烹调场所应当配置排风和调温装置，用水应当符合国家规定的生活饮用水卫生标准。

第三十二条　配备能正常运转的清洗、消毒、保洁设备设施。餐用具清洗消毒水池应当专用，与食品原料、清洁用具及接触非直接入口食品的工具、容器清洗水池分开，不交叉污染。专供存放消毒后餐用具的保洁设施，应当标记明显，结构密闭并易于清洁。

第三十三条　用于盛放原料、半成品、成品的容器和使用的工具、用具，应当有明显的区分标识，存放区域分开设置。

第三十四条　食品和非食品（不会导致食品污染的食品容器、包装材料、工具等物品除外）库房应当分开设置。冷藏、冷冻柜（库）数量和结构应当能使原料、半成品和成品分开存放，有明显区分标识。冷冻（藏）库设有正确指示内部温度的温度计。

第三十五条　更衣场所与餐饮服务场所应当处于同一建筑内，有与经营项目和经营规模相适应的空间、更衣设施和照明。

第三十六条　餐饮服务场所内设置厕所的，其出口附近应当设置洗手、消毒、烘干设施。食品处理区内不得设置厕所。

第三十七条　各类专间要求：

（一）专间内无明沟，地漏带水封。食品传递窗为开闭式，其他窗封闭。专间门采用易清洗、不吸水的坚固材质，能够自动关闭。

（二）专间内设有独立的空调设施、工具清洗消毒设施、专用冷藏设施和与专间面积相适应的空气消毒设施。专间内的废弃物容器盖子应当为非手动开启式。

（三）专间入口处应当设置独立的洗手、消毒、更衣设施。

第三十八条　专用操作场所要求：

（一）场所内无明沟，地漏带水封。

（二）设工具清洗消毒设施和专用冷藏设施。

（三）入口处设置洗手、消毒设施。

第二节　冷食类、生食类食品制售许可审查要求

第三十九条　申请现场制售冷食类食品、生食类食品的应当设立相应的制作专间，专间应当符合第三十七条的要求。

第三节　糕点类食品制售许可审查要求

第四十条　申请现场制作糕点类食品应当设置专用操作场所，制作裱花类糕点还应当设立单独的裱花

专间，裱花专间应当符合第三十七条的要求。

第四节 自制饮品制售许可审查要求

第四十一条 申请自制饮品制作应设专用操作场所，专用操作场所应当符合第三十八条的规定。

第四十二条 在餐饮服务中提供自酿酒的经营者在申请许可前应当先行取得具有资质的食品安全第三方机构出具的对成品安全性的检验合格报告。在餐饮服务中自酿酒不得使用压力容器，自酿酒只限于在本门店销售，不得在本门店外销售。

第五节 中央厨房审查要求

第四十三条 餐饮服务单位内设中央厨房的，中央厨房应当具备下列条件：

（一）场所设置、布局、分隔和面积要求：

1. 中央厨房加工配送配制冷食类和生食类食品，食品冷却、包装应按照第三十七条的规定设立分装专间。需要直接接触成品的用水，应经过加装水净化设施处理。

2. 食品加工操作和贮存场所面积应当与加工食品的品种和数量相适应。

3. 墙角、柱脚、侧面、底面的结合处有一定的弧度。

4. 场所地面应采用便于清洗的硬质材料铺设，有良好的排水系统。

（二）运输设备要求：

配备与加工食品品种、数量以及贮存要求相适应的封闭式专用运输冷藏车辆，车辆内部结构平整，易清洗。

（三）食品检验和留样设施设备及人员要求：

1. 设置与加工制作的食品品种相适应的检验室。

2. 配备与检验项目相适应的检验设施和检验人员。

3. 配备留样专用容器和冷藏设施，以及留样管理人员。

第六节 集体用餐配送单位许可审查要求

第四十四条 场所设置、布局、分隔和面积要求：

（一）食品处理区面积与最大供餐人数相适应。

（二）具有餐用具清洗消毒保洁设施。

（三）按照第三十七条的规定设立分装专间。

（四）场所地面应采用便于清洗的硬质材料铺设，有良好的排水系统。

第四十五条 采用冷藏方式储存的，应配备冷却设备。

第四十六条 运输设备要求：

（一）配备封闭式专用运输车辆，以及专用密闭运输容器。

（二）运输车辆和容器内部材质和结构便于清洗和消毒。

（三）冷藏食品运输车辆应配备制冷装置，使运输时食品中心温度保持在 10 ℃以下。加热保温食品运输车辆应使运输时食品中心温度保持在 60 ℃以上。

第四十七条 食品检验和留样设施设备及人员要求：

（一）有条件的食品经营者设置与加工制作的食品品种相适应的检验室。没有条件设置检验室的，可以委托有资质的检验机构代行检验。

（二）配备留样专用容器、冷藏设施以及留样管理人员。

第五章 单位食堂许可审查要求

第四十八条 单位食堂的许可审查，除应当符合第二、四章的有关规定外，还应当符合本章的规定。

第四十九条 单位食堂备餐应当设专用操作场所，专用操作场所应当符合第三十八条的规定。

第五十条 单位食堂应当配备留样专用容器和冷藏设施，以及留样管理人员。

第五十一条 职业学校、普通中等学校、小学、特殊教育学校、托幼机构的食堂原则上不得申请生食类食品制售项目。

第六章 附 则

第五十二条 各餐饮服务场所定义：

（一）食品处理区：指食品的粗加工、切配、烹调和备餐场所、专间、食品库房（包括鲜活水产品储存区）、餐用具清洗消毒和保洁场所等区域。

（二）非食品处理区：指办公室、厕所、更衣场所、非食品库房等非直接处理食品的区域。

（三）就餐场所：指供消费者就餐的场所，但不包括供就餐者专用的厕所、门厅、大堂休息厅、菜肴展示台（区域）、歌舞台等辅助就餐的场所。

第五十三条 各省、自治区、直辖市食品药品监督管理部门应当根据本通则制定具体的实施细则。鼓励有条件的省、自治区、直辖市制定严于本通则的实施细则。

第五十四条 餐饮服务各场所面积比例，由各省、自治区、直辖市食品药品监督管理部门根据经营项目和经营规模等因素确定。

第五十五条 如门店制售食品仅有简单处理过程

的（如拆封、摆盘、调制调味等），各省、自治区、直辖市食品药品监督管理部门可参照第四章的相关规定，具体规定其审查条件。

第五十六条 各省、自治区、直辖市食品药品监督管理部门可以对本地区的区域性销售食品、民族特色食品、地方特色食品等自行制定许可审查条件。

第五十七条 本通则由国家食品药品监督管理总局负责解释。

第五十八条 本通则自发布之日起施行。

关于进一步加强农村食品
安全治理工作的意见

（国务院食品安全办公室等　食安办〔2015〕18号　2015年10月27日）

各省、自治区、直辖市食品（食品药品）安全委员会办公室、公安厅（局）、农业（畜牧兽医、渔业）厅（局、委）、工商行政管理局、食品药品监督管理局，新疆生产建设兵团食品安全办、公安局、农业局、食品药品监督管理局：

为深入贯彻习近平总书记就加强食品安全工作提出的"四个最严"的总体要求，全面落实李克强总理关于加强农村食品安全监管的重要批示精神，着力治理和解决农村食品安全突出问题，完善农村食品生产经营全链条监管，积极推进监管重心下移，切实加强农村食品安全日常监管，以"零容忍"的举措惩治食品安全违法犯罪，努力形成全方位、全环节、全覆盖的农村食品安全治理长效机制，不断提高农村食品安全保障能力和水平，保障广大农村群众"舌尖上的安全"，现就进一步加强农村食品安全治理工作提出如下意见：

一、明确工作目标和原则，强化
农村食品安全治理责任意识

（一）**工作目标**　大力发展名特优新农产品，促进农村食品生产经营产业转型升级和食品消费方式及习惯转变，不断改变农村食品生产经营小、散、乱的状况。加大食品安全突出问题和重点隐患专项治理力度，净化农村食品生产经营环境。以网格化管理为依托建立健全食品安全监管责任落实制度，按照"有责、有岗、有人、有手段"的"四有"要求，构建农村食品安全统一监管、综合监管、协同监管工作机制，消除监管盲区，构建从农田到餐桌的全程监管体系。

（二）**主要原则**　坚持问题导向。认真查找和梳理农村食品问题多发、易发等重点区域的食品生产经营突出违法违规问题和陋习顽疾，做到主动发现问题、研究问题、解决问题。坚持风险管控。以风险管理为核心，强化日常监管和重点区域、重点业态、重点时段的专项治理。坚持全程监管。统筹兼顾食品以及食用农产品生产、销售、餐饮服务各个环节和领域，实施全方位、全环节、全链条的监管。坚持监管信息公开。定期公布农村食品安全监管和整治措施、成果、案例等方面的信息，主动接受社会监督。

二、加大打击力度，净化
农村食品安全环境

（三）**深入开展食用农产品质量安全"清源"行动**　各地农业部门要根据当地实际，会同食品药品监管等部门部署开展食用农产品质量安全"清源"行动。从整治农残兽残超标和违法使用高毒农药入手，以治理食品和食用农产品农兽药残留超标和违规使用高毒、禁、限用农药为重点，按年度确定阶段性重点整治品种，以食用农产品种养殖基地、畜禽屠宰厂、农资销售单位、农副产品批发市场等重点场所，采取随机抽查等突击检查方式，深入排查、严肃查处违规使用禁用农药兽药、高剧毒农药、滥用抗生素、非法使用"瘦肉精"、非法收购屠宰病死畜禽和制售假劣农资等突出违法违规行为，严查私屠滥宰窝点，严打畜禽肉类注水行为。

（四）**深入开展农村食品安全"净流"行动**　各地工商行政管理部门要会同食品药品监管等部门，以打击制售"三无食品"和假冒伪劣食品为重点，针对在城乡结合部，尤其是乡镇一级的农村市场假冒伪劣窝点，开展打击制售假冒伪劣食品和"红盾护农"农资打假行动，严厉整治农村市场的商标假冒、侵权、仿冒知名商品名称、包装装潢、厂名、厂址，伪造或冒用认证标志等质量标志，虚假表示等类型食品，以及"假农药""假化肥"，坚决从严查处商标违法、不正当竞争等违法行为；加大对虚假违法广告的查处力度，进一步规范和整治农村食品市场秩序。对发现食品生产经营者生产经营商标假冒、侵权、仿冒知名商品名称、包装装潢、厂名、厂址，伪造或冒用认证标志等质量标志，虚假表示等类型食品的，工商行政管理部门和食品药品监管部门要认真核查并严格依法查处。

（五）**深入开展农村食品安全"扫雷"行动** 各地食品药品监管部门要会同工商行政管理等部门，以食品加工小作坊、批发市场、乡镇集贸市场、农村中小学校园及其周边食品经营者和学校（含托幼机构）食堂、农村集体聚餐等高风险业态为重点业态，以农村食品消费高风险时段和节日期间为重点时段，组织开展重点治理行动。要全面清理农村食品生产经营者的主体资格，依法查处无证无照生产经营食品的违法行为，重点取缔违法"黑工厂""黑窝点"和不符合卫生规范、生产制售假冒伪劣食品的"黑作坊"，打击非法添加非食用物质和超范围、超限量使用食品添加剂等"一非两超"违法行为，以及销售使用无合法来源食品和原料，使用劣质原料生产或加工制作食品、经营腐败变质或超过保质期的食品等违法行为。

（六）**深入开展打击食品违法犯罪"利剑"行动** 地方各级农业、工商、食品药品监管、公安部门要密切配合，实现行政执法和刑事司法的无缝衔接，切实形成打击合力，深挖食品违法犯罪案件、严惩违法犯罪分子。对发现的问题及时依法立案查处，要确保有案必查、违法必究。对涉嫌食品安全犯罪的案件，及时移交公安机关；公安机关对涉嫌犯罪的，坚决依法追究刑事责任。不断打压违法经营者和假冒伪劣食品的生存空间，让违法犯罪者无处藏身。

三、强化监督检查，加大农村食品日常监管力度

（七）**强化食用农产品源头治理** 各级农业部门要会同相关部门，严格落实农兽药登记使用制度，完善食品中农兽药残留标准，制定农兽药合理使用准则和食用农产品种养殖等良好农业操作行为规范，加大食用农产品质量安全监督抽查和风险监测力度，建立健全覆盖食用农产品种养殖、加工、销售等各环节去向可查、来源可溯、责任可追的食用农产品追溯体系，着力解决农药兽药残留问题。同时，加大食用农

产品监管力度，大力推行标准化生产，严格管控化肥、农药、兽药等农业投入品使用，组织实施"到2020年化肥、农药使用量零增长行动"，加快淘汰剧毒、高毒、高残留农药，鼓励使用高效低毒低残留农药，推动测土配方施肥、病虫害绿色防控和统防统治，建立健全畜禽屠宰管理制度，完善病死畜禽无害化处理机制。

（八）**强化对农村食品生产经营行为全过程监管** 各地要尽快制定和完善食品生产加工小作坊、小摊贩、小餐饮、农村集体用餐管理措施和办法。各省、自治区、直辖市应抓紧制定食品生产加工小作坊和食品摊贩等的具体管理办法。各级食品药品监管部门要会同相关部门，加强对农村食品大型生产经营企业的现场监督检查力度，将农村集市和庙会等农民群众临时性集中消费场所纳入监管范围，规范对小作坊、小摊贩、小餐饮的管理。围绕群众日常大宗消费食品、儿童食品以及民俗食品等重点品种，针对食品标识不符合规定、销售超过保质期食品、回收食品再加工或更换包装再销售等突出问题，加大以农产品主产区、城乡结合部、旅游景区等为重点区域，以农产品和食品批发市场、农村集贸市场等为重点场所的监管力度。加强对校园及其周边和农村集体聚餐活动的食品安全管理工作，制定管理制度措施，规范餐饮加工操作人员的食品加工制作行为和健康管理、食品原料来源以及卫生环境，防范食物中毒事故的发生。

（九）**强化农村食品风险隐患排查力度** 地方各级食品药品监管部门要以与农村地区群众日常生活消费关系密切、监督检查中发现问题较多、消费者投诉举报较为集中、社会反映突出的食品为重点品种，以农村和面向农村销售食品的批发市场、农村食用农产品批发市场、农贸市场、城乡结合部、校园及其周边、旅游景区、自然村等农村食品问题多发、易发的区域为重点区域，有针对性地组织开展食品安全监督抽检和风险监测工作，加大对农村地区或面向农村地区生产的食品的监督抽检和风险监测力度，积极探索和实践基层蹲点调研、随机抽查等工作模式，及时发现农村食品安全问题，研究制定问题和解决措施清单，采取有针对性的措施，实施清单式监管，及时消除隐患。对消费者投诉举报和媒体反映的食品安全问题，要及时、深入调查核实和依法处置，主动回应农民食品安全方面的诉求和关切。

四、加强规范引导，构建农村食品安全共治格局

（十）**严格落实属地管理和监管责任** 地方各级

食品安全委员会要充分发挥统筹协调、监督指导作用，督促落实地方政府对农村食品安全工作的属地管理责任，加大农村食品安全监管投入力度，充实基层食品安全监管力量，优化监管装备和监管资源配置，配备日常检查、市场抽检、样品检验所必需的设备；监督指导农业、食品药品监管、工商等部门落实监管责任、健全工作配合和衔接机制。推进食用农产品质量安全监管体系建设，将食用农产品质量安全监管执法纳入农业综合执法范围。各基层食品安全监管部门要按照食品安全风险控制的要求，将包括生产经营过程的日常监督检查职责和食用农产品、食品中农药、兽药残留和非法添加的抽检职责作为保障食品安全重要职责，科学划定食用农产品、食品安全监管网格，明确监管责任人员以及相应的监管职责、目标和要求，并在监管网格内进行公示，建立并不断完善网格化监管方式。实施市场监管执法机构综合改革的地方，基层市场监管部门要进一步明确职责和权限，建立健全食品安全监管工作制度和工作机制，切实将食品安全监管作为首要职责。加强食用农产品、食品安全监管部门的沟通、协调，健全各部门间、区域间信息通报、形势会商、联合执法、行政执法与刑事司法衔接、事故处置等协调联动机制，凝聚齐抓共管合力。

（十一）**构建社会共治格局** 地方各级食品安全办要会同相关部门畅通投诉举报渠道，落实有奖举报制度，引导村民自治组织和广大农村消费者积极参与食品安全工作，积极构建守信激励、失信惩戒机制。要发挥行业协会的桥梁和纽带作用，推动行业规范自律和诚信体系建设。加强与新闻媒体的合作，适时曝光查处的农村食品安全违法典型案例，有效震慑违法犯罪分子。支持和发挥好各级供销合作社、农民专业合作社的渠道作用。探索建立县、乡、村三级农村食品安全监督网络，大力发展农村舆论监督员、协管员、信息员等群众性队伍，充分发挥社会监督作用，推动各地建立举报奖励制度，鼓励社会力量参与食用农产品与食品质量安全监管和协同共治，处理好政府、企业、社会的关系，形成全社会共同推进农村食用农产品及食品安全的良好氛围。农业、食品药品监管、工商等部门至少每季度要公布一次本部门的工作情况，特别是重点整治、抽检监测、监管执法等有关情况。食品安全办要定期汇总、上报、考核和公布农村食品安全治理工作情况。

（十二）**加强宣传教育** 地方各级食品安全办要会同相关部门积极开展宣传教育工作，特别是新修订食品安全法的宣传普及工作。要充分利用全国食品安全宣传周等重点宣传活动，强化对食品生产经营者经常性的教育宣传和政策引导，提高食品生产经营者质量安全意识，推动食品生产经营者遵守从业道德，恪守法度。动员社会力量参与农村食品安全公益宣传科普工作，采取贴近广大农民生活和消费的渠道和方式，通过社区志愿者、农村教师和中小学生，以更加通俗、形象、生动的食品安全宣传教育方式向农村消费者宣传食品安全知识，增强农村消费者的自我防范意识、消费维权意识和识假辨假能力，引导农村消费者自觉抵制假冒伪劣食品，培训指导农民规范使用化肥、农药、兽药等农业投入品开展农产品种养殖生产活动，并主动反映食品生产经营违法行为及其他食品安全问题。新修订食品安全法的宣传教育要采取进村庄、进校园、进农户等方式，做到家家知、户户晓。

五、加强组织领导和督促检查，落实监管责任

（十三）**加强组织领导** 地方各级政府要将农村食品安全纳入经济社会发展规划和公共安全体系，将农村食品安全治理工作列入重要议事日程，制定食品安全工作计划，认真落实、统筹协调，强化组织保障，切实将相关工作责任落实到部门、到岗位、到人员，并强化对各相关部门工作落实情况的督查和考核。地方各级食品安全办要强化统一组织协调和督查考核，定期分析当地农村和城乡结合部食品安全状况、梳理食品安全风险隐患、研究应对措施，及时部署农村食品安全治理工作，对各食品安全监管部门实施专项督查和定期考核。各级食品安全办和食品安全监管部门要采取飞行检查等方式，强化现场督促检查，一级抓一级，层层抓落实。对责任不落实、监管不作为、情况不报告、问题不解决、敷衍塞责的单位和工作人员，要严肃追究责任。

（十四）**强化阶段性工作报告制度** 地方各级食品安全办要于每年 7 月 15 日前和 12 月 15 日前，分别将本年度上半年和全年本省（自治区、直辖市）农村食品市场监管工作情况书面总结报送国务院食品安全办。要重点总结农村食品市场整治和监管措施、做法和经验、典型案例，分析主要问题，提出农村食品安全治理的意见建议。

第四部分

国内综合统计
资料

国内综合统计资料
简 要 说 明

1. 本部分统计资料主要包括农林牧渔业主要产品产量、农产品加工机械拥有量及农产品加工行业固定资产投资情况、按国民经济行业分类统计有关农产品加工业现状、农产品加工业主要产品产量、农产品加工业主要产品出口创汇情况、农产品加工业部分行业与企业排序，以及我国西部地区综合统计等7部分统计数据。

2. 香港和澳门特别行政区的统计是构成国家统计总体的一部分，但根据中华人民共和国"香港特别行政区基本法"和"澳门特别行政区基本法"的有关原则，香港、澳门与内地是相对独立的统计区域。根据各自不同的统计制度和法律规定，独立进行统计工作。本部分中所涉及的统计数据均未包括香港、澳门特别行政区和台湾省。这三部分相关统计数据，另在本年鉴附录中列出。

3. 本部分统计资料数据，除已注明"资料来源"之外，其余均采用国家统计局公布的数据。

4. 本部分采用的统计数据，基本上以2014年数据为主，为了保持与上卷年鉴提供数据的连续性，有一部分统计数据是在上卷基础上，延续列出。

5. 本部分有关表中所示"规模以上企业"是指年产品销售收入2 000万元以上的企业。

6. 本部分有关表中所示工业产值、工业增加值、工业产品销售产值、利税总额等数据未单独标注者，均按当年价格计算（当年价格即为现行价格）。

7. 本部分统计资料数据所使用的计量单位，均采用国际统一标准计量单位。对有关行业未按国际统一标准计量单位提供的数据，编辑部均按国际统一标准计量单位进行了相应换算。

8. 本部分中同一类、同一行业统计数据，由于管理渠道、统计范围、数据采集方法、时间等略有不同，加之有些行业与相关管理部门交叉较多，因此数据也略有不同。但来自同一系统的数据基本上还是一致的。

9. 本部分统计资料中，依据国家统计局、农业部、国家林业局、中国食品工业协会、中国轻工业联合会、中国纺织工业联合会等部门、行业提供的相关数据，开辟了"我国西部地区综合统计"专栏。

10. 本部分统计资料中符号使用说明："空格"表示该项统计指标数据不详或无该项数据；"*"或"①"表示本表下有注解。

11. 由于时间短促，难免有误，请给予批评指正。

农林牧渔业主要产品产量统计

表1 我国主要农产品产量（2010—2014年） 单位：万t

年 份	粮 食						
	合 计	谷 物				豆 类	薯 类
		小 计	稻 谷	小 麦	玉 米		
2010	54 648	51 939	19 576	11 518	17 725	1 897	3 114
2011	57 121	49 637	20 100	11 740	19 278	1 908	3 273
2012	58 958	53 935	20 424	12 102	20 561	1 731	3 293
2013	60 194	55 269	20 361	12 193	21 849	1 595	3 329
2014	60 703	55 741	20 651	12 621	21 565	1 626	3 336

年 份	棉 花	油 料				麻 类	
		小 计	花 生	油菜籽	芝 麻	小 计	黄红麻
2010	596.1	3 230	1 564	1 308	58.7	31.7	6.9
2011	659.8	3 307	1 605	1 343	60.5	29.6	7.5
2012	683.6	3 437	1 669	1 401	63.9	26.1	6.8
2013	629.9	3 517	1 672	1 446	62.3	22.9	6.1
2014	617.8	3 507	1 648	1 477	63.0	23.1	5.6

年 份	糖 料			茶 叶	烟 叶	
	小 计	甘 蔗	甜 菜		小 计	烤 烟
2010	12 009	11 079	930	147.5	300.4	273.1
2011	12 517	11 444	1 073	162.3	313.2	287.0
2012	13 485	12 311	1 174	179.0	340.7	312.6
2013	13 746	12 820	926	192.4	337.4	314.9
2014	13 361	12 561	800	209.6	299.4	279.5

年 份	水 果						蔬 菜*
	合 计	苹 果	柑 橘	梨	葡 萄	香 蕉	
2010	21 401	3 326	2 645	1 506	855	956	65 099
2011	22 768	3 599	2 944	1 580	907	1 040	67 930
2012	24 057	3 849	3 168	1 707	1 054	1 156	70 883
2013	25 093	3 968	3 321	1 730	1 155	1 208	73 512
2014	26 142	4 092	3 493	1 796	1 255	1 179	76 006

* 蔬菜产量含菜用瓜。

表 2 各地区主要农产品产量（2014 年）　　　　　　　　单位：万 t

地　区	总　产	其中：夏收粮食	一、粮　食						
			1. 谷　物						
			总　产	（1）稻　谷				（2）小　麦	
				总产	早稻	中稻	晚稻	总产	其中：春小麦
全国总计	60 702.6	13 184.8	55 740.7	20 650.7	3 401.2	13 453.6	3 795.9	12 620.8	612.8
北　京	63.9	12.2	62.6	0.1		0.1		12.2	
天　津	176.0	58.6	174.3	12.1		12.1		58.6	5.3
河　北	3 360.2	1 444.0	3 224.9	54.2		54.2		1 429.2	2.9
山　西	1 330.8	260.3	1 260.3	0.6		0.6		259.1	0.2
内蒙古	2 753.0		2 493.1	52.4		52.4		153.9	153.9
辽　宁	1 753.9	32.6	1 674.8	451.5		451.5		2.8	2.8
吉　林	3 532.8		3 420.8	587.6		587.6		0.1	0.1
黑龙江	6 242.2		5 665.5	2 251.0		2 251.0		46.6	46.6
上　海	112.5	24.0	110.5	84.1		84.1		18.6	
江　苏	3 490.6	1 254.7	3 386.3	1 912.0		1 912.0		1 160.4	
浙　江	757.4	67.5	664.2	590.1	71.5	444.0	74.6	31.0	
安　徽	3 415.6	1 400.0	3 260.2	1 394.6	128.3	1 137.3	129.0	1 393.6	
福　建	667.0	36.5	519.7	497.1	113.9	194.1	189.0	0.7	
江　西	2 143.5	9.8	2 041.5	2 025.2	820.1	272.5	932.6	2.6	
山　东	4 596.6	2 264.5	4 361.5	101.0		101.0		2 263.8	
河　南	5 772.3	3 338.8	5 604.6	528.6		528.6		3 329.0	
湖　北	2 584.2	505.6	2 454.5	1 729.5	238.7	1 167.9	322.9	421.6	
湖　南	3 001.3	63.1	2 839.8	2 634.0	854.8	816.5	962.7	10.3	
广　东	1 357.3	108.7	1 171.0	1 091.6	523.2		568.5	0.3	
广　西	1 534.4	36.9	1 435.7	1 166.1	543.3	97.5	525.3	0.2	
海　南	186.6	20.4	155.5	155.4	81.0		74.5		
重　庆	1 144.5	146.4	796.8	503.2		503.2		27.0	
四　川	3 374.9	590.6	2 784.2	1 526.5	0.4	1 526.1		423.2	
贵　州	1 138.5	264.7	816.0	403.2		403.2		61.5	
云　南	1 860.7	267.9	1 534.9	666.1	26.1	623.1	16.9	83.6	
西　藏	98.0		95.1	0.5		0.5		23.7	5.2
陕　西	1 197.8	451.3	1 079.8	90.9		90.9		417.2	
甘　肃	1 158.7	310.1	887.6	3.5		3.5		271.6	104.3
青　海	104.8		63.28					34.9	34.9
宁　夏	377.9	42.7	332.4	61.8		61.6		40.6	28.9
新　疆	1 414.5	647.2	1 369.1	76.2		76.2		642.3	227.8

（续）

地 区	一、粮 食						
	1. 谷 物				2. 豆 类		
	(3) 玉米	(4) 谷子	(5) 高粱	(6) 其他谷物	总　产	(1) 大豆	(2) 杂豆
全国总计	**21 564.6**	**180.93**	**288.49**	**435.09**	**1 625.5**	**1 215.4**	**410.1**
北 京	50.0	0.18	0.03	0.13	0.7	0.6	0.1
天 津	101.4	0.18	1.98	0.31	1.1	1.0	0.1
河 北	1 670.7	47.82	4.32	18.02	34.8	25.0	9.8
山 西	938.1	38.93	7.51	16.01	31.4	20.7	10.7
内蒙古	2 186.1	33.90	42.79	24.06	98.5	31.9	66.6
辽 宁	1 170.5	17.40	27.95	4.65	25.7	22.3	3.4
吉 林	2 733.5	14.64	84.84	0.11	55.5	37.4	18.1
黑龙江	3 343.4	2.6 4	21.26	0.54	469.6	460.4	9.2
上 海	2.6			5.12	1.3		
江 苏	239.0	0.02	0.25	74.69	70.4	47.3	23.1
浙 江	30.1			13.04	35.8	24.2	11.6
安 徽	465.5	0.04	0.13	6.48	122.2	115.0	7.2
福 建	20.3	0.05	0.45	1.17	22.3	17.2	5.1
江 西	12.3	0.17	0.72	0.68	31.9	23.5	8.4
山 东	1 988.3	5.97	1.57	0.75	41.7	36.7	5.0
河 南	1 732.1	4.36	0.59	10.00	59.0	54.6	4.4
湖 北	293.7	0.01	0.70	9.10	36.4	23.9	1251
湖 南	188.6		2.40	4.45	36.4	21.3	15.1
广 东	76.5	0.11	0.02	2.11	21.1	16.3	4.8
广 西	266.0	0.45	1.01	1.50	24.6	13.7	10.9
海 南				0.05	2.5	0.7	1.8
重 庆	256.0		9.32	1.40	46.6	20.4	26.2
四 川	751.9		40.90	41.70	96.2	51.9	44.3
贵 州	313.8	0.28	24.12	13.05	32.6	11.8	20.8
云 南	743.3	0.10	0.90	40.90	133.1	33.9	99.2
西 藏	2.4			68.63	2.2		
陕 西	539.6	10.30	5.01	18.82	28.1	18.1	10.0
甘 肃	564.5	2.37	5.01	40.60	33.2	16.9	16.3
青 海	18.7			9.67	5.7		5.7
宁 夏	224.1	1.00	0.05	4.80	3.4	1.3	2.1
新 疆	641.1		4.66	4.95	21.7	17.3	4.4

(续)

地 区	一、粮 食 3.薯 类*		二、油 料						三、棉花
	总 产	其中:马铃薯	总 产	1.花生	2.油菜籽	3.芝麻	4.胡麻籽	5.向日葵	总 产
全国总计	3 336.4	1 910.3	3 507.43	1 648.2	1 477.2	63.0	38.7	249.2	617.8
北 京	0.7		0.67	0.61				0.1	
天 津	0.5		0.52	0.39				0.1	3.8
河 北	100.5	54.4	150.20	129.2	3.2	0.8	2.8	13.9	43.1
山 西	39.1	31.8	17.32	1.6	0.6	0.3	7.0	4.8	2.4
内蒙古	161.4	160.7	170.31	4.9	39.6	0.1	4.1	121.5	0.2
辽 宁	53.5	40.1	63.69	62.0	0.2			1.0	
吉 林	56.5	55.7	85.70	54.6		0.7		23.8	0.1
黑龙江	107.1	106.6	17.15	5.2	0.1	0.1		3.6	
上 海	0.8		1.28	0.2	1.0				0.1
江 苏	33.9		146.60	34.8	110.1	1.7			16.0
浙 江	57.4	24.7	30.66	4.0	25.9	0.8			2.5
安 徽	33.5	2.0	228.80	94.4	127.8	6.7			26.3
福 建	125.0	32.0	29.82	27.8	1.8	0.2			
江 西	70.0	6.9	121.71	45.7	72.3	3.7			13.4
山 东	193.4		335.89	331.3	2.4	0.1		0.5	66.5
河 南	108.7		584.33	471.3	86.4	25.9		0.8	14.7
湖 北	93.2	72.7	341.73	69.1	257.2	14.5		1.0	36.0
湖 南	125.1	40.0	233.77	29.5	202.6	1.5			12.9
广 东	165.2	22.9	105.48	104.3	0.8	0.4			
广 西	74.2	30.5	61.30	57.6	2.5	0.7		0.5	0.3
海 南	28.6		11.57	11.4		0.2			
重 庆	301.1	122.4	56.94	11.6	44.0	0.7		0.6	
四 川	494.5	292.0	300.79	66.6	233.1	0.5		0.4	1.2
贵 州	289.9	226.6	98.05	9.7	86.7	0.1		1.4	0.1
云 南	192.7	172.2	64.68	8.1	54.9			0.9	
西 藏	0.5	0.5	6.38	0.03	6.3				
陕 西	89.8	77.2	62.30	10.1	41.6	2.5	0.4	5.0	4.2
甘 肃	237.9	237.9	72.42	0.4	34.5		15.3	16.9	6.4
青 海	36.0	36.0	31.51		31.0		0.5		
宁 夏	42.1	42.1	16.52		0.2		7.1	8.6	
新 疆	23.7	22.5	59.33	1.6	10.3	0.9	1.5	43.5	367.7

* 薯类产量按 5:1 折粮计算,下同。

（续）

地　区	四、麻　类					五、糖　料		
	总　产	1. 黄红麻	2. 苎麻	3. 大麻	4. 亚麻	总　产	1. 甘蔗	2. 甜菜
全国总计	**23.09**	**5.60**	**11.58**	**3.24**	**2.35**	**13 361.2**	**12 820.10**	**800.0**
北　京								
天　津								
河　北	0.06	0.06				75.6		75.6
山　西						8.0		8.0
内蒙古						160.2		160.2
辽　宁						10.1		10.1
吉　林						6.4		6.4
黑龙江	2.49			1.78	0.70	41.1		41.1
上　海						0.6	0.6	
江　苏	0.14		0.12	0.02		10.1	10.1	
浙　江	0.02	0.02				62.7	62.7	
安　徽	2.44	1.26	0.21	0.70		19.7	19.7	
福　建	0.04	0.03				53.1	53.1	
江　西	0.72	0.06	0.66			64.5	64.5	
山　东								
河　南	2.87	2.87				27.3	27.3	
湖　北	2.53	0.01	2.51			30.4	30.4	
湖　南	1.70	0.06	1.62	0.01		65.9	65.9	
广　东	0.04	0.04				1 504.7	1 504.7	
广　西	1.16	0.98	0.18			7 952.6	7 952.6	
海　南	0.06	0.06				424.9	424.9	
重　庆	0.90		0.89			10.3	10.3	
四　川	5.44	0.14	5.29			55.7	55.7	0.2
贵　州	0.11		0.05	0.01	0.05	168.3	168.3	
云　南	0.36			0.31	0.02	2 110.4	2 110.40	
西　藏								
陕　西	0.06		0.02	0.04		0.15	0.15	26.4
甘　肃	0.33			0.33		26.4		0.1
青　海						0.1		
宁　夏								
新　疆	1.58				1.58	471.9		471.9

（续）

地　区	六、烟　叶		七、蔬菜、瓜类			
	总　产	其中：烤烟	1. 蔬菜（含菜用瓜）	2. 瓜　类		
				总产	（1）西瓜	（2）甜瓜
全国总计	**299.45**	**280.29**	**76 005.5**	**9 554.1**	**7 484.3**	**1 475.8**
北　京			236.2	25.2	22.9	1.0
天　津			460.2	31.4	26.0	2.4
河　北	0.89	0.66	8 125.7	598.4	435.4	105.9
山　西	1.06	1.06	1 271.4	88.3	68.6	18.4
内蒙古	1.05	0.95	1 472.7	257.7	171.7	82.9
辽　宁	3.35	3.20	3 090.1	278.5	142.1	67.3
吉　林	5.40	4.82	876.0	170.8	121.0	44.8
黑龙江	8.44	7.85	985.6	201.1	124.0	56.2
上　海			393.2	40.3	32.9	5.4
江　苏			5 417.0	555.5	414.8	72.6
浙　江	0.17		1 762.8	271.2	214.4	28.6
安　徽	4.33	4.27	2 551.0	680.7	572.1	54.3
福　建	15.51	15.38	1 801.4	89.1	72.9	10.1
江　西	5.89	5.75	1 312.4	206.3	175.4	16.0
山　东	7.09	7.08	9 973.7	1 468.6	1 138.5	224.5
河　南	29.99	29.67	7 272.5	1 664.2	1 467.5	182.4
湖　北	8.81	7.20	3 671.5	358.1	307.9	43.4
湖　南	23.34	22.45	3 763.5	398.0	354.4	39.0
广　东	5.58	5.07	3 274.7	122.2	84.5	12.2
广　西	3.43	2.74	2 610.1	327.3	299.7	27.0
海　南	0.03	0.03	551.5	101.6	51.0	7.1
重　庆	8.44	7.09	1 689.1	44.5	42.3	1.1
四　川	22.45	18.19	4 069.3	124.9	108.4	1.7
贵　州	37.39	35.34	1 625.6	70.4	59.0	2.7
云　南	98.35	95.32	1 735.5	63.7	51.2	1.4
西　藏			68.2	0.2	0.1	
陕　西	7.25	7.20	1 724.7	295.9	223.3	58.8
甘　肃	0.99	0.78	1 705.2	211.3	152.4	52.2
青　海	0.02		158.6	1.3	1.0	
宁　夏	0.20	0.20	540.8	199.1	177.6	21.4
新　疆			1 815.4	608.3	371.2	234.9

表3　我国玉米主产区生产情况（2013—2014年）　单位：万t

地　区	2013年	2014年	同比增长（%）
河　北	1 703.9	1 670.7	−1.95
山　西	955.5	938.1	−1.82
内蒙古	2 069.7	2 186.1	5.62
辽　宁	1 563.2	1 170.5	−25.12
吉　林	2 775.7	2 733.5	−1.52
黑龙江	3 216.4	3 343.4	3.95
山　东	1 967.1	1 988.3	1.08
河　南	1 796.5	1 732.1	−3.58
陕　西	586.7	539.6	−8.03
其　他	5 214.2	5 262.3	0.92
总　计	21 848.9	21 564.6	−1.3

表4　各地区水果产量（2014年）　单位：t

地　区	水　果	苹　果	梨	柑　橘	桃	猕猴桃	葡　萄
全国总计	165 881 691	40 923 175	17 964 354	34 926 632	12 874 081	2 022 836	12 545 788
北　京	712 897	75 015	132 822		367 617		34 360
天　津	313 224	50 368	40 028		58 572		103 784
河　北	14 205 932	1 457 299	4 735 278		1 818 496	1 636	1 549 564
山　西	6 825 198	3 172 543	592 607		823 325	71	225 807
内蒙古	646 420	189 034	64 970		1 383		124 322
辽　宁	5 920 688	2 476 011	1 370 947		512 121		826 598
吉　林	588 991	157 361	137 556		746		156 751
黑龙江	576 390	148 900	33 830				118 016
上　海	458 390	7	37 137	234 238	82 696	1 996	97 313
江　苏	3 061 666	597 652	831 093	48 211	614 365	6 909	586 912
浙　江	4 436 553		406 432	2 009 251	398 896	41 368	721 228
安　徽	2 845 579	392 285	1 081 369	35 935	552 978	1 916	396 392
福　建	7 017 183	240	224 720	3 460 049	267 634	5 308	153 314
江　西	4 207 765		152 573	3 824 562	64 872	14 288	63 838
山　东	16 654 828	9 297 020	1 341 529		2 664 707	4 328	1 185 780
河　南	8 959 582	4 417 391	1 129 059	46 654	1 132 155	413 796	583 926
湖　北	6 142 465	9 927	546 349	4 371 196	778 112	23 246	271 481
湖　南	5 220 409		171 443	4 385 165	149 365	72 644	158 731
广　东	14 384 913		96 039	4 723 403	101 534		
广　西	12 333 001		296 884	4 721 776	250 514	4 019	398 797
海　南	3 113 481			59 340			
重　庆	3 031 197	4 638	374 512	2 072 409	122 241	23 500	94 818
四　川	7 596 551	583 323	967 123	3 604 121	519 300	175 223	307 378
贵　州	1 259 764	43 894	273 110	289 067	172 642	25 027	182 811
云　南	6 052 751	387 399	481 393	535 869	260 177	1 225	805 462
西　藏	12 553	5 546	1 461	530	2 895		565
陕　西	15 539 830	9 880 128	1 015 019	503 630	724 872	1 205 886	595 144
甘　肃	4 252 337	3 970 762	362 898	1 227	230 339	378	294 013
青　海	13 249	4 765	4 041		582		
宁　夏	911 738	539 020	17 266		34 932		192 363
新　疆	8 586 057	1 062 647	1 044 868		166 015		2 316 114

（续）

地区	其		中			
	红 枣	柿 子	香 蕉	菠 萝	荔 枝	龙 眼
全国总计	**7 345 266**	**3 730 794**	**11 791 933**	**1 432 736**	**2 259 702**	**1 749 012**
北 京	10 156	41 613				
天 津	38 154	9 398				
河 北	1 312 732	523 230				
山 西	614 198	168 149				
内蒙古	1 739					
辽 宁	214 220					
吉 林						
黑龙江						
上 海	969	865				
江 苏	11 273	149 434				
浙 江		49 118				
安 徽	14 592	142 460				
福 建		210 808	917 118	39 257	183 939	296 532
江 西		21 525				
山 东	1 189 341	150 284				
河 南	356 367	543 306				
湖 北	36 184	67 833				
湖 南	29 324	20 509				
广 东		148 946	4 263 172	917 597	1 240 519	784 305
广 西	25 546	903 189	2 592 310	34 280	618 534	558 060
海 南			1 600 406	373 075	182 340	48 060
重 庆	6 421	14 648	1 371		405	19 008
四 川	16 108	48 734	42 123		14 215	29 301
贵 州	2 490	14 996	5 826		633	948
云 南	22 641	84 669	2 369 608	68 517	19 050	12 799
西 藏						
陕 西	644 592	395 570				
甘 肃	144 648	21 509				
青 海						
宁 夏	78 931					
新 疆	2 574 616					

表5　各地区茶叶产量（2014 年）

单位：t

地　区	茶　叶	其　　　　中						
		绿茶	青茶	红茶	黑茶	黄茶	白茶	其他茶叶
全国总计	2 095 717	1 416 238	249 605	180 180	112 885	234	17 287	119 288
北　京								
天　津								
河　北								
山　西								8
内蒙古								
辽　宁								
吉　林								
黑龙江								
上　海								
江　苏	14 592	12 334		2 250			5	3
浙　江	165 385	159 607		1 296	2 989			1 494
安　徽	111 196	103 741	20	5 660			91	1 684
福　建	372 087	114 859	197 461	43 359			14 626	1 782
江　西	47 123	37 390	1 017	5 723	32	14	622	2 325
山　东	17 647	17 647						
河　南	61 119	53 910		7 209				
湖　北	250 316	186 451	3 817	27 467	18 343	28 695	980	2 906
湖　南	161 813	71 994	3 330	17 342	52 531	61 169	3	7 949
广　东	73 925	29 281	34 632	3 410				6 593
广　西	58 752	39 694	366	12 122	1 178	1 085		5 485
海　南	1 025	421		572				32
重　庆	33 753	28 124	41	3 679	1 894			1 909
四　川	233 970	194 690	3 895	3 788	14 428	15 245	392	15 814
贵　州	107 145	88 655	659	4 863	480	3 670	565	8 696
云　南	335 495	227 120	4 367	41 441			3	62 562
西　藏	54	5						47
陕　西	49 128	49 128						
甘　肃	1 185	1 185						
青　海								
宁　夏								
新　疆								

表6 我国农垦系统主要农产品产量（2013—2014 年）

项　目	产　量（万 t）		
	2013 年	2014 年	同比增长（%）
一、粮食	3 419.88	3 538.07	3.46
夏收粮食	270.01	276.30	2.33
1. 稻谷	1 855.68	1 816.30	−2.12
其中：早稻	604.65	58.95	−2.51
2. 小麦	277.91	313.60	12.84
其中：春小麦	104.92	107.13	2.11
3. 玉米	1 099.56	1 170.78	6.48
4. 谷子	0.83	0.81	−2.41
5. 高粱	7.38	9.43	27.78
6. 大豆	89.52	149.52	67.02
7. 薯类（折粮）	44.45	42.31	−4.81
二、棉花	176.18	211.39	19.99
三、油料	80.42	82.57	2.67
其中：花生	13.45	10.64	−20.89
油菜籽	41.08	44.96	9.44
向日葵	23.31	24.24	3.99
四、糖料	846.16	706.82	−16.47
其中：甘蔗	564.41	461.19	−18.29
甜菜	281.75	245.63	−12.82
五、麻类	1.11	1.38	24.32
六、烟叶	0.50	0.49	−2.00
七、药材	14.70	15.58	5.99
八、蔬菜、瓜类	1 286.50	1 450.31	12.73
九、其他农作物		107.79	
十、水果	478.03	547.11	14.45
十一、茶叶	4.41	4.96	12.47
十二、干胶	33.14	31.34	−5.43
十三、剑麻（折纤维）	3.05	2.59	−15.08

表 7　各地区农垦系统主要农产品产量（2014 年）　　　　单位：万 t

地　区	粮　食	棉　花	油　料	糖　料	大　豆	干胶（t）
全国总计	3 538.07	211.39	82.57	706.82	149.52	840 171
北　京	0.25					
天　津	1.42					
河　北	45.17	1.85	0.14	0.99	0.09	
山　西	3.57	0.01	0.03		0.03	
内蒙古	200.50		30.57	2.23	21.40	
辽　宁	139.39		0.63	0.12	1.54	
吉　林	83.91		1.32		0.70	
黑龙江	2 180.69		0.84		114.82	
上　海	33.26	0.03	0.01			
江　苏	101.17	0.07	0.09		0.12	
浙　江	1.02		0.02		0.12	
安　徽	34.70	0.11	0.19		3.35	
福　建	6.26		0.39	2.40	0.16	
江　西	72.07	0.90	3.12	0.81	0.46	
山　东	9.93	0.30	0.01		0.12	
河　南	30.68	0.09	2.24		1.69	
湖　北	102.75	4.24	9.38	0.82	1.67	
湖　南	62.77	1.42	6.10	6.19	0.27	
广　东	5.86		0.80	140.58	0.02	15 493
广　西	1.64		0.36	234.56	0.05	172
海　南	14.85		0.47	30.09	0.07	391 213
重　庆	0.46					
四　川	0.43					
贵　州	0.45		0.08			
云　南	5.71			45.68		433 294
西　藏						
陕　西	6.33	0.09	0.07		0.06	
甘　肃	25.72	0.77	2.257		0.07	
青　海	3.13		2.92			
宁　夏	35.42		0.37		0.02	
新　疆	328.17	201.49	121.84	242.27	2.68	

表 8 我国农垦系统茶、桑、果、林生产情况（2013—2014 年）

指 标	单位	2013 年	2014 年	同比增长（%）
一、年末实有茶园面积	khm²	30.2	28.5	−5.5
茶叶总产量	万 t	4.4	5.0	12.7
二、年末实有桑园面积	khm²	2.0	2.1	3.5
三、年末实有果园面积	khm²	402.1	406.9	1.2
水果总产量	万 t	484.2	547.1	13.0
其中：苹果	万 t	56.5	64.1	13.4
梨	万 t	51.6	52.6	2.0
柑橘	万 t	33.3	42.7	−1.9
四、年末实有橡胶园面积	khm²	447.8	444.2	−0.8
当年橡胶开割面积	khm²	318.3	317.4	−0.3
每公顷产干胶	kg	1 041.2	991.3	−4.8
全年干胶总产量	万 t	33.1	31.3	−5.3
五、当年造林面积	khm²	57.2	53.6	−6.3
用材林	khm²	11.8	11.8	—
经济林	khm²	16.5	14.8	−10.1
防护林	khm²	28.2	26.4	−6.4
薪炭林	khm²	0.1	0.4	328.0
特种用材林	khm²	0.7	0.6	−16.7

表 9 我国热带、亚热带作物产量（2014 年）

项 目	单位	总计	福建	广东	广西	海南	云南
一、橡胶总产量（干胶片）	t	840 171		15 493	172	391 213	433 294
二、咖啡豆总产量（干咖啡豆）	t	137 339				230	137 109
三、椰子（按果实计）	万个	25 389		58		25 292	38
四、腰果总产量（干果）	t	155				105	50
五、香料作物（折香料油计）	t	1 022		4	2	131	885
其中：香茅草（折香料油计）	t	440		4			436
六、剑麻（番麻）（折纤维计）	t	111 352		32 071	75 874	3 407	

表 10 我国棉花主产区生产情况（2013—2014 年）

单位：万 hm²、万 t

地 区	面 积			产 量		
	2013 年	2014 年	同比增长（%）	2013 年	2014 年	同比增长（%）
新 疆	171.8	195.3	13.68	351.8	367.7	4.52
山 东	67.3	59.3	−11.89	62.1	66.5	7.09
河 南	18.7	−11.89	−18.18	19.0	14.7	−22.63
河 北	48.3	41.1	−14.91	45.7	43.1	−5.69
湖 北	41.6	34.5	−17.07	46.0	36.0	−21.74
江 苏	15.5	13.2	−14.84	20.9	16.0	−23.44
安 徽	28.5	26.5	−7.02	25.1	26.3	4.78
湖 南	16.0	13.0	−18.75	19.8	12.9	−34.85
主产区总计	407.7	398.2	−2.33	590.4	583.2	−1.22
全国总计	**434.6**	**422.2**	**−2.85**	**629.9**	**617.8**	**−1.92**
主产区占全国比重（%）	93.8	94.3	0.53	93.7	94.4	0.75

表 11 各地区蔬菜产量增减情况 （2013—2014 年） 单位：万 t

地 区	2013 年	2014 年	同比增长（%）
全国总计	73 512.0	76 005.5	3.39
北 京	266.9	236.2	−11.50
天 津	455.1	460.2	1.12
河 北	7 902.1	8 125.7	2.83
山 西	1 198.5	1 271.4	6.08
内蒙古	1 421.1	1 472.7	3.63
辽 宁	3 270.9	3 090.1	−5.53
吉 林	938.1	876.0	−6.62
黑龙江	946.1	985.6	4.18
上 海	398.4	393.2	−1.31
江 苏	5 237.8	5 417.0	3.42
浙 江	1 764.3	1 762.8	−0.08
安 徽	2 418.0	2 551.0	5.50
福 建	1 729.7	1 801.4	4.15
江 西	1 257.6	1 312.4	4.36
山 东	9 658.2	9 973.7	3.27
河 南	7 112.5	7 272.5	2.25
湖 北	3 578.3	3 671.5	2.60
湖 南	3 603.5	3 763.5	4.44
广 东	3 144.5	3 274.7	4.14
广 西	2 435.6	2 610.1	7.16
海 南	524.8	551.5	5.09
重 庆	1 600.6	1 689.1	5.53
四 川	3 910.7	4 069.3	4.06
贵 州	1 500.4	1 625.6	8.34
云 南	1 625.4	1 735.5	6.77
西 藏	67.0	68.2	1.79
陕 西	1 629.4	1 724.7	5.85
甘 肃	1 578.7	1 705.2	8.01
青 海	158.9	158.6	−0.19
宁 夏	509.0	540.8	6.25
新 疆	1 669.9	1 815.4	8.71

表 12 我国主要林产品产量 （2010—2014 年） 单位：万 t

年 份	木材（万 m³）	生 漆	油桐籽	油茶籽	松 脂	核 桃	橡 胶
2010	8 090.0	2.00	43.40	109.20	111.60	128.44	69.10
2011	8 145.9	1.89	43.77	148.00	115.66	165.55	75.08
2012	8 174.9	2.60	42.70	172.77	121.51	204.69	80.23
2013	8 438.5	2.52	41.89	177.65	130.77	232.50	86.48
2014	8 233.3	2.23	41.61	202.34	130.95	271.37	78.00

表 13　各地区主要林产品产量（2014 年）　　　　　　　　　　　单位：t

地　区	生漆	油桐籽	油茶籽	乌桕籽	五倍子	棕片	松脂	竹笋干	核桃	板栗	紫胶（原胶）
全国总计	22 290	416 065	2 023 445	35 921	23 746	58 482	1 309 520	653 240	2 713 741	2 278 175	4 661
北　京									8 835	20 294	
天　津									1 271	1 188	
河　北									160 632	275 201	
山　西									120 259	2 598	
内蒙古											
辽　宁									32 612	126 191	
吉　林									45 145	1 215	
（吉林集团）									(5 217)		
黑龙江									3 648		
（龙江集团）									(3 146)		
上　海								208			
江　苏			299	3				7 178	912	28 585	
浙　江	10	107	58 444			409	895	159 644	18 602	91 219	
安　徽	453	2 653	71 425	118	88	3 982	13 105	28 291	19 201	197 803	
福　建	662	20 756	112 637	187	248	14 973	96 444	113 472	544	108 191	
江　西	8	8 640	434 640	220	13	1 931	108 391	33 601	602	38 234	
山　东									114 819	305 841	
河　南	2 103	84 397	18 438	9 765	4 163		2 714	1 047	115 567	126 754	
湖　北	6 298	24 895	127 419	18 503	3 241	3 714	44 994	12 299	94 241	414 049	
湖　南	1 030	32 871	823 517	1 206	1 345	6 770	39 365	51 771	14 305	102 466	
广　东		7 720	85 341	697		2 579	210 552	41 602		14 439	2 816
广　西	35	82 517	177 915	86	117	4 045	608 771	31 855	19 449	73 655	
海　南			124				6 753	524			
重　庆	1 126	12 878	4 842	586	2 000	527	145	30 994	12 237	11 120	
四　川	477	16 363	13 718	1 210	449	1 523	997	109 554	293 750	40 222	50
贵　州	6 955	73 095	69 438	2 666	7 207	5 166	15 992	17 741	57 383	53 233	15
云　南	235	20 008	16 764	32	96	9 376	159 476		786 580	161 090	1 720
西　藏									4 887		
陕　西	2 864	29 114	8 484	642	4 590	3 473	926	3 895	185 087	80 924	60
甘　肃	34	51			189	14			10	102 911	3 663
青　海									605		
宁　夏									755		
新　疆									498 902		

表 14 我国主要牲畜饲养情况（2010—2014 年）　单位：万头（只）

年　份	合　计	大牲畜年底存栏头数				
		牛	马	驴	骡	骆驼
2010	12 239	10 626	677	640	270	25.6
2011	11 966	10 361	671	648	260	27.3
2012	11 892	10 343	634	636	249	29.5
2013	11 853	10 385	603	603	230	31.6
2014	12 023	10 578	604	583	225	33.4

年　份	肉猪出栏头数	牛出栏头数	猪年底存栏头数	羊年底存栏只数			羊出栏只数
				合　计	山　羊	绵　羊	
2010	66 686	10 626	46 460	28 088	14 204	13 884	27 220
2011	66 326	10 361	46 863	28 236	14 274	13 962	26 662
2012	69 790	10 343	47 592	28 504	14 136	14 368	27 100
2013	71 557	10 385	47 411	29 036	14 035	15 002	27 587
2014	73 510	10 578	46 583	30 315	14 466	15 849	28 742

表 15 我国主要畜产品产量（2010—2014 年）

年　份	总产量（万 t）	肉 类 产 量（万 t）				奶 类 产 量（万 t）		禽蛋产量（万 t）
		猪 牛 羊 肉				总 产 量	其中:牛奶	
		小　计	猪　肉	牛　肉	羊　肉			
2010	7 925.8	6 123.1	5 071.2	653.1	398.9	3 748.0	3 575.6	2 763.0
2011	7 965.1	6 101.1	5 060.4	647.5	393.1	3 810.7	3 657.8	2 811.4
2012	8 387.2	6 405.9	5 342.7	662.3	401.0	3 875.4	3 743.6	2 861.2
2013	8 535.0	6 574.4	5 493.0	673.2	408.1	3 649.5	3 531.4	2 876.1
2014	8 706.7	6 788.8	5671.4	689.2	428.2	3 841.2	3 724.6	2 893.9

年　份	蜂蜜（万 t）	蚕 茧（万 t）		绵羊毛（万 t）			山羊毛总产（t）	羊绒总产（t）
		总　产	其中:桑蚕茧	总　产	细羊毛	半细羊毛		
2010	40.1	87.3	80.0	38.7	12.3	11.5	42 714	18 518
2011	43.1	91.6	83.6	39.3	13.3	12.0	44 047	17 989
2012	44.8	90.6	83.1	40.0	12.6	13.2	43 924	18 021
2013	45.0	89.2	81.7	41.1	13.3	13.5	41 875	18 114
2014	46.8	89.5	81.9	42.0	12.5	14.2	40 046	19 278

表 16　各地区奶类产量（2013—2014 年）　　　单位：万 t

地　区	2013 年		2014 年	
	奶类产量	其中：牛奶	奶类产量	其中：牛奶
全国总计	**3 649.5**	**3 531.4**	**3 841.2**	**3 724.6**
北　京	61.5	61.5	59.5	59.5
天　津	68.5	68.2	68.9	68.9
河　北	465.7	458.0	496.1	487.87
山　西	87.2	86.2	97.2	96.2
内蒙古	778.6	767.3	797.1	788.0
辽　宁	125.7	120.9	134.5	131.2
吉　林	48.3	47.6	49.8	49.3
黑龙江	522.5	518.2	560.1	556.6
上　海	26.5	26.5	27.1	27.1
江　苏	59.9	59.9	60.7	60.7
浙　江	18.2	18.2	15.9	15.9
安　徽	25.3	25.3	27.9	27.9
福　建	15.3	14.9	15.4	15.0
江　西	12.2	12.2	12.9	12.9
山　东	281.2	271.4	289.6	279.6
河　南	328.8	316.4	342.4	332.0
湖　北	15.8	15.4	16.4	16.1
湖　南	8.9	8.9	9.3	9.3
广　东	14.1	13.8	13.8	13.5
广　西	9.6	9.6	9.7	9.7
海　南	0.2	0.2	0.2	0.2
重　庆	6.8	6.8	5.7	5.7
四　川	71.1	70.6	71.3	70.8
贵　州	5.5	5.5	5.7	5.7
云　南	59.3	54.5	64.6	58.2
西　藏	33.0	27.0	34.3	29.0
陕　西	188.5	141.1	192.3	144.7
甘　肃	39.1	38.5	40.3	39.6
青　海	28.7	27.6	31.3	30.5
宁　夏	104.2	104.2	135.7	135.7
新　疆	139.2	135.0	155.6	147.5

表 17　我国农垦系统主要畜产品产量（2013—2014 年）　　　单位：万 t

项　目	2013 年	2014 年	同比增长（%）
1. 肉类总产量	286.4	261.5	−8.70
其中：猪肉	165.7	151.8	−8.40
牛肉	27.9	20.3	−27.40
羊肉	19.0	20.3	7.20
2. 牛奶	402.1	375.1	−6.70
3. 羊毛	3.2	3.2	
4. 蜂蜜	1.1	1.3	10.60
5. 禽蛋	47.7	46.7	−2.10

表 18　我国水产品产量（2010—2014 年）

单位：kt

年　份	总产量	1. 海水产品	其　中		2. 内陆产品	其　中	
			捕　捞	养　殖		捕　捞	养　殖
2010	53 730	27 975	12 036	15 939	25 755	2 289	23 465
2011	56 032	29 080	13 281	15 799	26 952	2 232	24 719
2012	59 077	30 333	13 895	16 438	28 743	2 298	26 445
2013	61 720	31 388	13 996	17 392	30 332	2 307	28 024
2014	64 615	32 962	14 836	18 126	31 653	2 295	29 358

表 19　各地区水产品产量（2014 年）

单位：kt

地　区	总产量	1. 海水产品	其　中		2. 内陆产品	其　中	
			捕　捞	养　殖		捕　捞	养　殖
全国总计	**64 615**	**32 962**	**14 836**	**18 126**	**31 653**	**2 295**	**29 358**
北　京	68	13	13		55	4	51
天　津	408	77	66	12	331	12	319
河　北	1 264	732	240	492	532	102	431
山　西	51				51	1	50
内蒙古	148				148	30	118
辽　宁	5 257	4 297	1 406	2 891	960	56	904
吉　林	190				190	21	169
黑龙江	514				514	54	459
上　海	330	170	170		261	3	157
江　苏	5 188	1 504	568	936	3 684	326	3 358
浙　江	5 742	4 673	3 775	898	1 068	91	977
安　徽	2 237				2 237	328	1 908
福　建	6 958	6 034	2 240	3 794	925	87	837
江　西	2 537				2 537	260	2 277
山　东	9 037	7 461	2 662	4 799	1 576	112	1 464
河　南	918				918	49	868
湖　北	4 333				4 333	208	4 125
湖　南	2 482				2 482	108	2 374
广　东	8 363	4 506	1 562	2 944	3 857	126	3 732
广　西	3 324	653		1 091	1 580	135	1 445
海　南	1 974	1 490	1 220	270	484	22	462
重　庆	443				443	20	423
四　川	1 326				1 326	60	1 266
贵　州	210				210	14	196
云　南	582				582	47	535
西　藏							
陕　西	139				139	6	133
甘　肃	14				14		14
青　海	9				9		9
宁　夏	163				163		163
新　疆	144				144	13	131

表 20　我国沿海地区海洋捕捞水产品产量（按品种分）（2014 年）　　单位：kt

地区	海洋捕捞产量	按水产品种类分					
		1. 鱼类	海鳗	鳓鱼	鳀鱼	沙丁鱼	鲱鱼
全国总计*	12 808.4	8 807.9	381.7	80.4	926.5	151.0	15.8
天　津	45.5	40.8			26.1		
河　北	239.6	135.6			52.6		
辽　宁	1 076.0	653.9	1.0	0.4	85.9	9.0	0.02
上　海	19.9	6.9	0.2	0.02			
江　苏	548.0	296.3	7.9	2.4	2.2	0.4	0.03
浙　江	3 242.7	2 111.2	86.6	9.7	65.2	23.9	0.8
福　建	1 975.1	1 458.2	69.8	14.0	77.9	13.9	3.9
山　东	2 297.2	1 630.5	28.1		566.2	5.3	
广　东	1 493.7	1 081.7	85.0	27.2	32.9	62.6	4.5
广　西	650.6	368.1	13.9	22.8		12.9	1.0
海　南	1 220.1	1 024.6	89.1	3.8	17.5	23.0	3.5

地　区	按水产品种类分							
	石斑鱼	鲷	蓝圆鲹	白姑鱼	黄姑鱼	鮸鱼	大黄鱼	小黄鱼
全国总计	113.1	172.9	602.3	109.5	73.5	70.0	95.5	342.7
天　津								3.5
河　北	0.03			0.5	0.3		1.1	10.7
辽　宁	2.6	0.08		1.3	3.3	0.4	47.9	97.8
上　海					0.04	0.07	0.03	0.2
江　苏		0.1	0.05	4.2	7.2	2.2	0.5	29.5
浙　江	1.4	5.1	93.0	47.7	32.8	45.6	0.4	94.7
福　建	19.4	63.3	264.3	9.7	8.8	8.2	4.7	9.5
山　东	0.02	0.08		16.6	8.6	0.8	1.9	59.7
广　东	37.5	45.4	106.8	23.5	6.2	5.7	23.7	23.4
广　西	6.0	26.9	72.9	1.5	0.08	0.8		
海　南	46.1	32.0	65.1	4.7	6.2	6.3	15.3	13.6

*海洋捕捞产量不含远洋。

（续）

地　区	按 水 产 品 种 类 分							
	梅童鱼	方头鱼	玉筋鱼	带鱼	金钱鱼	梭鱼	鲐鱼	鲅鱼
全国总计	**299.0**	**42.2**	**117.0**	**1084.2**	**411.3**	**154.9**	**480.4**	**428.5**
天　津				0.6		0.3	6.0	0.5
河　北	0.3		0.1	6.2		10.9	1.6	13.2
辽　宁	6.6	0.2	6.8	13.3	0.1	23.5	34.2	70.2
上　海	0.3			0.4				0.06
江　苏	73.5	0.2	1.1	54.2		9.2	5.9	8.4
浙　江	188.5	15.3	31.3	415.0	5.2	7.0	176.3	71.3
福　建	22.3	4.7	19.9	180.1	10.1	14.6	126.8	52.1
山　东	0.6		39.9	69.5		33.7	69.6	176.5
广　东	3.6	9.1	1.6	152.3	87.5	25.7	31.6	27.9
广　西		0.04		31.3	35.5	10.5	13.6	2.2
海　南	3.3	12.6	16.2	161.4	272.8	19.5	14.8	6.2

地　区	按 水 产 品 种 类 分							
	金枪鱼	鲳鱼	马面鲀	竹荚鱼	鲻鱼	2. 甲壳类	虾	毛虾
全国总计	**44.4**	**329.9**	**192.3**	**38.3**	**118.7**	**2 395.7**	**1531.0**	**538.0**
天　津						1.2	0.8	0.1
河　北		2.5	0.1		6.1	52.1	38.1	11.6
辽　宁		4.7	0.6	0.05	8.4	220.6	145.8	44.3
上　海		0.2		0.02		12.9	1.8	
江　苏		34.0	1.3	0.03	11.7	158.1	50.2	25.1
浙　江	5.7	80.7	24.7	0.8	31.0	937.9	641.2	229.2
福　建	3.2	60.4	66.5	11.0	14.8	332.1	186.2	56.4
山　东		20.3	2.9	0.01	0.5	262.5	213.2	87.7
广　东	18.6	67.3	47.9	4.6	24.0	228.5	149.6	
广　西		12.0	29.0	0.4	8.6	126.5	71.2	28.4
海　南	16.8	47.9	19.4	21.4	13.6	63.3	32.9	12.9

(续)

地　区	按水产品种类分							
	对虾	鹰爪虾	虾蛄	蟹	梭子蟹	青蟹	蟳	3. 贝类
全国总计	**140.3**	**319.0**	**292.8**	**864.7**	**578.0**	**83.9**	**59.8**	**551.6**
天　津	0.07		0.5	0.4	0.2	0.2		1.8
河　北	1.6	2.9	19.1	14.0	7.9	0.5	1.0	20.5
辽　宁	6.3	7.0	68.0	74.8	35.5	7.1	23.8	80.9
上　海	0.2	0.8		11.1	9.4			0.01
江　苏	2.8	10.1	8.6	108.0	96.9	2.0	3.8	49.7
浙　江	15.3	197.4	73.3	296.6	209.9	4.3	13.9	18.0
福　建	23.8	47.8	36.6	145.9	98.1	13.4	5.9	48.8
山　东	5.6	27.1	55.8	49.3	33.3	0.3	5.1	175.5
广　东	52.7	13.4	21.4	78.9	44.5	26.7	3.7	56.5
广　西	18.9	8.3	7.5	55.3	30.8	11.2	2.0	57.4
海　南	13.2	4.3	2.2	30.4	11.4	18.4	0.6	40.5

地　区	按水产品种类分					
	4. 藻类	5. 头足类	其　中			6. 其他类	海蜇
			乌贼	鱿鱼	章鱼		
全国总计	**24.3**	**676.7**	**137.2**	**374.7**	**121.4**	**352.2**	**196.2**
天　津		1.7	0.03	1.6	0.1	0.02	0.02
河　北		11.2	1.4	1.6	6.8	20.2	12.4
辽　宁	0.07	48.4	5.1	30.3	6.8	70.2	14.4
上　海		0.1	0.02	0.06	0.02		
江　苏	1.3	15.1	0.2	8.1	4.3	27.4	16.2
浙　江	2.7	144.4	26.5	83.4	31.7	28.5	2.1
福　建	2.0	118.1	35.1	59.4	16.2	15.8	12.8
山　东	1.5	126.3	9.9	79.5	25.2	100.9	31.6
广　东	7.3	80.1	20.2	31.6	16.0	39.6	16.2
广　西		50.7	17.9	25.0	7.3	47.9	39.3
海　南	9.4	80.6	18.9	54.0	6.9	1.6	1.1

表 21　我国沿海地区海水养殖水产品产量（按品种分）（2014 年）　单位：kt

地　区	海水养殖产量	1. 鱼类	鲈鱼	鲆鱼	大黄鱼	军曹鱼	鰤鱼	鲷鱼
全国总计	18 126.5	1 189.7	113.8	126.4	127.9	35.6	19.3	59.3
天　津	11.6	3.7	0.09	2.6				0.07
河　北	191.9	8.2	0.04	3.3				
辽　宁	2 890.5	58.7	1.2	34.7			0.1	
上　海								
江　苏	935.9	87.0	1.6	6.2				0.2
浙　江	897.9	33.4	7.6	0.1	3.7	0.2	0.1	3.0
福　建	3 794.3	281.2	25.1	4.8	114.5	0.1	3.5	23.8
山　东	4 799.1	160.8	16.2	72.2	0.08			
广　东	2943.9	437.9	51.5	2.4	9.6	27.7	14.8	34.6
广　西	1 091.0.0	43.7	6.9			0.06		5.2
海　南	270.1	75.2	3.6			7.5	0.7	2.5

地　区	1. 鱼类				2. 甲壳类	(1) 虾	南美白对虾	斑节对虾
	美国红鱼	河鲀	石斑鱼	鲽鱼				
全国总计	69.9	18.1	88.1	9.6	1 433.8	1 162.2	875.5	74.9
天　津	0.05	0.08	0.2	0.01	8.0	8.0	8.0	
河　北		1.8		0.7	22.9	20.1	11.6	
辽　宁		3.4			24.9	22.7	8.7	
上　海								
江　苏		0.2		2.6	114.7	79.4	25.2	3.9
浙　江	7.9	0.1	0.5	0.1	95.7	49.0	31.0	0.7
福　建	15.3	3.3	24.7	0.5	163.1	99.0	74.8	5.9
山　东	9.1	4.1	0.02	3.8	135.9	107.8	67.2	1.0
广　东	28.8	4.4	36.1	1.8	483.7	423.6	338.8	50.6
广　西	5.1		1.8		249.8	233.9	224.0	9.7
海　南	8.7	0.7	24.8		135.3	118.6	85.1	3.0

(续)

地　区	2. 甲壳类					3. 贝类		
	(1) 虾		(2) 蟹			总　产	牡　蛎	鲍
	中国对虾	日本对虾	总产	梭子蟹	青蟹			
全国总计	**48.2**	**47.5**	**271.6**	**118.8**	**140.7**	**1 3165.5**	**4 352.1**	**115.4**
天　津								
河　北	4.6	3.9	2.8	2.8		448.8		
辽　宁	9.7	2.3	2.2	1.8		2 327.1	170.5	1.7
上　海								
江　苏	6.5	1.1	35.3	31.4	2.1	699.3	39.6	0.05
浙　江	1.0	1.1	46.6	18.9	27.4	719.8	162.4	0.07
福　建	4.1	11.3	64.0	30.2	30.7	2 508.0	1 612.4	91.3
山　东	11.1	21.0	28.1	27.5		3 697.1	803.5	14.7
广　东	11.2	6.7	60.1	6.2	48.3	1 941.3	1 079.9	7.4
广　西		0.2	15.8		15.7	794.6	480.3	
海　南			16.7	0.09	16.6	28.6	3.4	0.1

地　区	3. 贝类						
	螺	蚶	贻贝	江珧	扇贝	蛤	蛏
全国总计	**232.8**	**353.4**	**805.6**	**17.6**	**1 649.4**	**3 967.0**	**786.8**
天　津							
河　北	0.03	35.2	0.8		375.8	36.9	
辽　宁		30.1	36.4		405.9	1 247.3	50.8
上　海							
江　苏	66.0	30.3	49.9		0.01	370.3	83.8
浙　江	10.4	134.3	88.1		0.3	60.5	259.1
福　建	5.2	48.0	91.1		7.8	335.5	234.9
山　东	21.5	15.4	434.3		756.8	1 340.4	147.6
广　东	86.0	53.7	95.5	17.6	97.6	319.9	9.4
广　西	38.2	2.7	10.5		2.3	247.2	1.2
海　南	5.6	3.7			2.9	9.8	

（续）

地　区	4. 藻类						
	总　计	海带	裙带菜	紫菜	江蒿	麒麟菜	石花菜
全国总计	**2 004.5**	**1 361.0**	**203.1**	**114.2**	**262.2**	**4.3**	
天　津							
河　北							
辽　宁	151.3	189.5	161.9				
上　海							
江　苏	27.0	0.4		25.8	2.8		
浙　江	45.5	9.9		22.8	0.8		
福　建	813.1	600.3		53.4	137.0		
山　东	662.8	556.4	40.7	1.9	60.8		
广　东	74.9	4.6	0.5	10.3	52.3	1.3	
广　西							
海　南	29.9			10.6		3.0	

地　区	4. 藻类		5. 其他	海参	海胆 （kg）	海水珍珠 （kg）	海蜇
	栖菜	苔菜					
全国总计	**17.5**	**0.1**	**333.0**	**201.0**	**6 790.9**	**3 727**	**67.5**
天　津							
河　北			12.1	9.8			2.3
辽　宁			128.5	68.8	162.2		53.3
上　海							
江　苏			8.0	0.3			4.0
浙　江	9.1	0.1	3.5	0.1			0.5
福　建	5.4		28.9	22.2			2.8
山　东	3.0		142.6	99.6	4 508.0		4.3
广　东	0.03		6.3	0.2	2 120.7	2 910	0.2
广　西			3.0			817	0.1
海　南			0.1				

表 22 各地区农垦系统水产品养殖面积与产量（2014 年） 单位：hm²、t

地 区	水产养殖面积	水产品总产量	其中：养殖产量	对虾养殖面积	对虾产量
全国总计	340 001	1 534 261	1 270 704	14 694	47 473
北 京					
天 津	641	8 671	8 671		
河 北	17 837	134 960	115 483	4 785	22 702
山 西	8	6	6		
内蒙古	3 910	6 034	3 877		
辽 宁	92 780	497 780	309 626	3 690	4 446
吉 林	1 179	950	653		
黑龙江	26 373	38 903	28 383		
上 海	3 438	41 220	41 220		
江 苏	3 834	47 644	46 546	506	4 106
浙 江	910	3 217	2 319	611	822
安 徽	919	5 543	4 876		
福 建	1 989	30 046	20 515	268	772
江 西	19 483	44 728	32 181		
山 东	5 660	7 999	5 220	3 443	2 034
河 南	721	7 615	7 615		
湖 北	48 032	426 196	426 196		
湖 南	51 022	81 650	67 991		
广 东	4 062	36 328	36 122	1 119	11 488
广 西	1 386	16 320	16 320	272	1 103
海 南	3 473	29 413	28 615		
重 庆	2 028	2 606	2 606		
四 川	47	54	54		
贵 州		46	46		
云 南	1 328	7 800	7 800		
西 藏					
陕 西	33	44	44		
甘 肃	339	88	88		
青 海					
宁 夏	7 230	11 599	11 599		
新疆（兵团）	37 462	44 238	43 476		
新疆（农业）	3 378	1 875	1 875		
新疆（畜牧）	472	526	526		
热作两院	21	155	155		
广 州					
南 京	6	7			
昆 明					

表 23　我国按人口平均的主要农畜产品产量（2010—2014 年）单位：kg/人

年　份	粮　食	棉　花	油　料	水　果	茶　叶	猪牛羊肉
2010	409	4.5	24.2	160.0	1.10	45.8
2011	425	4.9	24.6	169.4	1.21	45.4
2012	437	5.1	25.6	178.1	1.33	47.4
2013	443	4.6	25.9	184.4	1.41	48.6
2014	445	4.5	25.7	191.1	1.53	49.8
年　份	禽　蛋	牛　奶	水产品	糖　料	烤　烟	黄红麻
2010	20.6	26.7	40.2	89.8	2.04	0.05
2011	20.9	27.1	41.7	93.1	2.13	0.06
2012	21.1	27.6	43.7	99.8	2.23	0.05
2013	21.1	26.1	45.5	101.0	2.31	0.04
2014	21.2	27.3	47.4	97.7	2.04	0.04

表 24　我国城乡居民家庭人均食品消费量比较（2010—2014 年）

单位：kg/人

年　份	粮　食		蔬　菜		食用油(植物油)		猪牛羊肉		家　禽		水产品	
	农村	城市	农村	城市	农村	城市	农村	城市	农村	城市	农村	城市
2010	189.3	81.3	98.4	120.5	5.4	9.8	15.3	24.2	4.3	10.5	5.3	7.9
2011	181.4	81.5	93.3	116.1	5.3	8.8	15.8	24.5	4.2	10.2	5.2	15.2
2012	170.7	80.7	89.4	114.6	7.5	9.3	16.3	24.6	4.5	10.6	5.4	14.6
2013	164.3	78.8	84.7	112.3	6.9	9.1	16.4	25.0	4.5	10.8	5.4	15.2
2014	167.6	117.2	88.9	100.1	12.7	10.8	22.5	28.4	6.8	9.8	7.2	14.4

表 25　我国城镇和农村人口人均食品消费支出情况（2010—2014 年）

单位：元/人

项　　目	2010	2011	2012	2013	2014
全国人均	**3 301.2**	**3 623.1**	**4 104.00**	**4 126.7**	**4 493.9**
城镇居民	4 804.7	5 506.3	6 040.85	5 570.7	6 000.0
农村居民	1 313.21	1 651.3	1 863.10	2 554.4	2 814.0
人均增长	340.6	321.9	480.90	22.7	367.2
城镇居民增长	326.2	701.6	534.6	−470.2	429.3
农村居民增长	−322.8	339.1	211.8	691.3	259.6

资料来源：表中数据来自 2015 年《中国统计年鉴》。

表 26　我国人口增长情况（2010—2014 年）　　单位：万人

项　　目	2010	2011	2012	2013	2014
人口数	134 091	133 735	135 404	136 072	136 782
增长人数	641	644	669	668	710
其中：城镇人口	66 978	69 079	71 182	73 111	74 916
农村人口	67 113	65 656	64 222	62 961	61 866

农产品加工机械拥有量及农产品加工行业固定资产投资情况

表 27 农业部系统农产品初加工机械年末拥有量（2014 年）

地 区	农产品初加工动力机械		初加工作业机械（万台）	畜牧养殖机械（万台）	渔业机械（万台）	林果机械（万台）
	万台	（万 kW）				
全国总计	1 501.2	8 888.2	1 397.7	710.8	403.0	42.7
北 京	0.5	4.4	0.5	1.7	1.3	0.5
天 津	2.3	8.2	0.7	0.7	6.4	
河 北	98.5	906.0	48.6	15.4	6.2	0.4
山 西	23.8	201.8	18.4	9.1	0.3	0.6
内蒙古	10.6	97.8	6.9	24.9	0.2	0.3
辽 宁	21.8	136.3	15.7	20.2	7.7	0.7
吉 林	16.0	151.6	13.1	16.7	0.8	0.1
黑龙江	13.4	145.4	6.1	11.5	0.4	0.1
上 海	0.3	2.8	0.3	0.2	3.1	0.1
江 苏	26.3	267.5	23.6	16.3	93.3	2.0
浙 江	19.5	132.9	53.6	5.4	27.3	3.4
安 徽	51.7	352.3	54.4	7.7	7.3	3.3
福 建	69.1	220.1	69.9	5.3	20.1	3.1
江 西	32.6	307.3	28.3	4.7	5.5	0.8
山 东	101.2	915.6	50.9	22.4	13.7	1.4
河 南	84.4	605.4	57.0	23.5	4.1	0.3
湖 北	91.9	460.9	93.6	44.5	43.4	11.2
湖 南	142.9	641.2	136.3	26.7	14.3	1.1
广 东	29.3	241.2	24.5	15.1	99.9	1.9
广 西	91.1	476.8	97.8	35.4	8.3	0.7
海 南	3.1	33.7	2.5	1.1	7.9	0.1
重 庆	100.0	344.7	111.4	61.4	6.5	0.7
四 川	167.7	697.6	195.7	69.6	19.7	0.8
贵 州	153.5	566.4	154.7	41.6	0.2	0.5
云 南	84.0	437.1	85.1	137.4	2.2	0.4
西 藏	1.4	5.6	1.4	1.4		
陕 西	40.3	204.6	25.7	34.7	1.4	2.7
甘 肃	15.3	124.8	14.2	29.1	0.1	0.1
青 海	3.4	10.3	1.5	1.6		
宁 夏	2.4	25.3	2.1	16.1	0.7	2.3
新 疆	5.1	62.8	3.1	9.6	0.7	3.1

表 28 我国农产品加工行业固定资产投资情况（2014 年） 单位：亿元、%

行　业	投资额	新增固定资产	固定资产交付使用率（平均值）
合　计	45 881.9	35 777.4	77.2
农副食品加工业	9 994.0	7 792.7	78.0
食品制造业	4 447.1	3 288.0	73.9
饮料制造业	3 919.3	2 927.6	74.7
烟草制品业	284.0	199.1	70.1
纺织业	5 318.8	4 302.5	80.9
纺织服装、鞋、帽制造业	3 711.1	2 925.0	78.8
皮革、毛皮、羽毛（绒）及其制品业	1 967.2	1 530.6	77.8
木材加工及木、竹、藤、棕、草制品业	3 450.8	2 868.8	83.1
家具制造业	2 448.9	1 870.2	76.4
造纸及纸制品业	2 801.9	2 195.8	78.4
印刷业和记录媒介的复制	1 606.5	1 218.0	75.8
橡胶制品业	5 932.3	4 659.1	78.5

表 29 我国农产品加工行业新增固定资产后主要产品新增生产能力（2013—2014 年）

产品名称	单　位	2013 年	2014 年
轮胎外胎	万条/年	9 118	8 656
轮胎内胎	万条/年	1 796	2 046
化学纤维	t/年	4 607 954	6 442 328
棉纺锭	锭	9 970 292	8 401 945
毛纺锭	锭	183 977	
啤　酒	万 t/年	267	275
白　酒	万 t/年	202	143
其他酒	万 t/年	113	101
卷　烟	箱/年	1 630 800	1 750 000
机制纸	万 t/年	148	114

表 30 我国农产品加工行业按行业分施工、投产项目个数（2014 年）

行　业	施工项目（个）		全部建成投产项目（个）	项目建成投产率（%）
	总　计	其中：新开工		
合　计	79 631	59 075	58 322	72.1
农副食品加工业	17 296	12 703	12 405	71.7
食品制造业	6 878	4 991	4 781	69.5
饮料制造业	6 056	4 197	4 164	68.8
烟草制品业	267	161	155	58.1
纺织业	9 254	7 101	7 103	76.8
纺织服装、鞋、帽制造业	7 318	5 506	5 499	75.1
皮革、毛皮、羽毛（绒）及其制品业	3 742	2 758	2 795	74.5
木材加工及木、竹、藤、棕草制品业	7 937	6 106	6 037	76.1
家具制造业	4 221	3 130	3 062	72.5
造纸及纸制品业	3 836	2 760	2 776	72.4
印刷业和记录媒介的复制	2 898	2 223	2 179	75.2
橡胶制品业	9 928	7 439	7 366	74.2

表 31　林业系统森工固定资产投资完成情况（2013—2014 年）　单位：万元

项　　　目	2013 年	2014 年	同比增长（%）
一、森工固定资产投资完成额（按构成划分）	13 762 091	14 154 039	2.85
1. 基本建设	4 423 686	4 206 278	−4.91
2. 更新改造	2 326 206	2 211 827	−4.92
3. 其他投资	7 012 199	7 735 934	10.32
二、当年新增固定资产	6 269 738	6 537 698	4.27

表 32　林业系统各地区森工固定资产投资完成情况（2014 年）　单位：万元

地　区	合　计	基本建设	更新改造	其 他 投 资
全国总计	14 154 039	4 206 278	2 211 827	7 735 934
北　京		910 288	2 318	507 232
天　津				
河　北	16 268	8 404	172	7 692
山　西	25 366	4 664	12 454	8 248
内蒙古	268 148	230 297	23 851	14 000
辽　宁	112 135	1 283	269	110 583
吉　林	137 757	85 283	19 340	33 134
黑龙江	432 709	131 550	13 268	287 891
上　海	40 041		88	40 953
江　苏	367 669	13 259	11 582	342 828
浙　江	18 396	15 596	172	2 628
安　徽	304 046	36 717	4 712	262 617
福　建	34 104	14 199	2 255	17 650
江　西	105 495	77 557	1 318	26 620
山　东	176 575	38 853	33 369	104 353
河　南				
湖　北	234 775	74 668	136 688	23 419
湖　南	402 101	69 043	38 325	294 733
广　东				
广　西	9 002 968	2 298 063	1 865 114	4 839 791
海　南	2 193	1 674	519	
重　庆	39 422	24 761	10	14 654
四　川	241 685	31 909	3 582	206 194
贵　州	3 370	2 380	680	310
云　南	181 236	30 544	23 973	126 719
西　藏				
陕　西	136 592	15 803		120 789
甘　肃	206 266	29 281	3 920	173 065
青　海	26 023			26 023
宁　夏	1 311	1 311		
新　疆	115 666	885	1 267	113 514
局直属单位	100 884	58 006	12 581	30 297
大兴安岭	53 411	36 846	10 977	5 588

表 33　我国农垦系统固定资产投资完成情况（2013—2014 年）　单位：万元

项　　目	2013 年	2014 年	同比增长（％）
固定资产投资总额	39 962 837	45 557 776	14.00
当年新增固定资产	24 949 521	30 587 856	22.60

表 34　我国水产行业固定资产投资完成情况（2013—2014 年）　单位：亿元

项　　目	2013 年	2014 年	同比增长（％）
投资总额	658.6	766.8	16.43
本年新增固定资产	526.1	665.1	26.42
固定资产交付使用率（％）	79.9	86.7	8.51

　　资料来源：表中数据来自 2015 年《中国统计年鉴》。

按国民经济行业分类统计
农产品加工业现状

表 35　我国农产品加工业规模以上工业企业主要指标（2014 年）

行　　业	单位数（个）	主营业务收入（亿元）	利润总额（亿元）	资产总计（亿元）	负债合计（亿元）	人均主营业务收入（万元/人）
合　计	**129 367**	**217 374.5**	**16 862.6**	**134 916.1**	**62 953.0**	**111.5**
农副食品加工业	24 835	63 665.1	3 263.6	31 259.6	16 218.1	144.9
食品制造业	8 207	20 399.9	1 744.7	13 138.8	6 158.9	98.8
饮料制造业	6 272	16 370.0	1 670.8	14 249.9	6 489.3	100.8
烟草制品业	128	8 962.7	1 221.1	8 484.7	1 822.3	414.3
纺织业	20 821	38 294.8	2 168.0	23 908.4	12 838.8	78.1
纺织服装、鞋、帽制造业	15 821	21 054.4	1 335.9	12 282.1	5 880.7	45.6
皮革、毛皮、羽毛（绒）及其制品业	8 719	13 896.1	949.6	7 013.9	3 246.0	45.7
木材加工及竹、藤、棕、草制品业	9 018	13 246.9	875.1	6 000.8	2 552.0	93.1
家具制造业	5 288	7 273.4	467.0	4 651.1	2 321.1	60.6
造纸及纸制品业	6 822	13 535.2	727.0	13 413.8	7 647.1	98.0
印刷业和记录媒介的复制	5 293	6 765.3	550.6	5 133.4	2 341.3	70.5
橡胶制品业	18 143	29 919.1	1 889.2	20 287.9	10 034.5	87.5

表 36　我国农产品加工业规模以上工业企业主要经济效益指标（2014 年）

行　业	总资产贡献率（%）	资产负债率（%）	流动资产周转次数（次/年）	工业成本费用利润率（%）	人均主营业务收入（万元/人）
平　均　值	23.34	46.51	2.99	9.18	111.5
农副食品加工业	16.66	51.88	3.91	5.39	144.9
食品制造业	20.22	46.88	3.22	9.24	98.8
饮料制造业	20.46	45.54	2.24	11.53	100.8
烟草制品业	84.28	21.48	1.76	28.81	414.3
纺织业	15.86	53.70	3.13	5.95	78.1
纺织服装、鞋、帽制造业	18.01	47.88	2.95	6.76	45.6
皮革、毛皮、羽毛（绒）及其制品业	21.56	46.28	3.27	7.37	45.7
木材加工及竹、藤、棕、草制品业	23.89	42.53	4.82	7.13	93.1
家具制造业	16.69	49.90	2.85	6.86	60.6
造纸及纸制品业	10.29	57.01	2.26	5.61	98.0
印刷业和记录媒介的复制	17.12	45.61	2.59	8.76	70.5
橡胶制品业	15.02	49.46	2.83	6.70	87.5

表 37　我国农产品加工业国有及国有控股工业企业主要指标（2014 年）

行　业	单位数（个）	主营业务收入（亿元）	利润总额（亿元）	资产总计（亿元）	负债合计（亿元）	人均主营业务收入（万元/人）
合　计	2 569	20 289.6	1 996.5	21 486.4	8 853.1	105.0
农副食品加工业	654	3 624.4	83.5	2 527.8	1 745.9	185.7
食品制造业	298	1 213.8	81.9	1 231.2	694.6	90.0
饮料制造业	275	2 617.6	455.3	3 654.5	1 285.7	100.3
烟草制品业	103	8 895.8	1 202.9	8 385.9	1 784.2	429.8
纺织业	221	878.1	17.3	1 107.5	674.7	49.7
纺织服装、鞋、帽制造业	168	187.2	14.9	273.0	139.9	20.3
皮革、毛皮、羽毛（绒）及其制品业	29	87.3	5.6	53.7	25.1	39.6
木材加工及竹、藤、棕、草制品业	108	211.6	7.7	238.7	167.8	55.3
家具制造业	19	81.0	17.6	98.1	59.4	72.7
造纸及纸制品业	113	729.7	2.4	1 667.4	1 115.1	85.9
印刷业和记录媒介的复制	310	504.6	61.3	709.2	242.5	52.2
橡胶制品业	271	1 258.5	46.1	1 539.4	918.2	78.2

表 38　我国农产品加工业国有及国有控股工业企业主要经济效益指标（2014 年）

行　业	总资产贡献率（%）	资产负债率（%）	流动资产周转次数（次/年）	工业成本费用利润率（%）	人均主营业务收入（万元/人）
平　均　值	**17.18**	**52.69**	**1.68**	**9.79**	**105.0**
农副食品加工业	7.14	69.07	2.21	2.33	185.7
食品制造业	11.64	56.42	2.12	6.83	90.0
饮料制造业	21.03	35.18	1.18	21.53	100.3
烟草制品业	84.98	21.28	1.77	28.75	429.8
纺织业	4.88	60.92	1.64	1.88	49.7
纺织服装、鞋、帽制造业	9.70	51.25	1.02	8.13	20.3
皮革、毛皮、羽毛（绒）及其制品业	15.30	46.66	2.68	6.41	39.6
木材加工及竹、藤、棕、草制品业	8.38	70.27	1.88	3.69	55.3
家具制造业	19.76	60.50	1.59	20.89	72.7
造纸及纸制品业	3.79	66.88	1.03	0.31	85.9
印刷业和记录媒介的复制	12.99	34.20	1.40	12.99	52.2
橡胶制品业	6.51	59.65	1.63	3.68	78.2

表 39　我国农产品加工业外商投资和港澳台商投资工业企业主要指标（2014 年）

行　业	单位数（个）	主营业务收入（亿元）	利润总额（亿元）	资产总计（亿元）	负债合计（亿元）	人均主营业务收入（万元/人）
合　计	**19 199**	**51 826.9**	**3 231.0**	**40 094.0**	**20 578.9**	**74.2**
农副食品加工业	1 871	10243.9	449.5	5 729.0	3 452.4	167.4
食品制造业	1 201	5 844.6	527.7	4 251.9	2 120.2	110.2
饮料制造业	801	4 094.3	350.1	3 622.0	1 826.1	109.2
烟草制品业	—	—	—	—	—	—
纺织业	2 841	6 056.3	343.2	4 881.1	2 438.3	68.8
纺织服装、鞋、帽制造业	4 023	6 335.5	377.7	4 021.1	1 814.6	36.6
皮革、毛皮、羽毛（绒）及其制品业	2 108	4 813.3	315.8	2 773.7	1 305.2	34.6
木材加工及竹、藤、棕、草制品业	487	1 080.0	61.5	712.7	339.2	84.1
家具制造业	927	1 791.6	107.2	1 349.0	741.7	50.5
造纸及纸制品业	960	3 514.4	196.9	5 391.0	2 991.5	113.2
印刷业和记录媒介的复制	665	1 247.2	126.9	1 209.9	520.9	52.6
橡胶制品业	3 315	6 805.8	374.5	6 152.6	3 028.8	62.8

表 40 我国农产品加工业外商投资和港澳台商投资工业企业主要经济效益指标（2014 年）

行　业	总资产贡献率（%）	资产负债率（%）	流动资产周转次数（次/年）	工业成本费用利润率（%）	人均主营业务收入（万元/人）
平 均 值	13.01	46.09	2.12	6.44	74.2
农副食品加工业	12.69	60.26	2.99	4.50	167.4
食品制造业	19.10	49.86	2.51	9.63	110.2
饮料制造业	17.33	50.42	2.59	9.20	109.2
烟草制品业	—	—	—	—	—
纺织业	11.91	49.95	2.21	5.91	68.8
纺织服装、鞋、帽制造业	15.91	45.13	2.48	6.32	36.6
皮革、毛皮、羽毛（绒）及其制品业	18.18	47.05	2.64	7.01	34.6
木材加工及竹、藤、棕、草制品业	14.87	47.60	2.66	5.99	84.1
家具制造业	12.89	54.98	2.13	6.25	50.5
造纸及纸制品业	7.09	55.49	1.46	5.75	113.2
印刷业和记录媒介的复制	15.98	43.05	1.76	10.93	52.6
橡胶制品业	10.11	49.23	2.06	5.74	62.8

表 41 我国农产品加工业私有工业企业主要指标（2014 年）

行　业	企业数（个）	主营业务收入（亿元）	利润总额（亿元）	资产总计（亿元）	负债合计（亿元）	人均主营业务收入（万元/人）
合　计	76 452	102 075.4	7 422.5	57 210.0	27 375.6	96.3
农副食品加工业	15 486	31 156.9	1 781.7	12 907.9	5 667.6	142.3
食品制造业	4 389	7 136.5	507.3	3 641.7	1 538.5	88.1
饮料制造业	3 280	5 072.2	421.3	2 931.5	1 298.7	100.7
烟草制品业	3	15.3	2.1	21.7	16.9	197.5
纺织业	14 131	20 661.3	1 231.3	11 209.5	6 106.5	83.6
纺织服装、鞋、帽制造业	6 929	10 070.3	644.8	5 142.9	2 549.0	51.1
皮革、毛皮、羽毛（绒）及其制品业	4 973	6 245.9	436.2	2 638.4	1 249.7	54.9
木材加工及竹、藤、棕、草制品业	6 604	9 157.5	622.3	3 494.9	1 375.2	96.3
家具制造业	3 204	3 807.8	250.4	2 183.5	1 039.0	67.0
造纸及纸制品业	4 025	5 209.9	317.5	3 152.2	1 705.5	90.1
印刷业和记录媒介的复制	3 001	3 340.8	235.6	1 944.0	977.7	81.9
橡胶制品业	10 427	14 916.0	972.0	7 942.7	3 851.3	102.6

表 42　我国农产品加工业私有工业企业主要经济效益指标（2014 年）

行　　业	总资产贡献率（%）	资产负债率（%）	流动资产周转次数（次/年）	工业成本费用利润率（%）	人均主营业务收入（万元/人）
平　均　值	**21.06**	**49.95**	**3.86**	**7.65**	**96.3**
农副食品加工业	21.74	43.91	5.06	6.10	142.3
食品制造业	22.09	42.25	4.49	7.67	88.1
饮料制造业	24.57	44.30	3.78	9.28	100.7
烟草制品业	13.94	77.69	1.47	12.63	187.5
纺织业	18.76	54.48	3.55	6.35	83.6
纺织服装、鞋、帽制造业	20.70	49.56	3.52	6.84	51.1
皮革、毛皮、羽毛（绒）及其制品业	26.64	47.37	4.36	7.55	54.9
木材加工及竹、藤、棕、草制品业	28.62	39.35	5.97	7.37	96.3
家具制造业	19.03	47.58	3.44	7.08	67.0
造纸及纸制品业	17.28	54.10	3.48	6.26	90.1
印刷业和记录媒介的复制	19.85	50.29	3.60	7.62	81.9
橡胶制品业	19.51	48.49	3.59	6.99	102.6

表 43　我国农产品加工业大中型工业企业主要指标（2014 年）

行　　业	企业数（个）	主营业务收入（亿元）	利润总额（亿元）	资产总计（亿元）	负债合计（亿元）	人均主营业务收入（万元/人）
合　　计	**21 421**	**118 018.7**	**9 855.3**	**85 418.0**	**46 352.6**	**105.3**
农副食品加工业	3 024	27 981.1	1 451.3	16 309.1	9 171.1	123.5
食品制造业	1 584	12 508.8	1 209.9	8 470.5	4 040.5	97.8
饮料制造业	1 122	10 268.5	1 204.6	10 046.0	4 527.1	96.0
烟草制品业	83	8 410.1	1 146.4	7 866.0	1 698.7	422.1
纺织业	3 627	21 414.4	1 255.4	14 253.4	7 547.3	76.2
纺织服装、鞋、帽制造业	3 786	11 951.5	863.2	7 774.3	3 575.6	41.5
皮革、毛皮、羽毛（绒）及其制品业	2 290	8 391.4	825.8	4 478.7	2 011.4	39.2
木材加工及竹、藤、棕、草制品业	925	3 830.9	257.8	2 063.9	973.3	76.5
家具制造业	933	3 523.7	241.9	2 498.3	1 291.3	52.8
造纸及纸制品业	993	7 261.3	387.8	9 346.5	5 461.2	102.0
印刷业和记录媒介的复制	685	2 477.8	240.1	2 205.3	882.0	55.7
橡胶制品业	2 369	14 073.8	973.1	10 605.9	5 173.1	80.2

表 44 我国农产品加工业大中型工业企业主要经济效益指标（2014 年）

行　业	总资产贡献率（%）	资产负债率（%）	流动资产周转次数（次/年）	工业成本费用利润率（%）	人均主营业务收入（万元/人）
平　均　值	**22.81**	**46.71**	**2.64**	**10.00**	**105.3**
农副食品加工业	14.61	56.23	3.18	5.42	123.5
食品制造业	21.34	47.70	3.05	10.49	97.8
饮料制造业	20.94	45.06	1.89	13.44	96.0
烟草制品业	85.75	21.60	1.73	30.82	422.1
纺织业	15.46	52.95	3.02	6.13	76.2
纺织服装、鞋、帽制造业	17.69	45.99	2.63	7.73	41.5
皮革、毛皮、羽毛（绒）及其制品业	21.72	44.91	2.97	8.05	39.2
木材加工及竹、藤、棕、草制品业	21.42	47.16	3.93	7.21	76.5
家具制造业	15.87	51.69	2.56	7.33	52.8
造纸及纸制品业	8.25	58.43	1.87	5.53	102.0
印刷业和记录媒介的复制	16.40	39.99	2.26	10.51	55.7
橡胶制品业	14.31	48.78	2.64	7.35	80.2

表 45 制糖期全国制糖行业主要经济技术指标（2014/2015 年度）

行业实现销售收入（亿元）	实现利税总额（亿元）	平均含糖（%）		平均单产（t/hm²）		平均产糖率（%）	
		甘蔗糖	甜菜糖	甘蔗糖	甜菜糖	甘蔗糖	甜菜糖
549	10.4	13.66	15.14	61.8	47.4	11.94	12.11

资料来源：表中数据由中国糖业协会提供。

表 46 我国食品和包装机械经济运行情况（2010—2014 年）

年　份	类　别	主营业务收入（亿元）		占食品工业比重（%）	占机械工业比重（%）
		主营业务收入	同比增长（%）		
2010	**总　计**	**1 825.00**	**22.98**	**2.89**	**1.27**
	其中：食品机械	894.25	18.16		
	包装机械	930.75	27.99		
2011	**总　计**	**2 200.00**	**20.55**	**2.82**	**1.30**
	其中：食品机械	1 078.00	19.74		
	包装机械	1 122.00	21.33		
2012	**总　计**	**2 500.00**	**13.64**	**2.81**	**1.39**
	其中：食品机械	1 215.00	12.71		
	包装机械	1 285.00	14.53		
2013	**总　计**	**2 950.00**	**18.00**	**2.92**	**1.45**
	其中：食品机械	1 425.50	17.33		
	包装机械	1 524.50	18.64		
2014	**总　计**	**3 400.00**	**15.25**	**3.21**	**1.53**
	其中：食品机械	1 636.00	14.77		
	包装机械	1 764.00	15.63		

资料来源：表中数据由中国食品和包装机械工业协会提供。

表 47 我国机械工业、食品工业、食品与包装机械行业经济增长情况（2010—2014 年）

单位：亿元

类　别	2010 年	2011 年	2012 年	2013 年	2014 年	年均增长（%）
机械工业	143 846.00	168 900.00	179 957.90	204 000.00	222 100.00	
同比增长（%）	33.93	25.06	9.80	13.36	9.41	18.31
食品工业	63 100.00	78 078.32	89 100.57	101 100.00	108 932.93	
同比增长（%）	26.97	31.60	14.12	13.47	8.00	18.83
食品与包装机械	1 825.00	2 200.00	2 500.00	2 950.00	3 400.00	
同比增长（%）	28.20	20.55	13.64	18.00	15.25	19.13

注：表中数据为年主营业务收入。

表 48 林业系统农产品加工业总产值（2013—2014 年）　单位：万元

行　业	工业总产值		
	2013 年	2014 年	同比增长（%）
总　　计	**243 195 037**	**365 318 794**	**50.22**
1. 非木质林产品加工制造业	34 224 022	40 340 167	17.87
2. 木材加工及竹、藤、棕、草制品业	99 733 250	110 289 483	10.58
锯材、木片加工业	16 530 717	21 110 964	27.71
人造板制造业	51 910 432	58 836 073	13.34
木制品制造业	23 731 634	22 584 210	−4.83
竹、藤、棕、草制品制造业	7 560 467	7 758 236	2.62
3. 木、竹、藤家具制造业	37 361 255	44 805 706	19.93
4. 木、竹、苇浆造纸和纸制品业	51 974 253	53 468 826	2.88
5. 林产化学产品制造业	5 990 768	6 125 129	2.24
6. 木、竹、藤工艺品制造业	5 244 217	5 587 681	6.55
7. 其　他	8 667 272	13 562 890	56.48

表 49 林业系统各地区农产品加工业总产值（2014 年）　单位：万元

地　区	总　计	非木质林产品加工制造业	木材加工及竹、藤、棕、草制品业				
			合　计	锯材、木片加工业	人造板制造业	木制品制造业	竹、藤、棕、草制品制造业
全国总计	**274 179 882**	**40 340 167**	**110 289 483**	**21 110 964**	**58 836 073**	**22 584 210**	**7 758 236**
北　京	41 841		41 841		32 241	9 600	
天　津	5 200						
河　北	6 601 417	2 315 107	3 394 873	402 595	2 747 032	242 225	3 021
山　西	627 943	13 459	75 110	29 461	36 991	8 658	

地　区	总　计	非木质林产品加工制造业	木材加工及竹、藤、棕、草制品业				
			合　计	锯材、木片加工业	人造板制造业	木制品制造业	竹、藤、棕、草制品制造业
内蒙古	1 024 904		897 110	786 017	84 688	26 181	264
辽　宁	5 868 401	1 339 483	3 089 483	628 415	1 154 617	1 219 356	87 095
吉　林	8 279 321	4 267 404	2 946 198	766 227	1 028 324	1 151 271	376
黑龙江	4 900 738	589 106	2 874 846	1 138 329	731 148	974 199	31 170
上　海	3 184 154	298 169	745 193	45 903	134 338	560 511	4 441
江　苏	23 877 211	1 579 214	15 357 063	2 656 717	10 518 373	1 892 436	289 537
浙　江	23 353 337	2 172 202	7 150 366	631 327	1 699 691	3 632 679	1 186 669
安　徽	12 961 344	1 766 196	8 922 915	1 245 986	4 914 346	1 415 772	1 346 811
福　建	31 100 279	6 012 434	9 212 676	1 126 856	3 202 350	2 907 291	1 976 179
江　西	12 405 715	1 050 453	3 881 064	547 003	1 131 317	1 897 441	305 303
山　东	33 348 339	5 216 132	19 166 613	3 853 117	13 299 230	1 718 334	295 932
河　南	6 222 538	1 153 291	3 341 544	609 188	2 361 027	290 449	81 080
湖　北	6 982 788	1 675 922	2 195 874	201 901	1 162 159	619 721	212 093
湖　南	9 897 999	2 002 999	3 712 482	965 663	1 207 878	868 021	670 920
广　东	44 675 116	2 702 346	6 278 643	914 634	3 856 616	1 183 015	324 878
广　西	21 588 313	1 546 113	11 321 320	3 227 271	6 822 874	1 051 540	219 635
海　南	1 366 059	335 509	150 848	109 902	32 257	7 559	1 130
重　庆	1 339 820	193 659	465 629	123 777	140 872	112 917	88 063
四　川	7 762 124	826 119	2 870 605	425 355	1 553 133	331 958	560 159
贵　州	896 669	210 061	436 927	193 720	120 293	99 198	23 716
云　南	3 608 396	1 282 008	1 253 227	350 658	597 919	261 452	43 198
西　藏	1 200		1 200	1 200			
陕　西	962 886	413 188	342 782	67 562	222 157	46 787	6 276
甘　肃	134 627	59 577	6 992	3 273	1 760	1 169	790
青　海	526		526	526			
宁　夏	307 556	304 193	1 712	1 712			
新　疆	635 205	430 042	26 546	9 121	17 425		
大兴安岭	217 916	35 263	127 235	47 548	25 017	54 670	

（续）

| 地　区 | 木材加工及竹、藤、棕、草制品业 | | | | 其　他 |
	木质、竹、藤家具制造业	林产化学产品制造业	木、竹、苇浆造纸及纸制品业	木、竹、藤工艺品制造业	
全国总计	**44 805 706**	**6 125 129**	**53 468 826**	**5 587 681**	**13 562 890**
北　京					
天　津	5 200				
河　北	534 552	38 911	165 684	3 571	148 719
山　西	10 541	120	3 054	15	18 585
内蒙古	3 963		24 058	76	86 198
辽　宁	1 056 032	3 088	34 888	42 520	302 907
吉　林	352 245	12 091	415 184	70 554	215 645
黑龙江	509 745	7 606	472 932	57 741	388 762
上　海	1 367 785	55 414	618 067	12 879	86 647
江　苏	908 416	736 153	4 207 749	218 672	869 944
浙　江	3 422 653	178 786	8 535 447	1 893 333	550
安　徽	1 011 103	127 136	438 712	461 791	233 491
福　建	3 869 336	800 468	6 821 797	1 231 420	3 152 148
江　西	6 328 816	609 502	276 437	143 020	116 423
山　东	2 996 660	95 165	4 850 408	391 687	631 674
河　南	718 419	13 203	764 438	91 097	140 546
湖　北	1 110 825	68 658	1 464 733	111 753	355 023
湖　南	1 134 647	246 586	1 942 551	171 703	687 031
广　东	14 261 058	811 668	17 467 906	399 130	2 754 365
广　西	1 968 858	1 737 436	396 605	73 409	1 978 572
海　南	41 722	862	749 679	86 723	716
重　庆	289 746	12 335	130 600	66 584	181 267
四　川	2 481 083	40 564	937 810	22 197	583 726
贵　州	91 588	35 131	66 957	10 240	45 765
云　南	264 817	443 909	90 886	26 320	247 229
西　藏					
陕　西	54 041	30	24 496	1 145	127 204
甘　肃	8 375	4 410		101	25 172
青　海					
宁　夏					1 651
新　疆	100		1 748		176 769
大兴安岭	3 380	45 877			6 161

表 50 我国水产品加工业发展情况（2013—2014 年）

项　目	单　位	2013 年	2014 年	同比增长（%）
一、水产品加工企业	个	9 774.0	9 663.0	−1.14
水产品加工能力	万 t/年	2 745.3	2 847.2	3.71
二、水产品冷库	座	9 046.0	8 624.0	−4.67
冻结能力	万 t/d	66.0	67.2	1.85
冷藏能力	万 t/次	488.9	519.1	6.19
制冰能力	万 t/d	23.2	23.8	2.32
三、水产品加工总量	万 t	1 954.0	2 053.2	5.07
其中：淡水加工产品	万 t	363.0	374.5	3.18
海水加工产品	万 t	1 591.0	1 678.6	5.51
（一）水产品冷冻	万 t	1 230.0	1 317.2	7.09
其中：冷冻加工品	万 t	641.2	662.3	3.33
（二）鱼糜制品及干腌制品	万 t	290.6	306.9	5.59
其中：鱼糜制品	万 t	132.7	151.8	14.40
干腌制品	万 t	158.0	155.1	−1.82
藻类制品	万 t	99.0	108.7	9.82
（三）罐制品	万 t	37.5	39.9	6.66
（四）饲料	万 t			
其中：鱼粉	万 t	99.5	75.9	−23.66
（五）鱼油制品	万 t	7.7	10.1	31.57
（六）其他水产加工品	万 t	189.7	194.0	2.29
其中：助剂和添加剂	万 t	10.4	8.9	−14.32
珍珠	kg	162 235.0	171 754.0	−5.54
四、用于加工的水产品总量	万 t	2 168.7	2 192.3	1.09
其中：淡水产品	万 t	555.5	549.5	−1.08
海水产品	万 t	1 613.2	1 619.2	0.37

资料来源：表中数据来自 2015 年《中国渔业统计年鉴》。

表 51 我国水产品加工业加工能力、产量及产值（2011—2014 年）

年　份	加工企业数（个）	加工能力（万 t/年）	水产品加工总产量		折合水产品原料（万 t）	总产值（亿元）	占水产品总产值比率（%）
			总产量（万 t）	同比增长（%）			
2011	9 611	2 429.4	1 782.8	9.16	1 981.0	2 688.1	35.52
2012	9 706	2 638.0	1 907.4	6.99	2 135.8	3 147.7	36.16
2013	9 774	2 745.3	1 954.0	2.44	2 168.7	3 435.6	35.66
2014	9 663	2 847.2	2 053.2	5.07		3 712.7	8.07

表 52　我国沿海省、自治区、直辖市水产品加工业生产情况（2013—2014 年）

单位：万 t

地　区	2013 年	2014 年	同 比 增 长（%）
全国总计	**1 954. 0**	**2 053. 2**	**5. 07**
天　津	0. 13	0. 11	−15. 60
河　北	12. 93	8. 21	−36. 48
辽　宁	223. 42	228. 10	2. 09
上　海	2. 47	2. 25	−8. 99
江　苏	155. 34	161. 85	4. 19
浙　江	218. 85	228. 25	4. 30
福　建	290. 12	312. 68	7. 78
山　东	618. 82	674. 14	8. 94
广　东	143. 34	140. 88	−1. 72
广　西	72. 25	73. 22	1. 34
海　南	52. 04	52. 38	0. 65
11 省份小计	1 789. 71	1 882. 07	
占全国比率（%）	91. 59	91. 67	

资料来源：表中数据来自 2015 年《中国渔业年鉴》。

表 53　我国农业系统农产品加工企业主要经济指标（2014 年）

项　目	单　位	2014 年
企业个数	个	75 693
主营业务收入	亿元	184 753. 9
同比增长	%	8. 20
利润总额	亿元	12 244. 8
同比增长	%	2. 15
税金总额	亿元	11 714. 6
同比增长	%	7. 01

资料来源：表中数据由农业部农产品加工局提供。

表 54　轻工业系统农产品加工业分行业主要经济指标（2013 年）　单位：万元

行　业	企业单位数（个） 合　计	企业单位数（个） 其中亏损	主营业务收入	利税总额	流动资产平均余额	固定资产合计
轻工业总计	**100 339**	**9 781**	**2 031 015 097**	**199 138 158**	**693 451 885**	**1 231 706 162**
有关农产品加工行业小计	59 480	5 113	704 039 786	130 670 054	415 165 220	750 919 376
1. 农副食品加工业	23 080	1 657	594 971 238	44 593 589	147 603 843	266 763 903
2. 食品制造业	7 531	603	18 164 9931	22 886 397	58 130 000	112 755 116
3. 饮料制造业	5 529	489	151 852 022	27 804 826	68 105 031	127 790 076
4. 制盐业	135	11	3 534 762	449 920	3 223 712	7 620 269
5. 皮革、毛皮、羽毛制品业	8 003	730	124 930 865	12 155 583	38 538 174	60 947 722
6. 木、竹、藤、棕草制品业	1 245	64	13 396 410	1 287 661	2 693 773	5 225 919
7. 家具制造业	4 716	513	64 627 523	6 226 103	23 057 580	40 391 062
8. 造纸及纸制品业	7 213	838	134 715 813	12 037 685	59 449 375	129 401 728
9. 轻工专用设备制造业	2 028	208	29 326 511	3 228 290	14 363 732	23 581 939

表 55　轻工业系统食品工业分行业主要经济指标（2013 年）　　单位：万元

行　业	企业单位数（个）		主营业务收入	利税总额	流动资产平均余额	固定资产合计
	合　计	其中亏损				
食品工业合计*	**36 275**	**2 760**	**932 007 953**	**95 714 732**	**277 062 586**	**514 929 364**
一、农副食品加工业	23 080	1 657	594 971 238	44 573 589	147 603 843	266 763 903
谷物磨制	5 843	207	115 113 401	8 531 106	19 888 396	39 326 352
饲料加工	3 664	304	97 428 316	6 463 556	17 260 431	31 971 978
植物油加工	2 204	184	104 071 065	6 214 190	38 603 201	54 493 861
其中：食用植物油加工	2 063	170	101 674 790	6 035 266	37 916 658	53 421 493
制糖业	304	127	11 812 971	1 011 704	10 064 256	15 456 838
屠宰及肉类加工	3 693	329	120 132 116	9 345 646	25 363 950	53 571 539
水产品加工	2 060	222	49 105 558	4 369 039	14 277 237	24 790 836
蔬菜、水果及坚果加工	3 010	118	44 276 252	4 655 371	9 988 603	20 133 852
其他农副食品加工	2 302	166	53 031 560	3 981 976	12 157 768	27 018 650
二、食品制造业	7 531	603	181 649 931	22 886 397	58 130 000	112 755 116
焙烤食品制造业	1 194	98	22 029 530	2 753 574	5 399 553	11 309 701
糖果、巧克力及蜜饯制业	723	28	15 572 520	2 283 010	4 936 558	9 264 340
方便食品制造业	1 206	73	31 100 696	3 468 912	8 273 145	16 853 587
液体乳及乳制品制造业	658	91	28 315 857	2 938 571	11 098 794	20 568 998
罐头制造业	830	88	15 035 713	1 404 099	4 246 555	7 902 678
调味品、发酵品制造业	1 067	74	23 492 900	2 904 264	8 328 621	184 57 128
其他食品制造业	1 853	151	46 102 716	7 133 967	15 846 774	28 398 685
三、饮料制造业	5 529	489	151 852 022	27 804 826	68 105 031	127 790 076
酒精制造业	155	22	8 303 513	792 072	3 255 513	6 859 215
酒的制造业	2 535	289	84 532 056	19 205 021	47 157 606	83 906 061
软饮料制造业	1 686	173	52 779 079	6 665 522	16 757 640	36 098 487
精制茶加工业	1 308	27	14 540 887	1 934 283	4 189 786	7 785 529
四、制盐业	135	11	3 534 762	449 920	3 223 712	7 620 269

*　食品工业合计数据中未包括烟草加工业统计数据，表中数据由中国轻工业信息中心提供。

表 56　我国食品工业主营业务收入增长情况（2010—2014 年）　　单位：亿元

类　别	2010 年	2011 年	2012 年	2013 年	2014 年
合　计	**61 273.84**	**76 813.58**	**89 100.57**	**101 139.98**	**109 397.7**
农副食品加工业	34 928.07	44 120.10	52 145.58	59 497.12	63 665.1
食品制造业	11 350.64	14 046.96	15 834.33	18 164.99	20 399.9
饮料制造业	9 152.62	11 834.84	13 549.14	15 185.20	16 370.0
烟草加工业	5 842.51	6 805.68	7 571.52	8 292.67	8 962.7

表57　我国焙烤食品糖制品行业主要产品产销情况（2013 年）

主要经济指标	糖果巧克力	糕点面包	饼干	冷冻饮品	蜜饯	方便面及其他方便食品
产量（万 t）	262.6	284.0	704.0	285.6	226.0	1 030.8
同比增长（%）	7.94			12.68		5.26
销售收入（亿元）	1 106.1	79.59	1 407.1	414.7	451.1	1 747.5
同比增长（%）	17.43	18.07	14.80	16.97	16.90	5.73
利润总额（万元）	117.2	76.1	113.2	27.1	36.5	139.8
同比增长（%）	3.77	19.74	19.57	22.98	19.84	2.93
销售税金（亿元）	8.1	4.8	10.6	3.0	2.6	8.2
同比增长（%）	24.87	15.09	21.00	4.57	15.91	10.62
出口交货值（亿元）	58.4	13.5	23.8	2.6	40.0	21.2
同比增长（%）	12.07	24.95	−8.48	126.14	18.57	−17.93

资料来源：表中数据由中国焙烤食品糖制品工业协会提供。

表58　我国饮料行业主要经济指标（2013—2014 年）

指　　标	单　位	2013 年	2014 年	同比增长（%）
企业单位数	个	5 529.0	6 272.0	13.64
总产量	万 t	23 296.0		
工业总产值	亿元			
主营业务收入	亿元	15 185.2	16 370.0	7.80
利润总额	亿元	1 653.6	1 670.8	1.04
职工人数	万人			
资产总计	亿元	12 779.0	14 249.9	11.51
负债合计	亿元	5 990.5	6 489.3	8.33

注：表中数据来自 2015 年《中国统计年鉴》，以上数据为规模以上工业企业的经济指标。

表59　我国酿酒行业主要酒种销售收入增长情况（2014 年）　　　　单位：%

酒种	产销量增长	销售收入增长	单位产品销售收入增长
啤酒	−0.96	5.10	6.12
白酒	2.75	5.69	2.86
葡萄酒	2.11	3.91	1.76
饮料酒	0.08	5.85	6.76

资料来源：表中数据来自 2015 年《啤酒科技》第 5 期。

表60　我国酒精工业主要经济指标（2013—2014 年）

指　　标	单　位	2013 年	2014 年	同比增长（%）
企业单位数	个	155.0	159	2.58
产品产量	万 kL	911.5	984.3	7.99
主营业务收入	亿元	731.5	781.5	6.84
利润总额	亿元	40.5	43.6	7.65
行业总资产	亿元	685.9		

资料来源：表中数据由中国酿酒工业协会酒精分会提供。

表61 我国乳制品行业主要经济指标（2013—2014年）

指 标	单 位	2013	2014年	同比增长（%）
全年奶牛存栏	万头	1 296.2	1 499.1	15.7
全年奶类总产量	万t	3 647.9	3 841.2	5.3
其中：牛奶产量	万t	3 530.4	3 724.6	5.5
全国乳制品产量	万t	2 684.0	2 651.8	−1.2
其中：液态奶	万t	2 421.9	2 400.1	−0.9
干乳制品	万t	362.1		
乳制品工业总产值	亿元			
主营业务收入	亿元	2 792.3	3 297.7	18.1
乳制品加工利润总额	亿元	179.4	225.3	25.6
城镇居民人均消费	kg	32.4		
乳制品进口量	万t	182.7	205.2	12.3
乳制品进口额	万美元	71.5	84.9	18.7
乳制品出口量	万t	3.9	4.2	7.7
乳制品出口额	万美元	0.81	0.92	13.6

资料来源：表中数据由中国奶业协会、中国乳制品工业协会提供。

表62 我国烟草工业主要经济指标（2013—2014年）

指 标	单 位	2013年	2014年	同比增长（%）
企业数	个	135	128	−5.19
工业总产值	亿元			
主营业务收入	亿元	8 292.7	8 962.7	8.08
利润总额	亿元	1 222.1	1 221.1	−0.08
职工人数	万人			
资产总计	亿元	7 976.3	8 484.7	6.37
负债合计	亿元	2 012.2	1 822.3	−9.44

表63 我国纺织工业主要经济指标（2013—2014年）

指 标	单 位	2013年	2014年	同比增长（%）
企业数	个	20 776.0	20 821.0	0.22
工业总产值	亿元			
主营业务收入	亿元	36 160.6	38 294.8	5.90
利润总额	亿元	2 022.7	2 168.0	7.18
职工人数	万人			
资产总计	亿元	21 663.8	23 908.4	10.36
负债合计	亿元	12 127.5	12 838.8	5.87

表64 我国纺织服装、鞋、帽制造业主要经济指标（2013—2014年）

指 标	单 位	2013年	2014年	同比增长（%）
企业数	个	15 212.0	15 821.0	4.00
工业总产值	亿元			
主营业务收入	亿元	19 250.9	21 054.4	9.37
利润总额	亿元	1 141.1	1 335.9	17.07
职工人数	万人			
资产总计	亿元	11 020.6	12 282.1	11.45
负债合计	亿元	5 565.5	5 880.7	5.66

表 65　我国胶鞋行业主要经济指标完成情况（2013—2014 年）

单位：万元、万双、t、个

主要经济指标	2014 年	2013 年	同比增长％
工业总产值	538 992	522 547	3.15
出口交货值	81 104	76 201	6.43
产　量	33 534	34 712	−3.4
出口胶鞋	3 450	3 390	1.78
主营业务收入	603 280	601 732	0.26
利润总额	37 171	26 944	37.96
天然胶消耗量	41 534	39 482	5.19
职工平均人数	30 230	30 787	−0.02
职工工资总额	82 403	76 630	7.53

资料来源：表中数据来自 2015 年《中国橡胶》第 12 期。

表 66　我国皮革工业经济运行情况（2013—2014 年）

指　标	单　位	2013 年	2014 年	同比增长（％）
企业数	个	8 003.0	8 719.0	8.95
工业总产值	亿元			
主营业务收入	亿元	12 493.1	13 896.1	11.23
利润总额	亿元	818.7	949.6	15.99
职工人数	万人			
资产总计	亿元	6 094.8	7 013.9	15.08
负债合计	亿元	2 923.9	3 246.0	11.02

注：表 62—表 66 中数据来自 2015 年《中国统计年鉴》。

表 67　我国家具行业经济运行情况（2013—2014 年）

指　标	单　位	2013 年	2014 年	同比增长（％）
企业数	个	4 716.0	5 288.0	12.13
工业总产值	亿元			
主营业务收入	亿元	6 462.8	7 273.4	12.54
利润总额	亿元	403.9	467.0	15.62
资产总计	亿元	4 039.1	6 000.8	48.57
负债合计	亿元	2 035.5	2 321.1	14.03
出口交货值	亿元	1 518.0		

资料来源：表中数据由中国家具工业协会提供。

表 68　我国造纸工业主要经济指标（2013—2014 年）

指　标	单　位	2013 年	2014 年	同比增长（％）
企业数	个	2 934	2 962	0.95
工业总产值	亿元			
主营业务收入	亿元	7 488	7 879	5.22
利税总额	亿元	625	594	−4.96
利润总额	亿元	380	362	−4.74
资产总计	亿元	9 151	9 432	3.07
资产负债率	％	58.20	58.55	0.35
从业人员平均人数	万人			

资料来源：表中数据来自 2015 年《造纸信息》第 6 期。

表 69　我国新闻出版产业基本情况（2012—2013 年）

类　别		单　位	2012 年	2013 年	同比增长（%）
总计	图书、期刊、报纸总印张	亿印张	3 074.0	2 810.13	−8.5
	折合用纸量	万 t	711.4	650.13	−8.6
	其中：书籍用纸量	万 t	93.1	100.77	8.32
	课本用纸量	万 t	63.7	59.52	−6.6
	期刊用纸量	万 t	46.0	42.52	−7.6
	报纸用纸量	万 t	508.6	442.15	−13.07
	图片用纸量	万 t	0.1	0.065	−0.35
图书	图书出版总量	种	414 005.0	448 431	1.08
	其中：新版图书	种	241 986.0	255 890	5.75
	重版重印图书	种	172 019.0	192 541	11.93
	总印数	亿册（张）	79.3	81.85	3.21
	总印张	亿印张	667.0	704.25	5.58
	折合用纸量	万 t	156.8	165.51	5.55
	定价金额	亿元	1 183.4	1 363.47	15.22
期刊	期刊出版总数	种	9 867.0	9 966	1.0
	平均期印数	万 册	16 767.0	15 661	−6.6
	总印数	亿册	33.5	30.95	−7.6
	总印张	亿印张	196.0	183.58	6.34
	折合用纸量	万 t	46.0		
	定价金额	亿元	252.7	249.38	−1.3
报纸	出版种数	种	1 918.0	1 912	−0.31
	平均期印数	万 份	22 762.0	22 265	−2.18
	总印数	亿 份	482.3	463.9	−3.8
	总印张	亿印张	2 211.0	1 922.3	−13.06
	折合用纸量	万 t	508.6	442.13	−13.07
	定价金额	亿元	434.4	443.66	2.13
电子音像出版物及制品	出版种数	种	30 307.0	15 355	−49.34
	出版数量	亿盒（张）	6.6	3.29	−50.15
	发行数量	亿盒（张）	●	3.61	
	发行金额	亿元	27.8	20.26	−27.12
出版物进出口	出　口				
	图书、期刊、报纸	种次			
	出口数量	万册（份）	2 061.8	2 137.87	3.68
	出口金额	万美元	7 282.6	7 830.44	7.52
	进　口				
	图书、期刊、报纸	种次			
	进口数量	万册（份）	3 138.1	2 538.85	−19.10
	进口金额	万美元	30 121.7	28 381.57	−5.78

表 70 我国 63 个印刷机械企业主要经济指标（2013—2014 年）

指 标	单 位	2013 年	2014 年	同比增长（%）
工业总产值	万元	628 708	540 388	−14.05
工业销售产值	万元	612 647	523 576	−14.54
工业增加值	万元	164 903	140 923	−14.54
产品销售收入	万元	606 221	516 263	−14.84
利润总额	万元	14 745	23 385	58.60
成本费用总额	万元	584 693	515 407	−11.85
出口交货值	万元	62 803	61 765	−1.65
新产品产值	万元	389 467	326 145	−16.26
运行质量综合指数	%	58.11	66.98	8.88
产品销售率	%	97.45	96.97	−0.48
总资产贡献率	%	4.28	3.83	−0.45
资产保值增值率	%	2.52	6.13	3.61
资产负债率	%	98.75	127.74	29.00
成本费用利润率	%	49.84	45.11	−4.73
流动资金年周转率（次）	次/年	0.74	0.62	−0.12
全员劳动生产率	元/人	109 461	110 433	1.01

资料来源：表中数据来自 2015 年《印刷工业》第 4 期。

表 71 我国橡胶工业主要经济指标（2013—2014 年）

指 标	单 位	2013 年	2014 年	同比增长（%）
企业数	个		413	
工业总产值	亿元	3 299.2	3 383.0	2.54
工业增加值	亿元			
主营业务收入	亿元	3 083.0	3 129.3	1.50
实现利润	亿元	171.9	187.4	0.09
实现利税	亿元	262.4	277.3	5.67
出口交货值	亿元	915.4	983.1	7.40
橡胶总消耗量	万 t	830.0	880.0	6.02

资料来源：表中数据来自 2015 年《中国橡胶》第 7 期。

表 72 我国中药行业经济效益情况（2014 年）

行 业	主营业务收入（亿元）	产品销售产值（亿元）	实现利润（亿元）	出口总额（亿美元）
全国医药工业合计	24 553.2		2 460.7	549.6
其中：中药工业	7 302.1		703.2	35.9
中成药工业	5 806.5		597.9	2.5
中药饮片、中药材工业	1 495.6		105.3	33.4
中药工业占我国医药工业比例（%）	29.74		28.58	6.53

表 73 我国农产品加工业能源消费总量和主要能源品种消费量（2013 年）

行　　业	能源消费总量（万 t 标准煤）	煤炭消费量（万 t）	焦炭消费量（万 t）	原油消费量（万 t）	汽油消费量（万 t）	煤油消费量（万 t）	柴油消费量（万 t）	燃料油消费量（万 t）	天然气消费量（亿 m³）	电力消费量（亿 kW·h）
合　　计	27 369.9	17 425.1	26.3	0.60	142.5	1.09	205.6	47.4	33.7	5 051.7
农副食品加工业	3 904.8	3 211.3	9.9	0.24	33.0	0.18	51.2	4.1	2.2	574.0
食品制造业	1 890.2	1 961.4	2.3		12.6	0.04	20.7	5.1	7.3	230.5
饮料制造业	1 609.6	1 587.0	0.9		7.5	0.01	12.1	2.0	4.3	167.6
烟草加工业	255.7	62.5			0.7		3.2	0.7	1.8	53.7
纺织业	7 365.7	2 895.6	2.8	0.01	15.5	0.16	17.7	7.4	2.9	1 532.9
纺织服装、鞋、帽制造业	971.3	315.3	1.6	0.02	13.9	0.06	17.5	1.3	1.4	214.2
皮革、毛皮、羽毛（绒）及其制品业	652.3	184.7	0.8	0.05	7.6	0.11	7.3	2.1	0.2	151.8
木材加工及竹、藤、棕草制品业	1 521.9	621.0	0.4	0.16	7.7	0.12	13.8	0.2	0.4	268.9
家具制造业	247.1	70.8	3.4	0.01	5.3	0.05	7.6	0.4	0.8	49.6
造纸及纸制品业	4 153.0	5 302.7	0.6	0.09	8.3	0.13	19.9	13.2	5.7	599.2
印刷业和记录媒介复制	448.3	69.4	0.3		6.3	0.13	6.5	0.8	1.6	110.2
橡胶制品业	4 350.0	1 143.4	3.3	0.02	24.1	0.10	28.1	10.2	5.1	1 098.9

农产品加工业主要产品产量

表 74 我国农产品加工业主要产品产量（2013—2014 年）

产品名称	单　位	2013 年	2014 年	同比增长（%）
纱	万 t	3 200.0	3 379.2	5.60
布	亿 m	882.7	893.7	1.25
机制纸及纸板	万 t	11 368.2	11 785.8	4.09
成品糖	万 t	1 589.7	1 642.7	3.13
卷烟	亿支	25 604.0	26 098.5	1.93
罐头	万 t	1 045.2	1 256.3	7.97
啤酒	万 kL	5 061.5	4 936.3	−0.93
原盐	万 t	6 460.3	7 049.7	−4.31
精制食用植物油	万 t	6 218.6	6 534.1	16.88
中成药	万 t	272.1	328.8	20.84
合成橡胶	万 t	480.4	549.5	14.40
橡胶轮胎外胎	万条	110 440.1	111 913.1	1.33
化学纤维	万 t	4 160.3	4 389.8	5.52

表 75　轻工业系统农产品加工业主要产品产量（2012—2013 年）

产　　　品	单　位	2012 年	2013 年	同比增长（%）
原盐	万 t	6 217.7	6 460.2	3.9
精制食用植物油	万 t	5 177.9	6 218.6	20.1
糖果	万 t	242.0	262.6	8.5
速冻米面食品	万 t	482.9	572.7	18.6
方便面	万 t	946.6	1 030.8	8.9
乳制品	万 t	2 545.3	2 698.0	6.0
其中：液体乳	万 t	2 147.1	2 336.0	8.8
乳粉	万 t	142.6	158.9	11.4
罐头	万 t	971.6	1 045.4	7.6
酱油	万 t	700.6	758.0	8.2
冷冻饮品	万 t	219.2	285.6	30.3
食品添加剂	万 t	329.3	407.3	23.7
发酵酒精（折 96°，商品量）	万 kL	820.5	911.6	11.1
饮料酒	万 kL	6 020.4	6 381.6	6.0
其中：白酒（折 65°）	万 kL	1 153.5	1 226.2	6.3
啤酒	万 kL	4 899.8	5 061.5	3.3
葡萄酒	万 kL	137.9	117.8	−14.6
软饮料	万 t	13 025.1	14 926.8	14.6
其中：碳酸饮料	万 t	1 412.3	1 717.8	21.6
包装饮用水	万 t	5 561.1	6 651.1	19.6
果汁及蔬菜汁饮料	万 t	2 229.2	2 418.7	8.5
精制茶	万 t	192.8	221.9	15.1
羽绒服	万件	29 689.1	29 600.0	−0.3
轻革	亿 m²	72 139.4	55 056.8	−23.7
皮革服装	万件	5 773.6	6 229.7	7.9
天然毛皮服装	万件	444.1	465.4	4.8
皮革鞋靴	亿双	45.1	49.3	9.4
家具	万件	65 423.5	65 161.8	−0.4
其中：木制家具	万件	25 843.1	23 646.4	−8.5
软体家具	万件	3 839.4	4 261.7	1.1
纸浆	万 t	1 705.0	1 662.4	−2.5
机制纸及纸板	万 t	10 280.9.	11 514.6	1.2
其中：新闻纸	万 t	390.9	368.6	−5.7
纸制品	万 t	4 792.1	5 324.0	11.1

　　资料来源：表中数据由中国轻工业协会信息中心提供。

表76 我国淀粉产量及品种情况（2013—2014年） 单位：万t

品　种	2013年	2014年	同比增长（%）	占总淀粉（%）
合　计	2 305.30	2 128.3	−7.7	100.00
玉米淀粉	2 196.09	2 006.4	−8.6	94.30
木薯淀粉	47.22	48.6	2.9	2.30
马铃薯淀粉	34.54	43.4	25.5	2.0
甘薯淀粉	23.66	25.8	9.1	1.2
小麦淀粉	3.79	4.1	8.2	0.2

资料来源：表中数据由中国淀粉工业协会提供。

表77 我国淀粉深加工品产量（2013—2014年） 单位：万t

主要品种	2013年	2014年	同比增长（%）	占深加工品（%）
合　计	1 580.33	1 166.6	−26.2	100.00
变性淀粉	165.15	142.4	−13.8	12.20
结晶葡萄糖	338.68	268.1	−20.8	23.00
液体淀粉糖	973.65	656.6	−32.6	56.30
糖　醇	102.85	99.5	−3.3	8.50

资料来源：表中数据由中国淀粉工业协会提供。

表78 我国淀粉产量分布及生产规模情况（2014年）

地　区	淀粉产量（万t）	占淀粉总产量（%）	玉米淀粉生产规模情况	
			年产10万t以上企业数（个）	企业最大淀粉产量（万t/a）
合　计	2 128.3	100.00	42	—
山　东	982.7	46.2	13	318.8
吉　林	358.6	16.8	7	100.0
河　北	218.1	10.2	7	54.4
河　南	133.4	6.0	6	21.7
陕　西	119.3	6.0	3	85.0
其他16个省区合计	316.2	14.8	6	63.0

注：其他16个省、自治区为山西、内蒙古、辽宁、黑龙江、江苏、江西、湖北、四川、广东、海南、云南、甘肃、宁夏、青海、新疆、贵州。

表79 我国玉米淀粉生产规模情况（2013—2014年）

项　目	单　位	2013年	2014年	同比增长（%）
年产100万t以上的企业	个	6	5	−16.7
年产100万t以上的企业总产量	万t	1 079.10	915.9	−15.1
占全国玉米淀粉总产量	%	49.14	45.7	−6.9

（续）

项　　目	单　位	2013 年	2014 年	同比增长（%）
年产 40 万 t 以上的企业	个	9	9	持平
年产 40 万 t 以上的企业总产量	万 t	539.47	546.6	0.13
占全国玉米淀粉总产量	%	24.57	27.2	10.6

资料来源：表中数据由中国淀粉工业协会提供。

表 80　我国部分淀粉深加工品生产规模情况（2013—2014 年）

类别	项　　目	单位	2013 年	2014 年	同比增长（%）
变性淀粉	年产 10 万 t 以上的企业	个	5	4	−20.0
	年产 10 万 t 以上的企业总产量	万 t	77.5	50.5	−34.8
	占全国总产量	%	46.90	35.5	−24.3
	年产 5 万 t 以上的企业	个	3	3	持平
	年产 5 万 t 以上的企业总产量	万 t	21.84	16.9	−22.5
	占全国总产量	%	13.22	11.9	−9.9
	年产 3 万 t 以上的企业	个	10	9	−10
	年产 3 万 t 以上的企业总产量	万 t	38.5	30.9	−19.7
	占全国总产量	%	23.30	21.7	−6.9
结晶葡萄糖	年产 100 万 t 以上的企业	个	1	1	持平
	年产 100 万 t 以上的企业总产量	万 t	140.53	132.8	−5.48
	占全国总产量	%	41.50	49.5	19.28
	年产 20 万 t 以上的企业	个	4	3	−33.33
	年产 20 万 t 以上的企业总产量	万 t	113.85	74.1	−34.94
	占全国总产量	%	33.62	27.6	−17.86
	年产 10 万 t 以上的企业	个	2	1	−50.0
	年产 10 万 t 以上的企业总产量	万 t	23.74	14.0	−40.92
	占全国总产量	%	7.01	5.2	−66.12
液体葡萄糖	年产 50 万 t 以上的企业	个	3	2	−33.33
	年产 50 万 t 以上的企业总产量	万 t	178.6	103.2	−42.22
	占全国总产量	%	18.3	15.7	−14.21
	年产 10 万 t 以上的企业	个	11	18	63.64
	年产 10 万 t 以上的企业总产量	万 t	219.7	378.8	72.42
	占全国总产量	%	22.6	57.7	155.31

资料来源：表中数据由中国淀粉工业协会提供。

表 81　我国粮油加工企业数汇总情况（2011—2013 年）

年份	企业数（个）	按生产能力规模划分（t/d）						
		30 t 以下	30～50 t（含 30 t）	50～100 t（含 50 t）	100～200 t（含 100 t）	200～400 t（含 200 t）	400～1 000 t（含 400 t）	1 000 t 以上（含 1 000 t）
2011	18 111	1 967	2 101	4 325	4 606	3 016	1 501	508
2012	19 330	2 284	2 063	4 507	4 771	3 341	1 714	558
2013	19 880	2 234	2 015	4 424	5 034	3 556	1 898	618

资料来源：表 81 至表 84 中数据来自 2014 年《中国粮食年鉴》。

表 82　我国粮油加工业年生产能力汇总情况（2011—2013 年）　单位：万 t

年份	处理稻谷	处理小麦	处理油料	其中：处理大豆	其中：处理菜籽	油脂精炼	处理玉米	处理杂粮	加工饲料	粮机制造（台套）
2011	28 391	17 786	15 037	8 106	2 956	4 495	7 089	1 006	17 833	383 087
2012	30 716	20 303	16 076	8 021	3 319	5 101	7 592	1 156	19 125	354 059
2013	33 234	21 726	17 257	9 603	3 950	5 144	7 789	1 029	21 388	413 689

表 83　我国粮油加工业产能利用情况（2011—2013 年）　单位：亿 t、%

年份	稻谷加工业			小麦加工业			食用植物油加工业			玉米加工业		
	处理能力	实际处理	利用率	处理能力	实际处理	利用率	处理能力	实际处理	利用率	处理能力	实际处理	利用率
2011	2.8	1.3	46	1.8	1.2	67	1.51	0.86	57	0.72	0.36	50
2012	3.1	1.37	45	2.0	1.3	64	1.61	0.85	53	0.76	0.34	45
2013	3.3	1.5	44	2.2	1.3	61	2.20	0.90	41	0.78	0.40	46

表 84　我国粮油加工业主要产品产量（2011—2013 年）单位：万 t、台套

年份	大米	小麦粉	食用植物油	玉米加工产品	粮食食品	其中：大豆食品	杂粮及薯类	饲料	粮机设备
2011	8 217	8 509	2 267	3 520	1 481	43	311	14 554	271 719
2012	8 882	9 613	2 685	3 439	1 967	211	336	16 127	331 612
2013	9 459	9 873	2 879	3 571	2 310	29	229	10 251	317 066

表 85　我国各地乳制品产量（2013—2014 年）　　　单位：万 t

地　区	2013 年	2014 年	同比增长（％）
全国总计	**2 684.8**	**2 651.8**	**−1.23**
北　京	58.9	60.6	2.81
天　津	64.9	76.8	18.37
河　北	347.5	329.0	−5.32
山　西	51.7	48.1	−6.96
内蒙古	253.8	269.8	6.30
辽　宁	111.2	87.5	−21.31
吉　林	15.1	15.7	3.97
黑龙江	214.7	195.4	−8.99
上　海	48.9	53.7	9.82
江　苏	136.4	142.0	4.11
浙　江	41.4	49.7	20.05
安　徽	95.6	108.2	13.18
福　建	26.5	20.4	23.02
江　西	32.2	33.2	3.11
山　东	267.9	212.8	−20.57
河　南	191.2	220.8	15.48
湖　北	81.7	87.1	6.61
湖　南	36.6	36.4	−0.55
广　东	66.2	57.0	−13.90
广　西	29.5	37.6	27.46
海　南	0.45	0.48	6.67
重　庆	13.8	14.80	7.25
四　川	94.7	102.7	8.45
贵　州	6.8	7.9	16.18
云　南	50.5	52.7	4.36
西　藏	0.49	0.63	28.57
陕　西	183.9	161.3	−12.29
甘　肃	29.9	33.6	12.37
青　海	16.6	19.0	14.46
宁　夏	65.4	75.2	14.98
新　疆	41.9	42.0	0.24

表 86　我国烟草工业主要产品产量（2013—2014 年）

年　份	烟叶（万 t）	烤烟（万 t）	卷烟（亿支）
2013	337.37	314.85	25 603.84
2014	299.45	280.29	25 495.00
同比增长（%）	−11.24	−10.98	−0.42

资料来源：表中数据由农业部、国家烟草专卖局提供。

表 87　我国酒精工业产品产量（2013—2014 年）　　　单位：万 kL

年　份	2013 年	2014 年	同比增长（%）
产　量	911.55	984.28	7.98

资料来源：表中数据由中国酿酒工业协会提供。

表 88　我国酒精工业各地区产品产量（2013—2014 年）　　　单位：万 kL

地区	2013 年	2014 年	同比增长（%）
全国总计	**911.55**	**984.28**	**7.98**
天　津		0.332	
河　北	13.22	16.77	26.85
山　西	0.28		
内蒙古	39.73	62.16	56.46
辽　宁	0.35	5.55	2485.71
吉　林	160.26	156.25	−2.50
黑龙江	131.79	124.98	−5.17
江　苏	114.81	139.81	21.78
浙　江			
安　徽	23.20	36.79	58.58
山　东	32.54	41.03	26.09
河　南	226.16	223.80	−1.04
湖　北	3.30	3.21	−2.73
湖　南	2.84	3.1	9.15
广　东	16.53	16.9	2.24
广　西	80.90	85.81	6.07
海　南	0.73	1.00	36.99
四　川	29.22	41.46	7.67
贵　州			
云　南	21.07	21.32	1.19
陕　西		0.51	
甘　肃	2.33	1.85	−20.60
宁　夏			
新　疆	10.18	8.54	−16.11

资料来源：表中数据由中国酿酒工业协会酒精分会提供。

表89　我国各地区啤酒产量（2013—2014 年）　　　　　单位：万 kL

地　区	2013 年	2014 年	同比增长（%）
全国总计	**4 969.6**	**4 921.9**	**−0.96**
北　京	168.2	156.6	−6.90
天　津	26.1	27.5	5.36
河　北	155.5	165.7	6.56
山　西	45.7	42.2	−7.66
内蒙古	110.8	109.3	−1.35
辽　宁	227.5	272.1	1.96
吉　林	148.6	144.2	−2.96
黑龙江	219.0	203.7	−6.98
上　海	73.9	61.1	−17.32
江　苏	211.7	203.3	−3.97
浙　江	288.6	267.5	−7.31
安　徽	163.3	135.5	−17.00
福　建	199.2	182.1	−8.58
江　西	123.4	131.0	6.16
山　东	683.5	740.6	8.36
河　南	408.5	404.3	−1.03
湖　北	225.0	223.9	−0.49
湖　南	78.7	76.8	−2.41
广　东	460.3	433.3	−5.87
广　西	185.1	190.1	2.70
海　南	7.6	7.1	−6.58
重　庆	82.7	73.7	−10.88
四　川	239.7	227.7	−5.00
贵　州	96.0	100.4	4.58
云　南	53.8	78.6	46.10
西　藏	17.2	15.8	−8.14
陕　西	86.3	96.0	1.12
甘　肃	68.2	66.0	−3.21
青　海	11.6	11.9	2.59
宁　夏	25.9	27.7	6.95
新　疆	51.7	46.2	−10.64

资料来源：表中数据来自 2015 年《啤酒科技》第 5 期。

表 90 我国罐头工业产值与产品产量（2014 年）

总产量（万 t）	同比增长（%）	主营业务收入（亿元）	同比增长（%）
1 045.4	7.25	1 503.0	16.7

资料来源：表中数据由中国罐头工业协会提供。

表 91 我国各地区白酒产量（2013—2014 年） 单位：万 kL

地　区	2012 年	2013 年	同比增长（%）
全国总计	**1 085.41**	**1 257.1**	**15.82**
北　京	24.99	29.50	18.05
天　津	2.38	2.30	−3.36
河　北	24.31	29.37	20.81
山　西	10.19	9.36	−8.15
内蒙古	59.18	61.67	4.21
辽　宁	49.55	50.45	1.82
吉　林	48.05	59.42	23.66
黑龙江	41.65	57.33	37.65
上　海	0.60	0.075	−0.88
江　苏	84.87	89.85	5.87
浙　江	1.87	1.86	
安　徽	35.22	43.60	23.79
福　建	3.42	4.44	29.82
江　西	12.34	16.38	32.74
山　东		118.14	
河　南	96.18	107.7	11.98
湖　北	65.14	84.9	30.33
湖　南	23.13	21.7	−0.062
广　东	10.79	17.1	58.48
广　西	8.12	9.94	22.41
海　南		0.2	
重　庆	15.73	19.80	25.87
四　川	293.95	349.97	19.06
贵　州	29.57	38.05	28.68
云　南	6.73	8.63	7.63
陕　西	9.04	11.92	31.86
甘　肃	3.93	4.44	12.98
青　海	1.78	1.94	8.99
宁　夏	1.18	0.87	−26.27
新　疆	6.02	6.33	5.14

资料来源：表中数据由中国酿酒协会提供。

表 92 我国各地区葡萄酒产量（2013—2014 年） 单位：万 kL

地 区	2013 年	2014 年	同比增长（%）
全国总计	**117.83**	**116.10**	**−1.47**
北 京	0.83	0.7	−15.66
天 津	2.10	2.02	−3.81
河 北	6.51	6.67	2.46
山 西	0.24	0.63	162.5
内 蒙 古	0.38	0.66	73.68
辽 宁	3.95	4.06	2.78
吉 林	26.74	16.55	−38.11
黑 龙 江	4.92	3.82	−22.36
上 海	0.06	0.033	−45.0
江 苏			
福 建	0.03	0.01	−66.67
江 西	0.56	0.85	51.79
山 东	44.50	39.23	−11.84
河 南	13.80	16.78	21.59
湖 北	0.15	0.158	5.33
湖 南	0.74	0.89	20.27
广 西	0.23	0.257	11.74
重 庆			
四 川	0.09	0.123	36.67
贵 州		0.004	
云 南	2.18	2.46	12.84
陕 西	4.13	5.41	30.99
甘 肃	1.02	7.34	619.61
宁 夏	1.67	2.02	20.96
新 疆	3.00	5.43	81.00

资料来源：表中数据由中国酿酒协会葡萄酒分会提供。

表 93 我国饲料工业产品产量（2011—2014 年） 单位：万 t

年 份	饲料产量	其中		
		配（混）合饲料	浓缩饲料	预混合饲料
2011	18 063	14 915	2 543	605
2012	19 429	16 000	2 450	619
2013	19 100	16 170	2 300	630
2014	19 727	16 935	2 151	641

资料来源：表中数据由全国饲料工作办公室提供。

表 94　我国饲料工业各地区产品产量（2014 年）　　　单位：万 t

地　区	总 产 量	配合饲料总产量	浓缩饲料总产量	预混合饲料总产量
全国总计	19 727.0	16 935.3	2 151.2	640.5
北　京	246.4	165.9	31.4	49.1
天　津	228.0	149.2	51.1	27.7
河　北	1 258.7	1 037.9	199.7	21.1
山　西	257.1	224.1	31.6	1.4
内蒙古	275.5	191.6	77.2	6.7
辽　宁	1 239.4	917.4	306.2	15.8
吉　林	478.5	340.9	133.5	4.1
黑龙江	650.4	318.5	304.3	27.6
上　海	155.3	116.2	15.0	24.1
江　苏	1 000.2	935.4	33.5	31.3
浙　江	501.5	482.2	5.8	13.5
安　徽	516.0	484.6	18.1	13.3
福　建	814.8	766.2	21.1	27.5
江　西	722.2	650.1	25.3	46.8
山　东	2 158.6	1 923.6	136.5	98.5
河　南	1 251.7	1 052.8	175.1	23.8
湖　北	679.9	639.0	27.4	13.5
湖　南	1 082.1	974.4	52.7	55.0
广　东	2 398.8	3 287.4	45.0	66.4
广　西	1 074.1	1 037.1	24.6	12.4
海　南	214.7	211.7	0.3	2.7
重　庆	235.5	203.8	29.9	1.8
四　川	1 038.3	936.7	73.3	28.3
贵　州	95.6	64.1	31.5	0.01
云　南	371.7	276.9	89.7	5.1
西　藏				
陕　西	456.8	284.2	155.4	17.2
甘　肃	105.1	74.2	30.2	0.7
青　海	6.7	6.6		0.1
宁　夏	37.1	27.9	8.9	0.3
新　疆	176.3	154.9	17.2	4.2

资料来源：表中数据来自 2014 年《中国农业统计资料》。

表 95 我国各地区配合饲料生产情况（2014 年）　　　单位：万 t

地 区	配合饲料	其 中					
		猪饲料	蛋禽饲料	肉禽饲料	水产饲料	精料补充料	其他饲料
全国总计	16 935.3	6 944.7	2 359.6	4 775.6	1 870.2	640.7	344.5
北　京	165.9	37.3	18.4	59.7	8.3	30.1	12.1
天　津	149.2	41.3	8.7	16.9	41.0	35.3	6.0
河　北	1 037.9	221.7	402.6	171.0	61.2	104.0	77.3
山　西	224.1	47.0	84.4	83.0	0.1	7.8	1.8
内蒙古	191.6	17.5	20.2	26.9	1.7	120.5	4.8
辽　宁	917.4	227.3	257.4	277.7	42.9	64.1	48.0
吉　林	340.9	80.0	129.4	79.2	3.1	20.4	28.8
黑龙江	318.5	105.3	67.5	44.5	16.7	56.1	28.4
上　海	116.2	35.1	37.6	30.1	7.2	5.7	0.5
江　苏	935.4	251.2	113.3	262.2	286.4	5.2	17.1
浙　江	482.2	257.6	35.0	77.7	98.5	2.6	10.9
安　徽	484.6	138.3	78.8	228.0	29.5	1.0	9.0
福　建	766.2	393.6	66.1	188.9	114.9		2.7
江　西	650.1	449.8	64.5	80.8	52.7	1.0	1.4
山　东	1 923.6	485.0	155.5	1 122.4	51.1	59.2	50.6
河　南	1 052.8	593.5	98.5	299.7	40.7	14.1	6.0
湖　北	639.0	221.1	131.7	92.0	194.2		
湖　南	974.4	672.9	81.9	79.4	135.6	0.2	4.6
广　东	2 287.4	1 028.0	129.1	702.0	417.4	0.1	10.8
广　西	1 037.1	576.3	36.7	368.7	55.4		
海　南	211.7	85.1	17.5	70.1	39.0		
重　庆	203.8	114.1	25.0	44.4	13.7	5.1	1.5
四　川	936.7	546.1	107.5	189.3	68.9	11.3	13.6
贵　州	64.1	29.2	12.8	15.4	4.0	2.8	
云　南	276.9	88.6	57.3	87.8	40.2	1.8	1.1
西　藏							
陕　西	284.2	139.8	59.9	28.4	25.4	26.1	4.6
甘　肃	74.2	0.9	15.3	10.0	1.5	11.2	1.3
青　海	6.6	0.8				5.8	
宁　夏	23.7	4.5	2.8	2.2	4.5	13.9	0.2
新　疆	154.9	21.7	44.3	37.4	14.5	35.4	1.6

表 96 我国各地区浓缩饲料生产情况（2014 年）　　　单位：万 t

地　区	浓缩饲料	其　中					
		猪饲料	蛋禽饲料	肉禽饲料	水产饲料	精料补充料	其他饲料
全国总计	**2 151.2**	**1 303.4**	**397.9**	**208.3**	**4.2**	**208.0**	**29.4**
北　京	31.4	25.6	0.8	0.03	0.2	4.3	0.5
天　津	51.1	40.0	3.1	0.04	0.01	7.1	0.8
河　北	199.7	107.2	54.2	3.1	0.2	27.8	7.2
山　西	31.6	12.0	15.8	0.1		3.7	0.02
内蒙古	77.2	26.9	5.3	2.0	0.01	42.2	0.7
辽　宁	306.2	130.2	84.4	74.1	0.33	15.0	2.2
吉　林	133.5	74.5	19.8	25.8	0.45	12.9	0.1
黑龙江	304.3	116.1	72.4	60.7		45.9	9.2
上　海	15.0	14.1	0.01	0.02		0.4	0.5
江　苏	33.5	32.9	0.3	0.1	0.03	0.1	0.01
浙　江	5.8	5.7	0.01				
安　徽	18.1	17.2	0.1	0.1			0.7
福　建	21.1	20.9					0.1
江　西	25.3	20.4	2.5	2.5			
山　东	136.5	119.6	11.0	2.6		3.3	0.03
河　南	175.1	114.3	44.7	10.5	1.73	3.4	0.4
湖　北	27.4	22.1	2.5	2.5	0.21		
湖　南	52.7	51.6	0.4	0.4	0.20	0.1	0.04
广　东	45.0	41.7	0.2	1.1	0.68		1.3
广　西	24.6	22.4	0.3	1.9			0.01
海　南	0.3	0.1	0.1	0.2			
重　庆	29.9	21.3	5.0	0.01		0.8	2.8
四　川	73.3	70.1	1.1	0.1		1.7	0.3
贵　州	31.5	30.2	0.3	0.7		0.1	0.2
云　南	89.7	84.1	2.1	3.2		0.3	0.1
西　藏							
陕　西	155.4	55.0	59.4	12.9	0.11	25.9	2.1
甘　肃	30.2	16.2	6.0	1.9		6.0	0.1
青　海							
宁　夏	8.9	2.6	0.9	2.7		4.7	0.01
新　疆	17.2	8.3	5.4	1.2	0.01	2.3	

资料来源：表中数据来自 2014 年《中国农业统计资料》。

表 97　我国各地区添加剂预混合饲料生产情况（2014 年）　　单位：万 t

地　区	添加剂预混合饲料	其　　　中					
		猪饲料	蛋禽饲料	肉禽饲料	水产饲料	精料补充料	其他饲料
全国总计	640.6	267.6	144.3	49.4	28.5	27.7	23.1
北　京	49.2	26.4	14.9	1.1	1.2	4.3	1.4
天　津	27.7	13.4	10.0	0.8	0.4	2.8	0.4
河　北	21.2	7.5	7.7	1.5	0.2	1.3	3.1
山　西	1.4	0.5	0.7	0.01		0.1	0.01
内蒙古	6.8	0.8	0.1	0.2		4.9	0.8
辽　宁	15.8	7.5	5.1	1.8	0.4	0.4	0.6
吉　林	4.1	1.9	0.4	1.2	0.01	0.5	0.1
黑龙江	27.6	12.1	6.3	4.4	0.07	3.6	1.1
上　海	24.1	13.9	4.2	1.2	0.4	2.0	2.5
江　苏	31.3	15.5	11.9	2.3	0.9	0.4	0.4
浙　江	13.6	9.8	1.4	1.1	0.9		0.3
安　徽	13.3	8.4	1.9	1.8	0.2	0.6	0.4
福　建	27.5	25.1	0.6	0.5	1.0		0.3
江　西	46.8	35.6	4.5	4.6		0.2	0.9
山　东	98.4	32.5	47.7	11.8	0.7	1.5	4.3
河　南	23.7	15.0	6.8	1.3	0.1	0.1	0.5
湖　北	13.6	7.8	4.0	0.7	1.1		
湖　南	55.1	50.9	2.4	0.9	0.2	0.1	0.6
广　东	66.5	45.3	2.1	5.0	10.8	0.01	3.2
广　西	12.4	8.0	0.5	3.7	0.2		
海　南	2.7	0.3	0.3	0.5	1.6		
重　庆	1.8	1.7	0.02	0.02	0.01	0.08	
四　川	28.4	18.0	2.6	1.5	5.0	1.1	0.3
贵　州	0.01	0.01					
云　南	5.1	2.1	1.7	0.2	0.06	0.03	1.1
西　藏							
陕　西	17.3	5.9	5.8	1.3	1.9	1.6	0.8
甘　肃	0.7	0.3	0.02			0.3	0.01
青　海	0.2	0.02				0.1	
宁　夏	0.4	0.1	0.07	0.01		0.2	
新　疆	4.2	1.4	0.7	0.3	0.2	1.6	0.2

表 98　制糖期糖料与食糖生产情况（2014/2015 年度）

地　区	糖料种植面积（khm²）	糖料入榨量（万 t）	产糖量（万 t）	开工工厂数（个）
全国合计	1 579.3		1 055.60	245
甘蔗糖合计	1 457.1		981.82	218
广　东	133.3		79.85	29
其中：湛江	113.3		65.32	20
广　西	900.0		634.00	97
云　南	357.5		230.68	72
海　南	50.2		28.23	14

（续）

地　区	糖料种植面积（khm²）	糖料入榨量（万 t）	产糖量（万 t）	开工工厂数（个）
福　建				
其　他	16.0		9.06	6
甜菜糖合计	122.2		73.78	27
黑龙江	10.2		3.10	3
新　疆	68.2		44.55	14
内蒙古	42.0		17.70	5
其　他	17.9		8.43	5

资料来源：表中数据由中国糖业协会提供。

表 99　我国食用菌产量、产值、出口情况（2014 年）

地　区	产量（t）	产值（万元）	出口量（t）	创汇（万美元）	主要品种产量（t）		
					香　菇	平　菇	双孢菇
全国总计	32 700 918	22 581 045	582 039	290 566	7 691 157	5 457 884	2 301 249
北　京	128 185	104 490	8 194	3 937	16 183	51 652	1 745
天　津	79 203	56 405			26 000	15 000	300
河　北	2 300 000	1 500 000	30 253	1 518	768 718	802 691	92 695
山　西	250 158	171 288			32 200	115 000	31 300
内蒙古	10 668	8 528			2 880	500	1 440
辽　宁	1 167 375	731 439	173 925	35 150	540 839	196 884	30 455
吉　林	1 516 146	1 234 850	3 580	492	82 500	368 000	480
黑龙江	3 164 429	1 626 891			60 634	101 021	313
上　海	182 745	156 856	300	28 050	19 349		9 198
江　苏	2 129 746	1 402 793	706	9 757	87 854	419 926	525 000
浙　江	961 600	642 300	26	0.6	345 500	20 100	69 600
安　徽	682 196	1 227 380	2 170	1 050	74 600	246 000	36 750
福　建	2 361 618	1 631 510	231	73 003	387 275	53 989	232 001
江　西	1 062 395	785 000			167 352	230 528	89 311
山　东	4 199 497	2 481 957	162 762	26 020	338 107	1 500 969	343 438
河　南	4 602 100	2 291 100			2 405 256		
湖　北	1 441 100	1 152 880	77 580	82 100	1 114 080	129 400	8 508
湖　南	880 360	668 652	24 000	4 200	170 600	148 670	60 400
广　东	664 370	618 500	98 300	13 650	31 100	151 590	4 830
广　西	1 252 379	1 089 866			152 120	130 952	609 305
海　南							
重　庆	386 201	239 000			63 567	138 350	33 262
四　川	1 757 498	725 650			139 168	398 760	80 140
贵　州	206 000	191 600			51 000	23 000	
云　南	399 000	998 000		11 620	209 779	39 092	8 875
西　藏							
陕　西	719 378	589 270	12	20	382 593	112 006	4 610
甘　肃	133 573	124 841			18 203	33 802	22 302
青　海							
宁　夏							
新　疆	63 000	130 000			4 700	30 000	5 000

（续）

地　区	主要品种产量（t）						
	金针菇	草　菇	黑木耳	毛木耳	银　耳	滑　菇	猴头菇
全国总计	2 512 917	253 021	5 790 846	1 526 241	431 248	677 131	91 207
北　京	23 557	700	700				
天　津	10 950		2 500	0. 5			
河　北	116 633	2 110	22 123		1 756	221 475	
山　西	8 500	300	18 500	1 680	450	120	370
内蒙古	1 448						
辽　宁	11 818	67	83 634			249 252	
吉　林	38 500		987 500			16 800	220
黑龙江	456		2 676 564			162 888	38 400
上　海	86 096	3 102	20 000	300	200		30
江　苏	449 748	40 300		107 198			
浙　江	130 600	50	275 600	23 000	52		130
安　徽	11 600						
福　建	100 972	22 655	85 734	178 862	393 245	23 213	40 693
江　西	46 245	13 517	95 739	45 728	127	281	473
山　东	747 020	35 420	250 522	351 493	16 318	2 902	3 793
河　南			876 550				
湖　北	79 240	570	24 400	1 680	2 100		6
湖　南	109 000	7 650	16 050	25 870	15 250	50	2 520
广　东	172 000	113 400		8 510			1 860
广　西	19 556	8 238	76 874	78 755			2 100
海　南							
重　庆	57 804	4 762	11 309	541			113
四　川	211 120		82 350	699 320	1 750		
贵　州	18 000		54 000				
云　南	16 562		5 201	2 803		150	347
西　藏							50
陕　西	4 735	180	114 964	400. 0			102
甘　肃	27 758		5 530	100. 0			
青　海							
宁　夏							
新　疆	13 000		1 500				

（续）

地　区	主要品种产量（t）							
	鸡腿菇	白灵菇	杏鲍菇	茶薪菇	袖珍菇	灰树花	竹荪	姬松茸
全国总计	**238 896**	**118 903**	**1 253 695**	**683 984**	**371 422**	**22 669**	**61 834**	**44 815**
北　京	2 150	579	23 573	3 955		599		
天　津		3 500	16 425	4 200		5		
河　北	18 448	70 434	56 769			5 989		
山　西	1 600	8 200	13 200	450	14 480			
内蒙古			2 600					
辽　宁			26 093					
吉　林	2 400	920	1 100	110	45	6		85
黑龙江	6		801					
上　海			6 084		7 906	100	10	40
江　苏			417 508		24 986			
浙　江	60		14 900	830	41 100	9 080	45	1
安　徽								
福　建	27 034		96 263	360 610	87 423	510	47 677	23 112
江　西	25 023	27	57 079	260 134	1 095	217	8 816	1 063
山　东	84 069	15 389	199 932	6 909	35 724	1 080		1 461
河　南								
湖　北	150	80	19 800	180	1 000	4	6	750
湖　南	7 060	3 250	85 200	9 730	84 000	5 060	775	5 400
广　东	15 240		48 500	13 750	11 300	20	190	650
广　西	4 385		3 853	5 056	55 300		699	2 463
海　南								
重　庆	10 013	653	6 975					
四　川	40 430		20 840	10 548	6 283		16	370
贵　州								
云　南	700	563		7 024			3 600	8 284
西　藏								
陕　西	129	300	31 100	490	780		470	470
甘　肃		9	19 301	7				
青　海								
宁　夏								
新　疆		15 000	64 800					

（续）

地　区	主要品种产量（t）						
	松茸	牛肝菌	羊肚菌	灵芝	天麻	茯苓	大球盖菇
全国总计	**5 220**	**36 950**	**2 477**	**103 468**		**346 936**	**52 582**
北　京				11			
天　津				20			
河　北							1 275
山　西		105	40	430	18	25	
内蒙古							
辽　宁				3 173			13 650
吉　林	220	280	12	3 600	420		
黑龙江				1 040	0.6		
上　海	20						
江　苏							
浙　江		105		2 930			
安　徽							
福　建				2 352	7 000	262 500	26 144
江　西					11 023	5 579	1 567
山　东				14 261	381	542	
河　南							
湖　北		160	6	5 100	13 500	36 500	
湖　南		160	55	1 420	7 020	30 300	
广　东				50 800			
广　西				5 427		11 486	
海　南							
重　庆							
四　川	26		7	85	15	3.6	9 050
贵　州		800	700		12 000		
云　南	4 954	34 900	1 646		3 041		
西　藏							
陕　西		440	5	990	5 600		900
甘　肃			6	60	3 115		
青　海							
宁　夏							
新　疆							

（续）

地 区	主要品种产量（t）						
	猪苓	真姬菇	海鲜菇	金福菇	鲍鱼菇	北虫草	其他菇
全国总计	2 483	127 739	131 195	50 319		14 680	2 138 662
北 京							2 779
天 津						2	300
河 北						473	118 411
山 西						90	3 100
内蒙古						1 800	
辽 宁						2 330	9 180
吉 林	880		10			58	12 000
黑龙江	160					25	122 120
上 海		23 344					6 976
江 苏							57 226
浙 江						65	50 852
福 建			100 385	1 776			61 112
江 西	135	1 268	4 035	265		89	439
山 东	1 347	86 317	1 611			2 733	60 589
河 南							
湖 北			2 050			150	1 680
湖 南			21 220			3 650	60 000
广 东				45 800		3 200	
广 西				2 479			82 830
海 南							
重 庆			163				16 245
四 川	61	16 340					83 650
贵 州							5 000
云 南							54 579
西 藏							7 160
陕 西		470	720			15	7 160
甘 肃			1 000				2 050
青 海							
宁 夏							
新 疆							

资料来源：1. 表中数据由中国食用菌协会提供。

2. 本统计资料不包括内蒙古、重庆、贵州、青海、安徽、宁夏等省、自治区、直辖市的数据。

3. 表中出口创汇全国总计数据为国家海关总署统计，各地出口创汇数据为中国食用菌协会统计。

4. 表中产品数据均按鲜品统计，干品折鲜品比例按1：10计算。

表 100 我国农垦系统农产品加工业主要产品产量（2013—2014 年）

产 品	单 位	2013 年	2014 年	同比增长（%）
粮食商品量	万 t	3 041.6	3 233.3	6.30
粮食商品率	%	88.94	91.39	2.45
食用植物油	万 t	343.4	407.3	18.62
机制糖	万 t	250.6	283.6	13.15
乳制品	万 t	348.6	371.8	6.66
其中：液体奶	万 t	301.2	349.4	16.03
饮料酒	万 kL	169.3	168.4	−0.57
其中：葡萄酒	万 kL	7.5	6.6	−11.51
纱	万 t	67.8	64.1	−5.53
布	亿 m	6.3	4.8	−23.33
配（混）合饲料	万 t	775.3	862.0	11.18
机制纸及纸板	万 t	45.8	64.5	40.70

表 101 农垦系统各地区农产品加工业主要产品产量（2014 年）

地 区	混配合饲料（t）	机制纸及纸板（t）	纱（万 t）	布（万 m）	机制糖（t）	饮料酒（kL）	乳制品（t）	食用植物油（t）
全国合计	8 619 921	644 740	64.06	48 254	2 835 658	1 683 740	3 717 634	4 073 151
北 京	204 703					24	505 020	
天 津						20 563	72 199	
河 北	382 520	26 870				5 514	621 457	872
山 西	14 410					170	320	
内蒙古	25 575	1 920				1 761	7 456	46 957
辽 宁	155 240	2 000			24 850	356 830	·127 478	31 210
吉 林		36 080				65		
黑龙江	348 272	4 324			935	121 669	277 660	1 825 329
上 海	512 069				1 271 964	99 405	1 165 905	
江 苏	106 959							8 827
浙 江	320 838			2 702		4 700		
安 徽	52 707		0.70			6 722	2 508	2 508
福 建	20 348	3 820	0.15	1 850		6 096	1 195	2 970
江 西	29 795	76 918	3.17	506		113 096		21 530
山 东	4 250							
河 南	74 270		2.05			2 409	14 306	
湖 北	1 373 021	84 796	30.75	36 877		269 779	264 113	889 449
湖 南	1 141 281	39 959	3.94	344	4 439	4 989	5 557	4 018
广 东	3 824	73 388			442 987	2 887	109 250	465 945
广 西	637 774	145 433			847 658	21 086	1 674	848

（续）

地　区	混配合饲料（t）	机制纸及纸板（t）	纱（万 t）	布（万 m）	机制糖（t）	饮料酒（kL）	乳制品（t）	食用植物油（t）
海　南		200			33 693	95		88
重　庆	363 357						220 741	
四　川						3 431	1 023	
贵　州	2 613						45 822	
云　南	3 840				55 407	1 257		
西　藏								
陕　西	1 843						3 600	
甘　肃	8 060					179 029		
青　海								
宁　夏	38 445					216 741	24 910	12
新疆（兵团）	2 719 356	149 032	21.01	5 975	153 725	241 994	133 616	761 385
新疆（农业）	15 121		2.29			4 127	573	11 203
新疆（畜牧）	56 200						70 457	

表 102　我国森林工业主要产品产量（2013—2014 年）

主要产品	单　位	2013 年	2014 年	同比增长（%）
锯　材	万 m³	6 297.6	6 837.0	8.57
木片（实积）	万 m³	3 935.5	4 314.1	9.62
人造板	万 m³	25 559.5	27 317.8	6.88
胶合板	万 m³	13 725.2	14 970.0	9.07
纤维板	万 m³	6 402.1	6 462.6	0.95
刨花板	万 m³	1 885.0	2 087.5	10.74
其他人造板	万 m³	3 547.7	3 851.6	8.57
其他加工材	万 m³		692.5	
改性木材	万 m³		145.9	
指接材	万 m³	440.3	377.4	−14.29
木竹地板	万 m²	68 925.7	76 022.4	10.30
林产化学产品				
松香类产品	t	1 642 308	1 700 727	3.56
松节油类产品	t	266 504	230 764	−13.41
樟　脑	t	17 704	13 171	−25.60
冰　片	t	1 662	2 610	57.04
栲胶类产品	t	8 403	5 013	−40.34
紫胶类产品	t	5 764	4 645	−19.41
木材热解产品	t	1 100 279	1 340 780	21.86
木质生物质成型燃料	t		370 374	

表 103　各地区森林工业主要产品产量（2014 年）　　单位：万 m³

地　区	锯　材	木片（实积）	人　造　板					其他加工材	
			合　计	胶合板	纤维板	刨花板	其他人造板	改性木材	指接材
全国总计	6 837.0	4 314.1	27 371.7	14 970.0	6 462.6	2 087.5	3 851.6	145.9	377.4
北　京			20.4		20.4				
天　津									
河　北	171.0	23.6	1 661.0	570.4	479.8	291.3	319.5	10.8	1.8
山　西	3.4	7.6	39.7	0.4	13.4	7.3	18.5	0.3	
内蒙古	711.0	8.9	73.1	32.1	6.4	26.5	8.1		
辽　宁	382.1	118.9	790.5	361.1	176.6	127.0	125.8		14.9
吉　林	149.4	42.8	424.0	149.0	126.0	76.8	72.2	2.2	3.8
黑龙江	716.9	106.5	419.6	280.2	59.1	55.1	25.3	1.1	5.2
上　海			8.3	7.2					
江　苏	185.5	289.9	4 715.6	3 182.8	709.9	279.7	543.2	2.0	
浙　江	319.5	57.6	684.3	275.1	107.2	12.7	289.3	14.8	101.0
安　徽	405.7	149.9	2 019.3	1 275.6	398.3	132.7	212.8	0.9	8.9
福　建	192.1	69.1	791.2	355.7	125.8	150.0	159.6	0.9	98.5
江　西	197.6	116.2	511.4	207.7	145.7	33.6	124.4	3.0	50.7
山　东	1 443.1	2 075.0	6 659.1	4 625.0	1 101.1	367.5	565.5	39.3	18.1
河　南	207.4	246.6	1 792.7	907.8	349.3	131.0	404.7		0.7
湖　北	115.7	71.7	591.5	149.2	298.7	78.8	64.8	5.3	2.4
湖　南	287.5	46.6	408.5	167.8	45.9	20.3	174.5	0.8	19.9
广　东	168.4	135.5	1 136.8	332.7	570.1	159.2	74.9		0.3
广　西	625.7	569.6	3 089.1	1 642.6	830.7	110.8	504.9	46.9	21.5
海　南	44.3	58.9	36.4	17.9	11.0	7.5		14.9	1.2
重　庆	29.1	8.9	145.6	62.4	81.0	0.9	1.4	1.8	7.5
四　川	165.7	43.6	835.2	205.7	507.4	10.1	111.9		16.2
贵　州	83.2	10.7	81.1	54.4	8.5	0.1	18.1	0.7	3.0
云　南	199.2	29.8	292.6	86.2	170.6	8.4	27.4	0.2	1.7
西　藏	1.0								
陕　西	13.8	4.3	114.9	12.7	101.4	0.3	0.5	0.2	
甘　肃	1.4		0.8	0.8					
青　海	0.1	2.0							
宁　夏									
新　疆	8.0	2.1	15.3	7.3	8.0				
大兴安岭	9.3	18.1	14.0	0.2	10.5	0.1	3.2		

（续）

地　区	木竹地板（万 m²）	樟脑（t）	冰片（t）	松香类产品（t）	松节油类产品（t）	栲胶类产品（t）	紫胶类产品（t）	木竹热解产品（t）	木质生物质成型燃料
全国总计	76 022.4	13 171	2 610	1 700 727	230 764	5 013	4 645	1 340 780	370 374
北　京	60.0								
天　津									
河　北	99.0					1 320		47 060	12 500
山　西								400	
内蒙古	121.1								50 000
辽　宁	2 476.8							13 910	
吉　林	4 327.4							13 077	6 244
黑龙江	878.1							1 754	
上　海	3 208.3								
江　苏	16 939.1							8 000	
浙　江	12 010.3			20 500	8 500			172 951	2 500
安　徽	8 484.7			7 328	1 879			90 571	6 020
福　建	2 500.7			132 007	9 627		300	247 416	
江　西	5 957.4	11170	10	140 367	27 814			172 327	1 320
山　东	7 390.7							70 166	21 550
河　南	1 102.6			2 635				18 510	
湖　北	3 180.8			20 235	2 977			350	33 715
湖　南	1 327.5	15	1 590	40 303	2 087		25	96 058	121 265
广　东	3 633.2			119 769	3 298		2 800	10 747	101
广　西	644.8	7		1 008 388	92 400	3 693		158 318	108 460
海　南	16.5			1 132	244			190	
重　庆	5.8			1 115				4 773	
四　川	1 198.7	520		1 153	110			19 220	
贵　州	59.3			16 158	932		3	56 928	103
云　南	497.3		650	189 637	33 390		1 517	31 196	
西　藏	3.0								
陕　西								150	
甘　肃									
青　海									
宁　夏									
新　疆									
大兴安岭	8.1							99 808	6 596

表 104　我国水产品加工产品的主要种类与产量（2011—2014 年）　单位：万 t

年 份	冷冻制品	干腌制品	鱼糜制品	鱼　粉	罐制品	鱼油制品	其 他
2011	1 103.7	155.8	104.0	182.2	26.6	4.8	108.8
2012	1 174.9	156.2	117.2	195.3	35.5	6.0	120.8
2013	1 230.0	158.0	132.7	99.5	37.5	7.7	189.7
2014	1 317.2	155.1	151.8	75.9	39.9	10.1	194.0

表 105　纺织工业主要产品产量（规模以上企业）（2013—2014 年）

产品名称	单　位	2013 年	2014 年	同比增长（%）
化学纤维	万 t	4 161.9	4 390.9	5.5
纱	万 t	3 199.8	3 379.0	5.6
布	亿 m	207.2	203.7	−0.5
印染布	亿 m	550.5	536.7	−2.5
毛机制物	亿 m	5.8	6.0	0.34
苎麻布	亿 m	5.6	5.0	−10.7
亚麻布	亿 m	4.05	4.6	13.6
蚕丝	万 t	15.62	16.7	6.9
无纺布	万 t	326.50	361.4	10.7
服装	万件	294.50	299.2	1.6

资料来源：表中数据由工业和信息化部提供。

表 106　我国家具工业分地区主要产品产量（2014 年）　单位：万件

地　区	家　具	地　区	家　具
全国总计	**77 785.7**	河　南	4 921.5
北　京	674.7	湖　北	584.8
天　津	1 290.8	湖　南	740.5
河　北	1 321.9	广　东	17 259.7
山　西	15.5	广　西	449.8
内蒙古	111.4	海　南	6.4
辽　宁	2 726.6	重　庆	516.1
吉　林	364.0	四　川	1 592.9
黑龙江	249.6	贵　州	107.9
上　海	2 628.1	云　南	9.5
江　苏	1 646.6	西　藏	
浙　江	21 205.0	陕　西	77.5
安　徽	1 072.5	甘　肃	12.0
福　建	12 660.9	青　海	10.6
江　西	1 456.1	宁　夏	22.8
山　东	3 914.5	新　疆	35.8

资料来源：表中数据由中国家具工业协会提供。

表 107　我国造纸工业纸浆消耗情况（2013—2014 年）　　　　单位：万 t

品 种	2013 年		2014 年		同比增长（%）
	消 耗	所占比例（%）	消 耗	所占比例（%）	
纸浆消耗量	**9 147**	**100**	**9 484**	**100**	**3.68**
1. 木浆	2 378	26.0	2 540.0	27.0	6.81
其中：进口木浆	1 505	16.0	1 588	17.0	5.51
国产木浆	873	9.5	952	10.0	9.05
2. 非木浆	829	9	755	8.0	−8.93
3. 废纸浆	5 940	65.0	6 189	65.0	4.19
其中：进口废纸浆	2 379	26.0	2 243	24.0	−5.72
国产废纸浆	3 561	39.0	3 946	42.0	10.81

资料来源：表中数据来自 2015 年《造纸信息》第 6 期。

表 108　我国造纸工业纸浆生产情况（2010—2014 年）　　　　单位：万 t

品 种	2010 年	2011 年	2012 年	2013 年	2014 年
总 计	**7 318**	**7 723**	**7 867**	**7 651**	**7 906**
1. 木浆	716	823	810	882	962
2. 废纸浆	5 305	5 660	5 983	5 940	6 189
3. 非木浆	1 297	1 240	1 074	829	755
苇 浆	156	158	143	126	113
蔗渣浆	117	121	90	97	111
竹浆	194	192	175	137	154
稻麦草	719	660	592	401	336
其他浆	111	109	74	68	41

资料来源：表中数据来自 2015 年《造纸信息》第 6 期。

表 109　我国废纸回收利用情况（2010—2014 年）

年 份	纸和纸板消费量（万 t）	废纸回收量（万 t）	废纸回收率（%）	纸和纸板生产量（t）	废纸浆消费量（万 t）	废纸浆利用率（%）
2010	9 173	4 016	43.8	9 270	6 631	71.5
2011	9 752	4 348	44.6	9 930	7 075	71.2
2012	10 048	4 473	44.5	10 250	7 449	73.0
2013	9 782	4 451	45.5	10 110	7 425	73.4
2014	10 071	4 841	48.1	10 470	7 593	72.5

资料来源：表中数据来自 2015 年《造纸信息》第 10 期；废纸浆＝废纸量×0.8。

表 110　我国机制纸及纸板主要品种产量（2013—2014 年）　单位：万 t

品　种	2013 年	2014 年	同比增长（%）
纸及纸板合计	**10 110**	**10 470**	**3. 56**
一、纸			
1.371 新闻纸	360	325	−9. 72
2. 未涂布印刷书写纸	1 520	1 715	−0. 29
3. 涂布印刷纸	770	775	0. 65
其中：铜版纸	685	685	
4. 生活用纸	795	830	4. 40
5. 包装用纸	635	650	2. 36
二、纸板			
1. 白纸板	1 360	1 395	2. 57
其中：涂布白纸板	1 310	1 345	2. 67
2. 箱纸板	2 040	2 180	6. 86
3. 瓦楞原纸	2 015	2 155	6. 95
三、特种纸及纸板	230	250	8. 70
四、其他纸及纸板	185	195	5. 41

资料来源：表中数据来自 2015 年《造纸信息》第 6 期。

表 111　我国纸和纸板消费结构情况（2013—2014 年）　单位：万 t

产品名称	生产量			消费量		
	2013 年	2014 年	同比增长（%）	2013 年	2014 年	同比增长（%）
总　计	**10 110**	**10 470**	**3. 56**	**9 782**	**10 071**	**2. 95**
1. 新闻纸	360	325	−9. 72	362	321	−11. 33
2. 未涂布印刷书写纸	1 720	1 715	−0. 29	1627	1 629	0. 12
3. 涂布印刷纸	770	775	0. 65	623	625	0. 32
其中：铜版纸	685	685		577	587	1. 73
4. 生活用纸	795	830	4. 40	734	759	3. 41
5. 包装用纸	635	650	2. 36	650	665	2. 31
6. 白纸板	1 360	1 395	2. 57	1 310	1 301	−0. 69
其中：涂布白纸板	1 310	1 345	2. 67	1 259	1 251	−0. 64
7. 箱纸板	2 040	2 180	6. 86	2 106	2 240	6. 36
8. 瓦楞原纸	2 015	2 155	6. 95	2 013	2 152	6. 91
9. 特种纸和纸板	230	250	8. 70	188	205	8. 04
10. 其他纸和纸板	185	195	5. 41	169	174	2. 96

资料来源：表中数据来自 2015 年《造纸信息》第 6 期。

表 112　我国纸和纸板生产、消费及进口量与人均消费量（2010—2014 年）

年　份	纸和纸板总产量（万 t）	纸和纸板总消费量（万 t）	纸和纸板进口量（万 t）	人均消费量（kg）
2010	9 270	9 173	336	69
2011	9 930	9 752	231	73
2012	10 250	10 048	311	74
2013	10 110	9 782	283	72
2014	10 470	10 071	282	74

资料来源：表中数据来自 2015 年《造纸信息》第 6 期。

表 113　我国纸和纸板人均消费量与美国的比较（2009—2013 年）

单位：kg/（人·年）

年　份	2009 年	2010 年	2011 年	2012 年	2013 年
我国人均消费量	64	69	73	74	72
美国人均消费量	234	240	231	229	

资料来源：表中数据来自 2015 年《纸和造纸》第 6 期。

表 114　我国橡胶工业主要产品产量（2013—2014 年）

产品名称	单　位	2013 年	2014 年	同比增长（％）
轮　胎	万条	52 900	56 200	6.24
摩托车胎	万条	18 500	17 000	−8.11
自行车胎	万条	30 000	35 000	16.70
电动自行车胎	万条	21 000	24 500	16.70
输送带	万 m²	52 000	53 000	1.90
胶　鞋	万双	469 000	443 200	−5.50
安全套	亿只	713 000	725 000	1.70
助　剂	万 t	100	113	13.00
炭　黑	万 t	470	510	8.46
再生胶	万 t	380	410	7.89

注：表中数据来自 2015 年《中国橡胶》第 8 期。

表 115　我国人均主要工农业产品产量（2010—2014 年）

产品名称	单　位	2010 年	2011 年	2012 年	2013 年	2014 年
粮　食	kg	409	425	437	443	445
棉　花	kg	4.5	4.9	5.1	4.6	4.5
油　料	kg	24.1	24.6	25.4	25.9	25.7
糖　料	kg	89.8	93.1	99.8	101.0	97.7
茶　叶	kg	1.10	1.21	1.33	1.41	1.53
水　果	kg	159.9	169.4	178.1	184.4	191.1
猪牛羊肉	kg	45.8	45.4	47.4	48.6	49.8
水产品	kg	40.2	41.7	43.7	45.5	47.4
牛　奶	kg	26.7	27.2	27.7	26.1	27.3
布	m	59.8	60.6	62.9	65.0	65.5
机制纸及纸板	kg	73.5	81.9	81.1	83.8	86.4
纱	kg	19.2	20.2	22.1	23.6	24.8

农产品加工业主要产品出口创汇情况

表 116　我国海关出口农产品及加工品数量与金额（2013—2014 年）

单位：万美元

产 品 名 称	单 位	2013 年		2014 年	
		数　量	金　额	数　量	金　额
活 猪	万头	168	45 919	173	45 635
活家禽	万只	717	2 976	493	1 851
牛 肉	万 t	1	4 432	1	5 927
猪 肉	万 t	7	32 539	9	42 269
冻 鸡	万 t	10	24 212	12	28 197
水海产品	万 t	384	1 942 923	403	2 086 382
鲜 蛋	百万个	1 074	10 688	1 141	12 262
谷物及谷物粉	万 t	95	66 416	71	55 566
稻谷和大米	万 t	48	41 674	42	37 840
玉 米	万 t	8	3 319	2	769
蔬菜	万 t	778	900 551	803	980 042
鲜或冷藏蔬菜	万 t	519	340 171	555	383 362
橘、橙	t	866 531	99 121	836 682	102 757
苹 果	t	994 664	102 987	865 048	102 758
松子仁	t	10 683	21 232	11 428	23 407
大 豆	万 t	21	20 194	21	19 908
花生及花生仁	万 t	13	21 907	14	20 065
食用植物油（含棕榈油）	t	115 491	19 313	133 858	20 033
食 糖	t	47 771	4 178	46 218	3 786
天然蜂蜜	t	124 901	24 655	129 824	26 026
茶 叶	t	325 806	124 631	301 484	127 266
辣椒干	t	47 168	10 993	38 392	9 803
猪肉罐头	t	48 624	14 944	50 088	15 347
蘑菇罐头	t	275 028	52 716	265 364	52 614
啤 酒	万 L	24 944	16 289	25 821	17 704

（续）

产 品 名 称	单 位	2013 年		2014 年	
		数 量	金 额	数 量	金 额
肠 衣	t	79 462	96 164	90 534	102 945
填充用羽毛、羽绒	t	38 673	100 233	41 407	99 655
中药材及中成药	t	197 475	119 797	203 216	152 659
烤 烟	t	101 547	45 783	88 043	42 040
纸烟	万条	12 943	48 892	12 608	51 374
锯材	万 m³	45	32 399	40	29 525
生丝	t	6 690	37 358	6 359	34 017
山羊绒	t	2 844	28 591	2 374	23 052
棉花	t	6 733	1 517	13 470	3 007
烟花、爆竹	t	325 695	77 127	334 408	84 957
松香及树脂酸	t	133 143	27 219	122 473	29 662
新的充气橡胶轮胎	万条	44 003	1 615 291	47 587	1 644 663
纸及纸板（未切成形）	万 t	565	681 287	630	358 208
棉纱线	t	523 286	251 516	431 379	206 262
丝织物			96 455		90 711
棉机织物			1 550 809		1 461 612
亚麻及苎麻机织物	万 m	27 758	94 665	29 925	110 594
合成短纤及棉混纺机织物	万 m	214 371	272 343	225 039	333 260
地毯	万 m²	47 817	250 547	48 639	268 021
塑料编织袋（周转袋除外）	万条	629 190	107 482	639 398	101 923
纺织机械及零件			251 392		314 635
家具及其零件			5 182 283		5 202 083
非针织或钩编织物制服装			6 100 211		7 342 907
针织或钩编织服装			8 689 284		8 171 923
皮鞋	万双	86 582	1 201 068	96 480	1 374 993
橡胶或塑料底布鞋(包括球鞋)	万双	222 735	962 956	258 235	1 189 132
足球、篮球、排球	万个	23 366	53 961	24 545	55 696
竹编结品	t	25 741	17 787	24 167	15 463
藤编结品	t	10 183	9 308	10 060	8 616
草编结品	t	18 979	13 600	17 968	12 689
柳编结品	t	54 063	42 942	53 425	43 724

表 117 我国农产品进出口状况（2010—2014 年） 单位：亿美元、%

年　份	出口额	同比	进口额	同比	进出口总额	同比	逆差	同比
2010	493.9	24.8	725.7	37.7	1 219.6	32.2	231.8	76.7
2011	607.4	23.0	948.9	30.8	1 556.3	27.6	741.4	47.2
2012	631.9	4.0	1 124.4	18.5	1 756.2	12.8	492.5	44.2
2013	678.4	7.4	1 189.0	5.8	1 867.5	6.3	510.6	3.7
2013 年 1～9 月	485.1	7.1	864.3	3.4	1 349.4	4.7	379.2	−1.0
2014 年 1～9 月	516.7	6.5	946.9	9.6	1 463.6	8.5	430.2	13.4

资料来源：表中数据来自 2014 年《农业展望》第 11 期。

表 118 我国主要农产品进出口增速情况（2012—2014 年）

单位：亿美元、%

类　别	时　间	进口额	同　比	出口额	同　比
水产品	2012	80.0	−0.2	190.0	6.8
	2013	86.4	8.0	202.7	6.7
	2014 年 1～9 月	69.9	8.7	154.2	6.1
蔬　菜	2012	4.2	28.3	99.7	−14.9
	2013	4.2	0.9	115.9	16.2
	2014 年 1～9 月	4.1	32.3	90.8	8.9
水　果	2012	37.6	20.9	61.9	12.1
	2013	41.5	10.3	63.2	2.2
	2014 年 1～9 月	40.8	22.4	40.2	−2.2

资料来源：表中数据来自 2014 年《农业展望》第 11 期。

表 119 我国热作产品进出口情况（2014 年） 单位：万 t、亿元、%

种　类	进　口				出　口			
	数量	同比	金额	同比	数量	同比	金额	同比
天然橡胶类	261.10	5.6	309.6	−20.4	1.80	12.5	2.20	3.80
棕榈油类	582.50	−11.7	309.3	−6.4	0.13	35.0	0.09	30.80
木薯类	1 055.60	19.8	186.0	22.3	0.20	53.8	0.10	66.70
热带水果类	298.30	29.4	181.4	23.3	9.20	−11.5	9.50	−1.70
咖啡类	8.80	39.9	21.9	59.5	10.40	2.8	21.40	30.60
可可类	11.20	−14.6	24.2	7.3	3.40	3.0	8.60	19.10
南药香料类	0.52	67.7	3.0	120.6	3.80	−3.8	5.50	11.80
柑橘类	26.30	10.4	25.6	17.1	130.10	−5.5	94.70	2.30
合　计	2 244.32	8.8	1 061.0	−2.0	159.03	−5.0	142.09	6.75

资料来源：表中数据来自 2015 年《农业展望》第 4 期。

表 120 我国海关进口农产品及加工品数量与金额（2013—2014 年）

单位：万美元

产品名称	单位	2013 年		2014 年	
		数量	金额	数量	金额
谷物及谷物粉	万 t	1 458	510 060	1 951	621 731
小麦	万 t	554	188 056	300	97 855
稻谷和大米	万 t	227	108 303	258	125 424
大豆	万 t	6 338	3 800 944	7 140	4 026 172
食用植物油	万 t	810	807 489	650	593 153
食糖	万 t	455	206 867	349	149 424
天然橡胶（包括乳胶）	万 t	247	639 258	261	495 142
合成橡胶（包括乳胶）	万 t	153	442 836	148	397 306
原木	万 m³	4 516	932 014	5 119	1 178 223
锯材	万 m³	2 402	682 629	2 565	808 622
纸浆	万 t	1 685	1 137 526	1 796	1 206 592
羊毛及毛条	万 t	36	283 983	34	250 802
棉花	万 t	415	844 135	244	499 148
纺织用合成纤维	万 t	38	115 442	34	104 543
聚酯纤维	万 t	13	24 157	13	24 007
聚丙烯腈纤维	万 t	21	66 771	16	52 018
纸及纸板（未切成形）	万 t	284	366 027	282	358 897
制冷设备用压缩机	万台	1 274	114 978	1 197	116 445

表 121 我国粮油产品进口情况（2010—2013 年）

单位：万 t

年份	粮食	谷物	小麦	大米	玉米	大麦	大豆
2010	6 695.4	570.7	123.1	38.8	157.3	236.7	5 479.8
2011	6 390.0	544.6	125.8	59.8	175.0	177.6	5 263.7
2012	8 024.6	1 398.2	370.1	236.9	520.8	252.8	5 838.4
2013	8 645.2	1 458.1	553.5	227.1	326.6	233.5	6 337.5

年份	食用植物油	豆油	菜籽油	棕榈油	花生油
2010	687.2	134.1	98.5	431.4	6.8
2011	656.8	114.3	55.1	470.1	6.1
2012	845.1	182.6	117.6	523.0	6.3
2013	809.8	115.8	152.7	487.4	6.1

表 122 我国粮油产品出口情况（2010—2013 年）

单位：万 t

年份	粮食	谷物	小麦	大米	玉米	大豆	食用植物油	豆油	菜籽油
2010	275.1	119.9	27.7	62.2	12.7	16.4	9.2	5.9	0.4
2011	287.5	116.4	32.8	51.6	13.6	13.6	12.2	5.1	0.3
2012	276.6	96.0	28.5	27.9	25.7	25.7	10.0	6.5	0.7
2013	243.1	94.7	27.8	47.8	7.8	20.9	11.5	9.0	0.6

资料来源：表中数据来自 2014 年《中国粮食年鉴》。

表 123 我国蔬菜进出口情况（2014—2015 年）

品种类别	进 口					
	2014 年 1~5 月		2015 年 1~5 月		同比增长（%）	
	数量（万 t）	金额（万美元）	数量（万 t）	金额（万美元）	数量	金额
鲜冷冻蔬菜	1.07	0.12	1.50	0.16	40.96	39.19
加工蔬菜	7.45	0.98	6.86	0.85	−7.95	−12.93
干蔬菜	0.44	0.24	0.38	0.24	−14.37	0.64
合　计	**9.82**	**2.11**	**9.91**	**2.05**	**0.91**	**−2.75**

品种类别	出 口					
	2014 年 1~5 月		2015 年 1~5 月		同比增长（%）	
	数量（万 t）	金额（万美元）	数量（万 t）	金额（万美元）	数量	金额
鲜冷冻蔬菜	225.45	17.08	230.37	18.68	2.18	9.37
加工蔬菜	118.28	18.47	130.14	18.80	10.03	−3.42
干蔬菜	18.81	11.26	18.56	12.97	−1.34	15.12
合　计	**362.78**	**48.41**	**379.21**	**51.25**	**4.54**	**5.87**

资料来源：表中数据来自 2015 年《农业展望》第 8 期。

表 124 我国谷物进出口情况（2009—2014 年）　单位：万 t、%

年　份	进口量（万 t）	同比（%）	出口量（万 t）	同比（%）	净进口量（万 t）	同比增长（%）
2009	315.1	104.5	137.0	−26.4	178.2	
2010	570.9	81.2	124.3	−9.3	446.6	150.7
2011	544.7	−4.6	121.5	−2.2	423.2	−5.2
2012	1 398.2	156.7	81.3	−33.1	1 316.9	211.2
2013	1 458.3	4.3	100.1	23.1	1 358.2	3.178.0
2014 年 1~9 月	1 439.7	67.2	43.2	43.5	1 396.5	78.0

资料来源：表中数据来自 2014 年《农业展望》第 11 期。

表 125 我国分品种粮食进口情况（2010/2011—2014/2015 年度）　单位：kt

年　度	小　麦	大　米	玉　米	大　豆
2010/2011	927	575	979	54 800
2011/2012	2 933	2 900	5 231	59 231
2012/2013	2 960	3 200	3 000	59 000
2013/2014	5 506	2 245	3 265	69 000
2014/2015	2 973	2 559	2 598	71 400

资料来源：表中数据来自 2015 年《国际贸易》第 6 期。

表126　我国主要农产品进出口增速情况（2012—2014 年）　　单位：亿美元、%

主要品种	年份	进口额	同比	出口额	同比
水产品	2012	80.0	−0.2	190.0	6.8
	2013	86.4	8.0	202.7	6.7
	2014 年 1～9 月	69.9	8.7	154.2	6.1
蔬　菜	2012	4.2	28.3	99.7	−14.9
	2013	4.2	0.9	115.9	16.2
	2014 年 1～9 月	4.1	32.3	90.8	8.9
水果	2012	37.6	20.9	61.9	12.1
	2013	41.5	10.3	63.2	2.2
	2014 年 1～9 月	40.8	22.4	40.2	−2.2

资料来源：表中数据来自 2014 年《农业展望》第 11 期。

表127　我国主要农产品出口集中度化情况（2012—2014 年）　　单位：亿美元、个、%

主要品种	年　份	出口额亿美元以上市场个数	出口额	占　比
水产品	2012	17	118.0	62.1
	2013	17	121.5	60.0
	2014 年 1～9 月	16	93.3	60.5
蔬　菜	2012	10	49.0	49.2
	2013	12	55.9	48.2
	2014 年 1～9 月	9	45.4	50.0
水　果	2012	16	32.6	52.7
	2013	15	33.5	52.9
	2014 年 1～9 月	8	20.8	51.8

资料来源：表中数据来自 2014 年《农业展望》第 11 期。

表128　我国稻谷市场供需情况（2011/2012—2013/2014 年度）　　单位：万 t

类　别	2011/2012 年度	2012/2013 年度	2013/2014 年度
生产量	20 100.1	20 423.6	20 275.0
进口量	280.6	316.6	500.0
年度新增供给	20 380.7	20 740.2	20 775.0
食用消费	16 900.7	17 200.0	17 500.0
其中：大米	11 661.0	11 868.0	12 075.0
糠麸	5 239.0	5 332.0	5 425.0
饲料消费	1 618.0	1 526.0	1 322.0
工业消费	1 200.0	1 300.0	1 276.0
年度国内消费	19 840.0	20 150.0	20 223.0
出口量	63.6	58.7	50.0
种用量	122.0	124.0	125.0
年度总消费	19 903.6	20 208.7	20 273.0
年度总结余	477.1	531.5	502.0

资料来源：表中数据来自 2014 年《农业展望》第 1 期。

表 129　我国主要粮食产品进出口情况（2014 年）　　　　单位：万 t

主要粮食产品	进　口	出　口	顺　差
谷　物	1 439.7	43.2	−1 396.5
稻　谷	255.9	42.0	−213.9
小　麦	297.3	0.1	−297.2
玉　米	259.8	2.0	−257.8
大　麦	541.3		
大　豆	71 400.0		

资料来源：表中数据来自 2015 年《粮食加工》第 4 期。

表 130　我国油脂油料进口情况（2010—2014 年）　　　　单位：kt

年份	大豆进口量	菜籽进口量	其他油籽进口量	植物油进口量	其中：大豆	棕榈油进口量	菜籽油进口量	其他植物油
2010	54 797	1 600	649	8 262	1 341	5 696	985	240
2011	52 640	1 262	916	7 798	1 143	5 912	551	192
2012	58 384	2 930	966	9 600	1 826	6 341	1 176	257
2013	63 375	3 662	798	9 221	1 158	5 979	1527	557
2014	71 399	5 081	1 038	7 873	1 136	5 324	810	603

资料来源：表中数据来自 2014 年《粮食加工》第 4 期。

表 131　我国食用植物油市场综合平衡情况（2010—2014 年）　　　　单位：kt

指标	2010 年	2011 年	2012 年	2013 年	2014 年
生产量					
豆　油	9 150	10 050	11 000	11 555	12 320
菜籽油	5 899	4 876	5 334	5 879	6 377
棉籽油	1 326	1 235	1 352	1 430	1 339
花生油	1 959	2 310	2 409	2 506	2 560
棕榈油	5 800	5 550	5 600	6 000	6 100
其他油脂	1 910	2 155	2 271	2 811	2 660
总　计	25 403	27 774	28 946	30 408	31 674
节余量					
豆　油	689	367	642	430	480
菜籽油	1 938	336	504	1 906	1 830
棉籽油	72	−18	50	79	−15
花生油	237	105	34	10	34
棕榈油	−40	162	241	589	−527
其他油脂	88	−75	194	321	424
总　计	2 984	877	1 665	3 335	2 226

资料来源：表中数据来自 2015 年《粮食加工》第 4 期。

表 132　我国牛肉供需情况（2014—2015 年）　　　　　　单位：万 t

类　　别	2014 年	2015 年
生产量	685	698
进口量	33	37
总供给	718	735
总需求	718	735
消费量	717.4	734.4
出口量	0.6	0.6

资料来源：表中数据来自 2014 年《农业展望》第 1 期。

表 133　我国饲料及相关产品进出口情况（2014 年）　　单位：t、%

产品品种	进口量	同比增长	出口量	同比增长
动物饲料	124 372	6.8	1 160 599	9.9
宠物饲料	2 316	10.2	95 758	−7.5
制成的饲料添加剂	48 734	15.5	776 193	32.1
蛋氨酸	131 734	8.7	1 094	−79.5
赖氨酸	2 151	−64.0	257 118	34.1
乳清粉	401 554	−6.8	54.8	−91.3
肉骨粉	131 176	14.2	391.0	2 072.2
菜籽粕	120 188	102.0	35 955	−50.1
棉籽粕	1 668	833 692.5	12 994	−85.9
鱼　粉	1 038 225	6.4	964	372.8
豆　粕	22 596	35.5	2 090 954	95.4
玉　米	2 599 142	−20.4	20 036	−74.2

资料来源：表中数据来自 2015 年《饲料广角》第 3 期。

表 134　我国林产品进出口数量（2013—2014 年）

产品名称		贸 易	单 位	2013 年	2014 年
原木	针叶原木	出口 进口	m³	 33 163 602	2 042 35 839 252
	阔叶原木	出口 进口	m³	13 128 11 995 831	9 702 15 355 616
	合　计	出口 进口	m³	13 128 45 159 433	11 744 51 194 868
锯　材		出口 进口	m³	458 284 24 042 966	408 970 25 739 161
单　板		出口 进口	m³	204 347 599 518	255 744 986 173
特形材		出口 进口	t	225 281 11 818	212 089 16 072
刨花板		出口 进口	m³	271 316 586 779	372 733 577 962
纤维板		出口 进口	m³	3 068 658 226 156	3 205 530 238 661
胶合板		出口 进口	m³	10 263 412 154 695	11 633 086 177 765
木制品		出口 进口	t	1 935 606 445 186	2 175 183 670 641
家　具		出口 进口	件	287 405 234 7 384 560	316 268 837 9 845 973
木　片		出口 进口	t	69 9 157 137	42 8 850 785
木　浆		出口 进口	t	20 759 16 781 790	18 393 17 893 771
废　纸		出口 进口	t	923 29 236 781	661 27 518 476
纸和纸制品		出口 进口	t	7 622 315 2 971 246	8 520 484 2 945 544
木　炭		出口 进口	t	75 550 209 273	80 373 219 758
松　香		出口 进口	t	133 136 30 413	122 469 11 343

产品名称		贸 易	单 位	2013 年	2014 年
水 果	柑橘类	出口	t	1 155 959	979 882
		进口		166 152	161 833
	鲜苹果	出口	t	1 030 074	865 070
		进口		67 465	28 148
	鲜 梨	出口	t	361 737	297 260
		进口		6 041	7 379
	鲜葡萄	出口	t	268 561	125 879
		进口		514 608	211 019
	山竹果	出口	t		
		进口		231 455	82 798
	鲜榴莲	出口	t		
		进口		543 165	315 509
	鲜龙眼	出口	t	2 158	1 754
		进口		448 088	326 079
	鲜火龙果	出口	t	736	179
		进口		410 163	603 876
坚 果	核 桃	出口	t	63 087	1 751
		进口		61 000	26 409
	板 栗	出口	t	84 255	35 594
		进口		24 578	9 874
	松子仁	出口	t	212 315	11 428
		进口		26 953	3 750
	开心果	出口	t	28 830	3 360
		进口		80 886	10 779
干 果	梅干及李干	出口	t	6 479	935
		进口		9 745	1 613
	龙眼干、肉	出口	t	1 535	216
		进口		86 062	35 810
	柿 饼	出口	t	13 476	5 492
		进口			
	红 枣	出口	t	24 638	7 822
		进口		8	1
	葡萄干	出口	t	83 392	30 201
		进口		37 881	22 592
果 汁	柑橘类果汁	出口	t	11 209	5 265
		进口		155 367	69 701
	苹果汁	出口	t	906 622	458 590
		进口		2 269	2 747

表 135 我国林产品进出口金额（2013—2014 年） 单位：千美元

产品名称		贸 易	2013 年	2014 年
总 计		出口	**64 454 614**	**71 412 007**
		进口	**64 088 332**	**67 205 223**
原木	针叶原木	出口		289
		进口	5 114 048	5 440 581
	阔叶原木	出口	6 656	7 773
		进口	4 203 304	6 341 506
	合 计	出口	**6 656**	**8 062**
		进口	**9 317 352**	**11 782 087**
锯 材		出口	325 737	298 200
		进口	6 829 924	8 088 849
单 板		出口	235 983	276 757
		进口	142 005	183 822
特 形 材		出口	334 364	355 706
		进口	28 193	35 357
刨 花 板		出口	93 181	136 337
		进口	127 891	341 666
纤 维 板		出口	1 523 620	1 630 949
		进口	100 575	110 055
胶 合 板		出口	5 033 698	5 813 258
		进口	103 104	131 966
木 制 品		出口	5 160 484	5 932 432
		进口	500 161	715 093
家 具		出口	19 440 770	22 091 885
		进口	707 904	888 821
木 片		出口	57	21
		进口	1 554 275	1 545 100
木 浆		出口	14 008	12 433
		进口	11 316 770	12 004 565
废 纸		出口	418	265
		进口	4 930 000	5 347 795
纸和纸制品		出口	14 232 066	15 859 260
		进口	4 373 700	4 308 915
木 炭		出口	64 472	89 129
		进口	62 857	62 022
松 香		出口	272 145	296 592
		进口	47 616	25 367

（续）

产品名称		贸 易	2013 年	2014 年
水果	柑橘类	出口	1 155 950	1 170 064
		进口	166 152	229 953
	鲜苹果	出口	1 030 074	1 027 619
		进口	67 465	46 278
	鲜 梨	出口	361 737	350 656
		进口	6 041	10 148
	鲜葡萄	出口	268 561	358 756
		进口	514 608	602 607
	山竹果	出口		
		进口	231 455	158 470
	鲜榴莲	出口		3 105
		进口	543 165	328 267
	鲜龙眼	出口	2 158	329
		进口	448 088	529 932
	鲜火龙果	出口	736	71 524
		进口	410 163	62 120
坚果	核 桃	出口	63 087	82 517
		进口	61 000	18 360
	板 栗	出口	84 255	234 068
		进口	24 578	53 440
	松子仁	出口	212 315	13 482
		进口	26 953	66 195
	开心果	出口	28 830	4 235
		进口	80 886	4 251
干果	梅干及李干	出口	6 479	1 657
		进口	9 745	56 678
	龙眼干、肉	出口	1 535	1 657
		进口	86 062	56 678
	柿 饼	出口	13 476	14 826
		进口		
	红 枣	出口	24 638	28 535
		进口	8	8
	葡萄干	出口	83 392	74 344
		进口	37 881	37 952
果汁	柑橘类果汁	出口	11 209	10 880
		进口	155 367	153 185
	苹果汁	出口	906 622	638 698
		进口	2 269	3 209
其 他		出口	13 455 234	14 525 425
		进口	10 756 768	19 280 066

表 136　轻工业系统农产品加工业主要出口产品创汇情况（2013 年）

主要产品名称	单位	出口产品		同比增长（%）	
		数量	金额	数量	金额
轻工业产品出口总额	万美元		55 833 825		9.99
有关农产品加工业产品合计	万美元		11 802 781.5		8.07
纸浆	万t、万美元	8.31	10 583	4.09	−16.65
纸张	万t、万美元	494.43	493 774	21.96	20.89
纸制品	万t、万美元	239.68	768 704	7.15	19.09
味精	万t、万美元	1.78	2 461	−20.49	−23.66
制盐	万t、万美元	157.89	11 200	19.83	14.95
糖	万t、万美元	4.78	4 180	1.33	−3.88
乳品	万t、万美元	3.61	5 702	−19.70	−30.77
罐头	万t、万美元	250.69	327 169	−2.86	3.08
可可制品	万t、万美元	8.66	38 359	3.54	15.22
调味品、发酵品	万美元		262 109		5.06
酒精及酒	万美元		62 110		−14.76
冷冻饮品	万t、万美元	0.80	2 661	−8.44	−15.61
软饮料	万美元		123 833		−15.62
茶	万t、万美元	32.58	124 686	3.92	19.63
皮革及其制品	万美元		3 113 233		8.55
木制品及其他天然植物制品	万t、万美元	76.25	192 621	−3.02	−1.93
家具	万美元		5 310 113.5		6.30
轻工机械	万美元		448 664		15.16
羽绒制品	万美元		316 620		19.56
烟花爆竹	万t、万美元	32.57	77 148	−3.08	6.60
天然植物纤维编织工艺品	万t、万美元	16.61	106 853	−13.60	−6.08

表 137 轻工业系统农产品加工业主要进口产品情况（2013 年）

主要产品名称	单 位	出 口 产 品		同比增长（%）	
		数 量	金 额	数 量	金 额
轻工业产品进口总额	**万美元**		**12 511 977**		**5.54**
有关农产品加工业产品合计	**万美元**		**2 674 554**		**−26.85**
纸 浆	万 t、万美元	1 685.19	1 137 353	2.36	3.65
纸 张	万 t、万美元	256.75	272 290	−9.21	−4.59
纸制品	万 t、万美元	13.88	80 510	−6.45	−5.54
味精	万 t、万美元	0.07	187	34.61	29.28
制 盐	万 t、万美元	764.54	35 629	45.17	38.08
糖	万 t、万美元	254.00	206 884	21.31	−7.8
乳 品	万 t、万美元	159.20	518 836	38.96	61.49
罐 头	万 t、万美元	5.76	7 870	57.49	71.88
可可制品	万 t、万美元	11.44	59 926	17.28	12.14
调味品、发酵品	万美元		21 286		−0.01
冷冻饮品	万 t、万美元	1.41	5 396	29.41	25.00
酒精及酒	万美元		286 946		−3.53
软饮料	万美元		41 439		21.91
茶	万 t、万美元	1.97	7 558	6.28	6.15
皮革及其制品	万美元		637 485		6.46
毛皮及其制品	万美元		38 715		29.34
木制品及其他天然植物制品	万 t、万美元	2.07	3 567	−19.09	−15.67
家具	万美元		256 982		10.11
轻工机械	万美元		345 358		−15.07
羽绒制品	万美元		23 894		67.55

资料来源：表 136、表 137 中数据由中国轻工业信息中心提供。

表 138　我国淀粉及部分深加工品进出口情况（2014 年）　　单位：t、

主 要 品 种	进口量	同比增长（％）	出口量	同比增长（％）
玉米淀粉	1 688	10	56 444	—42
木薯淀粉	1 906 249	35	2 113	69
马铃薯淀粉	30 157	—18	2 555	—28
小麦淀粉	875	33	5 130	—16
山梨醇	3 706	—1	29 383	—1
甘露糖醇	248	—16	7 948	—10
肌醇	11	—27	4 272	17
葡萄糖及葡萄糖浆，果糖＜20％	837	—41	468 625	—13
葡萄糖及葡萄糖浆，20％≤果糖≤50％，转化糖除外	1 494	42	8 185	—45
果糖及果糖浆，果糖＞50％，转化糖除外	3 658	9	162 324	—13
糊精及变性淀粉	335 940	5	94 979	—22
未列名淀粉	10 159	6	35 180	3
化学纯果糖	1 710	20	15 249	16
合　计	2 296 726	27.5	1 218 054 116	17

资料来源：表中数据由中国淀粉工业协会提供。

表 139　我国食糖进出口与贸易方式情况（2012—2015 年）　　单位：万 t

年 份	进 口					
	合　计	一般贸易	来料加工	进料加工	保税仓库进出境	其他
2012	**374.72**	360.86	0.99	12.55	0.04	0.28
2013	**454.59**	434.86	1.30	14.77		3.66
2014	**348.59**	266.33	1.24	13.94	66.93	0.14
2015	**307.35**	209.28	0.54	6.68	81.19	0.01

年 份	出 口					
	合　计	一般贸易	来料加工	进料加工	边 贸	其他
2012	**4.71**	1.64	0.93	1.87	0.02	0.25
2013	**4.78**	1.48	1.06	1.71	0.02	0.51
2014	**4.62**	1.39	1.09	2.00		0.14
2015	**4.22**	0.75	0.71	1.23		

资料来源：表中数据由中国糖业协会提供，2015 年数据为截至 8 月底前数据。

表 140 我国罐头产品主要类别及品种出口情况（2013 年）

单位：万 t、万美元

产品名称	出口量	出口额
猪肉类罐头	4.86	14 943
鲭鱼罐头	5.84	16 580
金枪鱼及鲣鱼罐头	7.31	41 722
沙丁鱼及黍鲱鱼罐头	2.35	6 506
蟹	3.64	67 924
其他蔬菜罐头	12.58	22 296
番茄酱罐头（≥5 kg）	53.96	48 874
番番茄酱罐头（≤5 kg）	44.14	48 028
小白蘑菇	20.24	30 529
竹笋罐头	12.99	15 904
蚕豆罐头	6.05	3 250
其他蘑菇罐头	2.62	13 384
芦笋罐头	5.43	15 313
甜玉米	4.66	5 738
榨菜	2.12	2 163
脱荚豇豆及菜豆罐头	2.02	1 680
未脱荚豇豆及菜豆罐头	0.73	926
水果类罐头		
菠萝罐头	2.43	2 089
柑橘罐头	32.74	35 127
桃罐头	15.92	19 650
什锦水果罐头	7.84	10 259
梨罐头	6.87	7 133
果酱、果冻、果泥、果膏罐头	3.97	3 382
荔枝罐头	3.05	3 654
草莓	1.71	2 994
杏罐头	1.45	1 519
番茄沙司、番茄酱	2.59	2 681
其他果仁罐头	2.11	9 367
狗猫饲料罐头	1.33	2 245

资料来源：表中数据来自 2014 年《中国轻工业年鉴》。

表 141 我国罐头产品出口情况（2012—2013 年）

年份	出口量（t）	同比增长（%）	出口金额（万美元）	同比增长（%）
2012	2 966 000	−3.94	480 300	5.62
2013	2 906 000	−2.02	493 200	2.69

资料来源：表中数据由中国罐头工业协会提供。

表 142　我国蜂蜜生产及出口情况（2011—2014 年）

年　份	世界产量（万 t）	我国产量（万 t）	占世界比例（%）	出口量（万 t）	出口率（%）	出口创汇（万美元）
2011	151.1	43.10	28.52	9.90	22.97	20 147
2012	154.2	44.80	29.05	11.02	24.60	21 505
2013	160.0	45.00	28.00	12.50	27.78	25 000
2014	167.1	46.80	28.00	12.98	27.74	26 000

表 143　我国蜂产品出口情况（2013—2014 年）

主 要 产 品	数量、金额、单价	2013 年	2014 年	同比增长（%）
金额总计	金额（万美元）			
	数量（t）			
蜂　蜜	数量（t）	124 900	129 800	3.9
	金额（万美元）	24 700	26 000	5.6
	平均单价（美元/kg）	2.00	2.005	1.6
鲜王浆	数量（t）	1 620	742.8	−54.19
	金额（万美元）	5 182	2 034.3	−61.13z
	平均单价（美元/kg）	31.99	27.12	−15.22
鲜蜂王浆冻干粉	数量（t）	264	220.5	−16.48
	金额（万美元）	2 431	1 919.3	−21.05
	平均单价（美元/kg）	92.00	87.0	−5.43
鲜蜂王浆制剂	数量（t）	379	372.9	−1.61
	金额（万美元）	392	316.6	−19.23
	平均单价（美元/kg）	10.3	8.5	−17.48

资料来源：表 142、表 143 中数据由中国农业科学院蜜蜂研究所提供。

表 144　我国水产品进出口贸易情况（2011—2014 年）

年　份	出口量（万 t）	出口额（亿美元）	进口量（万 t）	进口额（亿美元）
2011	391.2	177.9	424.9	80.2
2012	380.1	189.8	412.4	80.0
2013	395.5	202.6	417.0	86.4
2014	416.3	216.9	428.1	91.9

注：2014 年我国水产品进出口总量达 844.4 万 t，进出口总额达 308.8 亿美元，实现贸易顺差 125.13 亿美元，出口额继续位居大宗农产品首位，占全国农产品出口总额的 30.15%，与上年略有提升。

表 145 我国食品和包装机械进出口情况（2010—2014 年） 单位：万美元

项 目	2010 年	2011 年	2012 年	2013 年	2014
进出口总额	603 800	728 500	682 500	739 700	770 100
食品机械进出口	191 900	225 300	229 400	271 000	302 600
食品机械进口	97 400	118 100	106 300	119 500	124 500
食品机械出口	94 500	107 200	123 100	151 500	168 100
包装机械进出口	411 900	503 200	453 100	468 700	467 500
包装机械进口	296 700	363 000	286 500	274 300	255 700
包装机械出口	115 200	140 200	166 600	194 400	211 800

资料来源：表中数据由中国食品和包装机械工业协会提供。

表 146 我国纺织品服装出口情况（2013—2014 年）

产品名称	单 位	2013 年	2014 年	同比增长（%）
纺织品服装出口总额	亿美元	2 920.8	2 984.3	5.08
其中：纺织品	亿美元	1 138.5	1 121.4	4.86
服装	亿美元	1 782.2	1 862.9	5.22

资料来源：表中数据来自国家海关总署。

表 147 我国纸浆、废纸、纸、纸板、纸制品进出口情况（2013—2014 年）

单位：万 t

产品名称	进 口 量			出 口 量		
	2013 年	2014 年	同比（%）	2013 年	2014 年	同比（%）
一、纸浆	1 685	1 797	6.65	8.31	9.75	17.33
二、废纸	2 924	2 752	−5.88	0.10	0.07	−30.00
三、纸及纸板	283	282	−0.35	611	681	11.46
1. 新闻纸	11	5	−54.55	9	9	
2. 未涂布印刷书写纸	28	31	10.71	121	117	−3.31
3. 涂布印刷纸	32	34	6.25	179	184	2.79
其中：铜版纸	24	26	8.33	132	124	−6.06
4. 包装用纸	20	20		5	5	
5. 箱纸板	83	86	3.61	17	26	52.94
6. 白纸板	66	64	−3.03	116	158	36.21
其中：涂布白纸板	65	64	−1.54	116	158	36.21
7. 生活用纸	3	4	33.33	64	75	17.19
8. 瓦楞原纸	7	5	−28.57	9	8	−11.11

（续）

产品名称	进口量			出口量		
	2013 年	2014 年	同比（%）	2013 年	2014 年	同比（%）
9. 特种纸及纸板	27	27		69	72	4.35
10. 其他纸及纸板	6	6		22	27	22.73
四、纸制品	13	13		255	276	8.24
总　计	**4 905**	**4 844**	**-1.24**	**874.41**	**966.82**	**10.57**

资料来源：表中数据来自 2015 年《造纸信息》第 6 期。

表 148　我国机械工业产品进出口情况（2010—2014 年）　单位：亿美元

项　目	2010 年	2011 年	2012 年	2013 年	2014 年
产品进出口总额	5 138	6 312	6 472	6 713	7 255
产品进口总额	2 553	3 094	2 966	2 988	3 232
产品出口总额	2 585	3 218	3 506	3 725	4 023

表 149　我国中药行业进出口情况（2013—2014 年）　单位：亿美元

年　份	行　业	进 出 口		出 口		进 口	
		总　额	同比增长（%）	总　额	同比增长（%）	总　额	同比增长（%）
2013	全国医药合计	896.9	10.27	511.8	6.84	385.1	15.17
	中药合计	42.1	25.06	31.7	27.31	10.4	20.00
2014	全国医药合计	980.0	9.26	550	7.38	430	11.77
	中药合计	46.3	9.79	35.9	14.49	10.4	3.84

表 150　我国天然橡胶、合成橡胶进口情况（2011—2014 年）

产　品	2011 年		2012 年		2013 年		2014 年	
	数量（万 t）	金额（万美元）	数量（万 t）	金额（万美元）	数量（万 t）	金额（万美元）	数量（万 t）	金额（万美元）
天然橡胶	210.0	938 000	218.0	681 268	247.0	639 258	261.0	495 000
合成橡胶	144.5	536 000	143.8	509 306	153.0	443 129	160.0	325 800

表 151　我国天然橡胶与合成橡胶消耗情况（2013—2014 年）单位：万 t、%

项目	2013 年	2014	同比增长
橡胶总消耗	830	880	6.02
其中：天然橡胶	420	480	14.29
合成橡胶	410	400	-2.44

资料来源：表中数据来自 2015 年《中国橡胶》第 12 期。

农产品加工业部分行业与企业排序

表 152 轻工业系统农产品加工业分行业主要经济指标（2013 年）

序号	按企业单位数排序			序号	按主营业务收入排序		
	行业	绝对数（个）	行业占轻工系统比重（%）		行业	工业销售产值（亿元）	行业占轻工系统比重（%）
	全国轻工行业合计	**100 339**	**100.00**		**全国轻工行业合计**	**203 101.5**	**100.00**
1	农副食品加工业	23 080	23.00	1	农副食品加工业	59 497.5	29.29
2	皮革、毛皮、羽毛（绒）及其制品业	8 003	7.98	2	食品制造业	18 165.0	8.94
3	食品制造业	7 531	7.51	3	饮料制造业	15 185.2	7.48
4	造纸及纸制品业	7 213	7.19	4	造纸及纸制品业	13 471.6	6.63
5	饮料制造业	5 529	5.51	5	皮革、毛皮、羽毛（绒）及其制品业	12 493.1	6.15
6	家具制造业	4 716	4.70	6	家具制造业	6 462.8	3.18
7	轻工机械	2 028	2.02	7	轻工机械	2 832.7	1.44
8	木竹藤棕草制品业	1 245	1.24	8	木竹藤棕草制品业	1 339.6	0.66
9	制盐	135	0.13	9	制盐	353.5	0.17

序号	按利税总额排序			序号	按利润总额排序		
	行业	利税总额（亿元）	行业占轻工系统比重（%）		行业	利润总额（亿元）	行业占轻工系统比重（%）
	全国轻工行业合计	**19 913.8**	**100.00**		**全国轻工行业合计**	**13 134.9**	**100.00**
1	农副食品加工业	4 457.4	22.38	1	农副食品加工业	3 105.3	23.64
2	饮料制造业	2 780.5	13.96	2	饮料制造业	1 653.6	12.59
3	食品制造业	2 288.6	11.49	3	食品制造业	1 550.0	11.80
4	皮革、毛皮、羽毛（绒）及其制品业	1 215.6	6.10	4	皮革、毛皮、羽毛（绒）及制品业	818.7	6.23
5	造纸及纸制品业	1 203.8	6.04	5	造纸及纸制品业	749.6	6.71
6	家具制造业	622.6	3.13	6	家具制造业	403.9	3.07
7	轻工机械	322.8	1.62	7	轻工机械	221.7	1.69
8	木竹藤棕草制品业	128.8	0.65	8	木竹藤棕草制品业	84.2	0.64
9	制盐	45.0	0.23	9	制盐	22.7	0.17

（续）

序号	按负债合计排序			序号	按资产总计排序		
	行业	负债合计（亿元）	行业占轻工系统比重（%）		行业	资产总计（亿元）	行业占轻工系统比重（%）
	全国轻工行业合计	**64 293.3**	**100.00**		**全国轻工行业合计**	**123 170.6**	**100.00**
1	农副食品加工业	14 249.7	22.16	1	农副食品加工业	26 676.4	21.66
2	造纸及纸制品业	2 341.4	11.42	2	造纸及纸制品业	12 940.2	10.51
3	饮料制造业	5 990.4	9.32	3	饮料制造业	12 779.0	10.38
4	食品制造业	5 441.5	8.46	4	食品制造业	11 275.5	9.15
5	皮革、毛皮、羽毛（绒）及制品业	2 923.9	4.55	5	皮革、毛皮、羽毛（绒）及制品业	6 094.8	4.95
6	家具制造业	2 035.5	3.17	6	家具制造业	4 039.1	3.28
7	轻工机械	1 192.2	1.85	7	轻工机械	2 358.2	1.91
8	制盐	400.3	0.62	8	制盐	762.0	0.62
9	木竹藤棕草制品业	233.1	0.36	9	木竹藤棕草制品业	522.6	0.42

资料来源：表中数据由中国轻工业信息中心提供。

表 153　轻工系统农产品加工业主要产品进出口总值排序情况（2013 年）

单位：亿美元、%

序号	按出口总值排序			序号	按进口总值排序		
	行业	出口总值	行业占轻工系统比重		行业	进口总值	行业占轻工系统比重
	全国轻工行业合计	**5 583.38**	**100.00**		**全国轻工行业合计**	**1 251.20**	**100.00**
1	皮革毛皮羽绒及制品业	855.60	15.32	1	农副食品加工业	307.29	24.56
2	家具	531.01	9.51	2	纸浆纸张及制品	160.37	12.82
3	农副食品加工业	342.57	6.14	3	食品制造业	88.32	7.06
4	纸浆纸张及制品	145.78	2.61	4	皮革毛皮羽绒及制品业	87.18	6.97
5	食品制造业	87.44	1.57	5	轻工机械	34.54	2.76
6	饮料制造业	31.33	0.56	6	饮料制造业	34.13	2.73
7	木制品及天然植物制品	19.26	0.34	7	家具制造业	25.70	2.05
8	制盐业	1.12	0.02	8	制盐业	3.56	0.28
9	轻工机械	44.87	0.80	9	木制品及天然植物制品	0.36	0.03

资料来源：表中数据来自 2014 年《中国轻工业年鉴》。

表 154 我国白酒十大品牌（2014 年）

序 号	品 牌	生 产 企 业
1	茅 台	中国贵州茅台酒厂有限责任公司
2	五粮液	四川宜宾五粮液集团有限公司
3	贵 海	深圳明通投资有限公司
4	洋河大曲	江苏洋河集团有限公司
5	郎 酒	四川郎酒集团有限责任公司
6	剑南春	四川剑南春股份有限公司
7	汾 酒	山西杏花村汾酒集团有限责任公司
8	水井坊	四川水井坊股份有限公司
9	西凤酒	陕西西凤酒股份有限公司
10	古井贡酒	安徽古井贡酒股份有限公司

注：资料来源于中国酒类流通协会，表中排名不分先后。

表 155 我国酿酒行业十强企业（2014 年）

序号	企 业 名 称
1	四川宜宾五粮液集团有限公司
2	中国贵州茅台酒厂有限责任公司
3	泸州老窖集团有限责任公司
4	华润雪花啤酒（中国）有限公司
5	青岛啤酒股份有限公司
6	北京燕京啤酒集团公司
7	湖北劲牌有限公司
8	河南天冠企业集团有限公司
9	烟台张裕集团有限公司
10	中国绍兴黄酒集团有限公司

资料来源：表中信息由中国轻工业联合会信息中心提供。

表 156 我国啤酒行业十大品牌入选结果（2013 年）

十大畅销品牌			十大成长品牌		年度十大品牌
排 序	品 牌	产销量（万 kL）	排 序	品 牌	
1	雪 花	1 065.0	1	乐 堡	雪 花
2	青 岛	450.3	2	百 威	燕 京
3	燕 京	378.0	3	哈尔滨	青 岛
4	哈尔滨	241.5	4	崂 山	崂 山
5	金 星	190.2	5	银 麦	雪 津
6	崂 山	147.3	6	雪 花	山 城
7	百 威	124.9	7	漓 泉	百 威
8	雪 津	119.8	8	燕 京	珠 江
9	珠 江	112.2	9	金龙泉	汉 斯
10	山 城	103.1	10	蓝 带	哈尔滨

资料来源：表中信息来自 2014 年《中国轻工业年鉴》。

表 157　我国造纸行业 10 强企业（2014 年）

序号	企 业 名 称
1	华泰集团有限公司
2	玖龙纸业（控股）有限公司
3	山东晨鸣纸业集团股份有限公司
4	山东太阳纸业股份有限公司
5	山东泉林纸业有限责任公司
6	山东博汇集团有限公司
7	理文造纸有限公司
8	金东纸业（江苏）股份有限公司
9	中国纸业投资总公司
10	安徽山鹰纸业股份有限公司

资料来源：表中信息来自 2015 年《中华纸业》第 11 期。

表 158　我国啤酒产量 20 万 kL 以上企业（2014 年）

序　号	企业名称	产量（万 kL）
1	华润雪花啤酒（中国）有限公司	11 843 927
2	青岛啤酒集团有限公司	7 617 043
3	百威英博啤酒投资（中国）有限公司	7 114 648
4	北京燕京啤酒集团有限公司	5 309 895
5	广州嘉士伯咨询管理有限公司	2 212 563
6	河南金星啤酒集团有限公司	1 909 862
7	广州珠江啤酒集团有限公司	1 171 576
8	河北蓝贝酒业集团有限公司	148 828
9	云南澜沧江酒业集团有限公司	442 781
10	烟台啤酒青岛朝日有限公司	263 961
11	杭州千岛湖啤酒有限公司	200 281

注：全国 20 万 kL 以上啤酒企业总产量 3 853.5 万 kL，占全国总产量 4 921.9 万 kL 的 78.29%（国家统计局数据）。

资料来源：表中数据来自 2015 年《啤酒科技》第 4 期。

表 159　我国啤酒销售收入 3 亿元以上企业（2014 年）

单位：万元

序　号	企 业 名 称	销售收入
1	青岛啤酒集团有限公司	2 859 926
2	华润雪花啤酒（中国）有限公司	2 732 963
3	百威英博啤酒投资（中国）有限公司	2 388 000
4	北京燕京啤酒集团有限公司	1 803 156
5	河南金星啤酒集团有限公司	463 354
6	广州珠江啤酒集团有限公司	357 051
7	河北蓝贝酒业集团有限公司	162 235
8	云南澜沧江酒业（集团）有限公司	122 483
9	杭州千岛湖啤酒有限公司	39 936
10	辽宁天湖啤酒有限责任公司	32 004

资料来源：表中数据来自 2015 年《啤酒科技》第 6 期。

表 160　我国利税总额亿元以上啤酒企业（2014 年）　　　单位：万元

序 号	企 业 名 称	利 税 总 额
1	青岛啤酒集团有限公司	130 514
2	华润雪花啤酒（中国）有限公司	712 554
3	北京燕京啤酒集团公司	362 718
4	河南金星啤酒集团有限公司	196 925
5	广州珠江啤酒集团有限公司	69 588
6	云南澜沧江酒业集团有限公司	23 527
7	蓝贝酒业集团有限公司	21 940
8	上海力波酿酒有限公司	14 828
9	辽宁天湖啤酒有限责任公司	12 789
10	杭州千岛湖啤酒有限公司	11 781
11	本溪啤酒有限责任公司	11 264

资料来源：表中数据来自 2014 年《啤酒科技》第 6 期。

表 161　我国葡萄酒产量前 12 位省、自治区、直辖市主要经济运行情况（2013 年）

地 区	产量总计（kL）	同比增长（%）	主营业务收入（万元）	同比增长（%）
山 东	444 988.8	−7.07	2 484 614.5	−13.34
吉 林	267 360.0	−16.59	410 844.5	13.60
河 南	137 976.7	35.79	216 199.6	31.82
河 北	65 148.8	−40.53	126 777.3	−47.74
黑龙江	49 184.0	29.63	22 647.4	−11.74
陕 西	41 273.6	36.57	54 279.1	43.69
辽 宁	39 515.1	−4.34	218 155.0	28.33
新 疆	29 957.0	16.61	82 827.0	−10.66
云 南	21 817.3	17.97	76 039.8	−0.18
天 津	20 978.1	36.44	46 354.0	−32.60
宁 夏	16 722.1	1.81	31 564.3	26.03
甘 肃	10 212.1	−7.36	46 294.4	−50.41
合 计	1 145 133.5		3 816 596.9	
占行业比重（%）	97.18		93.51	

资料来源：表中数据来自 2014 年《中国轻工业年鉴》。

表 162　我国家具十大品牌生产企业（2014 年）

序 号	品 牌	生 产 企 业
1	全友家具	成都全友家具有限公司
2	皇朝家私	中国香港红苹果家具有限公司
3	曲美家具	曲美家具集团股份有限公司
4	掌上明珠	成都市明珠家具（集团）有限公司
5	宜家家居	瑞典宜家家居集团公司中国有限公司
6	红苹果家具	香港皇朝家私集团有限公司
7	鼎盛美乐	鼎盛美乐集团有限公司
8	恺撒家庭	恺撒家庭集团有限公司
9	韩菲尔家具	韩菲尔家具实业有限公司
10	卡富亚	卡富亚家具股份有限公司

资料来源：表中信息由中国家具工业协会提供。

表 163　我国皮革行业 10 强企业（2014 年）

序号	企 业 名 称
1	甘肃宏良皮业股份有限公司
2	河南三和皮革制品有限公司
3	浙江开元皮革有限公司
4	雪豹集团公司
5	浙江中辉皮革有限公司
6	广东菲安妮皮革股份有限公司
7	四川德赛尔化工实业有限公司
8	银衫皮革有限公司
9	浙江爱美德旅游用品有限公司
10	北京庄子工贸有限责任公司

资料来源：表中信息由中国轻工业联合会提供。

表 164　我国纸及纸板产量 100 万 t 以上的省、自治区、直辖市（2013—2014 年）

单位：万 t

地　区	产　量		
	2013 年	2014 年	同比增长（%）
广　东	1 641	1 760	7.25
山　东	1 739	1 750	1.16
浙　江	1 561	1 590	1.86
江　苏	1 210	1 280	5.79
福　建	525	650	23.81
河　南	700	630	−10.00
河　北	344	320	−6.98
湖　南	320	300	−6.25
重　庆	240	300	25.00
广　西	275	240	−12.73
天　津	220	235	6.82
安　徽	195	230	17.95
四　川	202	210	3.96
湖　北	190	200	5.26
海　南	140	155	10.71
江　西	160	145	−9.38
合　计	**9 653**	**9 995**	**3.54**

资料来源：表中数据来自 2015 年《造纸信息》第 6 期。

表 165　我国纸及纸板产量 100 万 t 以上的生产企业（2014 年）

序号	生 产 企 业	产 量（万 t）
1	玖龙纸业（控股）有限公司	1 226
2	理文造纸有限公司	500
3	山东晨鸣纸业集团股份有限公司	426
4	华泰集团有限公司	316

（续）

序　号	生　产　企　业	产　量（万 t）
5	山东太阳纸业集团有限公司	315
6	安徽山鹰纸业股份有限公司	242
7	福建联盛纸业	200
8	金东纸业（江苏）股份有限公司	195
9	宁波中华纸业有限公司（含宁波亚洲浆纸业有限公司）	183
10	中国纸业投资总公司	178
11	荣成纸业（中国）控股有限公司	161
12	山东世纪阳光纸业集团有限公司	109
13	海南金海浆纸业有限公司	107
14	金红叶纸业集团有限公司	107
15	浙江景兴纸业股份有限公司	106
16	山东博汇纸业股份有限公司	106
17	东莞建辉纸业有限公司	104

资料来源：表中数据来自 2015 年《造纸信息》第 6 期。

表 166　我国重点造纸企业产量排名前 30 名企业（2013—2014 年）

序　号	企　业　名　称	产　量（万 t）		
		2013 年	2014 年	同比增长（％）
1	玖龙纸业（控股）有限公司	1109.00	1 226.00	10.55
2	理文造纸有限公司	482.71	500.45	3.68
3	山东晨鸣纸业集团股份有限公司	421.20	426.40	1.23
4	华泰集团有限公司	288.60	315.50	9.32
5	山东太阳控股集团有限公司	309.92	315.00	1.64
6	安徽山鹰纸业股份有限公司	243.03	242.00	−0.42
7	福建联盛纸业有限公司	138.20	200.29	44.93
8	金东纸业（江苏）有限公司	201.95	194.50	−3.69
9	宁波中华纸业有限公司	163.00	183.04	12.29
10	中国纸业投资总公司	191.00	178.00	−6.81
11	荣成纸业（中国）控股有限公司	136.00	161.00	18.38
12	山东世纪阳光纸业集团有限公司	108.60	108.80	0.18
13	海南金海浆纸业有限公司	108.00	107.00	−0.93
14	金红叶纸业集团有限公司	91.18	106.87	17.21
15	浙江景兴纸业股份有限公司	98.84	106.24	7.49
16	山东博汇纸业股份有限公司	106.25	105.80	−0.42
17	东莞建辉纸业有限公司	130.23	103.70	−20.37
18	芬欧汇川（中国）纸业有限公司	88.50	88.00	−0.56
19	东莞金洲纸业有限公司	74.51	78.70	5.62
20	山东泉林纸业有限责任公司	80.79	75.53	−6.51

（续）

序　号	企 业 名 称	产 量（万 t）		
		2013 年	2014 年	同比增长（％）
21	河南漯河银鸽实业集团有限公司	83.62	74.39	−11.04
22	新乡新亚纸业集团股份有限公司	66.21	69.84	5.48
23	恒安（中国）纸业有限公司	60.78	67.63	11.27
24	河南省江河纸业有限公司	61.49	65.16	5.97
25	金华盛纸业（苏州工业园区）有限公司	64.00	64.30	0.47
26	永丰余造纸（扬州）有限公司	34.98	62.02	77.30
27	山东贵和显星纸业集团有限公司	68.93	61.96	−10.11
28	山东华金集团有限公司	61.36	59.43	−3.15
29	广州造纸集团有限公司	60.93	55.00	−9.73
30	维达纸业（中国）有限公司	44.31	47.73	7.72

资料来源：表中数据来自 2015 年《造纸信息》第 6 期。

表 167　我国印刷机械企业实现销售收入前 10 名企业（2014 年）

序号	企 业 名 称	销售收入（万元）
1	北人集团公司	75 657
2	西安航天华阳印刷包装设备有限公司	59 530
3	天津长荣印刷设备股份有限公司	58 719
4	陕西北人印刷机械有限责任公司	41 516
5	上海高斯图文印刷系统（中国）有限公司	35 099
6	辽宁大族冠华印刷科技股份有限公司	21 592
7	松德机械股份有限公司	20 262
8	杭州科雷机电工业有限公司	17 181
9	广东汕樟轻工机械有限公司	16 261
10	河北海贺胜利印刷机械集团有限公司	12 508

资料来源：表中信息来自 2015 年《今日印刷》第 3 期。

表 168　我国印刷机械行业出口交货值前 10 名企业（2014 年）

序　号	企 业 名 称	出口交货值（万元）
1	天津长荣印刷设备股份有限公司	9 252
2	杭州科雷机电工业有限公司	9 140
3	高斯图文印刷系统（中国）有限公司	8 386
4	辽宁大族冠华印刷科技股份有限公司	4 241
5	北人集团公司	3 882
6	松德机械股份有限公司河北海贺胜利印刷机械集团有限公司	3 752
7	西安航天华阳印刷包装设备有限公司	3 664
8	陕西北人印刷机械有限责任公司	3 561
9	上海新星印刷器材有限公司	3 059
10	国望机械集团有限公司	2 972

资料来源：表中数据来自 2015 年《今日印刷》第 3 期。

我国西部地区综合统计

表 169　我国西部地区主要农产品产量（2013—2014 年）　　单位：万 t

主 要 农 产 品	2013 年	2014 年	同比增长（%）
一、粮食作物	15 987.6	16 157.6	1.06
（一）谷　物	13 478.8	13 688.0	1.55
稻　谷	4 518.0	4 550.4	0.72
小　麦	2 101.8	2 179.6	3.70
玉　米	6 440.8	6 507.7	1.04
谷　子	43.0	48.4	2.62
高　粱	139.7	133.8	−4.22
（二）豆　类	558.7	525.9	−5.87
大　豆	306.1	267.2	−12.71
杂　豆	252.6	258.7	2.41
（三）薯　类	1 950.1	1 943.8	−0.32
马铃薯	1 445.0	1 420.5	−1.70
二、油料作物	956.7	1 000.5	4.58
花　生	164.2	170.8	4.02
油菜籽	554.8	584.8	5.41
芝　麻	4.6	5.5	19.57
胡麻籽	29.1	28.9	−0.69
向日葵籽	190.5	199.5	4.67
三、棉　花	366.4	380.2	3.77
四、麻　类	10.1	10.0	−0.99
黄红麻	0.7	1.1	57.14
五、糖　料	11 160.6	10 956.1	−1.83
甘　蔗	10 477.8	10 297.2	−1.72
甜　菜	682.8	658.8	−3.51
六、烟　叶	201.3	179.6	−10.78
烤　烟	188.7	167.0	−11.13
七、茶　叶	74.1	81.9	10.53
八、水　果	7 661.2	8 228.1	7.40

表 170　我国西部地区主要农产品单位面积产量（2013—2014 年）

单位：kg/hm²

主 要 农 产 品	2013 年	2014 年	同比增长（％）
一、粮食作物	4 635.3	4 686.4	1.10
（一）谷　物	5 256.1	5 304.4	0.92
稻　谷	6 530.5	6 599.4	1.06
小　麦	3 565.3	3 771.5	5.78
玉　米	5 730.6	5 657.0	−1.28
谷　子	2 015.9	1 954.9	−3.03
高　粱	4 340.8	1 958.2	−8.81
（二）豆　类	1 843.2	1 800.5	−2.32
大　豆	1 987.4	1 836.1	−7.61
杂　豆	1 694.3	1 765.1	4.18
（三）薯　类	3 353.2	3 382.2	0.86
马铃薯	3 330.6	3 289.2	−1.24
二、油料作物	2 069.1	2 114.3	2.18
花　生	2 474.5	2 508.2	1.36
油菜籽	1 906.4	1 950.8	2.74
芝　麻	1 379.8	1 263.7	−8.41
胡麻籽	1 342.3	1 372.2	2.38
向日葵籽	2 752.7	5 721.8	−2.27
三、棉　花	2 019.1	1 862.9	−7.76
四、麻　类	2 029.3	2 119.1	4.43
黄红麻	1 562.3	2 513.7	60.90
五、糖　料	68 507.3	69 647.5	1.66
甘　蔗	69 280.5	70 265.5	1.42
甜　菜	58 488.0	61 230.4	4.69
六、烟　叶	1 927.3	1 900.9	−1.37
烤　烟	1 909.8	1 879.1	1.61

表 171 我国西部地区茶叶产量（2014 年）

单位：t

地 区	茶 叶总产量	其 中						
		绿茶	青茶	红茶	黑茶	黄茶	白茶	其他茶
全国总计	**2 095 717**	**1 416 238**	**249 605**	**180 180**	**112 885**	**234**	**17 287**	**119 288**
地区小计	**819 482**	**628 603**	**9 328**	**65 893**	**20 000**	**184. 6**	**960**	**94 513**
占全国比重（%）	39.10	44.39	3.74	36.57	17.72	78.89	5.55	79.23
内蒙古								
广　西	58 752	39 694	366	12 122	1 085			5 485
重　庆	33 753	28 124	41	3 679				1 909
四　川	233 970	194 690	3 895	3 788	15 245	146	492	15 814
贵　州	107 145	88 655	659	4 863	3 670	37	565	8 696
云　南	335 495	227 120	4 367	41 441		1. 6	3	62 562
西　藏	54	7						47
陕　西	49 128	49 128						
甘　肃	1 185	1 185						
青　海								
宁　夏								
新　疆								

表 172 我国西部地区水果产量（2014 年）

单位：t

地　区	水果总产量	其 中					
		苹　果	柑　橘	梨	香　蕉	菠　萝	荔　枝
全国总计	**165 881 691**	**40 923 175**	**34 926 632**	**17 694 354**	**11 791 933**	**1 432 736**	**2 259 702**
地区小计	**50 737 744**	**15 671 156**	**11 728 629**	**4 903 545**	**5 011 238**	**102 807**	**652 432**
占全国比重（%）	30.59	38.29	33.58	27.71	42.50	7.18	28.87
内蒙古	646 420	189 034		64 970			
广　西	12 333 001		4 721 776	296 884	2 592 310	34 290	618 534
重　庆	3 031 197	4 638	2 072 409	374 512	1 371		
四　川	7 596 551	583 323	3 604 121	967 123	42 123		14 215
贵　州	1 259 764	43 894	289 067	273 110	5 826		633
云　南	6 052 751	387 399	535 869	481 393	2 369 608	68 517	19 050
西　藏	21 553	5 546	530	1 461			
陕　西	15 539 830	9 880 128	503 630	1 015 019			
甘　肃	4 252 337	2 970 762	1 227	362 898			
青　海	13 249	4 765		4 041			
宁　夏	911 738	539 020		17 266			
新　疆	8 586 057	1 062 647		1 044 868			

（续）

地　区	其　中					
	龙　眼	桃	猕猴桃	葡　萄	红枣	柿子
全国总计	**1 749 012**	**12 874 081**	**2 022 836**	**12 545 788**	**7 345 266**	**3 730 794**
地区小计	**620 116**	**2 485 892**	**1 434 880**	**9 311 787**	**3 517 732**	**1 483 315**
占全国比重（%）	35.46	19.31	70.93	42.34	47.89	39.76
内蒙古		1 383		124 322	1739	
广　西	558 060	250 514	4 019	398 797	25 546	903 189
重　庆	19 008	122 241	23 500	94 818	6 421	13 648
四　川	29 301	519 300	175 223	307 378	16 108	48 734
贵　州	948	172 642	25 027	182 811	2 490	14 996
云　南	12 799	260 177	1 225	805 462	22 641	84 669
西　藏		2 895		565		
陕　西		724 872	1 205 886	595 144	644 592	395 570
甘　肃		230 339		294 013	144 648	21 509
青　海		582				
宁　夏		34 932		192 363	78 931	
新　疆		166 015		2 316 114	2 574 616	

表 173　我国西部地区主要林产品产量（2014 年）

产　品	单　位	全 国 产 量	地 区 产 量	占全国比重（%）
木　材	万 m³	8 233.3	3 495.8	42.46
竹　材	万根	222 439.9	74 411.6	33.45
紫胶（原胶）	t	4 661.0	1 845.0	39.58
生　漆	t	22 290.0	11 726.0	52.61
油桐籽	t	416 065.0	234 026	56.25
油茶籽	t	2 023 445.0	291 161	14.39
乌桕籽	t	35 921.0	5 222	14.54
五倍子	t	23 746.0	14 648	61.69
棕　片	t	58 482.0	24 124	41.25
松　脂	t	1 309 520.0	786 307	60.05
竹笋干	t	653 240.0	203 603	31.17
核　桃	t	2 713 741.0	1 975 684	72.80
板　栗	t	2 278 175.0	423 907	18.61

表 174　我国西部地区主要畜产品产量（2013—2014 年）

产品名称	单位	2013 年	2014 年	同比增长（%）	占全国比重（%）
一、肉类总产量	万 t	2 551.3	2 631.4	3.14	30.22
猪 肉	万 t	1 629.1	1 681.3	3.20	29.65
牛 肉	万 t	248.2	259.2	4.43	37.61
羊 肉	万 t	238.5	250.9	5.20	58.59
禽 肉	万 t	367.2	363.7	−0.95	20.77
兔 肉	万 t	37.5	41.2	9.87	49.70
二、其他畜产品产量					
奶 类	万 t	1 463.6	1 543.6	5.47	40.19
牛 奶	万 t	1 387.5	1 465.1	5.60	39.34
蜂 蜜	万 t	10.8	11.3	4.63	24.15
禽 蛋	万 t	411.0	416.1	1.24	14.38
山羊毛	t	23 191.4	22 396.1	−3.43	55.93
羊 绒	t	13 111.7	14 024.8	6.96	72.75
绵羊毛	t	282 503.9	296 513.0	4.96	70.68
细羊毛	t	99 401.1	95 292.5	−4.13	76.29
半细羊毛	t	59 053.5	61 470.2	4.09	43.21

表 175　我国西部地区水产品产量（2013—2014 年）　　　单位：kt

产品名称	2013 年	2014 年	同比增长（%）	占全国比重（%）
水产品总产量	**6 055.7**	**6 503.4**	**7.39**	**10.06**
按海水、内陆分				
海水产品产量	1 709.8	1 744.4	2.02	5.29
内陆水产品产量	4 345.9	4 759.0	9.51	15.03
按生产性质分				
捕捞产量	962.4	978.9	1.71	5.71
养殖产量	5 093.3	5 524.5	8.47	11.63

表 176　我国西部地区人均主要农产品、畜产品、水产品产量（2013—2014 年）

单位：kg/人

产品名称	2013 年	2014 年	同比增长（%）
一、主要农产品			
（一）粮食	437.6	439.8	0.50
1. 谷物	369.0	372.6	0.98
稻谷	123.7	123.9	0.16
小麦	57.5	59.3	3.13
玉米	176.3	177.1	0.45
谷子	1.2	1.3	8.33
高粱	3.8	3.6	−5.26

（续）

产 品 名 称	2013 年	2014 年	同比增长（%）
2. 豆 类	15.3	14.3	−6.54
大 豆	8.4	7.3	−13.1
杂 豆	6.9	7.0	1.45
3. 薯 类	53.4	52.9	−0.94
马铃薯	39.6	38.7	−2.27
（二）油 料	26.2	27.2	3.82
花 生	4.5	4.6	2.22
油菜籽	15.2	15.9	4.61
芝 麻	0.1	0.1	
胡麻籽	0.8	0.8	
向日葵籽	5.2	5.4	3.85
（三）棉 花	10.0	10.3	3.00
（四）麻 类	0.3	0.3	
黄红麻		0.0	
（五）糖 料	305.5	298.2	−2.23
甘 蔗	286.8	280.3	−2.27
甜 菜	18.7	17.9	−4.28
（六）水 果	209.7	224.0	6.82
（七）烟 叶	5.5	4.9	−2.00
烤 烟	5.2	4.5	13.46
二、畜产品			
（一）猪牛羊肉	57.9	59.7	3.11
猪 肉	44.6	45.8	2.69
牛 肉	6.8	7.1	4.41
羊 肉	6.5	6.8	4.62
（二）奶 类	40.1	42.0	4.74
牛 奶	38.0	39.9	5.00
（三）禽 蛋	11.3	11.3	
三、水产品	16.6	17.7	6.63
鱼 类	12.8	13.8	7.81
虾蟹类	1.1	1.1	

表177 我国西部地区农林牧渔业总产值、增加值及构成（2013—2014 年）

名 称	总 产 值		增 加 值	
	2013 年	2014 年	2013 年	2014 年
一、绝对数（亿元）				
合 计	**25 795.2**	**27 608.7**	**15 701.9**	**16 832.2**
1. 农业	14 736.2	16 059.3	9 627.5	10 476.9
2. 林业	1 130.8	1 219.7	774.9	835.8
3. 牧业	8 350.8	8 576.3	4 421.7	4 542.7
4. 渔业	787.3	883.6	513.6	576.5

（续）

名 称	总 产 值		增 加 值	
	2013 年	2014 年	2013 年	2014 年
二、构成（%）				
农林牧渔业合计	**100.0**	**100.3**	**100.0**	**100.0**
1. 农业	57.1	58.2	61.3	62.2
2. 林业	4.4	4.4	4.9	5.0
3. 牧业	32.4	31.1	28.2	27.0
4. 渔业	3.1	3.2	3.3	3.4
三、西部占全国的比重（%）				
农林牧渔业总产值合计	**26.6**	**27.0**	**27.6**	**28.0**
1. 农业	28.6	29.3	27.7	29.7
2. 林业	29.0	28.7	27.7	29.9
3. 牧业	29.4	29.6	31.53	32.4
4. 渔业	8.2	8.5	8.2	9.2

表 178　我国西部地区林业产业总产值（2014 年）

单位：万元

地 区	总 计	第一产业	第二产业	第三产业
全国总计	**540 329 423**	**185 594 583**	**280 880 407**	**73 854 433**
地区小计	**102 386 929**	**55 529 165**	**38 706 663**	**17 198 828**
占全国比重（%）	18.95	29.92	13.78	23.29
内蒙古	3 836 321	1 941 184	1 115 493	739 644
广　西	38 499 681	12 826 502	22 244 945	3 428 234
重　庆	5 219 083	2 760 548	1 395 210	1 063 325
四　川	23 357 763	8 819 397	7 915 254	6 623 112
贵　州	6 100 373	2 431 293	913 525	2 755 555
云　南	13 296 395	8 601 534	3 671 457	1 023 404
西　藏	239 533	217 053	1 200	21 280
陕　西	8 401 647	6 662 610	991 431	747 606
甘　肃	3 393 187	2 963 084	150 060	280 043
青　海	429 465	422 989	526	5 950
宁　夏	1 359 144	873 320	307 556	178 268
新　疆	7 981 300	7 009 651	639 242	332 407

表 179　我国西部地区林业系统森林工业固定资产投资完成情况（2014 年）

单位：万元

地 区	总 计	其中：基本建设	更新改造	其他投资	本年新增固定资产
全国总计	**14 154 039**	**4 206 278**	**2 211 827**	**7 735 934**	**6 537 698**
地区小计	**10 222 687**	**2 665 234**	**1 922 397**	**7 635 056**	**4 564 768**
占全国比重（%）	72.22	63.36	86.91	72.84	69.82
内蒙古	268 148	230 297	23 851	1 400	94 545
广　西	9 002 986	2 298 063	1 865 114	4 839 791	4 066 008
重　庆	38 422	24 761	10	14 651	3 509

（续）

地　区	总　计	其中：基本建设	更新改造	其他投资	本年新增固定资产
四　川	241 685	31 909	3 582	206 194	56 193
贵　州	3 370	2 380	680	310	3 370
云　南	181 236	30 544	23 973	126 719	96 993
西　藏					
陕　西	136 592	15 803		120 789	129 931
甘　肃	206 266	29 281	3 920	173 065	89 830
青　海	26 023			26 023	
宁　夏	1 311	1 311			4 323
新　疆	115 666	885	1 267	113 514	20 066

表 180　我国西部地区林业系统农产品加工业总产值（2014 年）　单位：万元

地　区	非木质林产品加工制造业	木材加工及竹、藤、棕、草制品业			
		合　计	锯材木片加工业	人造板制造业	木制品制造业
全国总计	**40 340 167**	**110 289 483**	**21 110 964**	**58 836 073**	**22 584 210**
地区小计	**5 308 509**	**17 624 616**	**5 190 192**	**9 561 121**	**2 031 199**
占全国比重（%）	13.16	15.98	24.59	16.25	8.99
内蒙古	13 549	897 150	786 017	64 688	26 181
广　西	1 546 113	11 321 320	3 227 271	6 822 874	1 051 540
重　庆	183 659	465 629	123 777	140 872	212 917
四　川	826 119	2 870 605	425 355	1 553 133	331 958
贵　州	210 061	436 927	193 720	120 293	99 198
云　南	1 282 008	1 253 227	350 658	597 919	261 452
西　藏		1 200	1 200		
陕　西	413 188	342 782	67 562	222 157	46 784
甘　肃	89 577	6 992	3 273	1 760	1 169
青　海		526	526		
宁　夏	304 193	1 712	1712		
新　疆	430 042	26 546	9 121	17 425	

地　区	竹、藤、棕、草制品业	木质、竹藤家具制造业	木、竹、苇浆造纸及纸制品业	林产化学产品制造业	木、竹、藤工艺品制造业	其　他
全国总计	**7 758 236**	**44 805 706**	**53 468 826**	**6 125 129**	**5 587 681**	**13 562 890**
地区小计	**942 101**	**5 162 571**	**4 239 160**	**2 273 835**	**200 072**	**3 453 553**
占全国比重（%）	12.14	11.52	7.93	37.12	3.58	25.44
内蒙古	264	3 963	24 058		76	86 198
广　西	219 635	1 968 858	2 962 605	1 737 436	73 409	1 978 572
重　庆	88 063	289 746	130 600	12 335	66 584	181 267
四　川	560 159	2 481 083	937 810	40 584	22 197	583 726
贵　州	23 716	91 588	66 957	35 131	10 240	45 765
云　南	43 198	264 817	90 886	443 909	26 320	247 229
西　藏						
陕　西	6 276	54 041	24 496	30	1 145	127 204
甘　肃	790	8 375		4 410	101	25 172
青　海						
宁　夏						1 651
新　疆		100	1 748			176 769

表181　我国西部地区森林工业主要产品产量（2014年）

地区	锯材（万m³）	木片（万实积m³）	胶合板（万m³）	纤维板（万m³）	刨花板（万m³）	其他人造板（万m³）	改性木材（万m³）	指接材（万m³）
全国总计	6 837.0	4 314.1	14 970.0	6 462.6	2 087.5	3 851.6	145.9	377.4
地区小计	1 838.2	679.9	2 104	1 714.0	157.1	672.3	49.8	49.9
占全国比重（%）	26.89	15.76	14.06	26.52	7.53	17.46	34.13	13.22
内蒙古	711.0	8.9	32.1	6.4	26.5	8.1		
广　西	625.7	569.6	1 642.6	830.7	110.8	504.9	46.9	21.5
重　庆	29.1	8.9	62.4	81.0	0.9	1.4	1.8	7.5
四　川	165.7	43.6	205.7	507.4	10.1	111.9		16.2
贵　州	83.2	10.7	54.4	8.5	0.1	18.1	0.7	3.0
云　南	199.2	29.8	86.2	170.6	8.4	27.4	0.2	1.7
西　藏	1.0							
陕　西	13.8	4.3	12.7	101.4	0.3	0.5	0.2	
甘　肃	1.4		0.8					
青　海	0.1	2.0						
宁　夏								
新　疆	8.0	2.1	7.3	8.0				

地区	木竹地板（万m²）	松香类产品（t）	松节油类产品（t）	樟脑（t）	冰片（t）	栲胶类产品（t）	紫胶类产品（t）	木材热解产品（t）	木质生物质成型燃料（t）
全国总计	76 022.4	1 700 727	230 764	13 171	2 610	5 013	4 645	1 340 780	370 374
地区小计	2 421.0	1 416 451	126 832	527	650	3 693	1 520	270 585	158 563
占全国比重（%）	3.18	83.29	54.96	4.00	24.90	73.67	32.72	20.18	42.81
内蒙古	12.1								50 000
广　西	644.8	1 008 388	92 400	7		3 693		158 318	108 960
重　庆	5.8	1 115						4 773	
四　川	1 198.7	15153	110	520				19 220	
贵　州	59.3	16 158	932				3	56 928	103
云　南	497.3	389 637	33 390		650		1 517	31 196	
西　藏	3.0								
陕　西								150	
甘　肃									
青　海									
宁　夏									
新　疆									

表 182 我国西部地区农垦系统主要农产品加工企业产品产量（2014 年）

地 区	配混合饲料（t）	机制纸及纸板（t）	纱（万 t）	布（万 m）	机制糖（t）	饮料酒（kL）	乳制品（t）	食用植物油（t）
全国总计	8 619 921	644 740	64. 06	48 254	2 835 658	1 683 740	3 717 634	4 073 151
地区小计	3 872 184	296 385	23. 30	59. 75	1 056 790	673 426	509 872	820 405
占全国比重（%）	44. 55	45. 97	36. 37	12. 38	37. 27	39. 99	13. 71	20. 14
内蒙古	25 575	1 920				1 761	7 456	46 957
广 西	637 774	145 433			847 658	21 086	1 674	848
重 庆	363 357					220 741		
四 川						7 431	1 023	
贵 州	2 613					45 822		
云 南	3 840				55 407	1 257		
西 藏								
陕 西	1 843					3 600		
甘 肃	8 060					179 029		
青 海								
宁 夏	38 445					216 741	24 910	12
新疆（兵团）	2 719 356	149 032	21. 01	5 975	153 725	241 994	133 616	761 385
新疆（农业）	15 121		2. 29			4 127	573	11 203
新疆（畜牧）	56 200					70 457		

表 183 我国西部地区轻工业系统农产品加工业产品产量（2013 年）

地 区	纸浆（万 t）	机制纸、纸板（万 t）	纸制品（万 t）	原盐（万 t）	机制糖（万 t）	糖果（万 t）	方便面（万 t）
全国总计	1 662. 4	11 514. 6	5 324. 0	6 460. 2	1 568. 0	262. 4	1 030. 8
地区小计	322. 7	1 056. 3	813. 4	1 761. 3	1 345. 4	12. 0	153. 3
占全国比重（%）	19. 41	9. 17	15. 28	27. 26	85. 80	4. 57	14. 87
内蒙古	2. 9	11. 9	43. 1	243. 0	42. 3		1. 6
广 西	224. 1	372. 3	163. 9	4. 8	1 010. 9	0. 1	17. 1
重 庆	11. 5	255. 8	184. 5	236. 3		0. 8	7. 8
四 川	30. 6	212. 3	224. 5	502. 9	1. 8	8. 8	67. 4
贵 州		16. 4	42. 2		3. 7	0. 3	1. 3
云 南	26. 7	41. 4	44. 5	129. 9	236. 5	1. 3	3. 3
西 藏		3. 2	3. 5				
陕 西		80. 4	48. 1	111. 9		0. 5	48. 9
甘 肃	0. 2	5. 9	36. 9	16. 4	3. 8	0. 2	0. 1
青 海			0. 1	261. 3			
宁 夏	10. 9	21. 6	4. 9				
新 疆	15. 8	35. 1	17. 2	254. 8	46. 4		5. 8

（续）

地 区	乳制品（万t）	液体乳（万t）	罐头（万t）	小麦粉（万t）	冷冻饮品（万t）	饮料酒（万kL）	软饮料（万t）	精制植物油（万t）
全国总计	2 698.0	2 336.0	1 045.6	13 204.6	285.6	6 600.3	14 926.8	6 218.6
地区小计	831.5	749.1	155.9	1 206.4	848	1 566.3	3 792.8	836.6
占全国比重（%）	30.82	32.07	14.91	9.14	29.69	23.73	25.41	13.45
内蒙古	300.9	273.0	0.3	96.1	27.2	176.4	294.1	75.7
广 西	27.1	20.8	54.4	28.8	22.8	200.9	712.0	237.8
重 庆	13.7	13.7	5.2	9.3	2.1	100.3	303.1	81.0
四 川	94.9	81.9	36.0	211.3	22.0	578.9	1 104.5	134.7
贵 州	6.7	6.7	1.3	3.3	2.7	87.5	193.9	23.2
云 南	50.5	49.5	2.6	7.8	0.5	106.6	281.3	17.4
西 藏	0.5	0.3		2.2		18.3	13.3	0.1
陕 西	184.0	161.8	4.0	523.3	4.0	118.1	523.9	133.3
甘 肃	29.0	26.6	2.5	139.3	0.5	73.7	175.0	6.0
青 海	16.6	16.4		7.9		13.7	26.0	9.3
宁 夏	65.7	63.0	0.1	49.1		28.7	6.6	7.7
新 疆	41.9	35.4	49.5	128.0	3.0	62.2	159.1	110.4

地 区	啤酒（万kL）	轻革（万 m²）	皮革鞋靴（万双）	皮革服装（万件）	家具（万件）	木制家具（万件）	金属家具（万件）
全国总计	5 061.5	55 056.8	492 523.7	6 229.7	65 161.8	23 646.3	32 271.1
地区小计	1 045.0	4 701.1	23 507.5	128.6	2 785.8	1 696	554.7
占全国比重（%）	20.65	8.52	4.77	2.06	4.28	7.17	1.72
内蒙古	109.9	4.6			87.3	87.3	
广 西	185.1	1 599.4	2 616.0		492.8	117.4	201.7
重 庆	82.7		7 489.6	2.1	573.4	285.4	177.9
四 川	238.3	1 794.6	13 147.1	104.7	1 418.7	1 113.4	143.6
贵 州	55.0		46.7		83.2	28.2	4.7
云 南	96.0				6.4	2.2	
西 藏	17.3						
陕 西	102.2		205.4	0.3	76.0	31.5	12.9
甘 肃	68.2	623.7		21.5	6.2	6.2	
青 海	11.6		2.7				
宁 夏	25.9	88.7			14.8	11.5	
新 疆	52.8	590.1			27.0	13.1	13.9

资料来源：表中数据由中国轻工业信息中心提供。

其　　他

表 184　我国农产品质量安全例行监测情况（2015 年）

监测产品种类	2015 年合格率（%）	同比增长
蔬　菜	96.1	上升 3.0 个百分点
畜禽产品	99.4	上升 0.3 个百分点
水产品	95.5	上升 4.2 个百分点
水　果	95.6	—
茶　叶	97.6	—

资料来源：表中数据由农业部办公厅提供。

表 185　我国大米加工"50 强企业"（2014 年度）

序号	企　业　名　称	序号	企　业　名　称
1	中粮集团有限公司	26	深圳市粮食集团有限公司
2	益海嘉里投资有限公司	27	湖北洪凯工贸发展有限公司
3	湖南省粮食集团有限责任公司	28	宜兴市粮油集团大米有限公司
4	湖北国宝桥米集团	29	安徽家乐米业有限公司
5	吉林裕丰米业股份有限公司	30	江西金佳谷物股份有限公司
6	福娃集团有限公司	31	湖北宏发米业公司
7	吉林省德春农业集团股份有限公司	32	吉林省富霞农业种子有限公司
8	安徽光明槐祥工贸集团有限公司	33	东莞市太粮米业有限公司
9	上海良友（集团）有限公司	34	黑龙江省北大荒米业集团有限公司
10	北京古船米业有限公司	35	合肥金润米业有限公司
11	重庆粮食集团有限责任公司	36	福建泉州市金穗米业有限公司
12	华润五丰米业（中国）有限公司	37	江苏双兔食品股份有限公司
13	湖北省粮油（集团）有限责任公司	38	庆安鑫利达米业有限公司
14	湖北禾丰粮油集团有限公司	39	湖南天下洞庭粮油实业有限公司
15	绿都集团股份有限公司	40	黑龙江省人和米业有限公司
16	洪湖市洪湖浪米业有限责任公司	41	安徽省桐城青草香米业集团有限公司
17	江西万年贡米集团	42	深圳市中泰米业有限公司
18	江苏省农垦米业有限公司	43	湖南浩天米业有限公司
19	河南山信粮业有限公司	44	松原粮食集团有限公司
20	安徽省阜阳市海泉粮油工业有限公司	45	四川省川粮米业股份有限公司
21	江西奉新天工米业有限公司	46	河南黄国粮业股份有限公司
22	盘锦鼎翔米业有限公司	47	桂林绿苑米业有限公司
23	山东美晶集团有限公司	48	安徽联河米业有限公司
24	湖北洪森粮油集团	49	重庆人和米业有限责任公司
25	南京沙塘庵粮油实业有限公司	50	黑龙江省和粮经贸有限公司

表 186　我国小麦粉加工"50 强企业"（2014 年度）

序号	企业名称	序号	企业名称
1	五得利面粉集团有限公司	26	丹阳市同乐面粉有限公司
2	益海嘉里投资有限公司	27	四川仁吉粉业集团有限公司
3	中粮集团小麦加工事业部	28	甘肃红太阳面业集团有限责任公司
4	今麦郎日清食品有限公司	29	江苏淮安新丰面粉有限公司
5	南顺（香港）集团	30	河北凯发面业集团有限公司
6	河北金沙河面业有限责任公司	31	陕西老牛面粉有限公司
7	北京古船食品有限公司	32	安徽瑞福祥食品有限公司
8	东莞市穗丰食品有限公司	33	河南莲花面粉有限公司
9	陕西陕富面业有限责任公司	34	安徽良夫食品工贸有限公司
10	新疆天山面粉集团有限责任公司	35	潍坊风筝面粉有限责任公司
11	江苏三零面粉有限公司	36	遂平益康面粉有限公司
12	天津市利金粮油股份有限公司	37	河南斯美特食品有限公司
13	山东利生面业（集团）有限公司	38	青岛维良食品有限公司
14	山东永乐食品有限公司	39	河南天香面业有限公司
15	河南省大程粮油集团股份有限公司	40	广东白燕粮油实业有限公司
16	杭州恒天面粉集团有限公司	41	广州市粮食集团有限责任公司
17	江苏省银河面粉有限公司	42	内蒙古恒丰食品工业集团股份有限公司
18	安徽皖王面粉集团有限公司	43	上海福新面粉有限公司
19	郑州金苑面业有限公司	44	济南民天面粉有限责任公司
20	滨州中裕食品有限公司	45	河南实佳面粉有限公司
21	河南一加一天然面粉有限公司	46	宁夏塞北雪面粉有限公司
22	安徽天麟面粉有限公司	47	安徽省凤宝粮油食品（集团）有限公司
23	山东半球面粉有限公司	48	湖北三杰粮油食品集团有限公司
24	江苏江南面粉集团	49	深圳市粮食集团有限公司
25	安徽正宇面粉有限公司	50	泉州市华圣食品有限公司

表 187　我国植物油加工"50 强企业"（2014 年度）

序号	企 业 名 称	序号	企 业 名 称
1	益海嘉里投资有限公司	26	广东鹰唛食品有限公司
2	中粮集团有限公司	27	江苏金太阳油脂有限责任公司
3	山东鲁花集团有限公司	28	浙江新市油脂股份有限公司
4	九三粮油工业集团有限公司	29	河南阳光油脂集团有限公司
5	中储粮油脂有限公司	30	大丰市嘉丰油脂有限责任公司
6	中国中纺集团公司	31	山东乐悠悠花生油科技有限公司
7	重庆粮食集团有限责任公司	32	河南懿丰油脂有限公司
8	山东三星集团有限公司	33	洪湖市洪湖浪米业有限责任公司
9	山东香驰粮油有限公司	34	南通家惠油脂发展有限公司
10	厦门中盛粮油集团有限公司	35	湖南盈成油脂工业有限公司
11	天津龙威嘉华投资集团有限公司	36	福建元成豆业有限公司
12	湖北洪森粮油集团	37	江苏金洲粮油食品有限公司
13	上海良友海狮油脂实业有限公司	38	青岛天祥食品集团有限公司
14	上海佳格食品有限公司	39	明发国际油脂化工（泰兴）有限公司
15	湖南粮食集团有限责任公司	40	安徽华安食品有限公司
16	河南爱厨植物油有限公司	41	福建华仁油脂有限公司
17	道道全粮油股份有限公司	42	江苏新海油脂有限公司
18	京粮（天津）粮油工业有限公司	43	泉州市金华油脂食品有限公司
19	湖北省粮油集团有限责任公司	44	福建康宏股份有限公司
20	山西忠民集团有限公司	45	合肥金润米业有限公司
21	湖北宏凯工贸发展有限公司	46	江苏春绿粮油有限公司
22	厦门银祥油脂有限公司	47	安徽燕庄油脂有限责任公司
23	仪征方顺粮油工业有限公司	48	劲旺粮油食品有限公司
24	湖北天星粮油股份有限公司	49	西安爱菊粮油工业集团有限公司
25	青岛长生集团有限公司	50	山东禹王实业有限公司

资料来源：表 185 至表 190 的信息来自中粮协［2015］1 号文——"关于发布《2014 年度重点粮油企业专项调查位居各行业前列企业名单的通知》。"

表 188　我国挂面加工"10 强企业"（2014 年度）

序　号	企　业　名　称
1	河北金沙河面业有限责任公司
2	克明面业股份有限公司
3	郑州博大面业有限公司
4	今麦郎日清食品有限公司
5	中粮集团小麦加工事业部
6	湖南粮食集团有限责任公司
7	河南想念食品有限公司
8	江西省春丝食品有限公司
9	宁夏塞北雪面粉有限公司
10	滨州中裕食品有限公司

表 189　我国杂粮加工"10 强企业"（2014 年）

序　号	企　业　名　称
1	安徽燕之坊食品有限公司
2	吉林省御泉生态农业开发有限公司
3	吉林市永鹏农副产品开发有限公司
4	驻马店市亿农产品科技民有限公司
5	安徽凯利粮油食品有限公司
6	浏阳河农业产业集团股份有限公司
7	湖南熙可食品有限公司
8	洮阳市物资粮油贸易有限责任公司
9	河南皓佳农业开发有限公司
10	襄阳三珍食品有限公司

表 190　我国粮油机械制造"10 强企业"（2014 年）

序　号	企　业　名　称
1	牧羊有限公司
2	江苏正昌集团有限公司
3	无锡布勒机械制造有限公司
4	合肥美亚光电技术股份有限公司
5	江苏迈安德食品机械有限公司
6	开封市茂盛机械有限公司
7	湖南郴州粮油机械有限公司
8	佐竹机械（苏州）有限公司
9	中粮工程科技有限公司
10	河北平乐面粉机械集团有限公司

表 191 我国轻工业系统列入国家 500 强农产品加工企业（2013 年）

序　号	企　业　名　称	地　区	营业收入（万元）
农　副　食　品　加　工　业			
1	新希望集团有限公司	四　川	8 063 941
2	通威集团有限公司	四　川	4 127 387
3	江西双胞胎集团股份有限公司	江　西	3 082 715
4	山东西王集团有限公司	山　东	2 608 127
5	三河汇福粮油集团有限公司	河　北	2 165 013
6	山东渤海实业股份有限公司	山　东	1 979 188
7	广西农垦集团有限责任公司	广　西	1 764 080
8	广东海大集团股份有限公司	广　东	1 545 145
9	天津农垦集团有限公司	天　津	1 301 778
10	五得利面粉集团有限公司	河　北	1 258 883
11	辽宁禾丰牧业股份有限公司	辽　宁	813 852
12	桂林力源粮油食品集团有限公司	广　西	767 615
食　品　加　工　制　造　业			
1	光明食品（集团）有限公司	上　海	13 937 176
2	中国盐业总公司	北　京	3 474 335
3	天津天狮集团有限公司	天　津	2 960 033
4	北京二商集团有限责任公司	上　海	1 810 438
5	上海良友（集团）有限责任公司	北　京	1 750 574
6	香驰控股有限公司	山　东	1 357 632
7	广西洋浦南华糖业集团股份有限公司	广　西	1 317 517
8	浙　江佑康食品集团有限公司	浙　江	1 071 867
9	厦门银鹭集团有限公司	福　建	1 025 030
10	得利斯集团有限公司	山　东	1 017 61
酿　酒　制　造　业			
1	四川省宜宾五粮液集团有限公司	四　川	6 008 905
2	泸州老窖集团有限责任公司	四　川	3 452 845
3	中国贵州茅台酒厂有限责任公司	贵　州	3 044 953
4	青岛啤酒股份有限公司	山　东	2 578 154
5	北京燕京啤酒集团公司	北　京	1 732 262
6	江苏洋河酒厂股份有限公司	江　苏	1 727 048
7	湖北稻花香集团公司	湖　北	1 600 426
8	四川郎酒集团有限责任公司	四　川	1 100 000
9	湖北枝江酒业集团公司	湖　北	900 000

（续）

序 号	企 业 名 称	地 区	营业收入（万元）
肉 食 品 加 工 业			
1	山东魏桥创业集团有限公司	山 东	18 651 498
2	上海纺织（集团）有限公司	上 海	4 400 602
3	山东如意科技集团有限公司	山 东	3 415 704
4	江苏阳光集团有限公司	江 苏	3 408 423
5	华芳集团有限公司	江 苏	2 682 758
6	山东大海集团有限公司	山 东	2 563 076
7	澳洋集团有限公司	江 苏	2 013 570
8	天津纺织集团（控股）有限公司	天 津	1 986 741
9	山东澳业纺织有限公司	山 东	1 369 862
10	浙江天圣控股集团有限公司	浙 江	1 226 727
11	兴惠化纤集团有限公司	浙 江	861 156
12	富丽达集团控股有限公司	浙 江	819 875
13	北京纺织控股有限公司	北 京	732 884
烟 草 加 工 业			
1	上海烟草（集团）有限责任公司	上 海	10 172 803
2	红塔烟草（集团）有限责任公司	云 南	9 094 348
3	湖南中烟工业有限责任公司	湖 南	8 336 170
4	红云红河烟草（集团）有限责任公司	云 南	7 477 746
5	湖北中烟工业有限责任公司	湖 北	5 990 385
6	浙江中烟工业有限责任公司	浙 江	5 126 992
7	贵州中烟工业有限责任公司	贵 州	2 961 640
8	安徽中烟工业有限责任公司	安 徽	2 831 159
9	广西中烟工业有限责任公司	广 西	1 683 259
10	重庆烟草工业有限责任公司	重 庆	1 275 722
11	江西中烟工业有限责任公司	江 西	1 257 175
12	河北白沙烟草有限责任公司	河 北	838 087
13	张家口卷烟厂有限责任公司	河 北	751 768
饮 料 加 工 业			
1	杭州娃哈哈集团有限公司	浙 江	6 363 451
2	维维集团股份有限公司	浙 江	2 281 573
3	农夫山泉股份有限公司	浙 江	938 470

（续）

序　号	企 业 名 称	地　区	营业收入（万元）
	纺织、印染业		
1	雨润控股集团有限公司	江　苏	10 616 987
2	临沂新程 金锣肉制品集团有限公司	山　东	4 221 685
3	河南省漯河市双汇实业集团有限责任公司	河　南	3 982 680
4	诸城外贸有限责任公司	山　东	1 236 517
5	河南众品实业股份有限公司	河　南	1 151 574
6	北京顺鑫农业股份有限公司	北　京	834 195
	纺织品、服装、鞋帽（含皮草、毛、绒等）加工业		
1	雅戈尔集团股份有限公司	浙　江	4 444 227
2	红豆集团有限公司	江　苏	4 021 249
3	海澜集团有限公司	江　苏	3 301 930
4	杉杉投资控股有限公司	上　海	2 402 587
5	波司登股份有限公司	江　苏	2 282 376
6	内蒙古鄂尔多斯羊绒集团有限责任公司	内蒙古	1 909 066
7	维科控股集团股份有限公司	浙　江	1 769 079
8	奥康集团有限公司	浙　江	1 545 195
9	宁波博洋控股集团有限公司	浙　江	1 035 000
10	青岛集团控股有限公司发	山　东	938 737
11	宁波申洲针织有限公司	浙　江	893 758
12	孚日集团控股有限公司	山　东	820 998
13	宁波博洋纺织有限公司鲁泰集团公司	山　东	727 664
14	浙江森马服饰股份有限公司	浙　江	706 347
	造 纸 及 纸 制 品 业		
1	山东大王集团有限公司	山　东	7 596 998
2	山东晨鸣纸业集团股份有限公司	山　东	4 579 484
3	山东太阳纸业股份有限公司	山　东	3 080 315
4	华泰集团有限公司	山　东	3 017 857
5	金东纸业（江苏）股份有限公司	江　苏	2 494 315
6	山东博汇集团有限公司	山　东	2 174 250
7	山东泉林纸业有限责任公司	山　东	1 120 830
8	胜达集团有限公司	浙　江	1 018 513

（续）

序　号	企 业 名 称	地　区	营业收入（万元）
生活消费品、家具等轻工产品加工业			
1	天津市一轻集团（控股）有限公司	天　津	6 116 801
2	老凤祥股份有限公司	上　海	2 555 340
3	重庆轻纺控股（集团）公司	重　庆	2 553 646
4	天津二轻集团（股份）有限公司	天　津	2 072 844
5	广博集团股份有限公司	浙　江	850 123

资料来源：表中信息由中国轻工业信息中心提供。

5

第五部分

标准、专利

农产品加工业部分国家标准（2015 年）

标 准 号	标 准 名 称	代 替 标 准
GB/T 15684—2015	谷物碾磨制品　脂肪酸值的测定	GB/T 15684—1995
GB/T 20570—2015	玉米储存品质判定规则	GB/T 20570—2006
GB/T 31810—2015	玉米褪绿斑驳病毒检疫鉴定方法	
GB/T 31575—2015	马铃薯商品薯质量追溯体系的建立与实施规程	
GB/T 31753—2015	马铃薯商品薯生产技术规程	
GB/T 31784—2015	马铃薯商品薯分级与检验规程	
GB/T 31790—2015	马铃薯纺锤块茎类病毒检疫鉴定方法	
GB/T 31806—2015	马铃薯 V 病毒检疫鉴定方法	
GB/T 31785—2015	大豆储存品质判定规则	
GB/T 31577—2015	粮油检验　小麦粉损伤淀粉测定　安培计法	
GB/T 31578—2015	粮油检验　粮食及制品中粗蛋白测定　杜马斯燃烧法	
GB/T 32137—2015	粮油机械　高方平筛	
GB/T 32138—2015	粮油机械　平面回转筛	
GB/Z 31812—2015	饲料原料和饲料添加剂水产靶动物有效性评价试验技术指南	
GB/Z 31813—2015	饲料原料和饲料添加剂畜禽靶动物有效性评价试验技术指南	
GB/T 32140—2015	中华鳖配合饲料	
GB/T 32141—2015	饲料中挥发性盐基氮的测定	
GB 32449—2015	饲料添加剂　硫酸镁	
GB/T 31791—2015	棉花曲叶病毒检疫鉴定方法	
GB/T 31803—2015	棉花皱叶病毒检疫鉴定方法	
GB/T 31807—2015	棉花根腐病菌检疫鉴定方法	
GB/T 32139—2015	棉花加工术语	
GB/T 32340—2015	棉花包装　聚酯捆扎带	
GB/T 32014—2015	蚕丝　性能与试验术语	
GB/T 32015—2015	丝绸　练减率试验方法	
GB/T 32016—2015	蚕丝　氨基酸的测定	
GB/T 32134—2015	羊毛颜色测定方法	
GB/T 20793—2015	苎麻精干麻	GB/T 20793—2006
GB/T 18146.2—2015	大麻纤维　第 2 部分：大麻麻条	GB/T 18146.2—2000
GB/T 18146.3—2015	大麻纤维　第 3 部分：棉型大麻纤维	GB/T 18146.3—2000
GB/T 18147.3—2015	大麻纤维试验方法　第 3 部分：长度试验方法	GB/T 18147.3—2000
GB/T 18147.4—2015	大麻纤维试验方法　第 4 部分：细度试验方法	GB/T 18147.4—2000
GB/T 18147.5—2015	大麻纤维试验方法　第 5 部分：断裂强度试验方法	GB/T 18147.5—2000
GB/T 18147.6—2015	大麻纤维试验方法　第 6 部分：疵点试验方法	GB/T 18147.6—2000
GB/T 31811—2015	苎麻落麻	
GB/T 31576—2015	动植物油脂　铜、铁和镍的测定　石墨炉原子吸收法	
GB/T 31756—2015	重松节油	
GB/T 31792—2015	向日葵茎溃疡病菌检疫鉴定方法	
GB/T 31808—2015	向日葵白锈病菌检疫鉴定方法	

（续）

标 准 号	标 准 名 称	代 替 标 准
GB/T 31809—2015	油棕猝倒病菌检疫鉴定方法	
GB/T 13209—2015	青刀豆罐头	GB/T 13209—1991
GB/T 13518—2015	蚕豆罐头	GB/T 13518—1992
GB/T 31735—2015	龙眼	
GB/T 31793—2015	油菜茎基溃疡病菌检疫鉴定方法	
GB/T 31798—2015	油菜黑胫病菌检疫鉴定方法	
GB/T 31766—2015	野山参加工及储藏技术规范	
GB/T 31795—2015	番茄黑环病毒检疫鉴定方法	
GB/T 31799—2015	银毛龙葵检疫鉴定方法	
GB/T 31802—2015	番茄斑萎病毒检疫鉴定方法	
GB/T 31804—2015	苹果锈果类病毒检疫鉴定方法	
GB/T 31805—2015	豇豆重花叶病毒检疫鉴定方法	
GB/T 32131—2015	辣根过氧化物酶活性检测方法　比色法	
GB/T 30357.3—2015	乌龙茶　第3部分：黄金桂	
GB/T 30357.4—2015	乌龙茶　第4部分：水仙	
GB/T 30357.5—2015	乌龙茶　第5部分：肉桂	
GB/T 31740.1—2015	茶制品　第1部分：固态速溶茶	
GB/T 31740.2—2015	茶制品　第2部分：茶多酚	
GB/T 31740.3—2015	茶制品　第3部分：茶黄素	
GB/T 31748—2015	茶鲜叶处理要求	
GB/T 31751—2015	紧压白茶	
GB/T 18765—2015	野山参鉴定及分等质量	GB/T 18765—2008
GB/T 22531—2015	野山参人工繁衍护育操作规程	GB/T 22531—2008
GB/T 22532—2015	移山参鉴定及分等质量	GB/T 22532—2008
GB/T 31734—2015	竹醋液	
GB/T 10789—2015	饮料通则	GB 10789—2007
GB/T 31797—2015	啤酒花潜隐类病毒检疫鉴定方法	
GB/T 31406—2015	肉脯	
GB/T 13879—2015	贮奶罐	GB/T 13879—1992
GB/T 32240—2015	自动挤奶设备　要求及测试方法	
GB/T 31814—2015	冻扇贝	
GB/T 19855—2015	月饼	GB/T 19855—2005
GB/T 32239—2015	中药制丸机	
GB/T 32096—2015	甘露糖醇（工业用）	
GB/T 32097—2015	山梨糖醇和山梨糖醇液（工业用）	
GB/T 32098—2015	生物发酵法有机酸分类	
GB/T 32099—2015	酵母产品分类导则	
GB/T 32101—2015	麦芽糖醇和麦芽糖醇液（工业用）	
GB/T 31738—2015	农产品购销基本信息描述　总则	

（续）

标 准 号	标 准 名 称	代 替 标 准
GB/T 31739—2015	农产品购销基本信息描述　仁果类	
GB/T 325.4—2015	包装容器　钢桶　第4部分：200L及以下全开口钢桶	
GB/T 325.5—2015	包装容器　钢桶　第5部分：200L及以下闭口钢桶	
GB/T 19786—2015	木质包装容器检测规程	GB/T 19786—2005
GB/T 19788—2015	蜂窝纸板箱检测规程	GB/T 19788—2005
GB/T 31479—2015	与食品接触染色纸和纸板色牢度的测定	
GB/T 31556.1—2015	包装袋　尺寸描述和测量方法　第1部分：纸袋	
GB/T 31556.2—2015	包装袋　尺寸描述和测量方法　第2部分：热塑性软质薄膜袋	
GB/T 4897—2015	刨花板	GB/T 4897.1—2003 等
GB/T 9846—2015	普通胶合板	GB/T 9846.1—2004 等
GB/T 19536—2015	集装箱底板用胶合板	GB/T 19536—2004
GB/T 31765—2015	高密度纤维板	
GB/T 31783—2015	商用木材与木制品标识	
GB/T 1910—2015	新闻纸	GB/T 1910—2006
GB/T 7968—2015	纸袋纸	GB/T 7968—1996
GB/T 31818—2015	粉状纸制品淀粉胶粘剂	
GB/T 13528—2015	纸和纸板　表面pH的测定	GB/T 13528—1992
GB/T 31905—2015	纸和纸板　边渗透的测定	
GB/T 18771.2—2015	烟草术语　第2部分：烟草制品与烟草加工	GB/T 18771.2—2002
GB/T 18771.3—2015	烟草术语　第3部分：烟用材料	GB/T 18771.3—2002
GB/T 18771.4—2015	烟草术语　第4部分：品质评价和检测	GB/T 18771.4—2002
GB/T 18771.5—2015	烟草术语　第5部分：烟草机械与烟草专用检测仪器	GB/T 18771.5—2002
GB/T 2543.1—2015	纺织品　纱线捻度的测定　第1部分：直接计数法	GB/T 2543.1—2001
GB/T 5711—2015	纺织品　色牢度试验　耐四氯乙烯干洗色牢度	GB/T 5711—1997
GB/T 7066—2015	纺织品　色牢度试验　耐沸煮色牢度	GB/T 7066—1997
GB/T 31898—2015	纺织品　色牢度试验　装饰织物耐水斑色牢度	
GB/T 31899—2015	纺织品　耐候性试验　紫外光曝晒	
GB/T 31906—2015	纺织品　拒水溶液性　抗水醇溶液试验	
GB/T 32008—2015	纺织品　色牢度试验　耐贮存色牢度	
GB/Z 32009—2015	纺织新材料　力学性能数据表	
GB/Z 32012—2015	纺织新材料　化学性能数据表	
GB/Z 32013—2015	纺织新材料　热学性能数据表	
GB 31701—2015	婴幼儿及儿童纺织产品安全技术规范	
GB/T 31702—2015	纺织制品附件锐利性试验方法	
GB/T 15552—2015	丝织物试验方法和检验规则	GB/T 15552—2007
GB/T 31907—2015	服装测量方法	
GB 2713—2015	食品安全国家标准　淀粉制品	
GB 2714—2015	食品安全国家标准　腌菜	
GB 2720—2015	食品安全国家标准　味精	

（续）

标 准 号	标 准 名 称	代 替 标 准
GB 2721—2015	食品安全国家标准　食用盐	
GB 2730—2015	食品安全国家标准　腌腊肉制品	
GB 2733—2015	食品安全国家标准　鲜、冻动物性水产品	
GB 2749—2015	食品安全国家标准　蛋与蛋制品	
GB 2759—2015	食品安全国家标准　冷冻饮品和制作料	
GB 4806.2—2015	食品安全国家标准　奶嘴	
GB 7098—2015	食品安全国家标准　罐头食品	
GB 7099—2015	食品安全国家标准　糕点、面包	
GB 7100—2015	食品安全国家标准　饼干	
GB 7101—2015	食品安全国家标准　饮料	
GB 10136—2015	食品安全国家标准　动物性水产制品	
GB 10146—2015	食品安全国家标准　食用动物油脂	
GB 14930.1—2015	食品安全国家标准　洗涤剂	
GB 14967—2015	食品安全国家标准　胶原蛋白肠衣	
GB 15193.11—2015	食品安全国家标准　果蝇伴性隐性致死试验	
GB 15193.13—2015	食品安全国家标准　90天经口毒性试验	
GB 15193.14—2015	食品安全国家标准　致畸试验	
GB 15193.15—2015	食品安全国家标准　生殖毒性试验	
GB 15193.17—2015	食品安全国家标准　慢性毒性和致癌合并试验	
GB 15193.18—2015	食品安全国家标准　健康指导值	
GB 15193.19—2015	食品安全国家标准　致突变物、致畸物和致癌物的处理方法	
GB 15193.26—2015	食品安全国家标准　慢性毒性试验	
GB 15193.27—2015	食品安全国家标准　致癌试验	
GB 15196—2015	食品安全国家标准　食用油脂制品	
GB 17325—2015	食品安全国家标准　食品工业用浓缩液（汁、浆）	
GB 17400—2015	食品安全国家标准　方便面	
GB 19299—2015	食品安全国家标准　果冻	
GB 19641—2015	食品安全国家标准　食用植物油料	
GB 24154—2015	食品安全国家标准　运动营养食品通则	
GB 31601—2015	食品安全国家标准　孕妇及乳母营养补充食品	
GB 31602—2015	食品安全国家标准　干海参	
GB 31604.1—2015	食品安全国家标准　食品接触材料及制品迁移试验通则	
GB 1886.1—2015	食品安全国家标准　食品添加剂　碳酸钠	
GB 1886.2—2015	食品安全国家标准　食品添加剂　碳酸氢钠	
GB 1886.4—2015	食品安全国家标准　食品添加剂　六偏磷酸钠	
GB 1886.5—2015	食品安全国家标准　食品添加剂　硝酸钠	
GB 1886.7—2015	食品安全国家标准　食品添加剂　焦亚硫酸钠	
GB 1886.8—2015	食品安全国家标准　食品添加剂　亚硫酸钠	
GB 1886.10—2015	食品安全国家标准　食品添加剂　冰乙酸（又名冰醋酸）	

(续)

标 准 号	标 准 名 称	代 替 标 准
GB 1886.12—2015	食品安全国家标准 食品添加剂 丁基羟基茴香醚（BHA）	
GB 1886.13—2015	食品安全国家标准 食品添加剂 高锰酸钾	
GB 1886.14—2015	食品安全国家标准 食品添加剂 没食子酸丙酯	
GB 1886.14—2015	食品安全国家标准 食品添加剂 没食子酸丙酯	
GB 1886.15—2015	食品安全国家标准 食品添加剂 磷酸	
GB 1886.16—2015	食品安全国家标准 食品添加剂 香兰素	
GB 1886.17—2015	食品安全国家标准 食品添加剂 紫胶红（又名虫胶红）	
GB 1886.18—2015	食品安全国家标准 食品添加剂 糖精钠	
GB 1886.19—2015	食品安全国家标准 食品添加剂 红曲米	
GB 1886.23—2015	食品安全国家标准 食品添加剂 小花茉莉浸膏	
GB 1886.24—2015	食品安全国家标准 食品添加剂 桂花浸膏	
GB 1886.27—2015	食品安全国家标准 食品添加剂 蔗糖脂肪酸酯	
GB 1886.29—2015	食品安全国家标准 食品添加剂 生姜油	
GB 1886.30—2015	食品安全国家标准 食品添加剂 可可壳色	
GB 1886.31—2015	食品安全国家标准 食品添加剂 对羟基苯甲酸乙酯	
GB 1886.32—2015	食品安全国家标准 食品添加剂 高粱红	
GB 1886.33—2015	食品安全国家标准 食品添加剂 桉叶油（蓝桉油）	
GB 1886.34—2015	食品安全国家标准 食品添加剂 辣椒红	
GB 1886.35—2015	食品安全国家标准 食品添加剂 山苍子油	
GB 1886.36—2015	食品安全国家标准 食品添加剂 留兰香油	
GB 1886.37—2015	食品安全国家标准 食品添加剂 环己基氨基磺酸钠	
GB 1886.38—2015	食品安全国家标准 食品添加剂 薰衣草油	
GB 1886.39—2015	食品安全国家标准 食品添加剂 山梨酸钾	
GB 1886.40—2015	食品安全国家标准 食品添加剂 L-苹果酸	
GB 1886.41—2015	食品安全国家标准 食品添加剂 黄原胶	
GB 1886.42—2015	食品安全国家标准 食品添加剂 dl-酒石酸	
GB 1886.43—2015	食品安全国家标准 食品添加剂 抗坏血酸钙	
GB 1886.46—2015	食品安全国家标准 食品添加剂 低亚硫酸钠	
GB 1886.48—2015	食品安全国家标准 食品添加剂 玫瑰油	
GB 1886.50—2015	食品安全国家标准 食品添加剂 2-甲基-3-巯基呋喃	
GB 1886.51—2015	食品安全国家标准 食品添加剂 2，3-丁二酮	
GB 1886.52—2015	食品安全国家标准 食品添加剂 植物油抽提溶剂	
GB 1886.53—2015	食品安全国家标准 食品添加剂 己二酸	
GB 1886.54—2015	食品安全国家标准 食品添加剂 丙烷	
GB 1886.55—2015	食品安全国家标准 食品添加剂 丁烷	
GB 1886.56—2015	食品安全国家标准 食品添加剂 1-丁醇（正丁醇）	
GB 1886.58—2015	食品安全国家标准 食品添加剂 乙醚	
GB 1886.59—2015	食品安全国家标准 食品添加剂 石油醚	
GB 1886.60—2015	食品安全国家标准 食品添加剂 姜黄	

(续)

标 准 号	标 准 名 称	代 替 标 准
GB 1886.61—2015	食品安全国家标准　食品添加剂　红花黄	
GB 1886.62—2015	食品安全国家标准　食品添加剂　硅酸镁	
GB 1886.63—2015	食品安全国家标准　食品添加剂　膨润土	
GB 1886.64—2015	食品安全国家标准　食品添加剂　焦糖色	
GB 1886.65—2015	食品安全国家标准　食品添加剂　单，双甘油脂肪酸酯	
GB 1886.66—2015	食品安全国家标准　食品添加剂　红曲黄色素	
GB 1886.67—2015	食品安全国家标准　食品添加剂　皂荚糖胶	
GB 1886.68—2015	食品安全国家标准　食品添加剂　二甲基二碳酸盐	
GB 1886.70—2015	食品安全国家标准　食品添加剂　沙蒿胶	
GB 1886.71—2015	食品安全国家标准　食品添加剂　1，2-二氯乙烷	
GB 1886.73—2015	食品安全国家标准　食品添加剂　不溶性聚乙烯聚吡咯烷酮	
GB 1886.74—2015	食品安全国家标准　食品添加剂　柠檬酸钾	
GB 1886.76—2015	食品安全国家标准　食品添加剂　姜黄素	
GB 1886.79—2015	食品安全国家标准　食品添加剂　硫代二丙酸二月桂酯	
GB 1886.80—2015	食品安全国家标准　食品添加剂　乙酰化单、双甘油脂肪酸酯	
GB 1886.81—2015	食品安全国家标准　食品添加剂　月桂酸	
GB 1886.82—2015	食品安全国家标准　食品营养强化剂　5'-尿苷酸二钠	
GB 1886.84—2015	食品安全国家标准　食品添加剂　巴西棕榈蜡	
GB 1886.86—2015	食品安全国家标准　食品添加剂　刺云实胶	
GB 1886.87—2015	食品安全国家标准　食品添加剂　蜂蜡	
GB 1886.88—2015	食品安全国家标准　食品添加剂　富马酸一钠	
GB 1886.89—2015	食品安全国家标准　食品添加剂　甘草抗氧化物	
GB 1886.90—2015	食品安全国家标准　食品添加剂　硅酸钙	
GB 1886.93—2015	食品安全国家标准　食品添加剂　乳酸脂肪酸甘油酯	
GB 1886.95—2015	食品安全国家标准　食品添加剂　聚甘油蓖麻醇酸酯（PGPR）	
GB 1886.97—2015	食品安全国家标准　食品添加剂　5'-肌苷酸二钠	
GB 1886.100—2015	食品安全国家标准　食品添加剂　乙二胺四乙酸二钠	
GB 1886.103—2015	食品安全国家标准　食品添加剂　微晶纤维素	
GB 1886.104—2015	食品安全国家标准　食品添加剂　喹啉黄	
GB 1886.106—2015	食品安全国家标准　食品添加剂　罗望子多糖胶	
GB 1886.107—2015	食品安全国家标准　食品添加剂　柠檬酸一钠	
GB 1886.108—2015	食品安全国家标准　食品添加剂　偶氮甲酰胺	
GB 1886.109—2015	食品安全国家标准　食品添加剂　羟丙基甲基纤维素（HPMC）	
GB 1886.110—2015	食品安全国家标准　食品添加剂　天然苋菜红	
GB 1886.111—2015	食品安全国家标准　食品添加剂　甜菜红	
GB 1886.113—2015	食品安全国家标准　食品添加剂　菊花黄浸膏	
GB 1886.114—2015	食品安全国家标准　食品添加剂　紫胶（又名虫胶）	
GB 1886.115—2015	食品安全国家标准　食品添加剂　黑豆红	
GB 1886.116—2015	食品安全国家标准　食品添加剂　木糖醇酐单硬脂酸酯	

（续）

标 准 号	标 准 名 称	代 替 标 准
GB 1886.117—2015	食品安全国家标准　食品添加剂　羟基香茅醛	
GB 1886.118—2015	食品安全国家标准　食品添加剂　杭白菊花浸膏	
GB 1886.119—2015	食品安全国家标准　食品添加剂　1，8-桉叶素	
GB 1886.120—2015	食品安全国家标准　食品添加剂　己酸	
GB 1886.121—2015	食品安全国家标准　食品添加剂　丁酸	
GB 1886.122—2015	食品安全国家标准　食品添加剂　桃醛	
GB 1886.123—2015	食品安全国家标准　食品添加剂　α-己基肉桂醛	
GB 1886.124—2015	食品安全国家标准　食品添加剂　广藿香油	
GB 1886.125—2015	食品安全国家标准　食品添加剂　肉桂醇	
GB 1886.126—2015	食品安全国家标准　食品添加剂　乙酸芳樟酯	
GB 1886.128—2015	食品安全国家标准　食品添加剂　甲基环戊烯醇酮	
GB 1886.129—2015	食品安全国家标准　食品添加剂　丁香酚	
GB 1886.130—2015	食品安全国家标准　食品添加剂　庚酸乙酯	
GB 1886.131—2015	食品安全国家标准　食品添加剂　α-戊基肉桂醛	
GB 1886.132—2015	食品安全国家标准　食品添加剂　己酸烯丙酯	
GB 1886.133—2015	食品安全国家标准　食品添加剂　枣子酊	
GB 1886.134—2015	食品安全国家标准　食品添加剂　γ-壬内酯	
GB 1886.135—2015	食品安全国家标准　食品添加剂　苯甲醇	
GB 1886.136—2015	食品安全国家标准　食品添加剂　丁酸苄酯	
GB 1886.137—2015	食品安全国家标准　食品添加剂　十六醛（又名杨梅醛）	
GB 1886.138—2015	食品安全国家标准　食品添加剂　2-乙酰基吡嗪	
GB 1886.139—2015	食品安全国家标准　食品添加剂　百里香酚	
GB 1886.140—2015	食品安全国家标准　食品添加剂　八角茴香油	
GB 1886.142—2015	食品安全国家标准　食品添加剂　α-紫罗兰酮	
GB 1886.143—2015	食品安全国家标准　食品添加剂　γ-癸内酯	
GB 1886.144—2015	食品安全国家标准　食品添加剂　γ-己内酯	
GB 1886.145—2015	食品安全国家标准　食品添加剂　δ-癸内酯	
GB 1886.146—2015	食品安全国家标准　食品添加剂　δ-十二内酯	
GB 1886.147—2015	食品安全国家标准　食品添加剂　二氢香芹醇	
GB 1886.148—2015	食品安全国家标准　食品添加剂　芳樟醇	
GB 1886.149—2015	食品安全国家标准　食品添加剂　己醛	
GB 1886.150—2015	食品安全国家标准　食品添加剂　甲酸香茅酯	
GB 1886.151—2015	食品安全国家标准　食品添加剂　甲酸香叶酯	
GB 1886.152—2015	食品安全国家标准　食品添加剂　辛酸乙酯	
GB 1886.153—2015	食品安全国家标准　食品添加剂　乙酸　2-甲基丁酯	
GB 1886.154—2015	食品安全国家标准　食品添加剂　乙酸丙酯	
GB 1886.155—2015	食品安全国家标准　食品添加剂　乙酸橙花酯	
GB 1886.156—2015	食品安全国家标准　食品添加剂　乙酸松油酯	
GB 1886.157—2015	食品安全国家标准　食品添加剂　乙酸香叶酯	

(续)

标准号	标准名称	代替标准
GB 1886.158—2015	食品安全国家标准　食品添加剂　异丁酸乙酯	
GB 1886.159—2015	食品安全国家标准　食品添加剂　异戊酸　3-己烯酯	
GB 1886.160—2015	食品安全国家标准　食品添加剂　正癸醛（又名癸醛）	
GB 1886.161—2015	食品安全国家标准　食品添加剂　棕榈酸乙酯	
GB 1886.162—2015	食品安全国家标准　食品添加剂　2，6-二甲基-5-庚烯醛	
GB 1886.163—2015	食品安全国家标准　食品添加剂　2-甲基-4-戊烯酸	
GB 1886.165—2015	食品安全国家标准　食品添加剂　2-甲基丁酸　3-己烯酯	
GB 1886.166—2015	食品安全国家标准　食品添加剂　γ-庚内酯	
GB 1886.167—2015	食品安全国家标准　食品添加剂　大茴香脑	
GB 1886.168—2015	食品安全国家标准　食品添加剂　γ-十二内酯	
GB 1903.1—2015	食品安全国家标准　食品营养强化剂　L-盐酸赖氨酸	
GB 1903.2—2015	食品安全国家标准　食品营养强化剂　甘氨酸锌	
GB 1903.3—2015	食品安全国家标准　食品营养强化剂　5′单磷酸腺苷	
GB 1903.4—2015	食品安全国家标准　食品营养强化剂　氧化锌	
GB 1903.6—2015	食品安全国家标准　食品营养强化剂　维生素E琥珀酸钙	
GB 1903.7—2015	食品安全国家标准　食品营养强化剂　葡萄糖酸锰	
GB 1903.8—2015	食品安全国家标准　食品营养强化剂　葡萄糖酸铜	
GB 1903.9—2015	食品安全国家标准　食品营养强化剂　亚硒酸钠	
GB 1903.10—2015	食品安全国家标准　食品营养强化剂　葡萄糖酸亚铁	
GB 1903.11—2015	食品安全国家标准　食品营养强化剂　乳酸锌	
GB/T 32389—2015	烘烤加工食品用器具	
GB/T 32437—2015	家具中有害物质检测方法　总则	
GB/T 32442—2015	可拆装家具拆装技术要求	
GB/T 32443—2015	家具中挥发性有机物释放量的测定　小型散发罩法	
GB/T 32444—2015	竹制家具通用技术条件	
GB/T 32445—2015	家具用材料分类	

农产品加工业农业行业标准（2015 年）

标准号	标准名称	代替标准
NY/T 658—2015	绿色食品　包装通用准则	NY/T 658—2002
NY/T 843—2015	绿色食品　畜禽肉制品	NY/T 843—2009
NY/T 895—2015	绿色食品　高粱	NY/T 895—2004
NY/T 896—2015	绿色食品　产品抽样准则	NY/T 896—2004
NY/T 902—2015	绿色食品　瓜籽	NY/T 902—2004 等
NY/T 1049—2015	绿色食品　薯芋类蔬菜	NY/T 1049—2006
NY/T 1055—2015	绿色食品　产品检验规则	NY/T 1055—2006
NY/T 1324—2015	绿色食品　芥菜类蔬菜	NY/T 1324—2007
NY/T 1325—2015	绿色食品　芽苗类蔬菜	NY/T 1325—2007
NY/T 1326—2015	绿色食品　多年生蔬菜	NY/T 1326—2007

(续)

标 准 号	标 准 名 称	代 替 标 准
NY/T 1405—2015	绿色食品 水生蔬菜	NY/T 1405—2007
NY/T 1506—2015	绿色食品 食用花卉	NY/T 1506—2007
NY/T 1511—2015	绿色食品 膨化食品	NY/T 1511—2007
NY/T 1714—2015	绿色食品 即食谷粉	NY/T 1714—2009
NY/T 2140—2015	绿色食品 代用茶	NY/T 2140—2012
NY/T 2799—2015	绿色食品 畜肉	
NY/T 264—2015	剑麻加工机械刮麻机	NY/T 264—2004
NY/T 544—2015	猪流行性腹泻诊断技术	NY/T 544—2002
NY/T 546—2015	猪传染性萎缩性鼻炎诊断技术	NY/T 546—2002
NY/T 548—2015	猪传染性胃肠炎诊断技术	NY/T 548—2002
NY/T 553—2015	禽支原体 PCR 检测方法	NY/T 553—2002
NY/T 635—2015	天然草地合理载畜量的计算	NY/T 635—2002
NY/T 983—2015	苹果采收与贮运技术规范	NY/T 983—2006
NY/T 1160—2015	蜜蜂饲养技术规范	NY/T 1160—2006
NY/T 1392—2015	猕猴桃采收与贮运技术规范	NY/T 1392—2007
NY/T 1648—2015	荔枝等级规格	NY/T 1648—2008
NY/T 2714—2015	农产品等级规格评定技术规范 通则	
NY/T 2715—2015	平菇等级规格	
NY/T 2716—2015	马铃薯原原种等级规格	
NY/T 2717—2015	樱桃良好农业规范	
NY/T 2718—2015	柑橘良好农业规范	
NY/T 2719—2015	苹果苗木脱毒技术规范	
NY/T 2721—2015	柑橘商品化处理技术规程	
NY/T 2722—2015	秸秆腐熟菌剂腐解效果评价技术规程	
NY/T 2723—2015	茭白生产技术规程	
NY/T 2724—2015	甘蔗脱毒种苗生产技术规程	
NY/T 2738.1—2015	农作物病害遥感监测技术规范 第1部分：小麦条锈病	
NY/T 2738.2—2015	农作物病害遥感监测技术规范 第2部分：小麦白粉病	
NY/T 2739.1—2015	农作物低温冷害遥感监测技术规范 第1部分：总则	
NY/T 2740—2015	农产品地理标志茶叶类质量控制技术规范编写指南	
NY/T 2741—2015	仁果类水果中类黄酮的测定 液相色谱法	
NY/T 2742—2015	水果及制品可溶性糖的测定 3，5-二硝基水杨酸比色法	
NY/T 2744—2015	马铃薯纺锤块茎类病毒检测 核酸斑点杂交法	
NY/T 2745—2015	水稻品种鉴定 SNP 标记法	
NY/T 2746—2015	植物新品种特异性、一致性和稳定性测试指南 烟草	
NY/T 2748—2015	植物新品种特异性、一致性和稳定性测试指南 人参	
NY/T 2749—2015	植物新品种特异性、一致性和稳定性测试指南 橡胶树	

（续）

标 准 号	标 准 名 称	代 替 标 准
NY/T 2750—2015	植物新品种特异性、一致性和稳定性测试指南　凤梨属	
NY/T 2751—2015	植物新品种特异性、一致性和稳定性测试指南　普通洋葱	
NY/T 2753—2015	植物新品种特异性、一致性和稳定性测试指南　红花	
NY/T 2755—2015	植物新品种特异性、一致性和稳定性测试指南　韭	
NY/T 2756—2015	植物新品种特异性、一致性和稳定性测试指南　莲属	
NY/T 2757—2015	植物新品种特异性、一致性和稳定性测试指南　青花菜	
NY/T 2760—2015	植物新品种特异性、一致性和稳定性测试指南　香蕉	
NY/T 2761—2015	植物新品种特异性、一致性和稳定性测试指南　杨梅	
NY/T 2762—2015	植物新品种特异性、一致性和稳定性测试指南　南瓜	
NY/T 2763—2015	淮猪	
NY/T 2764—2015	金陵黄鸡配套系	
NY/T 2765—2015	獭兔饲养管理技术规范	
NY/T 2766—2015	牦牛生产性能测定技术规范	
NY/T 2771—2015	农村秸秆青贮氨化设施建设标准	
NY/T 2774—2015	种兔场建设标准	
NY/T 2775—2015	农作物生产基地建设标准　糖料甘蔗	
NY/T 2776—2015	蔬菜产地批发市场建设标准	
NY/T 2777—2015	玉米良种繁育基地建设标准	
NY/T 2779—2015	苹果脆片	
NY/T 2780—2015	蔬菜加工名词术语	
NY/T 2781—2015	羊胴体等级规格评定规范	
NY/T 2782—2015	风干肉加工技术规范	
NY/T 2783—2015	腊肉制品加工技术规范	
NY/T 2784—2015	红参加工技术规范	
NY/T 2785—2015	花生热风干燥技术规范	
NY/T 2786—2015	低温压榨花生油生产技术规范	
NY/T 2787—2015	草莓采收与贮运技术规范	
NY/T 2788—2015	蓝莓保鲜贮运技术规程	
NY/T 2789—2015	薯类贮藏技术规范	
NY/T 2790—2015	瓜类蔬菜采后处理与产地贮藏技术规范	
NY/T 2791—2015	肉制品加工中非肉类蛋白质使用导则	
NY/T 2792—2015	蜂产品感官评价方法	
NY/T 2793—2015	肉的食用品质客观评价方法	
NY/T 2794—2015	花生仁中氨基酸含量测定　近红外法	
NY/T 2795—2015	苹果中主要酚类物质的测定　高效液相色谱法	
NY/T 2796—2015	水果中有机酸的测定　离子色谱法	
NY/T 2797—2015	肉中脂肪无损检测方法　近红外法	

标 准 号	标 准 名 称	代 替 标 准
NY/T 2798.1—2015	无公害农产品　生产质量安全控制技术规范　第1部分：通则	
NY/T 2798.3—2015	无公害农产品　生产质量安全控制技术规范　第3部分：蔬菜	
NY/T 2798.4—2015	无公害农产品　生产质量安全控制技术规范　第4部分：水果	
NY/T 2798.6—2015	无公害农产品　生产质量安全控制技术规范　第6部分：茶叶	
NY/T 2798.7—2015	无公害农产品　生产质量安全控制技术规范　第7部分：家畜	
NY/T 2798.8—2015	无公害农产品　生产质量安全控制技术规范　第8部分：肉禽	
NY/T 5295—2015	无公害农产品　产地环境评价准则	NY/T 5295—2004
NY/T 2672—2015	茶粉	
NY/T 2673—2015	棉花术语	
NY/T 2675—2015	棉花良好农业规范	
NY/T 2697—2015	饲草青贮技术规程　紫花苜蓿	
NY/T 2698—2015	青贮设施建设技术规范　青贮窖	
NY/T 2699—2015	牧草机械收获技术规程　苜蓿干草	
NY/T 2703—2015	紫花苜蓿种植技术规程	
NY/T 2705—2015	生物质燃料成型机　质量评价技术规范	
NY/T 2706—2015	马铃薯打秧机　质量评价技术规范	
NY 2801—2015	机动脱粒机安全操作规程	
NY 2802—2015	谷物干燥机　大气污染物排放标准	
NY/T 2803—2015	家禽繁殖员	
NY/T 2804—2015	蔬菜园艺工	
NY/T 2806—2015	饲料检验化验员	
NY/T 2807—2015	兽用中药检验员	
NY/T 2808—2015	胡椒初加工技术规程	
NY/T 2809—2015	澳洲坚果栽培技术规程	
NY/T 2822—2015	蜂产品中砷和汞的形态分析原子荧光法	
NY/T 2823—2015	八眉猪	
NY/T 2824—2015	五指山猪	
NY/T 2825—2015	滇南小耳猪	
NY/T 2826—2015	沙子岭猪	
NY/T 2827—2015	简州大耳羊	
NY/T 2828—2015	蜀宣花牛	
NY/T 2829—2015	甘南牦牛	
NY/T 2830—2015	山麻鸭	
NY/T 2831—2015	伊犁马	
NY/T 2832—2015	汶上芦花鸡	
NY/T 2833—2015	陕北白绒山羊	
NY/T 2835—2015	奶山羊饲养管理技术规范	

（续）

标 准 号	标 准 名 称	代 替 标 准
NY/T 2836—2015	肉牛胴体分割规范	
NY/T 2837—2015	蜜蜂瓦螨鉴定方法	
NY/T 2843—2015	动物及动物产品运输兽医卫生规范	
NY/T 2844—2015	双层圆筒初清筛	
NY/T 2850—2015	割草压扁机质量评价技术规范	
NY/T 2860—2015	冬枣等级规格	
NY/T 2861—2015	杨梅良好农业规范	
NY/T 2864—2015	葡萄溃疡病抗性鉴定技术规范	
NY/T 2865—2015	瓜类果斑病监测规范	
NY/T 2866—2015	旱作马铃薯全膜覆盖技术规范	
NY/T 2867—2015	西花蓟马鉴定技术规范	
NY/T 2868—2015	大白菜贮运技术规范	
NY/T 2869—2015	姜贮运技术规范	
NY/T 2880—2015	生物质成型燃料工程运行管理规范	
NY/T 2881—2015	生物质成型燃料工程设计规范	
SC/T 3203—2015	调味生鱼干	SC/T 3203—2001
SC/T 3210—2015	盐渍海蜇皮和盐渍海蜇头	SC/T 3210—2001
SC/T 3218—2015	干江蓠	
SC/T 3219—2015	干鲍鱼	

农产品加工业林业行业标准（2015 年）

标 准 号	标 准 名 称	代 替 标 准
LY/T 1079—2015	小原条	LY/T 1079—2006
LY/T 1444.1—2015	林区木材生产能耗 第 1 部分：综合能耗	LY/T 1444.1—2005
LY/T 1444.2—2015	林区木材生产能耗 第 2 部分：油锯燃料消耗量	LY/T 1444.2—2005
LY/T 1444.3—2015	林区木材生产能耗 第 3 部分：集材机械燃料消耗量	LY/T 1444.3—2005
LY/T 1444.4—2015	林区木材生产能耗 第 4 部分：伐区装车机械燃料消耗量	LY/T 1444.4—2005
LY/T 1444.6—2015	林区木材生产能耗 第 6 部分：贮木场生产能源消耗量	LY/T 1444.6—2005
LY/T 1613—2015	挤出成型木塑复合板材	LY/T 1613—2004
LY/T 1657—2015	软木类地板	LY/T 1657—2006
LY/T 2414—2015	一元立木材积表编制技术规程	
LY/T 2418—2015	苗木抽样方法	
LY/T 2419—2015	苗木质量核查规则	
LY/T 2426—2015	枣品种鉴定技术规程 SSR 分子标记法	

（续）

标 准 号	标 准 名 称	代 替 标 准
LY/T 2427—2015	马尾松种子园营建技术规程	
LY/T 2431—2015	乌桕采穗圃营建技术规程	
LY/T 2433—2015	薄壳山核桃采穗圃营建技术规程	
LY/T 2440—2015	商品竹苗质量检测方法	
LY/T 2443—2015	花曲柳苗木质量分级	
LY/T 2464—2015	薇菜生产技术规程	
LY/T 2465—2015	榛蘑	
LY/T 2467—2015	五倍子 角倍生产技术规程	
LY/T 2483—2015	竹炭产品 术语	
LY/T 2484—2015	竹材液化发泡工程材料通用技术要求	
LY/T 2485—2015	梁材	
LY/T 2486—2015	实木菜板	
LY/T 2487—2015	木质地板冲击噪声测试方法	
LY/T 2488—2015	实木拼接板	
LY/T 2489—2015	木材交付通用技术条件	
LY/T 2490—2015	改性木材尺寸稳定性测试方法	
LY/T 2491—2015	蒸汽热源木材干燥设备节能监测方法	
LY/T 2495—2015	中国主要竹种通用名称	
LY/T 2499—2015	野生动物饲养场总体设计规范	
LY/T 2500.1—2015	活体野生动物运输容器 第1部分：术语	
LY/T 2500.2—2015	活体野生动物运输容器 第2部分：标签与标识	
LY/T 2500.3—2015	活体野生动物运输容器 第3部分：通则	
LY/T 2500.4—2015	活体野生动物运输容器 第4部分：箱类容器一般性检验	
LY/T 2500.6—2015	活体野生动物运输容器 第6部分：鳄类动物钢木运输箱	
LY/T 2501—2015	野生动物及其产品的物种鉴定规范	
LY/T 2502—2015	野生动物产品 东北林蛙油	
LY/T 2503—2015	野生动物饲养管理技术规程 斑嘴鸭	
LY/T 2504—2015	野生动物饲养管理技术规程 蟒蛇	
LY/T 2505—2015	野生动物饲养管理技术规程 眼镜蛇	
LY/T 2506—2015	野生动物饲养管理技术规程 棕熊	
LY/T 2507—2015	森林食品基地认定技术规程	
LY/T 2516—2015	林业有害生物监测预报技术规范	
LY/T 2517—2015	林业有害生物监测预报管理规范	
LY/T 2518—2015	喷雾防治林业有害生物技术规程	

（续）

标 准 号	标 准 名 称	代 替 标 准
LY/T 2519—2015	柏树蛀干害虫植物源引诱剂使用技术规程	
LY/T 2520—2015	桑天牛防治技术规程	
LY/T 2521—2015	舞毒蛾防治技术规程	
LY/T 2522—2015	杨小舟蛾防治技术规程	
LY/T 2523—2015	纵坑切梢小蠹综合防控技术规程	
LY/T 2530—2015	光皮树苗木质量分级	
LY/T 2531—2015	核桃育苗嫁接技术规程	
LY/T 2534—2015	楸树嫁接育苗技术规程	
LY/T 2535—2015	南方鲜食枣栽培技术规程	
LY/T 2543—2015	双孢蘑菇林下栽培技术规程	
LY/T 2549—2015	集成材生产综合能耗	
LY/T 2550—2015	木制卫生筷子生产综合能耗	
LY/T 2551—2015	竹地板生产综合能耗	
LY/T 2552—2015	竹基生物质成型燃料	
LY/T 2553—2015	家具用竹材胶合板	
LY/T 2555—2015	木质吸声板	
LY/T 2556—2015	平压生物质基塑性复合板材	
LY/T 2557—2015	生物质基泡沫材料中生物基含量检测方法	
LY/T 2558—2015	人造板生产用回收木材检验方法	
LY/T 2559—2015	人造板吸音性能测定　小混响室	
LY/T 2560—2015	软木复合装饰卷（片）材	
LY/T 2561—2015	松脂中工业盐掺杂物鉴别方法	
LY/T 2562—2015	涂饰定向结构麦秸板地板	
LY/T 2563—2015	以定向刨花板为基材的复合地板	
LY/T 2564—2015	圆竹物理力学性能试验方法	
LY/T 1658—2015	直接印刷人造板	LY/T 1658—2006
LY/T 2565—2015	竹塑复合材料	
LY/T 2566—2015	园林机械　草坪通风机	
LY/T 2567—2015	园林机械　手持式电动草坪修边机	
LY/T 2570—2015	园林机械　以汽油机为动力的随进式松土机	
LY/T 1166—2015	林业机械　便携式油锯护手器　机械强度	LY/T 1166—2011
LY/T 1348—2015	林业机械　便携式油锯　手把最小空隙和尺寸	LY/T 1348—2007
LY/T 2571—2015	林业机械　甩锤式灌草碎化机	
LY/T 2572—2015	林业机械　悬挂盘式枝丫切碎机	

农产品加工业内贸行业标准（2015 年）

标 准 号	标 准 名 称	代 替 标 准
SB/T 11121—2015	大众化餐饮评价指标	
SB/T 11122—2015	进口葡萄酒相关术语翻译规范	
SB/T 11123—2015	连锁企业酒类商品分销管理规范	
SB/T 11124—2015	肉类蔬菜流通追溯零售电子秤通用规范	
SB/T 11125—2015	肉类蔬菜流通追溯手持读写终端通用规范	
SB/T 11126—2015	肉类蔬菜流通追溯批发自助交易终端通用规范	
SB/T 11127—2015	木材与木制品交易市场等级划分规范	
SB/T 11140—2015	快餐企业经营规范	
SB/T 11141—2015	餐饮企业连锁经营规范	
SB/T 11142—2015	餐饮服务经营者与消费者订立合同的规范要求	
SB/T 11143—2015	餐饮分餐服务操作规范	
SB/T 11147—2015	红木类商品销售及售后服务管理规范	
SB/T 11148—2015	防腐木材采购指南	
SB/T 11150—2015	中药材气调养护技术规范	

农产品加工业粮食行业标准（2015 年）

标 准 号	标 准 名 称	代 替 标 准
LS/T 1713—2015	库存粮食识别代码	
LS/T 3243—2015	DHA 藻油	
LS/T 3244—2015	全麦粉	
LS/T 3245—2015	藜麦米	
LS/T 6111—2015	粮油检验　粮食中黄曲霉毒素 B_1 测定　胶体金快速定量法	
LS/T 6112—2015	粮食检验　粮食中玉米赤霉烯酮测定　胶体金快速定量法	
LS/T 6114—2015	粮油检验　粮食中赭曲霉毒素 A 测定　胶体金快速定量法	
LS/T 15121.1—2015	早籼米加工精度标准样品　一级	
LS/T 15121.2—2015	早籼米加工精度标准样品　二级	
LS/T 15121.3—2015	早籼米加工精度标准样品　三级	
LS/T 15121.4—2015	早籼米加工精度标准样品　四级	
LS/T 15122.1—2015	晚籼米加工精度标准样品　一级	
LS/T 15122.2—2015	晚籼米加工精度标准样品　二级	
LS/T 15122.3—2015	晚籼米加工精度标准样品　三级	
LS/T 15122.4—2015	晚籼米加工精度标准样品　四级	
LS/T 15123.1—2015	粳米加工精度标准样品　一级	
LS/T 15123.2—2015	粳米加工精度标准样品　二级	
LS/T 15123.3—2015	粳米加工精度标准样品　三级	
LS/T 15123.4—2015	粳米加工精度标准样品　四级	
LS/T 15111.1—2015	南方小麦粉加工精度标准样品　特制一等	
LS/T 15111.2—2015	南方小麦粉加工精度标准样品　特制二等	
LS/T 15111.3—2015	南方小麦粉加工精度标准样品　标准粉	

(续)

标 准 号	标 准 名 称	代 替 标 准
LS/T 15112.1—2015	北方小麦粉加工精度标准样品　特制一等	
LS/T 15112.2—2015	北方小麦粉加工精度标准样品　特制二等	
LS/T 15112.3—2015	北方小麦粉加工精度标准样品　标准粉	
LS/T 1531—2015	小麦硬度指数标准样品	
LS/T 15211—2015	小麦储存品质尝评分参考样品	
LS/T 15321—2015	籼稻整精米率标准样品	
LS/T 15322—2015	粳稻整精米率标准样品	

农产品加工业机械行业标准（2015 年）

标 准 号	标 准 名 称	代 替 标 准
JB/T 12346—2015	饺子机	
JB/T 12347—2015	真空和面机	
JB/T 12348—2015	面条生产线	
JB/T 12349—2015	包子成型机技术条件	
JB/T 12350—2015	肉类加工机械　乳化机	
JB/T 12351—2015	肉类加工机械　嫩化机	
JB/T 12352—2015	肉类加工机械　切片分份机	
JB/T 12353—2015	肉类加工机械　切片绞肉机	
JB/T 12354—2015	肉类加工机械　丸子成型机	
JB/T 12355—2015	肉类加工机械　圆盘切割机	
JB/T 12356—2015	肉类周转箱清洗机	
JB/T 12357—2015	全自动调理食品成型机	
JB/T 12358—2015	肉类加工机械　猪肉去皮机	
JB/T 12359—2015	肉类加工机械　盐水注射机	
JB/T 12360—2015	肉类加工机械　香肠剪切机	
JB/T 12361—2015	肉类加工机械　骨肉分离机	
JB/T 12362—2015	肉类加工机械　高速扭结机	
JB/T 12363—2015	肉类加工机械　工业绞肉机	
JB/T 12364—2015	肉类加工机械　畜禽肉分割线	
JB/T 12365—2015	禽类屠宰加工机械　螺旋预冷机	
JB/T 12366—2015	畜类屠宰加工机械　猪胴体自动劈半机	
JB/T 12367—2015	畜类屠宰加工机械　二分体猪肉转挂机	
JB/T 12368—2015	畜类屠宰加工机械　生猪二氧化碳致昏机	
JB/T 12339—2015	固定式粮食扦样机	
JB/T 12342—2015	餐厨弃物处理机	
JB/T 12341—2015	重力式种子分选机	
JB/T 12448—2015	果蔬鲜切机	
JB/T 12779—2015	螺带饲料混合机	
JB/T 12780—2015	螺杆挤压式饲料膨化机　螺杆	

（续）

标　准　号	标　准　名　称	代　替　标　准
JB/T 12781—2015	螺杆挤压式饲料膨化机　模板	
JB/T 12782—2015	饲料输送机械　换向阀	
JB/T 12783—2015	饲料输送机械　旋转式分配器	
JB/T 12784—2015	饲料输送机械　闸门	
JB/T 12827—2015	甜菜割叶切顶机	
JB/T 20017—2015	荸荠式包衣机	JB 20017—2004
JB/T 7578—2015	食物搅碎器用串励电动机	JB/T 7578—1994
JB/T 9821—2015	饲料加工成套设备　型式与基本参数	JB/T 9821—1999
JB/T 12823—2015	核桃破壳机	
JB/T 12824—2015	葵花籽脱粒机	
JB/T 12443—2015	滚杠式干果分级机	
JB/T 5676—2015	茶叶抖筛机	JB/T 5676—2007
JB/T 6674—2015	茶叶烘干机	JB/T 6674—2007
JB/T 7863—2015	茶叶机械　术语	JB/T 7863—2007
JB/T 8575—2015	茶叶炒干机	JB/T 8575—2007
JB/T 9812—2015	茶叶滚筒杀青机	JB/T 9812—2007
JB/T 10748—2015	扁形茶炒制机	JB/T 10748—2007
JB/T 10808—2015	扁形茶加工成套设备	JB/T 10808—2007
JB/T 12833—2015	茶叶理条机	
JB/T 12834—2015	茶叶色选机	
JB/T 12835—2015	茶叶鲜叶分级机	
JB/T 20012—2015	药用槽式混合机	JB 20012—2004
JB/T 20018—2015	药用摇摆式颗粒机	JB 20018—2004
JB/T 20023—2015	药品泡罩包装机	
JB/T 20031—2015	纯蒸汽发生器	
JB/T 20036—2015	提取浓缩罐	
JB/T 20037—2015	真空浓缩罐	
JB/T 20038—2015	提取罐	
JB/T 20041—2015	切药机	JB/T 20041—2004 等
JB/T 20042—2015	滚筒式洗药机	JB/T 20042—2004
JB/T 20045—2015	药用流化床干燥器	JB/T 20045—2005
JB/T 20097—2015	滚筒式丸粒筛选机	JB/T 20097—2007
JB/T 20110—2015	真空润药机	
JB/T 20111—2015	中药材热风穿流式烘干箱	
JB/T 20112—2015	可倾式蒸煮锅	
JB/T 20113—2015	中药材颚式破碎机	
JB/T 20169—2015	药用直线振动流化床干燥机	
JB/T 20171—2015	药用纯蒸汽灭菌器	
JB/T 20172—2015	药用器具清洗干燥机	

（续）

标 准 号	标 准 名 称	代 替 标 准
JB/T 20173—2015	辊压干法制粒机	
JB/T 20174—2015	胶囊抛光机	
JB/T 447—2015	活塞推料离心机	JB/T 447—2004
JB/T 502—2015	螺旋卸料沉降离心机	JB/T 502—2004
JB/T 3790—2015	机械式自动捆扎机	JB/T 3790.1—2004
JB/T 4064—2015	上悬式离心机	JB/T 4064—2005
JB/T 3266—2015	转筒干燥机	JB/T 8852.2—2000
JB/T 8852—2015	转筒干燥机 托轮装置	JB/T 8852.1—2004
JB/T 7220—2015	刮刀卸料离心机	JB/T 7220—2006
JB/T 9035—2015	水力旋流器	JB/T 9035—1999
JB/T 9054—2015	离心式除尘器	JB/T 9054—2000
JB/T 10278—2015	气流干燥机	JB/T 10278—2001
JB/T 10502—2015	浓缩带式压榨过滤机	JB/T 10502—2005
JB/T 12136—2015	瓦楞辊筒体锻件	
JB/T 12258—2015	旋流式制粒包衣干燥机	
JB/T 12259—2015	夹套圆筒刮板干燥机	
JB/T 12338—2015	窝眼筒分选机	
JB/T 12442—2015	大型秸秆方捆打（压）捆机	
JB/T 12446—2015	生物质处理设备 秸秆烘干机	
JB/T 12819—2015	翻袋式自动卸料离心机	
JB/T 12821—2015	强力带式压榨机	
JB/T 12826—2015	农作物秸秆压缩成型机	

农产品加工业轻工行业标准（2015 年）

标 准 号	标 准 名 称	代 替 标 准
QB/T 1168—2015	甘蔗压榨机	QB/T 1168—1991
QB/T 1351—2015	云腿罐头	QB/T 1351—1991
QB/T 1374—2015	贝类罐头	QB/T 1374—1991 等
QB/T 1375—2015	鱼类罐头	QB/T 1375—1991 等
QB/T 1733.1—2015	花生制品通用技术条件	QB/T 1733.1—1993
QB/T 1733.2—2015	花生类糖制品	QB/T 1733.2—1993
QB/T 1733.3—2015	裹衣花生	QB/T 1733.3—1993
QB/T 1733.4—2015	花生酱	QB/T 1733.4—1993
QB/T 1733.5—2015	油炸花生仁	QB/T 1733.5—1993
QB/T 1733.6—2015	烤花生仁和烤花生碎	QB/T 1733.6—1993
QB/T 1733.7—2015	烤花生	QB/T 1733.7—1996
QB/T 1998—2015	栗（豆）羊羹	QB/T 1998—1994

（续）

标 准 号	标 准 名 称	代 替 标 准
QB/T 2370—2015	易拉罐灌装生产线	QB/T 2370—1998
QB/T 2375—2015	制糖机械 板式自动压滤机	QB/T 2375—1998
QB/T 2830—2015	榨菜盐	QB/T 2830—2006
QB/T 2437—2015	啤酒计量杯	QB/T 2437—1999
QB/T 2743—2015	泡菜盐	QB/T 2743—2005
QB/T 4819—2015	食品包装用淋膜纸和纸板	
QB/T 4848—2015	食品工业用不锈钢管道安装及验收规范	
QB/T 4849—2015	葡萄酒中挥发性醇类的测定方法 静态顶空-气相色谱法	
QB/T 4850—2015	葡萄酒中挥发性酯类的测定方法 静态顶空-气相色谱法	
QB/T 4856—2015	不锈钢果蔬刨 通用要求	
QB/T 4891—2015	冷冻调制食品技术规范	
QB/T 4892—2015	冷冻调制食品检验规则	
QB/T 4893—2015	软冰淇淋及软雪糕浆料	
QB/T 2007—2015	制革机械 削匀机	QB/T 2007—1994
QB/T 2009—2015	制革机械 板式熨平压花机	QB/T 2009—1994
QB/T 2011—2015	制鞋机械 数控刻楦机	QB/T 2011—1994
QB/T 2014—2015	制革机械 去肉机	QB/T 2014—1994
QB/T 4786—2015	制革机械 抛光机	
QB/T 4787—2015	制鞋机械 数控自动喷胶机	
QB/T 4789—2015	制鞋机械 乙烯-醋酸乙烯共聚物（EVA）注射发泡成型机	
QB/T 4790—2015	制鞋机械 激光鞋样切割机	
QB/T 4870—2015	皮革柔软度测试仪	
QB/T 4872—2015	人造革合成革试验方法 接缝强度的测定	
QB/T 4873—2015	人造革合成革试验方法 实验室光源曝露法	
QB/T 4874—2015	人造革合成革试验方法 接缝抗疲劳强度的测定	

农产品加工业出入境检验检疫行业标准（2015 年）

标 准 号	标 准 名 称	代 替 标 准
SN/T 0168—2015	进出口食品中菌落总数计数方法	SN 0168—1992
SN/T 0230.2—2015	出口脱水大蒜制品检验规程	SN/T 0230.2—1993
SN/T 0260—2015	出口谷朊粉检验规程	SN/T 0260—1993
SN/T 0400.12—2015	进出口罐头检验规程 第 12 部分：口岸检验	SN/T 0400.12—2005
SN/T 0601—2015	出口食品中毒虫畏残留量测定方法 液相色谱-质谱/质谱法	SN 0601—1996
SN/T 0626.3—2015	出口速冻蔬菜检验规程 芦笋类	SN/T 0626.3—1997
SN/T 0800.4—2015	出口粮食、饲料检验 第 4 部分：尿素酶活性测定方法	SN/T 0800.4—1999
SN/T 0801.5—2015	出口动植物油脂检验方法 第 5 部分：熔点检验方法	SN/T 0801.5—1999
SN/T 1135.12—2015	马铃薯 M 病毒检疫鉴定方法	

(续)

标 准 号	标 准 名 称	代 替 标 准
SN/T 1135.13—2015	马铃薯 Y 病毒检疫鉴定方法	
SN/T 1151.5—2015	对虾杆状病毒病检疫技术规范	SN/T 1151.5—2003
SN/T 1172—2015	鸡白血病检疫技术规范	SN/T 1172—2003
SN/T 1395—2015	禽衣原体病检疫技术规范	SN/T 1395.1—2004 等
SN/T 2273—2015	食品接触材料安全卫生技术规范	SN/T 2273—2009
SN/T 2274—2015	食品接触材料检验规程 高分子材料类	SN/T 2274—2009
SN/T 4089—2015	进出口食品中高氯酸盐的测定	
SN/T 4091—2015	食品微生物学测量不确定度评估指南	
SN/T 4097—2015	贝类派琴虫实时荧光 PCR 检测方法	
SN/T 4098—2015	鸡传染性贫血检疫技术规范	
SN/T 4102—2015	马的饲养、运输、屠宰动物福利规范	
SN/T 4103—2015	猪及其加工产品中转基因成分定性 PCR 检测方法	
SN/T 4122—2015	食品接触材料 纸、再生纤维材料 硼酸的测定	
SN/T 4135—2015	出口炒货类食品检验规程	
SN/T 4136—2015	出口芦荟干粉中芦荟甙含量的测定 高效液相色谱法	
SN/T 4139—2015	出口水果蔬菜中乙萘酚残留量的测定	
SN/T 4141—2015	畜及畜产品中糖皮质激素残留量检测方法 酶联免疫法	
SN/T 4172—2015	辣椒果实蝇检疫鉴定方法	
SN/T 4175—2015	木薯绵粉蚧检疫鉴定方法	
SN/T 4176—2015	南瓜实蝇检疫鉴定方法	
SN/T 4178—2015	南瓜花叶病毒检疫鉴定方法	
SN/T 4181—2015	甜菜叶斑病菌检疫鉴定方法	
SN/T 4317—2015	出口食品中 7 种光引发剂迁移量的检测方法	
SN/T 4319—2015	出口水产品中微囊藻毒素的检测 液相色谱-质谱/质谱法	
SN/T 4330—2015	进境水果检疫处理一般要求	
SN/T 4331—2015	进境水果检疫辐照处理基本技术要求	
SN/T 4332—2015	新鲜水果中磷化氢熏蒸气体残留测定方法 气相色谱法	
SN/T 4333—2015	苹果溴甲烷检疫熏蒸处理操作规程及技术要求	
SN/T 4337—2015	番茄灰斑病菌检疫鉴定方法	
SN/T 4349—2015	进境熊蜂现场检疫监管规程	
SN/T 4352—2015	饲用血液制品检验检疫监管规程	
SN/T 4394—2015	出口食品中红木素和降红木素的测定 液相色谱法	
SN/T 4395—2015	出口食品中磷化氢残留量的检测方法 气相色谱法	
SN/T 4397—2015	出口食品中牦牛源性成分的检测方法 实时荧光 PCR 法	
SN/T 4404—2015	菜豆金色花叶病毒属病毒 PCR 筛查方法	
SN/T 4405—2015	黄瓜花叶病毒检疫鉴定方法	
SN/T 4406—2015	竹花叶病毒的检疫鉴定方法	
SN/T 4409—2015	苹果蠹蛾辐照处理技术指南	

（续）

标 准 号	标 准 名 称	代 替 标 准
SN/T 4410—2015	梨小食心虫辐照处理技术指南	
SN/T 4413—2015	转基因玉米品系检测 可视芯片检测方法	
SN/T 4414.2—2015	出口食品热加工设备热分布检验规程 第2部分：水杀菌锅	
SN/T 4414.3—2015	出口食品热加工设备热分布检验规程 第3部分：蒸柜	
SN/T 4415—2015	出口食品热加工设备杀菌检验规程 UHT杀菌机	
SN/T 0704—2015	进出口皮革及皮革制品中六价铬含量测定 分光光度法	SN/T 0704—1997
SN/T 1361—2015	进出境棉花检疫规程	SN/T 1361—2004
SN/T 4293—2015	进出境洗净羊毛检疫技术规范	
SN/T 4297—2015	进口生皮毛生产、加工、存放企业检验检疫监管规程	
SN/T 4388—2015	皮革鉴定 扫描电镜和光学显微镜法	
SN/T 0006—2015	检验检疫纺织专业标准编制指南	SN/T 0006—2009
SN/T 0454—2015	进出口纺织品质量符合性评价方法 包装	SN/T 0454—1996
SN/T 1052—2015	进出口阻燃帆布检验规程	SN/T 1052—2002
SN/T 1461—2015	进出口纺织品耐光、汗复合色牢度试验方法	SN/T 1461—2004
SN/T 2558.10—2015	进出口纺织品 功能性检测方法 第10部分：吸水性	
SN/T 3474—2015	进出口纺织品质量符合性评价方法 服装 裘皮服装	
SN/T 3475—2015	进出口纺织品质量符合性评价方法 服装 真丝服装	
SN/T 3476—2015	进出口纺织品质量符合性评价方法 服装 功能性服装	SN/T 3476—1998
SN/T 3478—2015	进出口纺织质量符合性评价方法 服装 婴幼儿衣着附件	
SN/T 3704.4—2015	进出口纺织服装检验规程 第4部分：裘皮服装	
SN/T 3704.6—2015	进出口纺织服装检验规程 第6部分：功能性服装	
SN/T 3704.7—2015	进出口纺织服装检验规程 第7部分：服饰	
SN/T 3777.1—2015	纺织产品出口企业分类规范 第1部分：纺织原料	
SN/T 4106—2015	进出口纺织品 纤维定量分析 溶解法 金属纤维混纺产品	
SN/T 4184.3—2015	进出口纺织原料检验规程 第3部分：毛纤维	
SN/T 4184.4—2015	进出口纺织原料检验规程 第4部分：麻纤维	
SN/T 4157—2015	进出口遇水自膨胀麻袋检验规程	
SN/T 4184.5—2015	进出口纺织原料检验规程 第5部分：合成纤维	
SN/T 4301.1—2015	进出口纺织专业通用技术要求 第1部分：标准体系	
SN/T 4301.2—2015	进出口纺织专业通用技术要求 第2部分：感官检验技术规范	
SN/T 4353—2015	纺织品 禁用偶氮染料的快速筛选方法 显色法	
SN/T 4355—2015	进出口纺织化学品毒理性质（Q）SAR模型评估规范	
SN/T 4356—2015	进出口纺织品 耐氯化水（泳池水）拉伸弹性回复率的测定	
SN/T 4359.1—2015	进出口纺织织物检验规程 第1部分：机织物	
SN/T 4389—2015	生活用纸中乙二醛含量的测定 分光光度法	
SN/T 4402—2015	入境废纸卫生处理规程	
SN/T 4411—2015	木质包装材料真空熏蒸处理规程	
SN/T 4416—2015	进出口功能性纺织品检验规程 燃烧性能	

农产品加工业烟草行业标准（2015 年）

标 准 号	标 准 名 称	代 替 标 准
YC/T 523—2015	烟草良好农业管理及控制规程	
YC/T 524—2015	白肋烟烟碱转化株鉴定规程	
YC/T 525—2015	烟草种质资源　繁殖更新技术规程	
YC/T 526—2015	烟草除草剂药害分级及调查方法	
YC/Z 527—2015	烟草品种　农业试验技术规程	
YC/T 528—2015	卷烟工厂内部控制管理指标体系	
YC/T 529—2015	烟草及烟草制品　感官评价人员资质确定的一般导则	
YC/T 530—2015	烤烟　烟叶质量风格特色感官评价方法	
YC/T 531—2015	烟草行业卷烟仓库代码编制规则	
YC/T 532—2015	烟草行业信息化统一平台传输环境使用规范	
YC/T 533—2015	烟草行业信息化工程监理服务管理规范	
YC/T 534.1—2015	烟草行业数据元　第1部分：结构与原则	
YC/Z 290—2015	烟草行业农业标准体系	YC/Z 290—2009
YC/T 535—2015	烟草工业企业卓越绩效评价准则应用指南	
YC/T 536—2015	打叶复烤企业分层管理规范	
YC/Z 537—2015	卷烟企业卷接包装工序统计过程控制应用指南	

农产品加工业纺织行业标准（2015 年）

标 准 号	标 准 名 称	代 替 标 准
FZ/T 12001—2015	转杯纺棉本色纱	FZ/T 12001—2006
FZ/T 12049—2015	精梳棉/罗布麻包缠纱	
FZ/T 20002—2015	毛纺织品含油脂率的测定	FZ/T 20002—1991
FZ/T 20008—2015	毛织物单位面积质量的测定	FZ/T 20008—2006
FZ/T 20009—2015	毛织物尺寸变化的测定　静态浸水法	FZ/T 20009—2006
FZ/T 20015.6—2015	毛纺产品分类、命名及编号　绒线	FZ/T 20015.6—1998
FZ/T 20028—2015	分梳山羊绒　纤维长度和长度分布的测定　光电法	
FZ/T 20029—2015	毛织物起泡性能的测定　喷水法	
FZ/T 20030—2015	毛织物卷边性能的测定　喷水法	
FZ/T 21009—2015	短毛条	
FZ/T 21010—2015	精梳印花毛条	
FZ/T 24006—2015	弹性毛织品	FZ/T 24006—2006
FZ/T 24021—2015	精梳毛棉织品	
FZ/T 24022—2015	精梳水洗毛织品	
FZ/T 32019—2015	精梳大麻与再生纤维素纤维混纺本色纱	
FZ/T 32020—2015	精梳大麻与再生纤维素纤维混纺色纺纱	
FZ/T 42015—2015	桑蚕丝/棉混纺绢丝	
FZ/T 50028—2015	聚乙烯醇纤维　始溶温度试验方法	
FZ/T 61005—2015	线毯	FZ/T 61005—2006
FZ/T 71001—2015	精梳毛针织绒线	FZ/T 71001—2003

（续）

标 准 号	标 准 名 称	代 替 标 准
FZ/T 71002—2015	粗梳毛针织绒线	FZ/T 71002—2003
FZ/T 71004—2015	精梳编结绒线	FZ/T 71004—2003
FZ/T 73053—2015	针织羽绒服装	
FZ/T 92029—2015	梳棉机 盖板骨架	FZ/T 92029—2006
FZ/T 93094—2015	抓棉机	
FZ/T 93095—2015	开棉机	

农产品加工业发明专利（2014年）

［2014年农产品加工业（含加工制品、加工技术与设备）部分专利选摘］

申请或批准号	发 明 名 称	申请（专利权）人与通讯地址	发明人
CN201410152780	一种麦纤散功能性保健面粉的制备方法	杭州恒天面粉集团有限公司，浙江省杭州市萧山区经济开发区金一路1号（311201）	邬大江、余波等
CN201410271984	一种高蛋白鸡蛋面粉及其制备方法	凤阳县小岗村粮油食品发展有限公司，安徽省滁州市凤阳县小溪河镇金庄村（233124）	张玉奇
CN201410292681	一种玉米面粉的加工工艺	安徽年康面业有限责任公司，安徽省马鞍山市含山县环峰镇祁门行政村（238100）	许启兵
CN201410501280	一种高纤维蔬菜保健面粉及其制备方法	安徽溪瑞食品有限公司，安徽省淮北市濉溪县肖海路收费站北30米（235100）	刘艺
CN201420339206	一种面粉生产线控制系统	河南中原轧辊有限公司，河南省漯河市郾城区孟庙镇中原路45号（462311）	卢红艺、王景杰等
CN201420434215	面粉加工设备	泗县泗州宏奥面粉有限责任公司，安徽省宿州市泗县东关经济开发区南大道北侧（234300）	王志江
CN201410468220	一种面条及其制备方法	河南省中天食品有限公司，河南省新乡市封丘县黄德经济开发区（453000）	陈晟杰、王红磊
CN201410527870	一种高粱小米燕麦杂粮面条及其生产方法	青岛嘉瑞生物技术有限公司，山东省青岛市市南区仙游路16号1324室（266071）	侯文燕、董静静
CN201410570557	苎麻嫩叶保健面条及其制作方法	中国农业科学院麻类研究所，湖南省长沙市岳麓区咸嘉湖西路348号（410205）	朱娟娟、熊和平等
CN201410643340	一种全麦快煮面及其加工方法	中粮营养健康研究院有限公司，北京市昌平区北七家镇未来科技城南区四路（102209）	赵新、陈佳佳等
CN201410660092	一种祛湿面条	宜垦（天津）农业制品有限公司，天津市东丽区开发区三经路1号（300300）	陈中红
CN201420379949	全自动杂粮面条机	淮安唯新食品有限公司，江苏省淮安市洪泽县开发区创业路1号唯新食品产业园（223100）	吴绍鹏、宋旭东
CN201420389060	一种和面机	河南面包爵士食品股份有限公司，河南省周口市中州路北段易天国际广场22楼（466000）	邓华伟
CN201420417778	一种自动换刀面条机	河南万杰食品机械有限公司，河南省许昌市襄城县紫云镇孙祠堂村（461714）	王晓杰、张军锋

（续）

申请或批准号	发明名称	申请（专利权）人与通讯地址	发明人
CN201420453719	一种自动压面机	成都市莒光索拉食品机械有限公司，四川省成都市高新区高升桥东路 19 号 14 幢 1 层 20 号（610041）	陈荣钦
CN201420552841	一种全自动油面生产设备	成都市莒光索拉食品机械有限公司，四川省成都市高新区高升桥东路 19 号 14 幢 1 层 20 号（610041）	陈荣钦
CN201410278131	方便面配料的制作工艺	兴化市联发食品有限公司，江苏省泰州市兴化市垛田镇王横经济开发区（225754）	王笛庭
CN201410423231	方便面及其制备方法	陕西盛迈石油有限公司，陕西省西安市高新区沣惠南路 36 号橡树街区 1 号楼 10610 室（710065）	王耀斌
CN201410552482	无添加剂五谷营养方便面条及其生产方法	吉林农业大学，吉林省长春市净月区新城大街 2888 号（130118）	王大为、刘婷婷等
CN201420626295	一种方便面蒸面网	焦作市方便面厂，河南省博爱县磨头镇焦作市方便面厂（454450）	郭光牧、毋予东等
CN201410314037	一种双色双味挂面及其加工方法	北大荒丰缘集团有限公司，黑龙江省哈尔滨市南岗区宣化街 115 号（150000）	侯福仁
CN201410314927	一种红薯挂面的制作方法	湖北阿帆食品有限公司，湖北省黄冈市红安县经济开发区城西食品工业园（438000）	袁鹏
CN201410565172	一种黄秋葵黑麦养生挂面及其制备方法	安徽顶康食品有限公司，安徽省亳州市涡阳县楚店工业园（233600）	栗兰杰
CN201420107123	一种智能挂面干燥试验台	中国包装和食品机械有限公司，北京市朝阳区德胜门外北沙滩 1 号（100083）	李世岩、赵光辉
CN201420354442	连续高温调质挂面装置	南京市扬子粮油食品机械有限公司，江苏省南京市六合经济技术开发区龙华路 23 号（211500）	张金林、章新民
CN201410176627	馒头成型机	潍坊华和食品有限公司，山东省潍坊市昌邑市北孟镇塔耳堡社区（261321）	姜希滨
CN201410313471	一种海鲜菇营养馒头及其制作方法	济南蓬生农业科技有限公司，山东省济南市济阳县垛石镇驻地临枣路（250000）	赵晓燕、刘克东
CN201410350254	一种茉莉枸杞明目豆渣馒头	马鞍山江心绿洲食品有限公司，安徽省马鞍山市当涂县江心乡新锦村（243100）	邹祝才
CN201410351975	一种制馒头的蕨根面粉及其制备方法	安徽金麦乐面业有限公司，安徽省阜阳市颍东经济开发区阜蚌路 699 号（236000）	王强
CN201410352202	一种做馒头用的面粉及其制备方法	安徽省一诚食品有限公司，安徽省阜阳市颍东经济技术开发区新兴业路 156 号（236000）	李威
CN201410386436	一种全小米粉馒头及其生产方法	中国农业大学，北京市海淀区圆明园西路 2 号（100193）	沈群、任欣

（续）

申请或批准号	发 明 名 称	申请（专利权）人与通讯地址	发明人
CN201410394909	一种馒头机	青岛澳柯玛生活电器有限公司，山东省青岛市经济技术开发区前湾港路 315 号（266510）	张斌、魏玉彬
CN201410422293	一种糖尿病肾病专用馒头及制作方法	山东省农业科学院农产品研究所，山东省济南市历城区工业北路 202 号（250100）	邱斌、杜方岭
CN201410482447	糊粉层馒头及其制作工艺	嘉兴市禾新科技创业投资有限公司，浙江省嘉兴市南湖区凌公塘路 3339 号 3 号楼 312 室（314000）	吴亮、王程
CN201410644850	一种桑叶馒头及其制作方法	江西省益家食品有限公司，江西省宜春市高安市新世纪工业城（330800）	章仁勇
CN201420316384	一种新型馒头蒸制设备	秦皇岛谷道优粮食品有限公司，河北省秦皇岛市海港区燕大科技园港城创业中心 1 号 106 号（066000）	杨征
CN201420337548	一种新型馒头机	广东伊莱特电器有限公司，广东省中山市东凤镇东海五路永益工业小区（528425）	宋玉凯、胡祥林
CN201410062121	一种全自动饺子机	广东复兴食品机械有限公司，广东省潮州市潮安县庵埠镇郭二村小龙坑大堆片头丘田片（515638）	郭绍浩、郭小弟
CN201410245485	一种大豆蛋白肉水饺的制作方法	本溪市穆斯林熟食品加工厂，辽宁省本溪市溪湖区彩屯北路 23 - 1 栋（117000）	周金龙
CN201410292731	五谷肉燕饺及其制作方法	山东佳士博食品有限公司，山东省潍坊市诸城市昌城镇工业园（262200）	张博、郑庸禅
CN201410323106	一种速冻馄饨的面皮的制作方法	上海妙禾食品配送有限公司，上海市青浦区赵巷镇沪青平公路 2933 弄 23 幢 1 - 4 号楼（201703）	颜耀
CN201420471980	一种全自动虾米饺生产线	海霸王（汕头）食品有限公司，广东省汕头市金平区北海旁路 4 号（515021）	庄宗霖、蔡培生
CN201420560580	一种火锅饺自动封盒线	海霸王（汕头）食品有限公司，广东省汕头市金平区北海旁路 4 号（515021）	庄宗霖、芮如桐
CN201410350022	一种利用三文鱼碎肉制作鱼皮水饺的方法	安徽富煌三珍食品集团有限公司，安徽省合肥市巢湖市黄麓镇（富煌工业园）（238000）	许瑞红、杨立
CN201410115537	一种香菇馅料水晶包及其制作方法	福建圣农食品有限公司，福建省南平市光泽县鸾凤乡十里铺（354100）	傅芬芳、周红等
CN201410292735	烧麦及其制作方法	山东佳士博食品有限公司，山东省潍坊市诸城市昌城镇工业园（262200）	张博、郑庸禅等
CN201410354687	一种酸味玫瑰包子及其制备方法	马鞍山市海滨水产品生态养殖专业合作社，安徽省马鞍山市当涂县塘南镇（243100）	杨海兵
CN201410496547	一种土豆香包的生产方法	重庆市双桥区危思科技有限公司，重庆市双桥区龙滩子住宅区 6 号 2 - 7 - 2（400900）	宋其祥

（续）

申请或批准号	发 明 名 称	申请（专利权）人与通讯地址	发明人
CN201410523429	一种开胃酸菜豆腐包子及其制备方法	安徽省继红食品有限公司，安徽省蚌埠市淮上区小蚌埠镇吴郢村（233000）	王茉
CN201420417533	一种小型包子机	河南万杰食品机械有限公司，河南省许昌市襄城县紫云镇孙祠堂村（461714）	王晓杰、张军锋
CN201410456499	一种面包圈的生产加工设备	兰溪健发食品机械有限公司，浙江省金华市兰溪市经济开发区鹏程路3号（321103）	侯长安、郑飚
CN201410537179	一种面包及其制备方法	浙江奥奇食品有限公司，浙江省湖州市吴兴区湖织大道755号4幢（313008）	陈晓静
CN201410613891	一种粗粮面包的制备方法	罗田县思思食品厂，湖北省黄冈市罗田县三里畈镇三里畈村二组（438600）	杨婷
CN201410630385	一种鲢鱼花甲肉馅面包卷及其制备方法	合肥皖为电气设备工程有限责任公司，安徽省合肥市屯溪路193号工大电子城宁国路3号楼（230001）	朱江玲
CN201410630593	一种枸杞鸡脯肉保健面包及其制备方法	合肥皖为电气设备工程有限责任公司，安徽省合肥市屯溪路193号工大电子城宁国路3号楼（230001）	朱江玲
CN201420222061	一种改进的面包机	中山市美斯特实业有限公司，广东省中山市东凤镇同乐工业园（528425）	顾永洪
CN201420383008	一种面包渣裹粉机	汕头市志远水产食品有限公司，广东省汕头市潮阳区海门镇磊海路新地路段（515000）	曲常卫
CN201410303372	一种香橙牛奶饼干及其加工方法	安徽麦船食品科技有限公司，安徽省阜阳市颍东区经济开发区蔡辛路6号（236300）	马宗跃
CN201410360660	一种水果曲奇饼干	东莞市禾田食品有限公司，广东省东莞市茶山镇博头工业区（523000）	何泽波
CN201410411069	一种复合保健饼干	常熟市汇康食品厂，江苏省苏州市常熟市森泉镇西街（215500）	吴祖福
CN201410436959	一种红豆韧性饼干及其制备方法	安徽美代食品有限公司，安徽省安庆市宿松县工业园区（246507）	朱志国
CN201410537215	火棘果饼干及加工方法	马龙县闽融食品有限公司，云南省曲靖市马龙县通泉镇让田黑泥哨村（655102）	江碧华
CN201410566041	生酮曲奇饼干及其制备方法	深圳市捷利康生物科技有限公司，广东省深圳市罗湖区文锦路东文锦广场文安中心2612室（518000）	伍焰冰、文波等
CN201410196188	一种清真新味三明治	宁夏伊味清真食品有限公司，宁夏回族自治区银川市贺兰德胜工业园区虹桥北街6-3（750200）	刘勇、李丹
CN201410223799	一种枣糕生产加工流水线	兰溪健发食品机械有限公司	侯长安、郑飚

（续）

申请或批准号	发 明 名 称	申请（专利权）人与通讯地址	发明人
CN201410267258	一种速食火烧	辽宁曙光食品有限公司，辽宁省铁岭市昌图县八面城镇 303 线南侧（112500）	宋立新、徐武斌等
CN201410269264	一种汉堡饼及其制作方法	山东华昌食品科技有限公司，山东省潍坊市诸城市昌城镇昌城村（262200）	王立海
CN201410272271	一种玫瑰花馅糕点的制作方法	镇江元致亨食品有限公司，江苏省镇江市京口区宗泽路 42 号（212000）	林宝文
CN201410465955	一种桃酥制备工艺	安徽顶能食品有限公司，安徽省安庆市宿松县工业园区（246500）	朱兴国
CN201410488693	一种板栗香酥饼加工工艺	南平市同乐家食品有限公司，福建省南平市延平区工业路 118 号 A 座 4 层（353000）	刘海
CN201410492082	改进的半自动蛋卷机	杭州唐纳兹食品有限公司，浙江省杭州市萧山区萧山经济技术开发区桥南区高新十路 118 号（311200）	卢美绥
CN201410523349	一种速冻米比萨制品及其生产方法	福州市食品工业研究所，福建省福州市晋安区华林路香槟路 19 号（350013）	陈日春、黄秀娟等
CN201410616875	一种比萨饼成型设备	宿州国恩食品机械有限公司，安徽省宿州市马鞍山现代产业园区内（234000）	李志国
CN201410637079	一种豆渣蛋卷及其生产方法	厦门太祖食品有限公司，福建省厦门市翔安区新圩镇新达路 1 号（361000）	周永波、杨秋明等
CN201410682273	一种添加聚葡萄糖的华夫饼及其制备方法	泉州亲亲食品有限公司，福建省泉州市晋江经济开发区安东园区（362200）	罗文斌、肖紧跟
CN201410669575	速食鱿鱼饼的生产工艺	青岛耀栋食品有限公司，山东省青岛市胶南市上海西二路西侧（266000）	李国栋
CN201420286142	威化饼双炉室烘烤机	肇庆市珊瑚食品机械有限公司，广东省肇庆市睦岗镇大洲向东工业区（526020）	冯炳俦
CN201420408976	一种冲印式糕点成型机	东莞万好食品有限公司，广东省东莞市横沥镇西城科技园（523000）	钟明发、李荣峰
CN201420558046	一种高效高质量的酥饼包装机	浙江龙游真萃食品有限公司，浙江省衢州市龙游县工业开发区城南园区（324400）	缪琴凤
CN201410351021	云腿月饼全自动生产线	安徽维斯达食品机械有限公司，安徽省合肥市振兴路自主创新产业基地 3 号楼 1 层（230022）	刘言顺、高颖
CN201410500576	一种富含维生素的麻花生产工艺	重庆市双桥区危思科技有限公司，重庆市双桥区龙滩子住宅区 6 号 2－7－2（400900）	宋其祥
CN201410547124	一种蛋糕月饼及其制备方法	广州酒家集团利口福食品有限公司，广东省广州市番禺区南村镇兴南大道 565 号（510000）	吴小平、何兆强

（续）

申请或批准号	发 明 名 称	申请（专利权）人与通讯地址	发明人
CN201410597280	一种红薯馅月饼及其制备方法	罗田县思思食品厂，湖北省黄冈市罗田县三里畈镇三里畈村二组（438600）	杨国朝
CN201410166584	一种速熟杂粮米饭伴侣及其加工方法	黑龙江八一农垦大学，黑龙江省大庆市高新技术产业开发区新阳路2号（163319）	王立东、张丽萍
CN201410245559	一种软包装米饭罐头的生产工艺	四川省汇泉罐头食品有限公司，四川省成都市新津县新平镇狮子村（611438）	罗小东
CN201410298088	一种腊味饭的生产工艺	陕西东东包餐饮食品有限公司，陕西省西安市碑林区东关南街世贸大厦A座2002室（710045）	廖东
CN201410305326	一种马铃薯大米饭及其加工方法	湖南农业大学，湖南省长沙市芙蓉区东湖（410128）	熊兴耀、谭兴和
CN201410322163	自动化分饭机	佛山市伊立浦电器有限公司，广东省佛山市南海区松岗松夏工业园工业大道西（528234）	顾斌、崔翼翰
CN201410397391	一种竹片米饭的拆卸式蒸煮装置	新昌县镜岭镇凌康机械厂，浙江省绍兴市新昌县镜岭镇西坑村（312530）	李青云
CN201410429964	一种方便盒饭的制备方法	济南好煮夫快餐有限公司，山东省济南市高新区天辰路1251号（250101）	窦大海、侯自伟
CN201410431578	一种盖浇米饭的加工方法	无锡财富古运河酒店有限公司，江苏省无锡市南长区南长街364号（214000）	祝宏伟
CN201410625896	一种冻干海鲜蛋花粥及其制备方法	福建省新黑龙食品工业有限公司，福建省莆田市涵江区江口镇锦江西路858号（351115）	蔡有坤、王磊等
CN201420548271	一种分饭机	三全食品股份有限公司，河南省郑州市综合投资区长兴路中段（450000）	李奇、张宁鹤
CN201410167486	一种荞麦香菇锅巴及其加工方法	安徽省继红食品有限公司，安徽省蚌埠市淮上区小蚌埠镇吴郢村（233000）	王茉
CN201410339262	一种保健蛋黄锅巴的制备方法	安徽三只松鼠电子商务有限公司，安徽省芜湖市弋江区高新技术产业开发区西山路38号（241000）	陈光朗、朱作朋
CN201410279452	一种山药米及其制备方法	武穴市万星面业有限公司，湖北省黄冈市武穴工业园（435400）	陈运中
CN201410349617	一种野生葛根核桃营养米及其制备方法	当涂县龙山桥粮油工贸有限公司，安徽省马鞍山市当涂县太白镇芮港村永宁村（243181）	曹玉洪、陈增贵
CN201410357737	一种南瓜螃蟹炭香米及其制备方法	安徽劲宇食品有限公司，安徽省六安市霍邱县长集镇农产品加工产业园（237400）	陈荣军、陈荣兵
CN201410394370	阴米生产工艺	重庆文彩农产品有限公司，重庆市万州区鹿山蚕茧站内（404100）	李启义

（续）

申请或批准号	发 明 名 称	申请（专利权）人与通讯地址	发明人
CN201410416279	一种全燕麦速食米	康保县康龙粮油有限公司，河北省张家口市康保县杂粮市场（076650）	焦永、王飞香
CN201410442225	一种黑蒜降血脂营养保健米及其制备方法	安徽倮倮米业有限公司，安徽省滁州市天长市大圹圩农场（239333）	张立国、赵家平
CN201410486301	一种杨梅茶香保健米及其加工方法	合肥市晶谷米业有限公司，安徽省合肥市肥西县官亭镇焦婆街道（231200）	严晓武
CN201410551465	灵芝健康营养米及其生产方法	吉林省维伊康生物科技有限公司，吉林省吉林市磐石经济开发区恒基伟业以东恒基路（132300）	张艳荣、刘婷婷等
CN201410555975	一种海参桂花保健米及其制备方法	肥西县严店乡粮油有限责任公司，安徽省合肥市肥西县严店街道（231200）	马家宏
CN201420295574	大米浸泡清洗装置	湖南金风食品有限责任公司，湖南省湘潭市天易示范区燕山路 11 号（411228）	李欣荣、贺海翔
CN201410350829	一种养生肉香糯米粉及其加工方法	安徽省怀远县三源食品有限责任公司，安徽省蚌埠市怀远县涡北新城商贸加工区（233400）	葛怀春
CN201410350833	一种山楂核桃果蔬糯米粉及其加工方法	安徽省怀远县三源食品有限责任公司，安徽省蚌埠市怀远县涡北新城商贸加工区（233400）	葛怀春
CN201410518212	一种婴幼儿专用营养米粉的制备方法	南京飞马食品有限公司，江苏省南京市溧水区柘宁东路 368 号紫金（溧水）科技创业特别社区（211215）	李春阳、胡玲玲
CN201410615498	一种清热花生米粉酱及其制备方法	安徽华安食品有限公司，安徽省马鞍山市和县盛家口经济开发区 188 号（238233）	王浩、王健
CN201420351106	一种米粉专用热风烘干装置	遵义市杨老大米粉厂，贵州省遵义市汇川区四渡镇（563000）	刘正念
CN201420492074	米饼成型机	山东美晶食品有限公司，山东省济宁市鱼台县经济开发区（272300）	刘来法、程开刚
CN201410505222	一种果蔬米酒的配方及制备方法	孝感市爽露爽饮品有限责任公司，湖北省孝感市孝南区新铺镇长兴工业园永安工业区（432000）	余友华
CN201410576780	一种黄酒及其生产方法	西峡县汇洋饮品有限公司，河南省南阳市西峡县五里桥镇北堂村（474598）	乔永锋、武爱丽
CN201410391730	一种木薯全粉粽子及其制作方法	广西大学，广西壮族自治区南宁市西乡塘区大学东路 100 号（530004）	谢彩锋、古碧等
CN201410417788	一种粽子除水机	贵州龙膳香坊食品有限公司，贵州省贵阳市乌当区东风镇堡子路 70 号（550018）	周萍、黄国维
CN201410424323	玉米粽子的制作方法	广西壮族自治区农业科学院玉米研究所，广西壮族自治区南宁市大学东路 174 号（530007）	吴永升、邹成林等

（续）

申请或批准号	发 明 名 称	申请（专利权）人与通讯地址	发明人
CN201410457280	一种食品厂批量生产的肉粽及其生产方法	海安县龙祥食品有限公司，江苏省南通市海安县海安镇林桥村九组（226600）	徐文龙
CN201410484877	一种河豚鱼粽子制作方法	江苏中洋集团股份有限公司，江苏省南通市海安县中坝南路98号（226600）	刘大勇、张爱鸿等
CN201410536465	一种糯玉米粽子及其制备方法	济南金王食品股份有限公司，山东省济南市商河县经济开发区凯源街9号（251600）	王怀清、张洁
CN201410578956	一种马铃薯复配米粽子的加工方法	中国农业科学院农产品加工研究所，北京市海淀区圆明园西路2号院（100193）	胡宏海、张泓等
CN201410059137	一种制备玉米黄金粉的配方及方法	内蒙古正隆谷物食品有限公司，内蒙古自治区呼和浩特市托克托县托电工业园区（010200）	郭建国、贾文良等
CN201410272892	玉米的加工设备及方法	湖北秦巴金玉米有限责任公司，湖北省十堰市郧县大柳乡杨家村1组（442500）	聂君平、柴晓永
CN201410280880	玉米大豆植物奶的制备方法	黑龙江佰益食品发展有限公司，黑龙江省哈尔滨市开发区迎宾路集中区天平路2号（150000）	李玉霞、张军
CN201410281872	一种甜玉米罐头的制备方法	广西桂果食品有限公司，广西壮族自治区桂林市兴安县崔家乡长冲村委（541331）	蒋全斌
CN201410290837	玉米淀粉的制取方法	安徽年康面业有限责任公司，安徽省马鞍山市含山县环峰镇祁门行政村（238100）	许启兵
CN201410466406	玉米食品的制备方法	苏州口水娃食品有限公司，江苏省苏州市太仓市双凤镇新湖区建业路6号（215000）	谢东平
CN201410469591	玉米汁的制作工艺	新疆天山骄子食品有限责任公司，新疆维吾尔自治区吉木萨尔县乌奇公路环东区工业园区（831700）	马斌
CN201420212779	甜糯玉米加工预煮装置	安徽丰絮农产品开发有限公司，安徽省阜阳市界首市陶庙镇界陶路西侧（236500）	苏艳斌
CN201410210907	仿手工千张机	武汉远大豆制品有限公司，湖北省武汉市黄陂区祁家街（430303）	汪大斌
CN201410211630	轨道式大豆分装浸泡除渣系统	武汉远大豆制品有限公司，湖北省武汉市黄陂区祁家街（430303）	汪大斌
CN201410278798	一种养肾乌枣豆腐及其制备方法	合肥瑾翔医药科技有限公司，安徽省合肥市高新区黄山路602号国家大学科技园（230088）	罗捷华
CN201410330407	一种五香大豆干的制作方法	长治市胖妞食品有限公司，山西省长治市屯留县康庄高新工业园区（046100）	李斌虎
CN201410331763	豆制品甩浆机	无锡市长安阿三豆制品加工场，江苏省无锡市惠山区堰桥街道长东工业园区东七路（214171）	贺高杨

（续）

申请或批准号	发明名称	申请（专利权）人与通讯地址	发明人
CN201410401073	一种腐乳的制备方法及其制品	长春市朱老六食品股份有限公司，吉林省长春市九台市卡伦经济开发区1号（130507）	朱先明
CN201410408980	一种高分散性大豆蛋白的制备方法	黑龙江省大豆技术开发研究中心，黑龙江省哈尔滨市香坊区公滨路201号（150030）	韩建春、刘骞等
CN201410464637	一种改进的豌豆分离蛋白制备工艺	山东健源食品有限公司，山东省烟台市招远市开发区民营工业园区内（265400）	王雪源
CN201410476376	一种用于生产腐竹的自动成型机	淮南徽旺豆制品设备销售有限公司，安徽省淮南市毛集镇陆庄村278号（232000）	王位
CN201410486200	一种全豆豆浆及其制备方法	晋城市伊健食品有限公司，山西省晋城市泽州县巴公镇东四义村（048002）	张国宴、陈立平
CN201410505999	用于豆制品烘干的装置	成都苏发御和食品有限公司，四川省成都市大邑县晋原镇兴业三路38号（611300）	江毅娟
CN201410506389	豆制品成型压水机	成都苏发御和食品有限公司，四川省成都市大邑县晋原镇兴业三路38号（611300）	江毅娟
CN201410519504	一种油炸蚕豆的加工工艺	宁夏厚生记食品有限公司，宁夏回族自治区银川市贺兰县德胜工业园区新胜西路1号（750001）	阮世忠、李勇
CN201410575569	一种桂花香蕉豆腐	合肥市凤落河豆制食品有限公司，安徽省合肥市肥西县丰乐镇丰乐社区789号（231231）	郭林、王朴
CN201410582835	一种卤制豆干的生产方法	梁平县奇味食品有限公司，重庆市梁平县安胜乡金平村四组（405200）	扈模军
CN201410592840	豆腐皮加工灌装设备	重庆合得拢食品有限公司，重庆市长寿区葛兰镇工业园区康富1路7号（401231）	王时元
CN201410593089	豆制品生产的煮浆设备	重庆合得拢食品有限公司，重庆市长寿区葛兰镇工业园区康富1路7号（401231）	王时元
CN201410595993	用于豆类食品的碾碎装置	重庆豪杰食品有限公司，重庆市长寿区葛兰镇健康科技产业基地健东一路16号（401231）	许杰
CN201410637079	一种豆渣蛋卷及其生产方法	厦门太祖食品有限公司，福建省厦门市翔安区新圩镇新达路1号（361000）	周永波、杨秋明等
CN201420292849	一种豆腐自动切片机	海霸王（汕头）食品有限公司，广东省汕头市金平区北海旁路4号（515000）	蔡培生、庄宗霖
CN201420359308	油炸豆腐制备装置	绍兴百年王万泰食品有限公司，浙江省绍兴市生态产业园区漫池路11号3幢（312000）	桑煜
CN201420403200	一种去皮的豆浆机	余庆县土司风味食品有限责任公司，贵州省遵义市余庆县敖溪镇官仓村（564100）	戴建忠

（续）

申请或批准号	发 明 名 称	申请（专利权）人与通讯地址	发明人
CN201410021597	一种自立袋豆奶自动化加工工艺	安吉祖名豆制食品有限公司，浙江省湖州市安吉县天子湖现代工业园经三路 3 号（313300）	蔡祖明、傅苏芳
CN201410162912	一种速溶高纤豆奶粉及其生产方法	徐州绿庄园食品有限公司，江苏省徐州市云龙区民主南路 61 号开源综合楼 518 室（221003）	李勇、沈会祥
CN201410180154	豆奶及其制备方法	山东豆禾食品有限公司，山东省淄博市博山区仲临路 16 号（豆禾生态园）（255200）	岳来禧、吴镇奎等
CN201410185513	一种益生菌发酵酸豆奶的制备方法	黑牛食品股份有限公司，广东省汕头市金平区潮汕路金园工业城内（515064）	罗宝剑
CN201410278793	一种山药荷粉豆腐及其制备方法	合肥瑾翔医药科技有限公司，安徽省合肥市高新区黄山路 602 号国家大学科技园（230088）	罗捷华
CN201410330661	纳豆奶片制作工艺	山西省医药与生命科学研究院，山西省太原市平阳路 61 号（030006）	麻秀芳、李小进等
CN201410530734	一种辣椒蚕豆酱的制作方法	哈尔滨艾博雅食品科技开发有限公司，黑龙江省哈尔滨市南岗区红旗示范新区 43 栋 1602 室（150001）	赵依娜
CN201410542026	一种杨梅豆奶饮料及其加工方法	苏州苏禾庭生物科技有限公司，江苏省苏州市吴中经济开发区越溪街道前珠路 16－6 号 1 幢（215104）	王倩、王建新
CN201410678065	一种夹心豆腐干的制作方法	宜宾市南溪区郭氏明丽食品有限公司，四川省宜宾市罗龙工业集中区（644100）	郭红
CN201410689325	一种调味酱及其制备方法	广西职业技术学院，广西壮族自治区南宁市江南区明阳工业园（530226）	钟华锋、苏红梅等
CN201420164859	新型低糖红枣豆奶粉生产装置	江苏麦凯乐生物科技有限公司，江苏省徐州市贾汪区青山泉镇白集村（221137）	马飞、李广服等
CN201420361475	一种豆奶生产设备	重庆市天友乳品二厂有限公司，重庆市南岸区经济技术开发大石支路 6 号（400060）	王大顺、李义青等
CN201410086451	一种块茎类农产品水力输送泵	中国包装和食品机械有限公司，北京市朝阳区德胜门外北沙滩 1 号（100083）	吴刚、杨延辰
CN201410103565	一种谷油红薯及加工方法	宁波保税区攀峒信息科技有限公司，浙江省宁波市宁波保税区兴业三路 6 号 314 室（315800）	倪龙
CN201410107322	一种降脂薯条及其制备方法	五河童师傅食品有限公司，安徽省蚌埠市五河县经济开发区城南工业园龙岗路（233300）	鲁建辉
CN201410130511	一种高效节能变性淀粉的生产方法	枣庄超越玉米淀粉有限公司，山东省枣庄市台儿庄区马兰屯镇驻地（277400）	丁利民、丁德新
CN201410137355	一种块茎类农产品蒸汽去皮试验台	中国包装和食品机械有限公司，北京市朝阳区德胜门外北沙滩 1 号（100083）	吴刚、李永辉

（续）

申请或批准号	发明名称	申请（专利权）人与通讯地址	发明人
CN201410144115	一种薯类全粉生产成套设备	中国包装和食品机械有限公司，北京市朝阳区德胜门外北沙滩1号（100083）	吴刚、张清泉等
CN201410206904	一种淀粉加工废水的处理方法	吴江市英力达塑料包装有限公司，江苏省苏州市吴江区松陵镇高新村（215200）	倪迪
CN201410230386	红薯干的加工工艺	东兴妙姝农业产业有限公司，广西壮族自治区防城港市东兴市贵州路二巷33号（538100）	缪海祥
CN201410274611	红薯清洗设备	连云港奔牛食品有限公司，江苏省连云港市东海县李埝乡农业实验开发区（222332）	陈晓琪
CN201410277000	甘薯调理食品的制备方法	山东同兴食品有限公司，山东省威海市乳山市乳山口镇盛兴街6号（264515）	于会同
CN201410292807	一种红薯面粉的加工方法	安徽年康面业有限责任公司，安徽省马鞍山市含山县环峰镇祁门行政村（238100）	许启兵
CN201410309005	一种薯片调味机	中国包装和食品机械有限公司，北京市朝阳区德胜门外北沙滩1号（100083）	刘凤军、万丽娜等
CN201410340085	一种薯片薯条油炸锅	徐州徐薯薯业科技有限公司，江苏省徐州市贾汪区江庄镇高村（221000）	袁起
CN201410395514	速溶葛根粉及其制备方法	安徽山葛老天然食品有限公司，安徽省六安市霍山县经济开发区（237200）	张兵
CN201410430494	一种即食型木薯全粉及其制作方法	中国热带农业科学院热带作物品种资源研究所，海南省儋州市宝岛新村（571737）	张振文、李开绵等
CN201410430719	一种制作规则红薯干的方法	铜仁市万山区瑞丰绿色食品有限公司，贵州省铜仁市万山区张家湾原特中（554200）	唐浩
CN201410431290	一种即食红薯食品的制作方法	铜仁市万山区瑞丰绿色食品有限公司，贵州省铜仁市万山区张家湾原特中（554200）	唐浩
CN201410437779	一种离心式磨粉机	凤阳县小岗村粮油食品发展有限公司，安徽省滁州市凤阳县小溪河镇金庄村（239000）	张玉奇、张伟
CN201410501175	一种薯类转笼式清洗装置	山西辈辈龙蔬菜食品饮料有限公司，山西省朔州市山阴县安荣乡西沟村东（大运路西侧）（036900）	刘永昌
CN201410512759	一种粉条的制备方法	广元市帆舟食品有限责任公司，四川省广元市利州区大石食品工业园（648017）	王学贵
CN201410518765	红薯粉丝加工方法及其生产线	湖南裕湘食品有限公司，湖南省郴州市北湖区石盖塘镇商业大道南侧（423000）	陈伟、李先银
CN201410542983	一种制备马铃薯渣膳食纤维的方法	江南大学，江苏省无锡市蠡湖大道1800号（214122）	程力、张献梅

（续）

申请或批准号	发 明 名 称	申请（专利权）人与通讯地址	发明人
CN201410565040	一种夹心薯片及其制备方法	安徽燕之坊食品有限公司，安徽省合肥市包河区包河工业园天津路 8 号（230051）	张丽珣
CN201410682777	一种膨化空心紫薯条及其制备方法	泉州亲亲食品有限公司，福建省泉州市晋江经济开发区安东园区（362200）	李延峰、肖紧跟
CN201420133715	薯条糖渍生产线	禹州市紫烨红食品有限公司，河南省许昌市禹州市古城镇魏庄村（461670）	魏金刚、徐向阳
CN201420138995	薯条含油量检测筛选装置	青岛双圣食品有限公司，山东省青岛市莱西市经济开发区（266000）	刘元军、季晓飞
CN201420142012	一种淀粉乳除砂器	天长市豪森食品机械设备有限公司，安徽省滁州市天长市经济开发区经二路西侧天康大道南（239300）	钱爱军
CN201420223407	一种马铃薯的加工装置	嘉兴乾昆工业设计有限公司，浙江省嘉兴市东环商厦 1 幢 1010 室（314000）	陆根法、陆森
CN201420250847	变性淀粉反应釜加温冷却系统	江西红星变性淀粉有限公司，江西省抚州市东乡县经济开发区南山工业园（331801）	温费申、乐晓旺等
CN201420376040	新型淀粉液化装置	新沂市恒惠淀粉糖有限公司，江苏省徐州市新沂市经济开发区天津路南首（221400）	张亚、李兆丰等
CN201420468947	一种膨化薯条输送机	杭州唐纳兹食品有限公司，浙江省杭州市萧山区萧山经济技术开发区桥南区高新十路 118 号（311200）	卢美绥
CN201420613298	一种红薯粉条加工装置	贵州省印江县依仁食品有限公司，贵州省印江自治县新寨乡小云村（555200）	马贵成
CN201410278423	荞麦养生茶及其制备方法	枞阳县新长河食品发展有限责任公司，安徽省安庆市枞阳县枞阳镇长江路 10 号（246700）	陈洪
CN201410442984	苦荞麦脱壳方法	昆明红土地莹龙食品加工有限公司，云南省昆明市东川区红土地镇法者村草海子（654100）	高庆
CN201410538182	一种蕨麻燕麦片及其加工工艺	青海青麦食品有限公司，青海省西宁市湟中县鲁沙尔镇海马泉村（811602）	武海平、陈建林
CN201420572644	小麦加工生产酒精的一体化生产线装置	邯郸市誉皓实业有限公司，河北省邯郸市魏县科教路东段（056800）	赵新庄、赵誉皓等
CN201410332453	一种鲤鱼饲料及其制备方法	句容市福源水产品养殖场，江苏省镇江市句容市后白镇后白良种场内（212432）	王煜、杜勤根
CN201410596010	一种花斑鱼养殖饲料的制备方法	广西神龙王农牧食品集团有限公司，广西壮族自治区玉林市陆川县温泉镇通政街 23 号（537799）	黄宗考

（续）

申请或批准号	发 明 名 称	申请（专利权）人与通讯地址	发明人
CN201410625336	一种柑橘皮饲料生产方法	湖南鑫洋食品工业有限公司，湖南省湘西土家族苗族自治州保靖县迁陵镇酉水南路92号（416500）	黄亚平、王世钊
CN201420353670	一种饲料加工机	长兴丰盛畜禽食品有限公司，浙江省湖州市长兴县吕山乡经济开发区（313105）	刘文清
CN201410145768	一种棉花加工机	吴江市金桥纺织品有限公司，江苏省苏州市吴江市南麻镇桥北村（215226）	钮伟根
CN201420139703	一种棉花打包机	邯郸金狮棉机有限公司，河北省邯郸市马头生态工业城新兴大街8号（056046）	郭辉利、董春强
CN201420204595	籽棉大杂清理机	奎屯银力棉油机械有限公司，新疆维吾尔自治区伊犁哈萨克自治州奎屯市库尔勒东路72号（833200）	林义、朱恩伟
CN201410032067	一种香味山茶油及其制备方法	安徽中盛食用油科技有限公司，安徽省六安市霍山经济开发区（237200）	王庆彬、王文林
CN201410140765	一种黑小麦胚芽油的提取方法	杨凌飘香食用油脂有限公司，陕西省西安市杨凌示范区小康路（712100）	席科峰
CN201410348391	花生罐头	泗水慧丰花生食品有限公司，山东省济宁市泗水县经济开发区圣昭路（273200）	王强
CN201410403233	一种高出油率的茶籽油提取方法	安徽中盛食用油科技有限公司，安徽省六安市霍山经济开发区（237200）	王庆彬
CN201410452439	一种食用油加工的方法	玉龙县安泰食用油有限公司，云南省丽江市玉龙纳西族自治县太安乡太安村太安二组88号（674100）	寸世武、和志秀
CN201410473886	盐水润湿冷榨提取亚麻油的方法	甘肃会宁建伟食用油有限责任公司，甘肃省白银市会宁县农业产业园区（730700）	焦建伟、贾尚军
CN201410519434	油菜籽清洗机	四川德阳市年丰食品有限公司，四川省德阳市中江县南华镇芙蓉路南段19号（618000）	王长严、王安体
CN201410561927	一种小麦胚芽粕的膨化方法	河北子丰生物科技有限公司，河北省邯郸市大名县京府工业城内（056900）	杨子丰、孔英俊等
CN201410595501	用于花生的清洗筛选装置	重庆龙悦食品有限公司，重庆市长寿区葛兰镇清风坝健康科技产业基地标准厂房B2栋（401231）	刘行
CN201410615662	一种益气消食芝麻酱及其制备方法	安徽华安食品有限公司，安徽省马鞍山市和县盛家口经济开发区188号（238233）	王浩、王健
CN201420030632	一种小磨香油震荡分离装置	鹿邑县金日食用油有限公司，河南省周口市鹿邑县涡北镇工业园区（477200）	朱杰、朱志勇
CN201420365780	一种花生烘干除尘机	湖北红福食品工贸有限公司，湖北省黄冈市红安县城关镇城南大道（438400）	祝朝启

（续）

申请或批准号	发 明 名 称	申请（专利权）人与通讯地址	发明人
CN201420366060	一种花生拔壳装置	湖北红福食品工贸有限公司，湖北省黄冈市红安县城关镇城南大道（438400）	祝朝启
CN201420450939	一种油脂蒸馏装置	安徽中盛食用油科技有限公司，安徽省六安市霍山经济开发区（237200）	王庆彬
CN201420465902	一种自动芝麻酱机	福建省莆田市健康树食品有限公司，福建省莆田市涵江区苍林工业园区塘池路288号（351100）	李任
CN201420477536	一种新型螺旋榨油机	河北黄金龙食用油有限公司，河北省邯郸市涉县开发区开元街（056000）	苑晓奎、王慧林
CN201420477617	一种核桃油脱臭提取维生素E装置	河北黄金龙食用油有限公司，河北省邯郸市涉县开发区开元街（056000）	苑晓奎、王慧林
CN201420592892	一种葵花籽剥壳机	洽洽食品股份有限公司，安徽省合肥市经开区莲花路1599号（230601）	陈先保
CN201410166059	一种果品加工废水的处理方法	苏州羽帆新材料科技有限公司，江苏省苏州市吴江区松陵镇苏州河路18号（215200）	戴晓宸
CN201410198406	一种麦香果蔬山楂片及其制备方法	蚌埠味多多学生营养餐有限公司，安徽省蚌埠市高新区兴华路101号（233000）	张跃、陶勇
CN201410201933	一种椰子甘蔗米酒	安徽天下福酒业有限公司，安徽省马鞍山市当涂县姑孰工业集中区（243100）	陈立亮
CN201410246086	一种柑桔罐头的生产工艺	四川省汇泉罐头食品有限公司，四川省成都市新津县新平镇狮子村（611438）	罗小东
CN201410263613	坚果类素食生产线	东营市志达食品机械有限公司，山东省东营市广饶县潍高路以南广饶镇工业园区（257300）	魏志刚、王帅
CN201410296688	果醋饮料的制作方法	广西古岭龙食品有限公司，广西壮族自治区柳州市柳江县穿山工业园（545107）	刘超、胡登明
CN201410346008	糖水板栗的加工方法	黄山桃源罐头食品有限公司，安徽省黄山市黟县城中马道路15号（245500）	胡昶辉、汤希亮
CN201410371566	微波干燥姜片的制备方法及其姜片	中国包装和食品机械有限公司，北京市朝阳区德胜门外北沙滩1号（100083）	李树君、韩清华等
CN201410380845	一种清真香菇牛肉酱及其制备方法	宁夏红山河食品有限公司，宁夏回族自治区吴忠市清真食品穆斯林用品产业园（751100）	杨正苍、王占河
CN201410399350	一种果蔬巧克力及其制备方法	福建省麦德好食品工业有限公司，福建省泉州市晋江市罗山社店西南区147号（362200）	陈世鹊
CN201410404675	复合蔬菜粉及其制备方法	山东鲁丰食品科技股份有限公司，山东省德州市庆云县迎宾路801号（253000）	陈志亮

（续）

申请或批准号	发 明 名 称	申请（专利权）人与通讯地址	发明人
CN201410414048	一种红枣全株营养液及其制备方法	天娇红芜湖食品股份有限公司，安徽省芜湖市高新技术开发区服务外包园 B11 幢（241000）	冯俊敏、张佩舜
CN201410481886	香蕉切片机	广西健美乐食品有限公司，广西壮族自治区钦州市浦北县小江镇西环路 688 号（535300）	陆强
CN201410501142	一种螺旋式果蔬清洗装置	山西辈辈龙蔬菜食品饮料有限公司，山西省朔州市山阴县安荣乡西沟村东（大运路西侧）（036900）	刘永昌
CN201410501240	一种果蔬双重清洗装置	山西辈辈龙蔬菜食品饮料有限公司，山西省朔州市山阴县安荣乡西沟村东（大运路西侧）（036900）	刘永昌
CN201410502708	一种葡萄固体饮用品及其制备方法	安徽圣堡利诺葡萄酒庄园有限公司，安徽省宣城市广德县卢村乡甘溪村（242200）	张平
CN201410515396	一种豆豉泡菜及其加工方法	四川菜花香食品有限公司，四川省眉山市东坡区太和经济开发区（620039）	王跃、吴关勇
CN201410516612	一种荷叶饮料的加工工艺	长兴禧乐食品有限公司，浙江省湖州市长兴县吕山乡吕山村新 318 国道线旁（313105）	罗亚琴
CN201410516613	一种莲藕汁饮品的加工工艺	长兴禧乐食品有限公司，浙江省湖州市长兴县吕山乡吕山村新 318 国道线旁（313105）	罗亚琴
CN201410523929	一种草菇发酵酒的制作方法	哈尔滨艾克尔食品科技有限公司，黑龙江省哈尔滨市阿城区通城街大众路 2 号（150300）	赵云财
CN201410532382	一种易损蔬菜清洗设备及加工方法	宜宾梦幻森林食品有限责任公司，四川省宜宾市翠屏区宋家乡丘陵村四组（644000）	陈康明
CN201410566525	水果去皮机	芜湖县富园食品有限公司，安徽省芜湖市芜湖县机械工业园（241000）	钟士宏
CN201410574365	一种水蜜桃甜豆干	合肥市凤落河豆制食品有限公司，安徽省合肥市肥西县丰乐镇丰乐社区 789 号（231231）	郭林、王朴
CN201410589360	一种苹果醋发酵生产方法	天地壹号饮料股份有限公司，广东省江门市蓬江区棠下江盛二路 21 号（529000）	闫斌、王敏等
CN201410589361	红枣肉酱及其制备方法	宁夏宁杨清真食品有限公司，宁夏回族自治区吴忠市吴灵青公路南侧（751100）	杨万东、杨海军
CN201410595965	一种芒果酒及其制备方法	广西神龙王农牧食品集团有限公司，广西壮族自治区玉林市陆川县温泉镇通政街 23 号（537799）	罗忠发
CN201410604840	一种速冻汤栗的制作工艺	湖北华丽食品股份有限公司，湖北省黄冈市罗田县栗子坳工业园区 17 号（438600）	彭丽
CN201410611181	一种罗汉果水果糕	腾冲县四馨坊食品有限责任公司，云南省保山市腾冲县腾越镇洞山村钏家湾 25 号（679100）	尹安华、刘建忠

（续）

申请或批准号	发 明 名 称	申请（专利权）人与通讯地址	发明人
CN201410624956	一种银杏酱的制备方法	郯城县宏星食品有限公司，山东省临沂市郯城县重坊镇许村（276100）	许成学、许瑞
CN201410627064	一种防止香蕉浆褐变的方法	合浦果香园食品有限公司，广西壮族自治区北海市合浦县果香园食品有限公司（536100）	满桂富、庞家仁等
CN201410633182	猕猴桃微囊化超微粉及制备方法	重庆食品工业研究所，重庆市渝中区长江二路221号3幢（400016）	周令国、祝义伟等
CN201410640726	一种预处理方法及果胶的检测方法	光明乳业股份有限公司，上海市闵行区吴中路578号（201103）	韩梅、郭本恒等
CN201410646684	果蔬多级分选机	重庆达沃斯食品有限公司，重庆市长寿区健康科技产业基地（401220）	孙勇
CN201410657839	水果榨汁机	重庆云升食品饮料有限公司，重庆市合川区思居工业园（401523）	张中云
CN201410672198	橘汁提取器	重庆云升食品饮料有限公司，重庆市合川区思居工业园（401523）	张中云
CN201420204169	一种切果去核装置	威海山河电气有限公司，山东省威海市西河北一附3号－1（264200）	孙正鼐、李川
CN201420349121	果浆打浆机	杭州梅园食品有限公司，浙江省杭州市余杭区塘栖镇运溪路168号（311106）	俞根荣、许勇华
CN201420423182	苹果去核机	新三和（烟台）食品有限责任公司，山东省烟台市蓬莱市小门家镇五龙路21号（265600）	郑晓艳
CN201420435611	一种果丹皮生产系统	天津清涟山水食品有限公司，天津市蓟县下营镇东马营公路北侧（301919）	马建华
CN201420477314	柑橘果粒加工生产流水线	浙江可可佳食品有限公司，浙江省衢州市柯城区航埠镇工业园区凤山三路9号（324014）	郑国星、郑建华
CN201420509179	一种蔬菜用高效烘干机	兴化市瑞盛食品有限公司，江苏省泰州市兴化市城东镇经济开发区（225755）	步志堂
CN201420509317	一种多功能切菜机	兴化市瑞盛食品有限公司，江苏省泰州市兴化市城东镇经济开发区（225755）	步志堂
CN201420527082	一种圆葱去皮机	金乡县金得利食品有限公司，山东省济宁市金乡县县城北6公里105国道东侧（272200）	马辉林、刘鲁平
CN201420556101	一种冻干果粉的自动生产线	福建欧瑞园食品有限公司，福建省漳州市芗城区石亭镇南山工业园（363000）	陈云海
CN201420587771	果片干燥装置	甘肃长河食品饮料有限责任公司，甘肃省白银市靖远县三滩乡吴湾村（730600）	吴冠革、宋金东

（续）

申请或批准号	发　明　名　称	申请（专利权）人与通讯地址	发明人
CN201410141890	胡萝卜汁低温发酵工艺	漯河市万山远饮料有限公司，河南省漯河市经济开发区湘江东段 18 号（462000）	罗新民、罗普威等
CN20141028130	莲藕食用菌饮品及其制备方法	江苏食品药品职业技术学院，江苏省淮安市高教园区枚乘路 4 号（223005）	孟秀梅、李明华
CN201410292225	一种平菇膨化脆片的生产方法	南京飞马食品有限公司，江苏省南京市溧水区柘塘镇柘宁东路 368 号（211215）	李春阳、黄梅桂
CN201410474114	一种空心菜的加工方法	重庆市双桥区危思科技有限公司，重庆市双桥区龙滩子住宅区 6 号 2 - 7 - 2（400900）	宋其祥
CN201410482006	番茄清洗脱柄机	广西宾阳县旭日创新蔬菜加工有限公司，广西壮族自治区南宁市宾阳县东湖农场（530409）	张金海、罗彬彬
CN201410531668	一种黑大蒜及其制作方法	徐州绿之野生物食品有限公司，江苏省徐州市邳州市宿羊山镇高新路 1 号（221300）	张志年、张奎昌
CN201410547300	一种脱水南瓜片的制备新方法	浙江小二黑食品有限公司，浙江省湖州市吴兴区环渚乡龙溪村（13000）	赵桂芹
CN201410553906	一种黄瓜酱菜及其制作方法	天津谦德食品有限公司，天津市宝坻区城西进京路二公里处（301800）	杨占山
CN201410553983	一种南瓜子的加工方法	湖南亚林食品有限公司，湖南省长沙市长沙经济技术开发区椰梨工业园（410129）	陈魁江、熊学斌
CN201410554582	一种糖渍萝卜的加工工艺	天津炳昂食品有限公司，天津市宝坻区经济开发区天宝工业园（301800）	杨亚夫
CN201410626828	一种红葱头香葱油	淮北顺发食品有限公司，安徽省淮北市濉溪县乾隆湖工业集中区乾隆大道 10 号（235100）	束瑞兰、肖建
CN201410657366	一种速冻紫背天葵的加工方法	苏州大福外贸食品有限公司，江苏省苏州市吴中区金庭镇芝园公路 9 号（215111）	段学武、李建蓉等
CN201410657485	一种速冻胡萝卜的加工方法	苏州大福外贸食品有限公司，江苏省苏州市吴中区金庭镇芝园公路 9 号（215111）	金阶恒、段学武等
CN201420295649	一种用于蔬菜加工的新型水力旋流器	南京脆而爽蔬菜食品有限公司，江苏省南京市溧水区白马镇大树下村（211200）	施亚萍
CN201420355396	一种振动式旋转大蒜剥皮机	安徽省同兴食品有限公司，安徽省淮北市濉溪县乾隆大道东侧金沙路南侧（235100）	李红兵
CN201420431912	生姜脱皮机	易门山源食品开发有限公司，云南省玉溪市易门县龙泉镇桥头街 254 号（651100）	宋毅、李学春
CN201420454976	一种蔬菜切割机	丹阳市陵口镇郑店土地股份专业合作社，江苏省镇江市丹阳市陵口镇郑店村委会内（212300）	黄东海

（续）

申请或批准号	发 明 名 称	申请（专利权）人与通讯地址	发明人
CN201420586036	一种用于叶类蔬菜加工的理菜机	江苏兴齿精密锻造有限公司，江苏省泰州市兴化市西郊镇工业集中三区（225700）	刘伟、刘远
CN201410125644	一种蜂蜜番茄果汁及其制备方法	北京元鲜记食品科技有限公司，北京市房山区良乡镇小营村村委会西侧（102446）	曹永安、薛明等
CN201410129997	一种饮料自动灌装计量的方法	东莞石龙津威饮料食品有限公司，广东省东莞市石龙镇中山西路 198 号（523320）	刘秉杰、杨炳坤
CN201410154391	一种海金沙排铅保健饮料及其制备方法	五河县鲲鹏食品饮料有限公司，安徽省蚌埠市五河县城南经济开发区兴潼路（233300）	姜阔
CN201410233229	冷却用水循环再利用的乳饮料生产工艺	吴忠市物华乳品饮料有限公司，宁夏回族自治区吴忠市黄河西路（古城工业园区）（751100）	刘世忠
CN201410334304	一种复合枸杞植物饮品	天津徐氏饮料有限公司，天津市宝坻区经济开发区宝康道（301800）	李建学
CN201410358518	利风湿的保健饮料及其制备方法	济南伟传信息技术有限公司，山东省济南市高新区凤凰路 4569 号龙园 9 号楼 1801 室（250101）	刘艳菊
CN201410497471	一种酸角汁饮料及其制备方法	云南凯旋饮料有限公司，云南省玉溪市易门县六街道办事处茶树村苦里箐（651100）	王燕竹、王兴民
CN201410570244	一种金银花饮料的制作方法	广西神龙王农牧食品集团有限公司，广西壮族自治区玉林市陆川县温泉镇通政街 23 号（537799）	黄宗考
CN201410577758	一种玉米鲜汁固体饮料及其制备方法	苏州市佳禾食品工业有限公司，江苏省苏州市吴江区松陵镇友谊工业区五方路 127 号（215222）	柳新荣
CN201410593143	一种降脂保健饮料及其制备方法	青岛正能量食品有限公司，山东省青岛市莱西市店埠镇兴店路 52 号（266000）	汪静
CN201410594138	生产饮料用的生产系统	上海泰德利食品饮料有限公司，上海市松江区佘山镇强业路 596 号（201602）	魏爱勤
CN201410597984	一种降火明目饮料及其制备方法	青岛正能量食品有限公司，山东省青岛市莱西市店埠镇兴店路 52 号（266000）	汪静
CN201410606587	一种多功能饮料及其制备方法	天地壹号饮料股份有限公司，广东省江门市蓬江区棠下江盛二路 21 号（529000）	曾彬
CN201410607758	一种草木保健凉茶	龙陵县宏兴茶饮料开发有限责任公司，云南省保山市龙陵县腊勐乡腊勐新街（678314）	杨济厚
CN201420364992	全自动灌装控制装置	广东东鹏维他命饮料有限公司，广东省东莞市道滘镇大罗沙工业区（523170）	张金桃、胡海娥等
CN201420449148	一种非接触式饮料灌装机	上海紫泉饮料工业有限公司，上海市闵行区颛兴路 1188 号（201108）	毛国敏、孙德新等

（续）

申请或批准号	发　明　名　称	申请（专利权）人与通讯地址	发明人
CN201420480732	一种新型饮料机	重庆市潼南县安华饮料厂，重庆市潼南县双江镇银龙 0115－0122 号粮仓（402675）	罗继安
CN201420496453	一种饮料高温杀菌装置	焦作市米奇食品饮料有限公司，河南省焦作市孟州市米庄工业开发区（454750）	米兴才
CN201420496459	一种瓶装饮料包装后的冷却装置	焦作市米奇食品饮料有限公司，河南省焦作市孟州市米庄工业开发区（454750）	米兴才
CN201420614487	一种饮料杂质观测器	景谷傣族彝族自治县大有为食品有限公司，云南省景谷县林纸路109 号（666400）	谢云龙
CN201410054897	双杆连动式茶叶理条机	黄山市祁门县祁塔茶叶机械有限公司，安徽省黄山市祁门县祁山镇先锋村谢家山（245600）	周文炳、王健等
CN201410064130	一种都匀毛尖茶的加工方法	都匀市剑江茶叶有限责任公司，贵州省黔南布依族苗族自治州都匀市剑江中路 247 号（558000）	何承兰
CN201410140273	一种观音茶的制备方法	仙游县三信茶叶种植专业合作社，福建省莆田市仙游县龙华镇红旗村兰子路 52 号（351100）	朱国宝、林章武
CN201410145796	一种六月霜红茶的制备方法	宁波戚家山茶叶有限公司，浙江省慈溪市横河镇大山村（315300）	黄士文、戚荣荣等
CN201410145823	一种杨梅红茶的制备方法	宁波戚家山茶叶有限公司，浙江省慈溪市横河镇大山村（315300）	黄士文、戚荣荣等
CN201410151955	一种瘦身茶及其制备方法	安徽省石台县日新茶叶实业有限公司，安徽省池州市石台县丁香镇西柏村（245100）	洪日华
CN201410152217	一种大肚子茶及其制备方法	安徽省石台县日新茶叶实业有限公司，安徽省池州市石台县丁香镇西柏村（245100）	洪日华
CN201410171467	一种提升低质夏秋茶叶品质的方法	贵州雷山县脚尧茶叶厂，贵州省黔东南苗族侗族自治州雷山县西江镇黄里村（557106）	吴先海、文新成等
CN201410192220	一种澄清茶浓缩汁的制备方法	中国农业科学院茶叶研究所，浙江省杭州市西湖区梅灵南路 9 号（310008）	许勇泉、尹军峰
CN201410198055	金丝普洱茶	云南牧工商茶叶进出口股份有限公司，云南省昆明市盘龙区王旗营小区云企中心大楼（650000）	赵伟文
CN201410202682	一种新型机制龙井茶加工方法	中国农业科学院茶叶研究所，浙江省杭州市西湖区梅灵南路 9 号（310008）	邓余良、尹军峰等
CN201410212689	一种降脂减肥保健功能茶	中华全国供销合作总社杭州茶叶研究所，浙江省杭州市江干区采荷路 41 号（310016）	谭蓉、杨秀芳等
CN201410223703	一种特色红茶的加工方法	中国农业科学院茶叶研究所，浙江省杭州市西湖区梅灵南路 9 号（310008）	袁海波、江用文等

（续）

申请或批准号	发 明 名 称	申请（专利权）人与通讯地址	发明人
CN201410332491	一种减肥白茶	句容市阿琦茶叶种植专业合作社，江苏省镇江市句容市边城镇赵巷村范塘头村10号（212400）	潘琦、潘金荣
CN201410335756	一种连续化生产的茶叶理条压扁机	长沙湘丰茶叶机械制造有限公司，湖南省长沙市长沙县金井镇脱甲村（410100）	汤哲、彭浩明
CN201410344108	一种红茶的制备方法	淳安县鸠坑万岁岭茶叶专业合作社，浙江省杭州市淳安县鸠坑乡金塔村（311700）	章成花
CN201410416823	黄精养生袋泡茶及其制备方法	青阳县禅悦食品工贸有限公司，安徽省池州市青阳县庙前镇望华路130号（242800）	林学军
CN201410430179	一种枸杞菊花茶及其制备方法	安徽良奇生态农业科技有限责任公司，安徽省安庆市岳西县姚河乡姚河村（246600）	秦名祥
CN201410467768	一种陈皮红茶的制备方法	宁波戚家山茶叶有限公司，浙江省慈溪市横河镇大山村（315300）	黄士文、戚敏
CN201410502109	连续式茶叶杀青理条机	龙游锦盛茶叶机械有限公司，浙江省衢州市龙游县龙洲街道灵江工业园区（324400）	黄耀华、董晓云
CN201410521041	一种奶油味的绿茶叶及其制备方法	郎溪县黄香茶叶有限公司，安徽省宣城市郎溪县飞里乡县茶场（242100）	袁礼兵、孙大荣
CN201410560951	一种野玫瑰花茶的制备方法	务川自治县万元春茶叶种销专业合作社，贵州省遵义市务川自治县都儒镇杨村（564399）	黄华姣
CN201410606160	一种茶叶揉捻机	谢裕大茶叶股份有限公司，安徽省黄山市徽州区文峰西路1号（245000）	谢一平、谢昌瑜
CN201410656383	一种金银花茶的制备方法	遵义市遵茶茶叶有限公司，贵州省遵义市汇川区董公寺镇沿红村大路口组（563000）	牟维生
CN201420004381	一种红茶自动发酵机组	福建佳友茶叶机械智能科技股份有限公司，福建省泉州市安溪县德苑工贸园（城厢光德村）（362400）	黄春池、陈加友等
CN201420063161	茶籽烘干机	福建省尤溪县沈郎食用油有限公司，福建省三明市尤溪县经济开发区埔头园2号（365100）	邱祥权、周治钦
CN201420281004	一种基于压力驱动的侧开式茶叶揉捻机	中国农业科学院茶叶研究所，浙江省杭州市西湖区梅灵南路9号（310008）	董春旺、叶阳等
CN201420285598	红茶发酵温湿度控制	余姚市姚江源茶叶茶机有限公司，浙江省宁波市余姚市大岚镇雅庄村大炮岭（315444）	王岳梁、陈阜新等
CN201420359234	一种茶叶自动化生产线	桃源县百尼茶庵茶叶有限公司，湖南省常德市桃源县茶庵铺镇松阳坪村五组（415725）	饶文兵
CN201420368710	新型茶叶切片机	浙江上河茶叶机械有限公司，浙江省丽水市松阳县望松街道丽安环路18号（323400）	魏碧华、魏伟

（续）

申请或批准号	发明名称	申请（专利权）人与通讯地址	发明人
CN201420400970	茶叶筛分设备	安徽省农业科学院茶叶研究所，安徽省黄山市祁门县文峰南路 1 号（245600）	胡善国、罗毅
CN201420430807	一种茶叶杀青装置	浙江茶乾坤食品股份有限公司，浙江省湖州市长兴县泗安镇初康村（313113）	管爵杉、张盛
CN201420511974	一种小型箱式茶叶烘干机	郎溪县凌笪乡永辰茶叶种植家庭农场，安徽省宣城市郎溪县凌笪乡下吴村麻元（242100）	吴定义
CN201420604975	一种多功能茶叶加工一体机	福建佳友茶叶机械智能科技股份有限公司，福建省泉州市安溪县德苑工贸园（城厢光德村）（362400）	陈加友、黄思海
CN201410000785	一种温控洗肚机	常熟市屠宰成套设备厂有限公司，江苏省苏州市常熟市董浜镇（215534）	张屹、张涛
CN201410343263	手持式多刀旋转砍切生猪劈半机	济宁兴隆食品机械制造有限公司，山东省济宁市高新技术开发区第十一工业园（272104）	周伟生、李士兴
CN201410569145	一种屠宰废水处理装置	四川盛龙食品有限公司，四川省德阳市广汉市西外乡楠林村二社（618399）	龙会建
CN201410573407	连续式隧道螺旋刨毛机系统	南京市宏伟屠宰机械制造有限公司，江苏省南京市溧水区石湫镇明觉（211223）	毛凯旸、毛小平等
CN201410532801	一种家畜胴体清洗系统	中国包装和食品机械有限公司，北京市朝阳区德胜门外北沙滩 1 号（100083）	潘满、王洪燕等
CN201410533039	一种羊扯皮机	中国包装和食品机械有限公司，北京市朝阳区德胜门外北沙滩 1 号（100083）	王子戡、潘满等
CN201410554504	一种鸭脖自动清洗机	沭阳益客食品有限公司，江苏省宿迁市沭阳县汤涧镇张坦村（223600）	魏景涛
CN201420132070	立式滚筒猪剥皮机	济宁兴隆食品机械制造有限公司，山东省济宁市高新技术开发区第十一工业园（272104）	张克伟、张其树
CN201420174500	新型猪蹄脱毛清洗机	济宁兴隆食品机械制造有限公司，山东省济宁市高新技术开发区第十一工业园（272104）	丁有河、李伟
CN201420429015	一种禽类宰杀脱毛装置	福建森宝食品集团股份有限公司，福建省龙岩市新罗区东城登高东路 688 号（364000）	罗斌、沈奇
CN201420477427	一种禽类宰杀装置中的电晕装置	福建森宝食品集团股份有限公司，福建省龙岩市新罗区东城登高东路 688 号（364000）	罗斌、沈奇
CN201420615720	一种生猪宰杀劈半机	四川盛龙食品有限公司，四川省德阳市广汉市西外乡楠林村二社（618399）	龙会建
CN201410051282	一种牛肉调味酱的制备方法	苏州信文食品有限公司，江苏省苏州市吴中区甪直镇长虹南路 68 号（215127）	赵西奎

（续）

申请或批准号	发 明 名 称	申请（专利权）人与通讯地址	发明人
CN201410111556	一种米香牛肉酱及其制备方法	合肥市龙乐食品有限公司，安徽省合肥市肥西县上派镇工业聚集区云霄路（231200）	吴和建
CN201410155533	一种金针菇肉丸及其制备方法	广东省农业科学院蚕业与农产品加工研究所，广东省广州市天河区东莞庄一横路133号（510610）	曲直、唐道邦等
CN201410192140	一种酸菜火腿肠的制作方法	湖南唐人神西式肉制品有限公司，湖南省株洲市天元区黄河北路1296号（412007）	肖永强、朱玉安等
CN201410212521	一种狗肉罐头的制作工艺	沛县樊哙狗肉制品有限公司，江苏省徐州市沛县鹿楼镇沙河林场东（221600）	樊宪涛
CN201410248321	一种低温肉糜制品的制备方法	海南椰国食品有限公司，海南省海口市秀英区白水塘省扶贫工业开发区富康路19号（570311）	钟春燕
CN201410260367	一种肉丝条及其制作方法	青岛积德成食品有限公司，山东省青岛市崂山区沙子口街道后登瀛社区（266100）	隋汇泉
CN201410261408	黑蒜牛肉馅春卷及其制备方法	天津市傲绿农副产品集团股份有限公司，天津市东丽区津北公路3499号（300300）	景君、石建明等
CN201410265645	一种天然补铁有色鸡肉肠及其制作方法	青岛农业大学，山东省青岛市城阳区长城路700号（266100）	王宝维、解超
CN201410272054	一种制肉馅机	徐州市坤元食品有限公司，江苏省徐州市贾汪区塔山镇张扬村（221000）	苟晓琴、王兵等
CN201410283097	一种蒜肠及其加工工艺	南京海鲸食品厂，江苏省南京市溧水县和凤镇双牌石集镇（210009）	许林新
CN201410292768	一种蒜溶肉干及其制作方法	成都伍田食品有限公司，四川省成都市外东十陵镇（610106）	张鋆、王卫
CN201410346771	一种红油香辣牛肉酱及其加工方法	安徽省思杰食品有限公司，安徽省阜阳市颍东经济开发区富强路北侧中兴路东侧（236000）	赵杰
CN201410360146	一种香肠生产工艺	贵州省开阳金福喜食品有限公司，贵州省贵阳市开阳县城关镇城南路88号（550399）	林勇、杨希峰
CN201410362141	一种猪血丸子及其制作方法	湖南唐人神肉制品有限公司，湖南省株洲市芦淞区古大桥（412007）	宋忠祥、宁鹏
CN201410388220	一种有效控制苯并芘产生的腊肉制作方法	湖南唐人神肉制品有限公司，湖南省株洲市芦淞区古大桥（412007）	宋忠祥、刘海斌等
CN201410402162	一种素肉馅点心及其制作方法	井冈山井祥菌草生态科技股份有限公司，江西省吉安市井冈山市新城区工业园区（343600）	刘兴、李建新
CN201410425604	一种豆干鸡肉糕的制作方法	鹤壁市永达食品有限公司，河南省鹤壁市淇县西环路南段西侧永达公司院内（456750）	赵军武、刘清霞

（续）

申请或批准号	发 明 名 称	申请（专利权）人与通讯地址	发明人
CN201410427648	一种青稞麦粒牛肉羹及其生产方法	西华大学，四川省成都市郫县红光镇学府街 81 号（611743）	张良、车振明等
CN201410428150	一种鹅肉的加工方法	安徽刘郎食品有限公司，安徽省宣城市宣州经济开发区（北区）（242000）	刘培志
CN201410435177	一种玉米猪排	安徽夏星食品有限公司，安徽省六安市舒城县城关镇孔集（231300）	倪皖生
CN201410456106	一种肉类卤制食品预处理的加工工艺	湖南绝味食品股份有限公司，湖南省长沙市芙蓉区晚报大道 267 号晚报大厦 16 楼（410016）	戴文军、周宁
CN201410462738	一种冷冻调理鸡排的制备方法	三统万福（青岛）食品有限公司，山东省青岛市平度市新区大道 73 号（266700）	李海松、高丽萍
CN201410466324	一种真空低温油炸设备及方法	苏州口水娃食品有限公司，江苏省苏州市太仓市双凤镇新湖区建业路 6 号（215000）	谢东平
CN201410467266	一种杂粮香辣鸡肉丸子的制作方法	河南省淇县永达食业有限公司，河南省鹤壁市淇县城西环路西侧南段（456750）	赵军武、刘清霞
CN201410477404	一种酱牛肉的快速加工方法	南京雨润食品有限公司，江苏省南京市建邺区雨润路 17 号（210041）	王鹏、韩衍青
CN201410480482	一种低钠低磷酸盐肉制品	合肥工业大学，安徽省合肥市包河区屯溪路 193 号（230009）	周存六、秦浩等
CN201410486698	一种龙须牦牛肉的制作方法	西藏牦牛王生态食品开发有限公司，西藏自治区拉萨市堆龙德庆县羊达乡工业园区（850000）	江声明、蔡元志
CN201410492346	一种德式烟熏肉肠及其制备方法	马鞍山雨润百瑞食品有限公司，安徽省马鞍山市当涂经济开发区云从路 2 号（243100）	施远、江卫国
CN201410492614	一种清真五香牛肉及其加工方法	安徽桂王清真食品有限公司，安徽省合肥市肥东县经济开发区横大路与桂王路交口（231600）	王桂和
CN201410492879	一种香辣牛肉颗粒及其加工方法	安徽桂王清真食品有限公司，安徽省合肥市肥东县经济开发区横大路与桂王路交口（231600）	王桂和
CN201410496828	一种红鞠蜜汁牛肉干及其加工方法	安徽省百益食品有限公司，安徽省蚌埠市固镇县全民创业园区（233700）	黄国友
CN201410501718	一种肉馅豆干及其制备方法	合肥市凤落河豆制食品有限公司，安徽省合肥市肥西县丰乐镇丰乐社区 789 号（231231）	王朴
CN201410532068	一种自卸式馅料搅拌机	山东华昌食品科技有限公司，山东省潍坊市诸城市昌城镇昌城村（262200）	王立海
CN201410532298	一种真空滚揉机	山东华昌食品科技有限公司，山东省潍坊市诸城市昌城镇昌城村（262200）	王立海

（续）

申请或批准号	发 明 名 称	申请（专利权）人与通讯地址	发明人
CN201410533297	一种桂花蜜香酥烤鸭及其制备方法	五河县鑫旺清真食品有限公司，安徽省蚌埠市五河县小溪镇上营村（233300）	沙亮亮
CN201410536497	一种富硒笋香金针牛肉丝及其加工方法	安徽老炊食品有限公司，安徽省阜阳市太和县城关镇工业园区（236600）	朱峰
CN201410538995	一种牛肉精膏及其制备方法	天津市旭源斋清真调料食品有限公司，天津市西青区王稳庄镇王稳庄村（300383）	门前旭、叶振新
CN201410542201	一种海带夹心鸡块的制作方法	河南省淇县永达食业有限公司，河南省鹤壁市淇县城西环路西侧南段（456750）	刘树胜
CN201410563709	一种蔬菜包心肉丸及其制备方法	得利斯集团有限公司，山东省潍坊市诸城市昌城镇得利斯工业园区（262216）	李金全、李敏等
CN201410569897	一种陆川猪腊肉的制作方法	广西陆川县泓源食品有限公司，广西壮族自治区玉林市陆川县古城镇古城街25号（537719）	罗忠发
CN201410644823	一种多元营养素香肠及其制备方法	安阳市诺金食品有限责任公司，河南省安阳市汤阴县食品工业园（伏道乡西官庄村北）（456150）	付海峰、刘青海等
CN201420119990	一种家庭用剁馅机	滨州职业学院，山东省滨州市黄河十二路919号（256600）	李翠萍
CN201420310788	一种自动推料绞肉机	福州奇新食品有限公司，福建省福州市连江县江南民营经济开发区（南塘片区）龙塘路6号（350500）	陈宜乾
CN201420371347	一种新型肉丸成型装置	盐城市怡美食品有限公司，江苏省盐城市射阳县黄沙港镇工业集中区（224341）	潘凤涛、易爱华
CN201420476979	一种多功能碎肉机	港越集团韶山食品有限公司，湖南省湘潭市韶山市韶山乡竹鸡塅银河路18号（411300）	陈强
CN201420476983	一种自动烤肉串机	韶山新真喜食品有限公司，湖南省湘潭市韶山市韶山乡竹鸡塅银河路18号（411300）	陈强
CN201420592057	牛肉包装加料流量控制装置	安福县天锦食品有限公司，江西省吉安市安福县工业园区（343226）	张亮
CN201410292729	一种蔬菜鱼丸及其制作方法	山东佳士博食品有限公司，山东省潍坊市诸城市昌城镇工业园（262200）	张博、郑庸禅
CN201410319759	一种夹心鱼肉烤肠及其加工方法	山东惠发食品股份有限公司，山东省潍坊市诸城市开发区舜耕路139号（262200）	惠增玉、王洪春等
CN201410417719	一种风味鱼干的生产工艺	武隆县芙蓉江食品有限公司，重庆市武隆县江口镇黄桷村坳二场组（408506）	张朝菊
CN201410440987	一种冷冻原味烤星鳗加工工艺	舟山海之格水产品有限公司，浙江省舟山市普陀区新园路26号（316102）	陈伟、江燕

（续）

申请或批准号	发 明 名 称	申请（专利权）人与通讯地址	发明人
CN201410508237	超细虾壳粉高钙肉肠及其制备方法	山东农业工程学院，山东省济南市历城区农干院路866号（250100）	陈宇航、李云祥等
CN201410517833	一种沙塘鳢饲料添加剂及其制备方法	浙江海洋学院，浙江省舟山市临城新区长崎岛海大南路1号（316000）	张波清、吕君
CN201410529225	一种提高贡丸制品脆弹性的加工方法	福建农林大学，福建省福州市仓山区上下店路15号（350002）	田玉庭、郑宝东等
CN201410531907	一种鱼午餐肉罐头及其制作方法	上海梅林（荣成）食品有限公司，山东省威海市荣成市凭海东路209号（264300）	吴忠林
CN201410565714	一种冷冻罗非鱼调理食品的制备方法	海南泉溢食品有限公司，海南省海口市桂林洋经济开发区（570105）	林生、易美华等
CN201410630385	一种鲢鱼花甲肉馅面包卷及其制备方法	合肥皖为电气设备工程有限责任公司，安徽省合肥市屯溪路193号工大电子城宁国路3号楼（230001）	朱江玲
CN201420328220	一种海产品蒸煮烘干生产线	福建东山县海之星水产食品有限公司，福建省漳州市东山县西埔镇冬古村（363400）	林财武
CN201420411641	用于鱼类的斩拌机	天津市创鑫机械有限公司，天津市东丽区开发区一经路三纬路（300300）	王翠
CN201420562149	一种虾壳去除装置	白山鞍食品（漳州）有限公司，福建省漳州市漳浦县旧镇工业园（363000）	陈卫彬
CN201410045628	一种鸡蛋干生产线的多层烘干装置	安徽光林蛋制品有限责任公司，安徽省安庆市潜山县痘姆乡红星村（246300）	黄诗恒
CN201410269246	蛋黄丸及其制作方法	山东华昌食品科技有限公司，山东省潍坊市诸城市昌城镇昌城村（262200）	王立海
CN201410346524	一种鸡蛋剥壳机	泰兴市立君食品有限公司，江苏省泰州市泰兴市珊瑚镇曹埠村十六组48号（225400）	丁立君
CN201410520558	一种婴幼儿营养速溶蛋黄粉及其制备方法	北京二商健力食品科技有限公司，北京市丰台区大红门石榴庄西街234号（100079）	赵伟、王宇
CN201420071406	生鲜鸡蛋清洗、消毒、检测、碎蛋一体机	安徽光林蛋制品有限责任公司，安徽省安庆市潜山县痘姆乡红星村（246300）	黄诗恒
CN201420432112	一种具有称重功能的高效自动打蛋机	淮北市汉享食品有限公司，安徽省淮北市凤凰山经济开发区（235000）	王琴、徐荣松

（续）

申请或批准号	发 明 名 称	申请（专利权）人与通讯地址	发明人
CN201410100272	一种高蛋白骆驼奶粉的低温制备方法	常州毅博生物科技有限公司，江苏省常州市武进经济开发区腾龙路 2 号（213000）	黄龙、陈佳等
CN201410143356	一种健胃消食羊奶片及其制备方法	陕西科技大学，陕西省西安市未央区大学园 1 号（710021）	陈合、张建华等
CN201410207177	一种抗后酸化发酵型酸奶及其制备方法	山西维尔生物乳制品有限公司，山西省太原市小店区平阳路 398 号（030006）	赵玉明、潘佩平等
CN201410274079	一种咖啡牛奶片及其制备方法	南京麦思德餐饮管理有限公司，江苏省南京市宁双路 28 号汇智大厦（210012）	闻献
CN201410354984	一种含高活性益生菌的液态羊奶制品	烟台大学，山东省烟台市莱山区清泉路 32 号（274005）	姜竹茂、刘花兰等
CN201410403543	含有螺旋藻的功能性奶片及其制备方法	福州乾正药业有限公司，福建省福州市仓山区建新镇后巷路 6 号（350008）	张耿元、王保红等
CN201410417596	一种营养强化奶粉及其制备方法	贝因美婴童食品股份有限公司，浙江省杭州市滨江区南环路 3758 号（310053）	富鑫、储小军
CN201410479515	一种健胃消食酸奶片及其制备方法	安徽科技学院，安徽省蚌埠市东郊（233000）	缪成贵、何华奇等
CN201410514360	一种中药奶片及其制备方法	江苏奇力康皮肤药业有限公司，江苏省苏州市苏州高新技术产业开发区泰山路 668 号（215129）	吴克
CN201410541118	一种耐冻的液态奶制品及其制备方法	内蒙古伊利实业集团股份有限公司，内蒙古自治区呼和浩特市金山开发区金山大道 1 号（010110）	刘华
CN201410616143	一种液态牛奶品牌快速鉴别方法	天津工业大学，天津市河东区成林道 63 号（300160）	卞希慧、李淑娟等
CN201410644887	一种复合酸奶	柳州市康小乐牛奶有限公司，广西壮族自治区柳州市柳南区石烂路西段北侧（545000）	莫明规
CN201420594465	一种用于液态奶生产的超高温杀菌机	内蒙古伊利实业集团股份有限公司，内蒙古自治区呼和浩特市金山开发区金山大道 1 号（010110）	黄保山、王景红
CN201410169622	全自动多功能食品加工机	广东新宝电器股份有限公司，广东省佛山市顺德区勒流镇政和南路（528300）	郭建刚、陈水兵
CN201410200224	一种真空冷冻干燥香蕉制品的制备方法	福建立兴食品有限公司，福建省漳州市华安县丰山镇潭口（363000）	邹少强、郭树松等
CN201410400038	一种自动化的固态食品切块机	青田加利利食品有限公司，浙江省丽水市青田县油竹街道江滨路 7 号（323900）	叶利春
CN201410446366	一种富茶营养健康食品	福建珍好吃食品有限公司，福建省厦门市同安工业集中区同明路 26 号（361100）	刘华峰、蔡森源

（续）

申请或批准号	发明名称	申请（专利权）人与通讯地址	发明人
CN201410513366	一种补肺益肾的功能食品	青岛金佳慧食品有限公司，山东省青岛市城阳区上马街道北程哥庄社区工业园（266112）	郭志强
CN201410536837	一种防癌保健品及其制备方法	晋江妙津食品有限公司，福建省泉州市晋江市永和镇邵厝村（362200）	邵齐木
CN201410542653	一种茶树菇酱油的制作方法	哈尔滨艾克尔食品科技有限公司，黑龙江省哈尔滨市阿城区通城街大众路2号（150300）	赵云财
CN201410556122	一种海鲜降血脂保健米及其制备方法	肥西县严店乡粮油有限责任公司，安徽省合肥市肥西县严店街道（231200）	马家宏
CN201410557409	一种加菜蛋类调理食品及其制备方法	乳山宏伟食品有限公司，山东省威海市乳山市乳山口镇寨前村东（264515）	杜书强、于秀英
CN201410558217	一种粘粉蛋类调理食品及其制备方法	乳山宏伟食品有限公司，山东省威海市乳山市乳山口镇寨前村东（264515）	杜书强、于秀英等
CN201410561678	一种裙带菜米醋的制作方法	哈尔滨艾博雅食品科技开发有限公司，黑龙江省哈尔滨市南岗区红旗示范新区43栋1602室（150001）	赵依娜
CN201410607768	一种花草健美馅料	龙陵县宏兴茶饮料开发有限责任公司，云南省保山市龙陵县腊勐乡腊勐新街（678314）	杨济厚
CN201410646810	用于食品的脱皮装置	重庆市领洲食品有限责任公司，重庆市永川区胜利路办事处永钢村古家坳村民小组（402160）	魏国
CN201420090789	一种高产量多功能蟹排机	泉州市天发食品机械有限公司，福建省泉州市惠安县惠南工业区（张坂镇）（362100）	吴金华
CN201420210898	一种全自动口香糖枕式包装机	如皋市包装食品机械有限公司，江苏省南通市如皋市如城镇庆余东路201号（226500）	吴健
CN201420316360	一种巴氏杀菌冷却一体机	上虞冠峰食品机械有限公司，浙江省绍兴市上虞市百官街道新建路317号（312300）	徐国峰
CN201420367502	一种食品喷射式均质机	淮安唯新食品有限公司，江苏省淮安市洪泽县开发区创业路1号唯新食品产业园（223100）	吴绍鹏、宋旭东
CN201420381004	一种巧克力食品球磨机	苏州姑苏食品机械总厂，江苏省苏州市浒关镇水车浜66号（215000）	王永兴
CN201420381821	一种煎炸油过滤机	宁波素子园八味食品有限公司，浙江省宁波市象山县经济开发区滨海工业园金商路南侧（315700）	谢立亮、段新红
CN201420407442	一种微波真空干燥装置	福建野山生态食品开发有限公司，福建省龙岩市武平县工业园区第九幢第二层（364000）	李联
CN201420414469	一种多功能油炸装置	东莞万好食品有限公司，广东省东莞市横沥镇西城科技园（523000）	钟明发、李荣峰

（续）

申请或批准号	发 明 名 称	申请（专利权）人与通讯地址	发明人
CN201420457723	一种新型食品加工机	安徽燕之坊食品有限公司，安徽省合肥市包河区包河工业园天津路 8 号（230051）	张丽琍、祁斌
CN201420468976	一种食品多形状膨化成型机	杭州唐纳兹食品有限公司，浙江省杭州市萧山区萧山经济技术开发区桥南区高新十路 118 号（311200）	卢美绥
CN201420472766	一种食品称重包装机	杭州超达食品有限公司，浙江省杭州市余杭区塘栖镇庄河洋（311100）	蔡加庭
CN201420495798	一种高速枕式自动包装机	贵州龙膳香坊食品有限公司，贵州省贵阳市乌当区东风镇堡子路 70 号（550018）	周萍、黄国维
CN201420613855	自动管式杀菌机	温州市龙湾东霸食品机械厂，浙江省温州市龙湾区永兴康二富康西路 143 号（325000）	杨建冬

6 第六部分

大 事 记

1 月

8~9 日 "全国粮食流通工作会议"在北京召开。会议学习贯彻党的十八大和十八届三中、四中全会和中央经济工作会议、中央农村工作会议精神，总结交流 2014 年粮食流通工作，分析研判面临的新形势，研究部署 2015 年粮食流通工作；表彰全国粮食系统先进集体、先进工作者和劳动模范。国家发展和改革委员会党组书记、主任徐绍史传达了李克强总理和张高丽、汪洋副总理最近对粮食流通工作的重要批示，并作重要讲话。国家粮食局党组书记、局长任正晓作工作报告。会议指出，粮食市场运行呈现内外融合、矛盾交织的新特征，粮食行业发展迈入改革转型、创新发展的新阶段，粮食流通管理进入厉行法治、依法治粮的新时代。2015 年是全面推进依法治粮、加快法治粮食建设的开局之年，是继续贯彻实施国家粮食安全战略、深入推进粮食流通改革转型和创新发展的关键之年。全国粮食系统要全面贯彻落实党的十八大和十八届三中、四中全会精神，深入学习贯彻习近平总书记系列重要讲话精神，认真落实中央经济工作会议、中央农村工作会议的决策部署，坚持稳中求进的工作总基调，主动适应经济发展新常态，全面落实粮食安全责任，全面深化粮食流通改革，全面推进依法治粮，全面加强"粮安工程"建设，加快实施创新驱动发展战略，加快转变粮食经济发展方式，加快推进粮食流通能力现代化，切实保障国家粮食安全，促进经济社会平稳发展。重点要抓好以下六个方面工作：一要以全面落实粮食安全省长责任制为核心，进一步增强粮食安全保障能力。粮食安全省长责任制是贯彻国家粮食安全战略、保障国家粮食安全的一项基本制度。要按照国务院的要求和省级人民政府的安排部署，积极主动地推进粮食安全省长责任制的全面落实。二要以抓收购、保供应、管库存为中心，切实保护种粮农民利益、维护粮食市场稳定。把粮食收储工作摆在更加突出的位置抓紧抓好，认真落实国家粮食调控政策，强化政策性粮食库存监管，切实保障粮食有效供应，维护市场基本稳定。三要以优化机制、激发活力、提高效率为重点，进一步深化粮食流通改革。建立中央储备和地方储备各司其职、协同互补机制，统筹推进粮食科技体制改革，深化粮食经营发展模式改革，加快转变粮食行政管理职能。四要以加强粮食法制建设为引领，全面推进依法治粮。着力加强粮食法制建设，推进依法管粮，推进法治机关建设，加强执法队伍建设，规范市场主体经营行为。五要以全面实施"粮安工程"为载体，加快推进粮食流

通能力现代化。扎实推进粮食仓储物流设施建设，加大"危仓老库"维修改造力度，继续推进农户科学储粮工程，积极推进行业信息化建设，继续完善粮食应急保供体系，深入推进节粮减损行动。六要以科技兴粮、人才兴粮工程为支撑，进一步增强行业软实力。做好粮食公益性科研专项管理协调服务工作，创新粮食科技组织模式和产学研用协同机制。实施粮食行业"百千万创新人才"工程，启动实施党政人才能力提升和高技能人才培养工程。会上，北京、山西、内蒙古、黑龙江、江苏、安徽、湖北、湖南 8 省、自治区、直辖市粮食局作了典型经验交流。

13~14 日 国家食品药品监督管理总局在北京召开"全国食品生产监管工作会议"。会议认真贯彻党的十八届三中、四中全会、中央经济工作会议，以及全国食品药品监督管理暨党风廉政建设工作会议精神，总结 2014 年食品生产监管工作，分析当前食品生产监管面临的形势，部署安排 2015 年食品生产监管工作任务。国家食品药品监督管理总局副局长滕佳材出席会议并作重要讲话。会议强调，2015 年食品生产监管工作，要坚持法治思维和法治方式，大力推进食品生产监管制度改革创新，坚持以问题导向为引领，继续加强重点监管和综合治理，科学防范食品安全风险，不断提升食品安全治理能力。一是坚持科学立法，着力完善食品生产监管制度体系。重点抓好《食品安全法》修订推进、食品生产监管配套制度建设和食品生产监管制度创新等工作，推动构建最严格的覆盖全过程的监管制度体系。二是坚持改革创新，着力健全食品生产监管治理体系。要大力推进食品生产许可制度改革，强化监管人员的现场检查，推进食品安全信用档案建设，扩大食品安全"审计"试点，大力推行食品生产监管信息公示，继续试点实施食品生产企业风险分级分类监管制度，开展大型食品生产企业食品安全风险信息交流，坚持问题导向，组织开展专项抽检监测。三是坚持重点监管，着力提升食品生产监管的靶向性。要继续抓好 8 类重点食品和大宗食品的重点监管和综合治理工作，切实加强食品生产集聚区、食品生产加工安全示范区和食品问题多发区监管，重点治理"两超一非"、食品塑化剂、食品标签标识等突出问题，切实抓好大型食品生产企业监管工作。四是坚持依法行政，着力推进最严格的食品安全监管。要依法落实食品安全企业主体责任和监管责任，依法履行食品生产监管职责，依法规范食品生产监管行为，主动接受社会监督和舆论监督，确保食品安全依法治理、履职尽责。五是坚持强基固本，着力提升食品生产监管能力和水平。要抓好基层监管能力建设，加强对基层的工作指导和服务，帮助基层解决

实际困难和问题。要抓好生产环节的监管能力建设，积极推动监管资源向生产监管集聚，推动监管工作重点向生产监管倾斜。六是坚持社会共治，着力构建食品安全齐抓共管工作格局。要联合行业协会、技术机构等，组织开展行业调查、风险排查等活动，加强与有关部门的配合，积极开展联合执法检查、专项整治等活动，凝聚食品安全监管合力。会议要求，全系统要继续保持良好的精神状态，坚持一手抓业务、一手抓队伍，聚精会神谋发展、一心一意抓落实，不断推动食品生产监管工作再上新台阶。要严格落实"一岗双责"，严格落实党风廉政建设责任制，进一步巩固群众路线教育实践活动成果，自觉接受群众监督和社会监督，树立为民务实清廉的良好形象。

22日 "全国农产品质量安全监管工作会议"在山东济南召开。农业部副部长陈晓华在会上强调，要始终坚持"产出来"和"管出来"两手抓，不断强化突出问题治理和执法监管，大力推行标准化生产和全程控制，切实保障农产品消费安全。会议指出，2014年各级农业部门认真贯彻中央决策部署，深入开展农产品质量安全监管年活动，落实强化监管八项措施，取得了较好成绩。全年未发生重大农产品质量安全事件，蔬菜、畜禽和水产品监测合格率稳中有升。会议强调，加强农产品质量安全监管工作是全面建成小康社会的必然要求，是促进农业转型升级的重要抓手，是依法履行职责的紧迫任务，2015年各级农业部门要下更大的决心，想更多的办法，用更严的措施，重点抓好10个方面工作：一是抓好专项整治，集中整治一批突出问题和隐患。二是抓好国家质量安全县创建，打造标准化生产和依法监管的样板区，整体提升市县农产品质量安全监管水平。三是加快标准制修订，清理与农兽药残留标准相配套的检测方法标准，加快农兽药残留标准制修订进程，与国际标准接轨。四是稳步发展"三品一标"，扩大果菜茶标准园、畜禽水产标准化养殖示范场规模，稳步发展无公害、绿色、有机和地理标志农产品，打造一批安全优质的知名农产品品牌和生产基地。五是强化监测评估预警，制定实施农产品质量安全监测和风险评估工作规划，全面摸清"米袋子"、"菜篮子"产品危害因子的种类、范围和危害程度。加强风险交流，组织专家主动宣传解读，为公众解疑释惑。六是加快推动追溯体系建设，建设国家农产品质量安全追溯管理信息平台，积极推动省、市、县三级农产品质量安全信息化建设。七是探索构建产地准出市场准入机制，建立产地质量证明制度，全面落实生产经营者在质量安全方面的主体责任。八是认真做好应急处置，完善各层级、各行业应急预案，加强应急培训演练，提高全系

统的应急处置技能。九是加强基层监管队伍能力建设，加快推动地县监管机构建设，充实监管人员，落实监管经费，改善监管条件，切实解决监管"最后一公里"问题。十是加强制度建设和机制创新，加快推动修订《农产品质量安全法》，跟进制定相关的配套规章，力求实现农产品质量安全全程监管有法可依；建立上下联动机制，横向协调配合机制。

2 月

2日 农业部部署2015年农产品加工业重点工作。一是积极推动促进农产品加工业发展有关政策的落实。积极推动税收、信贷、保险、科技创新、强农惠农、扶持中小微企业发展等政策在农产品加工业的有效落实。同时，加强新的政策创设，争取在农产品初加工、主食加工、综合利用、原料基地、收购资金、设施装备、加工园区、主产区布局等方面实现突破。二是加快发展农产品产地初加工。认真组织实施初加工补助政策，积极争取扩大实施区域、品种和资金规模，整体推进初加工设施建设。积极推进粮食加工减损。鼓励农民合作社、家庭农场和专业大户等通过合资合作方式建设烘储设施，防止粮食过度加工造成浪费。加强菜篮子产品和特色农产品产后商品化处理。改造升级贮藏、保鲜、烘干、分类分级、包装和运销等设施装备，并与园艺作物标准化基地建设同步规划、建设和实施，择项列入初加工补助和农机补贴范围，向物流配送和电商拓展。三是深入开展主食加工业提升行动。培育主食加工知名企业和"老字号"。着力培育一批产权清晰化、生产标准化、技术集成化、管理科学化、经营品牌化的主食加工示范企业；开展主食加工"老字号"品牌推介，加快推进马铃薯主粮化、主食化进程。加强主食加工公共服务。开展主食加工业监测分析与预警，加强研发体系和标准化技术委员会等平台建设，推动建立主食加工业产业联盟。组建主食加工技术集成联合体。着力促进引进装备国产化，增强主食加工技术自主创新能力。四是启动实施农产品及加工副产物综合利用提升工程。明确一部分农产品及加工副产物综合利用的主攻方向。科学选择一批重点地区、品种和环节，主攻农业副产物循环利用、加工副产物全值利用和加工废弃物梯次利用。筛选一批综合利用成熟技术设备装备。集成、示范和推广一批综合利用新技术，在秸秆微生物腐化有机肥及过腹还田、稻壳米糠、等外果及皮渣、畜禽骨血、水产品皮骨内脏等环节开展试点。制修订一批综合利用标准。完善产品标准、方法标准、管理标准及相关技术操作规程等。积极探索以政府购买服务的方

式开展综合利用服务的做法和经验。五是着力提升农产品加工技术装备水平。加快推进国家农产品加工技术研发体系建设。构建"产学研推用"有机融合的科技创新体系，协同开展重大共性关键技术设施装备研发。建设一批农产品加工技术集成基地。建立具有中试能力的工程化研究平台及产业化应用平台，开展工程化研究和核心装备创制。加强成熟技术筛选推广。深入开展科企对接活动，选择重点产区建立技术示范基地，加快推进标准化体系建设。培养造就人才队伍。培育一批经营管理人才、科技领军人才、创新团队、生产能手和技能人才。六是积极培育农产品加工龙头企业。以资产为纽带积极培育一批农产品加工的产业集团。鼓励龙头企业与上下游中小微企业建立产业联盟，与农民合作社、家庭农场、种养大户和农户结成利益共同体，创建一批农产品加工示范企业和示范单位。积极争取财税融资政策。推动企业与资本市场对接，加强上市融资服务和指导培训。实施质量立企、品牌强企战略。支持引导企业建立检测检验、质量标准和全程质量可追溯体系，建立农产品加工品牌目录制度，鼓励企业和农民合作社申报和推介无公害农产品、绿色食品、有机农产品和农产品地理标志。七是稳步推进农产品加工业园区建设。积极培育农产品加工产业集群。以县为单元整建制创建一批原料基地、加工园区、营销体系等有机衔接、相互配套、功能互补、联系紧密的国家农产品加工业示范区、示范县，推动构建现代农业产业体系。建设一批专业化、规模化、标准化的原料生产基地。扶持建设一批起点高、功能全、带动力强的加工园区。构建物流配送和市场营销体系。支持有条件的园区打造农产品加工品集散中心、物流配送中心、展销中心和价格形成中心，发展直销直供、电子商务、移动互联网营销、第三方电子交易平台等新型流通业态。八是鼓励支持主产区农产品加工业发展。加强主产区产加销整体构建和区域合理分工。与优势农产品和特色农产品区域布局衔接，将加工流通与生产消费同步规划和实施，促进一二三产业融合发展。促进粮食主产区发展粮食加工转化。大力推动粮食加工科技创新和推广，改善粮食烘储加工条件，加强粮食生产、收购、储存、运输、加工、消费等环节管理，引导企业科学开展粮食精深加工，鼓励粮食加工副产物综合利用，拓展粮食加工转化增值空间。搭建加工产能转移承接平台。引导加工企业将产业向主产区转移，与主产区的资源优势整合，合力打造优势主导产业。支持农民合作社兴办农产品加工流通，鼓励建设"粮食银行"，探索粮食产后统一烘干、统一加工、统一储存、统一销售的经营模式。九是努力提高农产品加工业管理服务水

平。各级农业部门要从战略和全局的高度深化认识，把农产品加工业摆上重要位置，列入重要议事议程。要完善管理体制，进一步调整充实人员队伍，理顺职责关系，推动建立和完善符合现代农业发展要求的管理体制和机制。各级农产品加工业管理部门要加强与政府有关部门的协调合作、紧密配合，形成促进农产品加工业发展的合力；要对"十三五"农产品加工业发展进行科学规划，建立健全质量标准体系并严格执行，建立信息、技术、人才、融资等公共服务体系，搭建投资贸易合作交流平台，建设创业示范基地；组织技术研发与推广，开展监测分析、标准跟踪、教育培训、技能开发等工作，完善农产品加工业统计制度和调查方法；充分发挥科研单位、大专院校的支撑作用和行业协会及其他社会组织的桥梁纽带作用，强化新闻宣传和舆论导向，营造促进农产品加工业发展的良好环境。

3～4日 "2015年全国食品药品科技标准工作会议"在南京召开。会议认为，2014年，全系统科技标准工作人员积极主动作为，拓展工作思路，打基础、抓制度、建机制，扎实工作、开拓创新、攻坚克难，各项工作取得重要进展。会议深入分析了当前科技标准工作面临的形势和存在的主要问题，指出要深刻认识到科技标准工作的艰巨性、复杂性和紧迫性，客观、全面、系统地看待和分析问题，坚持问题导向，增强机遇意识，把握有利条件，勇于接受挑战和考验，扎实推进各项工作进展。会议强调，2015年是全面完成"十二五"规划、统筹谋划"十三五"规划的承上启下之年。要坚持在改革中找准定位，在转变中谋求发展，上下齐心、振奋精神，紧紧围绕总局中心工作，抓住"十三五"规划编制的有利契机，按照"夯实基础、提高水平，强化能力、着眼未来"的总体要求，以能力建设为主线，抓好制度机制建设，坚持科技创新驱动为提高监管水平服务。一是以贯彻落实中央财政科技计划改革精神为重点，推进重大科技项目立项，拟定科技发展规划，推进和规范食品药品快检技术研究，探索科技创新激励机制，开展科技成果登记工作，健全科技管理相关制度。二是以全面深入参与食品安全标准制修订工作为重点，建立完善食品药品标准管理体系和管理机制，出台标准发布规则，规范颁布《中国药典》（2015版）并加强宣贯培训，继续推进标准公开透明。三是以贯彻落实检验检测体系建设指导意见为重点，加强指导意见的学习和宣贯，大力推进重点实验室建设，研究提出布局和建设方案，拟定重点实验室管理办法和相关配套文件，研究拟定检验机构建设和管理相关制度。四是以不断加快推进国家食品安全信息平台项目建设为重点，拟

定"十三五"食品药品监管系统信息化工作指导意见，健全信息化标准体系，积极做好药品电子监管工作，推进年度计划项目建设。会议要求，要做到组织领导到位、工作保障到位、沟通协调到位、调查研究到位、督查考核到位、队伍建设到位、廉政建设到位等"七个到位"，切实保障科技标准各项工作平稳有序推进。

5~6日 "2015年全国食品安全抽检监测和预警交流工作会议"在吉林市召开。会议认真总结2014年食品安全抽检监测、预警交流和统计分析等工作，分析当前面临的形势，部署2015年工作，现场考察国家食品安全抽检监测样品采集移动终端系统在吉林市试点情况。会议认为，2014年全国食品药品监管系统按照总局总体部署，克服种种困难，加大抽检监测工作力度，积极探索开展食品安全风险预警交流，稳扎稳打推进食品安全统计和形势分析工作，取得了突出成效。在食品安全抽检监测方面，落实总局"统一制定计划、统一组织实施、统一数据汇总分析、统一结果利用"的四统一原则，坚持以问题导向统领食品安全抽检监测工作，健全工作体系，完善制度规范，建设信息平台，分析风险隐患，推进核查处置，发布抽检信息，切实发挥了抽检监测在食品安全整体工作中的基础性、指引性和震慑性作用；在预警交流方面，建立工作机制，组建专家智库，拓展交流方式，研究建立预警模型，加强与社会各方的合作，努力促进形成社会共治新格局；在统计分析等方面，编制食品安全统计年鉴，开展食品安全形势分析，建立部门联动机制。各项工作实现了"打基础、建机制、抓重点、强能力"的目标。会议深入分析了当前食品安全抽检监测和预警交流工作面临的形势和存在的主要问题，指出抽检监测和预警交流工作体系刚刚建立，客观上面临机构改革不到位、队伍人员缺乏、制度规范不健全、技术手段不高等挑战。会议指出，2015年食品安全抽检监测和预警交流工作要重点抓好八个方面的工作。一是坚定不移推进"四统一"。要以"六个一"为抓手落实四统一，即"一个计划、一个数据信息系统、一个程序、一套文书、一支队伍、一套管理办法"。二是毫不放松坚持问题导向。要以问题意识为先导，改进工作方式方法，强化排查问题的能力。三是依法及时处置问题产品。要做到问题产品处置"三到位"：防控风险先到位、案件查处必定到位、后期处理跟踪到位。四是创新手段深挖数据价值。要全力推进全系统数据共用共享，提高抽样检验工作自动化水平，扩展现有平台分析研判功能，建立定期抽检监测数据分析工作机制。五是积极稳妥公布抽检信息。要建立常态化信息公布机制。六是严格管

理承检机构。严肃工作纪律，严格执行"六不准"：不准篡改数据、出具虚假检验报告；不准瞒报、谎报数据结果等信息；不准擅自对外发布或者泄露数据或者利用数据进行有偿活动；不准接受被抽样单位馈赠或者以合作为名接受赞助；不准出现有意回避或者选择性抽样、事先告知被抽样单位等违规行为；不准擅自分包或者转交抽检监测任务。七是努力推动风险预警交流工作。要勇于探索创新，把握风险交流原则，突出风险交流重点，创新预警方式方法，建立预警交流体系。八是深化统计分析工作。要进一步完善统计指标体系，探索开展多样化的形势分析，为系统掌握食品安全总体状况提供基础依据。

3 月

2日 由农业部农产品加工局、中国农业科学院、中国优质农产品开发服务协会共同举办的中国农产品加工业战略研讨会在北京举行。农业部副部长余欣荣在会上强调，要全面落实中央关于发展农产品加工业的决策部署，进一步提升我国农产品加工业的管理服务水平，建立政府部门与农产品加工从业单位之间的桥梁和纽带，大力促进农产品加工业持续稳定健康发展，助推农业"转方式、调结构"，为实现中国特色农业现代化和全面建成小康社会作出新的更大贡献。余欣荣指出，这次活动既是农产品加工业成果的交流会、展示会，也是理论和实践层面的研讨会，更是以农产品加工业为引领，促进我国农业转方式、调结构，加快现代农业发展的共商发展的一次盛会。本次活动的科技成果展览展示，集中展现了农业部农产品加工技术研发体系和农科院系统农产品加工重点科技成果；充分体现了农产品加工业科技进步和技术创新对加快经济发展方式转变的支撑和引领作用；深入揭示了农产品加工业的进步对我国农业产业化、农村现代化的重要意义。通过成果展览展示以及研讨交流，必将进一步提高我们对发展农产品加工业重要性的认识，也必将进一步增强我们通过振兴农产品加工业来更好地促进农业转方式、调结构，加快现代化步伐的信心和决心。余欣荣强调，在我国经济进入新常态、农业进入新阶段的大背景下，发展农产品加工业对于转变农业发展方式、调整优化农业农村经济结构、促进农民就业增收，推动新型工业化、信息化、城镇化、农业现代化同步发展和城乡一体化，促进我国经济持续稳定健康发展，都具有十分重要的意义。要按照党中央、国务院的决策部署，牢固树立一二三产业融合发展理念，以转变发展方式、调整优化结构、提高质量效益为主线，以农业提质增效和农民就

业增收为目标，统筹推进初加工、精深加工和综合利用，更加注重改革创新、质量安全、资源环境和集约发展，努力实现规模扩张向转型升级、要素驱动向创新驱动、分散布局向产业集群转变。农业部党组成员杨绍品与中国优质农产品开发服务协会会长朱保成共同为中国优质农产品开发服务协会农产品加工业分会揭牌。本次活动还举办了"中国农科院合肥食品创新研究院"揭牌以及共建"合肥食品创新研究院"、"主食加工技术研究院"和"马铃薯面条合作项目"签约活动。

19日 全国"三品一标"工作会议在浙江省宁波市召开。农业部农产品质量安全监管局马爱国局长出席会议并讲话，农业部农产品质量安全中心刘新录主任、中国绿色食品发展中心王运浩主任就加强"三品一标"质量监管、确保品牌公信力提出了具体工作措施。马爱国充分肯定了"三品一标"工作成效。截至2014年年底，全国认证无公害农产品近8万个，涉及3.3万个申请主体；绿色食品企业总数达到8700个，产品总数近2.1万个；农业系统认证的有机食品企业814个，产品超过3300个；登记保护农产品地理标志产品1588个。2014年无公害农产品抽检总体合格率为99.2%；绿色食品产品抽检合格率99.5%；有机食品抽检合格率98.4%；地理标志农产品连续6年重点监测农药残留及重金属污染合格率一直保持在100%。"三品一标"实现了数量与质量的协调发展，为推动现代农业建设发挥了积极的示范和带动作用。马爱国强调了"三品一标"工作的重要性，提出要把发展"三品一标"作为适应经济新常态、满足消费需求的重点工作来抓，作为加快建设现代农业、实现转方式调结构的重要举措来抓，作为提升农产品质量安全水平和监管能力的重要手段来抓。同时明确了做好新时期"三品一标"工作的着力点：一是要把握重点，进一步提升品牌影响力；二是要履职尽责，进一步落实监管责任；三是要完善制度，进一步强化法制理念。马爱国还就进一步发挥"三品一标"队伍在农产品质量安全工作中的作用提出了三点希望：一要树立"一盘棋"的思想，加强协调，形成合力；二要跟进监管重点工作，勇于担当，主动作为；三要抓住机构改革的机遇，充实力量、提升能力。刘新录指出，2015年无公害农产品和农产品地理标志工作要围绕"稳步发展，加强监管"的总要求，推进整体工作向依法做事和依规办事转变、向更多借助信息化手段提高工作质量和效率转变、向研究解决制约事业发展的问题和隐患转变，重点要落实好6个方面的任务措施：一是按照"稍有不合，坚决不批"的要求，进一步加强审查制度和规范建设，严格认证登记审核把

关；二是加大巡查检测力度，健全诚信管理制度，做好标志管理工作，切实加强证后监管；三是加大无公害农产品和农产品地理标志信息管理系统的开发应用力度，推进信息化管理，提高工作质量和效率；四是创建地标示范样板，推进品牌宣传，做好地标产品专展；五是以平台建设、制度制定和标准研究为重点，加快推进追溯体系建设；六是强化检查员、内检员的培训管理和定点检测机构的能力验证工作。王运浩指出，2015年绿色食品和有机食品工作要严格落实全程监控，持续维护品牌形象；全面加大宣传力度，不断扩大品牌影响；加快完善产业体系，稳步提升品牌价值。一是认真贯彻实施标志许可审查程序和规范，严谨高效地做好绿色食品标志许可工作；二是强化企业年检工作督导、产品抽检、市场监察、风险预警和内检员队伍建设，持续加大证后监管工作力度；三是通过展会宣传、现场宣传、公益宣传和对外宣传，全方位深度开展品牌宣传工作；四是完善标准体系，优化产业结构，推进基地建设、市场流通体系建设和信息化建设，不断打牢产业发展基础；五是规范产品认证，强化质量监管，扩大境外认证，推动有机食品和有机农业示范基地稳健发展；六是加强体系队伍建设，增强法治观念、服务意识和业务能力。

25～26日 全国保健食品监督管理工作会议在北京召开。会议深入学习贯彻党的十八届三中、四中全会、中央经济工作会议、国务院食品安全委员会全体会议精神，总结2014年保健食品监管工作，安排部署2015年工作。会议认为，2014年各级食品药品监管部门克服体制改革过渡期、机构运行磨合期等各种困难，持续深入推进制度机制建设，不断完善保健食品法律法规，规范注册审查，强化生产经营监管，严厉打击违法违规行为，巩固打"四非"成果，净化保健食品市场秩序，巩固和发展保健食品安全总体稳定向好的势头，全年没有发生系统性、区域性事故。全系统按照"深化改革，创新机制，提高能力，落实责任"的总体监管思路，积极探索，扎实工作，全力推进保健食品立法和监管制度建设，加快审评审批制度改革，加强生产经营日常监管，严厉打击违法违规行为，扎实开展监督抽检和风险监测，探索保健食品监管社会共治，监管各项工作取得新进展，为深入推进保健食品监管改革和发展奠定了良好基础。会议指出，促进保健食品产业健康发展是弘扬我国传统养生文化的需要，加强保健食品监管是保障人民群众食用安全的需要，健全相关法律法规制度是保健食品监管工作走向法治轨道的需要。2015年是保健食品监管工作抓改革、促发展、打基础、谋长远的关键一年，各级食品药品监管部门要进一步加强组织领导，把保

健食品监管工作纳入整个食品安全监管工作整体考虑，一要坚持依法行政，建立健全保健食品法律法规体系，配合做好食品安全法及实施条例相关条文修订，加快完善相关配套规章规定，逐步形成完善、统一、管用的制度体系；二要稳中求进，放管结合，深化保健食品审评审批制度改革，完善注册、备案管理制度，全面启动清理换证，做好生产经营许可管理；三要坚持问题导向，排查风险隐患，开展保健食品监管情况调查和生产经营主体普查，要充分调动社会共治各方力量参与监管工作，要强化全过程监管，保持严厉打击违法违规行为的高压态势；四要夯实基础，健全网络，加快信息化建设，建立专业化的现场核查员、GMP 检查员队伍和技术支撑队伍，提升监管效能和水平。各省、自治区、直辖市和新疆生产建设兵团食品药品监管局分管保健食品监管工作的负责人参加了会议。

4 月

2~3 日 国家粮食局在福建省福州市召开"全国粮食流通监督检查工作会议"。会议传达并学习了国家发展和改革委员会党组成员、国家粮食局党组书记、局长任正晓同志对这次会议作出的重要批示。任正晓局长对 2014 年粮食流通监督检查工作取得的成效给予了充分肯定，要求各级粮食部门认真贯彻落实国发 69 号文件精神，紧紧围绕"抓收购、保供应、管库存"中心工作积极开展各项监督检查和行政执法，为全面深化粮食流通改革、加快推进粮食流通能力现代化提供有力保障，为维护国家粮食安全做出新的更大贡献。国家粮食局吴子丹副局长出席了会议并讲话。他要求各级粮食部门坚决守住粮食库存安全、保护种粮农民利益、维护区域粮食市场稳定三条监管底线。要用法治意识、法治思维、法治方式抓监督检查工作，在推进依法管粮的过程中正确处理好依法监管与促进发展、依法监管与服务企业、独立监管与部门协调三大关系。要以落实省长责任制为契机，从考核体系、组织管理、技术支撑三个方面，全面加强监督检查工作。会议指出，做好 2015 年的粮食流通监督检查工作责任十分重大。各地一定要结合本地实际，坚持改革方向和问题导向，厉行法治，统筹兼顾，突出重点，继续提升监管效能，着力抓好政策性粮食收购和销售出库检查、粮食库存检查工作，加快库存粮食识别代码在粮食库存监管中的运用，加快推进粮食经营者信用体系建设，加强监督检查组织体系和依法管粮能力建设，全面完成好 2015 年各项工作任务。江西、广东、江苏、新疆和河南省（自治区）粮食局，以及全国粮食流通监督检查示范单位吉林省公主岭市、湖南省长沙市和广东省惠州市粮食局在会上作了典型经验交流。

9 日 国家食品药品监督管理总局在河南省郑州市召开"调味面制品等休闲食品质量安全监管工作座谈会"，研究加强调味面制品等休闲食品质量安全监管工作。国家食品药品监督管理总局副局长滕佳材出席会议并讲话。会议指出，近年来，各级食品安全监管部门高度重视调味面制品等休闲食品质量安全监管，部分省、自治区、直辖市制定了地方标准，加强企业质量安全监管，严厉打击违法违规行为，进一步规范了调味面制品等休闲食品行业，促进了行业发展。但还存在企业水平良莠不齐、超范围超限量使用食品添加剂、产品标准不统一、标签标识混乱、产品质量不高及相关监管制度建设滞后等问题。滕佳材指出，调味面制品等休闲食品行业发展迅速，主要在学校周边、农贸市场等区域销售，主要消费人群是青少年儿童特别是中小学生，各地食品药品监管部门要从保护广大青少年儿童健康的角度，高度重视调味面制品等休闲食品的质量安全监管工作，作为重点食品品种加强重点监管和综合治理。滕佳材要求，各地食品安全监管部门一要全面开展清查摸底，掌握调味面制品等休闲食品生产经营企业基本情况和存在的问题；二要严格生产许可，提高准入门槛，规范产品标签标识；三要开展一次专项整治，针对生产集中区域进行专项治理，对校园周边和批发市场组织专项检查，坚决查处生产经营不合格食品违法行为；四要加大抽检监测力度，要实现生产企业全覆盖、校园周边全覆盖，各地要加强抽检信息的沟通；五要做好监管执法信息公示，及时公布监督抽检、执法检查和案件查办等信息，充分发挥社会舆论监督作用；六要发挥行业协会的作用，引导企业改进生产工艺，提高产品标准，规范经营行为，提升产品品质；七要加强风险交流，及时发布消费提示，特别是针对调味面制品等休闲食品的消费特点，要会同教育部门，开展一次食品安全进校园活动，加强对中小学生面对面的宣传，教育引导中小学生树立食品安全意识，倡导健康饮食习惯，拒绝不安全和不健康的食品。国家食品药品监督管理总局食品安全监管一司、食品安全监管二司、食品安全监管三司有关负责人、部分省、自治区、直辖市食品药品监督管理局食品生产监管工作的分管领导、国家食品安全风险评估中心、相关行业协会及检验机构参加了座谈会。会后，滕佳材还深入郑州、漯河等地调味面制品等休闲食品、肉制品企业和食品产业集聚区调研，了解企业生产经营和食品安全监管情况。

14～15日 "全国食品药品稽查与投诉举报工作会议"在北京召开。会议传达学习国务院领导对食品药品稽查工作的重要批示，认真贯彻落实全国食品药品监督管理暨党风廉政建设工作会议精神，总结2014年工作，深入分析形势，部署2015年重点工作。国家食品药品监管总局党组成员、食品安全总监郭文奇出席会议并讲话。会议指出，2014年，稽查战线认真履行职责，主动作为，攻坚克难。一手抓基础建设，建制度，强机制，壮队伍，全面推进稽查执法体系和执法能力建设；一手抓案件查办，广辟案源渠道，深挖案件线索，查处了一大批重大违法案件，切实维护公众饮食用药安全，守住了底线，得到了国务院和国家食品药品监督管理总局领导的高度评价和充分肯定。但也要清醒看到稽查工作在队伍素质、执法装备、技术支撑、法规制度、执法方式方法等方面还存在一些问题和薄弱环节，需要认真研究解决。会议强调，面对当前新形势、新要求，做好稽查工作必须始终坚持三项基本原则。一是坚持底线思维、红线意识，要守住不发生区域性、系统性安全事件这条底线；决不可逾越法律红线、廉政红线、政策红线、道德红线。二是坚持问题导向、清单管理，要主动查找问题，善于从个别问题中寻找普遍性问题，从一般性问题中发现系统性问题；对发现的每一个问题，都要列出问题清单，分析问题产生的原因和症结所在，研究解决治本之策。三是坚持整体设计、靶向治理，按照系统论的方法和要求，整体设计解决方案；针对重点领域的重点问题，严惩重处违法行为，精准打击，严惩重处。会议强调，各级食品药品监管部门要认真贯彻落实十八届三中、四中全会精神和全国食品药品监管暨党风廉政建设工作会议精神，按照"12368"工作思路，即紧紧围绕案件查办一个核心，深入推进稽查执法与日常监管、刑事司法两个衔接，着力强化投诉举报、案件查处、信息公开三位一体，全面建设法规标准、技术支撑、联合惩戒、稽查协作、执法监督和执法队伍六大保障体系，突出抓好当前和今后一个时期稽查工作的八项重点任务，为保障人民群众饮食用药安全作出新的贡献。郭文奇要求，2015年要重点抓好以下八项工作：一是突出重点，严惩重处违法违规行为。要针对群众关心、社会关注的突出问题，主动查找违法线索，深入开展立案调查，强化区域协查和督查督办，严厉查处违法行为。二是加强案件信息公开，促进依法行政。健全公开机制，规范公开内容，丰富公开形式，加强监督指导，促进案件信息公开常态化。三是加强与公安、质检、工商等部门协作配合，形成惩治违法行为合力。四是加强投诉举报工作，充分发挥案源主渠道作用。五是加强案件统

计分析，不断提升稽查工作水平。六是推进信用体系建设，对失信行为实施联合惩戒。七是要扎实推进稽查工作考核，建立重大案件查办奖励制度。八要加强基础建设，着力提升稽查执法能力。各省、自治区、直辖市、新疆生产建设兵团、计划单列市、副省级省会城市食品药品监督管理局、总后卫生部药品监督管理局负责食品药品稽查和投诉举报工作的分管领导和处室负责人，总局相关司局、直属单位负责人参加了会议。

5 月

7～8日 农业部农产品加工局在北京举办了"农产品产地初加工补助政策培训班"。补助政策实施省、自治区和新疆生产建设兵团的省、地、县三级农产品加工主管部门和项目技术依托单位参加了培训，为2015年农产品产地初加工设施补助政策全面实施提供了有力支撑。农产品产地初加工补助政策实施三年来，中央财政共安排16亿元资金，补助3.89万个农户和3700多个农民专业合作社，新建产地初加工设施6.6万座，新增马铃薯贮藏能力116万t、果蔬贮藏能力115万t、果蔬烘干能力80万t。政策实施地区各级政府和农民群众普遍反映，项目选得对、选得准、作用大、效果好。一是促进了农产品提质增效。新型贮藏窖、冷藏库改善了马铃薯、果蔬的贮藏条件，马铃薯、苹果、胡萝卜等存放5～6月或半年以上，仍然保持入库（窖）时的品质和外观，提高了贮藏产品质量。初步测算，设施投入使用后，马铃薯、水果、蔬菜产后损失率从15%以上降低至6%以下，相当于三年累计增加66万t的产量。二是促进了农民就业增收。补助政策实施三年来，累计为农民减损增收8.92亿元，错季销售增收42.3亿元，中央财政投入和农民增收之比达到1∶3，并且设施的实际使用年限都在15年以上，中央财政支持发挥的效益是长远的。同时，补助政策实施还给农民提供了更多的创业就业机会，培育了一批优秀农村职业经纪人，壮大了一批农民专业合作社，吸纳更多的农民就地就业，走出了一条以创业带就业的致富路。三是促进了优势产业发展。补助政策精准度高，导向性强，有效解决了实施地区农产品产后损失大、质量安全隐患突出以及卖难、价低等问题，增强了农民的市场预期，提高了发展特色种植业积极性。新型贮藏、烘干设施延长了农产品贮藏期、加工期，实现了加工原料均衡供应，延长了企业生产周期，提升了企业经济效益，促进了种植、贮藏、加工、销售各环节有机结合。四是促进了市场稳定供应。西北、华北、东北等

马铃薯主产区，从马铃薯收获到出现霜冻天气，仅有7～15 d时间，地头销售时间不超过半个月，低价、卖难、冻害等问题年年发生。新型马铃薯设施建设后，马铃薯销售期延长到7个月，不仅实现了农产品错季销售和均衡供应，而且通过设施集中建设，带动了专业市场发展和市场信息服务体系建设，为增加供给、稳定市场发挥了积极作用。培训班重点围绕补助政策实施总体要求、补助政策管理信息系统、马铃薯贮藏、果蔬保鲜和烘干设施技术以及农产品初加工机械购置补贴等方面进行了专题学习，重点突出、内容丰富，实用性、操作性强，学员普遍反映效果好、收获大，掌握了政策，学习了技术，解答了困惑，强化了责任。

12日 国家食品药品监督管理总局发布《2014年食用油专项检查情况的通报》。2014年，各级食品安全监管部门共检查食用油生产经营单位1 072 790户次，责令整改11 884户，取缔违法经营348户，立案查处食品违法案件1 604件，移送司法机关10起，查扣不合格食用油118 407 kg。其中，共抽检食用植物油8 806批次，检出不合格样品201批次，不合格样品检出率为2.3%。不合格项目主要是苯并[a]芘、酸值、黄曲霉毒素B_1、过氧化值、极性组分、溶剂残留量等。地方食品安全监管部门共抽检食用植物油16 271批次，检出不合格样品362批次，不合格样品检出率为2.2%。对监督抽检中发现的问题，各地食品安全监管部门均在第一时间责令生产经营企业采取产品召回下架、停产、整顿等措施进行了处置。总体上看，我国食用油质量状况较好。但少数生产经营食用植物油的企业存在掺杂使假、安全指标不合格的问题；一些食用油加工小作坊工艺设备简陋、卫生环境脏乱；有的企业生产过程质量控制措施不落实；农村集贸市场散装食用油经营户、小型餐饮服务企业违反索证索票和处置餐厨废弃物规定。为全面贯彻落实国务院2015年食品安全重点工作部署，现就进一步做好食用油质量安全监管工作，提出如下意见：一是监督生产经营者落实食品安全主体责任。督促所有食用油生产经营者严格执行食品安全法规定的原料采购台账、进货查验、索证索票等制度，确保生产经营者对其生产经营的食用油来源可追、去向可查，并对食品安全承担法律责任。特别要针对少数生产企业和小作坊使用发霉变质的花生原料导致黄曲霉毒素B_1超标；烘炒过程温度、时间控制不当导致苯并[a]芘超标；浸出溶剂去除不彻底，或者不按实际加工方式或等级标识导致溶剂残留量超标等问题，要督促其落实相关质量控制责任，确保生产经营的食用油符合食品安全国家标准。二是落实属地日常监管

责任。各地食品安全监管部门，要明确对本行政区域内所有食用油生产经营者日常监管责任人。按照有关法律法规规范，定期对企业生产经营状况进行检查，对存在的问题及时提出整改意见。日常监管责任人要向社会公开，接受社会监督。三是强化监督抽检和风险监测。2015年，要继续做好食用油抽检监测，抽检结果及时向社会公布。对2014年抽检出不合格样品的企业和小作坊，要全部进行定点抽检。要加大对中小生产企业和小作坊的抽检频次。对抽检不合格的产品，及时采取召回、下架、封存等措施，消除食品安全隐患。四是及时查办违法案件。对检查中发现的涉嫌违法行为，及时立案调查。涉嫌犯罪的，主动与公安机关联系，及时移交。要畅通投诉举报渠道，扩大违法案件线索来源，及时查处食品安全违法行为。五是加强督导检查。各地抽检情况及日常检查中发现的问题，要及时向上级食品安全监管部门报告。执法结果和案件查处结果，要第一时间向社会公布。对监管人员徇私枉法、违法违规的行为要予以严肃处理。

20日 "全国水产品质量安全监管工作会议"在广州市召开，农业部副部长于康震出席会议并讲话。他要求，各级渔业部门要切实增强责任感和紧迫感，坚持"养出来"与"管出来"相结合，采取更加有效的措施，全面加强监管，不断提高水产品质量安全水平，保障水产品安全有效供给。于康震指出，"十二五"以来，渔业系统紧紧围绕农业部确定的"两个千方百计、两个努力确保"目标，切实加强水产品质量安全监管，工作取得显著成效。水产品质量安全状况持续稳定向好，产地抽检合格率逐年提升。2014年抽检合格率达到99.2%，没有发生重大水产品质量安全事件。水产品质量安全监管体系初步建成，以国家级和部级质检中心为骨干、地县乡级质检中心为补充的水产品质量安全检测体系已经建成，水产品质量安全执法能力有所提升。于康震强调，水产品质量安全事关消费者健康和食品安全、渔业产业安全、生态环境安全，涉及投入品生产、养殖、流通等环节，受残留、疫病、水环境等因素影响较大，个别水产养殖品种违规用药问题不同程度存在，部分渔用投入品潜在风险较大，流通暂养环节存在隐患，水产品质量安全监管工作面临的形势更加复杂。各级渔业部门要勇于担当，攻坚克难，坚定信心，提升能力，加快现代渔业建设，努力满足人民日益增长的对水产品质量安全的需要，切实维护广大水产品消费者舌尖上的安全。于康震要求，今后一段时期水产品质量安全监管工作，要以努力确保不发生重大水产品质量安全事件为基本目标，重点抓好八个方面的工作：一是建立健全监管体系，狠抓主体责任落实；二是深入推

进标准化健康养殖，从源头上把好质量关；三是加大质量监测工作力度，提高监测覆盖面；四是强化质量安全监督执法，加大处罚力度；五是深入开展专项整治，着力治理突出问题；六是加强质量安全科技支撑，完善质量标准体系；七是加强法规制度建设，推进机制创新；八是强化舆论宣传引导，提高应急处置能力。

6 月

3 日 "宣传贯彻新《食品安全法》专题座谈会"在北京召开。34 个国家级食品相关行业组织代表和国家食品安全风险评估中心负责人，以及国家食品安全风险交流专家组专家代表参加了会议。国家食品药品监督管理总局滕佳材副局长出席会议并做专题讲座。参会代表一致认为，《食品安全法》的修订过程民主、科学、高效。体现了党中央、国务院对食品安全的高度重视，融合了社会各方的智慧与力量，是贯彻落实习近平总书记"四个最严"要求的重要举措。滕佳材结合会议主题，就《食品安全法》修订的背景、过程、主体思路和主要内容做了专题介绍。他谈到，修订过程落实了党中央和国务院完善食品安全监管体制的成果，完善统一权威的食品安全监管机构；明确建立最严格的全过程监管制度；更加突出预防为主、风险防范；实行食品安全社会共治；突出对特殊食品的严格监管；建立最严格的法律责任制度。他重点对完善社会共治和风险管理制度的法律要求等内容作了深入解读。座谈会就行业组织、检验检测机构和风险交流工作如何落实新修订的《食品安全法》进行研讨。会议认为，在《食品安全法实施条例》的修订过程中，应该着力细化《食品安全法》新修订的内容；新法的宣传培训和贯彻落实工作应该面对社会各个层面有针对性地开展；鉴于食品安全风险交流工作的重要意义，应该更加明确风险交流的法律地位和作用。滕佳材对行业组织的工作给予充分肯定，希望行业组织以落实《食品安全法》为契机，创新工作方式，进一步完善行业规范和行业内奖惩机制，并结合各自特点分类做好新法的教育培训工作。他特别提出，希望消费者组织落实新法要求，加强对侵害消费者行为的监督，进一步推进社会共治。

11 日 商务部和国家标准化管理委员会联合召开"农产品冷链流通标准化工作动员会议"，贯彻落实国务院领导同志批示精神，研究部署进一步加强农产品冷链流通标准体系建设和相关标准贯彻落实工作。商务部党组成员、部长助理王炳南、国家标准化管理委员会副主任于欣丽出席会议并讲话。王炳南指

出，随着农业产业布局调整，农产品流通规模不断扩大，农产品冷链流通成为农产品流通的发展趋势。发展农产品冷链，有利于减少损耗、节约资源、食品安全、稳定价格、保护环境，可以实现农民、消费者、企业和政府多方共赢。但实践中，存在农产品优质不能优价的现象。抓好标准化工作是推进农产品冷链流通发展的关键举措，要围绕冷冻、冷藏食品等"必须冷"的产品，紧紧抓住流通标准这一核心，在全面梳理现行标准的基础上，坚持整合提升与制修订并重、标准宣传贯彻与冷链示范并重，完善冷链流通标准体系和公共服务体系。王炳南强调，农产品冷链标准化是一项系统工程，需要各部门共同努力。一是建立健全标准体系。借鉴国际经验，建立内外贸协调、与国际接轨的农产品冷链流通标准体系。二是强化标准制修订工作。集中清理目前各类标准，整合成对提高冷链流通率、保障农产品品质有重大促进作用的标准。三是加大标准推广应用力度。加强相关标准宣贯，积极开展农产品冷链示范，培育一批示范企业，营造优质优价的市场环境。四是完善标准实施保障机制。建立强制标准与部门监管结合的管理模式，重点在冷链安全、冷链交接、温度追溯等领域，探索引入认证评估等方式推行标准。于欣丽表示，要准确把握农产品冷链流通标准化发展方向和工作要点：一是贯穿标准化工作改革的主线，大胆"放"、精准"管"、多元"治"。二是打破政府单一供给模式，构建由政府主导制订的标准和市场自主制订的标准共同构成的农产品冷链流通新型标准体系。三是强化农产品冷链流通标准实施监督与评价，重点推进农产品冷链流通中核心环节和重要标准的实施。四是探索农产品冷链流通标准"走出去"，加大国际标准跟踪、评估和转化力度。同时明确，下一步，要加强农产品冷链流通标准化工作综合协调、抓紧推动现有标准清理整合、下达农产品冷链流通标准专项计划和开展农产品冷链流通标准化示范建设等重点工作。会议要求，有关部门要进一步提高思想认识，保持密切协调配合，共同落实工作任务，切实保障标准有效实施。

24~25 日 农业部农产品加工局在京举办"全国农产品加工业金融政策培训班"，深入贯彻国务院关于金融支持三农的政策，讲解有关金融政策和知识，搭建银企对接合作平台，推进民生银行支持农产品加工业项目落地实施。农业部农产品加工局局长宗锦耀出席培训班开班式并讲话。他指出，农产品加工业一头连着农业和农民、一头连着工业和市民，亦工亦农，既与农业血脉相连，又与工商业密不可分，特别是它带动了上下关联产业的发展，也形成了众多小微企业，建设了现代农业，惠及了广大农民，繁荣了

农村经济。农民热情称其为增收的"稳定器"、新农民的"孵化器"、调结构的"转化器"和三次产业融合的"链接器"。当前和今后一个时期，面对新常态，要抓住新机遇，迎接新挑战，加大力度，进一步促进农产品加工业快速发展。金融是经济的核心，是企业发展的血液。农业部农产品加工局要求发挥管理部门组织协调优势和金融部门资金优势，积极搭建银企对接平台，探索完善金融支持农产品加工业的融资模式，优选一批重点项目给予融资支持，解决产业发展融资困难，大力推进农产品加工业持续健康发展。2014年7月，农业部办公厅、中国民生银行办公室联合印发了《关于推荐2014年农产品加工业休闲农业农民创业项目的通知》。《通知》印发后，各省、自治区、直辖市农产品加工业管理部门高度重视，严格项目程序和标准条件，结合实际，广泛发动，组织符合条件的企业和合作社等经济实体积极申报，已向民生银行现代金融事业部推荐了一批项目。2015年年初，农业部农产品加工局与民生银行现代金融事业部联合开展调研，深入了解企业的融资需求和建议。下一步，农业部将积极加强与中国民生银行的合作，发挥各自优势，开展调研论证、产业服务等工作，建立合作机制，推动项目进展，争取更多的项目落地实施，努力推动农产品加工业持续稳定健康发展，为实现农业强起来、农村美起来、农民富起来，全面建成小康社会做出新贡献。

7 月

17日 国务院食品安全办公室召开"国务院食品安全委员会第三次联络员会议"。受国务院食品安全办公室主任毕井泉委托，国务院食品安全办公室副主任王明珠、滕佳材出席会议。会议传达了国务院领导近期关于食品安全工作的批示精神，通报了上半年各部门食品安全工作进展情况，分析了当前食品安全形势，研究了食品安全"十三五"规划编制、食品安全法规和规范性文件制修订和清理、食品安全委员会成员单位职责分工等工作，对下一步食品安全重点工作进行了讨论。会议指出，各成员单位认真落实国务院食品安全委员会第二次全体会议精神和2015年重点工作安排，在加强源头治理、强化日常监管、防范风险隐患、完善法规制度、严打违法犯罪、加强基础能力建设等方面做了大量工作，在推动食品安全法出台、举办全国"食品安全宣传周"、加大专项整治力度、加强宣传和舆论引导等方面进展顺利，成效明显，形成了合力。会议强调，新食品安全法的颁布实施，为食品安全工作提供了有力的法律武器，对食品

安全工作提出了更高要求。各部门要认真贯彻落实好习近平总书记关于食品安全"四个最严"的重要指示和李克强总理、张高丽副总理、汪洋副总理的重要批示精神，以贯彻实施新食品安全法为契机，完善制度，落实责任，拿出硬措施，筑牢高压线，依法惩处违法犯罪行为，齐心协力，密切配合，维护食品安全稳定向好的局面。会议对下半年重点工作安排进行了研究讨论。一是开展食品安全规章、规范性文件制修订和清理，加快修订食品安全法实施条例，推动农产品质量安全法、农药管理条例、生猪屠宰管理条例修订，做好与食品安全法的衔接。二是抓紧编制食品安全领域"十三五"规划，围绕食品安全标准体系、粮食重金属污染治理、兽药残留超标治理、食品安全追溯体系、科技创新体系、技术支持体系和基础装备升级改造等方面，研究提出重点工程、重大项目和重大政策措施。三是大力推动农产品质量安全县和食品安全城市创建工作，适时召开"双创"推进会和现场会，进一步深入推进"餐桌污染"治理。四是切实抓好日常监管，加强隐患排查，加强联合执法和综合治理，严惩重处食品安全违法犯罪，严防过期食品流向餐桌。五是加强舆情引导，加大信息公开力度和风险评估，及时正视听、解民惑、引方向。六是加强督查考评，综合运用督查、考核等措施，加大对地方食品安全工作的评价考核和责任追究力度，督促落实属地管理责任。

29日 农业部组织举办的"马铃薯主食产品及产业开发国际研讨会"在北京召开。会议提出，适应全面建成小康社会新阶段、居民消费结构升级新趋势、农业发展方式新任务，需要向市场提供更加营养健康的食品，马铃薯作为营养丰富的农产品，推进主食产品及产业开发前景十分广阔。会议指出，马铃薯是世界上继水稻、小麦、玉米之后的第四大粮食作物，也是我国的第四大粮食作物。2014年，我国种植面积和产量均占世界的1/4左右，已成为马铃薯生产和消费第一大国，但受品种特性、市场需求等影响，我国马铃薯人均消费量仅为41.2 kg，远低于欧美国家水平。推进马铃薯主食开发，旨在开发更加多元化的主食产品，丰富百姓餐桌，改善居民膳食结构。随着我国经济的持续稳定发展、居民生活水平显著提高，以及马铃薯主食加工工艺和装备的改进完善，推进马铃薯主食开发的时机成熟、条件具备。会议紧紧围绕"绿色安全 营养健康"这个主题，提出马铃薯主食开发应坚持"营养指导消费、消费引导生产"理念，加快选育一批主食加工专用品种，加快建设一批优质原料生产基地，加快研发一批主食产品及加工工艺，加快扶持一批主食加工龙头企业，努力实

现品种专用化、种植区域化、生产机械化、经营产业化、产品主食化，推进马铃薯由副食消费向主食消费转变、由原料产品向产业化系列制成品转变、由温饱消费向营养健康消费转变，形成马铃薯与谷物协调发展的新格局。会议认为，推进马铃薯主食产品及产业开发要做到"五个坚持"，即坚持不与三大谷物争水争地，坚持生产发展与整体推进相统一，坚持主食开发与综合利用相兼顾，坚持政府引导与市场调节相结合，坚持统筹规划与重点突破相协调。在工作措施上强化顶层设计、搞好规划引导，强化整体布局、抓好梯次推进，强化科研攻关、突破技术瓶颈，强化政策支持、延伸产业链条，强化舆论宣传、引导健康消费。

30～31日 "全国食品安全抽检监测工作推进会"在青海召开。会议贯彻落实国家食品药品监督管理总局关于加强食品安全抽检监测工作的重要部署，通报了今年上半年工作进展，对下半年抽检监测组织实施、核查处置、信息公布、汇总分析和信息系统建设等工作进行了部署。国家食品药品监督管理总局副局长滕佳材出席会议并讲话。会议指出，经过全系统共同努力，上半年抽检监测工作取得阶段性进展，及时发现和处置了一批食品安全风险问题，对研判当前食品安全状况、提高监管效能、倒逼企业自觉守法、引导理性消费发挥了重要的积极作用。会议要求，今年下半年抽检监测要重点做好五方面工作。一是合理分工。实行抽检监测国家、省、市、县合理分工、各有侧重、避免重复、扩大范围，逐步实现抽检监测的全覆盖。二是突出重点。检验项目上，要突出食品中农药兽药残留、食品添加剂滥用和非法添加、致病菌、重金属、污染物质等安全性指标；抽检频次上，要做到蔬菜、畜禽、肉类、水产品等高风险品种每月抽检，较高风险产品每季度抽检。三是规范行为。抽检样品应坚持问题导向，强化随机抽样，提高问题发现率。抽检和复检工作要严格规范，严禁弄虚作假，确保结果准确可靠。四是依法处置。对不合格产品要及时责令企业采取下架、召回等措施，并视情况采取停业整顿等措施。涉嫌犯罪的，及时移送公安机关追究刑事责任。五是及时公布。抽检情况要在检验结果出来后第一时间向社会公布，同时要做好抽检数据的统计分析和公布工作。各省、自治区、直辖市和新疆生产建设兵团食品药品监管局有关处室负责人、部分省级局负责人等参加了会议。

8 月

11～12日 "中国淀粉工业协会变性淀粉专业委员会第十三次学术报告、经验交流会"在长春召开。来自海内外的大专院校、科研院所和企业共86个单位的144名代表出席了会议。专业委员会副主任徐祖苗致开幕词。中国淀粉工业协会秘书长孙明导到会指导，并介绍了我国淀粉工业"十二五"规划的执行情况和"十三五"淀粉行业发展规划的思考，希望企业能转变发展方式，寻求新的突破。专业委员会主任顾正彪回顾了专业委员会近两年来的工作情况，剖析了近五年来我国变性淀粉行业形势，并对行业的健康发展提出了思考和建议。会上，国内外知名专家就变性淀粉新材料、新工艺、新技术及相关应用进行了交流。会议结束时，徐祖苗副主任做了大会的总结。与会代表一致认为：变性淀粉是工业的"味精"，是长线产品，是不会衰落的行业。我国变性淀粉工业依托不断扩大的市场需求，应对竞争与机遇并存的新局面，保持了稳定的发展势头，产业规模稳定化增长，产业结构不断优化，品种结构日益完善，应用领域逐渐拓宽，行业总体水平有了较大程度的提升，在带动农民增收，促进农业和工业协调发展方面发挥了重要作用。变性淀粉行业的发展令业内人士振奋，但大家仍旧感觉到严峻的压力，特别是近几年原辅料价格的波动、下游消费增长速度的减缓、食用变性淀粉行业准入门槛的提高、变性淀粉清洁化生产的要求，在一定程度上影响了变性淀粉行业的发展，对行业提出了更高的要求。作为变性淀粉的科研和生产企业，规模化、集团化是生产企业发展的重要途径，技术开发（创新）是生产企业立足资本、制胜法宝。变性淀粉生产企业应建立专业的变性淀粉应用研发队伍和平台，源源不断地为下游消费者提供新型应用技术和新产品；同时，生产企业应加强与高校、科研院所之间的沟通与合作，共同促进行业的健康发展。

18日 "中国奶业D20峰会"在钓鱼台国宾馆芳华苑举行。峰会由中国奶业D20企业联盟发起并主办，以"优质安全发展，振兴中国奶业"为主题。旨在搭建行业沟通交流平台，展示宣传我国奶业发展成就，汇集各方对我国奶业发展的意见和建议，为振兴中国奶业加油助力。峰会期间举办了中国奶业发展成就、国家学生饮用奶计划实施15周年和D20企业展示活动。中共中央政治局委员、国务院副总理汪洋出席峰会并讲话。出席峰会的领导和嘉宾有：农业部部长韩长赋、商务部国际贸易谈判代表钟山、工业和信息化部副部长辛国斌、财政部副部长胡静林、国家工商总局副局长马正其、国家质检总局副局长吴清海、国家食药监总局副局长滕佳材、中国奶业协会名誉会长刘成果、中国奶业协会会长高鸿宾，以及国家发展和改革委员会、国家卫生和计划生育委员会、国务院研究室相关司局的负责同志；中国奶业 D20 企业联盟成员及其他奶业企业代表；中国奶业协会、中国乳制品工业协会、各省农牧管理部门和奶业协会主要负责人，农业部有关司局主要负责人；部分奶业专家、金融机构代表。新华社、中央电视台、人民日报、光明日报、新华网、经济日报、中国经济网、北京电视台、第一财经日报等几十个媒体对峰会进行了全程报道。成熟发达的奶业是农业现代化的重要标准之一，党中央国务院高度重视奶业发展，习近平总书记多次做出重要的指示，对发展民族奶业寄予殷切的希望。李克强总理也对保障乳品，特别是婴幼儿奶粉质量安全等提出了明确要求，为我们建设现代奶业指明了方向。我们要按照中央的决策部署，以提高乳品质量为核心，加快用现代的物质装备，现代的科学技术，现代的产业体系，现代的发展理念改造和提升传统奶业，不断提高奶业综合生产能力和国际竞争力。要特别注意抓好以下几个方面工作：一要强化质量优先，重塑消费信心；二要坚持市场导向，创新驱动发展；三要推进农牧结合，延长产业链条；四要深化对外合作，实现互利共赢。中国奶业 D20 企业联盟的成立是一个积极的探索，希望联盟以沟通、服务、自律、发展为宗旨，做企业与政府的联系者，企业项目合作的推进者，规范行业发展的主导者，维护企业合法权益的组织者，希望联盟强化自身建设，提高服务水平，不断增强凝聚力。农业部部长韩长赋介绍了奶业整体发展情况，近年来我国奶业加快发展，已成为现代农业和食品工业发展中最具活力、增长最快的产业之一。表现为生产能力跃上新台阶；质量安全实现新提升；生产方式实现新转变；法规制度建设取得新进展。今后一个时期，推动中国奶业走优质安全发展道路，要以确保乳品质量安全为核心目标，以转变奶业发展方式为工作主线，以提高奶业发展质量效益和竞争力为主攻方向，坚持一手抓生产发展，一手抓质量安全监管，强化品种改良、品质提升、品牌创建，推进规模化、集约化、标准化、产业化，构建种养加一体化发展模式。重点建好五大体系：加快建设现代奶业质量监管体系；加快建设现代奶业产业体系；加快建设现代奶业生产体系；加快建设现代奶业经营体系；加快建设现代奶业支持保护体系。为展示企业形象，提振消费信心，振兴中国奶业，中国奶业 D20 企业签署了联盟北京宣言：一是坚决执行质量至上的基本准则；二是坚持品牌战略增强综合竞争力；三是坚守诚信自律和履行社会责任；四是坚定走产业一体化的发展道路。这 20 个企业共同签署北京宣言，是企业加强行业自律的重要举措，也是对振兴中国奶业的庄严承诺，我们看到了企业的雄心壮志和责任使命。20 个乳品企业表示将同心协力、砥砺前行，与全行业共同为提升中国奶业品牌，建设世界一流奶业而努力奋斗。伊利、蒙牛、现代牧业、辉山乳业、三元、君乐宝 6 个企业的总裁在峰会上发言，分别作了不负使命、推进中国奶业更好发展；打造共赢生态圈、创新引领奶业可持续发展；用"种养加结合"的新业态，迎接奶业发展的新常态；坚持产业一体化发展、推动现代奶业建设；坚守品质，领"鲜"布局、促进中国奶业持续健康发展；用品质垫起奶业新台阶的主旨演讲，充分展示了企业的精神风貌，体现了企业振兴我国奶业的信心和决心。

28 日 由中国豆制品专业委员会、山东省机械工业协会、枣庄市山亭区人民政府联合主办的"第三届中国（城头）豆制品文化节"在山东省枣庄市山亭区城头镇举行，中国豆制品专业委员会常务副会长卫祥云在开幕式上作了重要讲话并宣布第三届中国（城头）豆制品文化节开幕。卫会长发表讲话：现在，我国豆制品产业结构和消费结构正发生着新的变化，主要表现在三个方面：一是我国 2014 年豆制品的原料消费和销售额均有所下降，但销售额的下降低于原料下降近七个百分点，说明产品的附加值在提高。二是豆制品行业正在从数量增长向质量提升转变，根据 2014 年各级食药监部门的抽查结果显示，豆制品产品的合格率不断提高，企业在保证质量安全的基础上，更加注重产品品质，部分企业将关注点投向了中高端市场。豆制品企业对专用大豆原料的需求正在不断提高。三是豆制品的销售渠道不断扩展，针对不同的产品定位和消费人群，正逐步实现大型卖场、农贸市场、专营店与电商之间的优势互补。他表示，山东枣庄城头镇作为我国干法豆制品的发源地之一，目前已形成集干法豆制品、休闲食品、豆制品机械为一体的完整产业链条和产业集群，近年来，我国城头镇为弘扬传统豆制品文化、推动产业发展，实现豆制品产业转型升级，规划建设了豆制品电子交易市场、豆文化展览中心等项目，有效地带动了城头豆制品市场销售和产品创新，促成了城头镇良好的豆制品产业发展环境，彰显出招商引资的潜力和优势。最后，他希望城头镇发挥自身优势，不断开发名优精品，积极拓展国内外市场，提升产业核心竞争力，加强与同行业的交流与合作。城头镇是特色农业大镇和生态旅游强镇，发展特色农业的条件得天独厚，城头豆制品涉及一二三产，涵盖上中下游，集群特色突出，带动能力较强，现已成为山亭乃至枣庄的一张靓丽名片。现在，全镇年产优质豆制品、豆油 35 万吨、大豆加工机械 4 万余套，400 余家豆制品企业，同类产品市场占有率国内领先，产值突破 50 亿元，带动就业近 2

万人，产品远销海外市场。同时，城头镇大力推进豆制品产业与电子商务融合发展，促进豆制品电子交易平台发展壮大，豆制品网上交易额达到了5亿元。此次文化节包括消夏晚会、企业参观、展品展销会、签约仪式、发展论坛等系列活动。

9 月

6～8日 由农业部支持、河南省人民政府主办的"第十八届中国农产品加工业投资贸易洽谈会"在河南省驻马店市成功举办。大会自筹办以来，一直坚持安全、廉洁、高效原则，按照"政府搭建平台、平台聚集资源、资源服务产业"的总体要求，走市场化、专业化、品牌化、国际化、信息化办会之路，推进投资商、产品商、原料商、采购商、装备商、服务商六商同台，围绕重点项目发布、产品展示贸易、设备装备展示、科技成果推介、产品产销对接、产业园区推介、国际合作交流、产品品牌培育和互联网＋加工业论坛等，成功举行了一系列活动，取得了圆满成功，达到了突出一个主题、洽谈一批项目、对接一批技术、发布一批成果、提高一个层次的办会目标，社会各界反映良好。主要特点：一是规模大。全国30个省、自治区、直辖市组团参会，参会代表团170多个；总展出面积3万 m^2，内设国际标准或特装展位2 500多个；参会企业4 800多个，参会客商近2万人，其中境外企业140多个、境外客商260多人。农业部陈晓华副部长、河南省李克常务副省长和王铁副省长、中国商业联合会张长杰副会长等领导出席。二是层次高。雀巢集团、徐福记、维维集团、家乐福等19个国内外500强企业，今麦郎、山东华协食品、山西平遥牛肉、宁夏红枸杞、河南好想你枣业等160多个国家级龙头企业参会参展。中国农科院、中国农业大学等35所国内高校、科研院所参会。2个国际组织、10个国家和地区的驻华使馆官员，俄罗斯、德国等21个国家和地区的140多个知名农产品加工企业参展。同时，全国10多个投融资机构、20多个商会协会组团参会。三是内容实。增加了农产品加工产业园区推介活动，有关专家学者和园区负责人聚焦园区政策和功能展开推介交流；主食加工业展示亮点突出，11个省参加特装展示；国际农产品加工交流活动取得预想不到的成功，组织邀请国内外知名专家学者及企业家开展国际加工技术合作交流；农产品产销对接活动中农企、农超、农社、农校等对接活动大量开展，更加突出了会议主题和宗旨，符合市场和企业的需求，对促进国际、国内交流合作作出了有益探索。四是形式新。依托知名会展公司，组织邀请境外

企业参会参展。同时，产品贸易不靠行政命令，不给各地分配参展任务，将大部分展位推向市场，由会展公司负责招商招展和主场服务，企业自主报名参展。对展区进行规划设计，划分了七大类展区，组织企业参会参展。在产品贸易区，按照粮油、肉奶、果蔬调味品、中药材、木材加工等进行分类、分区域展销。五是成效丰。共签约重点投资项目173个，投资总额538亿元，其中1亿～5亿元项目98个，5亿元以上项目20个。有21个项目现场签约，签约总额182.5亿元。签约5 000万元以上农产品采购和贸易项目72个，贸易额74.37亿元。发布最新科研成果680项。签约科研成果转化项目79个。项目数量、质量和投资规模与往年相比均有了新的提高。六是要求严。会议举办期间，严格按照中央八项规定，不举行宴会，出席领导嘉宾一律自助餐。不搞与会议主题无关的活动。驻马店作为主办城市，经过连续18年的办会，积累了丰富的经验，整个大会组织严密，活动有序，周到细致，安全有效，圆满完成了会议的组织、服务、接待以及宣传、安保工作，确保了大会安全、廉洁、高效、隆重、热烈、精彩、有序。

11日 以"发展绿色食品生产、促进绿色食品贸易、培育绿色食品市场、倡导绿色食品消费"为宗旨的第九届中国东北地区绿色食品博览会在大连隆重召开。"中国东北地区绿色食品博览会"始于2007年，由大连市农村经济委员会、大商集团主办，大连市绿色食品发展中心承办，中国绿色食品发展中心重点支持。作为农业部认定的"综合性优秀农业展会"，对大连地区乃至整个东北地区绿色食品及其产业的发展起到了积极的推进作用。中国绿色食品发展中心副主任陈兆云参加展会，参观了绿色食品企业展区，对绿色食品企业的整体参展情况给予好评，并就绿色食品产业发展等问题接受了大连电视台新闻频道、财经频道、半岛晨报等大连主流媒体的采访。本届展会定位于打造线上线下全渠道贸易推广平台、稀缺优质商品采购交易平台、名优特产品展示宣传平台，大力推广"三品一标"农产品，继续保持东北三省一区"三品一标"公共优质品牌的优品定位。本次参展的"三品一标"农产品阵容强大，共有来自黑龙江农垦、吉林、内蒙古、辽宁丹东及大连市的76个知名企业携产品参展，安全优质的产品成为本届绿博会的亮点。参展的"三品一标"企业既可与线下实体零售商开展贸易合作，还有机会进入大商全国实体店铺全国市场分销，同时可以同步进入大商天狗网移动客户端线上全国分销。黑龙江农垦管理总局因其拥有众多优质绿色、有机食品品牌产品，已与大商集团达成意向，将在大商集团本部超市建立首个绿色、有机食品专区，

这无疑是从本届绿博会传来的一大喜讯。本届展会实现了展示绿色食品事业发展成果,为社会公众提供认知平台,为企业与商家对接和商品交易搭建平台,达到双方共赢的目的。

14日 "2015年中国坚果与籽类产品市场推广会"在北京举行。来自全国坚果炒货行业的原料、加工,大型商超澳尔玛、物美、永辉、家乐福、苏宁等经销商,以及全国各地的消费者代表、大学生代表、媒体代表共300余个单位近500人出席推广会。本次推广会线上线下参与的人数达10万余人次。推广会的主要内容包括:坚果与籽类食品营养分析及我国消费状况的变化趋势;西瓜籽、松籽、山核桃、风味果仁、葵花籽等五大类坚果与籽类新产品推广;全国坚果炒货大型经销商代表发布2015市场最新动态信息;近50个全国省市平面、网络媒体现场采访报道;现场新产品展示交流洽谈;现场互联网连线发布、坚果与籽类食品知识有奖竞猜等活动。本次推广会的宗旨在于:更好地向消费者宣传"每天一把坚果瓜子,有益健康"的营养知识,为消费者普及坚果与籽类食品营养,以及选购、食用、存放等常识,有助引导消费者科学合理地食用坚果与籽类食品。另外也为企业做好今年旺季市场起到积极的推助作用。本次市场推广会具有两大特点:一是由坚果炒货行业协会举办产品市场推广会,在全国行业协会中尚属首次。也是全国坚果炒货行业首次在北京举办的大型市场推广活动。作为坚果炒货协会举办市场推广活动,开创行业协会工作的先河,是行业协会在新常态形势下的改革需要,是企业的需要,更是市场的需要。二是本次推广会全程现场互联网连线,实时向全球实况推广,实时与线上线下消费者互动交流,现场实时发布互动信息近500条,现场行业内的大型龙头企业,如洽洽、三只松鼠、上海来伊份、北京加州原野、杭州姚生记等企业,均设立互联网现场连线工作台,实时与各自的线上线下消费群体进行现场互动,大大增强了推广会的力度、广度和深度。

10 月

10日 农业部副部长张桃林在"全国农作物秸秆综合利用现场会"上强调,秸秆综合利用是一项复杂、艰巨、长期的系统工程,各级农业部门要进一步增强责任意识和大局意识,按照政策支持、示范引导、农用为主、产业发展、疏堵结合、标本兼治的思路,创新体制机制和工作方法,因地制宜,分类指导,突出重点,充分调动企业、合作社和农民的积极性,努力形成布局合理、多元利用的秸秆综合利用产业化格局,确保到2020年全国秸秆综合利用率达到85%以上。农作物秸秆是重要的农业资源,用则为宝、弃则为害。农作物秸秆综合利用有利于推动循环农业发展、绿色发展,有利于培肥地力、提升耕地质量,事关转变农业发展方式、建设现代农业、保护生态环境和防治大气污染大局,进一步做好秸秆综合利用工作意义重大。会议要求,各地一要加强政策创设,把秸秆综合利用纳入"十三五"政府的重点工作、重大规划、重大项目之中,建立长效机制。二要创新筹资机制,按照明确事权、多方负担的原则,逐步探索建立中央、地方、经营主体三方筹资机制,建立开发性金融支持秸秆综合利用平台,强化秸秆综合利用的资本市场化运营。三要开展试点示范,将已有技术集成为配套模式,将成熟技术转化为工作模式,将工作模式上升为重大工程、拓展为重大项目,启动秸秆全量化利用试点,开展专项技术试点和保护性耕作技术创新与集成示范。四要强化科技支撑,引进消化一批适合我国国情的国外先进技术和装备,创新研发一批秸秆综合利用产业链中的通用型和实用性技术装备,科学制定一批秸秆还田、收储运、肥料、饲料和基料等相关技术规范和标准,转化推广一批适合不同区域的秸秆综合利用的成熟技术和设施装备,培养集聚一批秸秆综合利用领军人才、技术骨干和推广人员。五要加强组织领导,建立相应绩效考核制度,抓好协调机制、宣传培训、作风素质和监督落实,确保秸秆综合利用工作有序推进。

19～20日 国务院食品安全委员会在山东省威海市召开"全国食品安全城市和农产品质量安全县创建试点工作现场会",受国务院副总理、国务院食品安全委员会主任张高丽委托,国务院副总理汪洋出席会议并讲话。他强调,食品安全事关人民群众福祉和经济社会发展大局。要认真贯彻落实党中央、国务院关于加强食品安全工作的决策部署,总结推广山东等地试点工作中形成的有效做法和成熟经验,健全农产品质量和食品安全保障体系,把好从农田到餐桌每一道防线,确保人民群众"舌尖上的安全"。汪洋强调,要深化试点探索实践,把解决好当前突出问题与建立长效机制结合起来,大力构建政府监管、行业自律、部门协同、企业负责、公众参与、媒体监督的食品安全治理格局,提高食品安全工作水平。汪洋强调,当前我国食品安全形势稳定向好,但风险隐患依然存在。要以新《食品安全法》实施为契机,强化属地政府管理责任,全面加强源头治理,通过行政约束、法律约束、良心约束规范食品生产经营者行为,严惩重处食品安全领域违法犯罪,确保不发生系统性、区域性食品安全风险。加强基层食品安全监管队伍建设，改善监管执法装备，增强应急处置能力。要完善监管制度，创新监管机制，不断提升监管能力。2014年以来，国家食品药品监管总局、农业部启动全国食品安全城市和农产品质量安全县创建试点，农业部印发了创建活动方案，出台了考核标准和管理办法，认定了107个县市作为创建试点单位。各地积极参与创建工作，山东、四川、福建、江苏等25省同步开展了全省范围创建活动，浙江省还启动了国家农产品质量安全示范省创建工作，农产品质量安全监管工作取得新进展。一是落实了监管责任。农业部将农产品质量安全作为农业转方式、调结构的关键环节，把绩效延伸考核范围扩大到21个省。所有试点县均把落实属地责任作为基本要求，将农产品质量安全纳入政府考核体系，明确部门职责、具体措施和运行机制。威海市对各级政府实施绩效考核，农产品质量安全指标所占权重由以往的2%提高到5%。武汉市江夏区将创建工作确定为全区发展战略，实行"一票否决"。二是加大了监管力度。各地加强专项整治、投入品监管、检验检测、标准化生产等重点工作。今年以来，全国共检查生产经营企业130万户次，立案查处问题1.3万个，清理关闭生猪屠宰场1100多个。新创建标准化示范园（场）1600个，新认证"三品一标"农产品2.2万个。三是提升了监管能力。各级财政共投入8亿元支持创建工作，所有试点县监管、执法、农检体系健全，乡镇监管站都配备了专职监管人员。北京市房山区投入4630万元健全监管体系，甘肃省永昌县为每个乡镇站调配1辆"农检"专用车，江苏省县级农产品监管信息化网络基本全覆盖。农业部将农产品质量安全作为农村实用人才和大学生村官培训重点内容，共培训各类人员2.2万人，辽宁、湖南、江西、内蒙古等地组织县级农检人员到省级农产品质检中心跟班学习。四是创新了监管机制。农业部把农产品质量安全与惠农政策挂钩，有关农业项目重点向试点县倾斜。将农产品质量安全纳入社会信用体系，与国家发改委、工商总局等部门建立失信行为联合惩戒机制。湖南省浏阳市聘请100名人大代表和政协委员作为农产品质量安全监督员，浙江省德清县实施诚信农产品工程。总的看，创建工作取得初步成效，达到了预期目标。不少试点县探索了好做法，积累了好经验，对周边地区、本省乃至全国农产品质量安全工作发挥了示范引领作用。农产品质量安全县创建还处于起步阶段，提高农产品质量安全水平是一项长期而艰巨的任务。下一步，我们将继续坚持"产出来""管出来"两手抓两手硬，深化改革、创造条件，全力强化农产品质量安全监管，确保"舌尖上的安全"。

重点推进"五化"：一是生产标准化。实施农业标准制修订5年行动计划，每年新制定1000项标准，力争2020年农兽药残留标准达到1万项。抓好标准实施，制定与国家标准、行业标准相配套的生产操作规程，让农民一看就懂、一学就会。推进标准化生产，在主产区，加快建设果菜茶标准园、畜禽养殖标准化示范场、水产健康养殖标准化示范场，力争5年内规模生产基地全部实现按标生产。二是发展绿色化。坚定不移打好农业面源污染治理攻坚战，积极推行统防统治、绿色防控、配方施肥、健康养殖和高效低毒农兽药使用。实施化肥农药零增长行动和兽用抗菌药治理行动，落实高毒农药定点经营、实名购买制度，推广减肥减药等质量控制技术，采取硬措施重点控制农兽药残留超标。加强耕地重金属污染治理，推进畜禽养殖粪便资源化利用，科学合理调整农业结构和区域布局，改善产地环境。三是经营规模化。发挥新型经营主体的引领作用，在种养大户、家庭农场、合作社、龙头企业、社会化服务组织中推行生产记录、质量承诺和从业人员培训制度，提高科学种养水平。发展"公司+农户""合作社+农户"等多种形式规模经营，推进生产环节托管、统防统治等社会化服务，提高农业组织化程度，将千家万户纳入安全生产轨道。四是产品品牌化。抓紧搭建农产品质量安全追溯信息平台，以生猪等"菜篮子"产品为重点开展追溯试点，推广"耳标"和"二维码"，加快建立全国农产品质量安全追溯体系，力争5年内大部分农民合作社、龙头企业、种养大户实现可追溯。稳步发展无公害、绿色、有机农产品，打造一批在消费者中有信誉的安全优质农产品品牌。五是监管法制化。推动修订《农产品质量安全法》，与食药部门无缝对接，共同形成生产、流通、加工、消费全程监管链条。深入开展专项整治，严打重罚非法添加、制假售假、私屠滥宰等违法犯罪行为。完善应急机制，妥善处置突发事件，坚决防止发生系统性安全风险。推进县乡基层监管队伍建设，切实提升执法能力。健全绩效考评和责任追究机制，坚决惩治不作为、乱作为。

19～21日 由中国包装和食品机械有限公司、中国食品和包装机械工业协会共同主办的"第十四届中国国际食品加工和包装机械展览会"在北京中国国际展览中心举行，共有来自14个国家的300多个企业参展。中国机械工业集团有限公司党委书记、副董事长石柯，中国机械工业联合会会长王瑞祥，农业部农产品加工局局长宗锦耀，河南漯河市市委书记马正跃等出席了开幕式。美国驻华大使馆、日本食品工业协会、韩国包装协会等友好合作组织均发来贺词并派代表参加了开幕式。本届展会以"创造客户价值与引领产业发展"为主题,旨在为企业服务、促进企业发展,是一届集中展示产业成果、方便市场对接、促进食品市场的开拓和产品质量提升的行业盛会。与往届相比有几大亮点:一是同期举办了行业协会年会和高端论坛,提升展会的权威性和专业氛围。展会期间,召开了中国食品和包装机械工业协会第六届年会暨第五届亚洲食品装备论坛。会上,国家有关部委领导就当前经济形势做专题报告并发布中国食品装备制造业"十二五"行业发展报告及"十三五"发展规划;宣布并表彰了"正远"杯行业十大贡献企业奖、十大创新企业奖等6个奖项;论坛中,共有来自国家部委、科研院所、高校、中外知名企业的13位嘉宾就国家相关政策、行业发展远景及先进技术装备的发展方向做了精彩报告,行业协会年会和亚洲食品装备论坛为此次展会吸引了大量业内专家和精英学者,大大提升了展会的权威性和专业氛围。二是同期同地举办了中国国际面制品加工技术及设备展览会,提升参观附加值。随着人民生活水平和生活质量的不断提高,城镇消费结构的升级和生活节奏的加快,速冻、方便、营养面食产品已经走入千家万户;国家从粮食安全角度出发,也在大力提倡主食产业化。中国国际面制品加工技术及设备展览会集中展示了面制食品行业的先进技术和高端装备,吸引了国内外大批的面机生产企业和采购商。南京扬子粮油食品机械有限公司、河南万杰食品机械有限公司等国内有代表性的面机生产企业都展示了最新的技术成果和高端装备。主办方还特别举办了面制品加工技术主题研讨会,讨论了面制品产业发展、挂面装备、饺子机、鲜面条等多个主题。三是开展多个主题交流研讨会,为参展企业搭建技术交流的平台。展会期间,主办方开展多个主题的技术交流研讨会和讲座,其专业涵盖了光学检测、干燥技术、面制品生产、果汁加工、废弃物利用等多个领域,来自国内知名企业的主讲嘉宾,与现场卖家和厂商一道就技术与工艺等多个话题展开讨论,使实际问题得到解决。内容丰富的研讨会,为参展企业搭建了一个技术交流的平台,分享食品机械行业的最新技术和高端产品。四是与媒体合作,开展形式丰富多样的活动吸引采购商和供应商参与。展会期间,除了行业内优秀企业先进技术和装备的现场演示展示外,主办方还特别与媒体合作,中国中央电视台(CCTV)也对展会进行了专题采访,现场还增设了"展会现场网络采购平台"等。主办方通过结合新兴自媒体手段,大大提升了采购商和参展企业的参与度,创建了一个吸引采购商和供应商聚集并积极参与活动的场所。

11 月

7 日 以"新法护航食安梦,社会共治保民生"为主题的"第十三届中国食品安全年会"在京召开。国家食品药品监管总局副局长滕佳材出席会议并做主题发言。他指出,在社会各方的共同努力下,2015年的食品安全形势继续保持稳定向好的态势。滕佳材指出,目前我国食品安全基础还比较薄弱、农药兽药残留超标、违禁添加剂滥用、假冒伪劣等问题屡打不绝,环境因素导致的食品污染日益加重,互联网营销给食品安全监管带来了新挑战,加上基层监管技术的能力薄弱,食品安全问题依然是多发易发。他强调,这些问题的解决,不仅需要加强法制建设和政府的监管,更需要包括新闻媒体、食品企业、行业协会、科技教育等各个领域在内的社会各界共同努力,这是全面提升食品安全治理水平的重要途径,也是贯彻新《食品安全法》的一个必然要求。对于新《食品安全法》的实施,滕佳材强调,新修订《食品安全法》突出食品安全的风险治理,实行最严格的全程监管,强化食品安全的源头控制,加强对特殊食品的严格监管,严惩重处违法违规行为,明确食品安全的责任,建立食品安全社会共治的格局。总局正抓紧起草《食品安全法实施条例》,制定相关的配套规章,尽快建立健全与新法相适应的食品安全法律法规体系,全力推进食品安全监管执法工作;实施食品生产经营许可制度改革,严格食品市场准入;积极推行食品安全"随机抽查",加大食品市场抽检监测力度,强化监管执法信息公开,倒逼企业落实食品安全主体责任;开展食品安全风险隐患大排查,部署农村食品安全综合治理,着力解决食品安全监管"盲区""死角"等。中国食品安全年会由中国食品安全报承办。两天的会议共有七大主题论坛,涉及新政宣讲、行业专家论坛、企业家论坛等多个内容。

12 日 食品药品稽查工作座谈会在广西北海召开。会议围绕加强行政执法与刑事司法衔接,加大案件查处力度等重点工作落实情况进行座谈,听取各地意见建议,研究部署下一步工作。国家食品药品监督管理总局党组成员、食品安全总监郭文奇出席并讲话。郭文奇指出,前三季度,全国各级食品药品稽查部门认真落实2015年稽查与投诉举报工作会议部署,健全完善稽查工作体制机制,着力提高行政执法能力和水平,对食品药品违法犯罪的打击力度持续加大,工作取得明显成效。他强调,我国当前食品药品违法犯罪形势依然严峻,中央领导同志和总局领导都对打击食品药品违法犯罪提出了新的明确要求。稽查部门作为食品药品监管工作的钢刀、利剑，要充分认识职责所在，民心所系。一要始终坚持"底线思维，红线意识；问题导向，清单管理；整体设计，靶向治理"的原则，坚持"12368"工作思路，全面推进案件查办工作。二要进一步加强大案要案查处，重点做好行政执法与刑事司法、行政执法与日常监管"两个"衔接和案件协查工作，形成案件查处合力。三要积极推进行政处罚案件信息公开。四要强化食品药品稽查队伍建设、装备建设和能力建设，不断丰富完善稽查文化。国家食品药品监督管理总局稽查局，华东、华中以及华南地区共 11 个省、自治区、直辖市食品药品监管部门分管负责同志和稽查部门有关同志，以及北海、钦州、南宁、柳州市柳南区 4 个市县稽查部门的负责同志参加了会议，并进行了座谈交流。

27～28 日 由中国食品工业协会豆制品专业委员会主办的"2015 中国豆制品行业年会暨创新发展高峰论坛会议"在湖南岳阳胜利召开。来自全国各地的豆制品业界同行、大专院校及科研院所的专家学者以及地方政府、协会的相关负责人参加了会议。中国豆制品专业委员会副会长兼秘书长吴月芳主持会议。会上，吴月芳副会长就中国豆制品行业状况及发展趋势、新《食品安全法》下企业需要注意的问题等方面做了详尽的报告；一创摩根投资银行部执行总经理范本源向与会代表介绍了中国资本市场及豆制品企业上市融资面临的问题；光华博思特营销咨询机构总裁韩志辉博士讲述了豆制品行业互联网思维的品牌营销战略；浙江大学机械工程学院武建伟博士阐述了工业4.0 及自动化在豆制品行业的应用与潜力；山东省城头镇党委书记齐健就豆制品产业集群的创新发展分享了他们的经验；祖名豆制品股份有限公司董事长蔡祖明发表了新常态下豆制品企业如何发展的演讲；湖南华文食品有限公司董事长周劲松的报告为中国休闲豆干的十年变革与创新；丰益（上海）生物技术研究中心有限公司 Saartje Hernalsteens 博士介绍了金龙鱼豆乳豆浆粉产业模式升级及生产科学技术创新；四川徽记电商负责人、总监薛海青分享了互联网＋和豆制品零食电商的成功经验；豆制品加工技术湖南省应用基础研究基地主任赵良忠教授着重阐述了湘派休闲豆制品的研究进展；蚌埠市豆制品协会会长施德志、长沙市豆制品协会会长周利平从地方行业协会的角度向与会代表做了加强行业规范、促进豆制品行业健康发展的经验分享。28 日，与会代表前往湖南省华文食品有限公司和岳阳开明微波能设备有限公司进行了实地考察与交流。

12 月

2 日 "全国农产品加工科技创新推广活动暨农产品加工技术成果交易会"在山东济南举办。本次活动目的是全面贯彻党的十八届五中全会精神，牢固树立并切实贯彻创新、协调、绿色、开放、共享发展的新理念，深入实施创新驱动发展战略，大力推进农产品加工科技创新推广，不断开拓我国农产品加工业发展新境界。农业部农产品加工局局长宗锦耀表示，加强农产品加工科技创新推广是落实国家创新驱动发展战略的重要举措，是推动"大众创业、万众创新"的客观要求，是推动产业转型发展的重要支撑，是推进一二三产业融合发展的重要力量。只有依靠创新驱动，才能引导"大数据"和"互联网＋"为代表的先进技术向农业渗透融合，延长产业链、价值链、利益链，带动更多的新型农业经营主体及农户分享价值链增值收益，加快形成以农产品加工业引领农村一二三产业融合发展的新格局。会议强调，发展农产品加工业要进一步加强和完善国家农产品加工技术研发体系，加快构建"产学研推用"有机结合的创新体系。要坚持问题导向，在农产品初加工、精深加工和副产物综合利用等基础理论和关键共性技术装备上实现重大突破。要搭建科企协同创新平台，大力促进农产品加工科技成果转化推广应用。要坚持创新与人才培养同步推进，通过科技创新凝聚人才和培养人才，加强科技创新推广人才、经营管理人才、职业技能人才、企业家及创新创业带头人等四类人才培养，加快建设一支规模宏大、结构合理、素质优良、善于实战的农产品加工业人才队伍。据了解，活动期间发布了2015 年度农产品加工十大科技创新推广成果，介绍了国家农产品加工技术研发体系"十二五"建设成效，邀请专家就中式传统食品工业化、农产品加工装备发展趋势作专题报告，开展了粮油加工、果蔬加工、畜产加工、水产加工技术现场对接。活动同期举办了农产品加工技术成果交易会，929 个科研单位和企业展览展示科技成果、产品与装备，交易会开幕当天，达成技术合作意向 84 项，技术成果转让金额达1.9 亿元。此外，为强化科企对接效果，活动采取线上线下同步对接的方式加强技术成果转化，通过网络平台征集成熟技术成果 1 340 项，企业技术需求 855项，企业与科研单位通过网络平台对接技术项目 331项，协议转让金额达 2.86 亿元。

18 日 国家食品药品监督管理总局在广州召开了"食品安全地方立法座谈会"，国务院食品安全办公室副主任、国家食品药品监督管理总局副局长滕佳材出席会议并讲话，全国人大法工委行政法室和各省、自治区、直辖市食品药品监管局相关部门负责人参加了会议。滕佳材指出，我国小食品生产经营单位业态种类繁多，食品生产加工小作坊和食品摊贩等一直是食品安全立法与监管的重点和难点，从食品生产经营整个链条上看，各类食品生产经营小业态可以概括为小作坊、小摊贩、小餐饮，统称"三小"。"三小"事关人民群众的切身利益，与人民群众生活和创业就业息息相关。各地要准确认识"三小"的基本特点，准确理解新《食品安全法》有关"三小"立法的精神；要创新"三小"监管制度，积极推行"三小"分类监管制度，探索"三小"积分管理制度，探索建立负面清单的管理制度，建立"三小"规范和引导制度，因地制宜设定过罚相当的法律责任。滕佳材强调，要准确把握好时间节点，积极推进"三小"地方立法工作。各地要认真落实新法的具体要求，加速地方立法工作进程，按照《立法法》的相关要求，力争在2016年10月1日前出台"三小"地方法规。一是在新《食品安全法》实施前已经出台"三小"办法的地方，应当对原有办法进行修订和完善，没有出台的地方，省局应当及时配合地方人大或政府加快推进相关地方立法。二是要处理好依法监管和规范引导的关系，切实促进"三小"依法经营和健康发展。三是要从落实"四个最严"和"四有两责"要求出发，积极争取地方人大立法。四是要加强交流，充分借鉴各地的有益经验，并针对本地"三小"重点和难点问题进行充分论证研究，确保"三小"地方法规符合地方实际。会上，广东、陕西、内蒙古、江苏、浙江、北京等省、自治区、直辖市食品药品监管局汇报了当地立法情况和下一步工作思路。与会代表围绕"三小"地方立法的具体内容、立法重点及难点问题进行了深入的研讨。会议期间，会议代表还赴佛山市实地考察了当地食品小作坊集中加工区监管情况。

29日 "全国农产品加工业暨休闲农业工作会"在京召开。农业部副部长陈晓华在会上强调，要牢固树立五大发展理念，围绕农业提质增效、农民就业增收，大力实施农产品加工业转型升级工程、休闲农业提升工程和农民创业创新服务工程，为农业现代化和全面建成小康社会提供强有力的产业支撑。陈晓华指出，"十二五"农产品加工业和休闲农业取得了长足发展，成为农业农村经济新的增长点和国民经济的支柱产业，但也面临着资源环境约束加大、要素供应趋紧、投入成本上升和发展方式粗放等严峻挑战，必须加强供给侧结构性改革，用有效供给扩大有效需求。陈晓华强调，产业发展要坚持以农业增效和农民增收为工作目标，发展农民能够广泛参与、共享产业链和价值链增值收益的产业，完善使农民充分受益的企农利益联结机制；要坚持以农村一二三产业融合发展为工作路径，努力促进农业产加销紧密衔接，推进农业产业链整合和价值链提升；要坚持以农产品加工业、休闲农业、农民创新创业三大任务为工作布局，构建政策扶持、科技创新、人才支撑、公共服务、组织管理体系。推动农产品加工业从规模扩张向转型升级转变，从要素驱动向创新驱动转变，从分散布局向产业集群转变；推动休闲农业成为繁荣农村、富裕农民的新兴支柱产业；推动农民创业创新蔚然成风，构建扶持政策体系、教育培训体系、孵化助推体系和社会服务体系。陈晓华提出，要聚焦重点、集中力量，组织实施好"三大工程"。大力实施农产品加工业转型升级工程，重点抓好农产品初加工、精深加工、主食加工、综合利用加工四件事，抓好政策指导扶持、科技创新、园区建设、公共服务；大力实施休闲农业提升工程，重点抓好培育休闲农业品牌、发掘农业文化遗产、推进产业精准扶贫三件事，抓好创新组织经营形式，加大标准制修订，加大宣传推介、加强基础设施建设；大力实施农民创业创新服务工程，重点抓好落实和创设政策、培育带头人、搭建创业创新平台三件事，抓好建立工作机制、试点示范、宣传推介和公共服务。会议部署了2016年的10项重点工作。

7 第七部分

附　录

附 录 简 要 说 明

1. 本部分统计资料数据主要包括：香港、澳门特别行政区和台湾省相关统计数据；世界和部分国家主要农产品收获面积、单产和总产量，禽畜产品产量；主要国家农业与农产品加工业生产指数；农产品加工业主要经济指标；世界主要国家农、林、畜、禽产品进出口情况；按营业额排序的世界最强 500 个企业中农产品加工业企业。

2. 本部分统计资料数据主要来源于国家统计局、农业部、2014 年联合国粮农组织数据库、2014 年联合国工发组织出版的《国际工业统计年鉴》、2015 年版《国际统计年鉴》、世界银行统计数据。未注明"资料来源"的数据，均采用国家统计局公布的数据。

3. 本部分统计资料中符号使用说明："空格"表示该项统计指标数据不详或无该项数据；"＊"、"①"、"△"表示本表下面有注解。

表 1　部分国家（地区）农业生产指数（2013 年）

（2004—2006 年＝100）

国家或地区	农　业	食　品
世界总计	**121.9**	**122.4**
埃　及	118.4	119.6
南　非	122.3	123.0
加拿大	115.0	115.4
美　国	108.2	109.9
巴　西	134.6	136.1
中　国	130.9	131.6
印　度	139.7	118.7
日　本	97.9	98.2
韩　国	104.0	104.1
法　国	96.9	97.0
德　国	105.3	105.4
意大利	90.3	90.6
俄罗斯	117.3	117.1
英　国	99.5	99.5
澳大利亚	115.6	115.3

资料来源：表中数据来自 2015 年《中国统计年鉴》。

表 2　世界主要国家陆地面积、耕地面积、人口、人均耕地面积排名情况（2014 年）

排名	国土陆地面积（万 km²）		耕地面积（万 km²）		人口（亿人）		人均耕地（亩/人）	
	国　别	面　积	国　别	面　积	国　别	人　口	国　别	人　均
世界		**13 432.5**		**1729.9**		**72.1**		**3.7**
1	俄罗斯	1709.8	美　国	166.9	中　国	13.6	俄罗斯	13.0
2	加拿大	998.5	印　度	153.5	印　度	12.7	美　国	7.9
3	美　国	983.2	中　国	150.4	美　国	3.2	巴　西	5.1
4	中　国	960.0	俄罗斯	123.7	印度尼西亚	2.5	印　度	1.9
5	巴　西	851.6	巴　西	66.1	巴　西	2.0	中　国	1.7

资料来源：表中数据来自 2015 年《中国统计年鉴》。

表3 我国主要指标居世界位次（2012—2013年）

指　　标	2012年	2013年
国土面积	4	4
人　口	1	1
国内生产总值	2	2
人均国民总收入	112（214）	109（214）
进出口贸易总额	2	1
出　口　额	1	1
进　口　额	2	2
外商直接投资	2	2
外汇储备	1	1

资料来源：表中信息来自2014年《国际统计年鉴》。

注：括号中数据为参加排序的国家和地区。

表4 我国主要指标占世界比重（2012—2013年）　　　　　单位：%

指　　标	2012年	2013年
国土面积	7.2	7.2
人　口	19.2	19.1
国内生产总值	11.3	12.3
进出口贸易总额	10.5	11.0
出　口　额	11.1	11.8
进　口　额	9.8	10.3
外商直接投资	9.1	8.5
外汇储备	30.2	32.7
稻谷产量	27.9	27.5
小麦产量	18.0	17.1
玉米产量	23.6	21.4
大豆产量	5.4	4.5

资料来源：表中数据来自2014年《国际统计年鉴》。

表5 我国台湾省农业生产指数（2011—2013年）
（2011年＝100）

年　份	总指数	种植业	林　业	畜牧业	渔　业
2011	100.0	100.0	100.0	100.0	100.0
2012	98.3	95.9	103.6	98.6	102.7
2013	97.0	95.4	112.6	96.7	100.6

资料来源：表中数据来自2015年《中国统计年鉴》。

表6 部分国家（地区）主要粮食作物总产量（2014年） 单位：kt

国家或地区	谷 物	其 中				
		小 麦	稻 谷	玉 米	谷 子	高 粱
世界总计	2 566 255	670 875	719 738	872 067		
埃 及	23 756	3 796	5 911	8 094		
南 非	14 266	1 915		11 830		
加拿大	51 781	27 013		11 703		
美 国	356 933	61 755	9 048	273 832		
巴 西	89 908	4 418	11 550	71 073		
中 国	541 163	120 583	205 985	208 235		
印 度	293 290	94 880	152 600	21 060		
日 本	11 730		10 654			
韩 国	6 135		6 420			
法 国	70 982	40 301		15 614		
德 国	44 941	22 432		4 991		
意大利	19 039	7 767	1 583	8 195		
俄罗斯	68 767	37 720	1 052	8 213		
英 国	19 515	13 261				
澳大利亚	43 372	29 905	919			

资料来源：表中数据来自2015年《国际统计年鉴》。

表7 "一带一路"沿线国家（2014年）

地 区	沿 线 国 家
东南亚（11个国家）	印度尼西亚、马来西亚、菲律宾、新加坡、泰国、文莱、越南、老挝、缅甸、柬埔寨、东帝汶
南 亚（8个国家）	尼泊尔、不丹、印度、巴基斯坦、孟加拉国、斯里兰卡、马尔代夫、阿富汗
中 亚（5个国家）	哈萨克斯坦、土库曼斯坦、吉尔吉斯斯坦、乌兹别克斯坦、塔吉克斯坦
西 亚（18个国家）	伊朗、伊拉克、格鲁吉亚、亚美尼亚、阿塞拜疆、土耳其、叙利亚、约旦、以色列、巴勒斯坦、沙特阿拉伯、巴林、卡塔尔、也门、阿曼、阿拉伯联合酋长国、科威特、黎巴嫩
中东欧（16个国家）	阿尔巴尼亚、波兰、保加利亚、克罗地亚、捷克、爱沙尼亚、匈牙利、马其顿、拉脱维亚、立陶宛、马其顿、罗马尼亚、黑山、波兰、塞尔维亚斯洛伐克、斯洛文尼亚
独联体（4个国家）	俄罗斯、白俄罗斯、乌克兰、摩尔多瓦
其他（2个国家）	蒙古、埃及

表 8 "一带一路" 沿线国家粮食收获面积 (2009—2013 年)

单位：万 hm²、%

年 份	粮食收获面积	小麦收获面积	稻谷收获面积	玉米收获面积	粮食收获面积占世界粮食收获面积比重	小麦收获面积占世界小麦收获面积比重	稻谷收获面积占世界稻谷收获面积比重	玉米收获面积占世界玉米收获面积比重
2009	26 284.8	12 143.6	10 882.9	3 258.2	48.54	54.06	68.83	20.53
2010	25 944.4	11 575.8	11 056.1	3 312.5	47.84	53.31	68.59	20.19
2011	26 666.3	11 892.3	11 180.7	3 593.3	48.09	53.98	68.81	20.93
2012	26 539.1	11 605.3	11 166.5	3 767.3	47.41	53.33	68.53	21.02
2013	27 186.7	11 860.8	11 426.7	3 899.2	47.75	54.15	69.18	21.06

表 9 "一带一路" 沿线国家粮食产量 (2009—2013 年)

单位：万 t、%

年 份	粮食产量	小麦产量	稻谷产量	玉米产量	粮食产量占世界粮食产量比重	小麦产量占世界小麦产量比重	稻谷产量占世界稻谷产量比重	玉米产量占世界玉米产量比重
2009	84 575.8	31 124.6	41 141.5	12 309.6	38.55	43.32	59.89	15.01
2010	82 918.8	27 379.4	42 400.1	13 139.3	37.65	42.17	60.40	15.44
2011	91 346.4	32 059.9	43 994.5	15 291.5	39.55	45.84	60.87	17.23
2012	87 749.7	28 609.3	44 699.0	14 441.4	38.41	42.61	60.82	16.45
2013	94 711.8	32 247.7	45 384.7	17 079.4	38.27	45.04	61.26	16.78

资料来源：表 7 表至表 9 中数据来自 2015 年《世界农业》第 12 期。

表 10 美、日、韩主要粮食作物生产和贸易情况 (2013 年)

单位：万 t、%

国 别	粮食品种	生 产		进 出 口			
		产量	占全球比重	进口量	占全球比重	出口量	占全球比重
美 国	大豆	24 083.10	87.13	124.60	1.20	3 917.60	36.97
	玉米	52 262.90	51.40	331.00	3.45	2 419.00	19.45
	稻谷	3 648.90	4.89	65.90	1.56	374.30	10.25
	小麦	11 750.50	16.48	338.70	2.30	3 319.80	20.67
日 本	大豆	20.00	0.07	276.20	2.67	0.01	
	玉米	0.02		1 440.10	15.02		
	稻谷	1 075.80	1.44	69.20	1.63	1.95	0.05
	小麦	81.20	0.11	620.00	4.21		
韩 国	大豆	15.40	0.06	111.70	1.08	0.18	
	玉米	8.10		872.30	9.10		
	稻谷	563.20	0.76	62.10	1.47	0.15	
	小麦	2.70		468.10	3.18		

资料来源：表中数据来自 2015 年《世界农业》第 5 期。

表 11 部分国家（地区）主要油料作物总产量（2014 年） 单位：kt

国家或地区	大　豆	油 菜 籽	花　　生	芝　　麻
世界总计	**241 841**	**65 058**	**41 186**	**4 036**
埃　及	32		205	33
南　非	650	79	59	
加拿大	4 870	15 410		
美　国	82 055	1 112	3 058	
巴　西	65 849	61	334	6
中　国	12 800	14 000	16 857	601
印　度	11 500	6 776	5 779	610
日　本	236			
韩　国	123			10
法　国	104	5 463		
德　国		4 821		
意大利	422	25		
俄罗斯	1 806	1 036		
英　国		2 557		
澳大利亚	86	3 427	25	

资料来源：表中数据来自 2015 年《国际统计年鉴》。

表 12 世界油料生产大国生产情况（2010/2011—2014/2015 年度）

单位：万 t

国　　家	2010/2011	2011/2012	2012/2013	2013/2014	2014/2015
巴　西	15 434.4	13 673.8	16 676.1	17 855.4	18 528.5
美　国	10 037.7	9 234.8	9 314.5	9 713.9	11 367.1
阿根廷	10 320.7	8 491.9	10 297.6	11 150.2	11 252.5
中　国	5 805.7	5 959.5	5 979.2	5 862.0	5 776.0
印　度	3 565.1	3 633.2	3 679.0	3 826.0	3 759.0

资料来源：表中数据来自 2015 年《中国油脂》第 9 期。

表 13 世界油料消费大国消费情况（不含椰子）（2010/2011—2014/2015 年度）

单位：万 t

国家或地区	2010/2011	2011/2012	2012/2013	2013/2014	2014/2015
中　国	8 740.7	9 628.8	10 263.5	10 713.0	11 037.0
阿根廷	7 910.5	7 061.6	7 125.0	7 896.5	8 305.0
巴　西	7 663.2	7 740.0	7 412.8	7 684.0	7 701.0
美　国	4 933.5	5 035.1	5 023.5	5 120.7	5 245.8
欧　盟	4 113.8	4 124.1	4 235.0	4 297.5	4 340.0

资料来源：表中数据来自 2015 年《中国油脂》第 9 期。

表 14　世界油料进口大国进口情况（2010/2011—2014/2015 年度）　单位：万 t

国家或地区	2010/2011	2011/2012	2012/2013	2013/2014	2014/2015
中　国	5 366.2	6 229.2	6 352.0	7 362.0	7 632.5
欧　盟	1 626.9	1 687.7	1 698.3	1 721.5	1 639.0
墨西哥	536.3	539.2	508.1	559.9	568.5
日　本	547.2	533.9	554.3	554.0	548.0
印度尼西亚	219.0	215.0	213.8	246.0	251.0

资料来源：表中数据来自 2015 年《中国油脂》第 9 期。

表 15　世界油料出口大国出口情况（2010/2011—2014/2015 年度）单位：万 t

国　别	2010/2011	2011/2012	2012/2013	2013/2014	2014/2015
美　国	4 193.7	3 778.3	3 687.3	4 560.6	4 663.8
巴　西	3 006.7	3 634.9	4 201.8	4 641.0	4 509.0
加拿大	1 019.6	3 166.2	1 064.2	1 240.0	1 174.5
阿根廷	1 002.1	789.4	841.6	916.4	928.9
巴拉圭	527.3	360.7	554.0	432.3	434.5

资料来源：表中数据来自 2015 年《中国油脂》第 9 期。

表 16　世界油脂生产大国生产情况（2010/2011—2014/2015 年度）单位：万 t

国家或地区	2010/2011	2011/2012	2012/2013	2013/2014	2014/2015
印度尼西亚	2 724.4	3 012.8	3 272.7	3 553.9	3 827.3
中　国	1 902.0	2 099.5	2 239.9	2 347.3	2 389.5
马来西亚	2 038.5	2 041.5	2 163.4	2 227.9	2 327.8
欧　盟	1 665.1	1 666.3	1 612.8	1 719.8	1 745.7
阿根廷	1 594.2	1 431.8	1 403.0	1 546.7	1 645.5

资料来源：表中数据来自 2015 年《中国油脂》第 9 期。

表 17　世界油脂进口大国进口情况（2010/2011—2014/2015 年度）　单位：万 t

国家或地区	2010/2011	2011/2012	2012/2013	2013.2014	2014/2015
印　度	858.2	1 002.7	1 067.6	1 141.8	1 222.8
中　国	838.6	923.2	1 079.3	994.0	1 047.5
欧　盟	853.3	911.8	989.4	922.0	928.9
美　国	361.2	383.1	380.1	401.3	438.6
埃　及	241.5	230.8	191.3	229.0	240.5

资料来源：表中数据来自 2015 年《中国油脂》第 9 期。

表18 世界油脂出口大国出口情况（2010/2011—2014/2015 年度） 单位：t

国 别	2010/2011	2011/2012	2012/2013	2013/2014	2014/2015
印度尼西亚	1 846.2	2 073.0	2 264.2	2 280.0	2 445.0
马来西亚	1 856.9	1 899.8	1 998.9	1 855.8	1 896.4
阿根廷	981.8	808.4	893.2	938.5	978.0
乌克兰	269.5	333.0	331.7	401.0	387.0
加拿大	248.9	275.4	262.9	250.7	271.7

资料来源：表中数据来自 2015 年《中国油脂》第 9 期。

表19 世界油脂消费大国消费情况（2010/2011—2014/2015 年度） 单位：万 t

国家或地区	2010/2011	2011/2012	2012/2013	2013/2014	2014/2015
中 国	2 769.1	2 923.8	3 116.8	3 274.2	3 422.6
欧 盟	2 429.7	2 409.0	2 388.3	2 421.3	2 450.0
印 度	1 594.5	1 677.2	1 783.1	1 897.7	1 986.3
美 国	1 191.8	1 279.1	1 302.4	1 342.5	1 357.0
印度尼西亚	795.4	891.6	990.2	1 195.8	1 359.5
巴 西	1 166.1	1 210.3	1 236.3	1 272.2	1 311.4
阿根廷	580.5	622.0	530.3	613.2	667.4

资料来源：表中数据来自 2015 年《中国油脂》第 9 期。

表20 我国主要油料生产情况（2010—2014 年） 单位：kt

年份	油籽总产量	其 中			油 料					
		棉籽	大豆	油料	菜籽	花生果	葵花籽	芝麻	胡麻籽	油菜籽
2010	58 114	10 730	15 083	32 301	13 082	15 644	2 298	587	324	1 092
2011	59 413	11 860	14 485	33 068	13 426	16 046	2 313	606	359	1 480
2012	59 723	12 305	13 050	34 368	14 007	16 692	2 323	639	391	1 728
2013	58 459	11 338	11 951	35 170	14 458	16 972	2 423	624	399	1 777
2014	58 060	11 090	11 800	35 170	14 600	16 800	2 350	630	400	1 900

资料来源：表中数据来自 2015 年《粮食与食品工业》第 3 期。

表21 我国油脂油料进口情况（2010—2014 年） 单位：kt

年份	油籽进口量	其 中			植物油进口量	其 中			
		大豆	菜籽	其他油籽		豆油	棕榈油	菜籽油	其他植物油
2010	57 046	54 797	1 600	649	8 262	1 341	5 696	985	240
2011	54 818	52 640	1 262	916	7 798	1 143	5 912	551	192
2012	62 280	58 384	2 930	966	9 600	1 826	6 341	1 176	257
2013	67 835	63 375	3 662	798	9 221	1 158	5 979	1 527	557
2014	77 518	71 389	5 081	1 038	7 873	1 136	5 324	810	603

资料来源：表中数据来自 2015 年《粮食与食品工业》第 3 期。

表 22　我国人均年食用油消费情况（2011—2014 年）

单位：万 t、kg/人

年　份	食用油消费量	人均年消费量
2011	2 777.4	20.6
2012	2 894.6	21.4
2013	3 040.8	22.5
2014	3 167.4	23.2

资料来源：表中数据来自 2015 年《粮食与食品工业》第 3 期。

表 23　世界三大大豆主产国产量情况（2013—2015 年）

单位：万 t

国　别	2013 年	2014 年	2015 年	同比增产	同比增长（%）
合　计	21 966	28 390	30 120	1 730	6.09
巴　西	8 200	8 700	9 000	300	3.45
阿根廷	4 930	5 600	5 600		
美　国	8 866	8 700	9 800	1 100	12.64

资料来源：表中数据来自 2014 年《世界农业》第 9 期 。

表 24　世界主要国家大豆产品国际市场占有率情况（2009—2013 年）

单位：%

年　份	美　国	巴　西	阿根廷	巴拉圭	加拿大	中　国
2009	49.9	34.6	5.1	2.4	2.9	0.7
2010	46.9	27.8	12.6	4.0	3.4	0.3
2011	38.5	35.8	12.0	5.0	3.2	0.4
2012	46.6	32.5	6.0	3.0	6.1	0.5
2013	37.6	39.9	7.2	4.4	3.3	0.4

资料来源：表中数据来自 2015 年《世界农业》第 7 期。

表 25　美国玉米生产情况（2010—2014 年）

年　份	单产（t/hm²）	种植面积（万 hm²）	产量（万 t）	世界总产量（万 t）	所占比重（%）
2010	9.59	3 296	31 609	82 002	38.55
2011	9.60	3 294	31 615	87 610	36.09
2012	9.23	3 399	31 389	91 700	34.23
2013	10.42	3 606	37 567	94 240	39.86
2014	9.97	3 548	35 370	101 811	34.74

资料来源：表中数据来自 2015 年《中国农村统计年鉴》。

表 26　美国玉米主要消费情况（2013—2014 年）　　　　单位：万 t、%

类别 消费量与占比	饲　料	燃料乙醇	淀粉糖	出　口	其　他	合　计
消费量	13 144.5	12 890.5	1 955.8	4 826.0	1 562.1	14 378.9
占　比	38.2	37.5	5.7	14.0	4.5	100.0

资料来源：表中数据来自 2014 年《世界农业》第 10 期。

表 27　世界和美国玉米供需情况（2013/2014—2015/2016 年度）

单位：百万 t

地　区	年　度	期初库存	产量	进　口	消　费	饲料消费	出　口	期末库存
世　界	2013/2014	137.01	990.64	123.76	573.72	953.15	131.07	174.50
	2014/2015	174.50	999.45	115.65	596.97	976.93	121.83	197.01
	2015/2016	197.01	989.30	118.73	610.32	991.12	122.20	195.15
美　国	2013/2014	20.86	351.27	0.91	127.87	293.05	48.70	31.29
	2014/2015	31.29	361.29	0.64	133.36	299.01	46.36	47.65
	2015/2016	47.65	346.22	0.64	134.63	301.24	48.26	44.98

资料来源：表中数据来自 2015 年《农业展望》第 8 期。

表 28　世界主要国家玉米产量（2013/2014—2014/2015 年度）　单位：万 t

国家或地区	2013/2014 年度	2014/2015 年度	同比增长（%）
世界总计	99 145.4	100 747.3	1.62
美　国	35 127.2	36 109.1	2.80
阿根廷	2 600.0	2 650.0	1.92
巴　西	8 000.0	8 400.0	5.00
加拿大	1 419.4	1 148.7	−9.07
中　国	21 849.0	21 567.0	−1.29
埃　及	580.0	596.0	2.76
埃塞俄比亚	745.1	650.0	−12.76
欧　盟	6 461.5	7 529.2	16.53
印　度	2 426.0	2 367.0	−2.43
印度尼西亚	910.0	940.0	3.30
墨西哥	2 288.0	2 500.0	9.27
尼日利亚	770.0	751.5	−2.40
菲律宾	753.2	768.8	2.07
俄罗斯	1 163.5	1 132.5	−2.66
南　非	1 498.2	1 130.0	−24.58
乌克兰	3 090.0	2 845.0	−7.93
其　他	9 464.3	9 662.4	2.09
其他国家合计	64 018.2	64 638.2	0.97

资料来源：表中数据来自 2015 年《饲料广角》第 18 期。

表 29 我国水产品主要进口国家和地区（2014 年）

国家或地区	占进口总额比例（%）	2014 年		2014 年	
		数量（万 t）	金额（亿美元）	数量增减（%）	金额增减（%）
俄罗斯	17.21	100.12	14.87	4.40	3.76
美 国	14.95	57.09	12.92	−5.90	−6.49
秘 鲁	11.78	58.43	10.18	−31.08	−13.29
东 盟	11.09	52.93	9.58	28.54	28.93
智 利	6.73	21.87	5.82	3.52	12.05
挪 威	5.01	18.17	4.32	8.05	6.71
加拿大	4.70	8.15	4.06	21.30	17.28
印度尼西亚	4.24	23.22	3.67	25.36	35.25
新西兰	4.00	7.72	3.45	4.50	25.13
泰 国	2.96	9.31	2.56	17.92	23.01

资料来源：表中数据来自 2014 年《饲料广角》第 5 期。

表 30 我国水产品出口的主要国家（地区）（2014 年）

国家或地区	数量（万 t）	同比增长（%）	金额（亿美元）	同比增长（%）
日 本	63.71	−6.21	39.09	−7.26
美 国	57.04	5.95	31.95	8.43
中国香港	23.62	17.25	23.82	15.72
东 盟	48.86	−0.87	23.78	11.83
欧 盟	55.94	9.15	22.79	3.13
韩 国	41.60	−6.29	14.08	−5.08
中国台湾	12.58	3.91	12.54	16.75

资料来源：表中数据来自 2014 年《饲料广角》第 5 期。

表 31 世界对虾主要生产国（地区）生产量情况（2008—2012 年）单位：万 t

国家或地区	2008 年		2009 年		2010 年		2011 年		2012 年	
	捕捞量	养殖量	捕捞量	养殖量	捕捞量	养殖量	捕捞量	养殖量	捕捞量	养殖量
世界总计	313.2	340.0	316.3	353.2	310.2	377.6	328.9	393.0	335.4	432.8
中 国	111.7	126.8	117.3	133.4	113.5	144.8	117.9	155.5	126.7	169.6
泰 国	5.2	50.7	5.3	57.5	5.3	56.7	5.5	51.4	4.7	60.0
印度尼西亚	23.3	40.8	23.7	33.7	22.4	37.9	25.5	40.0	25.5	36.9
印 度	42.5	8.7	38.1	10.4	30.4	10.1	38.3	10.5	39.4	27.0
越 南	11.3	38.1	13.9	41.1	14.9	47.9	15.6	49.6	16.6	48.9
墨西哥	6.6	13.0	6.3	12.6	6.2	10.5	7.7	11.0	6.2	10.0
加拿大	16.7		13.9		16.5		15.1		14.9	
格陵兰	14.5		13.2		12.5		11.7		11.0	
美 国	11.6	0.2	13.7	0.2	11.8	0.1	14.2	0.1	13.7	0.1
巴 西	3.7	7.0	4.0	6.5	3.8	6.9	3.9	6.6	4.1	7.4
马来西亚	8.1	5.1	9.0	6.9	11.6	8.7	10.9	6.8	12.0	5.6
菲律宾	4.7	5.0	4.8	5.4	4.6	5.6	4.9	5.4	4.5	5.6

资料来源：表中数据来自 2014 年《世界农业》第 10 期。

表 32 我国禽蛋产品供求概况（2014—2015 年） 单位：万 t、%

项 目	2014 年	2015 年	同比增长
期初库存	716.6	724.0	1.03
生产量	2 918.7	2 954.1	1.21
进口量	0.002	0.002	
总供给量	3 635.3	3 678.1	1.18
总需求量	3 635.3	3 678.1	1.18
消费量	2 901.3	2 938.1	1.26
鲜食消费	2 209.4	2 229.1	0.89
加工消费	440.0	448.8	2.00
种用蛋	101.0	102.0	0.99
其他消费	150.8	158.1	4.84
出口量	10.0	10.0	
期末库存	724.0	730.1	0.83

资料来源：表中数据来自 2014 年《农业展望》第 8 期。

表 33 我国禽蛋产品进出口情况（2013—2014 年）

单位：万美元、t、%

项 目		2013 年	2014 年	同比增长
进口	金额	57.4	74.3	38.2
	数量	18.6	16.3	−12.5
出口	金额	17 667.6	19 064.5	7.9
	数量	93 284.4	94 582.4	1.4

资料来源：表中数据来自 2015 年《农业展望》第 4 期。

表 34 部分国家（地区）籽棉、麻类生产情况（2014 年）

国家或地区	籽棉			麻类		
	收获面积（khm²）	单 产（kg/hm²）	总产量（kt）	收获面积（khm²）	单 产（kg/hm²）	总产量（kt）
世界总计	34 700	2 205	76 530	35 294.0	836.0	29 510.9
埃 及	142	2 901	412	151.0	775.0	117.0
南 非	9	3 667	33			
孟加拉国	16	3 563	57	702.2	2 010.0	1 411.7
美 国	3 793	2 349	8 910	3 053.1	931.0	2 842.0
巴 西	1 382	3 596	4 969	1 127.6	1 223.0	1 378.7
中 国	4 700	4 366	20 520	86.4	2 673.0	230.9
印 度	11 980	1 386	16 600	12 600.0	643.0	8 104.0
缅 甸	300	1 350	405	347.8	440.0	153.1
巴基斯坦	2 879	2 306	6 640	2 806.8	774.0	2 171.7
土库曼斯坦	525	1 143	600	550.0	360.0	198.0
土耳其	489	4 703	2 300	450.9	1 846.0	832.5
哈萨克斯坦	152	2 618	398	138.0	1 383.0	190.9
乌兹别克斯坦	1 350	2 361	3 188	1 310.7	851.0	1 115.0
伊 朗	110	1 818	200	100.0	670.0	67.0
澳大利亚	597	4 807	2 870	444.0	2 023.0	898.0

资料来源：表中数据来自 2014 年《国际统计年鉴》。

表 35　部分国家（地区）烟叶、茶叶生产情况（2014 年）

国家或地区	烟 叶			茶 叶		
	收获面积（khm²）	单产（kg/hm²）	总产量（kt）	收获面积（khm²）	单产（kg/hm²）	总产量（kt）
世界总计	**4 238.1**	**1 754**	**7 435.1**	**3 521.20**	**1 518**	**5 345.50**
印度尼西亚	270.2	963	260.2	122.40	1 210	148.10
南　非	5.1	3 310	17.0	0.65	1 385	0.90
加拿大	15.0	2 300	34.5			
美　国	136.0	2 542	345.8			
巴　西	405.3	2 099	850.7	0.37	2 051	0.76
中　国	1 463.1	2 047	2 994.5	2 649.80	790.9	2 095.70
印　度	490.0	1 694	830.0	564.00	2 143	1 208.80
日　本	11.0	1 791	19.7	45.40	1 868	84.80
韩　国	14.5	2 483	360.0	2.50	1 280	1.20
法　国	4.4	2 188	9.7			
德　国						
意大利	16.0	3 104	49.8			
土耳其	136.2	661	90.0	76.40	2 779	212.40
伊　朗	12.5	1 680	21.0	24.50	6 531	160.00
巴基斯坦	49.8	2 176	108.3			

表 36　部分国家（地区）甘蔗、甜菜生产情况（2014 年）

国家或地区	甘 蔗			甜 菜		
	收获面积（khm²）	单产（kg/hm²）	总产量（kt）	收获面积（khm²）	单产（kg/hm²）	总产量（kt）
世界总计	**26 095**	**70 226**	**1 832 541**	**4 901**	**55 063**	**269 866**
埃　及	144	109 069	15 706	178	51 270	8 126
南　非	320	53 993	17 278			
加拿大				10	66 000	660
美　国	370	75 405	27 900	487	65 639	31 966
巴　西	9 705	74 300	721 077			
中　国	1 803	68 795	124 038	236	48 597	11 469
印　度	5 090	68 344	347 870			
日　本	23			59	3 695	3 758
韩　国						
法　国				390	86 379	33 681
德　国				402	69 381	27 891
意大利				46	54 370	2 501
俄罗斯				1 102	40 887	45 057
英　国				120	60 758	7 291
澳大利亚	339	76 569	25 957			

资料来源：表中数据来自 2014 年《国际统计年鉴》。

表 37　世界各地区啤酒产量（2014 年）

地　区	产量（万 kL）	占世界总产量比例（%）	比上年增长（%）
亚　洲	6 467.4	33.9	−1.7
欧　洲	5 155.7	27.0	−1.7
北美洲	3 285.9	17.2	0.7
拉丁美洲	2 444.2	12.8	0.1
非　洲	1 397.5	7.3	5.2
大洋洲	211.0	1.1	−2.9
中　东	138.2	0.7	4.4
总　计	19 099.8	100.0	−0.5

资料来源：表中数据来自 2015 年《啤酒科技》第 7 期。

表 38　世界啤酒产销量排名前 25 位国家情况（2014 年）

排　名	国　家	产量（万 kL）	同比增长（%）	占世界产量比例（%）
1	中　国	4 493.3	−3.10	23.50
2	美　国	2 254.7	0.20	11.80
3	巴　西	1 414.7	5.00	7.40
4	德　国	956.0	1.30	5.00
5	墨西哥	820.0		4.30
6	俄罗斯	763.6	−8.20	4.00
7	日　本	546.9	−1.10	2.90
8	英　国	412.0	−1.80	2.20
9	波　兰	398.7	0.80	2.10
10	越　南	389.0	9.00	2.00
11	西班牙	335.4	2.60	1.80
12	南　非	315.0		1.60
13	尼日利亚	270.0	1.90	1.40
14	乌克兰	242.0	−10.70	1.30
15	荷　兰	237.0	0.30	1.20
16	泰　国	223.5	−3.20	1.20
17	韩　国	207.5	−1.40	1.10
18	委内瑞拉	206.5	−7.90	1.10
19	哥伦比亚	202.0	−2.90	1.10
20	印　度	200.0	0.50	1.00
21	加拿大	189.4	−1.20	1.00
22	法　国	187.5	1.40	1.00
23	捷　克	185.1	−0.60	1.00
24	比利时	182.1	0.40	1.00
25	澳大利亚	169.1	−2.60	0.90
合　计		19 099.8	−0.50	100.00

资料来源：表中数据来自 2015 年《啤酒科技》第 7 期。

表39 世界主要国家啤酒产量（2014年）

排序	国　家	产量（万 kL）	同比增长（%）	占世界总产量比例（%）
1	中　国	4 493.3	−3.10	23.50
2	美　国	2 254.7	0.20	11.80
3	巴　西	1 414.7	5.00	7.40
4	德　国	956.0	1.30	5.00
5	墨西哥	820.0		4.30
6	俄罗斯	763.6	−8.20	4.00
7	日　本	546.9	−1.10	2.93
8	英　国	412.0	−1.80	2.20
9	波　兰	398.7	0.80	2.10
10	越　南	389.0	9.00	2.00

资料来源：表中数据来自2015年《啤酒科技》第7期。

表40 我国啤酒主要进口国情况（2014年）　　　单位：万 kL、%

排序	进口国别	进口数量	占进口比例	比例变化情况	进口量增长	进口单价增长
1	德　国	17.34	51.27	−9.18	57.40	−9.49
2	荷　兰	6.90	20.39	16.63	905.88	−31.18
3	韩　国	1.88	5.55	−1.11	53.65	3.39
4	比利时	1.52	4.49	0.39	103.16	−12.86
5	法　国	1.14	3.38	0.97	160.86	5.21
6	西班牙	0.96	2.83	0.66	141.74	10.94
7	墨西哥	0.88	2.60	−2.23		5.25
8	美　国	0.59	1.74	−0.92	21.35	−6.62
合　计		33.82	100.00		85.59	−6.13

资料来源：表中数据来自2015年《啤酒科技》第5期。

表41 世界十大葡萄酒出口国排行榜（2014年）

排　序	国　家	出口量（亿 L）	占世界贸易量比例（%）
1	西班牙	22.6	27.75
2	意大利	20.5	19.75
3	法　国	14.4	13.86
4	智　利	8.0	7.70
5	澳大利亚	7.3	7.03
6	南　非	4.8	4.62
7	美　国	4.0	3.85
8	德　国	3.9	3.75
9	葡萄牙	2.9	2.79
10	阿根廷	2.6	2.50

资料来源：表中数据来自2015《酿酒科技》第6期。

表 42　我国葡萄酒进口量前 5 位国家分布情况（2013 年）

规　格	国　家	进口量（kL）
2L 以下包装	法　国	128 700.61
	澳大利亚	36 400.53
	西班牙	29 748.21
	智　利	25 528.78
	意大利	19 659.25
2L 以上包装	智　利	58 061.62
	西班牙	12 662.30
	法　国	5 798.74
	澳大利亚	4 158.25
	美　国	2 957.44

资料来源：表中数据来自中国酿酒工业协会葡萄酒分会。

表 43　世界鲜食葡萄主产国的生产量（2010—2014 年）　　单位：万 t

国家或地区	2010 年	2011 年	2012 年	2013 年	2014 年
中　国	620.0	660.0	740.0	808.5	900.0
印　度	123.5	124.0	248.3	250.0	250.0
土耳其	215.0	220.0	220.0	220.0	192.0
欧　盟	209.0	189.8	172.4	193.6	163.0
巴　西	130.0	130.0	130.0	130.0	130.0
智　利	121.5	117.5	119.5	105.5	120.5
美　国	86.5	85.7	87.4	101.4	95.0
秘　鲁	29.7	36.5	39.8	50.0	54.0
乌克兰	32.0	32.0	32.0	32.0	32.0
南　非	26.0	28.6	30.2	28.0	30.0
其　他	89.4	87.1	96.1	89.2	89.0
总　计	1 682.6	1 711.1	1 915.8	2 008.2	2 055.5

资料来源：表中数据来自 2015 年《中外葡萄与葡萄酒》第 1 期。

表 44 世界鲜食葡萄主产国的消费情况（2010—2014 年） 单位：万 t

国家或地区	2010 年	2011 年	2012 年	2013 年	2014 年
中　国	623.0	664.4	743.6	821.2	916.0
印　度	116.6	113.0	233.5	236.4	236.7
欧　盟	251.4	214.5	213.4	235.2	204.0
土耳其	191.4	196.0	199.2	199.7	175.1
巴　西	127.5	128.1	128.9	130.3	130.0
美　国	111.8	104.4	108.4	111.9	111.5
俄罗斯	41.6	44.7	44.3	45.0	45.0
智　利	36.1	36.3	33.9	32.5	38.0
乌克兰	35.9	36.0	36.4	35.3	35.2
南　非	31.3	33.1	31.5	32.0	32.5
其　他	89.9	95.3	100.0	98.2	95.9
总　计	**1 658.6**	**1 685.8**	**1 873.2**	**1 977.8**	**2 019.7**

资料来源：表中数据来自 2015 年《中外葡萄与葡萄酒》第 1 期。

表 45 世界葡萄干生产情况（2011—2015 年） 单位：万 t

国家或地区	2011 年	2012 年	2013 年	2014 年	2015 年
美　国	35.8	34.9	31.4	37.2	32.0
土耳其	25.0	25.0	31.0	34.3	31.0
中　国	13.5	10.0	15.0	16.5	18.0
伊　朗	14.7	15.0	18.0	16.0	16.0
智　利	7.3	7.4	6.9	6.2	6.6
南　非	2.4	3.8	4.6	4.6	5.0
阿富汗	3.4	3.2	2.7	3.4	3.6
阿根廷	3.4	3.2	3.2	2.5	3.3
乌兹别克斯坦	2.6	3.5	2.2	1.7	2.0
澳大利亚	0.7	1.3	1.3	1.0	1.0
其　他	1.9	2.2	2.1	2.0	2.0
总　计	**110.7**	**109.4**	**118.3**	**115.3**	**120.5**

资料来源：表中数据来自 2015 年《中外葡萄与葡萄酒》第 1 期。

表 46　世界葡萄干主产国的消费情况（2011—2015 年）　　　　单位：万 t

国家或地区	2011 年	2012 年	2013 年	2014 年	2015 年
欧 盟	33.9	32.6	34.4	33.2	34.2
美 国	20.9	21.6	20.4	22.7	22.0
中 国	10.2	9.1	13.8	14.5	16.5
土耳其	4.3	3.6	4.7	6.0	7.0
澳大利亚	3.6	3.7	3.4	3.5	3.8
伊 朗	2.5	2.8	3.0	2.9	3.5
加拿大	3.4	2.8	2.8	2.9	3.0
日 本	2.9	3.0	3.0	3.0	3.0
俄罗斯	5.1	4.5	4.7	2.9	3.0
巴 西	2.3	2.3	2.6	2.5	2.6
墨西哥	2.0	2.7	2.4	2.5	2.5
阿联酋	1.9	2.0	2.2	2.3	2.5
伊拉克	1.6	1.9	2.1	1.8	2.2
乌克兰	1.9	1.9	2.1	1.6	1.6
哈萨克斯坦	0.7	1.5	0.6	1.2	1.5
南 非	0.8	1.3	1.4	1.1	1.3
印 度	0.8	0.9	0.9	1.3	1.0
其 他	7.9	7.3	7.9	7.9	8.4
总 计	**106.6**	**105.2**	**112.4**	**113.9**	**119.5**

资料来源：表中数据来自 2015 年《中外葡萄与葡萄酒》第 1 期。

表 47　我国台湾省主要农产品产量（2011—2013 年）　　　　单位：万 t

年 份	稻 米	槟 榔	菠 萝	芒 果	甘 蔗	茶 叶	花 生	香 蕉
2011	166.6	12.9	40.1	16.9	65.4	1.7	6.8	30.6
2012	170.0	12.4	39.2	16.7	54.8	1.5	5.7	29.5
2013	158.9	12.4	41.3	21.5	50.6	1.5	4.7	29.1

资料来源：表中数据来自 2015 年《中国统计年鉴》。

表 48 部分国家（地区）肉类产量（2014 年） 单位：kt

国家或地区	肉类总产量	其 中			
		牛 肉	羊 肉	猪 肉	禽 肉
世界总计	302 390	66 886	13 771	109 122	105 636
埃 及	2 031	865	131		917
南 非	2 776	844	178	211	1 496
加拿大	4 483	1 205	17	1 998	1 233
美 国	42 548	11 849	73	10 555	19 796
巴 西	24 961	9 307	115	3 465	12 051
中 国	81 123	6 576	3 982	50 004	18 894
印 度	6 292	2 626	897	329	2 258
日 本	3 268	519		1 297	1 445
韩 国	1 984	300	1	982	695
法 国	5 690	1 492	126	2 180	1 720
德 国	8 194	1 146	37	5 474	1 428
意大利	4 250	982	48	1 651	1 261
俄罗斯	8 137	1 642	190	2 559	3 346
英 国	3 606	885	275	825	1 612
澳大利亚	4 161	2 125	582	350	1 077

资料来源：表中数据来自 2015 年《国际统计年鉴》。

表 49 我国猪肉及副产品进口情况及所占比例（2009—2013 年）

单位：万 t、%

年 份	进口猪肉类产品	猪杂等副产品		冷冻鲜猪肉	
	数 量	数量	所占比例	数量	所占比例
2009	52.90	39.30	74.3	13.60	25.7
2010	90.40	70.44	77.9	19.96	22.1
2011	134.98	88.22	65.4	46.76	34.6
2012	135.90	83.70	61.6	52.20	38.4
2013	139.50	81.20	58.2	58.30	41.8

资料来源：表中数据来自 2015 年《世界农业》第 7 期。

表50 部分国家（地区）鱼类产量（2013 年） 单位：kt

国家或地区	鱼类产品产量	其 中	
		海 域	内 陆 水 域
世界总计			
埃 及	1 454.4	106.7	1 347.7
南 非	431.1	428.4	2.7
加拿大	1 039.0	1 002.3	36.8
美 国	5 683.5	5 403.3	280.2
巴 西	1 239.4	611.5	628.0
中 国	64 615.2	32 962.2	31 653.0
印 度	91.0	3 817.4	5 381.9
日 本	532.1	470.0	62.1
韩 国	3 139.9	3 114.5	25.4
法 国	765.4	725.3	40.1
德 国	255.2	224.1	31.1
意大利	340.5	297.9	42.7
俄罗斯	4 506.7	4 114.9	391.8
英 国	827.0	813.4	13.6
澳大利亚			

资料来源：表中数据来自 2015 年《国际统计年鉴》。

表51 世界主要国家（地区）奶牛存栏数（2013 年） 单位：万头

国家或地区	奶牛存栏数
世界总计	**2 679.2**
欧 盟	2 313
巴 西	2 269
中 国	1 443
美 国	922
俄罗斯	843
墨西哥	630
土耳其	561
新西兰	489
埃 及	475
伊 朗	290
乌克兰	255
阿根廷	219
尼日利亚	210
委内瑞拉	170
澳大利亚	165
白俄罗斯	152
阿尔及利亚	199
日 本	192
韩 国	142
泰 国	130
印度尼西亚	132
沙 特	119
越 南	117
马来西亚	112
菲律宾	12
印 度	8 878

资料来源：表中数据来自 2015 年《中国乳业》第 7 期。

注：在印度奶牛存栏数中，有将近一半的品种为奶水牛。

表 52 世界主要产奶国（地区）排名（2013 年） 单位：百万 t、%

国家或地区	2013 年产奶量	同比 2012 年增长率
欧 盟	154.0	0.9
德 国	31.3	2.7
法 国	24.4	−1.2
英 国	13.9	0.7
波 兰	12.7	0.4
荷 兰	12.4	4.6
美 国	91.3	0.3
印 度	63.1	5.5
中 国	35.3	−5.7
巴 西	34.4	3.5
俄罗斯	30.3	−3.9
新西兰	20.2	−1.8
土耳其	16.7	4.2
巴勒斯坦	14.4	3.8
阿根廷	11.5	−1.4
墨西哥	11.3	0.4
乌克兰	11.2	1.0

资料来源：表中数据来自 2014 年《中国奶业年鉴》。

表 53 EU－28 国乳制品产量（2013—2014 年） 单位：万 t、%

品 类	2013 年	同比增长	2014 年 1~9 月	同比增长
商品牛奶量	14 052.1	0.6	11 204.6	5.2
液态奶	7 118.8	−0.3	2 332.1	0.1
发酵奶	791.6	0.3	591.9	−2.9
奶 酪	852.4	−1.3	659.3	2.6
黄 油	192.6	−0.7	152.1	4.1
脱脂奶粉	110.5	−3.4	105.8	26.7
全脂奶粉	62.9	9.4	51.8	11.4
炼 乳	105.4	−4.7	80.8	2.4

资料来源：表中数据来自 2015 年《中国奶牛》第 23/24 期。

表 54　部分国家（地区）牛奶产量（2013—2014 年）　　单位：kt、%

国家或地区	2013 年	2014 年	同比增长
世界总计	**637 288**	**626 000**	**−1.80**
埃　及	2 668	3 250	21.80
南　非	2 814	3 368	19.70
加拿大	8 770	8 450	−3.60
美　国	90 865	90 900	0.04
巴　西	33 705	32 800	−4.20
中　国	37 440	37 800	1.10
印　度	60 100	54 000	−10.10
日　本	7 630	7 630	
韩　国	2 111	1 900	−9.90
法　国	24 682	24 000	−2.80
德　国	30 506	30 500	−0.02
意大利	11 150	10 600	−4.90
俄罗斯	31 917	31 600	−0.90
英　国	13 849	13 900	0.40
澳大利亚	9 476	9 480	0.04

资料来源：表中数据来自 2015 年《国际统计年鉴》。

表 55　我国奶粉供需情况（2010—2014 年）　　单位：万 t

项　目	2010 年	2011 年	2012 年	2013 年	2014 年
产量	103.0	110.0	116.0	121.0	116.0
进口量	42.0	45.0	58.0	86.0	105.0
出口量	1.0	1.0	1.0	1.0	1.0
消费量	144.0	154.0	172.0	207.0	220.0
进口份额（%）	29.0	29.5	13.6	41.8	47.8

资料来源：表中数据来自 2015 年《农业展望》第 7 期。

表 56　我国奶粉进口数量、金额及价格情况（2009—2013 年）

单位：万 t、百万美元、美元/t

项　目	2009 年	2010 年	2011 年	2012 年	2013 年	同比（%）
数　量	24.7	41.4	45.0	57.3	85.4	49.1
金　额	580.0	1 388.0	164.5	1 929.0	3 585.0	85.8
价　格	2 352.0	3 169.0	366.0	3 366.0	4 196.0	25.7

资料来源：表中数据来自 2014 年《中国奶牛》第 3/4 期。

表 57   我国奶粉主要进口来源国（地区）和进口情况（2013 年）

单位：t、%

进口来源国或地区	进口量	占比（%）
总　计	**854 415**	**100.0**
新西兰	686 523	80.4
美　国	55 412	6.5
澳大利亚	28 030	3.3
德　国	16 142	1.9
乌拉圭	10 300	1.2
法　国	9 173	1.1
阿根廷	8 965	1.0
瑞　典	6 495	0.8
新加坡	5 521	0.6
丹　麦	5 141	0.6
爱尔兰	5 117	0.6
比利时	3 470	0.4
智　利	3 403	0.4
荷　兰	2 609	0.3
芬　兰	2 601	0.3
英　国	1 775	0.2
波　兰	1 500	0.2
马来西亚	1 100	0.1
中国台湾	488	0.1
乌克兰	425	
菲律宾	122	
瑞　士	55	
西班牙	24	

资料来源：表中数据来自 2014 年《中国奶牛》第 3/4 期。

表 58   我国乳制品进出口情况（2013—2014 年）

年　份	进　口		出　口	
	数　量（万 t）	金　额（万美元）	数量（万 t）	金额（万美元）
2013	159.22	518 779.90	3.60	5 821.30
2014	193.30	796 099.00	4.20	9 200.00
同比增长（%）	21.40	53.46	16.67	58.04

资料来源：表中数据来自 2015 年《中国奶牛》第 11/12 期。

表 59　世界乳品工业排名前 20 强企业（2014 年）　　单位：亿美元

排序	企 业 名 称	国 别	年度销售额
1	雀巢（Nestie）	瑞 士	283
2	达能（Danone）	法 国	202
3	拉克塔利斯（Lactalis）	法 国	194
4	恒天然（Fonterra）	新西兰	153
5	富仕兰康（Royal Friesland campina）	荷 兰	149
6	美国奶农（Dairy Farmers of America）	美 国	148
7	阿拉食品公司（Ay/a Foods）	丹麦/瑞典	125
8	萨普托公司（Saputto）	加拿大	88
9	迪恩食品（Dean Foods）	美 国	86
10	伊利（Yili）	中 国	76
11	联合利华（Unilever）	荷兰/英国	75
12	明治乳业（Meiji）	日 本	74
13	诺德胡与纳（DMK）	德 国	71
14	蒙牛（Mengniu）	中 国	70
15	索迪雅爱特索（Sodiaal）	法 国	66
16	保健然（Bongrain）	法 国	59
17	卡夫食品（Krafe Foods）	美 国	58
18	缪勒（Muiier）	德 国	50
19	施雷伯食品（Sahreider Foods）	美 国	50
20	森永（Morlanga）	日 本	48

资料来源：表中信息由荷兰合作银行发布。

表 60　部分国家（地区）乳饮料、酸奶和其他发酵乳产量（2012—2013 年）

单位：百万 t、%

国家或地区	液 态 奶			国家或地区	发 酵 乳		
	2012 年	2013 年	同比增长（%）		2012 年	2013 年	同比增长（%）
欧 盟	31.0	33.5	0.8	欧 盟	9.4	9.6	2.1
美 国	24.0	23.4	−2.5	中 国	4.1	4.4	7.3
中 国	21.5	23.4	8.8	俄罗斯	2.5	2.5	
巴 西	11.7	12.0	2.5	伊 朗	2.3	2.3	
印 度	10.5	11.1	5.7	美 国	2.0	2.1	0.5
俄罗斯	4.9	4.9		土耳其	1.5	1.6	6.7
墨西哥	3.8	3.7	−2.6	日 本	1.0	1.0	2.0

资料来源：表 60 至表 70 中数据来自 2014 年《中国奶业年鉴》。

表 61　部分国家（地区）奶油产量（2012—2013 年）　　　单位：百万 t

国家或地区	2012 年	2013 年	同比增长（%）
印　度	4.48	4.7	4.9
欧　盟	2.02	2.0	−0.8
美　国	0.80	0.8	
巴基斯坦	0.70	0.7	
新西兰	0.50	0.5	
俄罗斯	0.19	0.2	4.2

表 62　部分国家（地区）奶酪产量（2012—2013 年）　　　单位：百万 t

国家或地区	2012 年	2013 年	同比增长（%）
欧　盟	8.81	8.9	1.0
美　国	4.99	5.1	2.2
巴　西	0.68	0.7	3.1
埃　及	0.53	0.6	12.4
土耳其	0.56	0.6	6.4
阿根廷	0.59	0.6	0.2
俄罗斯	0.49	0.5	3.1

表 63　部分国家（地区）炼乳产量（2012—2013 年）　　　单位：百万 t

国家或地区	2012 年	2013 年	同比增长（%）
欧　盟	1.01	1.10	8.90
美　国	1.10	1.10	0.36
秘　鲁	0.47	0.50	6.38
俄罗斯	0.30	0.30	
巴　西	0.30	0.30	

表 64　部分国家（地区）全脂和半脱脂奶粉产量（2012—2013 年）

单位：百万 t

国家或地区	2012 年	2013 年	同比增长（%）
新西兰	1.27	1.3	2.4
中　国	0.98	1.0	2.0
欧　盟	0.77	0.8	3.9
巴　西	0.48	0.5	4.2
阿根廷	0.29	0.3	3.4
墨西哥	0.09	0.1	11.1

表 65　部分国家（地区）脱脂奶粉产量（2012—2013 年）　单位：百万 t

国家或地区	2012 年	2013 年	同比增长（%）
欧　盟	1.25	1.2	−0.40
美　国	1.02	1.0	−1.50
印　度	0.46	0.5	8.90
新西兰	0.40	0.4	1.27
澳大利亚	0.21	0.2	−6.00
巴　西	0.19	0.2	7.00

表 66　世界前 10 大乳清产品出口国出口情况（2013 年）

国家或地区	出口量（kt）	占世界比例（%）	增长率（%）
世界总计	**1 665.6**	**100.0**	**7.4**
欧　盟	588.4	35.3	7.8
美　国	531.3	31.9	8.4
白俄罗斯	121.2	7.3	70.1
新西兰	79.4	4.8	−22.1
阿根廷	77.5	4.7	20.1
瑞　士	71.1	4.3	2.8
加拿大	40.8	2.5	18.2
澳大利亚	15.3	2.1	−20.8
乌克兰	25.0	1.5	2.1
乌拉圭	21.5	1.3	−23.8

资料来源：表中数据来自 2014 年《中国奶业年鉴》。

表 67　世界前 10 位奶酪出口国出口情况（2013 年）

国家或地区	出口量（kt）	占世界比例（%）	增长率（%）
世界总计	**2 395.8**	**100.0**	
欧　盟	805.0	33.6	4.5
美　国	317.7	13.3	21.6
新西兰	289.2	12.1	−9.2
澳大利亚	164.7	6.9	1.1
白俄罗斯	140.0	5.8	3.0
埃　及	99.0	4.1	31.8
瑞　士	62.9	2.6	0.7
乌克兰	59.0	2.5	−12.8
阿根廷	51.2	2.1	−7.7
乌拉圭	45.1	1.9	−4.0

表68 世界前10位奶黄油、奶油出口国出口情况（2013年）

国家或地区	出口量（kt）	占世界比例（%）	增长率（%）
世界总计	920.9	100.0	1.1
新西兰	487.9	53.0	−0.2
欧 盟	127.1	13.8	1.2
美 国	93.9	10.2	89.8
白俄罗斯	66.4	7.2	−19.6
澳大利亚	47.2	5.1	−15.0
乌拉圭	23.7	2.6	−23.5
阿根廷	17.7	1.9	−14.2
新加坡	9.7	1.0	14.2
印 度	9.1	1.0	31.9
南 非	4.5	0.5	336.0

表69 世界前10大全脂奶粉出口国（地区）情况（2013年）

国家或地区	出口量（kt）	占世界比例（%）	增长率（%）
世界总计	2 461.3	100.0	1.7
新西兰	1 299.3	52.8	2.9
欧 盟	374.1	15.2	−3.2
阿根廷	181.2	7.4	−11.0
澳大利亚	92.5	3.8	−17.6
乌拉圭	73.8	3.0	20.2
新加坡	60.4	2.5	14.8
白俄罗斯	45.5	1.8	37.8
美 国	39.7	1.6	89.2
智 利	19.1	0.8	30.0
马来西亚	18.3	0.7	30.8

表70 世界前10大脱脂奶粉出口国（地区）情况（2013年）

国家或地区	出口量（kt）	占世界比例（%）	增长率（%）
世界总计	1 852.3	100.0	2.2
美 国	554.8	29.9	24.6
欧 盟	407.6	22.0	−21.7
新西兰	398.0	21.5	0.6
印 度	144.9	7.8	321.2
澳大利亚	112.9	6.1	−33.6
白俄罗斯	95.3	5.1	25.3
乌拉圭	30.8	1.7	−4.7
马来西亚	27.9	1.5	91.9
阿根廷	25.0	1.3	76.6
南 非	14.6	0.8	345.7

表 71　世界乳制品出口国及出口数量（2012—2013 年）　　　单位：万 t

品　类	国家或地区	2012 年	2013 年
全脂奶粉	世界总计	**243.6**	**230.3**
	新西兰	126.1	119.0
	欧　盟	38.8	37.6
	阿根廷	20.1	15.1
	澳大利亚	10.9	9.6
脱脂奶粉	世界总计	**182.7**	**188.7**
	美　国	44.5	49.8
	欧　盟	52.3	48.3
	新西兰	39.0	36.8
	澳大利亚	16.8	14.8
黄油	世界总计	**89.8**	**88.2**
	新西兰	46.3	45.1
	欧　盟	12.7	12.5
	白俄罗斯	8.3	7.5
	美　国	5.0	6.5
	澳大利亚	5.3	5.1
奶酪	世界总计	**253.2**	**257.9**
	欧　盟	77.6	79.2
	美　国	26.2	30.6
	沙　特	29.0	30.0
	新西兰	30.6	29.8
	澳大利亚	16.3	16.5
	白俄罗斯	13.5	14.0

资料来源：表中数据来自 2014 年《中国奶牛》第 1 期。

表 72　世界各大洲乳制品消费情况（2013 年）

单位：万 t、kg/（人·年）、%

地　区	消　费	人均消费	占世界比例	占世界消费比例	租给率
亚　洲	222.3	75.1	38.1	41.3	90.5
欧　洲	200.3	270.7	28.1	26.2	107.8
北美洲	91.0	258.4	13.0	11.9	109.7
南美洲	66.0	164.5	8.7	8.6	101.6
非　洲	54.2	49.2	6.1	7.1	86.8
中美洲	20.7	101.1	6.2	2.7	80.2
大洋洲	8.3	217.3	3.7	1.1	344.7

资料来源：表中数据来自 2014 年《中国奶业年鉴》。

表 73 欧盟乳制品出口情况（2012—2014 年） 单位：万 t

品 种	2012 年	2013 年	2014 年	同比增长（%）
脱脂奶粉	52.0	40.7	47.8	58.4
乳清粉	49.2	51.5	38.3	−1.5
奶 酪	76.8	78.7	55.1	−5.9
全脂奶粉	38.6	37.4	30.0	5.2
黄油/无水奶油	11.6	11.7	10.9	22.6
炼 乳	38.8	25.1	21.5	14.0

表 74 挪威奶业发展概况 （2013 年）

项 目		单 位	2013 年
全国牧场数		个	13 000
牧场平均规模		头	24
全国奶牛头数		万头	23
全国平均单产		kg/头	7 625
全国产奶量		万 t	175.4
全国乳品加工企业		个	8
乳品人均消费	液态奶	kg	91.0
	酸 奶	kg	11.4
	奶油与酸奶油	kg	9.7

资料来源：表中数据来自 2014 年《中国奶业年鉴》。

表 75 瑞典奶业发展概况 （2013 年）

项 目		单 位	2013 年
全国共有牧场		个	5 000
平均饲养奶牛		头/户	75
全国奶牛存栏数		万头	34.60
牛奶产量		万 t	287.00
奶牛单产		kg/头	8 389.00
牛奶质量	原料奶含乳脂	%	4.20
	原料奶含乳蛋白	%	3.40
	原料奶均价	（折合人民币）元/kg	3.01
奶牛品种	荷斯坦牛品均单产	kg/头	9 869.00
	瑞典红牛平均单产	kg/头	9 191.00
	瑞典无角牛平均单产	kg/头	5 750.00
	瑞典娟姗牛平均单产	kg/头	8 609.00

（续）

项 目		单 位	2013 年
乳品加工	企业数	个	19.00
	加工产量	万 t	139.70
人均乳制品消费量折合为液态奶		kg/人	300.00
乳品贸易情况	进口奶粉	t	8 5743.00
	进口牛奶和奶油	t	4 4957.00
	进口发酵乳制品、酸奶等	t	9 5178.00
	进口奶酪（包括鲜奶酪）	t	119 069.00
	进口黄油	t	8 456.00
	出口奶粉	t	6 9618.00
	出口牛奶和奶油	t	73 105.00
	出口发酵乳制品、酸奶等	t	10 109.00
	出口奶奶酪（包括鲜奶酪）	t	20 161.00
	出口黄油	t	3 265.00

资料来源：表中数据来自 2014 年《中国奶业年鉴》。

表 76　丹麦奶业发展概况（2013 年）

项 目	单 位	2012 年	2013 年	同比增长（%）
全国家庭牧场	个		3 618	
平均饲养规模	头/个		140	
奶牛存栏	万头	160.7	158.30	−1.50
牛奶产量	万 t	492.9	502.60	1.97
奶牛单产	kg/头	9 019.0	9 138.00	1.32
原料奶平均价格	元/kg		1.19	
全国加工企业	个		57	
黄油生产企业	个		12	
生产黄油	万 t		4.29	
奶酪生产企业	个		35	
生产奶酪	万 t		32.50	

资料来源：表中数据来自 2014 年《中国奶业年鉴》。

表 77　新西兰牛奶产量（2009—2013 年）　　　　　　单位：万 t

年 份	2009	2010	2011	2012	2013
产 量	1 693.3	1 712.3	1 891.5	2 051.7	2 014.9

资料来源：表中数据来自 2014 年《中国奶业年鉴》。

表 78　美国牛奶产量（2009—2013 年）　　　　　单位：万 t

年　份	2009	2010	2011	2012	2013
产　量	8 587.9	8 746.2	8 901.6	9 086.6	9 127.2

资料来源：表中数据来自 2014 年《中国奶业年鉴》。

表 79　世界 10 大乳清出口国（地区）出口量和增长率（2013 年）

国家或地区	出口量（kt）	占世界份额（%）	增长率（%）
世界贸易	1 665.6	100.0	7.4
欧盟 28 国	588.4	35.3	7.8
美　国	531.1	31.9	8.4
白俄罗斯	121.2	7.3	70.1
新西兰	79.4	4.8	−22.1
阿根廷	77.5	4.7	20.1
瑞　士	71.1	4.3	2.8
加拿大	40.8	2.5	18.2
澳大利亚	35.3	7.1	−20.9
乌克兰	25.0	1.5	2.1
乌拉圭	21.5	1.3	−23.8

资料来源：表中数据来自 2014 年《中国奶业年鉴》。

表 80　我国自新西兰进口各类乳制品情况（2010—2014 年）　　　　　单位：t

产品名称	2010 年	2011 年	2012 年	2013 年	2014 年
鲜　奶	7 420.0	17 235.8	24 661.8	33 234.7	45 216.7
奶　粉	336 803.8	367 104.8	495 569.3	686 527.3	739 237.8
酸　奶	34.1	63.7	146.8	288.3	309.8
乳　清	5 050.0	4 610.7	5 065.3	4 079.6	599.9
黄　油	11 233.2	14 688.3	19 794.2	28 181.9	45 303.6
奶　酪	11 864.0	13 142.8	17 009.6	20 015.4	28 824.6

资料来源：表中数据来自 2015 年《中国奶牛》第 19/20 期。

表 81　我国从新西兰进口乳制品金额及所占份额情况（2010—2014 年）

单位：亿美元、%

年　份	我国进口乳制品总额	从新西兰进口乳制品总额	所占份额
2010	19.70	12.98	65.89
2011	26.20	16.42	62.67
2012	32.13	10.20	62.87
2013	51.88	32.74	63.11
2014	64.14	41.33	64.44

资料来源：表中数据来自 2015 年《世界农业》第 12 期。

表 82　韩国乳制品供需情况（2010—2014 年）　　　单位：t

项　目	2010 年	2011 年	2012 年	2013 年	2014 年
上年库存	54 504	12 658	18 467	91 735	92 677
国内生产	2 072 696	1 889 150	2 110 698	2 093 072	2 214 039
进　口	1 134 828	1 712 655	1 414 401	1 586 432	1 682 811
合　计	**3 207 524**	**3 601 805**	**3 525 099**	**3 679 504**	**3 896 850**
国内消费	3 171 341	3 517 909	3 358 850	3 582 185	3 645 665
出　口	78 029	78 087	92 981	96 377	111 290
合　计	**3 249 370**	**3 595 996**	**3 451 831**	**3 678 562**	**1 756 955**
库　存	12 658	18 467	91 735	92 677	232 572

资料来源：表中数据来自 2015 年《中国乳业》第 11 期。

表 83　韩国乳制品进出口情况（2000—2014 年）　　　单位：t、千美元

年　份	鲜牛奶				脱脂奶粉			
	进　口		出　口		进　口		出　口	
	总　量	金　额	总　量	金　额	总　量	金　额	总　量	金　额
2000					3 004	4 939	371	523
2005	36	69	24	22	6 168	14 636	69	143
2010	1	5	183	599	7 903	24 500	1 043	7 715
2014	10 251	27 777	7 950	16 031	21 130	91 074	17	208

资料来源：表中数据来自 2015 年《中国乳业》第 11 期。

表 84　部分国家（地区）蛋类产品产量（2014 年）　　　单位：万 t

国家或地区	蛋 类 产 量		其中：鸡蛋产量	
	产　量	占世界比重（%）	产　量	占世界比重（%）
世界总计	**7 191.9**	**100.00**	**6 640.0**	**100.0**
中　国	2 915.9	40.50	2 480.0	37.35
美　国	543.5	7.56	543.5	8.19
日　本	250.7	3.49	250.7	3.78
墨西哥	231.8	3.22	231.8	3.49
俄罗斯	236.5	3.29	233.4	3.52
印　度	360.0	5.01	360.0	5.42
巴　西	224.4	3.12	208.4	3.14
印度尼西亚	133.5	1.86	105.9	1.59
法　国	85.4	1.19	85.4	1.29
德　国	83.2	1.16	83.2	1.25
意大利	76.5	1.06	76.5	1.15
荷　兰	67.2	0.93	67.2	1.01
土耳其	93.2	1.30	93.2	1.40
英　国	64.5	0.90	63.0	0.95
乌克兰	111.7	1.55	109.3	1.65
泰　国	105.1	1.46	65.6	0.99
伊　朗	62.5	0.87	62.5	0.94

资料来源：表中数据来自 2015 年《国际统计年鉴》。

表 85 部分国家（地区）蜂蜜产量（2014 年） 单位：kt

国家或地区	2014 年
世界总计	**1 593**
中 国	452
印 度	61
伊 朗	48
韩 国	25
加拿大	29
墨西哥	59
美 国	67
阿根廷	76
巴 西	34
俄罗斯	65
西班牙	30
土耳其	88
乌克兰	70

资料来源：表中数据来自 2015 年《国际统计年鉴》。

表 86 部分国家（地区）羊毛产量（2013—2014 年） 单位：kt、%

国家或地区	2013 年	2014 年	同比增减
世界总计	**2 067.0**	**2 067.0**	
埃 及	12.5	13.0	4.00
南 非	39.9	40.0	0.25
加拿大	1.0	1.0	
美 国	14.0	14.0	
巴 西	12.0	12.0	
中 国	411.1	400.0	−2.70
印 度	45.5	46.0	1.10
日 本			
韩 国			
法 国	14.5	15.0	3.45
德 国	13.5	14.0	3.70
意大利	8.4	8.0	−4.76
俄罗斯	53.0	55.0	3.77
英 国	165.0	168.0	1.82
澳大利亚	362.1	362.0	

资料来源：表中数据来自 2014 年《国际统计年鉴》。

表 87　我国主要农产品产量居世界位次（1978—2013 年）

项　目	1978 年	2010 年	2011 年	2012 年	2013 年
谷　物	2	1	1	1	1
小　麦	2	1	1	1	1
稻　谷	1	1	1	1	1
玉　米	2	2	2	2	2
大　豆	3	2	4	4	4
油菜籽	2	1	2	2	2
花　生	2	1	1	1	1
棉　花	2	1	1	1	1
甘　蔗	7	3	3	3	4
茶　叶	2	1	1	1	1
水　果*	9	1	1	1	1
肉　类	3	1	1	1	1
牛　奶	34	3	3	3	3
羊　毛	5	1	1	1	1

*　不包括瓜类。

资料来源：表中数据来自 2014 年《国际统计年鉴》。

表 88　世界农产品贸易前 10 位国家所占份额（2013 年）　　　单位：%

排名	出　口		进　口	
	国　家	份　额	国　家	份　额
1	美　国	10.1	中　国	8.9
2	荷　兰	6.4	美　国	7.9
3	德　国	5.7	德　国	6.3
4	巴　西	5.2	日　本	4.6
5	法　国	4.7	荷　兰	4.1
6	中　国	4.0	英　国	3.9
7	加拿大	3.8	法　国	3.8
8	西班牙	3.0	意大利	3.3
9	比利时	2.9	比利时	2.4
10	印　度	2.7	俄罗斯	2.4
合　计		48.5	合　计	47.6

资料来源：表中数据来自 2015 年《农业展望》第 1 期。

表89 世界主要饲料生产国（地区）饲料产量（2014—2015 年） 单位：kt

国　家	2014 年	2015 年	同比增长（%）
美　国	157 650	159 600	1.24
中　国	142 300	140 508	−1.26
巴　西	60 760	58 280	−4.08
墨西哥	27 599	28 759	4.20
日　本	23 692	23 740	2.01
德　国	23 079	22 976	−0.45
俄罗斯	20 053	21 860	8.01
法　国	21 209	20 912	−1.40
西班牙	21 277	20 910	−1.72
加拿大	19 650	20 150	2.54
印　度	19 890	18 955	−4.70
韩　国	17 430	18 480	6.02
泰　国	15 500	16 470	6.26
英　国	15 149	15 949	5.28
印度尼西亚	14 090	15 530	10.22

资料来源：表中数据来自 2015 年《世界农业》第 12 期。

表90 世界饲料加工企业排行榜（2014 年） 单位：kt

排　名	企　业　名　称	国　别	产　量
1	正大集团（Charoen Pokphand）（Cp Group）	泰　国	27 000
2	新希望（New Hope Group）	中　国	20 000
3	嘉吉公司（Cargill/Agribrands）	美　国	19 200
4	普瑞纳动物营养公司	美　国	12 000
5	巴西食品（Brasil Foods）	巴　西	11 000
6	泰森食品（Tyson Foods）	美　国	10 300
7	中粮集团	中　国	8 300
8	jAZennoh	日　本	7 500
9	双胞胎集团	中　国	6 600
10	广东温氏（Guang dong Wen's Group）	中　国	6 500
11	ProFarmer	荷　兰	6 400
12	泰高集团	荷　兰	6 300
13	湖南唐人神（Hunan Tangrenshan Group）	中　国	5 500
14	农协饲料集团	韩　国	5 500
15	大成食品	中　国	5 000
16	岳泰集团	中　国	5 000
17	海大集团	中　国	4 800
18	DLG 集团	丹　麦	4 500
19	正邦集团	中　国	4 400
20	东方新希望（East Hope Group）	中　国	4 300

资料来源：表中数据来自 2015 年《世界农业》第 12 期。

表 91　世界排名前十五位国家配合饲料产量（2013—2014 年）

单位：kt、个

排　名	企 业 名 称	所在国家	饲料厂数量	年配合饲料产量
1	正大集团	泰　国		27 650
2	嘉吉集团	美　国	250	19 500
3	新希望集团	中　国	300	18 700
4	普瑞纳动物营养集团	美　国		12 700
5	温氏食品集团	中　国		12 000
6	BRF	巴　西		10 360
7	泰森食品（肉鸡）	美　国	40	10 000
8	东方希望集团	中　国	96	7 600
9	JAZennoh	日　本		7 200
10	双胞胎集团	中　国		6 600
11	For Fayners BV	荷　兰	42	6 490
12	唐人神集团	中　国	40	6 000
13	泰高集团	荷　兰	43	5 900
14	海大集团	中　国		5 520
15	农协饲料公司	韩　国	23	5 500

资料来源：表中数据来自 2015 年《饲料广角》第 20 期。

表 92　世界主要农畜产品最大生产国（2014 年）

农畜产品	第一位国家	产量（kt）	第二位国家	产量（kt）	第三位国家	产量（kt）
谷　物	中　国	557 407	美　国	436 550	印　度	293 940
小　麦	中　国	126 208	印　度	93 510	美　国	57 970
稻　谷	中　国	206 507	印　度	159 200	印度尼西亚	71 280
玉　米	美　国	353 700	中　国	215 646	巴　西	80 270
大　豆	美　国	82 560	阿根廷	53 000	巴　西	43 320
甘　蔗	巴　西	768 090	印　度	341 200	中　国	125 611
甜　菜	俄罗斯	39 320	法　国	33 610	美　国	29 770
油菜籽	加拿大	15 410	中　国	14 772	印　度	6 776
棉　花	印　度	18 910	美　国	7 630	中　国	6 178
茶　叶	中　国	2 096	印　度	1 209	肯尼亚	432
烟　叶	巴　西	851	印　度	830	美　国	346
麻　类	印　度	7 842	美　国	3 770	巴基斯坦	2 215
薯　类	尼日利亚	102 050	印　度	53 710	中　国	33 364
水　果	中　国	165 882	印　度	82 610	巴　西	37 770
花　生	中　国	16 482	印　度	8 470	尼日利亚	3 000
肉　类	中　国	87 067	美　国	42 642	巴　西	26 011
蛋　类	中　国	289 390	美　国	56 360	印　度	38 350
奶　类	印　度	135 600	美　国	91 270	中　国	38 412
鱼　类	中　国	64 615	印度尼西亚	19 267	印　度	9 199
蜂　蜜	中　国	468	土耳其	88	阿根廷	76

资料来源：表中数据来自 2015 年《中国农村统计年鉴》、2014 年《国际统计年鉴》、2014 年《中国农业统计资料》。

表 93　香港特别行政区工业生产指数（2011—2013 年）

（2008 年＝100）

工 业 组 别	2011 年	2012 年	2013 年	2014 年
所有制造行业	95.7	94.9	95.0	94.6
其中：食品、饮品及烟草制品业	112.8	118.4	122.8	130.9
纺织制品业	61.9	58.8	54.2	43.9
成　衣	55.3	43.8	38.9	37.8
纸制品及印刷业	94.6	91.0	88.0	87.2

资料来源：表中数据来自 2015 年《中国统计年鉴》。

表 94　香港特别行政区食品、饮品、烟草制品业与纸制品、印刷业基本情况（2013 年）

行　　业	企业数（个）	就业人数（人）	销售及其他收益（万港元）	盈余总额（万港元）	增加值（万港元）
食品、饮品及烟草制品业	800	30 037	3 861 300	467 400	995 300
纸制品、印刷业及记录媒体复制	2 638	17 931	1 686 700	173 800	524 300

资料来源：表中数据由中国轻工业协会信息中心提供。

表 95　澳门特别行政区食品及饮食业与出版印刷业基本情况（2013 年）

单位：万澳元

行　业	企业数（个）	员工人数（人）	工业产值	增加值	固定资本总额
食品及饮食业	283	4 071	146 100	56 500	62 000 000
出版及印刷业	156	1 519	46 300	18 200	9 000 000
制衣业	171	2 723	101 100	22 000	2 000 000

资料来源：表中数据由中国轻工业协会信息中心提供。

表 96　我国台湾省主要轻工业产品产量（2012—2013 年）

主要产品	单　位	2012 年	2013 年	同比增长（％）
鲜　乳	万 t	31.1	34.6	11.2
方便面	万箱	4 830.6		
饼　干	万 t	3.8	3.9	−7.2
糖　果	万 t	3.2	3.1	−5.3
冷冻调理食品	万 t	19.4	19.4	
精制茶	万 t	0.8	0.7	−7.1
食　盐	万 t	26.8	28.3	5.7
白米碾制	万 t	113.0	99.7	−11.8

（续）

主要产品	单　位	2012 年	2013 年	同比增长（％）
茶类饮料	万 t	12 087.7	11 477.6	−5.1
啤　酒	万 L	403.5	378.0	−6.3
酒类（不含啤酒）	万 L	133.1	125.8	−5.5
皮制鞋靴	万双	609.7	504.9	−17.2
文化用纸	万 t	67.1	62.0	−7.7
家庭用纸	万 t	20.1	20.5	2.1
纸　板	万 t	307.6	305.5	−0.6
瓦楞纸箱（板）	万亿 m²	28.2	29.1	3.1
木制家具	亿元（新台币）	71.9	69.9	−2.8
金属家具及装饰品	亿元（新台币）	224.0	221.4	−1.2

资料来源：表中数据来自 2014 年《中国轻工业年鉴》。

表 97　我国台湾省农产品加工业主要产品产量（2010—2014 年）

年　份	食品 （万 t）	饮料 （万 L）	饲料 （万 t）	各种成衣 （万打）	纸　板 （万 t）	合成纤维 （万 t）
2010	47.0	29 323.8	518.1	702.2	285.0	91.2
2011	49.0	30 607.3	525.6	583.4	293.1	86.5
2012	50.0	28 860.9	525.1	549.7	307.4	83.1
2013		27 635.3	509.8	498.0	305.5	85.4
2014		26 887.7	516.1	499.4	308.3	78.1

资料来源：表中数据来自 2015 年《中国统计年鉴》。

表 98　我国台湾省出口与进口商品分类（2011—2014 年）　单位：亿美元

年　份	出　口				进　口			
	出口额	农产品	农产加工品	工业产品	进口额	资本设备	原材料	消费品
2011	3 082.6	9.0	26.6	3 047.0	2 814.4	364.2	2 184.3	242.1
2012	3 011.8	8.9	30.6	2 972.3	2 704.7	340.0	2 090.8	252.8
2013	5 054.4	8.7	30.6	3 015.1	2 699.0	357.6	2 041.4	268.3
2014	3 136.9	9.0	31.6	3 096.3	2 740.3	369.4	2 037.8	292.0

资料来源：表中数据来自 2015 年《中国统计年鉴》。

表 99 我国台湾省农产品进口结构情况（2008—2012 年）

单位：亿美元、%

年　份	农耕产品	占进口比重	畜产品	占进口比重	水产品	占进口比重	林产品	占进口比重
2008	76.9	63.4	21.3	17.5	8.0	6.6	15.1	12.4
2009	64.8	64.5	17.6	17.5	8.3	8.3	9.8	9.7
2010	78.3	61.4	23.5	18.4	9.8	7.7	16.0	12.5
2011	91.2	61.5	27.8	18.7	11.1	7.5	18.2	12.3
2012	92.4	63.0	26.2	17.8	11.9	8.1	16.3	11.1

资料来源：表中数据来自 2015 年《台湾农业探索》第 1 期。

表 100 我国台湾省农产品出口结构情况（2008—2012 年）

单位：亿美元、%

年　份	农耕产品	占出口比重	畜产品	占出口比重	水产品	占出口比重	林产品	占出口比重
2008	10.1	26.2	11.6	30.1	15.4	39.9	1.4	3.7
2009	9.9	30.8	9.1	28.4	12.0	37.4	1.1	3.4
2010	12.4	30.9	11.1	27.5	15.6	38.7	1.2	2.9
2011	15.0	32.1	12.0	25.8	18.5	39.6	1.2	2.5
2012	17.1	33.7	12.1	23.7	20.5	40.3	1.2	2.4

资料来源：表中数据来自 2015 年《台湾农业探索》第 1 期。

表 101 我国台湾省农产品进出口市场分布情况（2008—2012 年）

单位：亿美元

年　份	亚　洲		欧　洲		美　洲		非　洲		大洋洲		其　他	
	出口	进口	出口	进口	出口	进口	出口	进口	出口	进口	出口	进口
2008	18.4	29.8	1.0	10.6	4.5	43.1	0.3	0.6	1.6	10.0	0.11	
2009	15.9	24.2	0.9	9.5	4.2	39.3	0.3	0.3	1.4	8.5	0.02	0.01
2010	21.2	27.6	1.1	11.3	4.7	47.8	0.5	0.5	1.4	11.4	0.03	0.01
2011	25.5	32.2	1.3	14.0	5.3	53.2	0.8	1.2	1.8	13.3	0.03	0.01
2012	28.1	33.0	1.6	14.5	5.6	54.8	1.1	0.7	2.3	12.8	0.04	

资料来源：表中数据来自 2014 年《台湾农业探索》第 5 期。

表 102 我国台湾省农产品进出口贸易状况（2008—2012 年）单位：亿美元

年　份	出口额	进口额	贸易总额	净出口额
2008	38.5	121.2	159.7	−82.70
2009	32.1	100.5	132.5	−68.38
2010	40.2	127.6	167.8	−87.38
2011	46.7	148.4	195.1	−101.74
2012	50.9	146.7	197.6	−95.84

资料来源：表中数据来自 2014 年《台湾农业探索》第 6 期。

表 103　我国大米进口量与世界大米贸易情况（2010—2014 年）

单位：万 t、%

项　目	2010 年	2011 年	2012 年	2013 年	2014 年
世界贸易量	3 119	3 644	3 728	3 800	3 900
中国进口量	36	57	237	380	370
中国进口占比	1.2	1.6	6.3	10.0	9.5

表 104　世界大米生产消费情况（2010—2014 年）　单位：万 t、%

年　份	产　量	贸易量	消费量	期末库存量	库存消费比
2010	468.5	3 490	460.1	143.7	30.7
2011	482.7	3 979	468.0	159.3	33.5
2012	486.8	3 906	475.6	169.8	35.5
2013	498.4	4 093	491.6	174.1	35.4
2014	496.4		500.0	177.7	35.5

资料来源：表中数据来自 2015 年《农业展望》第 4 期。

表 105　我国大陆对台湾农产品贸易变化情况（2009—2013 年）

年　份	出口额（千美元）	进口额（千美元）	贸易总额
2009	364 052	549 460	913 512
2010	532 026	661 680	1 193 706
2011	666 120	791 840	1 457 960
2012	582 519	648 683	1 231 202
2013（1～11 月）	502 450	1 867 220	2 369 670

资料来源：表中数据来自 2014 年《台湾农业探索》第 5 期。

表 106　我国海峡两岸农产品贸易占双边贸易的比重（2009—2013 年）单位：%

年　份	大陆对台农产品出口额占对台出口比重	大陆自台农产品进口额占自台进口额比重
2009	3.79	0.20
2010	3.80	0.20
2011	4.20	0.28
2012	1.76	0.44
2013	5.18	0.35

资料来源：表中数据来自 2014 年《台湾农业探索》第 5 期。

表 107 2014 年金砖国家概况

国　家	国土面积（万 km²）	人口（万人）	首　都	货币名称
巴　西	852	20 280	巴西利亚	雷亚尔（RS）
俄罗斯	1710	14 600	莫斯科	卢布（RUB）
印　度	329	123 889	新德里	卢比（RS）
中　国	960	136 427	北　京	人民币（RMB）
南　非	122	5 400	比勒陀利亚	兰特（ZAR）

资料来源：表中信息来自 2015 年《金砖国家联合统计手册》。

表 108 金砖国家国民经济核算概况（2014 年）

国　家	GDP（亿美元）	人均 GDP（美元）	GDP 增长率（%）	第一产业占 GDP 比重（%）	第二产业占 GDP 比重（%）	第三产业占 GDP 比重（%）
巴　西	23 460	11 571	2.7	5.6	23.4	71.0
俄罗斯	18 810	12 874	1.3	4.2	35.8	60.0
印　度	20 691	1 633	13.6	19.5	27.8	53.0
中　国	103 610	7 595	7.7	9.2	42.6	48.2
南　非	3 500	6 483	2.2	10.9	21.0	68.0

资料来源：表中数据来自 2015 年《金砖国家联合统计手册》。

表 109 金砖国家农业生产情况（2013—2014 年）

国　家	耕地面积（万 hm²）	谷物产量（万 t）	水果和蔬菜产量（万 t）	肉类产量（万 t）	鱼捕捞量（万 t）
巴　西	7 100（2014 年）	9 700（2014 年）	4 197（2013 年）	2 380（2014 年）	
俄罗斯	12 150（2013 年）	10 510（2014 年）	1 900（2014 年）	905（2014 年）	979（2010 年）
印　度	15 600（2011 年）	23 900（2014 年）	25 600（2013 年）	624（2013 年）	373（2009 年）
中　国	13 516（2013 年）	55 727（2014 年）	102 100（2014 年）	8 707（2014 年）	958（2013 年）
南　非	1 203（2011 年）	1 390（2013 年）	956（2011 年）	256（2013 年）	1 201（2014 年）

资料来源：表中数据来自 2015 年《金砖国家联合统计手册》。

表 110　金砖国家——巴西农业、林业、牧业主要产品产量（2013—2014 年）

单位：万 t

主要农牧业产品产量	2013 年	2014 年
大　豆	8 172	8 644
玉　米	8 027	7 876
甘　蔗	76 809	68 996
豆　类	289	322
稻　谷	1 178	1 215
小　麦	574	618
咖　啡	296	271
木　薯	2 148	2 309
棉　花	342	429
水　果	4 197	
肉类产量		
牛　肉	817	806
鸡　肉	1 196	1 255
牛　奶	3 326	

资料来源：表中数据来自 2015 年《金砖国家联合统计手册》。

表 111　金砖国家——俄罗斯农业、林业、牧业主要产品产量（2013—2014 年）

单位：万 t

主要农牧业产品	2013 年	2014 年
谷物和豆类产量总计	9 239	10 532
小　麦	5 209	5 971
坚　果	1.3	1.5
油料作物	1 415	1 384
油菜籽	139	146
葵花籽	1 055	903
大　豆	164	260
马铃薯	3 020	3 150
甜　菜	3 932	3 351
其他蔬菜	7 970	7 660
水　果	854	905
肉类产量	3 053	3 085
牛　奶	3 029	
禽蛋（亿枚）	413	418

资料来源：表中数据来自 2015 年《金砖国家联合统计手册》。

表 112 金砖国家——印度农业、林业、牧业主要产品产量（2013—2014 年）

单位：万 t

主要农牧业产品产量	2013 年	2014 年
谷 类	24 579	23 864
棉 花	3 590	3 515
花 生	971	747
油菜籽	788	736
芝 麻	72	70
马铃薯	4 431	
甘 蔗	35 214	35 495
水 果	8 682	
肉类产量	624	
奶类产量	13 769	
禽蛋产量（亿枚）	734	
鱼类产量	958	

资料来源：表中数据来自 2015 年《金砖国家联合统计手册》。

表 113 金砖国家——中国农业、林业、牧业主要产品产量（2013—2014 年）

单位：万 t

主要农牧业 产品产量	2013 年	2014 年
谷 类	55 269	55 741
棉 花	630	618
花 生	1 697	1 648
油菜籽	1 446	1 477
芝 麻	62	63
马铃薯	1 919	1 910
甘 蔗	12 820	12 561
甜 菜	926	800
烟 草	337	299
茶	192	210
水 果	25 093	26 142
肉 类	8 535	8 707
奶 类	3 650	3 841
牛 奶	3 531	3 725
禽蛋（亿枚）	2 876	2 894
鱼类捕获量	1 173	1 251

资料来源：表中数据来自 2015 年《金砖国家联合统计手册》。

表 114 金砖国家——南非农业、林业、牧业主要产品产量（2013—2014 年）

单位：万 t

主要农牧业产品产量	2013 年	2014 年
玉 米	1 212	1 169
小 麦	187	180
大 麦	30	26
高 粱	14	15
葵花籽	52	56
大 豆	65	78
花 生	6	4
棉 花	3	1
干 豆	5	6
甘 蔗	1 680	1 728
烟 草	2	2
香 蕉	39	42
苹 果	80	92
柑 橘	234	243
梨	34	37
葡 萄	27	25
菠 萝	10	10
牛肉和小牛肉	84	84
羊 肉	13	13
禽 肉	149	157
牛 奶	337	325
禽 蛋	53	53

资料来源：表中数据来自 2015 年《金砖国家联合统计手册》。

表 115 印度进口农产品结构情况（2010—2013 年）

单位：%

主要品种	2010 年	2011 年	2012 年	2013 年
食用蔬菜、根块茎	13.6	11.0	11.6	12.2
食用水果及坚果、甜瓜等	9.5	12.4	9.5	11.4
动植物油脂、精制食用油脂	46.7	54.6	56.0	51.9
糖 类	7.5	0.7	2.4	3.4
棉 花	3.3	2.6	3.9	4.0
其 他	19.4	18.5	16.6	17.1

资料来源：表中数据来自 2014 年《农业展望》第 9 期。

表 116　印度出口农产品结构情况（2010—2013 年）　　　　　　　单位:％

主要品种	2010 年	2011 年	2012 年	2013 年
肉及食用杂碎	6.6	7.0	6.7	8.7
鱼及其他水生无脊椎动物	8.0	8.3	7.0	9.2
食用蔬菜、根及块茎	3.6	2.6	1.8	2.6
食用水果及坚果、甜瓜等	4.0	3.8	3.0	3.1
咖啡、茶、马黛茶、调味香料	7.4	7.7	5.7	5.3
谷物	10.9	14.0	18.6	21.2
油籽、工业药用植物	4.0	4.8	3.8	3.4
胶、脂及其他植物汁液	2.4	5.9	13.9	5.6
动植物油脂、精制食用油脂	2.7	2.7	2.0	1.8
糖　类	3.9	5.4	4.7	2.2
食品工业残渣及废料	7.7	7.2	5.6	6.8
棉　花	25.6	20.3	18.2	20.6
其　他	13.2	10.3	8.9	9.6

资料来源：表中数据来自 2014 年《农业展望》第 9 期。

表 117　印度主要农产品前 10 位进口来源国（2013 年）

主要品种	主要进口来源国（地区）
食用蔬菜、根、块茎	加拿大、缅甸、澳大利亚、俄罗斯、中国、莫桑比亚、肯尼亚、马拉维、阿富汗、埃塞俄比亚
食用水果及坚果、甜瓜等	美国、科特迪瓦、坦桑尼亚、阿富汗、几内亚、澳大利亚、巴基斯坦、中国、贝宁、孟加拉国
咖啡、茶、马黛茶、及调味香料	越南、斯里兰卡、印度尼西亚、尼泊尔、马达加斯加、坦桑尼亚、肯尼亚、乌干达、阿富汗、尼日利亚
动植物油脂、精制食用油脂	印度尼西亚、马来西亚、乌克兰、阿根廷、泰国、巴西、美国、阿拉伯、西班牙
糖类	巴西、德国、美国、荷兰、巴基斯坦、中国、新西兰、印度尼西亚、加拿大、马来西亚

资料来源：表中信息来自 2014 年《农业展望》第 9 期。

表 118 印度主要农产品前 10 位出口目的国（2013 年）

主要品种	主要出口目的国（地区）
谷 物	伊朗、沙特阿拉伯、孟加拉国、阿拉伯、贝宁、印度尼西亚、也门、马来西亚、越南、韩国
棉 花	中国、孟加拉国、巴基斯坦、越南、斯里兰卡、中国香港、韩国、埃及、印度尼西亚、葡萄牙
肉及食用杂碎	越南、马来西亚、泰国、埃及、沙特阿拉伯、阿拉伯、约旦、阿尔及利亚、伊朗、菲律宾
鱼及其他水生无脊椎动物	美国、越南、日本、中国、比利时、泰国、英国、法国、意大利
食品工业残渣及配制饲料	伊朗、泰国、越南、韩国、日本、孟加拉国、巴基斯坦、法国、印度尼西亚、比利时
胶、脂及其他植物汁液	美国、中国、德国、俄罗斯、日本、加拿大、意大利、荷兰、印度尼西亚、澳大利亚

资料来源：表中信息来自 2014 年《农业展望》第 9 期。

表 119 美国农产品出口额前 10 位国家（地区）（2012 年）

单位：亿美元、%

序号	国家或地区	出口额	同比	占比	CR
1	中 国	271.8	35.4	17.5	17.5
2	加拿大	256.5	6.7	16.5	34.0
3	墨西哥	195.3	3.4	12.6	46.6
4	日 本	149.3	−4.3	9.6	56.3
5	韩 国	65.3	−11.7	4.2	60.5
6	中国香港	36.9	3.2	2.4	62.8
7	德 国	25.2	28.7	1.6	64.5
8	印度尼西亚	25.1	−11.4	1.6	66.1
9	菲律宾	23.2	10.2	1.5	67.6
10	荷 兰	23.1	−15.2	1.5	69.1
小 计		1 071.8		69.1	

资料来源：表中数据来自 2014 年《农业展望》第 2 期。

表 120   美国农产品进口额前 10 位国家（2012 年）   单位：亿美元、%

序号	国 家	进口额	同比	占比	CR
1	加拿大	236.8	5.0	18.0	18.0
2	墨西哥	183.2	3.6	14.0	32.0
3	中 国	77.2	8.5	5.9	37.9
4	印 度	61.9	78.7	4.7	42.6
5	巴 西	53.4	8.7	4.1	46.7
6	法 国	45.7	5.6	3.5	50.1
7	智 利	42.9	7.5	3.3	53.4
8	泰 国	40.6	−7.3	3.1	56.5
9	意大利	40.2	3.4	3.1	59.6
10	澳大利亚	29.0	12.4	2.2	61.8
小 计		**811.0**		**61.8**	

资料来源：表中数据来自 2014 年《世界农业》第 2 期。

表 121   美国前 5 大进口来源地、总进口额和集中度（2008—2012 年）

单位：亿美元、%

国 别	2008 年	2009 年	2010 年	2011 年	2012 年
加拿大	1	1	1	1	1
墨西哥	2	2	2	2	2
中 国	3	3	3	3	3
第 4 位	（法 国）	（泰 国）	（泰 国）	（巴 西）	（印 度）
第 5 位	（意大利）	（智 利）	（法 国）	（泰 国）	（巴 西）
总进口额	476.9	428.0	486.0	564.5	612.6
CRS	45.8	45.5	46.2	45.5	46.7

资料来源：表中数据来自 2014 年《世界农业》第 2 期。

表 122   我国苹果汁主要出口国家（2010—2014 年）   单位：%

年份	美国	日本	德国	俄罗斯	荷兰	加拿大	澳大利亚
2010	49.63	6.60	5.07	9.70	7.48	5.15	4.22
2011	43.99	8.97	5.65	10.28	9.32	3.64	4.89
2012	50.17	10.63	3.33	9.26	1.27	8.54	4.43
2013	53.43	11.34	1.48	8.16	1.28	5.45	4.42
2014	47.41	12.91	0.57	12.43	0.78	4.86	5.60

资料来源：表中数据来自 2015 年《世界农业》第 7 期。

表 123 我国苹果汁产品出口状况（2010—2014 年）

单位：万 t、亿美元、美元/t

年 份	出口量	出口额	单 价
2010	78.9	7.5	947.4
2011	61.3	10.8	1 761.1
2012	59.2	11.4	1 930.3
2013	60.2	9.1	1 507.3
2014	45.9	6.4	1 270.5

资料来源：表中数据来自 2015 年《世界农业》第 7 期。

表 124 世界主要菠萝生产国家（地区）菠萝产量（2008—2012 年）

单位：万 t

国家或地区	2008 年	2009 年	2010 年	2011 年	2012 年
世界总计	**1 948.8**	**1 948.8**	**2 037.8**	**2 193.5**	**2 333.4**
泰 国	227.8	189.5	196.6	259.3	265.0
哥斯达黎加	166.8	168.2	197.7	226.9	248.5
巴 西	256.9	220.7	220.6	236.6	247.8
菲律宾	220.9	219.9	216.9	224.7	239.8
印度尼西亚	143.3	155.8	140.6	154.1	178.1
印 度	124.5	134.1	138.7	141.5	145.6
尼日利亚	90.0	100.0	148.7	140.0	142.0
中 国	138.6	147.7	142.0	135.1	139.2
墨西哥	71.8	74.9	70.2	74.3	76.0

资料来源：表中数据来自 2015 年《农业展望》第 3 期。

表 125 世界主要菠萝生产国家（地区）菠萝收获面积（2008—2012 年）

单位：万 hm²

国家或地区	2008 年	2009 年	2010 年	2011 年	2012 年
世界总计	**85.3**	**87.7**	**95.2**	**97.1**	**99.6**
尼日利亚	12.0	12.5	18.0	18.0	18.0
泰 国	9.3	9.1	9.3	10.3	10.5
印 度	8.0	8.4	9.2	8.9	9.1
中 国	6.4	6.4	6.4	6.0	6.1
巴 西	6.6	6.0	5.9	6.3	6.1
菲律宾	5.8	5.9	5.9	5.9	5.8
哥斯达黎加	3.4	4.0	4.5	4.5	4.2
越 南	3.0	3.9	3.9	3.9	4.0
安哥拉	1.0	2.6	2.6	2.8	3.6

资料来源：表中数据来自 2015 年《农业展望》第 3 期。

表 126 世界主要菠萝生产国家（地区）菠萝单产（2008—2012 年）

单位：t/hm²

国家或地区	2008 年	2009 年	2010 年	2011 年	2012 年
世界总计	22.9	22.2	21.4	22.6	23.4
印度尼西亚	100.4	123.6	115.8	124.9	124.5
科特迪瓦	42.9	42.9	57.1	70.0	65.0
哥斯达黎加	49.8	42.1	43.9	50.4	59.2
贝 宁	43.8	52.3	53.2	79.6	57.4
马提尼克	42.9	43.2	40.2	56.7	56.3
波多黎各	28.7	36.2	38.6	50.1	50.8
巴拿马	47.4	51.7	53.8	44.2	44.5
墨西哥	42.1	44.1	42.3	43.0	43.0
菲律宾	37.9	37.4	37.1	38.4	41.0

资料来源：表中数据来自 2015 年《农业展望》第 3 期。

表 127 世界主要国家（地区）棉花产量（2012—2013 年）

单位：万 t、%

年份	全球	中国	美国	印度	巴基斯坦	巴西	乌兹别克斯坦	土耳其	中国占比
2012	2 548.2	685.9	372.5	544.6	214.6	149.0		63.0	26.9
2013	2 551.8	669.9	280.8	636.7	203.2	150.0		88.0	26.2

表 128 世界棉花主产国收获面积、产量（2012/2013 年）

单位：万 hm²、万 t、%

国家或地区	收获面积	同比增长	产 量	同比增长
中 国	530.00	−3.64	762.0	2.94
印 度	1 180.00	−3.28	577.0	−3.64
美 国	379.30	−0.94	377.0	11.19
巴基斯坦	300.00		202.5	−12.26
巴 西	88.05	−36.79	126.3	−33.33
乌兹别克斯坦	131.50	0.38	98.0	7.14
澳大利亚	60.00	4.35	93.6	−21.75
其 他	765.70	−3.16	397.5	−24.42

资料来源：表中数据来自 2014 年《农业展望》第 1 期。

表 129　　2012/2013—2013/2014 年度世界棉花供需情况

项　　目	2012/2013 年度	2013/2014 年度
期初库存（万 t）	1 523	1 859
生产量（万 t）	2 691	2 573
消费量（万 t）	2 336	2 368
出口量（万 t）	1 003	859
期末库存（万 t）	1 859	2 076
库存消费比（%）	79.58	86.66

资料来源：表中数据来自 2014 年《农业展望》第 1 期。

表 130　世界纺织纤维产量（2011—2013 年）　　　　　单位：万 t

年　份	世　界　纤　维　产　量			
	总　　计	天然纤维	化学纤维	
			小计	合成纤维
2011	8 109.8	2 539.7	5 570.2	5 206.2
2012	8 850.0	2 822.5	6 027.5	5 599.4
2013	9 090.4	2 713.2	6 377.2	5 897.1

表 131　世界主要国家（地区）化纤产量（2011—2013 年）

单位：万 t、%

年份	全　球	中　国	美　国	西　欧	中国台湾	韩　国	日　本	印　度	中国占比
2011	5 570.2	3 361.0	240.9	215.2	232.0	174.7	88.0	399.5	60.3
2012	6 027.4	3 796.8	247.5	211.1	222.7	174.8	84.7	413.2	63.0
2013	6 377.2	4 092.9	255.9	203.0	224.2	169.3	84.8	432.0	64.2

表 132　世界主要国家（地区）合成纤维产量（2011—2013 年）

单位：万 t、%

年份	全　球	中　国	美　国	西　欧	中国台湾	韩　国	日　本	印　度	中国占比
2011	5 206.1	3 151.7	238.3	175.3	223.9	174.7	81.8	362.6	60.5
2012	5 599.6	3 530.2	245.0	170.5	212.8	174.8	78.6	374.1	63.0
2013	5 897.1	3 778.4	253.3	162.8	212.3	169.3	78.7	387.4	64.1

表 133 世界棉花进出口贸易情况 （2012/2013—2013/2014 年度）

单位：万 t、%

出口国（地区）	出口量	同比	占比	进口国（地区）	进口量	同比	占比
美　国	296.1	16.10	29.16	中　国	439.6	−19.19	42.63
印　度	156.8	−35.02	15.44	土耳其	80.6	55.33	7.89
澳大利亚	124.1	22.84	12.22	孟加拉国	78.4	12.50	7.67
巴　西	98.0	−6.09	9.65	巴基斯坦	58.8	200.00	5.75
乌兹别克斯坦	69.7	28.00	6.86	印度尼西亚	52.3	4.35	5.12
希　腊	26.7	22.50	2.63	越　南	50.1	41.54	4.90
布基纳法索	25.0	76.92	2.47	印　度	37.0	183.33	3.62
土库曼斯坦	23.4	43.53	2.30	泰　国	33.7	22.72	3.30
合　计	819.7	3.12	80.70	合　计	826.3	1.41	80.90
世　界	**1 015.4**	**1.65**	**100.00**	世　界	**1 021.6**	**4.10**	**100.00**

资料来源：表中数据来自 2014 年《农业展望》第 1 期。

表 134 世界主要国家棉花耗用量 （2010—2013 年）

单位：万 t、%

国家或地区		2010 年	2011 年	2012 年	2013 年
全　球	耗用量	2 449.2	2 277.5	2 354.4	2350.5
	占总（%）	100.0	100.0	100.0	100.0
中　国	耗用量	1 002.3	1 029.9	863.4	804.0
	占总（%）	40.7	45.2	36.7	34.2
美　国	耗用量	73.8	71.8	74.0	76.2
	占总（%）	3.0	3.2	3.1	3.2
印　度	耗用量	456.0	442.0	477.4	501.4
	占总（%）	18.5	19.4	20.3	21.3
巴基斯坦	耗用量	220.0	216.3	233.6	246.4
	占总（%）	9.0	9.5	9.9	10.5
土耳其	耗用量	125.0	125.0	132.5	140.4
	占总（%）	5.1	5.5	5.6	6.0
日　本	耗用量	8.1	6.3	5.7	6.0
	占总（%）	0.3	0.3	0.2	0.3
巴　西	耗用量	99.0	88.8	89.7	85.2
	占总（%）	4.0	8.9	3.8	3.6

表 135 我国加入 WTO 以来棉花进口量增长变化情况（2010—2014 年）

单位：万 t、%

年 份	棉花进口量	同比增长
2010	312.8	77.8
2011	356.6	14.0
2012	541.3	51.8
2013	450.0	−16.9
2014	266.9	−40.7

资料来源：表中数据来自 2015 年《世界农业》第 12 期。

表 136 中美棉花生产成本对比（2009—2013 年）　　单位：元/50 kg

年 份	中国棉花生产成本	美国棉花生产成本
2009	522	721
2010	710	583
2011	800	939
2012	900	735
2013	1 036	811

资料来源：表中数据来自 2015 年《世界农业》第 12 期。

表 137 我国纺织品、成衣出口额占全球份额（2011—2013 年）

单位：亿美元

年 份	纺织品出口			成 衣 出 口		
	全 球	中 国	中国占（%）	全 球	中 国	中国占（%）
2011	2 941.9	944.1	32.1	4 177.2	1 537.7	36.9
2012	2 841.6	954.5	33.6	4 225.7	1 596.1	37.8
2013	3 059.0	1 065.8	34.8	4 602.7	1 774.3	38.6

表 138 我国纺织品、成衣出口主要国家或地区（2014 年）

单位：亿美元、%

国家或地区	小 计		纺织品		成 衣	
	当年	同比	当年	同比	当年	同比
欧 盟	599.26	13.38	140.03	8.80	459.23	14.85
美 国	470.43	7.04	134.28	4.67	336.15	8.02
日 本	255.65	−8.93	58.14	−1.90	197.51	10.81
东 盟	367.37	5.86	226.19	11.17	141.18	−1.67
中国香港	166.24	−15.63	77.04	−14.49	89.20	−16.60

资料来源：表中数据来自 2015 年《纺织导报》第 11 期。

表 139 世界纺织品、成衣出口国（地区）前 10 强（2013 年）

单位：亿美元、%

排 序	国家或地区	合 计	纺织品	成 衣	占世界
	世界总计	7 661.7	3 059.0	4 602.7	100.0
1	中 国	2 840.1	1 065.8	1 774.3	37.1
2	欧 盟	534.3	228.0	306.3	7.0
3	印 度	357.5	189.1	168.4	4.7
4	中国香港	326.6	107.2	219.4	4.3
5	土耳其	275.6	121.6	154.1	3.6
6	孟加拉国	253.9	18.9	235.0	3.3
7	越 南	220.2	47.9	172.3	2.9
8	美 国	197.8	139.2	58.6	2.6
9	韩 国	141.4	120.4	21.0	1.8
10	巴基斯坦	138.9	93.4	45.5	1.8

表 140 世界纺织品、成衣进口国（地区）前 10 强（2013 年）

单位：亿美元、%

排序	国家或地区	合计	纺织品	成衣	占世界
	世界总计	8 047.9	3 236.6	4 811.3	100.0
1	欧 盟	1 239.8	290.7	949.1	15.4
2	美 国	1 180.8	270.6	910.3	14.7
3	日 本	424.0	87.7	336.3	5.3
4	中 国	269.0	215.6	53.4	3.3
5	中国香港	268.8	104.2	164.6	3.3
6	加拿大	145.2	45.7	99.5	1.8
7	俄罗斯	133.8	43.6	90.1	1.7
8	韩 国	127.5	52.2	75.4	1.6
9	越 南	113.3	106.4	6.9	1.4
10	土耳其	99.3	67.9	11.4	1.2

表 141 亚洲主要国家（地区）纺织品、成衣出口状况（2012—2013 年）

单位：亿美元

国家或地区	纺织品出口		成衣出口		合 计	
	2012	2013	2012	2013	2012	2013
合 计	**1 766.7**	**1 930.6**	**2 654.8**	**2 937.9**	**4 421.9**	**4 868.4**
中 国	954.5	1 065.8	1 596.1	1 774.3	2 550.6	3 840.1
中国香港	105.5	107.2	225.7	219.4	326.6	331.2
印 度	152.7	189.1	138.3	168.4	291.1	357.5
孟加拉国	16.3	18.8	197.9	235.0	253.9	214.2
越 南	38.9	47.9	144.4	172.3	220.2	183.4
韩 国	119.7	120.4	19.1	21.0	141.4	138.8
巴基斯坦	87.0	93.4	42.1	45.5	138.9	129.2
印度尼西亚	45.4	46.3	75.2	76.9	123.2	120.6
中国台湾	102.9	102.5	9.7	8.9	111.3	112.6
泰 国	35.2	38.7	42.7	41.0	79.7	78.0
日 本	78.2	68.4	5.6	4.9	73.3	83.8
马来西亚	17.9	18.5	45.6	45.9	64.4	63.5
斯里兰卡	2.3	2.4	40.1	45.1	51.5	43.4
柬埔寨	0.5	0.5	42.9	51.0	47.5	42.3
菲律宾	1.7	1.7	16.1	15.6	21.6	21.4
新加坡	8.0	8.9	13.3	12.7	17.3	17.8

表 142 我国纺织品、成衣在三大进口市场中所占份额（2013 年） 单位：%

国别（地区）	美 国		欧 盟		日 本	
	进口额之比	同比	进口额之比	同比	进口额之比	同比
中 国	38.9	−0.9	37.9	−0.4	69.9	−1.3
越 南	9.3	0.9	2.6	0.3	8.1	1.3
孟加拉国	4.7	−0.2	11.2	0.3	1.7	0.2
印 度	6.3	0.3	7.3	0.3	1.2	0.1

资料来源：表中数据来自 2015 年《纺织导报》第 5 期。

表 143 全球纺织品、成衣进出口情况（2010—2013 年） 单位：亿美元

年 份	出口额			进口额		
	合计	纺织品	成衣	合 计	纺织品	成衣
2010	6 058.7	3 059.0	4 602.7	8 047.9	3 236.6	4 811.3
2011	7 119.7	2 841.6	4 225.7	7 423.7	3 006.6	4 417.7
2012	7 067.3	2 941.9	4 177.2	7 479.2	3 112.8	4 366.4
2013	7 661.7	2 524.6	3 534.1	6 365.4	2 671.2	3 694.2

表 144　我国纺织品、成衣进出口情况（2011—2013 年）　单位：亿美元

年　份	出　口　额			进　口　额			贸易顺差
	合　计	纺 织 品	成　衣	合　计	纺 织 品	成　衣	
2011	2 481.8	844.1	1 537.7	229.1	189.0	40.1	2 252.7
2012	2 550.6	954.5	1 596.1	243.3	198.1	45.2	2 307.3
2013	2 840.1	1 065.8	1 774.3	269.0	215.6	53.4	2 571.1

资料来源：表 130 至表 144 中数据来自 2014 年《中国纺织工业发展报告》。

表 145　我国成衣对新兴市场出口数量与金额（2014 年）

单位：亿件、亿美元

国家或地区	出口数量				出口金额			
	出口数量	同比	占比	占比增减	出口金额	占同比	占比	占比增减
合　计	48.53	7.01	14.85	0.28	276.97	4.62	14.75	0.11
东　盟	31.91	2.51	9.76	−0.17	141.18	−1.67	7.52	0.54
俄罗斯	2.07	8.78	2.47	0.10	100.09	7.87	5.33	0.12
巴　西	4.97	15.35	1.52	0.15	20.39	16.48	1.09	0.10
墨西哥	3.59	43.34	1.10	0.30	15.31	41.08	0.82	0.21

表 146　我国成衣对传统市场出口数量与金额（2014 年）

单位：亿件、亿美元

国家或地区	出口数量				出口金额			
	出口数量	同比	占比	占比增减	出口金额	同比	占比	占比增减
合　计	176.52	2.76	54.00	−0.78	1 082.09	4.10	57.61	−0.71
欧　盟	74.47	10.63	22.78	1.32	459.23	14.85	24.45	2.02
美　国	57.92	4.01	17.72	−0.04	336.15	8.02	17.90	0.44
日　本	28.67	−9.91	2.77	−1.38	197.51	10.81	10.52	−1.91
中国香港	15.45	−8.79	4.73	−0.68	89.20	−16.60	4.75	−1.25

资料来源：表 146 至表 148 中数据来自《2014—2015 年我国纺织工业发展报告》。

表 147　我国纺织品、成衣分地区出口情况（2014 年）

单位：亿美元、%

国家或地区	出口额	同比	比 2013 年增减
欧　盟	599.3	13.4	4.5
美　国	470.4	7.0	
东　盟	367.4	5.9	−22.4
日　本	255.7	−8.9	−7.9
非　洲	202.0	17.3	10.8
中国香港	166.2	−15.6	−35.5
韩　国	85.0	21.0	4.2

表 148 美国人均纤维消费情况（2010—2013 年）

单位：万 t、百万人、kg/（人·年）

年 份	化 纤	棉 花	羊 毛	其 他	合 计	人 口	人均消费
2010	599.2	451.2	18.3	30.4	1 099.2	309.3	35.5
2011	601.4	385.5	18.2	32.9	1 038.0	311.6	33.3
2012	616.4	369.3	17.6	31.8	1 035.2	313.9	33.0
2013	650.2	372.5	17.7	31.8	1 072.2	316.1	33.9

表 149 世界 20 大纸与纸板生产公司（2014 年）　单位：亿美元

名 次	生产公司	所在国别	主营业务收入
1	International Paper（Memphis，TN，美国）	美 国	236.170
2	Procter & Gamble（Cincinnati，Ohio，美国）	美 国	209.500
3	UPM（Helsinki，芬兰）	芬 兰	127.329
4	Oji Paper（Tokyo，日本）	日 本	127.318
5	Stora Enso（Helsinki，芬兰）	芬 兰	110.844
6	Smurfit Kappa Group（Dublin，爱尔兰）	爱尔兰	107.287
7	Svenska Cellulosa Aktiebolaget（SCA）（Stockholm，瑞典）	瑞 典	107.145
8	Kimberly Clark（Dallas，TX，美国）	美 国	100.330
9	RockTenn（Norcross，GA，美国）	美 国	95.319
10	Marubeni（Tokyo，日本）	日 本	89.562
11	Nippon Paper（Tokyo，日本）	日 本	87.559
12	Mondi（Addlestone，英国；Johannesburg，南非）	英国/南非	84.975
13	Sappi（Johannesburg，南非）	南 非	60.610
14	Packaging Corporation of America（Lake Forest，IL，美国）	美 国	58.520
15	DS Smith（Maidenhead，Berkshire，英国）	英 国	57.938
16	Metsä Group（Espoo，芬兰）	芬 兰	57.299
17	MWV（Richmond，VA，美国）	美 国	56.310
18	Domtar（Montreal，QC，加拿大）	加拿大	55.630
19	玖龙纸业有限公司（中国广东）	中 国	47.072
20	Rengo（Osaka，日本）	日 本	46.494

资料来源：表中信息来自 2015 年《造纸信息》第 12 期。

表 150 世界纸和纸板产量排名前 10 位的国家（2014 年）

排　序	国　家	产量（万 t）	占世界总产量的比重（%）
1	中　国	10 875.0	27.20
2	美　国	7 176.7	19.95
3	日　本	2 647.7	6.62
4	德　国	2 263.0	5.66
5	韩　国	1 140.0	2.85
6	加拿大	1 100.0	2.75
7	瑞　典	1 000.0	2.50
8	芬　兰	1 000.0	2.50
9	巴　西	1 000.0	2.50
10	印　度	1 000.0	2.50

资料来源：表中数据来自 2015 年《中华纸业》第 19 期。

表 151 世界纸浆产量排名前 10 位的国家（2014 年）

排　序	国　家	产量（万 t）	同比增长（%）
1	美　国	4 688.20	26.16
2	中　国	1 754.32	9.79
3	加拿大	1 700.10	9.49
4	巴　西	1 646.50	9.19
5	瑞　典	1 099.10	6.13
6	芬　兰	1 027.14	5.73
7	日　本	906.30	5.06
8	俄罗斯	790.30	4.41
9	印度尼西亚	678.20	3.78
10	智　利	520.90	2.91

资料来源：表中数据来自 2015 年《中华纸业》第 19 期。

表 152 世界纸浆主要净进口和净出口前 5 位的国家（2014 年） 单位：万 t

纸浆主要净进口国			纸浆主要净出口国		
排　序	国　家	净进口量	排　序	国　家	净出口量
1	中　国	1654.5	1	巴　西	1062.2
2	美　国	560.0	2	加拿大	905.6
3	德　国	419.4	3	美　国	712.6
4	意大利	339.2	4	智　利	482.7
5	荷　兰	251.6	5	印度尼西亚	352.5

资料来源：表中数据来自 2015 年《中华纸业》第 19 期。

表 153　世界部分国家废纸回收量及进出口量（2014 年）　单位：万 t

排序	国　家	回收量	排序	国　家	进口量	排序	国　家	出口量
1	中　国	5391.2	1	中　国	2841.3	1	美　国	1912.3
2	美　国	4642.1	2	德　国	388.8	2	日　本	461.9
3	日　本	2186.5	3	印　度	306.9	3	英　国	443.6
4	德　国	1508.9	4	印度尼西亚	228.0	4	法　国	285.9
5	韩　国	864.6	5	荷　兰	211.4	5	荷　兰	247.0

资料来源：表中数据来自 2015 年《中华纸业》第 19 期。

表 154　世界部分国家纸和纸板最大进口量和出口量（2014 年）　单位：万 t

排　序	国　家	出口量	排　序	国　家	进口量
1	德　国	1 368.5	1	德　国	141.9
2	美　国	1206.6	2	美　国	1 002.3
3	芬　兰	973.8	3	英　国	594.9
4	瑞　典	958.4	4	意大利	484.6
5	加拿大	840.6	5	法　国	481.2

资料来源：表中数据来自 2013 年《中华纸业》第 19 期。

表 155　我国台湾省主要纸品产销情况（2014 年）　单位：万 t、%

主要产品	产量	同比	总销量	同比	内销量	同比	外销量	同比
1. 印刷书写纸合计	53.3	−2.7	53.3	−2.9	38.5	−1.2	−14.8	−7.0
印刷铜版纸	16.6	−7.5	29.6	−1.3	9.6	−8.6	7.0	−3.8
书写道林纸	29.8	0.7	29.6	−1.3	23.5	1.7	6.2	−11.4
纸模造纸	2.8	−21.5	3.0	−11.3	2.8	−3.7	0.2	−55.2
2. 生活用纸	20.6	0.3	20.7	2.6	18.4	2.2	2.3	5.6
3. 纸箱用纸合计	231.3	4.1	232.9	4.6	156.0	3.2	76.9	7.5
牛皮纸板	126.7	6.7	127.6	7.5	79.9	3.2	47.6	15.8
瓦楞原纸	95.1	0.9	95.9	1.3	70.0	3.5	25.9	−4.4
4. 白纸板合计	51.6	−11.0	52.4	−9.9	25.4	3.1	27.0	−19.4
5. 纸张合计	109.5	−0.5	110.3	0.4	83.5	1.2	26.9	−1.8
6. 纸板合计	308.3	0.9	311.1	1.6	203.8	3.0	107.4	−1.0
7. 纸及纸板合计	417.8	0.5	421.5	1.3	287.2	2.5	134.2	−1.2

资料来源：表中数据来自 2015 年《中华纸业》第 7 期。

表 156 我国台湾省纸与纸板的消费量（2009—2014 年） 单位：kt、%

产品名称	2009 年	2010 年	2011 年	2012 年	2013 年	2014 年上半年
纸与纸板合计	3 891.5	4 371.8	4 423.8	4 404.6	4 329.3	2 176.1
同　比	−11.7	12.3	1.2	−0.4	−1.7	2.7
印刷书写用纸	750.1	859.5	887.3	895.4	821.4	431.7
同　比	−12.4	14.6	3.2	0.9	−8.3	6.5
涂布纸	320.9	326.4	361.2	371.5	335.1	182.8
同　比	−12.4	1.7	10.7	2.9	−9.8	10.1
未涂布纸	429.3	533.1	526.1	523.9	486.3	248.9
同　比	−12.5	24.2	−1.3	−0.4	−7.2	4.0
新闻纸	258.1	279.2	262.4	254.9	229.8	107.1
同　比	23.4	8.2	−6.0	−2.9	−9.9	−1.9
家庭用纸	305.8	317.8	332.7	344.7	356.9	176.1
同　比	−5.9	3.9	4.7	3.6	3.5	1.3
包装用纸	111.6	146.5	146.9	129.9	128.6	63.7
同　比	−17.5	31.3	0.3	−11.6	−1.0	1.9
瓦楞纸箱用纸	1 466.4	1 664.2	1 683.7	1 699.2	1 708.8	869.1
同　比	−12.3	13.5	1.2	0.9	0.6	5.8
纸盒用纸	480.8	33.9	547.4	538.8	537.9	261.3
同　比	−3.2	11.0	2.5	−1.6	−0.2	−4.2
其他纸及纸板	518.7	570.7	563.3	541.7	546.0	267.2
同　比	−11.3	10.0	−1.3	−3.8	0.8	−2.1

资料来源：表中数据来自 2015 年《中华纸业》第 7 期。

表 157 我国台湾省纸浆的消费量（2009—2014 年上半年） 单位：kt

项目	2009 年	2010 年	2011 年	2012 年	2013 年	2014 年上半年
生产量	294.2	384.4	368.2	369.4	351.0	399.3
外销量	18.6	32.8	25.6	26.6	34.9	23.2
进口量	747.2	720.2	758.8	710.6	667.7	329.4
消费量	1 022.8	1 071.8	1 101.4	1 053.4	983.8	505.6

资料来源：表中数据来自 2015 年《中华纸业》第 7 期。

表 158 我国台湾省回收纸的消费量（2009—2014 年上半年） 单位：kt

项 目	2009 年	2010 年	2011 年	2012 年	2013 年	2014 年上半年
合 计	3 442.8	3 4832.4	3 542.0	3 720.9	3 741.0	1 826.7
岛内收集	2 865.0	2 921.0	2 941.0	2 890.0	2 970.0	1 450.0
进口量	577.8	562.4	601.0	830.9	771.0	376.7
回收率（%）	74.8	68.3	68.0	67.2	70.1	66.3
利用率（%）	73.3	72.6	72.4	74.4	75.7	74.7

资料来源：表中数据来自 2015 年《中华纸业》第 7 期。

表 159 世界主要国家天然橡胶产量（2012—2014 年） 单位：万 t

国家或地区	2012 年	2013 年	2014 年
世界合计	1 064.9	1 115.0	1 144.5
泰 国	374.0	401.4	350.0
印度尼西亚	326.1	318.0	304.0
马来西亚	92.0	82.0	97.0
印 度	89.9	90.8	80.5
中 国	79.5	85.6	78.0
越 南	95.5	96.0	86.4
菲律宾	11.3	11.8	16.4
柬埔寨	6.2	8.5	4.3
斯里兰卡	15.1	12.8	15.1
巴 西			17.7
墨西哥			4.8
尼日利亚			14.4
缅 甸			15.2

资料来源：表中数据来自 2015 年《国际统计年鉴》。

表 160 我国合成橡胶主要进口国家或地区（2013—2014 年）单位：万 t、%

进口国家或地区	2013 年	2014 年	同比增长
总 计	127.92	125.83	−1.63
韩 国	30.87	28.47	−7.77
日 本	21.17	20.42	−3.54
德 国	3.99	4.72	18.30
美 国	20.15	21.08	4.62
法 国	5.02	6.36	26.69
中国台湾	6.22	6.49	4.34
俄罗斯	14.34	9.21	−35.77
比利时	3.97	4.18	5.29
新加坡	1.22	5.64	362.30
其 他	20.97	19.26	−8.15

资料来源：表中数据来自 2015 年《中国橡胶》第 12 期。

表 161　我国天然橡胶主要进口国家或地区（2012—2014 年）单位：万 t、%

国家或地区	2012 年		2013 年		2014 年	
	进口量	所占比例	进口量	所占比例	进口量	所占比例
合　计	**185.9**	**100.00**	**213.8**	**100.00**	**224.5**	**100.0**
泰　国	91.1	49.00	112.3	52.50	128.8	57.4
印度尼西亚	40.4	21.70	41.7	19.50	36.2	16.1
马来西亚	28.7	15.40	30.8	14.40	29.8	13.3
越　南	18.3	9.80	17.8	8.30	17.6	7.8
咯麦隆	0.1	0.04	0.2	0.10	0.1	0.03
老　挝	1.5	0.80	2.8	1.30	3.6	1.6
菲律宾	0.2	0.10	0.1	0.04	0.2	0.1
缅　甸	3.4	1.90	4.4	2.10	4.3	1.9
柬埔寨	0.7	0.40	1.7	0.80	1.6	0.7
科特迪瓦	0.6	0.30	0.5	0.20	1.3	0.6
斯里兰卡	0.1	0.10	0.1	0.10	0.1	0.04
尼日利亚	0.2	0.10	0.2	0.10	0.1	0.1
刚果（金）	0.2	0.10	0.2	0.10	0.4	0.2
其　他	0.5	0.30	1.3	0.60	0.6	0.3

资料来源：表中数据来自 2015 年《中国橡胶》第 11 期。

表 162　我国天然橡胶主要进口贸易方式（2012—2014 年）　单位：万 t、%

进口贸易方式	2012 年		2013 年		2014 年	
	进口量	占比	进口量	占比	进口量	占比
合　　计	**185.9**	**100.0**	**213.8**	**100.0**	**224.5**	**100.0**
一般贸易	18.9	10.2	35.0	16.4	35.1	15.3
进料加工贸易	63.7	50.4	120.1	56.2	122.9	54.8
边境小额贸易	4.0	2.1	3.9	1.8	4.2	1.9
保税仓库进出境货物	5.5	3.0	3.9	1.8	6.8	3.0
保税区仓储转口货物	61.0	33.3	49.8	23.3	55.0	24.5
其　他	1.9	1.0	1.1	0.5	0.4	0.2

资料来源：表中数据来自 2015 年《中国橡胶》第 11 期。

表 163 世界橡胶机械生产厂商前 10 名排序（2014 年）

单位：百万美元、%

排 序	企业名称	国 别	销售收入	增长率
1	青岛软控	中 国	483.6	19.41
2	H-F公司	德 国	449.5	−10.53
3	飞 迈	荷 兰	336.7	2.35
4	神户制钢	日 本	285.0	15.38
5	大连橡塑	中 国	150.8	−22.03
6	益阳橡机	中 国	133.0	−1.41
7	天津赛象	中 国	132.5	3.60
8	萨驰机械	中 国	131.3	357.49
9	特罗埃斯特	德 国	102.0	−0.01
10	LWB	德 国	98.5	−10.78

资料来源：表中数据来自 2015 年《中国橡胶》第 9 期。

表 164 世界各区域市场橡胶机械销售情况（2010—2014 年）单位：万美元

国家或地区	2010 年	2011 年	2012 年	2013 年	2014 年
西 欧	45 400	50 400	54 432	78 830	90 560
中 欧	32 700	38 680	41 774	54 420	60 250
中东及非洲	5 300	6 680	7 214	8 580	8 130
北 美	32 100	38 890	42 001	37 270	45 090
南 美	15 300	13 370	14 440	31 000	21 440
东南亚	68 600	53 470	57 748	28 040	33 270
印 度	32 000	39 000	42 120	12 860	12 570
中 国	89 400	121 580	168 520	230 000	220 000
日 本	9 300	21 940	23 695	17 810	22 550
澳大利亚	2 000	2 130	2 516	1 650	3 700
其 他	10	10	11	330	340
总 计	332 110	386 350	454 471	500 790	517 900

资料来源：表中数据来自 2015 年《中国橡胶》第 9 期。

表 165　按营业额排序的世界最强 500 个企业中相关农产品加工企业（2014 年）

企 业 名 称	国 别	营业额位次	营业额（百万美元）
一、食品业			
CVSCarermark 公司	美 国	40	123 133
特易购	英 国	63	104 425
雀巢	瑞 士	69	98 484
克罗格	美 国	72	96 751
阿彻丹尼尔斯米德兰公司	美 国	82	89 038
麦德龙	德 国	87	85 768
沃尔格林公司	美 国	120	71 633
日本永旺集	日 本	127	69 323
邦基公司	美 国	143	63 494
西农公司（Wesfarmers）	澳大利亚	153	59 902
沃尔沃斯公司	澳大利亚	159	58 622
华润总公司	中 国	187	52 448
丰益国际	新加坡	224	45 463
西夫韦	美 国	232	44 207
西斯科公司（Svsco）	美 国	247	42 381
CHS 公司	美 国	259	40 599
JBS 公司	巴 西	275	38 748
皇家阿藿德集团	荷 兰	249	42 205
森宝利（Jsainsbury）	英 国	300	36 800
联合博姿	瑞 士	309	35 384
卡夫食品	美 国	313	35 015
Super Valu 公司	美 国	323	34 327
泰森食品	美 国	338	33 278
艾德卡	德 国	339	33 196
乔治威斯顿	加拿大	344	32 764
中粮集团有限公司	中 国	357	31 752
德尔海兹集	比利时	391	29 247
威廉莫里斯超市	英 国	397	28 779
Publix. Supermarkees	美 国	418	27 707
麦当劳	美 国	423	27 567
达能集团	法 国	433	26 819
MIGROS GROVP 集团	瑞 士	438	26 667
来德爱	美 国	461	25 392

（续）

企　业　名　称	国　别	营业额位次	营业额（百万美元）
二、饮食服务			
金帕斯集团	英　国	439	26 647
索迪斯集团	法　国	487	23 781
三、饮料业			
百事公司	美　国	137	65 492
可口可乐公司	美　国	208	48 017
安海斯-布希英博	比利时	264	39 758
喜力控股公司	荷　兰	458	25 565
麒麟控股株式会社	日　本	496	23 442
四、纺织、服装业			
克里斯汀迪奥	法　国	288	37 656
山东魏桥创业集团有限公司	中　国	388	29 562
TJX 公司	美　国	453	25 878
耐克公司	美　国	484	24 128
五、造纸、纸制品、印刷出版业			
国际纸业	美　国	416	27 833
六、橡胶和塑料制品业			
普利司通	日　本	283	38 092
米其林	法　国	421	27 597
七、烟草业			
日本烟草	日　本	459	25 532
英美烟草	英　国	485	24 072
八、肥皂与化妆品业			
宝洁公司	美　国	89	85 120
欧莱雅	法　国	396	28 867
九、综合			
沃尔玛公司	美　国	2	469 162
家乐福	法　国	59	105 996
联合利华	英国/荷兰	135	65 958
欧尚集团	法　国	152	60 312

资料来源：表中数据来自 2014 年《国际统计年鉴》。

图书在版编目（CIP）数据

中国农产品加工业年鉴.2015/科学技术部农村科
技司，中国农业机械化科学研究院，中国包装和食品机械
有限公司，食品装备产业技术创新战略联盟编.—北京：
中国农业出版社，2016.8
　ISBN 978-7-109-22074-4

　Ⅰ.①中…　Ⅱ.①科…②中…③中…④食…　Ⅲ.①农产品
加工-加工工业-中国-2015-年鉴　Ⅳ.①F326.5-54

中国版本图书馆CIP数据核字（2016）第202378号

中国农业出版社出版
（北京市朝阳区麦子店街18号楼）
（邮政编码 100125）
责任编辑　郭晨茜　孟令洋
———————————
中国农业出版社印刷厂印刷　　新华书店北京发行所发行
2016年8月第1版　　2016年8月北京第1次印刷
———————————
开本：787mm×1092mm　1/16　　印张：34.5
字数：1100千字
定价：300.00元
（凡本版图书出现印刷、装订错误，请向出版社发行部调换）

ISBN 978-7-109-22074-4